영국 경험론
: 홉즈에서 흄까지

영국 경험론

: 홉즈에서 흄까지

F. 코플스톤 지음 / 이재영 옮김

서광사

이 책은 Frederick Copleston의 *A History of Philosophy* (전 9권)의
제5권인 *The British Philosophers: Hobbes to Hume*
(Westminster, Maryland: The Newman Press, 1959)을
완역한 것이다.

영국 경험론: 홉즈에서 흄까지

F. 코플스톤 지음
이재영 옮김

펴낸곳 ── 도서출판 서광사
펴낸이 ── 김신혁, 이숙
출판등록일 ── 1977. 6. 30.
출판등록번호 ── 제406-2006-000010호

(10881) 경기도 파주시 회동길 77-12 (문발동)
Tel: (031)955-4331 / Fax: (031)955-4336
E-mail: phil6161@chol.com
http://www.seokwangsa.co.kr / http://www.seokwangsa.kr

제1판 제1쇄 펴낸날 · 1991년 2월 20일
제1판 제7쇄 펴낸날 · 2016년 3월 20일

ISBN 978-89-306-1005-6   93160

차 례

옮긴이의 말

　코플스톤(F. Copleston, 1907~)의 《철학사》(*History of Philosophy*, 전 9권, 1946~1975)는 오늘날 영어로 씌어진 어떤 서양 철학사보다 도 그 규모에 있어서 월등한 표준적인 저작으로 인정되고 있다. 이 책은 《철학사》 전 9권 가운데 제 5권인 *The British Philosophers: Hobbes to Hume* (1959)을 완역한 것이다.

　이 《영국 경험론》은 17세기와 18세기에 걸친 영국 철학의 전 영역 을 다루고 있다. 물론 지은이도 이 시기의 거장들인 홉즈, 로크, 버 클리, 흄을 주로 논의하고는 있지만, 일반적인 철학사에서는 잘 다루 어지지 않는 케임브리지 플라톤주의자, 뉴턴, 이신론자(理神論者), 샤프츠베리, 맨드빌, 팰리와 같은 도덕 철학자들, 흄의 뒤를 잇는 스 코틀랜드 상식 철학자들까지도 광범위하게 다루고 있다. 그리고 지은 이는 이 《철학사》의 다른 책들에서와 마찬가지로 철학사에서의 연속 성의 문제를 염두에 두고 이 시기의 다양한 철학자들이 서로간에 미 친 영향에 대해 날카로운 통찰력을 보여주고 있다. 또한 그는 이 시 기의 철학자들의 논의를 현대의 논리 실증주의나 언어 분석 철학에서 논의되고 있는 주요 문제와 연관시켜 잘 설명하고 있다. 이렇듯 이 책은 영국 경험론 전반에 대한 개설서로서 손색이 없다. 다만 한 가지 아쉬운 점이 있다면 영국 경험론을 논하는 데 있어서 빠뜨려서는 안 될 인물인 프란시스 베이컨의 사상이 빠져 있다는 점이다. 베이컨은 이 《철학사》의 제3권에서 르네상스 시기 철학자의 한 사람으로 다루어지고 있다.

옮긴이는 이 책을 옮기면서 몇 가지 어려움을 느꼈다. 번역을 하는 데 항상 따르기 마련인 전문 지식과 외국어 및 우리말 실력 부족의 자각은 그냥 두고서라도 우선은, 인용문의 상당 부분을 차지하고 있는 구해 볼 수 없는 원전의 인용문은 의심나는 부분을 일일이 대조해 보지 못하고 논의의 문맥만을 따라서 번역했다는 점이다. 그 다음으로 구해 볼 수 있는 원전도 대부분은 아직 번역이 되지 않았으며, 번역된 몇 권마저도 옮긴이마다 번역한 용어가 서로 달라서 용어의 선택에 애를 먹었다는 점이다. 옮긴이 나름대로는 일반적으로 통용되고 있는 친숙한 용어를 선택하려고 노력하였다. 주요 원전의 정확한 번

역과 철학 용어를 우리말로 정착, 통일시키는 것이 옮긴이를 포함한
철학도들의 시급한 과제임을 절감한다.

　옮긴이는 원문이 전달하려는 내용에 손상이 가지 않도록 하기 위해
가능한 한 직역을 하려고 애썼다. 하지만 철학에 대한 옮긴이의 이해
와 연륜이 짧은 탓으로 내용의 오해나 오역이 있으리라고 생각된다.
독자 여러분의 아낌없는 질책과 지적을 바라며, 기회가 주어지는 대
로 수정해 나갈 것을 약속드린다. 옮긴이의 역량으로 보아서는 힘에
벅찬 작업이었지만, 이 책이 철학을 사랑하는 사람들에게 조금이나마
도움이 되기를 기대한다.

　끝으로 이 책이 나오기까지 그동안 철학의 길로 이끌어 주신 은사
님들, 항상 힘을 북돋아 주신 동료 선생님들, 2년이 넘는 기간 동안
끈기있게 기다려 주신 서광사 여러분께 감사드린다.

1990년 10월

옮긴이　이재영

지은이의 말

　이 철학사의 제4권에 있는 머리말에서의 나의 원래의 의도는 칸트의 체계를 포함해서 17세기와 18세기의 철학을 한 권에 망라하려는 것이었다. 그러나 이렇게 하는 것은 불가능하다는 것이 증명되었다. 그래서 나는 이 주제를 각각 분리된 세 권의 책으로 나누었다. 하지만 4, 5, 6권에 공통적인 서론과 결론적인 논평이 있는 만큼 나의 원래의 계획은 보존된 셈이다. 물론 공통적인 서론은 제4권 《데카르트에서 라이프니츠까지》(*Descartes to Leibniz*)의 맨 앞에 있다. 내가 거기서 역사적인 관점에서뿐만 아니라 한층더 철학적인 관점에서 17세기와 18세기의 다양한 유형의 철학함의 본성, 중요성, 그 가치를 논의할 생각이었던 결론적인 논평은 프랑스 계몽주의, 독일 계몽주의, 역사 철학의 발생, 그리고 칸트의 체계로 이루어질 제6권 《볼프에서 칸트까지》(*Wolff to Kant*)의 맨 마지막 장을 형성할 것이다. 그러므로 홉즈로부터 스코틀랜드의 상식주의 철학을 포함하는 데 이르기까지의 영국의 철학적 사유를 다루며, 원래 계획되었던 제4권 《데카르트에서 칸트까지》(*Descartes to Kant*)의 제2부에 상당하는 이 《홉즈에서 흄까지》(*Hobbes to Hume*)는 서론이나 결론적인 논평 중 어느 것도 포함하고 있지 않다. 그 배열이 최초의 세 권의 배열과 이렇게 다르기 때문에 나는 여기서 제4권의 머리말에서 이미 설명했던 말을 되풀이하는 것이 바람직하다고 생각했다.

지 은 이

제 1 장

토마스 홉즈 1

1. 생애와 저작

　유럽 문학에 있어서 가장 유명한 정치 논문들 중 하나를 저술한 토마스 홉즈는 1588년 맘즈베리 근처인 웨스트포트에서 태어났다. 그의 아버지는 목사였다. 1608년 옥스퍼드 대학교를 졸업한 그는 캐븐디쉬 가에 가정 교사로 들어갔으며, 뒤에 데븐셔 백작이 된 캐븐디쉬 경의 아들과 함께 1608년에서 1610년까지 프랑스와 이탈리아를 여행했다. 영국으로 돌아온 그는 문필업에 종사했으며 투키디데스의 작품을 영어로 번역했는데, 그 번역은 1628년에 출판되었다. 그는 프란시스 베이컨(1626년 사망), 허버트 경(Lord Herbert of Cherbury)과 교분이 있었지만, 아직까지는 철학에 열중하지 않았다.

　홉즈는 다시 1629년부터 1631년까지 클리프튼 경의 아들을 가르치는 가정 교사로서 프랑스를 여행했는데, 그가 유클리드의 《기하학 원리》(*Elements*)를 알게 된 것은 이때였다. 역사가들은 홉즈는 그의 노력에도 불구하고 데카르트가 훨씬 어린 나이에 습득했던 수학적 지식과 통찰의 정도에 결코 도달할 수 없었다고 지적했다. 그러나 그는 비록 위대한 수학자는 결코 아니었지만, 그가 과학적 방법을 지속적인 이상으로 삼게 된 것은 바로 기하학과의 이 만남에서 비롯되었다. 파리 방문중에 그는 감각적 인식(sense-perception)의 문제, 감각과 물체의 운동과의 관계, 제 2 성질들의 지위 문제에도 역시 관심을 가졌다.

영국으로 돌아온 홉즈는 다시 캐븐디쉬 가로 들어갔으며, 1634년부터 1637년까지 다시 한번 대륙에 갔다. 그는 플로렌스에서 갈릴레이를 만났고, 파리에서는 메르센느에 의해서 철학계와 과학계에 소개되었다. 그는 데카르트의 철학을 알게 되었으며, 메르센느가 초대한 자리에서 데카르트의 《성찰》(Meditations)에 대한 자신의 반대 의견을 데카르트에게 제시했다. 이 시기가 홉즈의 의식의 발전에 있어서 그리고 그의 철학적 관심을 결정하는 데 있어서 대단히 중요했다. 철학에 관심을 갖게 되었을 때 그는 이미 중년이었다. 그러나 그는 스스로 하나의 체계에 대한 생각을 공식화했으며 그것을 세 부분으로 제시하려고 계획했다. 사실상 그의 마음은 우선 사회적이고 정치적인 문제들에 심각하게 사로잡혔다. 1640년에 그는 《자연법과 정치법의 원리》(The Elements of Law, Natural and Politic)를 썼는데, 이것의 두 부분이 1650년에 《인간의 본성 또는 정치의 근본 원리》(Human Nature or the Fundamental Elements of Policy)와 《정체론》(De corpore politico)이라는 제목으로 나왔다. 이 저작의 완본은 퇴니스(F. Tönnies)에 의해서 1889년에야 비로소 편집되어 출판되었다.

1640년 자신의 왕당파적 신념 때문에 영국에서는 자신의 신변이 위태롭다고 생각한 홉즈는 프랑스로 피신했다. 1642년 파리에서 홉즈는 그가 계획한 철학 체계의 세번째 부분인 《시민론》(De cive)을 출판했다. 그리고 그의 유명한 《리바이어던》(Leviathan or the Matter, Form and Power of a Commonwealth, Ecclesiastical and Civil)을 쓴 것도 파리에서였는데, 이 책은 1651년 런던에서 출판되었다. 1649년 찰스 1세가 참수되었다. 사람들은 홉즈가 아마도 프랑스에 머물 것이라고 생각했을 것이다. 그것은 특히 그가 파리에 망명중이었던 웨일즈의 왕자 찰스의 수학 가정 교사를 잠시 했었기 때문이었다. 그러나 그는 1652년에 공화국(Commonwealth)과 화해하고, 데븐셔 백작 가의 일원으로 지냈다. 그가 《리바이어던》에서 상술한 것으로 알려진 몇몇 사상들은 파리의 왕당파 사람들에게 받아들여질 수 없었지만, 어쨌든 그가 해외에 머물게 되었던 주된 이유였던 내란은 끝났다. 뒤에 보게 되겠지만, 그의 정치적 신념은 그로 하여금 실제로 국가를 지배하는 사실상의 정부라면 어떤 정부라도 받아들이게 하였다. 1660년의 왕정 복고 뒤에 홉즈는 찰스 2세의 총애를 받았으며 연금도 받았다.

1655년과 1658년에 홉즈는 그의 철학 체계의 첫번째와 두번째 부분인 《물체론》(De corpore)과 《인간론》(De homine)을 출판했다. 그리고 죽을 때까지 그는 호메로스의 전 작품을 영어로 번역하고 장기 의회에 관한 책을 쓰는 일에 전념했다. 그는 또한 많은 논쟁에 관여했다. 그는 자유와 필연성이라는 주제에 관하여 데리의 주교인 브램홀과 학문적 논쟁을 벌였는데, 여기서 그는 결정론적 견해를 주장했다. 또한 그는 그의 수학적 오류를 날카롭게 비판한 《홉즈 기하학 논박》(Elenchus geometriae hobbinae)을 출판한 수학자 월리스(J. Wallis)와도 논쟁을 벌였다. 또 그는 특히 이단이며 무신론이라는 이유로 성직자들의 공격을 받았다. 그러나 그는 공화국과 왕정 복고의 역경을 모두 성공적으로 뚫고 나갔기 때문에 말에 의한 논쟁으로 살해당하지 않을 수 있었으며, 1679년 겨울 91세의 나이로 일생을 마쳤다.[1]

2. 철학의 목적과 본성 그리고 모든 신학의 배제

홉즈는 베이컨처럼 실천적인 목적을 강조한다. "철학의 목적 또는 범위는 이전에 나타난 결과들을 유익하게 이용하는 것이다. 또는 물체들을 서로 응용함으로써, 물질과 힘과 근면이 허락하는 정도까지는 삶에 유용한 것에 대해 우리가 마음 속에 품는 것과 같은 결과들을 산출하는 것이다. … 지식의 목적은 힘이다. … 그리고 모든 사색의 범위는 행해져야 할 어떤 행동이나 일의 수행이다."[2] 자연 철학은 인류

---

1) W. Molesworth는 홉즈의 저작들을 둘로 나누어 편집했다. 5권으로 된 Opera philosophica quae latine scripsit (1839~1845), 11권으로 된 The English Works of Thomas Hobbes (1839~1845). 이 장과 다음 장에서 나오는 인용문에서 O.L.과 E.W.라는 글자는 각각 이 판들을 언급한다.
2) Concerning Body, 1,1,6; E.W., I, p. 7.

에게 명백한 이익을 준다. 그러나 도덕 철학과 정치 철학 역시 큰 효
용을 갖는다. 왜냐하면 인간의 삶은 재난(그 중에서도 내란은 주
된 재난이다)에 의해 괴로움을 당하는데, 그 재난은 사람들이 행위
와 정치적 삶의 규칙들을 충분히 이해하지 못하기 때문에 일어나는
것이기 때문이다. "이 규칙들에 관한 지식이 도덕 철학이다."[3] 지식
은 학문과 정치 둘 다에서 힘이 된다.

　　그러나 설령 그것의 기능이 인간의 물질적 번영과 사회적 평화와
안전에 공헌하는 것이라는 의미에서 철학적 지식이 힘이라고 할지라
도, 모든 지식이 철학적이라는 결론이 되지는 않는다. 철학적 지식의
먼 기초(remote basis)에 관한 한 홉즈는 경험주의자이다. 철학자는
주어진 것, 외부 물체들에 의해 우리에게 새겨지는 감각 인상들, 그
리고 그러한 인상들의 기억으로부터 출발한다. 철학자는 홉즈가 "결
과" 또는 "현상"이라고 부르는 경험적 자료로부터 시작한다. 그러나
현상에 대한 우리의 직접적 인식과 그것에 대한 기억이 지식을 구성
하며 그것들이 철학의 먼 기초를 형성한다 할지라도, 그것들은 철학
적 지식이 아니다. "설령 사람과 모든 생물에 공통된 사물들의 감각
과 기억이 지식이라 할지라도, 그것들은 날 때부터 우리에게 직접 주
어지는 것이지 추리에 의해 얻어지는 것은 아니기 때문에 철학이 아
니다."[4] 우리가 "태양을 보는 것"이라고 부르는 경험을 한다는 의미
에서 모든 사람은 태양이 존재한다는 것을 안다. 그러나 아무도 그러
한 지식이 과학적인 천문학 지식이라고 말하지 않을 것이다. 마찬가
지로 인간의 행동이 발생한다는 것은 누구나 안다. 그러나 모든 사람
이 인간 행동의 과학적 또는 철학적 지식을 갖는 것은 아니다. 철학
은 인과 관계들에 관계한다. "철학은 우리가 그것의 원인 또는 발생
에 대하여 처음에 가진 지식으로부터 참된 추리에 의해 획득하는 것
과 같은 결과 또는 현상의 지식이다. 또한 그것의 결과에 관해 처음
에 알고 있던 것으로부터 얻게 되는 것과 같은 원인 또는 발생의 지
식이다."[5] 철학자는 알려진 원인으로부터 결과를 발견하고, 알려진
결과로부터 원인을 찾아낸다. 그리고 그는 "추리"에 의해 그렇게 한

---

3) *Concerning Body*, 1, 1, 7 ; *E.W.*, I, p. 8.
4) *Concerning Body*, 1, 1, 2 ; *E.W.*, I, p. 3.
5) *Concerning Body*, 1, 1, 2 ; *E.W.*, I, p. 3.

다. 그는 단지 이것 또는 저것이 사실이다 또는 사실이었다는 경험적 사실을 말하는 것에 관계하는 것이 아니라, 관찰이 아닌 추리에 의해 발견되는 명제들의 결과에 관계한다.

그러므로 우리는 홉즈가 지식을 사실의 지식과 결과의 지식으로 나눌 때 그가 의미하는 것을 이해할 수 있다. "두 종류의 지식이 있다. 그 중 하나는 사실의 지식이다. 또 하나는 다른 것에 대한 하나의 긍정으로부터 나오는 결과의 지식이다."[6] 내가 무엇이 이루어지는 것을 볼 때 또는 그것이 이루어지는 것을 보았다는 것을 기억할 때, 나는 사실의 지식을 가진다. 이것은 법정에서 증인에게 요구되는 지식의 일종이라고 홉즈는 말한다. 그것은 절대적으로 또는 단정적인 형식으로 표현된다는 의미에서 "절대적" 지식이다. 그리고 사실의 지식의 "기록"은 역사라고 불리며, 그것은 자연 역사 또는 시민 역사의 형태를 띤다. 반대로 결과의 지식은, 예를 들어 만약 A가 참이라면 B도 역시 참이라는 지식의 의미에서 조건적이거나 가설적이다. 홉즈의 예를 빌자면, "만약 어떤 도형이 원이라면 그 중심을 통과하는 어떠한 직선도 그것을 두 개의 똑같은 부분으로 나눌 것이다."[7] 이것은 과학적 지식이며 철학자, "즉 추리를 하려는 사람"[8]에게 요구되는 지식의 종류이다. 그리고 "과학의 기록"은 명제들의 결과에 대한 논증을 포함하는 책이며, "보통 철학책이라고 불린다."[9] 그러므로 과학적 또는 철학적 지식은 결과의 지식으로 기술될 수 있다. 그러한 지식은 항상 조건적이다. "만약 이것이라면 저것이다, 만약 이것이었다면 저것이었다, 만약 이것일 것이라면 저것일 것이다."[10]

우리는 홉즈에게서 철학은 인과 설명에 관계한다는 것을 보았다. 그리고 그에게서 인과 설명이란 그것에 의해 어떤 결과가 생기게 되는 발생적 과정의 과학적인 설명을 의미한다. 이 때문에 만약 발생적 과정을 통하여 생기지 않는 것이 있다면 그것은 철학의 주제의 일부가 될 수 없다는 결과가 된다. 그러므로 신과 모든 정신적 실재는 철학으로부터 배제된다. "철학의 주제 또는 철학이 다루는 문제는 우리가 어떠한 발생을 생각할 수 있는, 그리고 고려에 의해 다른 물체들

---

6) *Leviathan*, 1,9 ; *E.W.*, III, p.71.
7) 같은 책, 같은 면. 8) 같은 책, 같은 면.
9) 같은 책, 같은 면. 10) *Leviathan*, 1,7 ; *E.W.*, III, p. 52.

과 비교할 수 있거나 또는 합성과 분해가 가능한 모든 물체이다. 즉 우리가 그것의 발생 또는 특성에 대해 어떠한 지식을 가질 수 있는 모든 물체이다. …그러므로 철학은 신학을 배제한다. 여기서 나는 신학을 영원하고, 발생될 수 없으며, 불가해하고, 그 안에 나눌 것도 합성할 것도 없으며, 어떠한 발생도 생각될 수 없는 신에 대한 교리라는 뜻으로 말한다."[11] 역사도 역시 배제되는데, 그것은 "그러한 지식은 추리가 아니라 경험(기억) 또는 권위이기"[12] 때문이다. 그리고 점성술 같은 사이비 과학들도 받아들여질 수 없다.

그러므로 철학은 물체의 원인과 특성에 관계한다. 그리고 이것은 철학이 운동중에 있는 물체들에 관계한다는 것을 의미한다. 왜냐하면 운동은 "운동 이외에 어떤 다른 원인을 가진다고 이해될 수 없는 하나의 보편적 원인"이기 때문이다. 그리고 "모든 형태의 다양성은 그것들을 만든 운동의 다양성에서 비롯된다."[13] 홉즈는 철학의 본성과 주제에 관한 이 설명이 모든 사람에게 수용될 수는 없으리라는 것을 알게 된다. 어떤 사람은 그것은 정의(定義)의 문제이며 누구나 그가 원하는 대로 철학을 정의할 수 있다고 말할 것이다. "나의 이 정의가 모든 사람의 사려와 일치한다는 것을 증명하는 것은 어려운 일이 아니라고 생각함에도 불구하고"[14] 이것은 참이다. 그러나 홉즈는 다른 종류의 철학을 찾는 사람들은 다른 원리를 선택해야 한다고 덧붙인다. 만약 홉즈 자신의 원리가 선택된다면 철학은 그가 그렇다고 생각하는 것이 될 것이다.

그러므로 홉즈의 철학은 물체 이외에는 무시한다는 의미에서 유물론적이다. 그리고 신과 모든 정신적 실재의 배제가 단지 자유롭게 선택된 정의의 결과인 한 그의 유물론은 방법론적이라고 불릴 수 있다. 그는 신이 없다고 말하지 않는다. 단지 신은 철학의 주제가 아니라고 말할 뿐이다. 그러나 나에게는 단지 홉즈가 "철학"이라는 낱말을 그가 사용한 것에 따라 신의 존재와 본성이 철학적 논제가 아니라고 말한 것으로 여기는 것은 커다란 잘못인 것처럼 보인다. 그에게 있어서

11) *Concerning Body*, 1, 1, 8 ; *E.W.*, I, p. 10.
12) *E.W.*, I, p. 11.
13) *Concerning Body*, 1, 6, 5 ; *E.W.*, I, pp. 69~70.
14) *Concerning Body*, 1, 1, 10 ; *E.W.*, I, p. 12.

철학과 추리는 동연적(coextensive, 同延的)이다. 이 때문에 신학은 당
연히 불합리한 것이 된다. 어느 면으로 보나 그는 상상 가능한 것과
사유 가능한 것을 동일시했다. 그리고 그는 이것으로부터 우리는 무
한한 것 또는 비물질적인 것을 생각할 수 없다는 결론을 이끌어냈다.
"우리가 상상하는 것은 무엇이든지 유한하다. 그러므로 우리가 무한
하다고 부르는 어떠한 것의 관념 또는 개념이란 없다."[15] **비물질적 실
체**와 같은 용어는 **비물질적 물체** 또는 **둥근 사각형**과 같이 모순이다.
이 종류의 용어들은 "무의미하다."[16] 어떤 사람들은 그것들을 이해한
다고 생각한다. 그러나 그들이 실제로 하는 모든 것은 그 내용에 관
한 실제의 이해가 없이 낱말들을 되풀이하는 것이다. 왜냐하면 그것
들은 내용이 없기 때문이다. 홉즈는 **그리스도의 인성**(hypostatical), **성
스러운 변화를 이루다**(transubstantiate), **영원한 현재**(eternal-now) 등과
같은 낱말들은 "아무 것도 의미하지 않는다"[17]고 명백히 주장한다.
"우리가 그 소리 외에는 아무 것도 생각할 수 없는 낱말들을 우리는
터무니없고 무의미하며 넌센스라고 부른다. 그러므로 누군가가 내게 둥
근 사각형···또는 비물질적 실체 또는 자유로운 주체···를 말한다면, 나
는 그가 잘못했다고 말하지 않고 그의 낱말들이 의미가 없다, 즉 터
무니없다고 말할 것이다."[18] 그는 만약 신학이 하나의 학문 또는 참
인 명제들의 결합체라고 제의된다 해도, 신학은 터무니없고 불합리하
다는 것을 아주 명백히 한다. 이렇게 말하는 것은 우리가 철학에서
우리의 주의를 물질적인 것의 영역에 국한시킬 것을 제안하는 것보다
훨씬 많은 것을 말하는 것이다.

  그러나 우리는 손쉽게 그리고 정당하게 홉즈를 무신론자라고 결론
지을 수는 없다. 실로 명칭의 의미에 대한 그의 경험주의적 분석으로
부터 신에 관한 모든 이야기는 뭐가 뭔지 알 수 없는 말이며, 믿음은
단지 정서, 즉 정서적 태도의 문제라는 결과가 되는 것처럼 보일 것
이다. 그러나 이것은 정확하게 홉즈가 말하는 것은 아니다. 그는 자
연 종교에 관해서 다음과 같이 말한다. 원인의 지식에 관한 호기심이

15) *Leviathan*, 1, 3 ; *E.W.*, III, p. 17.
16) *Leviathan*, 1, 4 ; *E.W.*, III, p. 27.
17) *Leviathan*, 1, 5 ; *E.W.*, III, pp. 34~35.
18) *E.W.*, III, pp. 32~33.

나 사랑은 자연히 사람으로 하여금 그것 자체는 아무런 원인을 갖지 않는 하나의 원인을 생각하게 하며, "따라서 자연적 원인들을 깊이 조사하려 하면 반드시 영원한 하나의 신이 있다고 믿게 되기 쉽다. 그럼에도 불구하고 사람들은 그들의 마음 속에 신의 본성에 상응하는 어떠한 신의 관념도 가질 수 없다."[19] 왜냐하면 "이 세상의 가시적 사물들, 그리고 그것들의 감탄할 만한 질서에 의해서 우리는 그것들의 원인이 있다고 생각하게 될 것이며 그것을 신이라고 부르지만, 우리 마음 속에 신의 관념 또는 심상을 갖지는 않기"[20] 때문이다. 달리 말하면 홉즈는 신의 불가해성을 강조한다. 비록 "무한한"과 같은 낱말이 신의 속성이라고 단언된다 해도, 그것은 신에 관한 어떤 명확한 관념을 나타내는 것이 아니라 단지 우리가 그를 상상할 수 없다는 것을 표현한다. "그러므로 신은 불가해하기 때문에 신이라는 명칭은 우리로 하여금 그를 상상하지 않도록 하기 위해서 사용된다. 우리는 신을 존경할 수 있을 뿐이지 그의 위대함과 힘을 상상할 수는 없다."[21] 마찬가지로 정신, 비물질적인과 같은 용어들도 그것 자체로는 이해할 수 없는 것들이다. "그러므로 자신의 숙고에 의해 하나의 무한하고 전능하고 영원한 신을 인정하게 된 사람들은 신의 본성을 비물질적인 정신으로 정의하고, 그 정의는 이해할 수 없다고 고백하기보다는 차라리 신은 불가해하고 그들의 오성 너머에 있다고 고백하는 편을 택한다. 또는 만약 그들이 신을 그런 칭호로 부른다면, 그것은 신의 본성을 이해시킬 목적으로 독단적으로 이루어진 것이 아니다. 그것은 가시적 물체들의 천박함으로부터 가능한 한 가장 멀리 떨어진 속성 또는 의미들을 신에게 수여하기 위해서 경건하게 한 것이다."[22] 성경에 나타난 기독교적인 계시에 대하여 홉즈는 계시가 있다는 것을 부정하는 대신, 사용된 용어들에 관한 그의 해석에 동일한 원리들을 적용시킨다. 정신 이라는 낱말은 미묘하고 유동적인 물체를 의미하거나, 또는 은유적으로 사용되거나, 또는 전혀 이해할 수 없는 것이다. "왜냐하면 신의 본성은 불가해한 것이기 때문이다. 즉 우리는 그가 무엇인

19) *Leviathan*, 1, 11 ; *E.W.*, III, p. 92.
20) *E.W.*, III, p. 93.
21) *Leviathan*, 1, 3 ; *E.W.*, III, p. 17.
22) *Leviathan* 1, 12 ; *E.W.*, III, p. 97.

지 전혀 이해하지 못하며 단지 그가 있다는 것만 이해한다. 그러므로 우리가 그에게 부여한 속성들은 그가 무엇인지 서로 증명할 수 없으며, 또한 신의 본성에 관한 우리의 의견을 의미하는 것이 아니라, 우리 자신들 가운데에서 가장 훌륭하다고 생각하는 그러한 명칭들을 신에게 부여하려는 우리의 욕망을 의미한다."[23]

어떤 주석자들은 이 모든 것에서 오컴(1349년 사망) 및 그가 가장 유명한 대표자였던 운동에 속했던 사람들과 같은 14세기 사상가들에게서 이미 보여졌던 경향이 지속되고 강화된 것을 보았다. 오컴을 비롯한 14세기 사상가들은 신학과 철학을 명확하게 구별하였고, 자연신학을 포함한 모든 신학을 신앙의 영역으로 추방했다. 따라서 철학은 신에 관해서 거의 또는 전혀 말하지 않게 되었다. 이 해석에 동의하여 말하게 될 것이 상당히 많다는 것은 확실하다. 우리가 보았듯이 홉즈는 신이 존재한다는 것을 아는 것과 신이 무엇인지 아는 것의 유명한 구별(중세에는 꽤 일반적이었던)을 명확하게 사용한다. 그러나 이 구별을 강조했던 중세의 신학자들과 철학자들은 신은 비물질적 실체이며 무한 정신이라고 믿었다. 이것은 그 구별의 사용을 신에 관한 철학적인, 그러나 유비적인 지식을 믿는 것과 조화시켰던 성 토마스 아퀴나스(1225~1274)와 같은 문필가와, 철학은 신에 관하여 우리에게 많은 것을 설명하지 못한다고 명백히 고려했던 오컴과 같은 14세기 철학자에 모두 해당된다. 그러나 적어도 만약 우리가 그와 브램홀 주교와의 논쟁에서 그가 말한 것에 의해 판단하면, 홉즈는 신이 물질적임을 긍정했던 것처럼 보인다. 왜냐하면 거기서 홉즈는 신은 "가장 순수하고 가장 단순한 물질적 정신"이며, "삼위 일체, 그리고 그것의 위격(位格)들은 하나의 순수하고 단순하며 영원한 물질적 정신"[24]이라고 명백하게 말하기 때문이다. "단순하고 물질적인 정신"이라는 구절에서는 언뜻 보기에는 용어들 사이에 모순이 있는 것처럼 보인다. 그러나 하나의 순수하고 단순한 물체는 "각 부분 어디든지 전적으로 동일한 종류의 물체"[25]를 말한다. 그리고 정신은 "엷고 유동적이며, 투명하고 보이지 않는 물체"[26]를 말한다. 만약 용어들이 이런 의미로

23) *Leviathan*, 3, 34 ; *E.W.*, III, p. 383.
24) *E.W.*, IV, p. 306.
25) *E.W.*, IV, p. 309.　　　26) 같은 책, 같은 면.

주어진다면 모순은 사라진다. 그러나 이 경우에 신이 물질적이라는 것은 긍정된다. 실로 이것은 신이 제2성질들을 소유한다는 것을 의미하는 것이 아니다. 그러나 그것은 신이 크기를 갖는다는 것을 의미한다. "나는 물질적인 것으로써 크기를 가진 실체를 의미한다."[27] 그리고 뒤에 보게 되겠지만, 크기란 연장(延長)과 동일하다. 그러므로 신은 무한하고 보이지 않는 연장이다. 그리고 이렇게 말하는 것은 신은 불가해하며, 그의 불가해성 때문에 철학은 그에 관해서 아무 것도 말할 것이 없다는 것보다 훨씬 많은 것을 말하는 것이다. 그러나 자신의 이론을 옹호하여 테르툴리아누스뿐만 아니라 성경에도 호소하는 홉즈가 만약 이 모든 것에서 진지하다면(아마도 그러리라고 생각되지만) 그는 무신론자라고 불릴 수는 없다. 만약 우리가 "무신론자"라는 용어에서 신의 존재는 긍정하나 신이 무한하고 비물질적인 실체라는 것은 부정하는 사람을 포함시키지 않는다면 말이다. 홉즈의 견해에서는 신은 무한하고 비물질적인 실체라는 것을 긍정하는 것 자체가 무신론일 것이다. 왜냐하면 실체는 필연적으로 물질적인 것이므로, 신을 비물질적 실체라고 말하는 것은 신이 없다고 말하는 것이기 때문이다.

3. 철학의 분류

그러나 철학이 오로지 물체와 그것의 특성과 원인에만 관계한다고 말하는 것은, 철학이 오직 일상적 의미에서의 물체들에만 관계하며 따라서 철학은 소위 자연 과학과 동연적이라고 말하는 것이 아니다. "왜냐하면 서로 매우 다른 두 가지 주된 종류의 물체들의 발생과 특성들이 찾아지기 때문이다."[28] 하나는 자연에 의해 이루어지므로 자연적 물체라고 불린다. 다른 하나는 국가라고 불리며, "그것은 인간들의 의지와 동의에 의해서 이루어진다."[29] 따라서 철학은 자연적인 부분과 시민적인 부분이라는 두 부분으로 나눌 수 있다. 나아가 시민 철학은 다시 나눌 수 있다. 왜냐하면 국가의 본성, 기능 그리고 특성

---

27) *E.W.*, IV, p. 313.
28) *Concerning Body*, 1, 1, 9 ; *E.W.*, I, p. 11.
29) 같은 책, 같은 면.

들을 이해하기 위해서 우리는 먼저 인간의 성향, 감정 그리고 특징을 이해해야 하기 때문이다. 이 주제를 다루는 철학의 부분은 윤리학이라고 불린다. 반면에 인간의 시민적 의무를 다루는 부분은 정치학이라고 불리거나 또는 이 부분만을 시민 철학이라는 일반적인 용어로 가리키기도 한다. 철학의 주제에 대한 이 분석으로부터 홉즈가 체계적 설명을 위해 선택한 제목들의 분류가 따라나온다. 《물체론》은 자연적인 물체들을 다루며, 《인간론》은 인간의 성향, 감정 그리고 "특징"을 다루고, 《시민론》은 국가와 시민의 의무를 다룬다.

그러나 이 분류는 완전한 것이 아니다. 《시민론》의 헌정 서한에서 홉즈는 영국의 바다와 대서양과 인도양이 대양을 이루는 것과 마찬가지로 기하학, 물리학 그리고 윤리학이 철학을 이룬다고 말한다. 만약 우리가 운동중인 물체에 의해서 산출된 결과들을 고려하고 우리의 관심을 오로지 물체의 운동에만 국한시킨다면, 우리는 한 점(點)의 운동이 선(線)을 발생시키며, 한 선의 운동이 평면을 발생시키는 것 등을 볼 수 있다. 이 연구로부터 "기하학이라고 불리는 철학의 부분"[30]이 생겨난다. 그렇게 되면 우리는 물체들이 전체로서 고려될 때 하나의 움직이는 물체가 다른 물체에 끼치는 결과들을 고려할 수 있다. 따라서 우리는 운동에 관한 과학을 발전시킬 수 있다. 우리는 하나의 물체의 부분들의 운동에 의해 산출된 결과들도 역시 고려할 수 있다. 예를 들어 우리는 제2성질들, 그리고 빛과 같은 현상의 본성에 관한 지식에 도달할 수 있다. 이 "고려들은 물리학이라고 불리는 철학의 부분을 포함한다."[31] 마지막으로 우리는 욕구, 혐오, 희망, 분노 등과 같은 마음의 운동들 그리고 그것들의 원인과 결과들을 고려할 수 있다. 그리하여 우리는 도덕 철학을 갖게 된다.

철학의 주제에 관하여 홉즈가 제시한 가장 완전한 분류는 과학 또는 철학적 지식의 정의를 "결과들의 지식"[32]으로 적용한 것으로부터 이끌어낼 수 있다. 두 가지 주된 부분들은 자연적인 물체들의 우연적 성질들(accidents)로부터 나온 결과들의 지식과 정치적인 물체들의 우

---

30) *Concerning Body*, 1, 6, 6 ; *E. W.*, I, p. 71.
31) *E. W.*, I, p. 72.
32) *Leviathan*, 1, 9 ; *E. W.*, III, pp. 72~73 참조.

26

연적 성질들로부터 나온 결과들의 지식이다. 전자는 자연 철학이라고 불리며, 후자는 정치학 또는 시민 철학이라고 불린다. 정치학에서 우리는 국가들의 제도에서 결과되는 것, 첫째로 통치자의 권리와 의무들에 관하여, 둘째로 백성들의 의무와 권리들에 관해서 연구한다. 그러나 자연 철학은 더 세분된 부분들로 이루어진다. 우리가 모든 물체들에 공통된 우연적 성질들, 즉 양(量)과 운동으로부터 나오는 결과들을 연구한다고 할 때, 만약 우리가 고려하고 있는 것이 불확정한 양과 운동이라면 우리는 "제1철학"을 가지며, 만약 우리가 모양과 수에 의해서 결정된 양과 운동으로부터 나오는 결과들을 고려하고 있다면 우리는 수학을 가지며, 우리가 고려하고 있는 특별한 종류의 물체들에 따라서 우리는 천문학이나 역학을 갖기도 한다. 만약 우리가 물체들의 성질들로부터 나오는 결과들을 연구한다면 우리는 물리학을 갖는다. 그리고 물리학도 또한 고려된 물체들의 다른 성질들에 따라서 더 나눌 수 있다. 예를 들어 사람들의 정념으로부터 나오는 결과들을 연구하는 것은 윤리학을 생기게 하는데, 인간은 자연적인 물체이며 국가는 인공적인 물체라는 의미에서, 그것은 인공적 물체가 아니므로 윤리학은 자연 철학이라는 일반적 제목 아래 분류된다. [33]

4. 철학적 방법

철학적 지식 또는 과학을 "다른 것에 대한 하나의 긍정으로부터 나오는 결과의 지식"으로 기술한 것(이 기술은 그러한 지식은 가설적 또는 조건적이라는 주장과 연결된다)은 자연히 홉즈가 연역법, 즉 수학적 방법에 큰 중요성을 부여했다는 것을 암시한다. 어떤 주석자들은 철학은 순전히 연역적인 체계이거나 또는 차라리 그런 체계여야 한다는 것이 홉즈의 생각이라는 인상을 심어 주었다. 철학의 본질적 특징인 "이성주의" 또는 추리는 수학적 용어들로 기술된다. "내게 있

---

33) 특별히 인간의 성질로부터 나오는 결과에 관한 연구는 윤리학 이외에 이야기의 기능들의 연구를 포함한다. 예를 들어 설득하는 기술에 관한 연구는 우리에게 수사학을 가져다 주며, 추리의 기술에 관한 연구는 우리에게 논리학을 가져다 준다.

어서 **추리는 계산을** 의미한다. "[34] 그리고 홉즈는 계산한다는 것은 더하거나 빼는 것이라고 계속해서 말하는데, 이 용어들은 명백히 산술적 계산을 암시하는 것들이다. 홉즈의 전 체계는 운동과 양의 분석으로부터의 연역으로 계획되었다고 말해 왔지만, 사실상 그는 그의 목적을 성취하는 데 성공하지 못했다. 철학 또는 과학의 실천적 기능과 목적을 주장함에 있어서 그는 베이컨과 비슷하다. 그러나 철학에 사용될 방법에 대한 그의 생각은 베이컨의 생각과 매우 달랐다. 베이컨은 실험을 강조했던 반면, 홉즈는 실험자들을 회의적으로 보았고 데카르트와 같은 대륙 합리론자들의 방법과 매우 닮은 방법을 지지했다.

철학적 방법에 관한 홉즈의 생각에 대한 이 해석은 많은 진실을 담고 있다. 그러나 나는 그것은 지나치게 단순화된 견해이며 제한이 필요하다고 생각한다. 한 가지 이유는 홉즈는 운동의 추상적 분석으로부터 출발해서 경험에서 이끌어지는 어떠한 경험적 자료도 도입하지 않고 순전히 연역적인 방법으로 나아갈 수 있다고는 결코 생각하지 않았다는 것이 확실하기 때문이다. 실로 그는 체계적인 학자였다. 그는 물리학, 심리학 그리고 정치학 사이에는 연속성이 있으며 일반 원리들에 비추어 철학의 서로 다른 부문들에 대한 종합적이고 체계적인 견해가 가능하다고 확신했다. 그러나 그는 우리가 운동의 추상적 법칙들로부터 인간과 사회를 연역할 수 없다는 것을 잘 알고 있었다. 만약 어떤 것이 연역될 수 있다면, 그것은 인간 자신이 아니라 인간의 "운동"을 지배하는 법칙이다. 우리가 이미 보았듯이 철학의 먼 주제를 형성하는 경험적으로 주어진 자료가 있다. 그러나 단순히 주어진 사실들로 여겨지는 이 자료들에 관한 지식은 철학이 아니다.

홉즈가 추리는 계산을 의미하며 계산은 더하기와 빼기라고 말할 때, 그는 이 마지막 용어들을 "합성"과 "분류 또는 분해"라는 의미로 사용한다고 설명한다. "그리고 합성적 방법이 **종합적** 방법이라고 불리는 것처럼, 분해적 방법은 보통 **분석적** 방법이라고 불린다. "[35] 그러므로 철학적 방법 또는 추리는 분석과 종합으로 구성된다. 분석에 있어서 마음은 개별자로부터 보편자 또는 제1원리들로 나아간다. 예

---

34) *Concerning Body*, 1, 1, 2 ; *E.W.*, I, p. 3.
35) *Concerning Body*, 1, 6, 1 ; *E.W.*, I, p. 66.

를 들어 어떤 사람이 금이라는 관념에서 출발한다면, 그는 "분해"에 의해서 고체이며, 가시적이고, 무거우며, "그리고 금 자체보다는 더 보편적인 많은 다른 것들"이라는 관념에 도달할 수 있다. "그리고 그는 그가 가장 보편적인 사물들에 도달할 때까지 이것들을 더 분해할 수도 있을 것이다. …그러므로 나는 사물들에 관한 보편적 지식에 도달하는 방법을 순전히 분석적이라고 결론짓는다."[36] 반대로 종합에 있어서 마음은 원리 또는 일반적 원인에서 출발하여 그것들의 가능한 결과를 구성하는 데에 이른다. 인과 관계들을 결정하거나 발견하며 인과 관계들을 수립하는 전 과정(홉즈는 그것을 발명의 방법이라고 부른다)은 부분적으로는 분석적이며 부분적으로는 종합적이다. 그가 갈릴레이로부터 빌려 온 용어들을 사용한다면, 그것은 부분적으로는 분해적이며 부분적으로는 합성적이다. 또는 우리에게 더 친숙한 용어들을 사용한다면 그것은 부분적으로는 귀납적이며 부분적으로는 연역적이다. 우리는 홉즈가 설명적 가설들을 형성하고 그것들의 결과들을 연역하는 방법을 상상했다고 말할 수 있다. 홉즈가 연역된 결과들은 적어도 소위 자연 과학에 있어서는 "가능한" 결과들이라고 주장한다는 사실은 그가 이 설명적 이론의 가설적 특성을 어느 정도 알고 있었다는 것을 보여준다.

홉즈는 발명의 방법과 가르침 또는 논증의 방법을 구별한다. 논증의 방법을 사용함에 있어서 우리는 논증이 아닌 설명을 필요로 하는 제 1원리들(왜냐하면 제 1원리들은 논증될 수 없으므로)에서 출발하여 연역적으로 결론에 도달한다. "그러므로 논증의 전체적 방법은 종합적인 것이다. 그것은 그 자체로 명백한 최초의 또는 가장 보편적인 명제들에서 시작해서 결국 학습자가 찾아진 결론의 진리를 이해할 때까지 명제들을 삼단논법들로 끊임없이 합성함으로써 진행되는 이야기의 순서로 이루어진다."[37]

홉즈가 순전히 연역적인 체계의 구성을 목표로 했다는 인상을 심어 주었던 것은 아마도 이 연속적인 논증이라는 이상이었을 것이다. 그리고 만약 우리가 이 관점을 강조한다면 우리는 그가 적어도 부분적

---

36) 같은 책, 같은 면.
37) *Concerning Body*, 1, 6, 12 ; *E.W.*, I, p. 81.

으로 그 시도에 실패했다고 말해야만 할 것이다. 그러나 홉즈가 시도
하려고 했던 것을 평가함에 있어서 그가 사실상 사용한 방법이나 방
법들에 관해서 그가 실제로 말하는 것을 고려하는 것이 이치에 맞는
것처럼 보인다.

홉즈는 확실히 과학과 인간이 수학에 진 빚을 강조한다. "왜냐하면
하늘의 관찰로부터이든 땅을 기술한 것으로부터이든, 시간의 표시법
으로부터이든 가장 먼 항해의 실험들로부터이든 인간의 삶에 도움을
주는 것은 무엇이나, 결국 오늘날에 있어서 고대의 미숙한 단순성과
다른 것들은 무엇이나 우리가 기하학에 지고 있는 빚임을 우리는 인
정해야만 하기 때문이다."[38] 예를 들어 천문학의 진보는 수학에 의해
서 가능하게 되었으며, 수학이 없었다면 아무런 진보도 없었을 것이
다. 그리고 응용 과학에 의해 베풀어진 이익도 역시 수학에 기인한
다. 만약 도덕 철학자들이 수학자들이 "양(量)의 본성을 기하학적 도
형들로"[39] 이해하는 것만큼이나 명백하게 인간의 정념과 행동의 본성
을 노고를 아끼지 않고 확인했다면, 전쟁을 추방하고 영속적인 평화
를 획득하는 것이 가능했을 것이다.

이것은 수학과 물리학 사이에 밀접한 관련이 있다는 것을 암시한
다. 그리고 사실상 홉즈는 이 관련을 주장한다. "자연 철학을 연구하
는 사람들은 기하학에서 출발하지 않는다면 헛되이 연구하는 것이다.
그리고 기하학을 모르는 그러한 문필가들이나 논쟁자들은 오직 그들
의 독자들과 청자들에게 시간 낭비만 시킨다."[40] 그러나 이것은 홉즈
가 운동과 양의 추상적 분석과 수학으로부터 자연 철학 전체를 연역
하려고 애썼다는 것을 의미하지는 않는다. 그가 "물리학 또는 자연의
현상"이라고 제목을 붙인 《물체론》의 제 4 부에서 그는 자신이 제 1 장
에서 제시했던 철학의 정의는 두 가지 방법이 있음을 보여준다고 말
한다. "하나는 사물의 발생에서 그것의 가능한 결과로 가는 방법이
며, 다른 하나는 그것의 결과 또는 현상으로부터 그것의 어떤 가능한
발생으로 가는 방법이다."[41] 앞에 나온 장들에서 그는 단지 정의와

---

38) *Concerning Government and Society*, 헌정 서한 ; *E.W.*, II, p. iv.
39) 같은 책, 같은 면.
40) *Concerning Body*, 1, 6, 6 ; *E.W.*, I, p. 73.
41) *Concerning Body*, 4, 1, 1 ; *E.W.*, I, pp. 387∼388.

그것의 함축만을 긍정하는 첫번째 방법을 따랐다. [42] 그는 이제 "감각을 통해 우리가 아는 자연의 현상 또는 결과에 의해 그것을 발생시킬지도 모르는(나는 발생시킨다고 말하지 않는다) 어떤 방법과 수단을 발견하는"[43] 두번째 방법을 사용하려 한다. 그는 이제 정의가 아니라 감각적 현상에서 출발하며 그것의 가능한 원인을 찾으려고 한다.

그러므로 만약 홉즈가 이 두 방법들의 사용과 철학에 대한 그 자신의 정의 사이의 연결을 주장한다면, 그의 새로운 경험적 자료의 도입은 그의 목적 성취의 "실패"로 적당하게 기술되지 않는다고 이치에 맞게 주장될 수 있다. 이 경우에 우리가 그를 모순이라고 비난하는 것은 정당화될 수 없는데, 말하자면 그것은 그가 심리학과 정치학에 도달할 때 새로운 출발을 하기 때문이다. 실로 그는 윤리학과 정치학의 지식을 종합적 방법에 의해서 얻기 위해서는 수학과 물리학의 사전 지식을 갖는 것이 필요하다고 말한다. 왜냐하면 종합적 방법은 모든 결과들을 제1원리에서 가깝거나 먼 결론으로 보는 것을 포함하기 때문이다. 그러나 나는 그가 이것으로써 지식 체계의 조직에 따라서 점진적으로 개별화된 주제에서 일반 원리의 예증을 철저히하는 것 이상을 의미한다고 생각하지 않는다. 우리는 운동의 법칙들로부터 인간을 연역할 수 없다. 우리는 첫째로 운동 법칙들 자체와 물체 일반에 대한 그것들의 적용, 둘째로 서로 다른 종류의 자연적인 물체들을(무생물과 생물)에 대한 그것들의 적용, 셋째로 국가라고 부르는 인공적 물체에 대한 그것들의 적용을 연구할 수 있다. 어쨌든 홉즈는 만약 분석적 방법을 사용한다면 수학과 물리학에 대한 사전 지식이 없이 도덕 철학과 정치 철학을 연구하는 것이 가능하다는 것을 알게 된다. 하나의 행동이 정당한가 또는 부당한가 하는 물음이 주어진다고 상상해 보자. 우리는 **부당한**이라는 개념을 법에 어긋나는 사실이라는 개념으로, 그리고 **법**이라는 개념을 강제적인 힘을 가진 사람의 **명령**이라는 개념으로 "분해할" 수 있다. 이 강제적인 힘이라는 개념은 그들이 평

---

42) 예를 들어 운동이나 물체의 어떤 정의가 주어지면, 운동이나 물체는 반드시 어떤 특성을 가질 것이다. 그러나 직접적으로 운동이나 물체가 있다는 결론이 되는 것은 아니다. 그 결과는 만약 운동이 있거나 물체가 있다면, 그것은 이 특성들을 가질 것이라는 것이다.
43) *E.W.*, I, p. 388.

화로운 삶을 살기 위해서 이 힘을 자발적으로 수립하는 사람들이라는
개념으로부터 이끌어낼 수 있다. 결국 우리는 인간의 욕구와 정념들
은 어떤 힘에 의해서 제한되지 않는다면 끊임없이 서로에게 전쟁을
불러일으킬 그런 종류의 것이라는 원리에 도달할 수 있다. 이것은
"그저 자신의 마음을 검토해 보면 어느 누구의 경험에 의해서도 그렇
다고 알려질 수 있을 것이다."[44] 그렇게 되면 우리는 종합적 방법을
사용함으로써 문제의 행동이 정당한가 또는 부당한가 하는 것을 결정
할 수 있다. 그리고 "분해"와 "합성"의 전 과정에서 우리는 더 먼 원
리들을 도입하지 않고 윤리학과 정치학의 영역 내에 머문다. 경험은
사실적 자료를 제공하며, 철학자는 원인이나 결과들을 더 멀고 일반
적인 원리들에 필연적으로 관련시키지 않고서도 사실적 자료들이 원
인과 결과의 합리적 조직 속에서 어떻게 연결되어 있는가를 체계적으
로 볼 수 있다. 홉즈는 의심할 바 없이 철학자는 자연 철학과 시민
철학 사이의 연관을 보아야 한다고 여겼다. 그러나 그가 윤리학과 정
치학의 상대적 독립성을 주장했다는 사실은 그가 심리학과 인간의 사
회적이고 정치적인 삶을 다룰 때 새로운 경험적 자료에 대한 필요를
잘 알고 있었다는 것을 충분하고도 명백하게 보여준다. 나는 홉즈와
대륙의 합리론자들 사이의 유사성을 부인하려고 하지 않는다. 그는
영국의 철학자들 중에서 체계를 창조하려고 했던 극소수의 사람들 가
운데 한 사람이다. 그러나 그가 순수 연역의 광신적인 숭배자는 아니
었다는 사실을 강조하는 것 역시 중요하다.

5. 홉즈의 유명론

홉즈에 의해 직시되었듯이, 이제 철학적 지식이 단지 개별자가 아
니라 보편자에 관계한다는 것은 명백하다. 철학은 제 1 원리 또는 보
편적 원인에 비추어 인과 관계들을 종합적이고 체계적으로 아는 것을
목표로 한다. 동시에 홉즈는 이름을 다룰 때 명백히 유명론자의 입장
을 주장한다. 홉즈는 각 철학자는 그의 생각을 기억하거나 회상하는

---

44) *Concerning Body*, 1, 6, 7 ; *E.W.*, I, p. 74.

것을 도와 줄 표시를 필요로 하며, 이 표시가 이름이라고 말한다. 나아가 만약 그가 자신의 생각을 다른 사람에게 전달하려 하면 이 표시들은 기호로서 소용될 수 있어야 하며, 표시들이 소위 "이야기" 속에서 함께 연결될 때 표시들은 기호로서 소용될 수 있다. 따라서 그는 다음과 같이 정의를 내린다. "이름은 표시의 구실을 하기 위해서 임의로 선택된[45] 낱말이다. 그것은 우리가 전에 가졌던 어떤 생각과 닮은 생각을 우리 마음에 불러일으킬지도 모르며, 다른 사람들에게 발음이 되면 그들에게는 말하는 사람이 전에 그의 마음에 가졌거나 또는 갖지 않았던 어떤 생각의 기호가 될 것이다."[46] 이것은 각 이름이 어떤 것의 이름이어야 한다는 것을 의미하지는 않는다. 무 라는 낱말은 어떤 특수한 종류의 것을 내포하지 않는다. 그러나 사물들을 지시하는 이름 중에서 어떤 것은 하나의 사물에 특유한(호메로스 나 이 사람 과 같은) 것인 반면에 다른 것은 많은 사물에 공통된 (사람 또는 나무 와 같은) 것들이다. 그리고 이 공통된 이름들은 "보편적"이라고 불린다. 즉 "보편적"이라는 용어는 이름에 의해서 지시된 대상이 아니라 이름의 속성이라고 본다. 왜냐하면 그 이름은 집합적으로 선택된 많은 개별적 사물의 이름이기 때문이다. 그것들 중의 어느 것도 보편자가 아니다. 또는 이 개별적 사물과 나란히 어떤 보편적 사물이 있는 것도 아니다. 나아가 보편적 이름은 어떤 보편 개념을 나타내는 것이 아니다. "보편적이라는 이 낱말은 자연에 존재하는 어떤 사물의 이름이거나 또는 마음 속에 형성된 어떤 관념이나 환상의 이름이 결코 아니라, 항상 어떤 낱말 또는 이름의 이름이다. 따라서 생물, 돌, 정신, 또는 어떤 다른 사물이 보편적이라고 할 때 어떤 사람, 돌 등이 보편적이었다거나 보편적일 수 있다고 이해되어서는 안 되며, 단지 생물, 돌 등의 낱말들이 보편적 이름들, 즉 많은 사물들에 공통된 이름이라고 이해되어야 한다. 그것에 부합하는 우리 마음 속의 개념들은 여러 생물들 또는 다른 사물들의 심상과 환상이다."[47] 홉즈는 사유 가능한 것과 상상 가능한 것을 동일시하는 경향이 있었기 때문에 자연히 보

---

45) 홉즈는 여기서 언어의 약정적 특성을 언급하고 있다. 이름은 약정적인 표시와 기호이다.

46) *Concerning Body*, 1, 2, 4 ; *E.W.*, I, p. 16.

47) *Concerning Body*, 1, 2, 9 ; *E.W.*, I, p. 20.

편 개념이나 관념의 여지를 발견할 수 없었으며, 따라서 단지 공통된 이름들에 보편성이 있다고 생각했다. 그는 사물들 사이의 유사성에 관해 언급하는 것 이외에는 우리가 개별적 사물들의 집합에 공통된 이름을 사용하는 것에 대한 정당성을 충분히 설명하지 못한다. "많은 사물들이 어떤 성질 또는 다른 우연적 성질에서 비슷하기 때문에 하나의 보편적 이름이 그 사물들에 부과된다."[48] 그러나 그가 유명론적 입장에서 말한 것은 명백하다.

오컴[49]과 중세의 다른 선구자들과 마찬가지로, 흡즈는 "1차 개념"의 이름이나 용어와 "2차 개념"의 이름을 구별한다. 그는 보편, 유(類), 종(種) 그리고 삼단논법과 같은 논리적 용어들은 "이름과·이야기의 이름들"이라고 말한다. 그것들은 2차 개념의 용어들이다. 사람 또는 돌과 같은 낱말은 1차 개념의 이름이다. 어떤 사람은 아마도 흡즈가 2차 개념의 용어들은 다른 용어를 나타내는 반면에 1차 개념의 용어들은 사물을 나타내며, 1차 개념의 보편적 용어들은 물론 어떤 보편적 사물이 아니라 다수의 개별적 사물을 나타낸다고 말함에 있어서 오컴을 따를 것이라고 기대할지도 모른다. 그러나 이것은 실제로 그가 말하는 것이 아니다. 참으로 그는 "사람", "나무", "돌"과 같은 이름은 "사물 자체의 이름이다"[50]라고 말한다. 그러나 그는 "이야기에 배열된 이름들은 우리 개념들의 기호이기 때문에, 그것들이 사물들 자체의 기호가 아니라는 것은 명백하다"[51]고 주장한다. 돌과 같은 이름은 "개념", 즉 환상이나 심상의 기호이다. 만약 존이 피터에게 말할 때 이 낱말을 사용한다면, 그것은 피터에 대한 존의 생각의 기호이다. "이야기의 일반적 용법은 우리의 마음 속 이야기를 말로 옮기는 것이다. 또는 계속 떠오르는 우리의 생각을 낱말들의 연속으로 옮기는 것이다."[52] 만약 "사고" 또는 "개념"이 심상이라면, 보편성이 단지 낱말들에 돌려질 수 있다는 것은 명백하다. 그러나 설령 보편적

48) *Leviathan*, 1, 4 ; *E.W*., III, p. 21.
49) 이 점에 관한 오컴 이론의 설명은 F. Copleston, *A History of Philosophy*, 제 3 권 55면 이하를 볼 것.
50) *Concerning Body*, 1, 2, 6 ; *E.W*., I, p. 17.
51) *Concerning Body*, 1, 2, 5 ; *E.W*., I, p. 17.
52) *Leviathan*, 1, 4 ; *E.W*., III, p. 19.

낱말이나 용어가 직접적으로 심적 표상 또는 홉즈가 때때로 표현하듯이 "허구"를 의미한다고 해도, 이것이 보편적 낱말이나 용어가 실재와 아무런 관계도 맺지 않는다는 것을 필연적으로 의미하지는 않는다. 왜냐하면 심적 표상 자체가 사물들로 말미암는 한, 그것은 간접적 관계를 가질 수 있기 때문이다. "사고"는 "보통 대상이라고 불리는 우리 외부의 물체의 어떤 성질 또는 다른 우연적 성질의 표상 또는 현상이다. 그 대상은 사람의 눈, 귀 그리고 신체의 다른 부분들에 작용한다. 그리고 작용의 다양성은 현상들의 다양성을 산출한다. 그 모든 것들의 기원은 우리가 감각이라고 부르는 것이다. 왜냐하면 그것은 전체적으로든 부분적으로든 맨 처음 감각 기관들에 생기지 않았던 개념이 인간의 마음 속에 있을 수는 없기 때문이다. 나머지는 그 기원으로부터 파생된다."[53] 따라서 비록 보편성이 오직 "사고들"을 의미하는 낱말에 속할지라도, 보편 언명들과 실재 사이에는 간접적 관계가 있다(여기에서의 "실재"는 현상들의 영역을 의미하는 것으로 여겨져야 하기는 하지만). 실로 홉즈가 기억과 동일시하는 경험과 과학 사이에는 커다란 차이가 있다. 그의 유명한 명제를 이용한다면 "경험은 아무 것도 보편적으로 결정짓지 못한다."[54] 그러나 "보편적으로 결정짓는" 과학은 감각 경험에 기초한다.

그러므로 만약 우리가 홉즈 철학의 경험주의적 측면을 강조한다면, 그의 유명론이 필연적으로 회의주의, 다시 말해서 과학 명제들의 실제 지시체에 관한 의심에 물들어 있는 것은 아니라고 주장할 수 있다. 과연 과학은 현상의 영역에 관계한다는 결론이 될지도 모른다. 왜냐하면 현상은 심상을 산출하고, 심상은 낱말로 번역되며, 이야기 안에서 그것들의 연결이 과학을 가능하게 하기 때문이다. 그러나 과학의 결론들은 현상의 영역 내에서만 적용될 수 있다고 말할 수 있다. 그리고 다른 어떤 영역에 관해서 철학자나 과학자는 아무 것도 말할 수 없다. 유명론적 기초 위에 구축된 이론들과 인과 설명들은 홉즈가 그렇다고 말했듯이 가설적이며 조건적인 것이 될 것이다. 그러나 과학적 결론들을 경험 안에서 검증 또는 적어도 시험하는 것은

---

53) *Leviathan*, 1, 1 ; *E.W.*, III, p. 1.
54) *Human Nature*, 1, 4, 10 ; *E.W.*, IV, p. 18.

가능할 것이다. 그렇지만 과학에서 실험적 방법을 크게 존중하지 않았던 홉즈는 사실상 검증에 관하여 말하지 않는다.

물론 홉즈의 사상에는 확실히 중요한 경험주의적 요소가 있기는 하지만, 그는 단순한 경험주의자는 결코 아니다. 철학과 과학을 말할 때 그가 강조하는 것은 제 1 원리들로부터 결과들을 연역하는 것이다. 우리가 보았듯이 그는 원리들의 지식에 도달함에 있어서 분석적 또는 귀납적 방법의 사용을 명백히 인정한다. 그러나 그가 과학적 절차의 표시로서 강조하는 것은 긍정의 결과의 연역이다. 그리고 연역이 출발하는 원리는 정의이며, 정의는 단지 낱말의 의미의 설명이라는 그의 분명한 진술에 주목하는 것이 중요하다. 정의는 "의미의 고정" 또는 "낱말의 고정된 의미"[55]이다. 더 정확하게 말하면, 정의는 "가능할 때는 그것의 술어가 주어를 분해하며, 그렇지 않을 때는 동일한 것임을 예증하는 하나의 명제"[56]이다. 정의는 논증의 유일한 원리이며, 그것은 "이야기의 발명자들에 의해 임의로 구성되었으며, 따라서 논증될 수 없는 진리"[57]이다.

만약 이것이 정의는 낱말의 의미의 임의적인 결정에 불과하다는 것을 의미하는 것으로 여겨진다면, 그러한 정의로부터 파생된 결론에는 다소간 임의성이 있음에 틀림없다. 그렇게 되면 우리는 과학 명제와 실재 사이의 절연에 직면한다. 과학 명제들이 실재에 적용될 수 있다는 보장이 전혀 없는 것이다. 데카르트의 《성찰》에 대한 홉즈의 반대에서 우리는 다음과 같이 주목할 만한 구절을 발견한다. "그러나 만약 추리가 어쩌면 이다(is)라는 낱말에 의해서 이름 또는 명칭들을 결합하고 연결하는 것에 불과하다면, 이제 우리는 뭐라고 말할 것인가? 이 경우 그것들의 의미에 관하여 우리가 임의로 수립했던 규약에 따라서 우리가 사물의 이름들을 결합하든지 또는 그렇지 않든지간에, 이성은 사물의 본성에 관하여 아무런 결론도 제시하지 못하며, 단지 그것들의 이름에 관하여 결론을 제시한다. 만약 이것이 사실이라면, 추리는 이름에, 이름은 심상에, 그리고 내가 생각한 것처럼 심

---

55) *Leviathan*, 1, 4와 5 ; *E.W.*, III, pp. 24와 33.
56) *Concerning Body*, 1, 6, 14 ; *E.W.*, I, pp. 83~84.
57) *Concerning Body*, 1, 3, 9 ; *E.W.*, I, p. 37.

상들은 아마도 신체 기관의 운동에 의존할 것이다. "[58] 비록 이 구절에서 홉즈가 추리는 단지 낱말들 사이의 연결을 수립한다고 독단적으로 말하지는 않지만, 그는 확실히 그것을 암시한다. 그리고 많은 주석가들이 홉즈에게서 철학 또는 과학은 필연적으로 주관주의에 의해 영향을 받는다는 결론을 이끌어냈으며, 그들이 그의 유명론적 회의주의를 말했다는 것은 놀랄 만한 일이 아니다.

때때로 홉즈의 주장은 다른 모습으로 해석할 수 있다. 예를 들어 그는 "제 1진리들은 우선 무엇보다도 사물에 이름을 부과했던, 또는 다른 사람들의 부과로부터 그것을 받아들였던 사람들에 의해서 임의로 만들어진다"[59]고 말한다. 그러나 이 진술은 어쨌든 만약 사람들이 사실상 용어가 의미하는 것으로 되었던 것 이외의 다른 어떤 것을 의미하는 것을 포함한 용어를 사용했다면 명제는 참이 되지 않으리라는 것을 의미한다고 생각될 수 있다. [60] "왜냐하면 예를 들어 **인간은 생물**이다는 참이지만, 사람들이 기꺼이 동일한 사물에 그런 두 가지 이름을 부과했던 것은 이 이유로 인한 것이기 때문이다."[61] 만약 **생물**이라는 용어가 돌을 의미하는 것으로 만들어졌다면, 인간은 생물이라고 말하는 것은 참이 될 수 없었을 것이다. 그리고 이것은 명백히 사실이다. 게다가 홉즈가 "정의는 어떤 사물의 본질이다"[62]라고 말하는 것은 거짓이라고 주장할 때, 그는 아리스토텔레스에 의해서 사용된 표현의 형식을 거부하고 있는 것이다. 그리고 "정의는 어떤 사물의 본질이 아니라, 우리가 그것에 관하여 본질을 생각하는 것을 의미하는 하나의 이야기이다"라는 바로 뒤의 소견은 그것만으로 "회의적인" 주장은 아니다. 왜냐하면 그것은 우리가 본질[63]의 어떤 관념이나 개

58) *Objection*, IV; *O.L.*, pp. 257~258.

59) *Concerning Body*, 1, 3, 8 ; *E.W.*, I, p. 36.

60) 홉즈는 참과 거짓은 명제들의 속성이라고 할 수 있는 것이며, 결코 사물들의 속성이라고는 할 수 없다고 주장한다. 참이라는 것은 "사물의 어떤 성질이 아니라, 그것에 관한 명제의 성질이다"(*Concerning Body*, 1, 3, 7 ; *E.W.*, I, p. 35).

61) 같은 책, 같은 면.

62) *Concerning Body*, 1, 5, 7 ; *E.W.*, I, p. 60.

63) 한 사물의 "본질"은 "그것 때문에 우리가 한 물체에 어떤 이름을 부여하는 우연적 성질이거나, 또는 그것의 주체를 명명하는 우연적 성질

념, 즉 정의에서 설명되는 이름에 의해 의미되는 하나의 관념을 가진 다는 것을 함축한다고 여겨질 수 있기 때문이다. 나아가 홉즈가 낱말 은 "단순한 이름"이라고 말할 때, 그는 낱말에 의해 의미된 관념은 실재와 아무런 관계도 없다는 것을 필연적으로 의미하지는 않는다는 것이 지적될 수 있다. 예를 들어 그가 자신의 목적을 위해서 아리스 토텔레스적 용어인 "제1질료"를 채택할 때, 그는 이 제1질료(first matter or materia prima)가 무엇인지 묻고, 그것은 "단순한 이름"이라 고 대답한다.[64] 그러나 그는 곧 "하지만 그 이름은 쓸데없는 것은 아 니다. 왜냐하면 그것은 오직 크기 또는 연장, 그리고 현상과 다른 우 연적 성질을 받아들이는 성향을 제외하고는 어떠한 형상 또는 다른 우연적 성질도 고려하지 않은 물체의 개념을 의미하기 때문이다"[65]고 덧붙인다. 홉즈에게서 "제1질료"와 "물체 일반"은 같은 뜻의 용어이 다. 그리고 물체 일반이란 없다. "그러므로 제1질료는 무(無)이 다."[66] 즉 그 이름에 상응하는 어떤 사물도 없다. 이런 의미에서 그 용어는 "단순한 이름"이다. 그러나 그것은 물체를 생각하는 하나의 방법을 의미한다. 그리고 물체는 존재한다. 그러므로 그 이름이 어떤 **사물**의 이름은 아닐지라도 그것은 실재와 어떤 관계를 갖는다.

그러나 홉즈가 회의주의자라는 진술이 과장된 표현이라 할지라도, 우리가 원인에서 결과로 나아가든지 또는 결과에서 원인으로 나아가 든지, 우리가 단지 가능한 결과들 또는 가능한 원인들의 지식을 획득 한다는 것은 여전히 참이다. 우리가 얻을 수 있는 유일하게 확실한 지식은 명제들이 함축하는 지식이다. 만약 A가 B를 함축하고, 그리 고 만약 A가 참이면 B는 참이다.

나에게는 철학 또는 과학에 관한 홉즈의 해석에는 그가 명백히 구 별하지 못했던 서로 다른 사고의 가닥들이 있는 것처럼 보인다. 소위 "자연 과학"에서 설명적 이론은 격에 맞게 가설적이며, 우리는 기껏 해야 단지 매우 높은 정도의 개연성에 도달할 수 있을 뿐이라는 생각

이다. … 연장이 물체의 본질인 것처럼"(*Concerning Body*, 2, 8, 23 ; E.W., I, p. 117).

64) *Concerning Body*, 2, 8, 24 ; E.W., I, p. 118.

65) 같은 책, 같은 면.   66) 같은 책, 같은 면.

38

이 아마도 사고의 한 가닥을 대표한다고 할 수 있을지도 모르겠다. 수학에서 우리는 정의에서 시작해서 그것의 함축을 발전시키며, 따라서 순수 수학에서 우리는 단지 형식적인 함축에 관계하는 것이지 "실제 세계"와 관계하지는 않는다는 생각이 다른 한 가닥을 대표한다. 그리고 이 두 생각은 현대 경험주의에서 다시 나타난다. 그러나 홉즈는 역시 연역적인 철학 체계라는 합리주의자의 이상에 의해 영향받았다. 그에게서 수학의 제1원리들은 "공준"(公準)이지 진정한 제1원리들이 아닌데, 그것은 그가 그것들을 논증 가능하다고 여겼기 때문이다. 수학과 물리학에 선행하는 궁극적인 제1원리들이 있다. 그런데 대륙적 유형의 합리주의에서는 제1원리들의 진리는 직관적으로 알려져야만 하며, 그것들로부터 연역될 수 있는 모든 명제들은 확실히 참일 것이다. 그리고 어떤 때는 홉즈는 이것이 그가 생각하는 것임을 표시하는 것처럼 보인다. 그러나 다른 때는 홉즈는 현대 경험주의자가 수학적 정의들은 임의적이라고 말할지도 모르는 그런 의미에서 마치 제1원리 또는 정의가 "임의적인" 것처럼 말한다. 그리고 나서 그는 과학 또는 철학의 전체는 단지 "이름들"에 관한 추리, 임의로 수립된 정의 또는 의미들의 결과에 관한 추리에 불과하다는 결론을 이끌어낸다. 그렇게 되면 우리는 대륙 합리론의 정신에는 맞지 않는 철학과 세계 사이의 절연에 직면하게 된다. 게다가 우리는 홉즈에게서 하나의 완전한 통일체적인 과학관(monolithic idea of science)을 발견할 수 있다. 여기에 따르면 제1원리들로부터 연역적인 방법으로 점진적인 발전이 있으며, 따라서 만약 시종 일관되게 주장된다면, 예를 들어 순수 과학과 경험 과학 사이의 중요한 차이들을 간과하게 될 것이다. 그와 동시에 우리는 논리적으로 앞서는 철학의 부분에 관계없이 윤리학과 정치학의 원리가 실험적으로 알려질 수 있다는 이유로, 윤리학과 정치학이 상대적인 독립성을 갖는다고 인식하는 것을 발견한다.

그러므로 만약 이 다양한 생각들과 사고의 경향이 홉즈의 마음에 함께 있다면, 서로 다른 역사가들이 그들이 그의 철학의 어떤 한 측면에 부여했던 가지각색의 강조의 정도에 따라 서로 다른 방법으로 그를 해석했다는 것은 놀랍지 않다. 그가 "회의적 유명론자"였다는 견해에 대해서 말하자면, 우리가 보았듯이 그의 유명론은 명백히 진

술되며, "회의주의"라는 비난이 그의 저작들 속에서 지지되지 않는
것은 아니다. 그러나 나는 그의 철학적 저작들을 총괄하여 읽는 어떤
사람도 "회의주의자"가 홉즈에게 주어질 가장 적합한 호칭이라는 인
상을 자연스럽게 형성하리라고는 생각하지 않는다. 유명론이 결국 회
의주의가 된다거나 또는 당연히 될 것이라는 것은 의심할 바 없이 논
의의 여지가 있다. 그러나 홉즈는 다행스럽게도 그의 유명론을 그것
과 거의 양립할 수 없는 관점들과 결합시켰다. 의심할 바 없이 철학,
수학과 경험 과학을 충분히 구별하지 못한 데서 수많은 혼동이 발생
했다. 그러나 우리는 이것을 홉즈의 탓으로 돌릴 수 없을 것 같다.
17세기에서 철학과 과학은 명백하게 구별되지 않았으며, 따라서 홉
즈가 그것들을 충분히 구별하지 못했던 것도 놀랄 만한 일이 아니다.
그러나 물론 철학을 물체의 연구에 국한시킴으로써 그는 어떤 경우에
나 그랬을 것보다도 자신이 구별하는 것을 훨씬 더 어렵게 만들었다.

6. 인과율과 기계론

우리가 보았듯이 철학은 원인의 발견에 관계한다. 홉즈는 "원인"에
의해서 무엇을 이해하는가? "원인이란 제출된 결과의 산출과 동시에
일어나는 것과 같은 모든 우연적 성질들(능동자와 수동자 양쪽에 있
는)의 총계 또는 집합이다. 동시에 존재하는 모든 우연적 성질과 함
께 결과가 존재하지 않으면 원인은 이해될 수 없다. 또는 그것들 중
의 어느 하나가 없을지라도 아마도 결과가 존재할 수 있으리라는 것
은 이해될 수 없다."[67] 그러나 이 정의를 이해하기 위해서 우리는 먼
저 홉즈가 "우연적 성질"에 의해 의미하는 것을 이해해야 한다. 그는
이것을 "우리의 물체 개념의 방식"[68]으로 정의한다. 그리고 그는 이
것을 "우연적 성질이란 그것에 의해서 물체가 우리 안에 물체 자체의
개념을 일으키게 하는 물체의 기능이다"[69]고 말하는 것과 동일한 것

---

67) *Concerning Body*, 1, 6, 10 ; *E.W.*, I, p. 77.
68) *Concerning Body*, 2, 8, 2 ; *E.W.*, I, p. 104.
69) *E.W.*, I, p. 103.

40

이라고 주장한다. 그러므로 만약 우리가 우연적 성질들을 "현상들"이라고 부르기로 결정한다면, 우리는 홉즈에게서 어떤 주어진 결과의 원인은 결과 산출에서 다음과 같은 방식으로 동시에 일어나는 현상들(능동자와 수동자 모두에 있어서)의 총계라고 말할 수 있다. 만약 현상들의 전 집합이 현전한다면, 우리는 결과의 부재를 생각할 수 없다. 그리고 만약 현상들의 집합 중 어느 하나라도 없다면, 우리는 결과의 산출을 생각할 수 없다. 따라서 어떤 사물의 원인은 그 사물이 존재하기 위해서 필요로 하는 모든 조건들(즉 능동자와 수동자 모두에게 필요로 하는 조건들)의 총계이다. 만약 물체 A가 물체 B에 운동을 발생시킨다면, A는 능동자이며 B는 수동자이다. 따라서 만약 불이 내 손을 따뜻하게 한다면, 불이 능동자이고 손이 수동자이다. 수동자에 발생된 우연적 성질은 불의 작용의 결과이다. 그리고 이 결과의 원인(즉 완전한 원인)은 다음과 같이 정의에 약간 변화를 준 것이다. "능동자들(그것들이 아무리 많더라도)과 수동자 양쪽의 모든 우연적 성질의 집합이 원인을 구성한다. 그것들이 모두 현전한다고 상정될 때, 결과가 동시에 산출되지 않으면 원인은 이해될 수 없다. 그리고 만약 그것들 중 어느 하나라도 없을 경우 결과가 산출된다면 원인은 이해될 수 없다."[70]

위에 정의된 것과 같은 "완전한 원인" 안에서 홉즈는 "동력인"과 "질료인"을 구별한다. 전자는 실제로 산출되는 하나의 결과의 산출에 필요한 능동자 또는 능동자들 안의 우연적 성질의 집합인 반면에, 후자는 수동자 안에 없어서는 안 될 우연적 성질의 집합이다. 양자가 함께 완전한 원인을 구성한다. 실로 우리는 능동자의 힘과 수동자의 힘에 관해서, 또는 차라리 능동자의 능동적 힘과 수동자의 수동적 힘에 관해서 말할 수 있다. 그러나 이것들은 각각 동력인과 질료인이라는 것과 객관적으로 동일한 것이다. 그렇지만 우리는 서로 다른 관점에서 동일한 것들을 고려할 수 있기 때문에 서로 다른 용어들이 사용되는 것이다. 능동자 안의 우연적 성질들의 집합은 이미 산출된 결과에 관하여 고려될 때 동력인이라 불리고, 미래에 관하여 나중에 산출될 결과에 관하여 고려될 때 그것은 능동자의 능동적 힘이라고 불린

---

70) *Concerning Body*, 2, 9, 3 ; *E.W.*, I, pp. 121~122.

다. 마찬가지로 수동자 안의 작용의 집합이 과거에 관하여, 즉 이미 산출된 결과에 관하여 고려될 때 질료인이라고 불리며, 미래에 관하여 고려될 때 수동자의 수동적 힘이라고 불린다. 소위 "형상인"과 "목적인"에 관해서 말한다면, 이것들은 둘 다 동력인으로 환원될 수 있다. "왜냐하면 이성적이라는 것이 인간의 원인이라는 것처럼 한 사물의 본질이 그것의 원인이라고 할 때, 그것은 이해될 수 없기 때문이다. 왜냐하면 그것은 마치 보통 그렇게 말하지 않는 인간임이 인간의 원인이라고 하는 것과 결국 같은 것이기 때문이다. 그럼에도 불구하고 어떤 사물의 본질의 지식은 그 사물 자체의 지식의 원인이다. 왜냐하면 만약 내가 우선 하나의 사물이 이성적이라는 것을 안다면, 나는 거기서부터 동일한 것이 인간이라는 것을 알기 때문이다. 그러나 이것은 다름 아닌 동력인이다. 목적인은 감각과 의지를 가지는 것과 같은 사물들 이외에는 여지가 없다. 그리고 나는 지금부터 이것도 역시 동력인이라는 것을 증명할 것이다."[71] 홉즈에게서 목적인은 단지 동력인이 사람 안에서 신중히 작용하는 방식에 불과하다.

홉즈의 인과율 분석에 관한 앞의 설명에서 우리는 그가 어떻게 스콜라 철학의 용어를 사용하며, 자신의 철학에 따라 어떻게 그것들을 해석하거나 또는 그것들의 의미를 부여하는지 알아차릴 수 있다. 어느 면으로 보나 우리에게는 단지 동력인만이 남게 된다. 그런데 만약 완전한 동력인이 현전한다면 결과는 산출된다. 참으로 일단 원인에 대한 홉즈의 정의가 주어지면 이 언명은 필연적으로 참이다. 왜냐하면 만약 결과가 산출되지 않는다면, 그 원인은 완전한 원인일 수 없기 때문이다. 게다가 "어느 순간에도 원인은 완전하며, 동일한 순간에 결과가 산출된다. 왜냐하면 만약 그것이 산출되지 않으면, 그것의 산출에 필요한 무엇인가가 여전히 부족하기 때문이다. 그러므로 상정되었던 것처럼 원인은 완전한 것이 아니었다."[72]

이 고찰들로부터 홉즈는 중요한 결론을 이끌어 낸다. 우리는 원인이 현전할 때 결과는 항상 그리고 동시적으로 뒤따른다는 것을 알았다. 그러므로 일단 원인이 주어지면 결과는 산출될 수밖에 없다. 따라서

---

71) *Concerning Body*, 2, 10, 7 ; *E.W.*, I, pp. 131~132.
72) *Concerning Body*, 2, 9, 5 ; *E.W.*, I, p. 123.

결과는 필연적으로 원인으로부터 잇따라 일어난다. 그러므로 원인은 필연적 원인이다. 그렇다면 결론은 "있었던 또는 산출된 모든 결과들은 선행하는 사물들 속에 그것들의 필연성을 갖는다"[73]는 것이다. 적어도 만약 자유가 필연성의 부재를 함축하는 것으로 여겨진다면, 이것은 즉시 인간에 있어서 모든 자유를 배제한다. 참으로 만약 행위자가 자유롭다고 부르는 것이 단순히 그는 그의 행위에 있어서 방해받지 않는다고 말하는 것이라면, 이렇게 말하는 방식은 의미를 갖는다. 그러나 만약 누군가가 그 형용어구에 의해서 "반대에 의해서 방해받는 것으로부터 자유로운" 이상의 것을 의미한다면 "나는 그가 잘못되어 있다고 말할 것이 아니라, 그의 낱말들이 의미가 없다고, 즉 터무니없다고 말해야 한다."[74] 일단 원인이 주어지면 결과는 필연적으로 뒤따른다. 만약 결과가 뒤따르지 않는다면, 원인(즉 완전한 원인)은 현전하지 않는다. 그리고 이야기는 그것으로 전부이다.

그러므로 철학은 필연적 인과율에 관계한다. 왜냐하면 다른 아무 것도 있을 수 없기 때문이다. 그리고 인과 행위는 능동자와 수동자 모두가 물체일 때, 능동자에 의해 수동자 안에 운동이 산출된 것에 있다. 무로부터의 창조, 비물질적인 인과 행위, 자유로운 원인과 같은 관념은 철학에 들어설 여지가 없다. 우리는 단지 운동중인 물체가 운동중인 인접 물체에 미치는 작용, 필연적이고 기계적으로 작용하는 동역학의 법칙에 관계한다. 그리고 이것은 무의식적인 물체의 행위만큼이나 인간의 행위에 적용된다. 참으로 이성적 존재의 고의적인 행위는 생명없는 물체의 행위와 다르다. 이런 의미에서 법칙은 다른 방식으로 작용한다. 그러나 홉즈에게서 기계론적인 결정론은 인간이 아닌 것의 영역에서처럼 인간에서도 마지막 말을 하여 상대방의 입을 봉한다. 이 점에서 그의 철학은 갈릴레이적인 동역학이 설명적 원리로서 얼마나 멀리 확장될 수 있는지 보려는 시도라고 말할 수 있다.

7. 공간과 시간

홉즈가 모든 결과는 필연적인 선행 원인을 갖는다고 믿었다는 사실

---

73) 같은 책, 같은 면. 　　　　74) *Leviathan*, 1, 5 ; *E.W.*, III, p. 33.

이 그는 우리가 주어진 사건의 원인이 무엇인지 확실히 결정할 수 있다고 믿었다는 것을 의미하지는 않는다. 이미 우리가 보았듯이 철학자는 결과로부터 가능한 원인까지, 그리고 원인으로부터 가능한 결과까지를 논한다. 그리고 사실의 "결과"에 관한 우리의 모든 지식은 가설적이거나 조건적이다. 실로 이것이 틀림없이 그렇다는 것은 원인의 정의에서 "우연적 성질"이라는 낱말의 용법에 의해서 나타난다. 왜냐하면 우연적 성질 자체는 "우리의 물체 개념의 방식"으로 정의되었기 때문이다. 그래서 우연적 성질들, 완전한 원인을 형성하는 우연적 성질들의 집합은 마음과 관계를 가지며 우리가 사물들을 보는 방식과 관계를 가지는 것으로 정의된다. 우리는 인과 관계들이 사실상 우리가 그렇다고 생각하는 것이라는 절대적 확실성에 도달할 수 없다.

주관주의와 유사한 경향(나는 더 강력하게 표현하고자 하지 않을 것이다)을 홉즈의 공간과 시간의 정의에서 볼 수 있다. 왜냐하면 공간은 "단순히 마음 밖에 존재하는 사물의 환상"[75]으로 정의되며, 시간은 "운동에 있어서 전후의 환상"[76]으로 정의되기 때문이다. 물론 홉즈가 마음의 외부에 존재하는 사물이 환상 또는 심상이라는 뜻으로 말하는 것은 아니다. 그는 물체의 존재를 의심하지 않았다. 그러나 우리는 "우리가 그것 속에서 어떤 다른 우연적 성질도 고려하지 못하며, 단지 그것이 우리 밖에 나타난다는 것(즉 그것이 외적이라는 사실)만을 고려하는" 하나의 사물의 환상 또는 심상을 가질 수 있다. 그리고 공간은 이 심상으로 정의될 수 있다. 실로 그 심상은 객관적 토대를 가지며, 홉즈에게는 이것을 부인하려는 의사가 없다. 그러나 이것이 그가 주관적 수식의 말로 공간을 정의한다는 사실을 변경시키는 것은 아니다. 시간도 역시 객관적 토대, 즉 물체들의 운동을 갖는다. 그러나 그럼에도 불구하고 그것은 환상으로 정의되며, 따라서 "우리 밖의 사물들이 아니라 단지 마음의 생각들 안에"[77] 있는 것이라고 한다.

공간과 시간에 관한 이 정의들이 주어지면, 홉즈는 자연히 공간과

---

75) *Concerning Body*, 2, 7, 2 ; *E.W.*, I, p. 94.
76) *E.W.*, I, p. 95.
77) *Concerning Body*, 2, 7, 3 ; *E.W.*, I, p. 94.

44

시간이 무한한지 또는 유한한지 하는 물음에 대하여 그 대답은 단지 우리의 상상력, 즉 우리가 공간과 시간을 유한하게 또는 그렇지 않게 상상하는지의 여부에 의존한다고 대답한다. 우리는 시간을 시작과 끝을 가진 것으로 상상할 수 있거나, 또는 어떤 설정된 한계들이 없는, 즉 막연히 확장되는 것으로 상상할 수 있다. (마찬가지로 우리가 수는 무한하다고 말할 때, 우리는 단지 어떤 수도 표현되지 않는다거나 또는 수는 막연한 이름이라는 것을 의미한다.) 공간과 시간의 무한 분할 가능성에 관해서 말하자면, 이것은 "나누어지는 것은 무엇이나 다시 나누어질 수도 있는 그런 부분들로 나누어진다거나, 또는 가장 작게 나누어질 수 있는 것이 주어질 수 없는 그런 부분들로 나누어진다거나, 또는 어떤 양도 그렇게 적을 수는 없지만 더욱 적은 양이 취해질 수도 있다고 말하는 기하학자들이 갖는 그런 부분들로 나누어진다"[78]는 의미로 여겨질 수 있다.

8. 물체와 우연적 성질

우리가 보았듯이 공간의 객관적 토대는 존재하는 물체이며, 그것은 모든 우연적 성질로부터의 추상에서 고려될 수 있다. 그것은 그것의 연장 때문에 "물체"라고 불리며, 우리 사고에 의존하지 않기 때문에 "현존하는" 것이라고 불린다. "그것은 우리의 사고에 의존하지 않기 때문에, 우리는 그것을 자연히 존속하는 하나의 사물이라고 부른다. 그리고 그것은 우리 밖에 있기 때문에 마찬가지로 현존하는 것이라고 부른다."[79] 그것은 역시 "주체"라고도 불리는데, "왜냐하면 그것은 상상의 공간에 있으며 거기에 종속되어 있어서, 감각 기관에 의해서 지각될 뿐만 아니라 이성에 의해서 이해될 수도 있기 때문이다. 그러므로 물체의 정의는 물체란 우리 사고에 의존하지 않으며 공간의 어떤 부분과 일치하며 동연적인 것이라고 될 수도 있다."[80] 이렇게 인간의 사고

78) *Concerning Body*, 2, 7, 13 ; *E.W.*, I, p. 100.
79) *Concerning Body*, 2, 8, 1 ; *E.W.*, I, p. 102.
80) 같은 책, 같은 면.

의 객관성 또는 독립성이 물체의 정의에 들어간다. 그러나 동시에 물
체는 우리 사고에 의존하지 않는 것으로서, 그리고 상상의 공간에 종
속되기 때문에 알 수 있는 것으로서 우리 사고에 관하여 정의된다.
만약 누구든지 이 생각을 그것만으로 고려한다면 그것은 대단히 칸트
적인 맛을 풍긴다.

물체는 우연적 성질들을 갖는다. 우연적 성질의 정의는 "우리의 물
체 개념의 방식"으로 이미 주어졌다. 그러나 여기서 약간의 추가 설
명이 적절할 것 같다. 만약 우리가 "무엇이 딱딱한가?" 하고 묻는다
면, 우리는 구체적인 이름의 정의를 묻고 있는 것이다. "그것에 관하
여 어떤 부분이 장소를 내주는 것이 아니라 전체가 장소를 내줄 때
그것은 딱딱하다는 것이 그 대답이 될 것이다."[81] 그러나 만약 우리
가 "딱딱함이란 무엇인가?" 하고 묻는다면, 우리는 하나의 추상적인
이름에 관한 물음, 즉 왜 사물이 딱딱한 것으로 나타나느냐는 것을
묻고 있는 것이다. 따라서 "왜 부분이 아니라 전체가 장소를 내주는
가 하는 데에 관한 하나의 원인이 보여져야 한다."[82] 그리고 이것을
묻는 것은 우리에게 어떤 물체의 개념을 발생시키는 물체 안에 있는
것이 무엇인지를 묻는 것이다. 앞에서 언급된 것처럼 홉즈에 따르면,
우연적 성질을 우리가 물체를 생각하는 방식이라고 말하는 것은, 우
연적 성질이란 우리에게 그것 자체의 어떤 개념을 산출하는 물체 안
의 기능이라고 말하는 것과 동일한 것이다. 이 주장의 설득력은 제 2
성질들에 관한 홉즈의 이론에서 가장 분명하게 드러난다.

모든 물체에 공통적이며 물체가 역시 소멸되지 않는 한 소멸될 수
없는 우연적 성질과, 모든 물체에 공통적인 것은 아니며 물체 자체가
소멸되지 않고서도 소멸될 수 있으며 다른 것들에 의해서 대체될 수
있는 우연적 성질은 구별되어야만 한다. 연장과 모양은 "어떤 물체도
연장이나 모양이 없이는 있다고 생각될 수 없기 때문에"[83] 첫번째 종
류의 우연적 성질들이다. 물론 모양은 변화한다. 그러나 모양이 없는
물체란 없으며 있을 수도 없다. 그러나 딱딱함과 같은 우연적 성질은

81) *Concerning Body*, 2, 8, 2 ; E.W., I, p. 103.
82) 같은 책, 같은 면.
83) *Concerning Body*, 2, 8, 3 ; E.W., I, p. 104.

물체 자체가 소멸하지 않고서도 부드러움에 의해서 대체될 수 있다. 그러므로 딱딱함은 두번째 종류의 우연적 성질이다.

연장과 모양은 유일한 첫번째 유형의 우연적 성질들이다. 크기는 다른 하나의 우연적 성질이 아니라 연장과 동일한 것이다. 그것은 역시 어떤 "실재적 공간"이라고 불린다. 그것은 상상적 공간이 그런 것처럼 "마음의 우연적 성질"이 아니다. 그것은 물체의 우연적 성질이다. 그러므로 만약 우리가 그렇게 하고 싶다면, 우리는 실재적 공간이 있다고 말할 수 있다. 그러나 이 실재적 공간은 그 자체가 연장과 동일한 것인 크기와 동일한 것이다. 크기도 역시 장소와 동일한 것인가? 홉즈는 그렇지 않다고 대답한다. 장소는 "이러저러한 양을 가진 어떤 물체의 환상이며 마음 밖에 있는 것이 아니다."[84] 그것은 "가공의 연장"이다. 반면에 크기는 장소라는 환상의 원인이 되는 "참된 연장"[85]이다.

하지만 두번째 유형의 우연적 성질들은 그것이 의식에 현전하는 형태로 물체들 안에 존재하지는 않는다. 예를 들어 색깔과 소리는 냄새와 맛이 역시 그런 것처럼 "환상"이다. 그것들은 현상의 영역에 속한다. "청각에 의해서 이루어지는 환상은 소리이다. 후각에 의해서는 냄새이며, 미각에 의해서는 맛이다. …"[86] "일반적으로 감각적인 것이라고 불리는 빛과 색깔, 열과 소리, 그리고 다른 성질들은 대상들이 아니라 지각 능력이 있는 사람들 안에 있는 환상들이기 때문이다."[87] "청각, 후각, 미각 그리고 촉각의 대상들에 관해서 말하자면, 그것들은 소리, 냄새, 맛, 딱딱함 등이 아니라, 그것으로부터 소리, 냄새, 맛, 딱딱함 등이 일어나는 물체들 자체이다."[88] 운동중인 물체들은 감각 기관에 운동을 발생시키며, 거기서부터 우리가 색깔, 소리, 맛, 냄새, 딱딱함과 부드러움, 빛 등등이라고 부르는 환상들이 발생한다. 인접하며 움직이는 물체는 감각 기관의 가장 바깥쪽 부분에 영향을 미치며, 압력 또는 운동이 기관의 가장 안쪽 부분에 전달된다. 동시

---

84) *Concerning Body*, 2, 8, 5 ; *E.W.*, I, p. 105.
85) 같은 책, 같은 면.
86) *Concerning Body*, 4, 25, 10 ; *E.W.*, I, p. 405.
87) *Concerning Body*, 4, 25, 3 ; *E.W.*, I, pp. 391~392.
88) *Concerning Body*, 4, 25, 10 ; *E.W.*, I, p. 405.

에 기관의 자연적인 내적 운동 때문에 이 압력에 대한 반작용, 즉 "안으로 향한 노력"(endeavour inwards)에 의해 자극된 "바깥으로 향한 노력"(endeavour outwards)*이 발생한다. 그리고 환상 또는 "관념"은 "안으로 향한 노력"에 대한 최후의 반작용으로부터 발생한다. 따라서 우리는 "감각"을 "대상으로부터 안으로 향한 노력에 의해서 일으켜진 감각 기관 내의 반작용과 밖으로 향한 노력에 의해서 이루어졌으며, 당분간이나마 다소 남아 있는 환상"[89]이라고 정의할 수 있다. 예를 들어 색깔은 외부 물체를 지각하는 우리의 방식이며, 또는 객관적으로 그것은 외부 물체에 대한 우리 "개념"의 원인이 되는 물체 안에 있는 것이다. 그리고 물체 안의 이 "기능"은 그것 자체가 색깔은 아니다. 반대로 연장의 경우에 우리의 연장 개념의 원인이 되는 것은 연장 자체이다.

이와 같이 색깔, 소리, 냄새, 맛, 촉각의 성질들 그리고 빛의 세계는 현상의 세계이다. 그리고 철학은 대부분 이 현상들의 원인들, 즉 우리 "환상들"의 원인을 발견하려는 노력이다. 홉즈에게서 적어도 철학이 관계되는 한, 현상들의 배후에는 단지 연장된 물체들과 운동만 있다.

9. 운동과 변화

홉즈에게서 운동은 장소 이동을 의미한다. "운동은 끊임없이 한 장소를 버리고 다른 장소를 획득하는 것이다."[90] 그리고 한 사물이 잠시나마 한 장소에 있을 때 그것은 정지해 있다고 말한다. 그러므로 이 정의들로부터 운동중인 어떤 사물도 이제껏 움직여 왔다는 결론이 나온다. 왜냐하면 만약 그것이 움직여 오지 않았다면, 그것은 전에 있었던 동일한 장소에 있을 것이기 때문이다. 그래서 정지의 정의로

---

* endeavour는 가시적인 의욕적 운동으로 나타나기 전에 발생한 신체 내의 보이지 않는 미세한 운동으로서 conatus와 같은 개념이다—옮긴이 주.

89) *Concerning Body*, 4, 25, 2 ; *E.W.*, I, p. 391.
90) *Concerning Body*, 2, 8, 10 ; *E.W.*, I, p. 109.

부터 그것은 정지해 있다는 결론이 된다. 마찬가지로 움직이고 있는 것은 여전히 움직일 것이다. 왜냐하면 운동중인 것은 계속해서 장소를 바꾸고 있기 때문이다. 결국 움직이는 것은 무엇이나 아무리 짧은 시간 동안이더라도 한 장소에 있을 수 없다. 만약 그렇다면 정의에 의해서 그것은 정지할 것이다.

어떤 다른 물체가 "운동에 의해서 그것의 자리로 들어오려고 함으로써 그것을 더 이상 정지 상태에 있지 못하게"[91] 하지 않는 한, 정지해 있는 어떤 사물도 항상 정지해 있을 것이다. 마찬가지로 만약 어떤 사물이 운동중에 있다면 어떤 다른 물체가 그것으로 하여금 정지하게 하지 않는 한 그것은 항상 움직일 것이다. 왜냐하면 만약 다른 물체가 전혀 없다면 "그것이 다른 때가 아닌 지금 정지해야만 할 이유가 없을 것이기 때문이다."[92] 게다가 운동의 원인은 오직 인접하고 이미 움직이고 있는 물체일 수밖에 없다.

만약 운동이 장소 이동으로 환원된다면, 변화 역시 장소 이동으로 환원될 수 있다. "변화는 오직 변화되는 물체의 부분들의 이동일 수밖에 없다."[93] 우리는 어떤 사물이 전에 그랬던 것과 다르게 우리 감각들에 나타나지 않는 한 그것이 변화한다고 말하지 않는다. 그러나 이 현상들은 운동에 의해서 우리에게 산출된 결과들이다.

10. 생명 운동과 동물 운동

동물들 중에는 그것들에 특유한 두 가지 종류의 운동이 있다. 하나는 생명 운동이다. 이것은 "정맥과 동맥을 끊임없이 순환하는(그것을 처음 관찰한 하비(William Harvey, 1578~1657) 박사에 의한 많은 확실한 기호들과 표시들에서 보여졌던 것처럼) 피의 운동"[94]이다. 다른 곳에서 흡즈는 그것을 "피의 흐름, 맥박, 호흡, 혼합, 영양 섭취, 배설 등으로서, 그 운동에 아무런 상상력의 도움을 필요로 하지 않는

---

91) *Concerning Body*, 2, 8, 18 ; *E.W.*, I, p. 115.
92) 같은 책, 같은 면.
93) *Concerning Body*, 2, 9, 9 ; *E.W.*, I, p. 126.
94) *Concerning Body*, 4, 25, 12 ; *E.W.*, I, p. 407.

것"[95]이라고 기술한다. 바꾸어 말하면 생명 운동은 피의 순환, 소화, 호흡과 같이 어떤 숙고나 의식적인 노력없이 발생하는 동물 유기체 내의 생명 유지에 필요한 과정들이다.

동물들에 특유한 두번째 종류의 운동은 "동물 운동, 달리 말하면 자발적 운동"[96]이다. 홉즈가 그 예로서 제시한 것은 그런 행동들이 "먼저 우리 마음에 상상될 때,"[97] 가는 것, 말하는 것, 손발을 움직이는 것이다. 모든 자발적 운동들의 최초의 내적인 시작은 상상력인 반면에, "그것들이 걷기, 말하기, 때리기, 그리고 다른 가시적 행동들로 나타나기 전에 인간의 몸 속에 있는 운동의 작은 출발점들은 보통 노력이라고 불린다."[98] 여기서 우리는 스피노자(1632~1677)의 철학에서 두드러진 역할을 하는 **코나투스**(conatus) 개념을 갖는다.

그것의 원인이 되는 어떤 것을 향한 이 노력은 **욕구** 또는 **욕망**이라고 불린다. 그것이 어떤 것으로부터(홉즈가 표현하기는 "fromward something") 벗어나려 할 때 그것은 **혐오**라고 불린다. 따라서 노력의 근본적인 형태들은 욕구 또는 욕망과 혐오이며, 이것들은 모두 운동이다. 그것들은 객관적으로 각각 사랑과 증오와 동일한 것들이다. 그러나 우리는 욕망과 혐오를 말할 때는 대상들이 부재하는 것으로 생각하는 반면에, 사랑과 증오를 말할 때는 대상들이 현전하는 것으로 생각한다.

11. 선과 악

어떤 욕구들은 음식에 대한 욕구와 같이 생득적이거나 선천적이다. 다른 것들은 경험에서 생긴다. 그러나 어떤 경우에도 "어떤 사람의 욕구나 욕망의 대상은 무엇이나 그가 선이라고 부르는 것이다. 그리고 그의 증오와 혐오의 대상은 악이라고 부른다. 그리고 그의 경멸의 대상은 하찮고 중요하지 않은 것이라고 부른다."[99]

---

95) *Leviathan*, 1, 6 ; *E. W.*, III, p. 31.
96) 같은 책, 같은 면.
97) 같은 책, 같은 면.   98) 같은 책, 같은 면.
99) *E. W, III*, *p. 4*.

그러므로 선과 악은 상대적 개념들이다. 절대적 선과 절대적 악은 없다. 또 선과 악을 구별하는 대상들 자체에서 이끌어 내어진 공통된 객관적 기준이란 없다. 낱말들은 "그것들을 사용하는 사람에 관하여 늘 사용된다."[100] 선과 악을 구별하는 규칙은 개인에 의존한다. 만약 우리가 사람을 국가로부터 분리된 것으로 고려한다면 그 규칙은 그의 "자발적 운동"에 의존한다는 것이다. 하지만 국가에서 그것을 대표하는 것은 사람, 즉 선한 것과 악한 것을 결정하는 통치자이다.

12. 정 념

서로 다른 정념들은 "선 또는 악의 어떤 결실"[101]인 욕구와 혐오의 서로 다른 형태들이다(순수한 쾌락과 고통은 예외로 하고). 따라서 욕구와 혐오가 운동인 것처럼 서로 다른 정념들도 운동이다. 외부 대상들이 감각 기관에 영향을 미치면 "우리가 개념이라고 부르는 뇌의 운동과 동요"[102]가 일어난다. 이 뇌의 운동이 심장에 계속되어 "정념이라고 불리게 된다."[103]

홉즈는 다수의 단순 정념들, 즉 욕구, 욕망, 사랑, 혐오, 증오, 기쁨 그리고 슬픔을 발견한다.[104] 이것들은 서로 다른 형태들을 취한다. 또는 적어도 그것들에게는 서로 다른 고려에 따라 서로 다른 이름들이 주어진다. 그래서 만약 우리가 사람들이 자신들이 욕망하는 것을 획득하려는 것에 대해 갖고 있는 판단을 고려한다면, 우리는 회망과 절망을 구별할 수 있다. 전자는 욕망된 대상을 획득하려는 판단을 가진 욕구인 반면에, 후자는 이 판단이 없는 욕구이다. 둘째로,

---

100) 같은 책, 같은 면.
101) *Concerning Body*, 4, 25, 13 ; *E.W.*, I, pp. 409~410.
102) *Human Nature*, 8, 1 ; *E.W.*, IV. p. 34.
103) 같은 책, 같은 면.
104) 홉즈는 감각의 쾌락과 불쾌와 마음의 쾌락과 불쾌를 구별한다. 후자는 목적이나 결과의 기대로부터 발생한다. 마음의 쾌락은 **기쁨**이라고 불리는 반면에 마음의 불쾌는 슬픔이라고 불린다(**고통**이라고 불리는 감각의 불쾌와 구별해서).

우리는 사랑받거나 또는 미움받는 대상을 고려할 수 있다. 게다가 우리는 예를 들어 재산에 대한 욕망인 탐욕과 지위나 우월성에 대한 욕망인 야망을 구별할 수 있다. 셋째로, 다수의 정념들을 함께 고려하는 것은 우리로 하여금 특별한 이름을 사용하도록 이끌지도 모른다. 그래서 "유일하게 사랑받으려는 욕망을 갖고 한 사람을 유일하게 사랑하는 것은 **사랑의 정념**이라고 불리는 반면에, 사랑은 상호적이 아니라는 두려움을 갖고 한 사람을 유일하게 사랑하는 것은 **질투**라고 불린다."[105] 마지막으로 우리는 운동 자체로부터의 정념이라고 이름을 지을 수 있다. 예를 들어 우리는 "갑작스러운 낙담", "울음을 일으키는 정념", 그리고 어떤 간절한 희망이나 "힘의 지주"[106]를 갑자기 게거하는 사건들로 말미암은 것을 말할 수 있다.

그러나 아무리 사람의 정념들이 많다 하더라도 그것들은 모두 운동이다. 그리고 홉즈는 자주 인용되는 즐거움 또는 쾌락의 문장에서 "개념이 단지 머릿속의 운동인 것처럼 심장 주위의 운동 이외에는 참으로 아무 것도 아닌 것"[107]이라고 말한다.

13. 의 지

홉즈는 인간이 어떤 행동을 신중히 수행한다는 사실을 간과하지 않는다. 그러나 그는 숙고를 정념들에 의해서 정의한다. 사람의 마음에 어떤 대상을 획득하려는 욕망과 혐오가 서로 엇갈리며, 그것을 획득하는 좋은 결과들에 대한 생각이 나쁜 결과들(즉 바람직하지 않은 결과들)에 대한 생각과 서로 엇갈린다고 상상해 보자. "사물이 이루어지거나 또는 불가능하게 생각될 때까지 지속된 욕망, 혐오, 희망과 공포의 전체 합계를 우리는 숙고라고 부른다."[108] 그리고 홉즈는 사람뿐만 아니라 짐승들에게서도 이 서로 엇갈리는 욕구, 혐오, 희망과 공포의 연속이 발견되므로, 짐승들도 역시 숙고한다고 틀림없이 말할

105) *Leviathan*, 1, 6 ; *E.W.*, III, p. 44.
106) *E.W.*, III, p. 46.
107) *Human Nature*, 7, 1 ; *E.W.*, IV, p. 31.
108) *Leviathan*, 1, 6 ; *E.W.*, III, p. 48.

수 있다는 결론을 내린다.

그런데 숙고에서 최후의 욕구 또는 혐오는 의지, 즉 의지를 작용케 하는 행위라고 불린다. "그러므로 의지는 숙고에서 최후의 욕구로 된다."[109] 그리고 행동은 이 최후의 경향 또는 욕구에 의존한다. 이것으로부터 홉즈는 다시 짐승들도 숙고를 하므로 그것들 역시 필연적으로 의지를 가짐에 틀림없다는 결론을 내린다.

의지를 작용케 하거나 또는 그렇게 하지 않는 자유는 짐승들에게 있어서나 인간에게 있어서나 마찬가지라는 결론이 된다. "그러므로 필연성으로부터의 자유와 같은 자유는 인간들의 의지에 있어서나 짐승들의 의지에 있어서나 발견될 수 없다. 그러나 만약 우리가 자유를 의지의 능력이나 힘이 아니라, 그들이 원하는 것을 하는 능력이나 힘으로 이해한다면, 자유는 양자 모두에 허용될 수 있으며, 양자는 그것이 갖추어져야 할 때는 언제나 그것을 똑같이 가질 수도 있으리라는 것은 확실하다."[110]

14. 지적인 덕

"지적인 덕"을 논할 때 홉즈는 자연적인 심적 능력 또는 "기지"와 획득된 심적 능력 또는 "기지"를 구별한다. 어떤 사람들은 태어나면서부터 빠르고 어떤 사람들은 느리다. 그리고 이 차이의 주요한 원인은 "사람들의 정념의 차이"[111]이다. 예를 들어 그의 목적이 관능적 쾌락인 사람은 이 목적에 도움이 되지 않는 "상상"에는 반드시 덜 기뻐하며, 그들은 지식 획득의 수단에 다른 사람들보다 덜 주목한다. 그들은 "관능적 또는 육체적인 즐거움의 욕구로부터 일어나는" 마음의 침체를 괴로워한다. "그리고 그런 정념은 심장 주위의 정신 운동의 둔함과 곤란에서 시작한다고 추측되는 것도 당연하다."[112] 그러므로

---

109) 같은 책, 같은 면.
110) *Concerning Body*, 4, 25, 13 ; *E.W.*, I, p. 409.
111) *Leviathan*, 1, 8 ; *E.W.*, I, p. 57.
112) *Human Nature*, 10, 3 ; *E.W.*, IV, p. 55.

자연적인 심적 능력에 있어서의 차이들은 궁극적으로 운동에 있어서의 차이들로 말미암는다. 획득된 "기지"(즉 이성)에 있어서의 차이들에 관해서는 고려되어야만 하는 교육과 같은 다른 인과적 요소들이 있다.

"그 중에서도 유달리 기지의 차이의 원인이 되는 정념들은 주로 힘, 부, 지식 그리고 명예에 관한 다소간의 욕망이다. 모든 것은 첫 번째, 즉 힘의 욕망으로 환원될 수도 있다. 왜냐하면 부, 지식과 명예는 힘의 여러 종류들에 불과하기 때문이다."[113] 그래서 힘에 대한 욕망은 사람으로 하여금 그의 심적 능력들을 발전시키게 하는 데 근본적인 요소이다.

15. 원자적 개인주의

우리들에게는 그 자체가 운동의 형태들인 자신의 정념들에 의하여 움직이는 다수의 개인들이 주어진다. 그리고 그에게서 선한 것과 악한 것을 결정하는 것은 그 개인의 욕구와 혐오들이다. 다음 장에서 우리는 이 사태의 결과들, 그리고 이 원자적 개인주의로부터 인공적 물체인 국가 또는 나라의 건설로 변하는 것을 고려할 것이다.

---

113) *Leviathan*, 1, 8 ; *E.W.*, III, p. 61.

제 2 장

토마스 홉즈 2

1. 전쟁의 자연 상태

사람들은 날 때부터 육체적인 능력과 정신적인 능력에 있어서 평등하다. 그러나 그것은 모든 사람이 똑같은 정도의 육체적 힘과 기민한 마음을 소유한다는 의미가 아니라, 전체적으로 보아 한 개인의 어떤 측면에서의 결함은 다른 성질에 의해서 상쇄될 수 있다는 의미에서 그렇다. 육체적으로 약한 사람은 술책 또는 음모에 의해서 육체적으로 강한 사람을 정복할 수 있다. 그리고 경험은 모든 사람으로 하여금 그들이 전념하는 것에서 분별을 습득하게 할 수 있다. 그리고 이 자연적인 평등은 사람들 안에 그들의 목적에 도달하는 데 대한 동등한 희망을 산출한다. 모든 개인은 자신의 보존을 찾고 추구하며, 어떤 사람들은 환회 또는 쾌락을 탐한다. 아무도 자기가 다른 사람들과 동등하지 않다는 이유로 자연히 하게 되는 목표 달성의 노력을 단념하지는 않는다.

그런데 모든 개인이 자신의 보존과 자신의 환회를 추구한다는 이 사실은 경쟁과 다른 사람들에 대한 불신으로 이끈다. 나아가 모든 사람은 자기가 자신을 평가하는 것처럼 다른 사람들이 자신을 평가해 주기를 바란다. 그리고 그는 모든 모욕과 경멸의 표시에 대해서 쉽게 분개한다. "따라서 우리는 인간의 본성에서 말다툼의 세 가지 주요 원인을 발견한다. 첫째는 경쟁이며, 둘째는 자신 없음(즉 불신)이며, 셋째는 명예이다."[1]

홉즈는 이것으로부터 사람들이 공통 권력 아래에서 살기 전까지는 서로 전쟁 상태에 있었다는 결론을 이끌어낸다. "왜냐하면 **전쟁**은 단지 전투 또는 싸우는 행위에만 있는 것이 아니라, 전투에 의해 싸우려는 의지가 충분히 알려지는 기간에도 있기 때문이다. 그러므로 시간 개념은 날씨의 본성에서와 마찬가지로 전쟁의 본성에서도 고찰될 수 있다. 잔뜩 찌푸린 날씨의 본성은 한두 차례의 소나기에 있는 것이 아니라 여러 날에 걸쳐 비가 오려는 조짐에 있는 것과 마찬가지로, 전쟁의 본성은 실제의 전투에 있는 것이 아니라 투쟁에의 명확한 경향에 있으며, 그 기간중에는 반대 방향으로의 어떠한 보장도 없다. 그 밖의 모든 기간은 평화이다."[2]

그러므로 전쟁의 자연 상태는 개인이 자기의 안전을 위해서 자신의 힘과 지혜에 의존하는 상태이다. "그런 상황에서는 그 성과가 불확실하기 때문에 일할 필요가 없다. 따라서 결과적으로 토지의 경작도 없으며, 항해도, 바닷길로 수입될 수 있는 일용품의 사용도 없다. 편리한 건물도, 많은 힘을 필요로 하는 사물들을 움직이고 이동시키는 도구도 없다. 지구 표면에 대한 지식도 없으며, 시간의 계산도 없다. 예술도 문학도 사회도 없다. 무엇보다도 나쁜 것은 폭력에 의한 죽음의 끊임없는 공포와 위험이며, 인간의 삶이 고독하고 빈곤하며 불쾌하고 잔인하고 짧다는 것이다."[3] 자주 인용되는 이 구절에서 홉즈는 전쟁의 자연 상태를 문명과 그 특혜가 부재하는 상황으로 묘사한다. 결론은 명백하다. 평화와 문명이 획득될 수 있는 것은 오직 사회의 조직과 국가의 수립을 통해서만 가능하다는 것이다.

전쟁의 자연 상태는 인간의 본성과 정념의 고찰로부터 연역된 것이

---

1) *Leviathan*, 1, 13 ; *E.W.*, III, p. 112.
2) *E.W.*, III, p. 113.
3) *Leviathan*, 1, 13 ; *E.W.*, III, p.113.

다. 그러나 만약 누구든 결론의 객관적 타당성을 의심한다면, 그는 단지 조직된 사회 상태에서도 발생하는 것을 관찰해야만 한다. 모든 사람은 여행할 때 무기를 휴대한다. 밤에는 귀중품들을 챙겨 넣고 문을 잠근다. 이것은 그가 그의 동료들을 어떻게 생각하는가를 충분하고 명백하게 보여주는 것이다. "그는 거기에서 내가 말로써 그러는 것만큼이나 그의 행동으로써 인류를 비난하지 않는가? 그러나 우리들 중 어느 누구도 그 속에서 인간의 본성을 비난하지 않는다. 인간의 욕망과 다른 정념들은 그것 자체가 죄는 아니다. 그 정념들로부터 일어나는 행동들도 또한 그것들을 금지하는 법을 알기 전까지는 죄가 아니다. 법이 만들어지기 전까지는 그들은 그것을 알 수가 없다. 또한 그들이 법을 만드는 사람에게 동의하기 전까지는 어떤 법도 만들어질 수 없다."[4]

이 인용은 전쟁의 자연 상태에서는 아무런 객관적인 도덕적 구별도 없다는 것을 암시한다. 이것이 정확하게 홉즈의 견해이다. 이 상태에서 "옳음과 그름, 정의와 불의의 개념은 설 자리가 없다. 공통 권력이 없는 곳에는 법이 없으며, 법이 없는 곳에는 불의도 없다. 전쟁에서는 힘과 사기(詐欺)가 두 가지 주요한 덕이다."[5] 나아가 "소유권도 없으며, 내 것과 네 것이 구별되지도 않는다. 그러나 단지 각자가 획득할 수 있는 것만이 그의 것이며, 그것도 그가 그것을 지킬 수 있는 동안만 그렇다."[6]

홉즈는 이 전쟁 상태가 보편적으로 사회의 조직에 선행했다는 의미에서 역사적 사실이었다는 것을 의미하는가? 아니면 만약 우리가 인간이 국가 또는 나라의 덕을 보고 있는 것을 떼어 버린다면, 우리는 추상 작용에 의하여, 말하자면 원자적 개인주의(인간의 정념에서 유래하며 널리 유행할)의 이 층에 도달한다(인간들로 하여금 자연히 처음부터 사회를 조직하게 하고 공통 권력에 복종케 하는 다른 요인들이 없다면)는 의미에서, 그것은 단지 논리적으로 사회의 조직에 선행한다는 것을 의미하는가? 물론 그는 적어도 후자를 의미한다. 그의 생각으로는 전쟁 상태는 결코 "전세계에 걸친" 보편적인 것은 아니었

---

4) *E.W.*, III, p.114. 5) *E.W.*, III, p.115.
6) 같은 책, 같은 면.

다. 그러나 이 상황에 대한 생각은 국가의 토대가 없다면 널리 유행될 상황을 나타낸다. 정념들의 분석으로부터 선험적인 연역을 하는 것은 별 문제로 하더라도 이것에 대한 경험적 증거는 많다. 우리는 왕과 주권자의 행위를 보기만 하면 된다. 그들은 가능한 침입자들에 대비해 그들의 영토를 요새화하며 평시에도 이웃 왕국들에 첩자를 보낸다. 요컨대 그들은 부단한 "전쟁의 정세"에 놓여 있다. 그 밖에 우리는 평화로운 정부가 무너지고 내란이 발생할 때 무엇이 일어나는지를 보기만 하면 된다. 이것은 "두려워할 공통 권력이 없는 곳에서 삶의 방식이 어떻게 되리라는 것을"[7] 분명하게 보여준다. 동시에 홉즈에 의하면 전쟁의 자연 상태는, 만약 우리가 그 조화가 "자연적인 육욕"에 의존하는 작은 가족들의 내재적인 정부를 제외한다면, 야만인들이 "오늘날 그러한 야만적인 방식으로 살고 있는" 아메리카에서 보여질 수 있는 것처럼 많은 곳에서 역사적인 사실이 되고 있다.

2. 자연법

이 전쟁의 자연 상태로부터 벗어나는 것은 명백히 인간의 관심사이다. 그리고 그렇게 할 가능성은 본성 자체에 의해서 주어진다. 왜냐하면 사람들은 날 때부터 정념과 이성을 가지기 때문이다. 실로 전쟁 상태를 초래하는 것은 그들의 정념이다. 그러나 동시에 죽음의 공포, "편리한" 생활에 필수적인 것들에 대한 욕망, 그리고 근면에 의해서 이것들을 획득하려는 희망은 사람들로 하여금 평화를 추구하게 하는 정념이다. 이는 정념은 단지 전쟁으로 이끄는 반면 이성은 평화를 권고한다는 것은 아니다. 어떤 정념들은 사람들로 하여금 평화로 기울게 한다. 그리고 이성이 하는 것은 자기 보존의 근본적 욕망이 어떻게 효과적인 것이 될 수 있는지를 보여주는 것이다. 그것은 우선 "사람들이 동의하게 될지도 모를 평화의 편리한 조항들을" 암시한다. "이 조항들이 자연법이라고 불리는 것들이다."[8]

---

7) *Leviathan*, 1, 13 ; *E.W.*, III, p. 114.
8) *Leviathan*, 1, 14 ; *E.W.*, III, p. 116.

홉즈는 자연법에 대해서 "생명과 종족을 우리에게 주어진 그대로 굳건히 지키기 위하여 우리가 해야 할 일과 해서는 안 될 일에 관해서 올바른 이성⁹⁾이 내리는 명령"¹⁰⁾이라고 정의한다. 또 한편 **자연법**(lex naturalis)은 이성에 의해서 발견되는 교훈 또는 일반적인 규칙이며, 이것에 의해서 인간은 그의 삶에 해로운 것 또는 삶을 유지하는 수단을 제거하는 것을 금지당한다.¹¹⁾ 이 정의를 해석할 때 우리는 물론 "법"이라는 낱말에 어떠한 신학적인 또는 형이상학적인 의미나 관련을 부여하는 것을 피해야 한다. 이 문맥에서 자연법은 흡즈에게서는 이기적으로 사려되는 명령이다. 모든 사람은 본능적으로 자기 보존과 안전을 추구한다. 그러나 인간은 단지 본능과 맹목적인 충동의 생물은 아니다. 그리고 이성적인 자기 보존 같은 것도 있다. 소위 자연법은 이 이성적 자기 보존의 조건들을 말한다. 흡즈는 계속해서 자기 보존의 이성적인 추구가 인간들로 하여금 국가 또는 나라를 형성하도록 이끄는 것이며, 자연법은 사회와 안정된 정부의 수립을 위한 조건들을 제시한다고 주장한다. 자연법이란, 만약 어떤 분별 있는 사람이 충동과 정념만이 지배했던 상황에서의 인간의 곤경을 의식한다면, 그리고 그 자신은 단지 순간적인 충동에 의해 지배되지 않으며 정념에서 발생하는 편견에 의해 지배되지 않는다면, 그가 자신의 이익을 추구하는 경우에 준수할 규칙들이다. 게다가 흡즈는 본질적으로 자기 본위적이며 이기적인 인간은 대체로 이 규칙들에 따라서 행동한다고 믿었다. 왜냐하면 사실상 인간들은 조직된 사회를 형성하며 자신들을 정부의 지배에 맡기기 때문이다. 따라서 그들은 사실상 계몽된 이기주의의 명령들을 준수한다. 이 법들은 자연의 물리적 법칙들과 유사하며, 계몽된 이기주의자들이 실제로 행위하는 방식, 그리고 그들의 심리적인 구성이 그들을 행위하도록 결정하는 방식을 말하는

---

9) 흡즈는 여기서 올바른 이성이란 "그 행동들이 이웃에게 손해가 되든지 또는 이익이 되든지간에 자신의 행동에 관한 모든 사람들의 독특하고 참된 추론"을 의미한다고 설명한다. 그것이 "독특한" 이유는 "자연 상태"에 있어서는 개인의 이성이 그에게 행동의 유일한 규칙이기 때문이다.

10) *Philosophical Elements of a True Citizen*, 2, 1; *E.W.*, II, p. 16.

11) *Leviathan*, 1, 14; *E.W.*, III, pp. 116~117.

것이라는 결론이 된다. 확실히 홉즈는 종종 이 규칙들이 목적론적인 원리들인 것처럼, 그리고 칸트가 가언 명법(hypothetical imperatives)이라고 부를 것들인 것처럼 말한다. 즉 모든 개인은 필연적으로 자신의 보존과 안전을 추구하므로, 단언적(assertoric) 가언 명법인 것처럼 말한다. 실로 홉즈는 이런 식으로 말하는 것을 피할 수 없었다. 그러나 그는 인공적 물체인 국가의 창조로 이끄는 운동과 힘의 상호 작용을 다루고 있다. 그의 사고 경향은 "자연법"의 작용을 동력인의 작용과 같게 하는 것이다. 국가 자체는 힘의 상호 작용의 결과이다. 그리고 이 규칙들에 의해서 표현된 행위에 나타난 인간 이성은 이 결정적인 힘의 하나이다. 또는 만약 우리가 사회와 정부의 철학적 연역이라는 관점에서 문제를 보기를 원한다면, 자연법은 이 연역을 가능케 하는 공리 또는 공준을 대표한다고 말할 수 있다. 그것들은 그 아래에서 전쟁의 자연 상태로부터 조직된 사회에 사는 사람들의 상태로의 이행이 이해할 수 있는 것으로 되는 조건들은 무엇이냐는 물음에 대한 대답이 된다. 그리고 이 조건들은 인간 본성 자체의 활력에서 유래한다. 그것들은 신이 부여한 법칙의 체계가 아니다(참으로 신이 사람과 그 안에 있는 모든 것을 창조했다는 의미에서가 아니라면). 또한 그것들은 절대적 가치를 말하지 않는다. 왜냐하면 홉즈에 따르면 절대적 가치란 없기 때문이다.

자연법의 목록은 홉즈에 의해 여러 곳에서 서로 다르게 주어진다. 나는 여기서 《리바이어던》에 국한시켜 말하겠다. 《리바이어던》에서 근본적인 자연법은 "모든 사람은 그가 평화를 획득하리라는 희망을 갖는 한 그것을 얻으려는 노력을 해야 하며, 그가 그것을 획득할 수 없을 때 그는 전쟁에 도움이 되는 모든 것들과 이익을 추구하고 사용해도 좋다"[12]는 이성의 일반적인 규칙이라고 한다. 첫번째 부분은 근본적인 자연법, 즉 평화를 찾고 그것을 따르려는 것을 포함한 반면, 두번째 부분은 자연권의 개요, 즉 우리가 할 수 있는 모든 수단에 의해서 우리 자신들을 방어하는 것을 포함한다고 그는 주장한다.

제2자연법은 "인간은 평화와 자기 방어를 위해서 그것이 필요하다고 생각하는 한, 그리고 다른 사람들 역시 그럴 때는 모든 것들에 대

---

12) *Leviathan*, 1, 14; *E.W.*, III, p. 117.

한 이 권리를 기꺼이 내버려야 하며, 그리고 그가 다른 사람들이 자신에 대하여 허용할 만큼 많은 자유를 자신이 다른 사람들에게 허용할 것에 만족해야 한다"[13]는 것이다. 어떤 것에 대한 자신의 권리를 내버리는 것은 다른 사람이 동일한 것에 대한 그 자신의 권리를 누리지 못하게 하는 자유를 포기하는 것이다. 그러나 만약 인간이 이런 의미에서 그의 권리를 포기한다면 그는 자신의 이익을 목적으로 그렇게 하는 것이다. 그리고 이것으로부터 "어떤 낱말이나 또는 다른 기호들에 의해서도 그것들을 내버렸다거나 양도했다는 것이 어느 누구에게도 이해될 수 없는 어떤 권리들"[14]이 있다는 결론이 된다. 예를 들면 인간은 자신의 생명을 지키는 권리를 내버릴 수 없는데, 그것은 왜냐하면 "그에게는 그렇게 함으로써 자신에게 어떤 이익이 된다는 것이 이해될 수 없기 때문이다."[15]

홉즈는 계속해서 그가 선언한 방법에 따라 몇몇 정의들을 내린다. 첫째, 계약은 "권리의 상호 양도"[16]로 정의된다. 그러나 "계약자 가운데 한 사람이 자기 편에서 지켜야 할 계약된 물품을 인도하고, 상대에게는 어느 정해진 기간 뒤에 이행하도록 함으로써 그 기간 동안 신뢰하도록 한다면, 이 경우 그 계약은 상대편에게서는 **협정** 또는 서약이라고 불린다."[17] 곧 보게 되겠지만 이 정의는 대단히 중요한데, 그것은 홉즈가 사회 계약을 바탕으로 국가를 기초짓기 때문이다.

제 3 자연법은 "사람들은 맺어진 계약을 이행해야 한다는 것"[18]이다. 이 자연법이 없다면 "계약들은 헛된 것이며 공허한 낱말들에 불과하다. 그리고 모든 사물들에 대한 모든 사람의 권리는 그냥 남아 있게 되므로 우리는 여전히 전쟁 상태에 있는 것이 된다."[19] 나아가 이 법은 정의(正義)의 토대가 된다. 아무런 계약도 없을 때는 어떤 행위도 부당할 수 없다. 그러나 계약이 맺어지면 그것을 어기는 것은 부당한 것이 된다. 참으로 불의한 "계약의 불이행"으로 정의될 수가 있는 것이다. 그리고 부당하지 않은 것은 무엇이나 정의로운 것이

---

13) *E.W.*, III, p. 118.   14) *E.W.*, III, p. 120.
15) 같은 책, 같은 면.   16) *Leviathan*, 1, 14 ; *E.W.*, III, p. 120.
17) *E.W.*, III, p. 121.
18) *Leviathan*, 1, 15 ; *E.W.*, III, p. 130.
19) 같은 책, 같은 면.

다. "20)

　만약 이제 홉즈가 전쟁 상태에서는 그러한 구분이 행해지지 않는다
고 일찍이 주장했던 정의와 불의에 관해 말한다면, 이것은 홉즈의 입
장에서는 크나큰 불일치의 예처럼 보일지도 모르겠다. 그러나 만약
우리가 그가 말하는 것을 주의깊게 읽어 본다면, 우리는 이 점에서
적어도 그가 자기 모순을 범하고 있지는 않다는 것을 알게 될 것이
다. 왜냐하면 그는 어느 쪽에서든 불이행의 공포가 있을 때는 상호
신뢰의 계약은 무효이며, 전쟁의 자연 상태에서는 이 공포가 항상 있
다고 덧붙이기 때문이다. 그러므로 국가가 수립되기 전까지는, 즉 사
람들로 하여금 계약을 이행하도록 강요할 강제력이 수립되기 전까지
는 유효한 계약은 없으며, 따라서 정의와 불의도 없다는 결론이 된다.
　《리바이어던》에서 홉즈는 모두 19개의 자연법을 말하고 있는데, 나
는 나머지는 생략하겠다. 그러나 목록을 완성한 뒤에 그가 이 법들과
또 있을 수 있는 다른 법들은 양심에 있어서 구속력이 있다고 주장하
는 것은 주목할 만한 근거가 있다. 만약 우리가 이 말을 도덕적 의미
로 받아들인다면, 우리는 단지 홉즈가 이제껏 표현했던 관점과 매우
다른 관점을 갑자기 채택했다고 결론지을 수밖에 없다. 하지만 사실
상 그는 이성이 안전에 대한 인간의 욕망을 고려하여 (만약 그가 이성
적으로 행동하도록 되어 있다면) 그로 하여금 법은 준수되어야 한다
고 요망하도록 명령을 내린다는 뜻으로 단지 말하는 것처럼 보인다.
법은 "법"이라고 부적절하게 불릴 뿐이다. 홉즈는 다음과 같이 말한
다. "왜냐하면 그것은 인간들의 보호와 방어로 이끄는 것에 대한 결
론 또는 정리(定理)들인 반면, 정확하게 말해서 법은 당연한 권리에
의해서 그들을 지배하는 자의 말이기 때문이다."21) 이성은 이 "정리
들"을 준수하는 것이 인간의 자기 보존과 방어로 이끈다는 것을 안
다. 그러므로 인간이 그것들의 준수를 욕구하는 것은 이성적인 것이
다. 이 의미에서, 아니 오직 이 의미에서만 법은 "의무적인" 성격을
갖는 것이다. "자연법은 내면의 법정(in foro interno)에서만 의무를 준
다. 즉 그것은 그것이 생겨야 한다고 요망하도록 구속한다. 그러나

　20) E.W., III, p.131.
　21) Leviathan, 1, 15; E.W., III, p.147.

외부의 법정(in fore externo)에 있어서, 즉 그것들을 실행하도록 하는
데 있어서는 항상 그렇지는 않다. 왜냐하면 그 누구도 겸손하거나 유
순하지 않으며, 약속을 이행하지 않는 때나 장소에 있어서는 어느 사
람이 그렇게 한다면 그것은 그 자신을 다른 사람들의 먹이로 만들어
서 자신의 확실한 파멸을 자초하는 것에 불과한 것이며, 그것은 자연
의 보존으로 향하는 모든 자연법의 기초와 모순되는 것이기 때문이
다."22) 칸트적인 의미에서의 정언 명법의 문제는 없다는 것이 명백하
다. 실로 홉즈는 자연법 연구를 선과 악의 학문인 "참된 도덕 철
학"23)이라고 선언한다. 그러나 우리가 이미 보았듯이, "사적인 욕구
가 선과 악의 척도이며,"24) 홉즈가 표현했듯이 자연법이 선 또는 "도
덕적 가치들"이라고 불릴 수 있는 유일한 이유는 사람들의 사적인 욕
구가 안전을 요망하는 데 우연히 일치한다는 것이다. "모든 사람들이
평화가 선이라는 데 동의하며, 따라서 평화에 이르게 하는 길 또는
수단에도 마찬가지로 동의한다."25)

3. 국가의 발생과 계약 이론

철학은 발생 원인들을 다룬다. 따라서 그것은 "국가"라고 알려진
인공적 물체를 발생시키는 원인들에 관한 연구를 포함한다. 우리는
이미 먼 발생 원인들을 고찰했다. 인간은 자기 보존과 안전을 추구하
지만 전쟁의 자연 상태에서는 이 목적을 달성할 수가 없다. 자연법은
그것 자체만으로, 즉 제재에 의해서 자연법의 준수를 강요할 수 있는
강제력이 없는 한 그 목적을 달성시킬 수 없다. 왜냐하면 이 법은 이
성의 명령이긴 하지만 인간의 자연스러운 정념과 모순되기 때문이다.
"칼이 없다면 계약은 단지 말에 불과하며, 인간을 안전하게 할 힘을
결코 갖지 못한다."26) 그러므로 힘에 의해서 뒷받침되며 벌을 줄 수

---

22) *Leviathan*, III, 15 ; *E.W.*, I, p.145.
23) *E.W.*, I, p.146.   24) 같은 책, 같은 면.
25) 같은 책, 같은 면.
26) *Leviathan*, 2, 17 ; *E.W.*, III, p.154.

있는 공통 권력 또는 정부가 있어야 한다는 것이 필연적이다.

이것은 다수의 개인들이 "그들의 모든 능력과 힘을 한 사람, 또는 다수의 목소리에 의해서 그들의 모든 의사를 단일 의사로 환원시킬 수 있는 한 집단에게 주어야 한다"[27]는 것을 의미한다. 다시 말하면 그들은 그들의 인격을 책임질 한 사람 또는 집단을 임명해야 한다는 것이다. 이것이 이루어지면 그들은 하나의 인격 안에 하나의 참된 통일성을 형성할 것이다. 인격은 다음과 같이 정의될 수 있다. "인격이란 자기 자신의 것으로서 또는 다른 사람이나 어떤 다른 사물의 말이나 행동을 대표하는 것으로서의 그의 말이나 행동이 참여에 의해서든 또는 허구에 의해서든간에 그에 기인하는 것으로 고려되는 사람이다."[28] 만약 말이나 행동이 그 인격 자체의 것으로 고려된다면, 그는 "자연적 인격"이다. 하지만 만약 말이나 행동이 다른 사람이나 사람들의 것을 대표하는 것으로 고려된다면, 그는 "가상적 또는 인공적 인격"이다. 현재의 문맥에서는 우리는 물론 인공적 인격, 즉 대표자와 관계하는 것이다. 그리고 "인격을 하나로 하는 것은 대표자의 통일성이지 대표되는 자의 통일성은 아니다."[29]

이 권리의 양도는 어떻게 일어나는가? 그것은 "만인의 상호 계약에 의하여, 마치 만인이 만인에 대하여 당신들이 당신들 자신의 지배권을 이 사람 또는 이 집단에 넘겨주고 그의 모든 행동을 승인한다는 조건에서 나도 마찬가지로 승인하고 내 자신의 지배권을 넘겨준다고 말하는 것과 같은 방식으로 일어난다. 이것이 이루어지면 하나의 인격 안에 결합된 다수는 국가(Civitas)라고 불린다. 이것이 거대한 리바이어던, 또는 차라리 좀더 외경스럽게 말하자면 우리가 불멸의 신의 가호 아래 평화와 방어의 은혜를 입고 있는 필멸의 신의 발생이다."[30]

홉즈가 다수가 하나의 인격 안에 결합된다고 말할 때 다수가 그 인격을 구성한다는 뜻으로 말하는 것이 아님을 주목해야 한다. 그는 다수는 개인이든 집단이든간에 그들이 그들의 권리를 양도하는 그 인격 안에 결합된다는 뜻으로 말하고 있다. 그러므로 그는 국가의 본질을

27) *Leviathan*, 2, 17 ; *E.W.*, III, p. 157.
28) *Leviathan*, 1, 16 ; *E.W.*, III, p. 147.
29) *E.W.*, III, p. 151.
30) *Leviathan*, 2, 17 ; *E.W.*, III, p. 158.

다음과 같이 정의한다. "국가는 그가 다수의 평화와 공동 방어를 위해 마땅하다고 생각하는 대로 그들 모두의 힘과 수단을 사용할 수 있게 하기 위하여, 다수가 상호 계약에 의해 그들 각자 그의 행동의 장본인으로 자처하게 했던 바로 그 하나의 인격이다."[31] 이 인격은 주권자라고 불리며, 그를 제외한 만인은 그의 국민이다.

그러므로 국가 발생의 근인(近因)은 국가가 수립되면 주권자의 국민이 되는 개인들 상호간에 맺는 계약이다. 이것이 중요한 점이다. 왜냐하면 주권자 자신은 계약 당사자가 아니라는 결론이 되기 때문이다. 그리고 홉즈도 그만큼 명확한 용어로 말한다. "그들 모두의 인격을 책임질 권리는 그들 중 어느 한 사람과 그와의 계약에 의해서가 아니라 만인 상호간의 계약에 의해서 그들의 주권자로 삼은 사람에게 주어지기 때문에, 주권자 측에서의 계약 파기는 있을 수 없다."[32] 국가는 확실히 특수한 목적, 즉 사회 계약의 당사자들의 평화로운 안전을 위해서 설립된다. 그리고 뒤에 보게 되겠지만 이 점도 역시 중요하다. 그러나 계약은 국민, 또는 더욱 정확하게는 미래의 국민들간에 이루어지는 것이지 국민과 주권자간에 이루어지는 것이 아니라는 홉즈의 주장은 그로 하여금 주권력의 비분리적 본성을 더욱 쉽게 강조할 수 있게 해준다. 그의 견해에 의하면 그가 특별히 두려워했던 악, 즉 내란은 주권자에게 권위를 집중시킴으로써 회피될 수 있다.

나아가 이 견해는 홉즈로 하여금 만약 그가 주권자를 계약 당사자로 했더라면 필연적으로 발생했을 어려움을 적어도 부분적으로나마 피할 수 있도록 해준다. 왜냐하면 그가 이미 칼이 없는 계약은 단지 말에 불과하다고 말했기 때문이다. 그리고 만약 주권자 자신이 계약 당사자인 동시에 홉즈가 그에게 귀속시키는 모든 권위와 힘을 소유한다면, 그의 편에서 계약이 유효하고 효력있는 것일 수 있다고 보기는 어려울 것이다. 하지만 실제로는 계약 당사자들은 계약을 하자마자 즉시 국민이 되는 개인들이다. 그들은 먼저 사회를 수립하는 계약을 하고 난 다음에 주권자를 선택하는 것이 아니다. 왜냐하면 이 경우에는 유사한 어려움이 발생할 것이기 때문이다. 계약은 단지 말에 지나

---

31) 같은 책, 같은 면.
32) *Leviathan*, 1, 18; *E.W.*, III, p. 161.

66

지 않는다. 그것은 전쟁의 자연 상태 내에서의 계약일 것이다. 따라서 차라리 계약이 이루어지자마자 주권자와 사회가 함께 생기는 것이다. 그러므로 우리는 추상적이고 이론적인 관점에서 계약 성립과 주권자의 권위 성립 사이에 어떠한 시간적인 경과도 없다고 말할 수 있다. 결국 계약을 집행할 수 있는 힘이 즉시 생겨나지 않으면 계약이 성립될 수 없는 것이다.

하지만 주권자 자신은 계약 당사자가 아닐지라도 그의 주권은 계약에서 유래한다. 홉즈의 교의는 왕권 신수설을 전혀 지지하지 않으며, 사실상 그는 이 이론을 지지하는 사람들로부터 공격을 받았다. 계약의 진술에 있어서 그는 "이 사람"과 "이 집단"을 차별없이 언급한다. 우리가 보았듯이 그는 왕당파였다. 그리고 그는 더욱 큰 통일성으로 이끄는 것으로서, 그리고 어떤 다른 이유들 때문에 군주제를 지지했다. 그러나 주권의 기원이 관계되는 한 계약은 군주제, 민주제 또는 귀족제를 수립할 수 있다. 제일 중요한 점은 어떤 정체의 형태가 수립되느냐 하는 것이 아니라, 주권이 어디에 있든지 그것은 완전하고 나눌 수 없는 것이어야 한다는 것이다. "이 세 종류의 국가의 차이는 권력의 차이에 있는 것이 아니라, 그것들이 설립된 목적인 사람들의 평화와 안전을 산출하는 데 있어서의 편리함이나 적절함의 차이에 있다."[33] 그러나 주권자가 개인이든 집단이든간에 주권자의 권력은 절대적이다.

계약에 의한 국가 발생론에 대한 한 가지 명백한 반대는 그것이 역사적 사실과 거의 관련이 없다는 것이다. 그러나 물론 홉즈가 역사적 사실의 문제로서 국가가 명확한 계약을 통해 발생한 것이라고 생각했다고 상정할 필요는 전혀 없다. 그는 국가의 역사적 발전을 추적하는 데 관계하는 것이 아니라, 국가의 논리적 또는 철학적 연역에 관계한다. 그리고 계약설은 그가 원자적 개인주의의 상황에서 조직된 사회로 이행하는 것을 가능하게 한다. 누군가 그렇게 말할 수 있을지 몰라도 나는 홉즈에게서 사람들이 계약 후에는 전보다 덜 개인주의적이라는 것을 함축한다는 뜻으로 말하는 것이 아니다. 그에 따르면 이기주의는 조직된 사회의 바탕에 놓여 있으며, 그것은 자기 본위적인 의

---

33) *Leviathan*, 2, 19 ; *E.W.*, III, p. 173.

미에서 가정적인 전쟁 상태에서 그랬던 것과 똑같이 조직된 사회에서
도 널리 행해진다. 그러나 조직된 사회에서는 개인들의 분리주의적인
원심적 경향들과 자멸적인 상호 반목으로의 경향, 그리고 전쟁은 주
권력의 공포에 의해 저지된다. 계약설은 적어도 부분적으로는 주권자
에게 복종과 그의 권력 행사가 합리적 성격을 갖고 있음을 보여주려
는 하나의 책략이다. 홉즈에게서 국가의 토대가 효용이라는 의미에서
그는 공리주의자이며, 계약설은 이 효용의 명확한 승인이다. 이 이론
은 의심의 여지없이 여러 반대를 면할 수 없다. 그러나 홉즈에 대한
어떠한 근본적인 비판도 계약설의 세부 사항보다는 차라리 인간 본성
에 관한 그의 설명에 대해서 행해져야 한다.

　　홉즈는 "제정(制定)에 의한" 국가와 "획득에 의한" 국가를 구별한
다. 국가가 앞에서 말한 방식대로, 즉 구성된 상호간의 계약을 통해
수립되었을 때, 그것은 제정에 의해 존재한다고 한다. 주권력이 힘에
의해 획득되었을 때, 즉 사람들이 "죽음이나 속박의 두려움 때문에
그의 권력 안에 그들의 생명과 자유를 갖고 있는 사람이나 집단의 모
든 행동을 승인할 때"[34] 국가는 획득에 의해서 존재한다고 한다.

　　제정에 의한 국가의 경우에 다수의 사람들은 서로간의 두려움으로
부터 하나의 선택된 주권자에게 복종한다. 획득에 의한 국가의 경우,
그들은 그들이 두려워하는 사람에게 복종한다. 이와 같이 "두 경우
모두 그들은 두려움 때문에 그렇게 한다."[35] 홉즈는 주권력은 공포에
근거한다고 매우 명확하게 말한다. 국가, 주권력의 정통성을 신학적
이거나 형이상학적인 원리로부터 끌어내는 문제는 없다. 물론 공포는
충분한 이유가 있다는 의미에서,그것이 사람들 상호간에 대한 것이든
또는 주권자에 대한 국민들의 것이든간에 합리적이다. 그리고 획득에
의한 국가는 제정에 의한 국가와 마찬가지의 공리주의적 이유로 인해
서 변호될 수 있다. 이처럼 홉즈가 모든 국가들은 공포에 근거한다고
말할 때, 그는 국가를 경시하는 뜻으로 말하려는 것이 아니다. 홉즈
가 기술한 것처럼 인간 본성이 그렇다고 한다면, 국가는 어떤 경우든
공포에 근거하는 것임에 틀림없다. 계약설은 어느 정도까지 이 사실

---

　34) *Leviathan*, 1, 20; *E.W.*, III, p. 185.
　35) 같은 책, 같은 면.

을 용케 숨기는데, 그것은 아마도 적법성에 의존하지 않는 제정에 약간의 적법성의 흔적을 주기 위해서 의도된 것 같다. 이 의미에서 그것은 홉즈 정치론의 나머지 부분과 잘 조화되지 않는다. 그러나 동시에 그는 공포에 의해 행해지는 정치 부분에 관하여 매우 솔직하다.

4. 주권자의 권리

두 종류의 국가의 구분은 주권자의 권리에 영향을 미치지 않는다. "주권의 모든 권리와 결과는 양자에 있어서 동일하다."[36] 따라서 이 권리를 검토하는 데 있어서 우리는 이 구분을 무시할 수 있다.

홉즈는 주권은 조건적으로 부여되지 않으며 부여될 수도 없다고 주장한다. 따라서 한 주권자의 국민들은 정부 형태를 바꾸거나 주권자의 행위를 거부할 수 없으며, 분열된 다수의 상황으로 돌아갈 수도 없다. 주권은 양도할 수 없는 것이다. 이것은 예를 들어 한 군주가 합법적으로 행정권 또는 자문의 권리들을 다른 개인이나 집단들에 양도할 수 없다는 것을 의미하지는 않는다. 그러나 만약 주권자가 군주라면 그는 그의 주권의 부분을 양도할 수 없다. 만약 우리가 군주가 주권자라고 상정한다면, 의회 같은 집단도 군주로부터 독립적인 어떤 권리를 가질 수 없다. 그러므로 홉즈의 입장으로부터 군주가 국가를 통치하는 데 있어서 의회를 이용할 수 없다는 결론이 되지는 않는다. 그러나 의회는 주권의 일부를 향유하지 않으며, 대표권을 행사할 때도 반드시 군주에 종속된다는 결론이 된다. 마찬가지로 사람들과 동연적(coextensive)이지 않은 한 집단이 주권자일 때, 사람들은 주권의 일부를 향유하지 않으며 향유할 수도 없다. 왜냐하면 그들은 그 집단에 무제한적이고 양도할 수 없는 주권을 부여한 것으로 고려되어야만 하기 때문이다. 따라서 주권력은 상실될 수 없다. "주권자 측에서의 계약 파기는 일어날 수 없다. 결과적으로 어느 국민도 어떠한 상실의 구실에 의해서도 종속으로부터 벗어날 수 없다."[37]

---

36) *E.W.*, III, p. 186.
37) *Leviathan*, 2, 18 ; *E.W.*, III, p. 161.

주권의 제정에 의해서 각 국민은 주권자의 모든 행위의 장본인이 된다. 그리고 "주권자가 하는 것은 무엇이나 그의 백성들 중 어느 누구에게도 해가 될 수 없으며, 또한 그는 백성들 중 어느 누구에 의해서도 부당하다는 비난을 받을 수 없다는 결론이 된다."[38] 어떤 주권자도 그의 국민들에 의해서 정당하게 처형되거나 어떤 방법에 의해서도 처벌될 수 없다. 왜냐하면 각 국민이 주권자의 모든 행위의 장본인인 까닭에, 주권자를 처벌한다는 것은 자기 자신의 행위에 대해서 다른 사람을 처벌하는 것이 되기 때문이다.

홉즈가 열거한 주권자의 특권들 중에 가르치기에 적합한 교의들을 판단하는 특권이 있다. "그러므로 평화에 필요한 것으로서의 의견과 이론의 심판관이 되거나 모든 심판관들을 구성함으로써 불화와 내란을 방지하는 것은 주권력을 가진 자에게 속한다."[39] 그리고 국가의 병폐 중에 그는 "각 개인은 선하고 악한 행동들의 심판관이다"[40], "그의 양심에 어긋나게 하는 것은 무엇이나 죄이다"[41] 하는 이론들을 목록에 싣는다. 자연 상태에서는 개인이 선한 것과 악한 것의 심판자이며, 따라야 할 어떤 다른 규칙이 없기 때문에 자신의 이성이나 양심을 따라야 한다는 것은 사실이다. 그러나 이것은 국가의 경우에서는 그렇지 않다. 왜냐하면 시민법이 공적인 양심이며 선악의 척도이기 때문이다.

그러므로 홉즈가 《리바이어던》의 제 3 부와 제 4 부에서 철저한 국가만능론(Erastianism)을 옹호한다 해도 놀랄 일이 못 된다. 확실히 그는 기독교적인 계시, 또는 "많은 것이 신의 의지의 초자연적인 계시들에 의존하는"[42] 기독교적 국가관의 타당성을 부인하지는 않는다. 그러나 그는 철저하게 교회를 국가에 종속시킨다. 그는 교회와 국가의 투쟁을 힘의 관점에서 해석하고 있음을 충분히 명백하게 보여준다. 교회는 국가의 주권자에게 속하는 권위를 자기 것으로 하려는 시도를 해왔다. 그리고 홉즈는 저 유명한 구절에서 교황권을 로마 제국의 유령에 비유한다. "만약 누군가 이 커다란 교회 통치권의 기원에

38) E.W., III, p. 163.   39) E.W., III, p. 165.
40) Leviathan, 2, 29 ; E.W., III, p.310.
41) E.W., III, p. 311.
42) Leviathan, 3, 32 ; E.W., III, p. 359.

주의를 기울인다면, 그는 교황권이란 죽은 **로마 제국**의 무덤 위에 왕관을 쓰고 앉아 있는 유령에 지나지 않음을 쉽게 깨달을 수 있을 것이다. 왜냐하면 교황권은 그 이교도 권력의 폐허로부터 갑자기 그렇게 나타났기 때문이다."[43] 그러나 비록 홉즈가 가톨릭 교회야말로 그 정당한 권위를 주권자로부터 가로채려는 시도로서 종교 분야에서 으뜸가는 예를 제공하는 것이라고 여기고 있음에도 불구하고, 그는 자신의 주된 관심은 반가톨릭 논쟁이 아님을 명백히 밝힌다. 그는 교황, 주교, 사제 또는 장로 그 누구에 의해서든지간에 주권자와 독립된 정신적 권위와 재판권을 소유한다는 어떠한 주장도 거부하려 한다. 마찬가지로 그는 사적인 개인들의 입장에서 신의 계시나 신에 의하여 영감을 받은 메시지의 통로가 독립적임을 주장하는 어떠한 주장도 거부한다.

교회는 "한 주권자의 명령에 의해 모이며 그 주권자의 인격 안에 하나가 된, 그리스도를 믿는다고 고백하는 사람들의 집단"[44]이라고 정의된다. 보편적인 교회와 같은 것은 없으며, 국가의 교회 내에서 기독교 주권자는 신의 가호 아래 모든 권위와 재판권의 원천인 것이며, 그 혼자만이 성서 해석의 최종 심판관이다. 브램홀 주교에 대한 답변에서 홉즈는 "만약 성서는 법이라는 것이 왕의 권위로부터 온 것이 아니라면, 어떤 다른 권위가 그것을 법이라고 하는가?"[45] 하고 묻는다. 그리고 그는 "어떤 권위에 의해 성서 또는 여하한 다른 문서가 법으로 되는가 하는 것은 의심의 여지가 없으며, 바로 그 권위에 의해서 성서가 해석되어야 한다. 그렇지 않으면 그것은 헛된 것이 되고 만다"[46]고 말한다. 게다가 브램홀이 홉즈의 국가 만능론의 원리에 의하면 모든 총회들의 권위가 소멸된다고 말할 때, 홉즈는 사실이 그렇다고 인정한다. 만약 영국 국교의 고위 성직자들이 총회는 주권자들로부터 독립된 권위를 가진다고 거짓말한다면, 그들은 이 한도까지 주권자의 양도할 수 없는 권위와 힘을 손상시키는 것이다.

43) *Leviathan*, 4, 47 ; *E.W.*, Ⅲ, pp. 697~698.
44) *Leviathan*, 3, 39 ; *E.W.*, Ⅲ, p. 459.
45) *E.W.*, Ⅳ, p. 339.   46) 같은 책, 같은 면.

5. 국민의 자유

이와 같이 주권자의 권력이 어느 면으로 보나 무제한적이라면, 만약 자유가 있다면 어떤 자유가 국민들에게 소유되거나 또는 소유되어야 하는가 하는 의문이 발생한다. 이 문제를 논의하는 데 있어서 우리는 홉즈의 "자연적 자유"의 이론을 전제해야 한다. 우리가 이미 보았듯이, 자연적 자유란 그에게는 단지 운동의 외적 장애들이 없음을 의미한다. 그리고 이것은 필연성, 즉 결정론과 완벽하게 일치한다. 인간의 의지 작용, 욕망과 성향들은 일련의 결정 원인들의 결과라는 의미에서 필연적인 것이다. 그러나 그가 이 욕망과 성향들에 따라서 행동하고 그렇게 행동하는 것을 방해하는 외적인 장애가 없다면 그는 자유롭게 행동한다고 한다. 따라서 자유로운 인간이란 "그의 힘과 기지에 의해서 그가 할 수 있는 것 중에서 그가 하려는 의지를 가진 것을 하는 데 방해받지 않는 사람"[47]이다. 이러한 자유의 일반 개념이 전제되기 때문에, 홉즈는 국민들이 주권자에게 권리를 양도함에 있어서 서로 맺었던 상호 계약에 의해 자기들을 위해서 꾸며냈던 인공적인 구속 또는 속박에 대한 국민들의 자유는 무엇이냐고 묻는다.

홉즈가 법으로부터의 자유에 대한 어떤 요구에도 찬성하지 않는다는 것은 거의 말할 필요도 없다. 왜냐하면 제재에 의해 뒷받침되는 법은 한 사람을 다른 사람들의 변덕과 폭력으로부터 보호하는 바로 그 수단이기 때문이다. 그리고 법으로부터의 면제를 요구하는 것은 자연 상태로 되돌아갈 것을 요구하는 것이 될 것이다. 고대 그리스와 로마 사람들의 역사와 철학에서 찬양되는 자유는 개인들의 자유가 아닌 국가의 자유라고 그는 말한다. "아테네 사람들과 로마 사람들은 자유로운 국민들이었다. 그것은 어떤 개인들이 자신들의 대표자에 저항하는 자유를 가졌던 것이 아니라, 그들의 대표자가 다른 나라 국민들에 저항하거나 침략하는 자유를 가졌기 때문이다."[48] 많은 사람들이 고대인들의 저작에서 소요의 조장과 "그들의 주권자들의 행동에 대한 방자한 통제"에 관한 하나의 구실을 발견해 왔던 것은 사실이

---

47) *Leviathan*, 2, 21 ; *E.W.*, III, pp. 196~197.
48) *E.W.*, III, p. 201.

다. "…그래서 내가 생각하기에 참으로 우리 서구인들이 그리스어와 라틴어의 지식을 사들였던 것보다 더 비싸게 사들인 것은 결코 없었다고 할 만큼 많은 피를 흘리게 되었던 것이다."[49] 그러나 이것은 개인들의 권리와 주권자들의 권리를 구별하지 못한 데서 오는 것이다.

한편 어느 국가에서도 모든 행동들이 법에 의해서 규제되지는 않으며, 또한 그럴 수도 없다는 것은 명백하다. 따라서 이 점에서 국민들은 자유를 향유하는 것이다. "그러므로 국민의 자유는 단지 주권자가 그들의 행동을 규제함에 있어서 불문에 부쳐온 것들에 있다. 그러한 것들은 사고 팔며 서로 계약하는 자유, 주거와 식사 선택의 자유, 생업 선택의 자유, 그리고 그들이 적합하다고 생각하는 바에 따라 자녀를 양육하는 자유 등이다."[50]

홉즈가 단지 법에 의해서 규제되지 않는 행동들은 법에 의해서 규제되지 않는다는 동어 반복적인 선언을 하고 있는 것이 아닌 한, 그는 여기서 실제 사태에 주의를 집중하고 있는 것이다. 즉 그것은 인간 행위의 매우 넓은 영역에서 국민들은 법이 관계되는 한 그들의 의지와 성향에 따라 행동할 수 있다는 것이다. 그리고 그는 우리에게 그런 자유는 모든 형태의 국가에서 발견된다고 말한다. 하지만 국민이 주권자에 저항할 권리가 있는 경우가 있는지의 여부에 관한 그 이상의 문제가 발생한다.

이 문제에 관한 대답은 사회 계약의 목적과 어떤 권리들이 계약에 의해서 양도될 수 없는지를 고려함으로써 얻어질 수 있다. 계약은 평화와 안전, 생명과 신체의 보호를 목적으로 이루어진다. 그러므로 인간은 죽음과 부상과 투옥으로부터 자신을 지키는 그의 권리를 양도하거나 내버리지 않으며 또 그럴 수는 없다는 결론이 된다. 그리고 이것으로부터 당연히 만약 주권자가 누군가에게 자살하거나 자신을 불구로 만들라고 명령하거나, 또는 공기와 음식을 삼가도록 명령하거나, 또는 자신을 공격하는 사람에 저항하지 말라고 명령한다면 "그는 복종하지 않을 자유를 가진다"[51]는 결론이 된다. 또한 인간은 자신의 죄를 고백하도록 강요당하지 않는다. 또한 국민은 복종의 거부가 주

49) E.W., III, p. 203.
50) Leviathan, 2, 21 ; E.W., III, p. 199.
51) E.W., III, p. 142.

권 제정의 목적을 좌절시키지 않는 한, 명령에 의해서 다른 사람을 죽이거나 무장 걸기를 하도록 강요당하지 않는다. 물론 홉즈가 주권 자는 국민이 복종을 거절하는 것에 대해 처벌할 수 없다는 뜻으로 말 하는 것은 아니다. 그는 국민은 상호 계약을 맺었고 그렇게 해서 자 기 보호를 목적으로 주권을 제정했기 때문에, 단지 주권자가 그렇게 명령했다고 해서 자신이나 다른 사람들을 해칠 것을 계약에 의해서 맹세했다고 합법적으로 여겨질 수는 없다는 뜻으로 말하는 것이다. **"당신이 좋으시다면 나 또는 내 친구를 죽이시오 하고 말하는 것과 나는 자살하거나 내 친구를 죽이겠다고 말하는 것은 별개의 것이다. "**[52]

더 중요한 점은 국민은 만약 주권자가 주권을 포기한다면, 그뿐만 아니라 만약 그가 그의 권력을 유지하려는 뜻은 가지고 있으나 사실 상 그의 국민들을 더 이상 보호할 수 없다면, 주권자에게 복종할 의 무를 면하게 된다는 것이다. "주권자에 대한 국민의 의무는 그것에 의해서 주권자가 국민을 보호할 수 있는 권력이 지속되는 한도 내에 서 지속되는 것이며, 그 이상 지속될 수는 없는 것이라고 이해된 다. "[53] 그것을 제정하는 사람들의 의도에 따르면 주권은 불멸적인 것 일 수도 있다. 그러나 사실상 그것은 본질적으로 "자연스러운 필멸성 의 많은 씨앗들을"[54] 갖는다. 만약 주권자가 전쟁에서 패하여 승리자 에게 항복한다면, 그의 국민은 승리자의 국민이 된다. 만약 국가가 내부의 불화에 의해 갈기갈기 찢겨지고 주권자가 더 이상 유효한 권 력을 소유하지 못한다면, 국민은 자연 상태로 되돌아가는 것이며, 새 로운 주권자가 설립될 수 있게 되는 것이다.

6. 홉즈의 정치론에 대한 반성

홉즈 정치론의 의미에 관해서 그리고 그가 주장한 여러 사항들의 상당한 중요성에 관해서 많은 글들이 씌어져 왔으며 서로 다른 평가 가 가능하다.

《리바이어던》에서 독자들의 주의를 가장 끌 것 같은 사항은 아주 당

---

52) *E. W.*, III, p. 204.   53) *E. W.*, III, p. 208.
54) *Leviathan*, 2, 21 ; *E. W.*, III, p. 202.

연하게도 주권자에게 귀속된 힘과 권위이다. 주권자의 지위에 대한 이러한 강조는 부분적으로는 홉즈 정치론에서 그의 원자적 개인주의 이론에 대한 필연적인 평형력이었다. 마르크스주의자들에 따른다면 국가, 적어도 자본주의 국가는 상충하는 경제적 관심과 계급을 결속하는 수단인데, 홉즈에게서 국가는 서로 싸우는 개인들을 연합하는 수단이다. 만약 주권자가 완전하고 무제한적인 권위를 향유하지 않는다면, 국가는 이 기능을 수행할 수 없다. 만약 사람들이 자연히 이기주의적이며 항상 그럴 수밖에 없다면, 그들을 효과적으로 결합시킬 수 있는 유일한 요인은 주권자에게 귀속된 집중적인 권력이다.

이것은 주권자의 권력에 대한 홉즈의 주장이 단지 선험적 인간 본성론으로부터의 추론 결과에 지나지 않는 것이었다고 말하는 것은 아니다. 그도 역시 의심할 여지없이 당시 사건들의 영향을 받았다. 그는 내란 속에서 인간의 특성, 그리고 인간 사회에서 작용하는 원심력에 관하여 의외의 새로운 사실들을 목격했다. 그는 이러한 사태에 대한 유일한 치유책을 강력하고 집중적인 권력 안에서 발견했다. "만약 이 권력들(법을 제정하고 집행하며, 세금을 올리고, 학설들을 통제하는 등의)이 왕, 귀족들, 하원에게 분할되었다는, 영국 대부분에서 받아들여진 견해가 먼저 없었더라면, 국민들은 결코 분열되거나 내란에 빠지지 않았을 것이다. 첫째는 정치에서 의견을 달리하는 사람들 사이의 내란, 그 다음에는 종교의 자유에 관한 반대자들 사이의 내란에 빠져들지 않았을 것이다. …"[55] 홉즈의 절대주의와 국가 만능론은 구체적인 정치적·종교적 분쟁에 관한 그의 숙고에 의해 크게 강화되었다.

여기서 홉즈의 정치론의 특징은 근대적 의미에서의 "전체주의"라기보다는 차라리 권위주의라고 말하는 것이 적당할 것 같다. 물론 확실히 그의 이론에는 소위 전체주의의 명백한 요소들이 있다. 예를 들면 선악을 결정하는 것은 국가 또는 더 정확하게 말해서 주권자이다. 이런 의미에서 국가는 도덕의 원천이다. 이 해석에 대하여 홉즈는 "자연법"을 인정하며, 주권자는 신에 대하여 책임이 있다는 것도 역시 인정한다는 반대 의견을 제시하였다. 그러나 설령 우리가 논의중인

---

55) *Leviathan*, 2, 18 ; *E.W.*, III, p. 168.

문제와 관련되는 어떤 의미에서 그가 자연법의 개념을 받아들인다고
기꺼이 시인한다 할지라도, 성서를 해석하는 것은 기독교 주권자인
것과 꼭 마찬가지로 그에게서 자연법을 해석하는 것은 주권자라는 것
은 여전히 사실이다. 다른 한편으로 홉즈는 주권자를 인간의 모든 행
위를 통제하는 것으로 상상하지는 않았다. 그는 주권자를 평화와 안
전의 유지를 목적으로 법률을 제정하고 통제하는 것으로 생각했다.
그는 국가를 그 자체로 찬양하는 것, 그것이 국가이기 때문에 개인들
을 국가에 종속시키는 것에 관계하지 않았다. 그는 전체적으로 개인
들의 이익에 관계했다. 그리고 그가 집중된 권력과 지위를 옹호했다
면, 그것은 그가 사람들의 평화와 안전을 촉진하고 보존하는(이것이
조직된 사회의 목적을 구성한다) 다른 길을 보지 못했기 때문이었다.

　　그러나 권위주의가 확실히 홉즈의 정치 철학의 두드러진 특징이라
고 할지라도, 이 권위주의는 왕권 신수설과 적법성의 원리와는 아무
런 본질적인 관계가 없다는 것이 강조되어야 한다. 홉즈는 확실히 주
권자가 어떤 의미에서는 신의 대표자인 것처럼 말한다. 그러나 우선
그에게서 군주제가 유일하게 적절한 정부 형태인 것은 아니다. 왜냐
하면 우리는 정치에 관한 홉즈의 저작들에서 "주권자"라는 낱말을 단
순히 "군주"라는 낱말로 대체시킬 권리를 갖고 있지는 않기 때문이
다. 그러나 그가 주장한 원리는 주권이 필연적으로 한 사람에게 주어
져야 한다는 것이 아니라 주권은 분리 불가능하다는 것이다. 그리고
두번째로 주권은 그것이 한 사람에게 주어졌든지 또는 한 집단에게
주어졌든지간에 신에 의한 임명이 아니라 사회 계약으로부터 유래한
다. 나아가 이 사회 계약의 허구는 어떠한 사실상의 정부도 정당화시
켜 줄 것이다. 예를 들면 그것은 찰스 1세의 지배와 마찬가지로 공화
국(즉 그것이 지배권을 소유했던 한에서는)을 정당화시켜 줄 것이다.
그러므로 홉즈는 고향에 돌아갈 마음이 있었을 때 《리바이어던》을 썼
으며, 크롬웰의 총애를 받기 원했다는 홉즈에 대한 고발을 이해하기
는 쉽다. 따라서 존 월리스 박사(Dr. John Wallis)는 다음과 같이 선
언했다. 《리바이어던》은 "올리버 또는 어떤 수단에 의해서든지 최상의
자리에 도달할 수 있는 사람이라면 누구든지간에 그의 정당한 권리를
옹호하기 위해서 씌어졌다. 그리고 정부의 모든 권리를 단지 힘에 두
며, 그의 왕이 현재 복종을 강요할 능력이 없을 때는 언제나 그의 모

든 국민들을 충성의 의무로부터 면하게 하였다."[56] 홉즈는 "돌아올 길을 마련할 목적으로 3, 4년이 지나도록 아직 호민관이 아니었던 올리버에게 아첨하기 위해"[57] 《리바이어던》을 출판했다는 것을 단호히 부인했으며, "홉즈가 돌아온 것은 사실이지만, 그것은 그가 자신의 안전을 프랑스 성직자에게 맡기려 하지 않았기 때문이었다"[58]고 덧붙였다. 그러나 비록 홉즈가 자신은 올리버 크롬웰에게 아첨하기 위해서 저술한 것이 아니며, 군주에 대한 혁명을 옹호할 작정이 아니었다고 말하는 것이 정당화되었다고 할지라도, 그의 정치론이 왕권 신수설 사상이나 스튜어트 왕가의 적법성의 원리에 호의적이지 않았음은 여전히 사실이다. 그리고 주석자들이 그의 주권 이론의 "혁명적" 성격, 정확히 그의 권위주의적인 정부 개념과 군주제에 대한 그의 지배적인 편애 때문에 간과되기 쉬운 그의 사상의 한 측면에 주의를 기울이는 것은 옳다.

만약 우리가 중세 철학에서 홉즈의 국가 이론과 유사한 것을 찾아야 했다면, 그것은 아마도 성 토마스 아퀴나스에 의해서보다는 성 아우구스티누스에 의해서 훨씬 더 많이 제공된다고 상정될 수 있을지도 모르겠다.[59] 왜냐하면 성 아우구스티누스는 국가를 원죄의 결과로, 즉 원죄의 결과인 인간의 악한 충동을 제한하는 필연적 수단으로 여겼거나 또는 적어도 그렇게 하려고 했기 때문이다. 그리고 이 견해는 어쨌든 만인의 만인에 대한 전쟁이라는 인간의 자연 상태의 결과로서 일어나는 악에 대한 치유책으로서의 홉즈의 국가 개념과 약간 유사하다. 이와 반대로 그리스 전통을 신봉하는 아퀴나스는 국가의 으뜸가는 기능이 공익을 촉진시키는 것이며, 국가는 설령 인간이 죄를 짓지 않았고 어떠한 악한 충동도 갖지 않았다고 해도 반드시 있을 자연적인 제도라고 여겼다.

물론 이 유비는 단지 부분적인 것이며 강조되어서는 안 된다. 예를 들어 성 아우구스티누스는 확실히 주권자가 도덕적 차이들을 결정한다고 믿지는 않았다. 그에게서는 초월적인 토대를 가지며 국가와 독

---

56) *E.W.*, IV, p. 413. 57) *E.W.*, IV, p. 415.
58) 같은 책, 같은 면.
59) 성 아우구스티누스와 성 토마스 아퀴나스의 정치 이론에 관해서는 F. Copleston, *A History of Philosophy*, 제 2 권, 8장과 40장 참조.

립적이고 모든 주권자와 국민들이 그들의 행위를 그것에 따르게 하지 않으면 안 되는 하나의 객관적인 도덕법이 있다. 하지만 홉즈에게 그러한 도덕법은 없다. 그가 주권자는 신에 대하여 책임이 있다는 것을 인정했으며, 자신이 주권자의 법률 제정과 별도인 어떠한 객관적 도덕의 관념도 배제했다는 것을 인정하지 않았다는 것은 사실이다. 그러나 동시에 그 자신의 주장에 따르면 철학은 신에 관계하지 않는 것이다. 그리고 그는 명백히 선과 악을 결정하는 것은 주권자라고 주장했다. 자연 상태에서 선과 악은 단지 개인들의 욕망에 관계가 있다. 이 점에서 홉즈는 모든 형이상학적이며 초월적인 이론과 사상들을 제거한다.

그는 하나의 제도로 고려된 국가에 관해서도 마찬가지로 행동한다. 아퀴나스에게서 국가는 그 자체가 신의 영원한 법의 반영인 자연법에 의해 요구되었다. 그러므로 그것은 인간의 죄나 악한 충동들과 관계없이 신에 의해서 의도된 것이었다. 그러나 이러한 국가의 초월적 기초는 홉즈의 이론에 와서는 사라진다. 그가 국가를 연역해 냈다고 말할 수 있는 한, 그는 형이상학적이며 초월적인 고찰들과 관계없이 국가를 단지 인간의 정념들로부터 연역한다. 이 의미에서 그의 이론은 성격상 철저히 자연주의적이다. 만약 홉즈가 《리바이어던》의 상당 부분을 종교적인 물음들과 문제들 그리고 교회의 물음들과 문제들에 충당한다면, 그는 형이상학적 국가 이론을 공급하기 위해서가 아니라 국가 만능론의 옹호를 위해서 그렇게 한다. 홉즈 이론의 중요성의 상당히 많은 부분은 그가 정치 철학을 독립적으로 규정하려고 한다는 사실, 말하자면 그것을 인간 심리학과 결부시키고 적어도 의도에 있어서는 그의 일반적인 기계론적 철학과 연결시키려 하지만 형이상학과 신학으로부터는 떼어 놓으려 한다는 사실에 기인한다. 이것이 유익한 조치였는지 아니었는지는 논쟁을 면할 수 없다. 그러나 그것은 확실히 상당히 중요한 조치였다.

인간의 정념의 고찰로부터 국가를 이끌어내는 홉즈의 연역은 그의 권위주의와 주권자의 권력에 관한 그의 주장을 설명하는 데 크게 효과가 있다. 그러나 우리는 그의 권위주의적 사상이 단순히 철학적 연역의 결과는 아니었음을 보았다. 왜냐하면 그의 권위주의적 사상은 그의 조국에서의 구체적인 역사저 사건들에 관한 그의 숙고와, 내란

78

에 대한 그의 공포와 증오에 의해서 크게 강화되었기 때문이다. 그리고 일반적으로 그는 정치적 삶과 역사의 역학 속에서 힘에 의해 행해지는 커다란 부분을 식별했던 것으로 여겨질 수 있다. 이 점에서 그는 "현실주의자"라고 불릴 수 있다. 우리는 그를 르네상스 시대의 저술가인 마키아벨리[60]와 연결시킬 수 있다. 그러나 후자가 정치 역학, 권력을 획득하고 보존하는 수단에 주로 관계했던 반면에, 홉즈는 권력의 개념과 그것의 기능이 최고로 중요한 역할을 하는 일반적인 정치 이론을 제공한다. 정확히 그것들이 너무 일반적이고 추상적이어서 일정한 시대와 본질적으로 이어져 있다고 할 수 없기 때문에 "영원히" 고려될 수 있는, 즉 영속적인 적용 가능성을 가진 원리들을 넘어서는 어떤 정치 이론에서도 피할 수 없는 것처럼, 이 이론에서도 많은 것이 어느 시기에 속해 있는 것이며 역사적으로 제약된다. 그러나 인간사에서 권력의 역할에 대한 그의 개념은 영속적인 의미를 갖는다. 이렇게 말하는 것이 인간 본성에 관한 그의 이론(그것의 유명론적 측면들에서 그를 14세기 유명론과 결부시켜 생각하게 하는)에 동의하거나 또는 국가와 주권자의 기능에 관한 그의 설명이 적절하다고 말하는 것은 아니다. 그것은 단지 홉즈는 우리가 현재까지 아는 바와 같이 인류 역사의 과정을 결정하는 데 의심의 여지가 없이 도움을 주었던 요소들을 매우 명백하게 인식했다고 말하는 것이다. 내 생각으로는 홉즈의 정치 철학은 한쪽으로 치우쳐 있으며 부적절하다. 그러나 정확히 그것이 한쪽으로 치우쳐 있으며 부적절하기 때문에, 그것은 우리가 고려하는 것이 사회적이며 정치적인 중요한 삶의 특징들에 명백한 위안을 던져 주는 것이다.

---

60) 마키아벨리에 관해서는 F. Copleston, *A History of Philosophy*, 제 3 권, pp. 315~320 참조.

제3장

케임브리지 플라톤주의자

1. 머리말

프란시스 베이컨[1]은 신의 존재와 본성이 피조물들에서 명백히 나타나는 한, 그것을 다루는 철학적 신학 또는 자연 신학을 인정했다. 하지만 홉즈는 철학을 운동중인 물체들에 관계하는 것으로 보았기 때문에, 신에 대한 모든 고찰을 철학으로부터 배제했다. 참으로 만약 우리가 "신"이라는 용어로써 무한한 정신적 또는 비물질적인 존재를 의미한다면, 이성은 신에 관해서 우리에게 아무 것도 말해 줄 수 없다. 왜냐하면 "정신적", "비물질적"과 같은 용어들은 눈에 보이지 않는 물체를 의미하는 것으로 사용되지 않는 한 이해할 수 없는 것이기 때문이다. 그러나 이 태도가 17세기 영국 철학자들 사이에 공통적인 것은 아니었다. 일반적인 경향은 오히려 이성이 신에 관한 어떤 지식에 도달할 수 있으며, 동시에 이성이 계시와 계시된 진리의 심판관이라고 주장하는 것이었다. 이 견해와 관련하여 우리는 많은 문필가들

---

1) 프란시스 베이컨의 철학은 F. Copleston, *A History of Philosophy*, 제3권, 19장에서 논의된다.

에게서 이성에 의해서만 도달될 수 있는 일반적 진리들과 비교하여 교리의 차이를 무시하고 그것의 중요성을 하찮게 여기는 경향을 본다. 그리고 이런 식으로 생각했던 사람들은 가지각색의 학파와 전통에 속한 신학자들보다 명백하게 사고 방식의 폭이 더 넓었으며, 독단적인 종교 분야에서 관용을 베푸는 경향이 있었다.

이 일반적 견해는 로크와 그의 동료들의 특성이라 할 수도 있다. 그러나 이 장에서는 케임브리지 플라톤주의자(Cambridge Platonists) 라고 알려진 문필가들의 집단을 다루려고 한다. 비록 그들 중 몇몇은 거의 또는 전혀 홉즈를 언급하지 않았지만, 랠프 커드워스(Ralph Cudworth)는 홉즈를 참된 종교와 정신주의 철학의 주요한 적으로 여겼으며, 의식적으로 그의 영향을 상대로 싸우려고 노력했기 때문에 이 점에서 그들은 충분히 적합하다. 하지만 이렇게 말하는 것이, 케임브리지 플라톤주의자들은 단지 홉즈에 대한 반작용의 견지에서 평가되어야 한다고 말하는 것은 아니다. 왜냐하면 그들 중 어느 누구도 일급 철학자가 아니었음에도 불구하고, 흥미를 갖지 않을 수 없는 적극적이며 독자적인 사상 경향을 대표하기 때문이다.

그러나 케임브리지 플라톤주의자들을 다루기 전에 나는 그들보다 더 앞선 시기의 문필가인 허버트 경에 관하여 약간 말하고자 한다. 확실히 그는 일반적으로 다음 장에서 언급될 18세기 이신론자(理神論者)들의 선구자로 여겨진다. 그러나 그의 종교 철학은 여기서 간략하게 다루어질 수 있다. 어떤 점에서 그의 철학 사상은 케임브리지 플라톤주의자들의 사상과 유사하다.

2. 허버트 경과 그의 자연 종교론

허버트 경(Lord Herbert of Cherbury, 1583~1648)은 《진리론》(Tractatus de Veritate, 1624), 《오류의 원인론》(De causis errorum, 1645), 그리고 《여러 민족들의 종교론》(De religione gentilium, 1645 ; 완본은 1663)의 저자이다. 그의 견해에 의하면 우리는 인간의 인식 능력들에 더하여 다수의 "공통 개념들"(notitiae communes)을 가정해야 한다. 허버트 경이 사용한 스토아 학파의 용어에 따르면, 이 "공통 개념들"

은 "선험성"(prioritas), 독립성, 보편성, 확실성, 필연성(즉 삶에 대
한 필연성), 그리고 직접성의 특징이 있는, 어떤 의미에서 적어도 본
유적인 진리들이다. 그것들은 신에 의해서 마음에 심어지며, 경험의
산물이 아니라 경험의 전제들로서 "자연적인 본능"에 의해서 파악된
다. 인간의 마음은 백지(tabula rasa)가 아니라, 차라리 그것은 감각
경험의 표상에 펼쳐지는 덮힌 책과 유사하다. 그리고 이 "공통 개념
들"이 없이는 경험이 가능하지 않을 것이다.

　주석자들이 지적했듯이 이 마지막 점에서 허버트 경은 훨씬 뒤에
칸트에 의해 옹호된 신념을 어느 정도 내다보았다. 그러나 허버트 경
은 이 선험적인 개념들 또는 진리들의 어떠한 체계적 연역도 하지 않
으며, 또한 그것들 모두가 무엇인지 우리에게 말하려고 시도하지도
않는다. 하지만 만약 우리가 그의 견해에 따라 사람들로 하여금 그것
들에 대해 극히 일부분밖에 알아내지 못하게 하는 장애(예를 들어 재
능의 부족)가 있다는 사실을 명심한다면, 그가 그것들의 철저한 목록
을 제시하려는 시도를 하지 않는다는 것은 놀랄 만한 일이 못 된다.
바꾸어 말하면 이 진리들이 신에 의해서 또는 태어날 때부터 마음에
심어진다고 말하는 것은 그것들이 모두 처음부터 의식적으로 그리고
반성적으로 파악된다고 말하는 것이 아니다. 공통 개념들이 인지될
때 그것들은 보편적인 동의를 얻는다. 따라서 보편적 동의는 인지된
"공통 개념"의 표시이다. 그러나 이 실제적으로 본유적인 관념들 또
는 진리들을 통찰하는 데 성장이 있을 수 있다. 그리고 그것들 중 많
은 것은 추론적 사고의 과정에서만 환하게 드러난다. 따라서 우리는
그것들의 완전한 목록을 선험적으로 작성할 수는 없다. 만약 사람들이
편견과 정념에 방해받지 않고 오직 이성의 길만 따른다면, 그들은 신
에 의해 마음에 심어진 관념들의 더 풍부한 반성적 이해에 도달할 것
이다.

　허버트 경이 "공통 개념들"의 목록을 작성하려는 시도를 하지 않는
또다른 이유는 그가 종교적이고 도덕적인 지식에 포함된 것들에 주로
관심을 갖는다는 데 있다. 그에 따르면 자연 종교에는 다섯 가지 근
본적인 진리들이 있다. 즉 신이 있다는 것, 이 신은 숭배되어야만 한
다는 것, 도덕적 삶은 항상 신의 숭배의 주요한 부분이었다는 것, 악
덕과 죄는 회개에 의해 속죄되어야 한다는 것, 그리고 지상에서의 우

리의 행위는 내세의 삶에서 보상을 받거나 벌을 받는다는 것이다. 그의 《여러 민족들의 종교론》에서 허버트 경은 이 다섯 가지 진리들이 미신과 환상에 기인하는 모든 부착물에도 불구하고 모든 종교들 속에서 어떻게 인정되며 그것들의 참된 본질을 어떻게 형성하는지를 보여주려 했다. 그는 계시가 자연 종교를 보충할 수 있다는 것을 부정하지 않는다. 그러나 그는 소위 계시는 이성의 법정에서 판단되어야만 한다고 주장한다. 그리고 교리에 대한 그의 겸양적 태도는 명백하다. 하지만 그의 관심은 서로 다른 실재하는 종교들에 대한 순전히 부정적인 비판보다는 오히려 종교의 합리성과 종교적 견해의 합리성을 옹호하는 데 있다.

3. 케임브리지 플라톤주의자

"케임브리지 플라톤주의자"라는 명칭의 앞 낱말은 이 명칭이 적용되는 사람들의 집단이 모두 케임브리지 대학교와 관련되었다는 사실에 기인한다. 벤자민 휘치코트(Benjamin Whichcote, 1609~1683), 존 스미스(John Smith, 1616~1652), 랠프 커드워스(Ralph Cudworth, 1617~1688), 나타니엘 컬버웰(Nathaniel Culverwel, 1618경~1651경), 그리고 피터 스테리(Peter Sterry, 1613~1672)는 모두 엠마누엘 대학의 졸업생들이었으며, 헨리 모어(Henry More, 1614~1687)는 크라이스트 대학의 졸업생이었다. 그들 중 몇몇은 역시 그들 대학의 평의원이었다. 그리고 그들 모두는 영국 국교의 목사들이었다.

어떤 의미에서 이들이 "플라톤주의자들"이었는가? 내가 생각하기에 거기에 대한 대답은, 그들은 정신주의적이며 종교적인 실재 해석으로서의 플라톤주의에 의해 영향을 받았으며 그것으로부터 영감을 끌어냈다는 것이다. 그러나 그들에게서 플라톤주의는 단지 역사적인 플라톤의 철학을 의미하지 않았다. 오히려 그것은 플라톤으로부터 플로티노스에 이르는 정신주의 형이상학의 전체 전통을 의미했다. 게다가 그들이 이 의미에서 플라톤주의를 활용하였고 플라톤과 플로티노스 같은 철학자들을 언급하였음에도 불구하고, 그리고 자신들을 당시의 사상에서 플라톤적인 전통을 존속시키는 존재들로 여겼음에도 불

구하고, 그들은 플라톤의 철학 또는 플로티노스의 철학을 제의하기보
다는(실제로 그들은 이 두 철학을 분명하게 구별하지 않았다)오히려
유물론적이고 무신론적인 사상 경향들에 반대하여 종교적이고 기독교
적인 철학을 상술하고 싶어했다. 특별히 커드워스는 홉즈의 단호한
반대자였다. 그러나 홉즈가 주된 적이었음에도 불구하고, 케임브리지
플라톤주의자들은 데카르트의 기계론적인 자연관도 역시 거부했다.
그들은 아마도 데카르트주의가 또다른 여러 국면을 가진다는 사실에
충분한 가치를 부여하지 않았다. 그러나 그의 자연관이 이들에게는
세계의 정신적 해석과 모순되는 것으로 보였으며, 더 철저한 홉즈 철
학을 촉진하는 것처럼 보였다.

　실제로 엠마누엘 대학은 청교도 재단이었으며 칼빈주의의 본거지였
다. 하지만 케임브리지 플라톤주의자들은 이 편협한 신교 독단주의에
반발했다. 예를 들어 휘치코트는 칼빈주의적인(사람에 따라서는 홉즈
적이라고 덧붙일 수도 있는) 인간관을 거부했다. 왜냐하면 인간은
"신에 의해서 밝혀지고 우리를 신에게로 인도하는 하느님의 촛불"인
이성을 부여받은 신의 형상이기 때문이다. 그리고 인간은 하찮게 보
여지거나 모독되어서는 안 된다. 나아가 커드워스는 어떤 사람들은
자신들의 어떤 잘못에 앞서 지옥으로 가서 영원한 고통을 당하도록
예정되어 있다는 교리를 거부한다.

　고대 철학자들과 윤리학에 관한 연구는, 그가 그 속에서 교육받았
고 대학교로 가져갔던 칼빈주의로부터 그를 벗어나게 했다. 만약 우
리가 모든 케임브리지 플라톤주의자들은 칼빈주의를 거부했으며 그
영향으로부터 자신들을 벗어나게 했다고 주장한다면, 그것은 참으로
부정확한 것이 될 것이다. 컬버웰은 확실히 그렇게 하지 않았다. 그
는 이성을 격찬하는 데서는 휘치코트에 동의하지만, 동시에 칼빈주의
신학의 영향을 보여주는 방식으로 이성의 빛의 감소와 인간 마음의
허약함을 강조했다. 그럼에도 불구하고 우리는 일반적으로 케임브리
지 플라톤주의자들은 칼빈주의가 인간 본성을 모독하고 이성을 신앙
에 종속시키는 것을 싫어했다고 말할 수 있다. 사실상 그들은 어떤
하나의 교리 체계를 지지하는 데 관여하지 않았다. 그들은 오히려 기
독교의 본질적 요소들을 밝히는 것을 목적으로 했다. 그리고 그들은
신교 체제들 중 상당히 많은 것을 견해상의 문제에 지나지 않는 것으

로 여겼다. 따라서 그들은 교리의 차이들에 관하여 관용적이고 "관대한" 견해를 채택하는 경향이 있었으며, "자유주의자들"(Latitudinarians)이라고 알려졌다. 이것은 그들이 계시된 진리의 관념을 거부했다거나 또는 "신비"를 인정하기를 거부했다고 말하는 것이 아니다. 그들은 현대적 의미의 합리주의자들이 아니었다. 그러나 그들은 도덕적 삶과의 관련이 명백하지 않은 불명료한 교리들의 주장에 강력히 반대했다. 그들은 기독교, 그리고 실로 모든 종교의 본질을 도덕적 삶에서 찾았다. 그들은 교리 논쟁들과 교회 행정과 제도에 관한 논쟁들을, 진정으로 도덕적이고 기독교도다운 삶과 비교하여 덜 중요한 것으로 여겼다. 종교적 진리란 그것이 삶에 반응을 나타내고 실천적인 결실을 맺을 때 가치있는 것이다.

나는 이렇게 말함으로써 케임브리지 플라톤주의자들이 프래그머티스트들이었다고 넌지시 비추려는 것은 아니다. 그들은 신에 관한 객관적 진리에 도달하며 우리에게 절대적이고 보편적인 도덕법들에 관한 통찰력을 주는 인간 이성의 힘을 믿었다. 그러나 그들은 두 가지점을 주장했다. 첫째, 도덕적 삶을 살려는 진지한 시도는 신에 관한 진리의 통찰을 획득하는 데 필수적인 조건이다. 둘째, 가장 중요한 진리들은 기독교도다운 삶에 가장 명백한 기초를 형성하는 진리들이다. 불명료한 이론적 문제들에 관한 당파적 입씨름과 격심한 논쟁을 싫어하는 면에서, 그들은 "없어서는 안 될 한 가지 것"을 간과한 학파들의 입씨름과 논리적인 세밀한 구별들에 몰두함을 개탄했던 14세기 문필가들과 어느 정도 닮았다.

동시에 케임브리지 플라톤주의자들은 관조적인 태도를 강조했다. 즉 비록 도덕적 순결과 진리의 달성 사이의 밀접한 관계를 강조했음에도 불구하고, 그들은 실재의 조작보다는 실재의 이해, 진리에 대한 개인의 전유(專有)와 관조를 강조했다. 바꾸어 말하면 그들의 태도는 프란시스 베이컨에 의해서 주장된 태도, 즉 "지식은 힘이다"는 경구에서 요약되는 태도와 다르다. 그들은 지식을 그 과학적이고 실천적인 개발에 종속시키는 것에 거의 찬성하지 않았다. 한 가지 이유는, 베이컨은 그렇지 않았던 반면에 그들은 초감각적 실재에 관한 이성적 지식이 획득될 수 있다고 믿었다는 데 있다. 그리고 이 지식은 과학적으로 개발될 수 없다. 또한 그 점에 관해서는 그들은 종교적 진리

의 지식을 "실천적인" 목적들에 종속시키는 청교도적인 것에도 거의
찬성하지 않았다. 그들은 오히려 우리 마음을 신의 실재의 관조와 신
과의 관계 아래서의 세계의 관조로 전환시키는 플로티노스적인 사상
을 강조했다. 역사가들이 지적했듯이 그들은 당시 그 나라의 경험주
의나 종교적 운동들에 화합하지 않았다. 에른스트 캇시러가 주장했듯
이,[2] 이탈리아 르네상스의 플라톤주의와 케임브리지 성직자들의 플라
톤주의 사이에 역사적인 연관이 있다는 것이 사실이라는 것도 당연하
다. 그러나 캇시러가 역시 주장하듯이, 이 케임브리지 플라톤주의는
당시 영국의 철학적이고 신학적인 사상의 지배적인 추세로부터 떨어
져 있었다. 케임브리지 사람들은 경험주의자도 청교도들도 아니었다.

그러므로 케임브리지 플라톤주의자들은 기독교도다운 삶의 토대로
서 우주의 정신주의적 해석을 옹호하는 데 관계했다. 그러한 우주 해
석의 가장 정교한 옹호는 랠프 커드워스에 의해서 그의 저작《우주의
참된 지적 체계》(*The True Intellectual System of the Universe*, 1678)에서
주어졌다. 이것은 저자가 다른 여러 고대 철학자들의 견해를 장황하
게 논했기 때문에 자신의 입장에 대한 명백한 진술을 손상시킨 지루
한 저작이다. 그러나 그리스 철학자들을 혼란하게 인용하고 해설한
뒤에 커드워스가 순전한 무신론자로 판단하는 홉즈의 모습이 충분히
명백하게 나타난다. 홉즈에 답하여 그는 우리가 사실상 신의 관념을
가진다고 주장한다. 그는 유물론을 감각주의로 환원시킨 다음 감각적
인식은 지식이 아니라고 함으로써 대화편《테아이테투스》(*Theaetetus*)
에 나타난 플라톤의 입장을 재차 단언한다. 게다가 우리가 감각 기관
들에 의해서 지각될 수 없는 많은 것들의 관념들을 가진다는 것은 명
백하다. 그러므로 우리는 단지 감각 기관에 의해서 지각될 수 없다는
이유로 한 존재의 존재함을 정당하게 부인할 수는 없다는 결론이 된
다. 또한 우리에게는 비물질적인 대상을 내포하는 것이라 칭하는 이
름은 필연적으로 의미가 전혀 없다고 말할 권리가 없다. "만약 존재
가 육체적 감각 기관에 들어오지 않는 무(無)로 인정된다면, 우리는
우리 자신과 다른 사람들 안의 영혼과 마음을 느낄 수도 없고 볼 수
도 없기 때문에 그러한 것을 부정해야만 한다. 반면에 우리는 부분적

---

2) *The Platonic Renaissance in England*, trans. James P. Pettegrove (Edinburgh,
Nelson, 1953).

으로는 우리 자신의 숙고의 내적 의식으로부터, 그리고 부분적으로는 무는 작용할 수 없다는 이성의 원리로부터 우리 자신의 영혼의 존재를 확신한다. 그리고 다른 영혼들의 존재는 그것들이 그들 각각의 몸과 동작, 행동 그리고 이야기에 미치는 결과들로부터 우리에게 명백하다. 그러므로 비록 그러한 것이 외부 감각 기관에 들어오지 않음에도 불구하고 사람들 안에 있는 영혼 또는 마음의 존재를 부정할 수 없기 때문에, 무신론자들은 그것이 없다면 우리의 불완전한 마음들이 어디로부터 유래했는지 생각될 수 없는 우주를 관장하는 하나의 완전한 마음의 존재를 부정할 이유를 갖지 못한다. 어떤 사람도 보지 못했고 볼 수도 없는 그 신의 존재는 우주의 가시적 현상에서의 그의 영향들과 우리가 자신 안에서 의식하는 것들로부터 이성에 의해서 명백히 증명된다."[3] 또한 우리는 유신론자들조차 신의 불가해함을 인정한다는 사실로부터, 신은 전혀 상상할 수 없으며 "신"이라는 용어는 아무런 의미도 갖지 못한다는 결론으로 타당하게 논증할 수도 없다. 왜냐하면 신은 불가해하다는 언명은 유한한 마음이 신의 관념을 전혀 가질 수 없다는 것이 아니라, 신의 적합한 관념을 가질 수 없다는 것을 의미하기 때문이다. 우리는 신의 완전함을 파악할 수 없다. 그러나 우리는 절대적으로 완전한 존재의 관념은 가질 수 있다. 이것은 여러 다양한 방식으로 보여질 수 있다. 예를 들면 "우리가 완전함 또는 하나의 완전한 존재의 관념이나 개념을 가진다는 것은 우리가 갖는 우리에게 친숙한 불완전한 개념으로부터 명백하다. 완전은 불완전의 규칙이며 척도이다. 그러나 불완전이 완전의 그것은 아니다. … 따라서 완전은 빛이 어두움에, 정량(正量)이 결여나 결손에 앞서는 것처럼 자연의 질서에서 첫번째로 생각할 수 있는 것이다.[4] 그리고 이와 동일한 것이 무한자의 관념에도 적용된다. 나아가 신의 관념은 반인반마(半人半馬)의 괴물인 켄타우르스의 관념처럼 상상의 구성물이라거나, 또는 그것은 입법자들과 정치가들 자신의 목적을 위해서 그들에 의해 마음에 심어진다고 주장하는 것은 쓸데없는 일이다. 왜냐

3) *The True Intellectual System of the Universe*, I, 5, 1 ; edit. Harrison, 1845, 제2권, p.515. 커드워스의 이 저작에서 인용한 것은 모두 Harrison판에 의한 것이다.
4) *The True Intellectual System of the Universe*, I, 5, 1 ; II, pp. 537~538.

하면 유한하고 불완전한 마음은 무한히 완전한 존재의 관념을 구성할 수 없음에 틀림없기 때문이다. "신이 없다면, 절대적으로 또는 무한히 완전한 존재의 관념은 정치가에 의해서도, 시인에 의해서도, 철학자에 의해서도, 그리고 다른 그 누구에 의해서도 만들어지거나 상상될 수 없었음에 틀림없다."[5] "옛날이나 지금이나 인류의 대부분은 그러한 존재가 실재적이고 현실적으로 존재한다는 것에 관한 예상 또는 기대를 품어 왔었다."[6] 그리고 신의 관념에 의해서 신의 존재를 논증하는 것은 가능하다. 예를 들면 "우리는 그 안에 어떤 종류의 모순도 내포하지 않는 신 또는 완전한 존재의 관념을 가지므로, 그것은 현실적인 것이든 가능한 것이든간에 어떤 종류의 실체를 가지지 않을 수 없다. 그러나 신이 만약 존재하지 않는다면 그것은 가능한 존재일 것이다. 그러므로 신은 실제로 존재한다."[7]

커드워스의 마음에 미친 데카르트의 영향은 완전자의 관념에 관하여 그가 방금 말했던 것으로부터 명백하다. 그뿐 아니라 커드워스는 다른 방향의 논증들을 제시한다. 예를 들면 그는 무로부터는 아무 것도 나올 수 없으며, 따라서 "일단 아무 것도 없었다면 결코 어떤 것도 있지 않았음에 틀림없다"[8]고 주장한다. 그러므로 그 자체가 파괴되지 않는 영원으로부터 존재한 무엇인가가 있어야 한다. 그리고 이 무엇은 그것 자체의 본성의 필연성에 의하여 존재해야만 한다. 그러나 절대적으로 완전한 존재를 제외하고는 필연적이고 영원히 존재하는 것은 아무 것도 없다. 따라서 신이 존재하거나 아무 것도 존재하지 않거나이다. 그러나 비록 커드워스가 다양한 논증을 제시한다 해도 데카르트의 영향은 부정할 수가 없다. 또한 커드워스도 그것을 부정하려고 하지 않는다. 그는 데카르트가 신의 존재에 대한 우리의 지식을 사용한 것이 우리를 결코 빠져나올 수 없는 회의주의 속으로 빠뜨린다는 이유로 비판했다. 그는 데카르트가 우리는 신이 존재한다는 것을 증명하기 전에는 그 어떤 것, 심지어 우리 이성의 신뢰성조차도 확신할 수 없다고 말하는 것으로 해석하고, 그런 증명에 도달하는 것은 불가능하게 된다고 주장한다. 왜냐하면 그 증명은 그 증명이 뒤에 그것을 수립하기 위해 사용하는 바로 그 사실, 즉 우리는 우리의 이

---

5) 같은 책, p. 635.   6) 같은 책, p. 509.
7) 같은 책, III, pp. 49~50.   8) 같은 책, p. 54.

성과 이성의 제 1 원리들을 신뢰할 수 있다는 것을 전제로 하기 때문이다. 그러나 이것이 커드워스가 데카르트의 저작들로부터 영감을 얻었다는 사실을 변화시키지는 않는다.

하지만 커드워스가 확실히 데카르트의 영향을 받았다고 할지라도, 그는 데카르트의 기계론적인 물질 세계 이론을 대단히 못마땅하게 생각했다. 데카르트는 "자연에서 모든 목적인을 자신있게 거부하며, 물질적이며 기계적인 것만을 제외하고는 사물들의 어떤 다른 원인들도 철학적인 것으로 인정하지 않기 때문에, 그들에게 귀찮게 붙어다니는 기계적 무신론의 식별되지 않은 특성"9)을 가진 사람들의 집단에 속한다. 커드워스는 데카르트주의자들을 "기계적인 유신론자들"이라고 부르고, 우리는 자연에서 신의 목적들을 분별해 내는 힘을 요구해서는 안 된다는 데카르트의 주장을 거부한다. 눈은 보기 위해서 만들어졌고 귀는 듣기 위해서 만들어졌다는 것은 너무나 명백해서, "단지 바보의 어리석음 또는 무신론적 회의심만이 거기에 대해서 의심을 품을 수 있다."10) 마찬가지로 커드워스는 동물들이 기계라는 개념에 반대하며, 동물들이 감각적 영혼을 소유한다는 데 찬성한다. "만약 짐승은 단순히 무감각적인 기계나 자동 기계 장치, 그리고 단지 탁상 시계나 회중 시계 같은 것이 아니라는 것이 현상들로부터 명백하다면, 여론과 통속적인 편견이 우리를 설득시켜서 건전한 이성과 철학이 명백하게 동물들은 그 안에 물질 이상의 무엇을 가졌음에 틀림없다고 지시하는 데 우리가 동의하는 것을 방해해서는 안 된다."11)

커드워스는 이렇게 데카르트에 의해서 정신계와 물질계 사이에 이루어진 뚜렷한 이분법을 전적으로 거부한다. 나는 이렇게 말함으로써 그가 생명없는 물질, 식물, 감각적 생명과 이성적 생명 사이에 하나의 진화적 연속성을 가정했다는 것을 의미하려는 것은 아니다. 반대로 그는 생명이 무생명적 물질로부터 생길 수 있음을 부정했으며, 홉즈가 의식과 사고를 유물론적인 용어들로 설명한 것을 공공연히 비난했다. "물체나 물질 안에는 크기, 모양, 위치 그리고 운동 또는 정지 이외에 아무 것도 없다. 그래서 이것들이 어떤 식으로 결합된다 해도 도저히 생명이나 사고를 조성하거나 만들 수는 없다는 것은 수학적으

---

9) 같은 책, 3, 37 ; I, p. 217.　　　10) 같은 책, 5, 1 ; II, p. 616.
11) 같은 책, 5, 4 ; III, p. 441.

로 확실하다."[12] 게다가 인간의 이성적 영혼은 자연히 불멸인 반면
에, 짐승들의 감각적 영혼들은 그렇지 않다. 그러므로 자연에는 정도
의 본질적 차이들이 있다. "우주에는 실체들과 완전함의 단계 또는
사다리가 겹쳐 쌓여 있으며, 사물들은 도저히 더 낮은 곳으로부터
더 높은 곳으로 올라가는 방식으로는 산출될 수 없고, 반드시 더 높
은 곳에서 더 낮은 곳으로 내려가는 방식으로 산출되어야만 한다."[13]
그러나 자연에는 이렇게 완전성의 정도가 다양하게 있다는 바로 그
이유 때문에, 우리는 정신적 영역과 물질적 영역(목적인이 추방되고,
생명 현상이 순전히 기계론적인 용어들로 해석되는)을 간단히 구분할
수 없는 것이다.

　데카르트주의의 이원론에 대한 더 단호한 반대는 헨리 모어에게서
보인다. 젊었을 때의 그는 데카르트의 열광적인 찬미자였다. 그래서
1655년에 클러셀리어(Clerselier)에게 보내는 편지에서 그는 데카르트
주의는 모든 철학의 최고 목표, 즉 종교를 촉진하는 데 유용할 뿐만
아니라, 신과 인간에 관한 추리와 논증의 방법이 만약 데카르트주의
의 원리들에 근거한다면 가장 믿을 만한 것이라고 말한다. 참으로 데
카르트주의가 올바르게 이해된다면, 아마도 플라톤주의를 예외로 하
고는 무신론을 향한 길을 그렇게 단호하게 가로막은 철학 체계는 그
것 이외에는 없을 것이다.[14] 그러나 그의 《형이상학 편람》(*Enchiridion
metaphysicum*, 1671)에서 모어는 데카르트주의 철학을 종교적 믿음의
적으로 묘사했다. 그는 신비주의와 신지학(神知學, theosophy)에 기울
어 있었기 때문에 데카르트의 주지주의가 비위에 거슬린다고 생각했
다. 정신적 실재로부터 뚜렷이 구별되고, 수학에 의해서 적합하게 다
루어질 수 있는 연장으로 이루어진 물질계의 개념은 자연을 생명력과
영혼이 충만한 것으로 여겼던 사람에게는 받아들여질 수 없는 것이었
다. 우리는 자연에서 신과 동일시되는 것이 아니라 신의 도구로서 작
용하는 세계 영혼, 생명의 동적 원리의 창조적 활동을 본다. 커드워
스도 마찬가지로 자연의 결과들을 산출하는 직접적인 대리자인 "형성
력이 있는 자연"(Plastic Nature)을 신의 도구라고 말한다. 바꾸어 말
하면 커드워스와 모어는 데카르트주의의 자연 해석과 그것의 발전의

---

12) 같은 책, 5, 4 ; III, p. 440.　　　13) 같은 책, 같은 면.
14) *Œuvres de Descartes, A.T.*, V, pp. 249 이하.

결과들에서 등을 돌리고, 르네상스 시대에 유행했던 유형의 자연 철학을 복권시키려고 했다.

커드워스의 불완전의 관념에 선행하는 것으로서의 완전자의 관념의 이론에 관해서 말해졌던 것은 경험주의에 대한 그의 반대를 충분히 명백하게 보여준다. 참으로 그는 인간의 마음은 원래 "감각 기관의 대상들에 의해 그것 위에 낙서되었던 것을 제외하고는 그 안에 결코 아무 것도 갖지 않는 단순한 여백 또는 백지"[15]라는 말을 서슴없이 한다. 이 말은 인간의 영혼은 물질로부터 발생한다는 것, 또는 그것은 "단지 물질의 더 높은 수정"[16]에 불과하다는 것을 함축한다. 물론 그는 이 언명을 마음은 단지 감각 인상들의 수동적인 용기라는 것을 의미하는 것으로 해석한다. 그러나 그의 저작들에서 그는 심지어 경험주의 원리가 이 협소한 의미로 해석되지 않을 때에도 그것을 거부하려고 하는 것을 명백히한다. 그래서 《영원 불변의 도덕론》(*Treatise concerning eternal and immutable Morality*)[17]에서 그는 영혼 안에 두 가지 종류의 "지각력 있는 사고"가 있다고 말한다. 첫번째 종류의 것은 감각들이거나 심상들(또는 환상들)일 수 있는 영혼의 수동적인 지각들로 이루어진다. 다른 종류의 것은 "육체없이 마음 자체로부터 일어나는 능동적 지각들"[18]로 이루어진다. 그리고 이것들은 "마음의 개념들" 또는 마음에 생각되어진 것($\nu o \eta \mu \alpha \tau \alpha$)이라고 불린다. 그것들은 정의, 진리, 지식, 덕과 악덕과 같은 관념들뿐만 아니라, "어느 것도 있으면서 동시에 없을 수는 없다", 또는 "무로부터는 아무 것도 나올 수 없다"와 같은 명제들도 포함한다. 이 마음의 개념들은 어떠한 능동적 지성에 의해서도 환상들로부터 추상되지 않는다(커드워스에 따르면, 잘못하여 아리스토텔레스에 기인하는 것으로 되었던 견해). 그것들이 그렇게 추상된다는 생각은, 그것들은 "가장 일반적으로 불러 일으켜지고, 우리 감각 기관들의 문을 두드리는 외부 대상들의 근접으로부터 때때로 일으켜지며,"[19] 사람들이 이 개념들의 외견상의 이

---

15) *The True Intellectual System of the Universe*, 5, 4 ; III, p. 438.
16) 같은 책, 같은 면.
17) 이 논문은 *The True Intellectual System of the Universe*의 Harrison판 제 3 권에 포함되어 있다. 인용문들은 이 판의 면수 매김에 따랐다.
18) 같은 책, 4, 1, 7 ; III, p. 582.   19) 같은 책, 4, 2, 2 ; III, p. 587.

유와 능동적이며 생산적인 원인을 구별하지 못했다는 사실에서 비롯한다. 실제는 "그것들은 신의 마음의 창조된 심상인 마음 자체의 본유적인 활력과 활동으로부터 발생하지 않을 수 없다."[20] 사실상 본유적인 이 관념들은 신에 의해서 인간의 마음에 새겨진 것이다. 그리고 우리는 그것들에 의해서 비물질적인 대상들과 영원한 진리들뿐만 아니라 물질적 사물들도 아는 것이다. 이것은 물질적 사물들에 관한 우리 지식에 있어서 감각 기관과 상상력의 역할을 부정하는 것이 아니다. 그러나 감각은 우리에게 여하한 사물의 본질이나 과학적 진리에 관한 지식을 줄 수 없다. 우리는 하늘에서 부여받는 힘에 의해서 그것 자체 내에서 "개념들"을 산출하는 마음의 활동에 의해서가 아니면 물질적 세계에 관한 과학적 지식을 가질 수 없다.

이론적 진리의 기준은 "이해 자체의 명확함"[21]이다. "명확한 지성적 개념들은 참된 실체들이기 때문에 필연적으로 진리들임에 틀림없다."[22] 그러므로 커드워스는 데카르트주의의 진리 기준인 관념의 명석 판명함을 받아들인다. 그러나 그는 "악령"의 가설의 사용과 실수와 속임수의 가능성을 피하려는 데카르트의 책략을 거부한다. 참으로 사람들은 때때로 속임을 당하여 자기들이 명백하게 이해하지 못하는 것을 명백하게 이해한다고 상상한다. 그러나 커드워스는 그들은 결코 자신들이 어떤 것을 명백히 파악한다고 확신할 수 없다는 결론이 되는 것은 아니라고 말한다. 우리는 "우리가 꿈 속에서 명백한 감각들을 갖는다고 생각하기 때문에, 우리는 결코 깨어 있을 때 실제로 있는 사물들을 본다고 확신할 수 없다"[23]고 논증해도 무방하다. 커드워스는 분명히 깨어 있는 삶이 꿈일지도 모른다고 상정하는 것은 불합리하다고 생각했다.

그러므로 마음은 영원한 본질들과 불변의 진리들을 지각할 수 있다. 그리고 이미 앞에서 말했듯이, 마음은 "자체 내에서 모든 사물들과 그것들의 진리들의 한결같이 변하지 않는 **법칙들**(rationes)을 파악하는"[24] 영원한 마음으로부터 유래하며 그것에 의존하기 때문에 이렇게

20) 같은 책, 4, 3, 1 ; III, pp. 601~602.
21) 같은 책, 4, 5, 9 ; III, p. 637.   22) 같은 책, 같은 면.
23) 같은 책, 4, 5, 12 ; III, p. 638~639.
24) 같은 책, 4, 6, 2 ; III, p. 639.

할 수 있는 것이다. 그러므로 마음은 영원한 도덕 원리들과 가치들을 식별할 수 있다. 선과 악, 옳고 그름은 홉즈가 상상했던 것처럼 상대적인 개념들은 아니다. 설령 도덕적 가치들과 원리들에 관한 다양한 정도의 통찰을 갖는 것이 가능하다 할지라도 이것들은 절대적인 것이다. 그러므로 커드워스는 그가 데카르트의 것으로 여기는 도덕적인 진리 그리고 다른 영원한 진리들은 신의 전능에 속하며 따라서 원리상 변할 수 있는 것이라는 견해에 찬성하지 않았다. 그는 다음과 같이 말한다. "만약 누군가가 데카르트는 신을 논증하는 그의 모든 허세에도 불구하고 단지 위선적인 유신론자, 또는 분장하고 변장한 무신론자였다는 것을 세상 사람들에게 납득시키려 한다면, 그는 그것에 대해 데카르트의 모든 저작들에서 여기서보다 더 그럴 듯한 구실을 가질 수는 없을 것이다. 이것은 신의 한 속성으로 하여금 다른 속성(무한한 의지와 능력, 무한한 이해와 지혜)을 먹어 치우고 삼켜 버리게 함으로써 명백히 신을 파괴하는 것이다."[25]

자체 내에 진리의 증거를 지니며 어떤 의미에서 마음에 새겨진 불변의 진리를 식별하는 마음의 능력에 대한 이 신념은 다른 케임브리지 플라톤주의자들도 갖고 있다. 예를 들어 휘치코트는 "첫인상에 의해서" 우리가 알게 되는 "맨 처음 새겨진 진리들"(truths of first inscription)을 말한다. "왜냐하면 신은 그가 시내산에서 맨 처음 새겨진 도덕적 진리를 선언하기 전에, 그가 그것을 석판에 새기기 전에, 또는 그것이 성경에 씌어지기 전에 그것에 따라 인류를 창조했으며 인간의 가슴에 그것을 써넣었다. 신은 인류를 그것에 따라 창조했으며 그의 법을 사람들의 가슴에 써넣었다. 말하자면 신은 그것을 우리 이성의 원리들에 짜넣었다. … 우리는 함께 창조된(concreated) 원리들을 갖는다. … 타고난 지식의 사물들, 또는 신에 의해서 인간의 가슴에 새겨진 첫인상의 사물들은 제시되자마자 참인 것으로 알려진다. …"[26] 예컨대 그런 것들은 신성에 대한 숭배의 원리이자 정의의 근본 원리이다.

마찬가지로 헨리 모어는 《윤리학 편람》(Enchiridion ethicum, 1668)에서 그가 도덕적 생각(Noemata moralia)이라고 부르는 23개의 도덕 원리들을 열거한다. 그에 따르면 그것들은 "적절하게 정신(Nous)

25) 같은 책, 5, 1 ; II, p.533.   26) Selected Sermons, 1773, pp. 6~7.

이라고 불리는 능력의 열매"[27]이며, 그것들의 진리는 직접적으로 명백하다. 그것들 중 첫번째 것은 "선은 즐겁고 기분 좋으며, 지각력 있는 삶 또는 이 삶의 한 정도에 어울리는 것이며, 지각자의 존속과 결합되는 것"[28]이다. 또다른 하나는 "선한 것은 선택되어야 하지만 악은 회피되어야 한다. 더 큰 선은 악에 우선하여 선택되어야 하는 반면에, 더 작은 악은 우리가 더 큰 악을 겪지 않도록 묵인되어야 한다."[29] 그러나 모어는 명백히 23개의 근본적인 도덕 원리들의 목록이 철저하다고 생각하지 않았다. 왜냐하면 그는 "이 명제들과 그 밖의 같은 것들"[30]을 말하고 있기 때문이다. 다수의 "부인할 수 없는" 원리들을 이렇게 규정하는 것은 모어와 허버트 경을 연결시키며, 뒷날의 "스코틀랜드 학파"의 진행을 예견하는 것이다.

우리가 보았듯이, 케임브리지 플라톤주의자들은 당시 그들의 조국에서 유행하고 있던 철학적이고 종교적인 추세에 전혀 찬성하지 않았다. 확실히 그들은 인간의 지식에서 경험이 차지하는 역할을 부인하지는 않았지만, 소위 "경험주의"의 특징이 되어가고 있던 제한적이고 협소한 경험 개념에 찬성하지 않았다. 그리고 그들은 전혀 과학을 공공연히 비난하지 않았지만, 당시의 수학적인 물리학의 발전과 방법을 거의 이해하고 있지 못함을 보여주었다. 그들은 물리학과 형이상학의 적극적인 종합이나 조화를 시도하기보다는 차라리 "플라톤적인" 자연 철학을 회고하는 경향이 있었다. 게다가 플라톤적이고 기독교적인 인본주의에 대한 그들의 강한 애착은 그들로 하여금 당시의 신학적인 논쟁으로부터 멀리 떨어져 있게 했고, 그것에 대해 비판적인 태도를 갖게 했다. 그러므로 특별히 우리가 그들 사상의 매력없는 문학적 표현을 명심한다면, 그들의 영향이 비교적 적었다는 것을 이해할 수 있을 것이다. 물론 이것은 그들이 전혀 영향력을 행사하지 못했다고 말하는 것이 아니다. 예를 들어 《형이상학 편람》에서 헨리 모어는 데카르트주의의 기하학적 자연 해석은 우리를 불멸의 무한하고 영원한 절대 공간의 관념으로 이끈다고 주장했다. 하지만 이 속성들은 물질적인 사물들의 속성이 될 수가 없다. 그러므로 절대 공간은 일종의 신의 현전과 광대함의 투영 또는 상징인 하나의 이해할 수 있는 실재임

---

27) 같은 책, 1, 4, 2.
29) 같은 책, 같은 면.
28) 같은 책, 같은 면.
30) 같은 책, 1, 4, 4.

에 틀림없다. 모어는 원래 물질적인 것과 정신적인 것을 갈라 놓은 수학적인 자연 해석은 논리적으로 양자를 결합하도록 이끄는 것이 되어야 한다고 주장하는 데 관계했다. 다시 말하면 그는 데카르트에 반대하는 **사람에의 논증**(argumentum ad hominem)을 발전시키는 데 관계했다. 그러나 그의 주장은 뉴턴주의의 공간 개념에 영향력을 행사했던 것처럼 보인다. 그 밖에 윤리학과 관련하여 살펴볼 샤프츠베리는 확실히 커드워스, 모어와 휘치코트 같은 케임브리지 플라톤주의자들에게서 영향을 받았다. 케임브리지 플라톤주의자들이 약간의 영향을 미쳤기는 하지만, 그것은 일반적으로 당시의 영국 철학, 즉 경험주의에서 주요한 발전이라고 여겨지는 것과는 명백히 떨어져 있다.

4. 리처드 컴버랜드

본유적인 관념들과 원리들의 이론은 피터버러의 감독(bishop)으로 죽었던 리처드 컴버랜드(1632~1718)에 의해서 비판되었다. 그의 《자연 법칙론》(De legibus naturae, 1672)의 서론에서, 그는 자신의 생각으로는 만약 우리가 도덕적 질서를 옹호하기 위해서 본유 관념들을 단순히 가정한다면 그것은 정당하다고 인정할 수 없는 지름길이라는 것을 명백히한다. 대다수 철학자들에 의해서 거부되었고 결코 증명될 수 없는 하나의 가설 위에 자연 종교와 도덕을 세우려는 것은 분별없는 절차라고 그는 말한다.

그러나 컴버랜드가 케임브리지 플라톤주의자들의 본유 관념이라는 가설을 거부하기는 했지만, 그는 홉즈 철학을 논박하는 열의에서는 커드워스와 일치했다. 도덕적 의미의 자연법들은 그에게 있어서 "선악을 선택하는 것에 관한 우리의 자발적 행동을 명령하며, 심지어 민법이 없이도 외적인 행동에 의무를 부과하며, 시민 정부를 구성하는 계약들의 모든 고려를 제쳐 놓는 불변의 진리의 명제들"[31]이었다. 그러므로 도덕법은 민법이나 주권자의 의지에 의존하지 않는다. 그리고 "선"이라는 낱말은 하나 또는 그 이상의 사물들의 기능을 보존하고 발전시키며 완전하게 하는 것을 의미하는 하나의 객관적 의미를 갖는

---

31) *De legibus naturae*, 1.

다. 그러나 특별히 컴버랜드가 강조하는 점은 개인의 이익은 다른 사람들의 이익으로부터 분리될 수 없다는 것이다. 왜냐하면 사람은 홉즈가 묘사했듯이 전혀 고칠 수 없을 정도의 이기적인 인간 원자가 아니기 때문이다. 사람은 사회적인 존재이며, 이기적일 뿐만 아니라 이타적이고 자비로운 성향도 갖는다. 그러므로 자기 자신의 이익을 증진하는 것과 공익을 증진하는 것 사이에는 모순이 없다. 참으로 공익은 자체 안에 개인의 이익을 포함한다. 그러므로 "공익은 최고의 법"[32]이라는 결론이 된다. 그리고 자연법들은 공익을 증진시키며, "오직 그것들에 의해서만 개인들의 완전한 행복이 얻어질 수 있는"[33] 행동들을 규정한다.

컴버랜드는 그의 사상을 매우 정확한 방식으로 안출하지 않는다. 그러나 그는 공익의 증진을 최고의 법(다른 모든 도덕 규칙들이 그것에 관하여 결정되어야 하는)으로 규정하기 때문에 공리주의의 선구자로 불려 왔다. 하지만 그에게서 공익의 증진은 자비와 다른 사람들에 대한 사랑의 증진뿐만 아니라 신에 대한 사랑도 포함하는 것임을 주목해야 한다. 왜냐하면 비록 컴버랜드는 "완성"을 정의하지 않지만, 우리 기능들의 완성이 그에게서는 확실히 신에 대한 우리의 관계의 의식적인 전유(專有)와 표현을 포함하기 때문이다. 게다가 자비의 법 자체는 신의 의지의 표현이며 제재와 함께 주어지지만, 신과 인간의 사욕이 없는 사랑은 제재의 이기적인 고려에 의해서 제공되는 것보다 법에 대한 복종에 더 높은 동기를 제공한다.

영국 철학에 경험주의의 발전이 보통 그리고 올바르게 강조되는 것을 생각한다면, 케임브리지 플라톤주의자들과 컴버랜드와 같은 사람들의 존재를 잊지 않는 것도 좋을 것이다. 왜냐하면 그들은 뮈어헤드(J.H. Muirhead) 교수가 "앵글로-색슨 철학에서의 플라톤적인 전통"이라고 불렀던 것을 대표하기 때문이다. 만약 우리가 "관념론"이라는 용어를 마르크스주의자들이 익숙하게 사용하는 매우 넓은 의미로 사용하기를 원한다면, 우리는 케임브리지 플라톤주의자들과 그와 유사한 사상가들을 영국 철학에서의 관념론적 전통의 한 단계를 대표하는 것으로 말할 수 있다. 이 관념론적 전통은 버클리의 저작들에서(경험주의와 결합된) 유명한 표현으로 나타났으며, 19세기 후반에서 1920

32) 같은 책, 같은 면.　　　33) 같은 책, 5.

년까지 융성했었다. 대륙에서는 영국 철학이 종종 성격상 본래부터
부단히 경험주의적이며 심지어 자연주의적이라고 상상한다. 그러므로
우리가 영국 사상의 발전에 대하여 균형있는 관점을 형성하려면, 다
른 전통이 있다는 것이 강조되지 않으면 안 된다.

제 4 장

존 로크 1

1. 생애와 저작

  존 로크는 1632년 브리스틀 부근의 링튼에서 태어났다. 그의 아버지는 지방 변호사였으며, 그는 1646년 웨스트민스터 학교에 입학하기 전까지는 가정에서 교육받았고, 이 학교에는 1652년까지 다녔다. 그는 그 해에 옥스퍼드 대학교의 크라이스트 처치에 장학생으로 선발되어 입학했다. 순서를 밟아서 문학사 학위와 석사 학위를 받은 뒤에 그는 1659년 크라이스트 처치에서 일생 동안 보유할 수 있는 항구적인 자격인 장학 연구생으로 선발되었다. 다음 해에 그는 그리스어 강사가 되었고, 그 뒤에는 수사학 강사와 도덕 철학의 학생감으로 임명되었다.

  로크가 옥스퍼드에서 철학을 공부하기 시작했을 때, 그는 거기에서 그 자신이 불명료한 용어들과 무익한 문제들로 "복잡하게 된" 것으로 여기고 대단히 혐오했던 스콜라 철학의 타락된, 더욱 정확히 말하면 화석화된 형태를 발견했다. 아리스토텔레스적인 스콜라 철학에 반감을 품었던 몇몇 다른 르네상스와 근대의 철학자들과 마찬가지로, 의심할 여지없이 그도 자신이 자각했던 것보다 훨씬더 스콜라 철학의 영향을 받았다. 그러나 철학에 대한 그의 흥미는 그 당시 옥스퍼드에서 가르쳐지고 있었던 것에 의해서보다는 그가 개인적으로 읽은 데카르트의 저작에 의하여 불러일으켜졌다. 이것은 로크가 데카르트주의자였다고 말하는 것은 아니다. 그러나 어떤 점에서 그는 데카르트의 영향을 받았으며, 어쨌든 데카르트의 저작들은 그에게 명석하고 순서 바른 사고는 철학의 영역 밖에서와 마찬가지로 그 안에서도 가능하다는 것을 보여주었다.

옥스퍼드에서 로크의 공부는 철학에 국한되지 않았다. 그는 로버트 보일 경 (Sir Robert Boyle)과 한 패거리로서 화학과 물리학에 흥미를 가졌으며 또 의학 공부에도 열중했다. 그가 의학 학위와 의사 개업 면허를 획득한 것은 1674년에 이르러서였다. 하지만 그는 의사 영업을 본업으로 삼지 않았으며, 옥스퍼드에서 학자 생활을 계속하지도 않았다. 대신에 그는 작게나마 공적인 일에 말려들게 되었다.

1665년에 로크는 월터 베인 경 (Sir Walter Vane)이 이끄는 외교 사절단의 비서관으로서 영국을 떠나 브란덴부르크 선거후(選擧侯)에게 갔다. 2년이 지나 영국으로 돌아온 뒤, 그는 나중에 샤프츠베리 백작 1세가 된 애쉬리 경(Lord Ashley)의 의학 고문으로서, 그리고 그 아들의 가정 교사로서 활동했다. 그러나 샤프츠베리는 확실히 로크의 능력을 더 높이 평가했다. 왜냐하면 그가 1672년에 대법관이 되었을 때, 로크를 성직 임면국장(secretary for the presentation of ecclesiastical benefices)의 직책에 임명했기 때문이다. 1673년에 로크는 무역 및 식민지 문제 심의회의 사무관이 되었다. 그러나 샤프츠베리의 정치 운명은 패배를 맛보았고, 로크는 그가 여전히 크라이스트 처치의 장학 연구생 신분을 갖고 있었던 옥스퍼드로 은퇴했다. 하지만 그는 건강이 나빠서 1675년에 프랑스로 가게 되었고 거기서 1680년까지 머물렀다. 이 시기에 그는 데카르트주의자들과 반데카르트주의자들을 만났으며, 가상디 (1592~1655)의 사상에 영향을 받았다.

영국으로 돌아오자마자 그는 샤프츠베리 가로 다시 들어갔다. 그러나 샤프츠베리는 당시 요크 공작이었던 제임스 2세에 반대하는 음모에 관여하여 결국 네덜란드로 피신하게 되었고, 1683년 1월에 그곳에서 죽었다. 자신의 안전도 역시 위협당하고 있다고 믿은 로크는 같은 해 가을에 네덜란드로 도망쳤다. 1685년에 찰스 2세가 죽었고, 로크의 이름은 새 정부에 의해 만머스의 반란(Monmouth's rebellion)과 관련하여 수배 명단에 올라 있었다. 그리하여 그는 익명으로 살았으며, 그의 이름이 그 명단에서 빠지게 되었을 때에도 영국으로 돌아가지 않았다. 하지만 로크는 오렌지 공을 영국의 왕으로 추대하려는 계획이 진행되고 있다는 것을 알았기 때문에 1688년의 혁명 직후 조국으로 돌아왔으며, 네덜란드 출신 왕은 런던에서 무사히 취임했다.

로크는 자신에게 제의된 브란덴부르크 선거후의 대사직을 건강을 이유로 거절했다. 그러나 그는 1691년 에섹스의 오우츠로 은퇴할 때까지 런던에서 조그만 직책을 가졌으며, 오우츠에서는 마샴 가(家)의 일원으로 지냈다. 그렇지만 그는 1696년부터 1700년까지 무역상으로서의 직무 때문에 1년 중 몇 달은 수도에서 보내야 했다. 그는 1704년 10월 마샴 부인이 그에게 시편을 읽어 주고 있는 가운데 죽었다. 우연하게도 이 부인은, 로크가 알고 지냈으며 그의 견해 중 일부에 공감했던 케임브리지의 플라톤주의자 랠프 커드워스의 딸이었다.

로크의 주요한 저작은 《인간 오성론》(*Essay concerning Human Understanding*)[1]이다. 1671년에 그는 대여섯 명의 친구들과 철학적 토론을 벌였다. 그때 그는 그들이 마음의 능력을 검토하고 "우리 오성이 어떤 대상들을 다루기에 적합한지 적합하지 않은지를"[2] 알기 전에는 더 이상의 진전을 이룰 수 없다고 생각하게 되었다. 로크는 이 주제에 관한 논문을 작성했고 이것이 《인간 오성론》의 두 개의 초고의 핵심을 이루었다. 그는 그 뒤 몇 년 동안 이 작업을 계속하여 1690년 이 책의 초판이 출판되었다.[3] 그리고 로크가 살아 있을 동안 세 판이 더 나왔다.

1690년에 역시 로크의 《시민 정부론》(*Two Treatises of Civil Government*)이 나왔다. 제1권에서 그는 로버트 필머 경(Sir Robert Filmer, 1590~1653)에 의해 상술된 왕권 신수설을 공격했고, 제2권에서는 자신

---

1) 이 저작의 인용문의 권수와 면수는 A.C. Fraser판에 따른다.
2) *Essay*, "Epistle to the Reader."
3) 1688년 Le Clerc의 *Bibliothèque Universelle*을 위한 프랑스어 요약이 먼저 나왔다.

의 정치 이론을 전개했다. 《시민 정부론》의 서문에서 로크는 자신이
이 책을 쓰게 된 동기는 1688년의 혁명을 정당화하고, 영국의 왕권
을 점유하기 위해 오렌지 공의 자격을 입증하려는 것이었다고 말했
다. 그러나 이것이 그의 정치 원리들이 이 실제적 목적을 달성하기
위해서 급하게 구상되었다는 것을 뜻하지는 않는다. 게다가 《인간 오
성론》이 경험주의의 역사에서 가장 중요한 문서들 중의 하나로 남아
있는 것과 마찬가지로, 정치 이론에 관한 그의 표현은 자유주의 사상
의 역사에서 가장 중요한 문서들 중의 하나로 남아 있다.

　　1693년에 로크는 《교육론》(*Some Thoughts concerning Education*)을 출판
했고, 1695년에는 《기독교의 합리성》(*The Reasonableness of Christianity*)
을 출판했다. 1689년에 그는 라틴어로 쓴 《관용에 관한 서한》(*Letter
on Toleration*)을 익명으로 출판했고, 1690년과 1693년에 동일한 주제
에 관한 다른 두 개의 서한이 잇달아 나왔다. 미완성인 네번째 서한
은 1706년에 유작으로 나왔다. 이때 기적에 관한 그의 논문, 신 안에
서 모든 사물을 본다는 말브랑슈(Nicolas Malebranche, 1638~1715)
의 견해에 대한 검토, 《오성의 행위》(*The Conduct of the Understan-
ding*)라는 미완성 저작, 샤프츠베리에 대한 회상록 그리고 몇 통의
서한 등이 함께 나왔다. 다른 자료는 뒤에 출판되었다.

2. 로크의 중용과 상식

　　그의 저작들에서 명백히 나타나듯이 로크는 매우 온건한 사람이었
다. 그는 우리 지식의 모든 자료는 감각적 인식과 내성(內省)에 의해
주어진다고 믿었다는 점에서 경험주의자였다. 그러나 그는 우리가 오
직 감각적 표상만 알 수 있다고 생각한다는 의미에서의 경험주의자는
아니었다. 그 자신의 온건한 방식에 있어서 그는 형이상학자였다. 그
는 모든 의견과 신념들을 이성의 법정 앞에 오게 하는 것을 믿었으
며, 합리적인 근거가 있는 판단들 대신 감정과 느낌의 표현들을 사용
하는 것을 싫어했다는 의미에서 합리주의자였다. 그러나 그는 정신적
실재, 또는 초자연적 질서, 또는 (그것들이 오직 이성에 의해서만 발
견될 수는 없으며, 심지어 계시되었을 때에도 완전히 이해될 수는 없

을지 모른다는 의미에서) 이성에 모순되는 것이 아니라 이성 너머에
있는 진리들에 대한 신의 계시의 가능성을 부인하는 사람이라는 의미
에서 합리주의자였던 것은 아니다. 그는 지적인 영역에서든지 또는
정치적인 영역에서든지간에 권위주의를 싫어했다. 그리고 그는 관용
의 원리를 옹호한 초기의 대표적 인물들 중의 하나였다. 그러나 그는
무정부주의를 지지하는 사람은 결코 아니었다. 그가 관용의 원리를
적용시키고자 하는 범위에는 한계가 있었다. 그는 종교적인 사람이었
지만 광신이나 무절제한 열정에는 공감하지 않았다. 우리는 그에게
재기있는 엉뚱한 언행이나 천재의 번뜩임을 기대하지 않는다. 그러나
우리는 그에게서 극단적인 것이 없이 상식이 존재함을 본다.

한둘의 주석자들이 로크의 "상식"을 지나치게 강조하는 것에 대해
반대했다. 그리고 만약 상식적 견해라는 것이 모든 철학에 대해 무지
한 사람에 의해 무의식적으로 주장된 견해를 의미한다면, 예를 들어
물질적 사물들 안에 신비로운 실체가 있다는 그의 이론이 상식적 견
해가 아니라는 것은 사실이다. 그러나 로크의 상식을 말할 때, 우리
는 그의 철학이 단지 일상인이 무의식적으로 주장한 견해들의 표현임
을 의미하려는 것이 아니다. 오히려 우리는 그가 일반적인 경험을 반
성하고 분석하려고 애썼으며, 억지 이론과 설령 훌륭하다 해도 한쪽
으로 치우친 실재의 해석을 제시함으로써 독창성을 얻으려고 애쓰지
는 않았고, 그가 보기에는 자신이 제시한 이론들이 일반적인 경험에
대한 합리적인 반성에 의해 요구되었다는 것을 의미한다. 철학자로부
터 깜짝 놀라게 하는 역설과 기발한 "발견"을 기대하는 사람들에게
그는 아무래도 평범하고 흥미를 끌지 않는 존재로 보이게 된다. 그러
나 그는 처음부터 끝까지 정직한 사상가라는 인상을 준다. 그의 저작
을 읽는 데 있어서 우리는 그가 자신이 말하고 있는 것을 믿었는지
아니면 믿지 않았는지를 항상 스스로에게 물어 보지 않아도 된다.

그의 저작들에서 로크는 약간의 전문적인 용어들 이외에는 영어를
사용한다. 그리고 그는 이 정도까지는 이해할 만하다. 그러나 적어도
《인간 오성론》에 관계되는 한 용어들이 항상 동일한 의미로 사용되는
것은 아니다. 따라서 이 정도까지 그를 이해하기는 어렵다. "독자에
게 보내는 서한"(Epistle to the Reader)에서 로크는 《인간 오성론》은
"앞뒤가 맞지 않게 조금씩 씌어졌다. 즉 오랫동안 방치되있나가 내

기분이나 기회가 허락할 때 다시 시작되었다"는 사실을 공개적으로 고백한다. 이것은 배열상의 결점과 다소의 반복성을 설명하는 데 도움이 된다. "가끔씩 써넣어진 방식, 그리고 수차에 걸친 오랜 중단의 간격은 반복을 유발하게끔 했다." 이런 결과들을 남기게 된 이유는 로크 자신에 의해서 제시된다. "그러나 진실을 고백하자면, 나는 그것을 더 축소하기에는 너무 게으르고 또한 너무 바쁘다." 하지만 그는 약간의 주요한 모순들을 유리하게 해결하고, 어떤 용어들의 의미를 좀더 명확하게 고정시킬 수도 있었다. 예를 들어 그는 때때로 마치 우리가 아는 것은 우리의 관념들, 그리고 관념들 사이의 관계들인 것처럼 말할 뿐만 아니라 관념을 인간이 생각할 때 오성의 대상이 되는 것으로 정의한다. 그러나 다른 때는 그는 우리가 적어도 어떤 사물들을 직접 안다고 넌지시 비춘다. 바꾸어 말하면 그는 때로는 대표적 실재론자의 지식관을 암시하는 반면에, 다른 때는 그 반대를 암시한다. 게다가 보편 관념들에 관하여 그가 말해야 하는 것 속에는 여러 가지 서로 다른 사고의 가닥이나 경향이 있다. 그는 때로는 유명론자 식으로 말하지만, 다른 때는 스콜라 철학자들이 "온건 실재론"이라고 부르는 것을 넌지시 비추기도 한다. 이 모든 것의 결과는 얼핏 보기에는 단순하고 명료한 것 같은 로크의 저작 속에 상당한 불명료함과 혼동이 있다는 것이다. 로크가 이러한 사상의 불명료함들을 해결할 수 없었다는 것은 아니다. 그는 의심할 바 없이 참인 설명, 즉 그렇게 하기에는 자신이 너무 게을렀거나 또는 너무 바빴다는 것을 입증했다.

3. 《인간 오성론》의 목적

우리는 로크가 인간의 지식에 관한 탐구를 시작하겠다고 약속했던 것을 보았다. 그 이전의 다른 철학자들도 물론 인간의 지식에 관해서 숙고했으며 그것에 대해서 썼다. 그리스에서는 플라톤과 아리스토텔레스 둘 다 그랬으며, 매우 다른 관점에서 보면 회의주의자들도 그랬다. 성 아우구스티누스는 이 주제를 숙고했으며, 주요한 중세 철학자들은 모두 그것을 부분적으로 관련시켜 숙고했다. 르네상스 이후의 철학에서 데카르트는 확실성의 문제를 다루었고, 영국에서는 프란시스 베이컨과 홉즈 둘 다 인간의 지식에 관해서 썼다. 그러나 로크야말로 인간 오성, 그 범위와 한계를 탐구하는 데 최대의 노력을 쏟은 사실상 최초의 철학자였다. 그리고 비록 그 뒤에 지식론이 사실상 철학의 전 영역을 빼앗게 된 원인이 된 것은 칸트의 영향이었기는 하지만(적어도 칸트 자신의 입장을 열심히 신봉했던 사상가들에게서는), 우리는 근대 철학에서 지식론이 차지했던 현저한 위치가 대부분 로크에게서 비롯된 것이라고 말할 수 있다. 그러므로 로크가 인간 오성과 지식의 탐구에 대규모의 논문을 충당했다는 단순한 사실은 그 자체로 특별한 중요성을 갖는다.

그런데 로크가 《인간 오성론》의 서문으로 씌어진 "독자에게 보내는 서한"에서 자신은 우리 오성들이 다루기에 적합한 대상들, 다루기에 적합하지 않은 대상들이 무엇인지를 탐구하는 것이 필요하다는 것을 고려했다고 말했다는 것은 이미 언급되었다. 그가 그런 질문을 했다는 것은 이해될 수 있다. 왜냐하면 그는 사람들이 때때로 인간의 마음에 의해 해결될 수 없는 문제들에 대해서 그들의 정력을 낭비한다고 생각했기 때문이다. 그리고 그는 마찬가지로 이 과정이 다른 사람들에게서는 회의주의를 위한 기회라고 생각했다. 만약 우리가 인간 지성의 범위 안에 들어오는 문제들에 관심을 국한시켰다면 지식의 진보를 이룩했을 것이며, 회의주의에는 더 적은 기회가 주어졌을 것이다. 그러나 그가 그 질문을 했던 것은 이해될 수 있으나 위에 주어진 것처럼 그것의 형식화는 유감스럽다. 왜냐하면 우리는 어떻게 마음의 영역을 넘어서지 않고서 우리 마음이 다룰 수 있는 대상과 다룰 수 없는 대상들을 구별할 수 있느냐고 물을 수 있기 때문이다. 또는 반대 의견이 이런 식으로 표현될 수 있다. 만약 우리가 인간의 마음이 다룰 수 없는 어떤 대상을 언급할 수 있다면, 우리는 마음이 그것에 관하여 무엇인가를 말할 수 있으며, 따라서 어느 정도 그것을 "다루는" 것이라고 암암리에 말했던 것이 아닌가?

나아가 로크는 관념을 "환상, 개념, 종(種) 개념에 의하여 의미되는 모든 것, 또는 사고할 때 그것에 관하여 마음이 사용될 수 있는 모든 것"[4]이라고 정의한다. 여기서 그는 우리에게 마음의 대상들은

---

4) *Essay*, Introduction, 8; I, p. 32.

관념들이라고 말한다. 그러면 마음은 그것의 모든 관념들을 다루기에 적합하다고 생각될 것이다. 우리는 마음이 어떤 대상들을 다루기에 적합한지 말할 수 없다. 왜냐하면 만약 우리가 이것을 말할 수 있다면, 우리는 이 대상의 관념을 가져야 하기 때문이다. 그리고 관념은 사고할 때 마음이 그것에 관하여 사용될 수 있는 것으로 정의되기 때문에, 이 경우에 우리는 그것을 다룰 수 있게 된다.

《인간 오성론》의 머릿말에서 로크는 그의 목적이 "신념과 견해 그리고 동의의 근거와 정도와 함께 인간 지식의 기원, 확실성 그리고 범위를 탐구하는 것"[5]이라고 말한다. 이처럼 그는 우리 관념의 기원에 관한 심리학적인 문제와 확실한 지식의 본성, "견해"의 충분한 근거와 같은 인식론적인 문제들을 명확히 구별하지 않는다. 그러나 이것은 당시로서는 거의 기대할 수 없는 것이었다. 자신이 사용하려는 방법을 말하기 전에 그는 "견해와 지식의 경계를 찾아내야 할" 가치가 있으며, "그것에 관하여 우리가 아무런 확실한 지식도 갖고 있지 않은 사물들을 어떤 수단에 의해 시험하기 위해서, 우리는 우리가 동의한 것을 조절하고 신념들을 완화해야 한다"[6]고 말한다. 여기서 우리는 다소간 인식론적인 프로그램을 갖는다. 그러나 로크가 그 다음에 제시하는 탐구 방법의 첫번째 목적은 "관념들, 개념들 또는 무엇이라고 부르든지 인간이 자신의 마음 속에서 스스로 의식하고 관찰하는 것들의 기원, 그리고 오성이 그것들을 공급받게 되는 방식들을"[7] 탐구하는 것이다. 여기서 우리는 심리학적인 탐구를 본다.

우리 관념들에 관한 이 탐구가 《인간 오성론》의 제1권과 제2권을 차지한다. 제1권에서 로크는 본유 관념 이론에 반대하며, 제2권에서는 우리의 관념, 그것의 기원과 본성에 관한 자신의 이론을 제시한다. 그러나 관념이 인간이 사고할 때 오성의 대상이 되는 모든 것이라고 정의될 때 우리가 생각할 수 있는 것과 같이, 관념의 논의는 때로는 사물에 관한 우리 관념에 대한 논의이며, 때로는 우리가 관념으로 갖고 있는 사물에 대한 논의이다.

제3권은 낱말을 다룬다. 이것은 앞의 것과 밀접한 관련이 있는데, 그것은 "낱말이 원래의 또는 직접적인 의미에서 그 낱말을 사용하는

5) *Essay*, Introduction, 2; I, p. 26.　6) *Essay*, Introduction, 3; I, p. 27.
7) *Essay*, Introduction, 3; I, p. 28.

사람의 마음 속에 있는 관념만을 나타내기"8) 때문이다. 관념은 사물을 대표하고, 낱말은 관념을 나타낸다.

로크의 방법의 두번째와 세번째 목적은 "그 관념에 의해 오성이 어떤 지식을 갖는가를 보여주는 것, 그 지식의 확실성, 증거, 범위를 보여주고 신앙 또는 견해의 본성과 근거를"9) 탐구하는 것이다. 이 주제들, 즉 지식과 견해는 4권에서 다루어진다.

4. 본유 관념에 대한 공격

지식의 경험주의적 토대를 형성하기 위한 준비로 그 근거를 명백히 하기 위하여 로크는 먼저 본유 관념에 대한 이론을 다룬다. 그는 이 이론을 다음과 같은 학설로 이해한다. "오성에는 어떤 본유적인 원리들, 몇몇 원초적인 개념들, **공통 개념들**(χοιναί ἔννοιαι), 특성들이 있다. 그것은 사람의 마음에 새겨져 있는 것 같아서 영혼은 그 시초에 그것을 받아들이며, 그것과 함께 세상에 나온다."10) 이 원리들 중 약간은 사변적인 것이다. 로크는 "있는 것은 무엇이든지 있다. 그리고 동일한 사물이 있으면서 있지 않다는 것은 불가능하다"와 같은 예들을 제시한다. 다른 것들은 실제적인 것, 즉 일반적인 도덕 원리들이다. 이 이론에 관한 논의중에 로크는 허버트 경의 "공통 개념"11)의 이론을 명백하게 언급한다. 그러나 그는 "자신이 이것(논의의 앞 부분)을 썼을 때" 허버트 경의 《진리론》(De veritate)을 참고로 했다고 말한다. 따라서 그는 특별히 허버트 경을 공격하는 일에 착수하지 않았다. 그리고 그는 본유 관념의 이론을 공격하기 시작했을 때 자신의 마음 속에 품었던 철학자 또는 철학자들을 우리에게 말하지 않는다. 이 이론에 관한 "몇몇 사람들 사이에 인정된 하나의 견해"라는 그의 언급과 "더 일반적으로 인정된 것은 없다"는 언급은 아마도 그가 예를 들어 데카르트와 같은 특정한 어느 개인, 또는 케임브리지 플라톤주의자들과 같은 특정 집단에 대해서 비판하려 하지 않고, 단지 일반적으로 그 이론에 대해서 쓰고 있었다는 것을 암시한다. 그는 그 이

---

8) *Essay*, 3, 2, 2; II, p. 9.
10) *Essay*, 1, 1, 1; I, p. 37.
9) *Essay*, Introduction, 3; I, p. 28.
11) *Essay*, 1, 2, 15 이하; I, p. 80.

106

론의 모든 지지자들을 전체적인 풍조에 포함시킨다.

로크에 따르면 그 이론에 찬성하여 관례적으로 인용되는 논의는 보편적인 동의이다. 이것에 의하면 모든 사람이 어떤 사변적이며 실천적인 원리들의 타당성에 동의하기 때문에 이 원리들은 사람의 마음에 원래 새겨진 것이며, 사람들은 "그들의 타고난 능력과 마찬가지로 필수적이며 실제로"[12] 이 원리들을 갖고 태어났음에 틀림없다는 것이다.

이 이론에 반대해서 로크는 우선 어떤 다른 설명이 이 보편적 동의에 주어질 수 있다고 가정하면, 설령 모든 사람들이 어떤 원리들에 동의하는 것이 참이라고 할지라도 이것이 그 원리들이 본유적이라는 것을 증명하지는 않으리라고 주장한다. 바꾸어 말하면 이 원리들의 진리에 대한 모든 사람들의 동의가 본유 관념들의 가설을 도입하지 않고 설명될 수 있다면, 이 가설은 불필요한 것이며 경제의 원리가 적용되어야 한다는 것이다. 물론 로크는 우리의 모든 관념들의 기원은 본유 관념들을 가정하지 않고서도 쉽게 설명될 수 있다고 확신했다. 오직 이 이유 때문에 그는 그 이론을 추방하려 했던 것이다.

둘째로, 로크는 본유 관념의 이론에 찬성하여 전개된 논의가 무가치하다고 주장한다. 왜냐하면 어떤 원리의 진리에 관한 보편적 동의란 없기 때문이다. 어린이와 백치는 의식은 갖고 있지만, 동일한 사물이 있으면서 동시에 있지 않다는 것은 불가능하다는 원리를 모른다. 그런데 만약 이 원리가 정말로 본유적이라면, 그들은 그것을 알고 있어야만 한다. "마음이 아직까지 결코 알지 못했고, 의식하지 못했던 명제는 마음 안에 있다고 할 수 없다."[13] 게다가 "문맹자들의 대다수와 야만인들은 사리를 분별할 수 있는 나이에도 이것이나 이에 유사한 일반 명제들을 전혀 숙고하지 않고 많은 세월을 보낸다."[14] 사변적 질서의 일반 원리들은 "인디언들의 오두막에서는 좀처럼 언급되지 않으며, 더군다나 어린이들의 사고에서는 발견될 수 없고, 백치들의 마음에 새겨진 어떤 인상에서도 발견될 수 없다."[15] 실천적인 또는 도덕적인 원리에 관해서 말한다면, "'있는 것은 있다'와 같이 매우 일반적이고 손쉬운 동의를 요구할 수 있거나, 또는 '동일한 사물

12) *Essay*, 1, 1, 2 ; I, p. 39.
13) *Essay*, 1, 1, 5; I, p. 40.
14) *Essay*, 1, 1, 12; I, p. 45.
15) *Essay*, 1, 1, 27; I, p. 62.

이 있으면서 있지 않다는 것은 불가능하다'와 같이 대단히 명백한 진리라고 감히 말할 수 있는 어떤 하나의 도덕 규칙을 예로 드는 것은 어려울 것이다."[16] 모든 사람들이 동의하는 도덕 규칙이 어디에 있는가? 정의의 일반 원리와 계약을 준수한다는 일반 원리는 가장 일반적으로 받아들여지는 것처럼 보인다. 그러나 이 규칙들을 습관적으로 위반하는 사람들이 태어날 때 그것들을 본유적인 원리로 받았다고 믿기는 어렵다. 이 사람들은 자신들이 실제로는 부인하는 규칙들에 마음으로는 동의한다고 주장할 수 있을지도 모른다. 그러나 "나는 항상 사람들의 행동이 그들의 생각을 가장 잘 설명하는 것이라고 생각했다."[17] 그리고 "단지 관조로 끝나는 본유적인 실천 원리들을 상정하는 것은 매우 이상하고 사리에 맞지 않는다."[18] 실로 우리는 자연적인 경향을 갖는다. 그러나 자연적인 경향은 본유적인 원리와 똑같은 것이 아니다. 만약 도덕 원리들이 정말로 본유적이라면, 우리가 실제로 발견하는 서로 다른 사회와 시대에서의 도덕관과 도덕적 실천의 차이점을 발견하지 못할 것이다.

이 모든 것은 원리란 본유적인 것으로서 삶의 시작에서부터 의식적으로 파악되는 것임에 틀림없다는 것을 전제로 하며, 이 전제는 보장될 수 없는 것이라고 반박될지도 모른다. 왜냐하면 그것들은 팔에 안겨 있는 유아들이 의식적으로 그것들을 파악한다는 의미에서가 아니라, 사람들이 이성을 사용하게 될 때 그것들이 파악된다는 의미에서 본유적일지도 모르기 때문이다. 심지어 그것들은 만약 어떤 사람이 관련 용어들의 의미를 이해하게 될 때, 그는 필연적으로 해당 명제가 참임을 안다는 의미에서 단지 본유적일지도 모른다.

누군가가 사리를 분별할 수 있는 나이에 도달할 때 하나의 명제의 진리를 파악한다는 것이 그가 어떤 일정한 나이에 도달할 때 그것의 진리를 파악한다는 것을 의미한다 해도, 로크는 어떤 사람이 이 세상에서 어느 정도의 시간을 보냈을 때 필연적으로 파악하는 어떤 원리들이 있다는 것을 믿지 않았다. 실로 우리가 보았듯이, 그는 일반적인 추상적 원리들을 전혀 파악하지 못하는 사람들이 있다고 생각했다. 용어의 의미가 알려질 때 그것의 진리가 파악되는 원리는 본유적

---

16) *Essay*, 1, 2, 1; I, p. 64. 17) *Essay*, 1, 2, 3; I, pp. 66~67.
18) *Essay*, 1, 2, 3 ; I. p. 67.

이라는 견해에 관해서, 로크는 이런 종류의 원리들이 있다는 것을 부인하지는 않았으나, 그것들을 "본유적"이라고 부를 어떤 적절한 이유가 있다고 인정하기를 거부했다. 만약 용어들이 이해되자마자 즉시 한 명제에 동의하는 것이 그 명제가 본유적인 원리라는 어떤 표시라면, 사람들은 "자신들이 본유적인 원리들에 둘러싸여 있는 것을 발견할 것이다."[19] "다수의 본유적인 명제들이"[20] 있게 될 것이다. 게다가 용어들의 의미는 배워야만 하며, 우리가 관련된 관념들을 습득해야 한다는 사실은 문제의 명제들이 사실은 본유적이 아니라는 확실한 표시이다.

그러므로 만약 우리가 "본유적"이라는 것이 명백히 본유적임을 의미하는 것으로 여긴다면, 로크는 이용할 수 있는 모든 증거가 명백히 본유적인 원리들은 없다는 것을 보여주게 되리라는 반대 의견을 제시한다. 하지만 만약 "본유적"이라는 것이 암암리에 또는 실질적으로 본유적임을 의미하는 것으로 여겨진다면, 로크는 이 의미에서 본유적인 원리들이 있다는 언명에 의해서 실제로 의미되는 것은 무엇이냐고 묻는다. "만약 마음이 그런 명제들을 이해하고 그것들에 확고하게 동의할 수 있는 것이 아니라면, 오성에 암암리에 새겨진 원리에 의해서 의미되는 것을 생각하기는 어려울 것이다."[21] 그리고 예를 들어 어느 누구도 마음이 수학 명제들을 이해하고 그것들에 동의할 수 있다는 것을 부정하지 않는다. 그렇다면 왜 그것들을 본유적이라고 부르는가? 성질을 나타내는 이 형용사의 추가에 의해서 아무 것도 설명되지 않으며, 아무 것도 더 말해지지 않는다.

본유 관념의 이론은 현대 사상에 중요한 이론이 아니며, 어쨌든 칸트의 **선험적** 이론이 본유 관념에 관한 더 낡은 이론의 지위를 빼앗았다는 사실을 고려한다면, 내가 이 주제에 관한 로크의 개요에 너무 많은 지면을 할애했다고 보일지도 모르겠다. 그러나 이 이론에 관한 그의 논의는 적어도 그의 상식적인 태도와 그가 이용할 수 있는 경험적 증거에 부단히 의뢰했다는 것을 예증하는 데 도움이 된다. 게다가 철학사의 목적은 단순히 오늘날에도 역시 중요한 이론들을 언급하려는 것은 아니다. 그리고 로크 당시에 본유 관념의 이론은 영향력이

---

19) *Essay*, 1, 1, 18; I, p. 51.   20) *Essay*, 1, 1, 18; I, p. 53.
21) *Essay*, 1, 1, 22; I, p. 56.

있는 것이었다. 어느 정도까지 그는 가상의 적과 싸우고 있었는지도
모른다. 왜냐하면 팔에 안겨 있는 유아들이 어떤 명백히 본유적인 명
제들을 파악한다고 믿는 사람들이 있었다고 생각하기는 어렵기 때문
이다. 그러나 우리가 보았듯이 로크는 역시 암암리에 또는 실질적으
로 본유적인 관념과 원리에 관한 이론을 공격했다. 이런 식의 이론은
데카르트와 라이프니츠 같은 능력 있는 인물들에 의해 주장되었다.

5. 경험주의적 원리

   따라서 본유 관념의 가설을 제쳐 놓는다면, 관념은 어떻게 마음에
주어지게 되는가? "마음은 어디에서 이성과 지식의 모든 재료들을
얻는가? 여기에 대해 나는 한마디로 경험으로부터라고 대답한다. 우
리의 모든 지식은 경험 안에 근거하며, 궁극적으로 그 자체를 경험으
로부터 끌어낸다."[22] 그러나 로크는 경험이라는 것에 의해서 무엇을
이해하는가? 그의 이론은 우리의 모든 관념들은 궁극적으로 감각이
나 반성으로부터 끌어내어지며, 이 두 가지가 경험을 구성한다는 것
이다. "개별적인 감각 대상들에 친숙한 우리의 감각 기관들이 그 대
상들이 그것들에 영향을 미치는 방식에 따라서 마음에 사물의 여러
다른 지각을 전달한다. … 내가 감각 기관들이 마음에 전달한다고 말
할 때, 나는 그것들이 거기에서 그 지각들을 산출한 것을 외부 대상
으로부터 마음에 전달한다는 것을 의미한다."[23] 이것이 감각이다. 관
념의 다른 원천은 지각하고 사고하며, 의심하고 믿으며, 의지를 작용
케 하는 것과 같은 우리 자신의 마음의 작용들을 지각하는 것이다.
이 원천이 반성이며, "그것이 제공하는 관념은 단지 마음이 그 자신
의 작용을 자체 내에서 반성함으로써 얻는 것과 같은 것이다."[24] 우
리의 모든 관념은 이 원천들 중 어느 하나로부터 온다.
   내친 김에 이미 언급되었던 "관념"이라는 용어의 불명료한 사용에 주
의를 돌려야 할 것 같다. 예를 들어 로크는 종종 감각적 성질들에 대
한 우리의 관념을 말하는 반면에, 평소에는 감각적 성질이 관념이라

---

22) *Essay*, 2, 1, 2; I, pp. 121~122.   23) *Essay*, 2, 1, 3; I, pp. 122~123.
24) *Essay*, 2, 1, 4; I, p. 124.

고 한다. 게다가 뒤에 보게 되겠지만, 그는 "관념"이라는 용어를 감
각 자료(sense-data)에 대해서뿐만 아니라, 개념과 보편 관념에 대해
서도 사용한다. 그리고 어떤 일정한 경우에 로크가 실제로 말하려고
하는 것을 이해하는 것은 의심할 바 없이 가능하지만, "관념"이라는
용어의 이러한 부주의한 사용은 명료성이라는 큰 목적에 맞지 않
는다.

하지만 어쨌든 로크는 경험이 모든 관념의 원천임을 확신한다. 만
약 우리가 어린이들을 관찰한다면, 우리는 어떻게 그들의 경험과 함
께 그들의 관념이 형성되고 발전하며, 수가 증가하는가 하는 것을 본
다. 인간의 관심은 일차적으로 밖을 향하며, 따라서 감각이 관념의
주된 원천이다. "외적 감각에 대해 끊임없이 관심을 가지며 자라기
때문에, 사람들은 그들이 좀더 성숙한 나이에 도달할 때까지는 좀처
럼 자신들 속에서 일어나는 것들에 관하여 충분한 반성을 하지 않는
다. 아니 거의 하지 않는다."[25] 그러나 비록 일반적으로 반성 또는
내성이 감각과 동일한 정도까지 발전되지는 않을지라도, 우리는 사고
하는 것과 의지를 작용케 하는 것과 같은 심적인 행위들의 관념을 이
행위들의 실제 경험에 의해서가 아니면 전혀 갖지 않는다. 만약 우리
가 상응하는 행위들의 경험을 전혀 갖지 않았을 때 낱말들이 사용된
다면, 우리는 그 낱말들이 의미하는 것을 알지 못한다. 그러므로 로
크의 결론은 다음과 같은 것이다. "구름 위로 솟고 하늘만큼 높이 도
달하는 그러한 숭고한 모든 생각도 여기서 발생하며 여기에 발판을
둔다. 깊은 사색에 있어서 마음이 도달할 수 있는 모든 커다란 범위
에서까지도, 마음은 감각이나 반성이 그 숭고에 제공했던 관념들과
함께 상승되며, 그 관념들 너머로는 조금도 움직이지 못한다."[26]

우리의 모든 관념은 경험에 의거하며 그것에 의존한다는 로크의 일
반 원리는 고전적인 영국 경험주의의 근본이 되는 것이었다. 그리고
데카르트와 라이프니츠 같은 합리주의 철학자들이 실질적으로 본유적
인 관념을 믿었다는 사실을 생각하면, 우리는 그것이 "경험주의적 원
리"라고 말할 수 있다. 그러나 이것이 로크가 그것을 발명했다는 것
을 의미하는 것으로 여겨져서는 안 된다. 적어도 한 예를 든다면 13

25) *Essay*, 2, 1, 8; I, p. 127.   26) *Essay*, 2, 1, 24; I, p. 142.

세기에 성 토마스 아퀴나스는 우리의 모든 자연적인 관념과 지식은 경험에 의거하며 본유 관념이란 없다고 주장했다. 게다가 아퀴나스는 우리가 우선 외부의 물질적 대상에 주의를 기울이게 된다는 의미에서 내성이나 반성을 감각적 인식에 종속시키기는 했지만, 로크가 말하는 방식을 사용하여 그것들을 관념의 "원천"으로 인정했다. 물론 아퀴나스는 일반적으로 "경험주의자"로 불리는 그러한 사람은 아니었다. 만약 우리가 순수한 경험주의라는 것으로써 모든 형이상학을 배제하는 철학을 의미한다면, 그 점에 관해서는 로크 자신도 순수한 "경험주의자"가 아니었다. 그러나 나는 아퀴나스와 로크를 비교하려는 것은 아니다. 아퀴나스를 언급하는 나의 목적은 단지 로크가 우리의 관념이 경험으로부터 발생한다는 이론을 발명했다고 상정하는 것과 마치 본유 관념의 학설이 중세 시대에 의심할 바 없이 성행했던 것처럼 말하는 것은 잘못임을 지적하려는 것이다. 오컴적인 사고 경향을 가진 14세기의 철학자들과는 아주 달리, 성 보나벤투라와 같은 철학자들이 그랬던 것보다 훨씬 열심히 아리스토텔레스적인 사고 방식을 신봉했던 아퀴나스 같은 13세기의 형이상학자는 본유 관념의 가설을 믿지 않았다. 로크의 경험주의적 원리 주장은 역사적으로 대단히 중요하다. 그러나 그것은 그 이전의 어느 누구도 그런 종류의 것을 주장하지 않았다는 의미에서 색다른 것은 아니었다.

제 5 장

존 로크 2

1. 단순 관념과 복합 관념

바로 앞장의 마지막 부분에서 우리 관념의 기원에 관하여 언급되었던 것은 로크의 견해에 의하면 마음은 순전히 수동적이라는 것, 즉 관념은 "마음에 전달되며" 거기에 머물고, 관념의 형성에 마음은 결코 아무런 능동적 역할도 하지 않는다는 것을 암시할지도 모른다. 그러나 만약 충분히 고려된다면, 이것은 로크의 이론을 잘못 해석하는 것일 것이다. 왜냐하면 그는 단순 관념과 복합 관념을 구별했기 때문이다. 그리고 마음은 단순 관념을 수동적으로 받아들이는 반면에 복합 관념의 산출에서는 능동성을 행사한다.

로크는 단순 관념의 예로 우선 얼음 조각의 차가움과 딱딱함, 백합의 향기와 흰색, 설탕의 맛을 든다. 이 "관념들"의 각각은 단지 하나의 감각 기관을 통해서 우리에게 들어온다. 그래서 흰색의 관념은 오직 시각을 통해서 우리에게 들어오는 반면에, 장미 향기의 관념은 오직 후각을 통해서 우리에게 들어온다. 따라서 로크는 그것들을 "하나의 감각 기관의 관념들"이라고 부른다. 그러나 우리가 하나 이상의

114

감각 기관에 의해 받아들이는 다른 관념들이 있다. 그것들은 "공간 또는 연장(延長), 모양, 정지 그리고 운동"과 같은 것들이다. "왜냐하면 이것들은 눈과 촉각 양쪽에 지각 가능한 인상들을 주기 때문이다. 그리고 우리는 연장, 모양, 물체의 운동과 정지의 관념들을 시각과 촉각 양쪽에 의해서 받아들이고 우리 마음에 전달할 수 있기 때문이다."[1]

단순 관념들의 이 집합은 감각 관념들이다. 그러나 마찬가지로 반성의 단순 관념들이 있는데, 그것들 중 두 가지 주요한 것은 "지각 또는 사고, 그리고 의지 또는 의지를 작용하게 하는 것"[2]의 관념들이다. 나아가 "감각과 반성의 모든 방식들에 의해 마음에 전달되는 다른 단순 관념들, 즉 쾌락 또는 환희, 그 반대의 것인 고통 또는 불쾌, 힘, 존재, 단일성"[3]이 있다. 이처럼 쾌락과 고통, 환희와 불쾌는 감각과 반성 양쪽의 거의 모든 관념들을 수반하는 반면에, "존재와 단일성은 외부의 모든 대상과 내부의 모든 관념에 의해 오성에 연상되는 두 가지 다른 관념들이다."[4] 마찬가지로 우리는 자연의 물체들이 서로에게 산출하는 결과들을 관찰함으로써, 그리고 우리 신체의 일부를 마음대로 움직일 수 있는 자신의 힘을 자신 속에서 관찰함으로써 힘의 관념을 얻는다.

그러므로 우리는 단순 관념들의 네 가지 집합을 갖는다. 그리고 이 모든 관념들의 공통 특징은 그것들이 수동적으로 받아들여진다는 것이다. "왜냐하면 우리 감각의 대상들 중 많은 것들이 우리가 원하든지 원하지 않든지간에 그것들의 개별 관념들을 우리 마음에 강요하기 때문이다. 그리고 우리 마음의 작용들은 우리로 하여금 적어도 그것들에 관한 약간의 불명료한 개념들조차 갖지 않는 상태로 놓아 두지는 않을 것이다. 어떤 사람도 그가 생각할 때 그가 하는 것을 전혀 모를 수는 없다."[5] 게다가 일단 마음이 이 단순 관념들을 갖기만 하면, 그것은 그것들을 변경시키거나 파괴할 수 없으며, 또한 마음 내키는 대로 새로운 것들로 대체할 수도 없다. "앞에 말한 방식들에 의해 받아들여지지 않고, 사고의 신속함이나 다양성에 의해 마음 속에

1) *Essay*, 2, 5 ; I, p. 158.　　2) *Essay*, 2, 6 ; I, p. 159.
3) *Essay*, 2, 7, 1 ; I, p. 160.　　4) *Essay*, 2, 7, 7 ; I, p. 163.
5) *Essay*, 2, 1, 25 ; I , p. 142.

하나의 새로운 단순 관념을 발명하거나 형성하는 것은 최고의 기지 또는 가장 확대된 오성의 힘 안에 있지 않다. 또한 오성의 어떤 힘도 거기에 있는 것들을 파괴시킬 수 없다."6)

이와 반대로 마음은 단순 관념들을 재료로 사용하여 능동적으로 복합 관념들을 형성할 수 있다. 사람은 둘 또는 그 이상의 단순 관념들을 하나의 복합 관념으로 결합시킬 수 있다. 그는 그저 관찰과 내성에만 국한되지 않고, 새로운 관념들을 형성하기 위하여 감각과 반성의 자료를 임의로 결합시킬 수 있다. 그것들 각각은 하나의 사물로 여겨지며 하나의 이름이 주어질 수 있다. 그런 것들은 예를 들면, "미, 감사, 인간, 군대, 우주"7)와 같은 것들이다.

복합 관념에 관한 로크의 일반적인 개념은 난점을 전혀 일으키지 않는다. 예를 들면 우리는 설탕 한 조각의 복합 관념을 형성하기 위하여 흰색, 달콤함 그리고 딱딱함이라는 단순 관념들을 결합시킨다. 어떤 의미에서 로크의 단순 관념들이 "단순한"이라고 정당하게 불릴 수 있는가 하는 것은, 어떤 의미에서 그것들이 "관념들"이라고 정당하게 불릴 수 있는가 하는 것이 의문시되는 것과 꼭 마찬가지로 확실히 논의의 여지가 있다. 그렇지만 우리가 그것을 아주 엄밀하고 자세하게 조사하지 않는 한 일반적인 개념은 충분히 명백하다. 그러나 로크는 복합 관념들을 두 가지로 분류함으로써 사태를 복잡하게 한다. 《인간 오성론》의 초고에서 그는 복합 관념들을 실체들의 관념(예를 들어 인간이나 장미 또는 금의 관념), 집합적 실체들의 관념(예를 들어 군대의 관념), 양태나 수식의 관념(예를 들어 모양 또는 생각하기 또는 달리기의 관념), 그리고 "하나의 관념을 다른 관념에 관계하여 고려하는 것"8)인 관계들의 관념으로 나누었다. 그리고 출판된 《인간 오성론》에는 이 분류가 편의상 양태, 실체, 관계라는 세 항목으로 축소되어 다시 나타난다. 그것은 대상들의 측면에서 본 분류이다. 그러나 그는 또다른 3중의 분류를 출판된 《인간 오성론》에 포함시키면서, 그것을 첫째로 놓는다. 이것은 마음의 행위에 따르는 분류이다. 마음은 단순 관념들을 하나의 복합 관념으로 결합할 수 있으며, "이런 식으

6) *Essay*, 2, 2, 2 ; I, p. 145.　　7) *Essay*, 2, 12, 1 ; I, p. 214.
8) Rand 편집, p. 120.

로 모든 복합 관념들이 만들어진다"[9]는 소견은 언뜻 보기에는 복합 관념들을 이 유형의 관념들로 국한시키는 것처럼 보인다. 둘째로 마음은 단순 관념이든지 복합 관념이든지간에 두 관념들을 모을 수 있으며, 그것들을 하나로 결합시키지 않고서 서로 비교할 수 있다. 이런 식으로 마음은 관계들의 관념을 얻는다. 셋째로 마음은 "그 실제 존재에 있어서 관념들에 수반하는 다른 모든 관념들로부터" 관념들을 분리시킬 수 있다. "이것은 추상 작용이라고 불린다. 이런 식으로 모든 일반 관념들이 만들어진다."[10] 《인간 오성론》의 4판에서 이 분류를 제시하고 나서 로크는 계속해서 그의 원래의 분류를 제시한다. 그 다음 장들에서 그는 먼저 양태를, 그리고 나서 실체를, 그리고 다음으로 관계를 다룸으로써 원래의 분류를 따른다.

일단 단순 관념과 복합 관념의 일반 이론이 주어진다면, 그것을 정당화하는 것은 로크의 의무이다. 감각과 반성의 직접적인 자료로부터 극도로 먼 것처럼 보이는 추상 관념들을 어떻게 단순 관념들의 복합 또는 비교에 의해 실제로 설명할 수 있는지를 보여주는 것이 그의 일이다. "나는 이것을 우리가 가진 공간, 시간 그리고 무한의 관념들, 그리고 그 원형들로부터 가장 먼 것처럼 보이는 소수의 관념들 안에서 보여주려고 노력할 것이다."[11]

2. 단순 양태 : 공간, 지속, 무한

우리는 로크가 복합 관념들을 양태, 실체 그리고 관계의 관념으로 나눈 것을 보았다. 양태는 다음과 같이 정의된다. "아무리 복합적이라 하더라도 그것들 안에 혼자 힘으로 존속한다는 가정을 포함하는 것이 아니라, 실체의 의존물 또는 성질로 여겨지는 복합 관념들로서 삼각형, 감사(感謝), 살인 등과 같은 낱말들에 의해서 의미되는 관념들과 같은 것이다."[12] 그리고 두 종류의 양태, 즉 단순 양태와 혼합 양태가 있다. 단순 양태는 "(혼합 양태가) 여러 종류의 단순 관념들

9) *Essay*, 2, 12, 1 ; I, p. 213.   10) *Essay*, 2, 12, 1 ; I, p. 214.
11) *Essay*, 2, 12, 8 ; I, p. 217.   12) *Essay*, 2, 12, 4 ; I, p. 215.

이 혼합된 것이 반면에, 다른 어떤 것과의 혼합이 없이 동일한 단순 관념의 변화들 또는 다른 결합들이 모여서 하나의 복합 관념을 이루는 것이다."[13] 예를 들어 만약 우리가 1이라는 단순 관념을 가진다고 가정한다면, 우리는 3이라는 복합 관념을 형성하기 위하여 이 관념을 반복하거나 동일한 종류의 세 관념들을 결합시킬 수 있다. 이때 3이라는 복합 관념은 바로 1의 단순 양태인 것이다. 로크의 정의에 따르면 그것은 "동일한 종류의" 관념들을 결합시킨 결과이기 때문에 단순 양태인 것이다. 하지만 미의 관념은 혼합 양태의 관념이다. 미는 자기 스스로 존속하는 것이 아니라 사물들의 성질 또는 양태이기 때문에, 미의 관념은 실체의 관념이 아니라 양태의 관념인 것이다. 그것은 혼합 양태의 관념이다. 왜냐하면 그것은 "보는 사람에게 즐거움을 일으키는 색깔과 모양의 어떤 합성으로"[14] 이루어지기 때문이다. 즉 그것은 서로 다른 종류의 관념들로 구성되기 때문이다.

로크에 의해서 논의된 단순 양태들의 예는 공간, 지속, 수, 무한, 운동의 양태들과 소리, 색깔, 맛, 그리고 냄새의 양태들이다. 따라서 "미끄러지고, 구르고, 뒹굴고, 걷고, 기고, 달리고, 춤추고, 도약하고, 깡충깡충 뛰는 것" 등은 "단지 운동의 서로 다른 수식들이다."[15] 마찬가지로 파랗고, 빨갛고, 푸른 것들은 색깔의 변화 또는 수식이다. 그리고 로크가 틀림없는 수들을 수의 단순 양태로 여겼던 방식의 어떤 징후가 앞에서 보였다. 그러나 어떻게 그가 공간과 지속 그리고 무한을 단순 양태들로 생각할 수 있었는가를 아는 것은 그렇게 쉽지 않기 때문에 여기서 간단한 설명이 주어져야 한다.

공간의 단순 관념은 시각과 촉각이라는 두 개의 감각 기관을 통하여 우리에게 온다. "어떤 두 존재 사이에 다른 어떤 것도 고려하지 않고 오로지 길이에 있어서 고려되는 이 공간을 거리라고 부른다. 만약 길이와 폭, 두께를 고려한다면, 그것은 용적이라고 불릴 수 있을 것이다. 연장[16]이라는 용어는 어떤 식으로 고려되든지간에 보통 그것

13) *Essay*, 2, 12, 5 ; I, pp. 215~216.
14) *Essay*, 2, 12, 5 ; I, p. 216.   15) *Essay*, 2, 18, 2 ; I, p. 294.
16) 데카르트와 그의 추종자들에 반대해서 로크는 연장과 물체는 동일한 것이 아니라고 주장한다. 예를 들어 물체의 관념은 고체성의 관념을 포함하지만, 연장의 관념은 그렇지 않다.

에 적용된다. "[17] 그런데 "각각의 서로 다른 거리는 공간의 서로 다른 수식이다. 그리고 어떠한 서로 다른 거리 또는 공간의 각 관념은 이 관념의 단순 양태이다."[18] 우리는 공통 공간의 관념에 도달할 때까지 공간의 단순 관념을 반복하거나 덧붙이거나 확장할 수 있다. 로크는 공통 공간에 "팽창"이라는 이름을 제안한다. 그 안에 우주가 펼쳐진 것으로 간주되는 이 공통 공간의 복합 관념은 이렇게 공간의 단순 관념들을 결합하거나 되풀이하거나 또는 확장하는 것에 기인한다.

우리의 시간 관념의 궁극적인 토대는 우리 마음 속에서 서로 잇달아 일어나는 관념들의 연속에 관한 우리의 관찰이다. "이와 같이 우리 마음 속에서 잇달아 일어나는 여러 관념 현상들에 관한 반성은 우리에게 연속의 관념을 제공하는 것이다. 그 연속의 어느 부분들 사이의 거리, 또는 우리 마음 속의 어떠한 두 관념 현상들 사이의 거리가 우리가 지속이라고 부르는 것이다."[19] 이런 식으로 우리는 연속과 지속의 관념을 얻는다. 그리고 규칙적으로 발생하는 어떤 현상들과 명백한 등거리의 기간들을 관찰함으로써 우리는 분, 시간, 날, 해와 같은 지속의 길이 또는 분량의 관념을 얻는다. 그 다음에 우리는 계속해서 더함으로써 시간의 어떤 길이의 관념들도 되풀이할 수 있게 되며, 이렇게 해서 영원의 관념을 형성한다. 결국 "무한 지속의 어느 부분을 주기적인 분량에 의해 구분되는 것으로 간주함으로써, 우리는 소위 일반적으로 시간이라고 부르는 관념을 얻는다."[20] 바꾸어 말하면 일반적으로 시간이라는 것은 그 용어의 가능한 의미들 중 하나에 있어서 "무한 지속과 똑같이 우주의 커다란 물체들의 존재와 운동에 의해 측정되고 그것들과 공존한다(우리가 그것들 중의 어느 것이라도 아는 한에서). 이 의미에서 시간은 이 감각과 세계의 틀에서 시작해서 그것으로 끝난다."[21]

로크는 유한과 무한은 "양"의 양태들인 것처럼 보인다고 말한다. 신이 무한하다는 것은 참이다. 그러나 동시에 그는 "우리의 한정된 능력들이 미치지 못하는 곳에 무한히"[22] 있다. 그러므로 현재의 목적들을 위해서는 "유한"과 "무한"이라는 용어들은 단지 더하기나 빼기

17) *Essay*, 2, 13, 3 ; I, p. 220.
18) *Essay*, 2, 13, 4 ; I, p. 220.
19) *Essay*, 2, 14, 3 ; I, p. 239.
20) *Essay*, 2, 14, 31 ; I, p. 256.
21) *Essay*, 2, 15, 6 ; I, p. 262.
22) *Essay*, 2, 17, 1 ; I, p. 277.

에 의해 증가되거나 감소될 수 있는 것들로 간주한다. "그러한 것들은 공간, 지속 그리고 수의 관념들이다."[23] 이제 문제는 마음이 어떻게 유한과 무한의 관념들을 공간, 지속 그리고 수의 수식들로 획득하느냐 하는 것이다. 더욱 정확히 말하면 유한의 관념은 경험에 의하여 쉽게 설명될 수 있으므로 문제는 무한의 관념이 어떻게 일어나느냐 하는 것이다.

로크의 대답은 앞의 구절들로부터 우리가 예상할 수 있는 것이다. 우리는 유한 공간의 어떠한 관념도 계속 더할 수 있으며, 아무리 오랫동안 계속 더할지라도 우리는 그것을 넘어서는 더하기가 불가능한 한계에 더 이상 가까이 갈 수 없다. 이렇게 해서 우리는 무한 공간의 관념을 얻는다. 그렇다고 무한 공간과 같은 것이 있다는 결론은 아니다. 그것은 "우리의 관념이 언제나 사물의 존재의 증거는 아니기 때문이다."[24] 우리는 단지 관념의 기원에 관계하는 것이다. 마찬가지로 어떤 지속의 유한한 길이의 관념을 되풀이함으로써, 우리는 이미 본 것처럼 영원의 관념에 도달한다. 게다가 수의 더하기 또는 증가에서 우리는 어떠한 경계나 한계도 설정할 수 없다.

무한 관념의 기원에 관한 앞의 설명에 대한 명백한 반대 의견은, 이를테면 로크가 점진적으로 더 큰 유한 공간들의 관념과 무한 공간의 관념의 차이를 가볍게 처리한다는 것이다. 그러나 그는 우리가 무한의 명확한 관념을 가진다거나 가질 수 있다고 주장하지는 않는다는 사실에 특히 주의해야 한다. "우리가 마음 속에 가지는 어떤 공간, 지속 또는 수의 명확한 관념들이든지간에 그것들이 아무리 크다 해도 그것들은 여전히 유한하다. 그러나 우리가 거기에서 모든 경계를 제거하며, 관념을 완결하지 않고 마음으로 하여금 생각을 무한히 진행하도록 하는 어떤 무진장한 나머지를 상정할 때, 거기서 우리는 무한의 관념을 갖는다."[25] 그러므로 그는 수에 관해서 "마음이 무한에 관해서 가질 수 있는 가장 뚜렷한 관념은 정지나 경계의 전망을 주지 않는 무한히 더할 수 있는 수들의 혼란하고 불가해한 나머지이다"[26] 라고 말할 수 있다. 물론 무한의 관념 안에는 명확한 요소, 즉 "대단

23) *Essay*, 2, 17, 1 ; I, p. 276.   24) *Essay*, 2, 17, 4 ; I, p. 278.
25) *Essay*, 2, 17, 8 ; I, pp. 281~282. 26) *Essay*, 2, 17, 9 ; I, p. 283.

히 많은"공간의 관념 또는 "대단히 큰" 수의 지속이라는 관념이 있다. 그러나 마찬가지로 불명확하거나 부정적인 요소, 즉 넘어서 있는 것, 끝없는 것으로 생각되는 것의 불명확한 관념들도 있다.

주석자들은 우리의 무한 관념의 발생에 관한 로크의 기술(記述)이 미숙하고 부적당한 것과 무한수에 관한 그의 설명이 확실히 현대 수학자를 만족시키지 못하리라는 사실에 주목했다. 그러나 심리학적인 관점에서든 수학적인 관점에서든 로크의 분석의 결점들이 무엇이든지 간에 그의 주된 노력은 물론 다음과 같은 것을 보여주려는 것이다. 경험의 직접적인 자료와는 매우 관계가 적은 것처럼 보이는 광대함 또는 끝없는 공간의 관념, 영원의 관념, 무한수의 관념과 같은 그러한 관념들까지도 본유 관념들의 이론에 의지하지 않고 경험주의적 원리에 따라 설명될 수 있다는 것이 그것이다. 다른 이유로 그의 분석을 비판하는 많은 사람들도 이 점에서는 그에게 동의할 것이다.

3. 혼합 양태

로크는 혼합 양태는 서로 다른 종류의 단순 관념들의 결합으로 이루어진다고 말한다. 이 관념들은 물론 모순되지 않아야 한다. 그러나 이 조건은 별문제로 하고, 다른 종류의 어떤 단순 관념들도 하나의 혼합 양태의 복합 관념을 형성하기 위해서 결합될 수 있다. 그렇다면 이 복합 관념은 결합을 성취하는 마음의 행위에 의해서 하나의 단일체로 될 것이다. 아마도 자연에는 관념에 대응하는 무엇인가가 있을지도 모른다. 그러나 이것은 결코 반드시 그런 것은 아니다.

로크는 혼합 양태들의 예로서 의무, 술 취함, 위선, 신성 모독과 살인 등을 든다. 이것들 중의 어느 것도 하나의 실체가 아니다. 각각은(또는 좀더 정확하게 각각의 관념은) 다른 종류의 단순 관념들의 결합이다. 그것들은 존재한다고 말할 수 있는가? 만일 그렇다면 그것들은 어디에 있는가? 예를 들어 살인은 단지 살인 행위에서는 외면에 존재한다고 말할 수 있다. 그러므로 그것의 외적인 존재는 일시적인 것이다. 하지만 그것은 사람들의 마음 속에서 좀더 영속적인 존재, 즉 하나의 관념을 형성한다. 그러나 "거기서도 혼합 양태들은 그것들이 생각되는 동안 이외에는 더 이상 존재하지 않는다."[27]

그것은 그것의 이름들, 즉 관련된 관념들에 대한 기호로 사용되는 낱말들에서 가장 오래 존재한다. 로크에 의하면 우리는 혼합 양태들의 경우에 이름을 관념 자체라고 생각하기가 아주 쉽다. 이름은 중요한 역할을 한다. 우리는 "어버이 살해"라는 낱말을 갖고 있기 때문에 그것에 대응하는 혼합 양태들의 복합 관념을 갖기 쉽다. 그러나 우리는 젊은 사람의 살인과는 다르게 늙은 사람(살인자의 아버지가 아닌)의 살인에 대한 별도의 이름을 갖지 못하기 때문에, 관련된 단순 관념들을 복합 관념으로 결합하지도 못하며, 또 젊은 사람과는 다르게 늙은 사람의 살인을 특별히 다른 유형의 행위로 간주하지도 않는다. 물론 로크는 우리가 복합 관념을 별개의 관념으로 형성하려고 결정하고 그것에 독립된 이름을 부여할 수 있다는 것을 잘 알고 있었다. 그러나 곧 보게 되겠지만 그는 우리가 혼합 양태들의 복합 관념을 갖게 되는 주요한 방식들 중의 하나가 이름의 설명을 통해서라고 믿었다. 이름이 없는 곳에서는 우리는 대응하는 관념을 갖지 않기 쉽다.

우리가 혼합 양태들의 복합 관념들을 갖게 되는 데에는 세 가지 방식이 있다. 첫째로, "경험과 사물들 자체의 관찰을 통해서이다. 따라서 두 사람이 씨름하거나 검술을 하는 것을 봄으로써 우리는 씨름 또는 검술의 관념을 갖는다."[28] 둘째로, 다른 종류의 여러 단순 관념들을 임의로 종합함에 의해서이다. "따라서 최초로 인쇄 또는 부식 동판술을 발명한 사람은 그것이 존재하기 전에 그것의 관념을 마음 속에 가졌다."[29] 셋째로, "가장 흔히 있는 방식으로서 우리가 결코 보지 못했던 행위들의 이름들을 설명하거나, 우리가 볼 수 없는 개념들을 설명함에 의해서이다."[30] 로크가 의미하는 것은 충분히 분명하다. 예를 들어 어린 아이는 많은 낱말들이 지시하는 사물들을 실제로 경험함으로써 그 의미를 배우는 것이 아니라, 다른 사람들이 그에게 설명해 준 의미들을 가짐으로써 배운다. 그는 어쩌면 신성 모독이나 살인을 목격하지 못했을지도 모른다. 그러나 만약 누군가가 그가 이미 익히 알고 있는 관념들을 가지고 낱말들의 의미를 설명한다면, 그는

---

27) *Essay*, 2, 22, 8 ; I, p. 385.
29) 같은 책, 같은 면.
28) *Essay*, 2, 22, 9 ; I, p. 385.
30) 같은 책, 같은 면.

이 혼합 양태들의 복합 관념을 획득할 수 있다. 로크의 용어법에 의하면 복합 관념은 그것을 단순 관념들로 분해한 다음 다시 이 관념들을 결합함으로써 어린 아이의 마음에 전달할 수 있다. 물론 어린 아이가 이미 이 단순 관념들을 갖고 있거나, 또는 만약 갖고 있지 않다 하더라도 그것들이 그에게 전달될 수 있다는 것을 조건으로 해서 말이다. 어린 아이는 사람의 관념을 갖고 있으며 마찬가지로 거의 대개 살인에 대한 관념을 갖고 있으므로, 설령 그가 결코 살인을 목격하지 못했다 하더라도 살인의 복합 관념은 그에게 쉽게 전달될 수 있다. 실제로 대부분의 사람들은 결코 살인을 목격하지 못했다. 그럼에도 불구하고 그들은 그 복합 관념을 갖는다.

4. 제 1 성질과 제 2 성질

로크는 복합 관념들을 양태, 실체 그리고 관계의 관념들로 나눈다는 것을 기억해야 할 것이다. 그리고 내가 단순 관념과 복합 관념의 구분을 다룬 뒤에 계속해서 단순 양태와 혼합 양태의 복합 관념들을 다루었던 것은 우리의 모든 관념이 본유 관념이라는 가설을 가정하지 않아도 궁극적으로 감각과 반성, 즉 경험에서 유래한다는 그의 이론 적용을 좀더 쉽게 설명하기 위해서였다. 그러나 실체와 관계의 관념들의 논의를 계속하기 전에 나는 제 1 성질과 제 2 성질에 관한 그의 이론에 대해 약간 말하고 싶다. 그는 복합 관념을 말하기 전에 "우리의 단순 관념에 관한 몇 가지의 추가 고찰"이라는 제목이 붙은 장에서 이 문제를 다루고 있다.

로크는 관념과 성질을 구분한다. "마음이 본래 지각하는 것이 무엇이든지, 또는 지각, 사고, 오성의 직접적인 대상이 무엇이든지 나는 그것을 관념이라고 부른다. 그리고 나는 우리 마음에 어떤 관념을 산출하는 힘을, 그 힘이 들어 있는 실체의 성질이라고 부른다."[31] 그는 눈덩이의 예를 들어, 우리에게 희고 차가우며 둥근 관념을 산출하는 눈덩이의 힘을 "성질"이라고 부르는 반면에, 대응하는 "감각 또는 지

---

31) *Essay*, 2, 8, 8 ; I, p. 169.

각"은 관념이라고 부른다고 설명한다.

이제 그 이상의 구분이 이루어져야 한다. 어떤 성질들은 물체가 어떤 변화를 겪든지 그것으로부터 분리할 수 없다. 밀알은 고체성, 연장, 모양과 이동성을 갖는다. 설령 그것이 나누어진다 해도 각 부분은 이 성질들을 보유한다. "나는 이것들을 물체의 고유 성질 또는 제1성질이라고 부르며, 그것들이 우리 안에 고체성, 연장, 모양, 운동이나 정지, 수와 같은 단순 관념들을 산출하는 것을 볼 수 있으리라고 생각한다."[32] 이 제1성질 이외에 역시 제2성질이 있다. 후자는 "대상들 자체에 있는 것이 아니라, 제1성질에 의해서 우리 안에 다양한 감각들을 산출하는 힘"[33]이다. 그것들은 색깔, 소리, 맛, 냄새와 같은 것들이다. 로크는 역시 제3성질에 관해서도 언급하는데, 그 힘은 우리 안에 있는 관념들이 아니라, 다른 물체들에 있는 부피, 모양, 조직과 운동의 변화들이며, 다른 물체들이 전에 작용했던 방식과는 다른 방식으로 우리 감관들에 작용하게 하는 것들이다. "이런 식으로 태양은 밀랍을 희게 하는 힘을 가지며, 불은 납을 액체로 만드는 힘을 갖는다."[34] 그러나 우리는 제1성질과 제2성질에만 국한하여 볼 수 있다.

로크는 제1성질과 제2성질의 관념의 산출에 있어서, "느끼지 못할 정도로 작은 미립자들" 또는 "미세한 물체들"이 대상들로부터 발산되어 우리 감관에 작용한다고 상정한다. 그러나 제1성질의 관념들과 제2성질의 관념들 사이에는 이러한 커다란 차이가 있다. 전자는 물체의 유사물이며, "그것들의 원형은 물체들 자체 안에 실제로 존재한다. 그러나 이 제2성질에 의해서 우리 안에 산출된 관념들은 물체와 전혀 닮지 않았다. 물체들 자체에 존재하는 것들 중에 우리 관념을 닮은 것은 아무 것도 없다. 그것들은 우리가 그것으로부터 물체라고 일컫는 것들 안에 있으며, 우리 안에 그 감각들을 산출하는 단지 하나의 힘이다. 관념에 있어서 달콤하거나 푸르거나 따뜻한 것은 우리가 그렇게 부르는 물체들 자체 안에 있는 느끼지 못할 정도로 작은 부분들의 어떤 부피, 모양과 운동일 뿐이다."[35] 따라서 예를 들어 모양의 관념은 우리 안에서 그 관념을 일으키는 대상 자체와 닮았다.

---

32) *Essay*, 2, 8, 9 ; I, p. 170.　　33) *Essay*, 2, 8, 10 ; I, p. 170.
34) *Essay*, 2, 8, 23 ; I, p. 179.　　35) *Essay*, 2, 8, 15 ; I, p. 173.

124

대상은 실제로 모양을 갖는다. 그러나 이를테면 붉음의 관념은 본질적으로 고려된 장미와 닮지 않았다. 장미에 있어서 붉음의 관념에 대응하는 것은 우리 눈에 들어오는 미세한 입자들의 작용을 통해서 붉음의 관념을 우리 안에 산출하는 그 장미의 힘이다. (현대 용어법에 의하면 우리는 물론 광파(光波)들의 작용이라는 용어를 쓸 것이다.)

로크가 말한 바에 의하면 제2성질을 "주관적"이라고 말하는 것은 용어상으로 정확하지 못하다. 왜냐하면 우리가 본 것처럼 그가 제2성질이라고 부르는 것은 우리에게 어떤 단순 관념들을 산출하는 대상들 안의 힘이기 때문이다. 그리고 이 힘은 실제로 대상들 안에 있다. 그렇지 않다면 물론 결과가 산출되지 않을 것이다. 그러나 제2성질의 관념들, 즉 우리 안에 산출된 색깔, 소리 등의 단순 관념들은 대상들 자체 안의 색깔들과 소리들의 모사물이 아니다. 명백하게 우리는 제2성질의 관념들이 주관적이라고 말할 수 있다. 그러나 만약 우리가 "주관적"이라는 것으로 지각 주체 안에 존재함을 지시한다면, 제1성질의 관념들도 또한 그렇다. 하지만 로크의 요점은 후자는 대상 안에 있는 것과 닮은 반면에 전자는 그렇지 않다는 것이다. "어느 누구의 감관이 그것들을 지각하든 지각하지 않든, 불(火) 또는 눈(雪)의 부분들의 개별적인 부피, 수, 모양과 운동은 실제로 그것들 안에 있다. 그러므로 그것들은 그 물체들 안에 실제로 존재하기 때문에 실재하는 성질이라고 불릴 수 있을 것이다. 그러나 빛, 열, 희거나 차가움 따위가 그것들 안에 실제로 있지 않은 것은 병 또는 고통이 만나(manna) 안에 있지 않은 것과 같다."[36] 눈이 희고 차가움의 관념과 고통의 관념을 우리에게 산출할 때, 왜 힘과 차가움은 눈 안에 있으며 고통은 있지 않은가? 그리고 그것의 딱딱한 부분들의 부피, 모양, 수와 운동에 의해서가 아니면 그 어느 것도 산출할 수 없는가?"[37] "얼룩진 바위 안에 있는 붉은 색깔과 흰 색깔을 생각해 보자. 바위에 부딪치는 빛을 차단하면, 그것의 색깔은 사라지고 그것은 더 이상 그런 관념을 우리에게 산출하지 않는다. 빛이 다시 비치면 그것은 이 현상들을 우리에게 다시 산출한다."[38] 또 "아몬드를 산산이 부수면 밝은 흰색이 우중충한 색깔로 바뀔 것이며, 달콤한 맛은

36) *Essay*, 2, 8, 17 ; I, p. 174.   37) *Essay*, 2, 8, 16 ; I, p. 174.
38) *Essay*, 2, 8, 19 ; I, p. 176.

기름의 맛으로 바뀔 것이다. 빠는 기계의 때림은 어떤 물체 안에서 그것의 조직 변화 이외에 어떤 실재적인 변화를 줄 수 있는가?"[39] 이런 고찰들은 우리에게 제2성질의 관념들이 물체들 안에 어떤 닮은 대응물들도 갖지 않는다는 것을 보여준다.

제1성질과는 다르게 제2성질에 관한 이론은 로크의 발명품이 아니었다. 그것은 갈릴레이[40]와 데카르트에 의해서 주장되었으며 수세기 전에 데모크리토스[41]에 의해서 그런저런 정도의 것이 주장되었다. 그리고 언뜻 보기에 적어도 그것은 손에 넣을 수 있는 과학적 자료에서 끌어내어진 더할 나위없이 이치에 맞는 결론, 아마도 유일하게 이치에 맞는 결론인 것처럼 보일지도 모른다. 예를 들어 아무도 색깔에 대한 우리의 감각들이 우리 눈에 영향을 미치는 광선들의 파장 사이의 어떤 차이에 의존한다는 사실을 의문시하려 들지 않을 것이다. 그러나 다소간 입증된 과학적 자료를 인정하는 것과, 예를 들어 한 대상을 진홍색 또는 푸른색이라고 하는 것은 부적당하다고 말하는 것 사이에는 전혀 필연적인 연결이 없다고 주장할 수 있다. 만약 두 사람이 감각과 관련된 물리적 사건들에 관하여 논의한다면, 그 논의는 과학적인 것이지 철학적인 것이 아니다. 만약 그들이 과학적 자료에 관하여 동의한다면, 그들은 장미가 회거나 붉다고 말하는 것, 설탕이 달콤하다고 말하는 것, 탁자가 단단하다고 말하는 것이 적당한지 또는 부적당한지에 관하여 논의할 수 있다. 과학적 자료는 우리가 말하기에 익숙해져 있는 것을 제외한 다른 어떤 것을 말하는 데에 아무런 유력한 이유도 제공하지 못한다고 주장되는 것도 당연하다. 그러나 여기서 문제를 위한 문제를 논의하는 것은 적절하지 않을 것이다. 그 대신 나는 로크가 자신을 매우 어려운 입장에 처하게 한 점을 지적하고 싶다.

로크가 생각하는 바를 말하는 방식이 혼란되고 부주의하다는 것은 거의 부정하기 어렵다. 때때로 그는 회고 검은 "관념들"을 말한다. 그리고 만약 "관념"이라는 용어가 일상적인 의미로 사용된다면 이 관념들은 오직 마음 안에만 있을 수 있다는 것은 충분히 분명하다. 만

---

39) *Essay*, 2, 8, 20 ; I, p. 176.
40) F. Copleston, *A History of Philosophy*, 제3권, p. 287 참조.
41) 같은 책, 제1권, pp. 124~125 참조.

약 관념이 어디엔가 있다고 말할 수 있다면, 마음 속 이외에 어느 다른 곳에 있다고 말할 수 있는가? 참으로 그는 그가 여기서 "관념"이라고 부르는 것들은 감각이나 지각이라고 말한다. 그러나 그 반면에 우리의 감각은 우리의 감각이며, 그것들을 산출하는 대상들의 감각이 아니라는 것은 명백히 자명한 이치다. 로크는 만약 대상이 진홍색이거나 달콤한 것이 아니라면, 감각이 진홍색이거나 달콤한 것이라고 할 수 있는지의 여부는 문제삼지 않는다. 그는 단순히 우리는 진홍색이나 달콤함의 관념 또는 감각을 갖는다고 말한다. 하지만 이 문제들은 제쳐 놓고서라도 로크의 전제들에서 비롯되는 주된 난점은 그에게 있어서 관념이란 "지각, 사고 또는 오성의 직접적인 대상"[42]이라는 사실에서 생긴다. 우리는 사물들을 직접적으로 알지 못하며 관념들에 의해서 간접접으로 안다. 그리고 이 관념들(만약 우리가 원한다면 현재의 문맥에서 우리는 그것을 감각 자료로 대체할 수 있다)은 사물들을 대표하는 것, 그것들의 기호들이라고 여겨진다. 제1성질의 관념들은 실제로 사물들을 닮았지만, 제2성질의 관념들은 그렇지 않다. 그러나 만약 우리가 직접적으로 아는 것이 관념들이라면, 어떻게 우리는 이 관념들이 사물을 닮았는지 아니면 닮지 않았는지 알 수 있단 말인가? 그 점에 관해서 우리는 어떻게 우리 관념들 이외의 사람들이 존재한다는 것까지도 확신할 수 있단 말인가? 왜냐하면 만약 우리가 직접적으로 모든 관념들만을 안다면, 우리는 관념과 사물을 비교하고 관념이 사물을 닮았는지 닮지 않았는지 확인하거나, 심지어 관념 이외의 어떤 사물들이 존재하는지 존재하지 않는지를 입증할 수 없기 때문이다. 로크의 지각 대표설에 의하면 그는 결코 제1성질과 제2성질의 구별의 타당성을 입증할 방도를 갖지 못한다.

로크가 이 난점을 알지 못했던 것은 아니다. 뒤에 보게 되겠지만 그는 우리 관념에 상응하는 사물이 있다는 것을 보여주기 위해서 인과율의 개념에 의지했다. 우리가 항상 되풀이되는 단순 관념의 집합을 관찰할 때 그것들은 선택의 여지없이 우리에게 전달되는데(물론 보려고 하며 들으려고 하는 선택은 제외하고), 적어도 관념이 우리 마음에 의해서 수동적으로 받아들여지고 있는 동안만큼은 이 관념을

---

42) *Essay*, 2, 8, 8 ; I, p. 169.

일으키는 외적인 사물이 있다는 것은 틀림없는 것 같다. 상식적인 관점에서 볼 때 이 추론은 확실하다. 그러나 이 이론의 본질적인 난점들은 별문제로 하더라도, 그의 제1성질과 제2성질의 구별을 정당화할 수는 없을 것이다. 왜냐하면 이것은 "무엇인가 외부에" 있다는 것을 아는 것 이상의 지식을 요구하는 것처럼 보이기 때문이다.

뒤에 로크의 철학과 관련하여 보게 되겠지만, 버클리는 색깔, 맛, 냄새 등은 우리 마음 안에 있는 관념들이며 대상들의 실재적인 성질들이 아니라는 것을 보여주는 로크의 논의들은, 소위 제1성질은 우리 마음 안에 있는 관념들이며 대상의 실재적인 성질이 아니라는 것을 보여주는 것으로도 사용될 수 있다고 주장했다. 이 관점에 찬성해서 말할 수 있는 것이 대단히 많다는 것은 명백하다. 로크에 따르면 제1성질은 물체로부터 분리할 수 없다. 그러나 이것은 그가 결정적인 제1성질이 아니라 결정 가능한 제1성질에 관하여 말하고 있는 경우에만 참이다. 그 자신의 예들 중의 하나를 든다면, 나누어진 밀알의 두 부분은 연장과 모양을 갖는다. 그러나 그것들은 하나의 밀알의 결정적인 연장과 모양을 갖지는 않는다. 하지만 어떤 사람은 로크가 주장하는 것처럼 부숴진 아몬드는 그렇지 않은 아몬드와 똑같은 색깔을 갖지는 않지만, 그래도 색깔을 갖는다고 역시 말할 수 있다. 한 대상의 지각된 크기와 형태는 제2성질이 변화하는 만큼이나 지각 주체의 위치와 그 밖의 물리적 조건들에 따라 변화하지 않는가?

앞의 고찰들은 물론 로크의 입장을 지지하기 위해 사용될 수 있는 과학적 자료에 관한 의심을 표현하려는 것은 아니다. 그것들은 로크의 이론이 하나의 철학적 이론으로, 그래서 과학적 자료에 관한 하나의 설명 이상의 것으로 제시될 때 그의 이론에서 발생하는 난점들 중의 몇 가지를 보여주려는 것이다. 그의 지각 대표설은 특히 난점의 원천이다. 확실히 그는 때때로 이 이론을 잊고 우리가 직접적으로 대상을 안다는 것을 함축하는 상식적인 용어들로 말한다. 그러나 그의 일반적인, 즉 공식적인 입장은 관념이 지식의 직접적인 대상(스콜라 철학의 용어로는 media quae)이라는 것이다. 문제는 더 복잡해지는데, 그것은 이미 주목했던 것처럼 그가 "관념"이라는 용어를 여러 경우에 서로 다른 뜻으로 사용하기 때문이다.

128

5. 실 체

단순 관념의 "집합"에 관해서는 앞에서 말했다. 우리는 항상 되풀이되는 또는 되풀이되는 경향이 있는 유사한 감각 자료의 어떤 집단을 발견한다. 예를 들면 어떤 색깔과 형태는 어떤 향기와 부드러움 또는 딱딱함을 연상시킬 수 있다. 이것은 일상 경험의 문제이다. 만일 내가 어떤 여름날 정원에 들어선다면, 나는 일정한 형태들의 어떤 색깔 조각들(이를테면 붉은 장미 꽃잎들)을 보고 어떤 향기를 맡는다. 마찬가지로 나는 장미를 만지는 행동을 함으로써 촉각을 통하여 어떤 경험을 할 수 있다. 이렇게 해서 서로 동반하는 것처럼 보이며 내 마음에 함께 연상되는 성질들의 일정한 무리 또는 다발이나 집합이 있게 된다. 만일 내가 밤에 똑같은 정원에 들어선다면, 나는 색깔 조각들을 보지는 못하지만 향기를 맡으며 낮에 했던 촉각의 유사한 경험을 할 수 있다. 그래서 나는 만약 충분히 밝다면 그 향기와 조직에 따르는 것처럼 보이는 색깔을 볼 것이라고 확신한다. 다른 한편 어떤 소리는 내 경험 안에서 어떤 색깔과 형태를 연상시킬 수 있다. 예를 들면 찌르레기의 노래는 어떤 색깔 또는 어떤 모양이나 형태와 공존하는 것처럼 보이는 소리의 연속이다.

그러므로 성질들 또는 로크가 표현한 것처럼 "관념들"의 집합들이나 다발들이 있다. 그리고 "어떻게 이 단순 관념이 혼자 힘으로 존속할 수 있는지 상상할 수 없으므로, 우리는 그 안에 단순 관념들이 존속하고 그로부터 단순 관념들이 생기는 어떤 기체(基體)를 상정하는 데 익숙해진다. 우리는 그것을 실체라고 부른다."[43] 이것이 일반적인 실체 관념, 즉 "그는 우리에게 단순 관념을 산출할 수 있는 그런 성질(보통 우연적 성질이라고 불린다)을 지지하는 것이 무엇인지 알지 못한다고 상정하는 것"[44]이다. 마음은 성질의 지지체인 기체의 관념을 만들어 낸다. 좀더 정확하게 말하면 마음은 제1성질들이 본래부터 속해 있고 제1성질들에 의해서 우리 마음에 제2성질들의 단순 관념들을 산출하는 힘을 가진 기체 또는 지지체의 관념을 만들어 낸

---

43) *Essay*, 2, 23, 1 ; I, pp. 390~391.
44) *Essay*, 2, 23, 2 ; I, p. 391.

다. 실체의 일반 관념은 "그것들이 현존한다는 것은 우리가 알지만 그것들은 지지하는 무엇인가가 없이는(sine re substante) 존속할 수 없다고 상상하는 성질들의 지지체(단지 상정될 뿐이며 결코 알려지지 않는)이며, 이것은 낱말의 참된 의미에 따라 쉬운 영어로 말하면 '밑에 있는'(standing under) 또는 '떠받치는'(upholding)이며, 우리는 그 지지체를 실체(substantia)라고 부른다."[45]

로크는 우리의 실체 관념의 기원에 관해 이야기하고 있다는 점을 이해하는 것이 중요하다. 우스터의 감독 스틸링플리트(Bishop Stillingfleet of Worcester)는 처음에 그가 실체는 단지 인간의 공상력이 꾸며낸 허구라는 뜻으로 말하는 것으로 이해했다. 여기에 대해 로크는 자신은 실체의 관념에 관해서 논의하고 있었던 것이지 그것의 존재에 관해 논의하고 있었던 것은 아니라고 대답했다. 관념은 성질에 대한 어떤 지지체를 상정하거나 가정하는 우리의 습관에 입각하고 있다고 말하는 것이 이러한 상정이나 가정이 보증되지 않으며 실체와 같은 것은 없다고 말하는 것은 아니다. 로크의 견해에 의하면 실체를 추론하는 것은 정당화된다. 그러나 이것이 그것은 하나의 추론이라는 사실을 변경시키지는 않는다. 우리는 실체들을 지각하지 않는다. 우리는 "우연적 성질들", 성질들 또는 양태들의 지지체로서 실체를 추론하는데, 그것은 우리가 그것들을 혼자 힘으로 존속하는 것으로 생각할 수 없기 때문이다. 그리고 실체의 일반 관념은 알려지지 않는 기체의 관념이라고 말하는 것은 우리 마음에 있는 그 관념의 유일한 특색을 이루는 특징이 우연적 성질들을 지지하는 것, 즉 제 1 성질이 그 안에 본래부터 있으며 우리에게 단순 관념을 일으키는 힘을 가진 기체라는 것이라고 말하는 것이다. 그것은 실체가 단지 상상력에 의한 허구라고 말하는 것이 아니다.

명석 판명하지 않은 실체의 일반 관념은 개별적인 실체들의 판명한 관념들과 구별되어야 한다. 이것들은 "단지 단순 관념들의 몇 가지 결합들이다. …우리가 실체들의 개별적인 종류를 마음에 그리는 것은 다른 것이 아닌 단순 관념들의 그러한 결합에 의해서이다."[46] 예를 들면 우리는 경험 안에 공존하는 다수의 단순 관념들(붉음 또는 힘,

---

45) *Essay*, 2, 23, 2 ; I, p. 392.   46) *Essay*, 2, 23, 6 ; I, p. 396.

130

어떤 냄새, 어떤 모양이나 형태 등)을 가지며, 우리는 그것들의 결합을 "장미"라는 하나의 이름으로 부른다. 마찬가지로 해의 관념이란 밝음, 뜨거움, 둥금, 항상 규칙적인 운동을 가짐, 우리로부터 어느 정도 떨어져 있음, 기타 등등의 몇 가지 단순 관념들의 집합체가 아니고 무엇인가?"⁴⁷⁾ 결국 "몇 가지 종류의 실체들의 관념들은 모두 그것들이 거기에 속하며 그 안에 존속하는 어떤 것을 상정한 단순 관념들의 집합들에 불과하다. 비록 우리는 이 상정된 어떤 것에 관해서 명석 판명한 관념을 결코 갖지 못하지만 말이다."⁴⁸⁾

우리가 개별적인 실체의 복합 관념을 형성하기 위해서 결합하는 단순 관념은 감각이나 반성을 통해서 얻어진다. 따라서 영혼의 정신적 실체라는 우리의 관념은 반성에 의해서 얻어지는 사고함, 의심함 등의 단순 관념들과 이 심적 작용들이 본래부터 속해 있는 기체의 모호한 개념들을 결합시킴으로써 얻어진다.

이와 관련하여 로크가 "정신적 실체"로써 의미하는 것은 단지 생각하는 하나의 실체라는 것을 바로 언급하는 편이 좋을 것 같다. (인간오성론)의 제4권에서 우리 지식의 한계를 논의할 때, 그는 "우리는 물질과 사고함의 관념을 갖지만, 아마도 어떤 단순한 물질적인 존재가 사고하는지 사고하지 않는지는 결코 알 수 없을 것"⁴⁹⁾이라고 선언한다. 신의 전능은 물질적인 사물에 사고하는 능력을 부여할 수 있을지도 모른다. 우스터의 감독 스틸링플리트 박사는 이 경우에 우리 안에 정신적 실체가 있다는 것을 증명하기는 불가능하다고 반대했다. 여기에 대해 로크는 실체의 개념은 모호하며 불확실하고, 사고함을 첨가함으로써 그것을 정신적 실체로 만든다고 대답했다. 우리 안에 정신적 실체가 있다는 것은 이렇게 해서 알 수 있다. 그러나 만약 스틸링플리트 박사가 "정신적 실체"로써 하나의 비물질적인 실체를 의미한다면, 우리 안에 있는 그러한 실체의 존재는 이성에 의해서 엄밀하게 증명될 수 없다. 로크는 신이 물질적인 사물에 사고하는 능력을 부여할 수 있다고 말하지 않고, 오히려 자신은 신이 그렇게 하리라는 것은 상상할 수 없다는 것을 이해하지 못한다고 말한다. 그 감독의 주의를 끈 불멸성에 관한 함축들에 관해서 말한다면, 이 문제에 대한

47) *Essay*, 2, 23, 6 ; I, p. 397.   48) *Essay*, 2, 23, 37 ; I, p. 422.
49) *Essay*, 4, 3, 6 ; II, p. 192.

우리의 확신은 엄밀한 철학적 논증에서보다는 차라리 계시에 대한 신앙에서 유래한다.

나아가 "우리가 가진 불가해한 신의 관념을 검사한다면 우리는 그것을 똑같은 방식으로 얻으며, 우리가 가진 신의 복합 관념들과 하나하나의 정신들의 복합 관념들은 우리가 반성에서 받아들인 단순 관념들로 구성된다는 것을 발견하게 될 것이다."[50] 우리가 신의 관념을 형성할 때, 우리는 "갖지 않는 것보다는 가진 것이 더 나은"[51] 성질들의 관념들을 무한히 확대하며, 하나의 복합 관념을 형성하기 위하여 그것들을 결합한다. 신은 그 자체 단순하며 "복합적"이 아니다. 그러나 우리의 신 관념은 복합적이다.

우리의 물질적 실체들에 대한 뚜렷한 관념들은 제 1 성질의 관념들, 제 2 성질(감관을 통해 우리에게 서로 다른 단순 관념들을 산출하는 사물들 안의 힘)의 관념들로 구성된다. 또한 그것들은 이전에 산출된 관념들과는 다른 관념들을 우리 안에 산출하는 제 1 성질의 변화와 같은 것을 다른 물체들 안에 일으키거나 자체 안에 받아들이는 사물들의 힘의 관념들로 구성된다. 참으로 "우리의 실체들의 복합 관념을 구성하는 단순 관념의 대부분을 정확히 고려한다면, 그것들이 단지 힘임을 알 수 있다. 하지만 우리는 그것들을 명확한 성질들이라고 생각하기 쉽다."[52] 예를 들면 우리가 가진 금의 관념의 더욱 큰 부분은 금 자체에 존재하는 것과 같이 단지 능동적이거나 수동적인 힘의 성질들(노랑, 왕수에서의 가용성과 용해성)의 관념으로 구성된다.

그런데 우리가 가진 개별적 실체들의 뚜렷한 복합 관념들이 감각과 반성을 통해 받아들여진 단순 관념들의 결합에 불과한 것인 한에서는, 그것들의 형성은 로크의 경험주의적 전제들에 의해서 설명될 수 있다. 왜냐하면 그는 단순 관념들을 결합시킴으로써 복합 관념들을 형성하는 것을 분명히 고려했기 때문이다. 그러나 그의 전제들이 하나의 신비스러운 기체로서 실체의 일반 관념 형성에 관한 그의 설명을 허용하는지 그렇지 않은지는 의문의 여지가 있는 것처럼 보인다. 스틸링플리트 박사는 처음에는 로크가 실체는 단지 성질들의 결합에 불과하다는 뜻으로 말한 것으로 생각했다. 그의 대답에서 로크는 우

50) *Essay*, 2, 23, 33 ; I, p. 418.　　51) 같은 책, 같은 면.
52) *Essay*, 2, 23, 37 ; I, p. 422.

132

리의 개별적인 실체들의 복합 관념과 실체의 일반 관념을 구별했다. 전자는 단순 관념들을 결합시킴으로써 얻어지지만, 후자는 그렇지 않다. 그렇다면 그것은 어떻게 얻어지는가? 로크는 우리에게 그것은 "추상 작용"에 의해서 얻어진다고 말한다. 그러나 일찍부터 그는 추상 작용의 과정을 "관념들을 실제 존재에 있어서 그것들에 수반하는 다른 모든 관념들로부터 분리시키는 것"[53]으로 기술했다. 그리고 실체의 일반 관념 형성에 있어서 그것은 관념들의 다발에서 어느 특정한 하나에만 주의하고 나머지를 생략하거나 또는 나머지들로부터 추상하는 문제가 아니라, 차라리 하나의 기체를 추론하는 문제이다. 이 경우에 감각이나 반성에 의해서, 또는 단순 관념들을 결합함에 의해서, 또는 위에 언급된 의미에서의 추상 작용에 의해서 얻어지지 않는 하나의 새로운 관념이 나타나는 것처럼 보인다. 참으로 로크는 실체의 일반 관념을 명석하지도 않고 판명하지도 않은 것이라고 한다. 그럼에도 불구하고 그는 이 "관념"을 말한다. 그리고 일단 그것이 관념이라면 그것이 어떻게 발생하는가 하는 것을 로크의 전제들에 입각해서 설명하기는 어려운 것처럼 보인다. 그는 확실히 마음에 하나의 능동적인 힘이 있다고 생각했다. 그러나 로크가 그의 전제들을 기꺼이 수정하거나 고쳐 말하지 않는 한 실체의 일반 관념의 기원을 설명하는 어려움이 남게 된다.

　로크의 실체 관념은 명백히 스콜라 철학에서 유래한다. 그러나 그것은 때때로 가정되듯이 아퀴나스의 관념과 동일한 것은 아니다. 아퀴나스에게 실체와 우연적 성질의 명확한 구분은 로크에게서와 마찬가지로 반성적인 마음의 작업이었다. 아퀴나스에게 그것은 경험, 변경되거나 "우연적으로 성질화된" 사물 또는 실체의 전체 기지(既知) 사항 내에서 이루어진 구분이었던 반면에, 로크에게 실체란 경험 너머에 있어 알려지지 않는 기체(基體)이다. 게다가 아퀴나스의 견해에 의하면 설령 우리가 우연한 변화와 본질적인 변화를 구별할 수 있더라도 실체는 불변의 기체가 아니다. 하지만 로크는 실체를 변하는 현상들 밑에 숨겨진 불변의 기체인 것처럼 말한다. 바꾸어 말하면 아퀴나스의 실체 개념은 로크의 것보다 상식의 관점에 더 가깝다.

---

53) *Essay*, 2, 12, 1 ; I, pp. 213~214.

실체의 일반 관념과 우리의 개별적인 실체들의 관념에 대한 로크의
구별은 실재적 본질과 명목적 본질에 대한 그의 구분과 관계가 있다.
그러나 그는 이 화제를 《인간 오성론》의 제 3 권에서야 논의하므로, 나
도 우리의 인과율 관념의 기원에 관한 그의 설명을 고찰하기 위해서
그것을 당분간 제쳐 놓겠다.

6. 관 계

《인간 오성론》의 첫번째 초고에서 로크가 복합 관념이라는 일반 표
제 아래 관계를 실체 및 양태와 함께 분류했다는 것은 이미 지적되었
다. 이 분류가 4판에서 다시 나타나기는 하지만, 로크는 관계들을
따로 구분한 또다른 분류를 역시 우리에게 제시한다. 분류의 두 방식
을 나란히 놓는 것은 확실히 불충분하다. 하지만 관계는 한 사물을
다른 것과 비교하는 행위에서 일어난다. 만약 내가 카이우스(Caius)
를 단지 그 자체로만 고려한다면, 나는 그를 어떤 다른 것과도 비교
하지 못한다. 내가 카이우스는 하얗다고 말할 때도 마찬가지이다.
"그러나 내가 카이우스를 남편이라고 부를 때 나는 다른 어떤 사람을
넌지시 비추는 것이다. 그리고 내가 그를 더 하얗다고 말할 때 나는
다른 어떤 것을 암시한다. 두 경우에 나의 생각은 카이우스를 넘어선
어떤 것에 이끌리며, 고려된 것은 두 가지가 된다."[54] "남편", "아버
지", "아들" 등과 같은 용어들은 명백히 상대적인 용어들이다. 그러
나 언뜻 보기에는 절대적으로 보이지만, "비록 관찰하기에 더욱 힘든
관계이긴 하지만 암암리에 관계를 숨기고 있는"[55] 다른 용어들도 있
다. 예를 들면 "불완전한"같은 용어가 그런 것이다.

단순하든 복합적이든 어떤 관념도 다른 관념과 비교될 수 있으며,
따라서 관계의 관념을 일으킨다. 그러나 우리의 모든 관계 관념들은
결국 단순 관념들로 환원될 수 있다. 이것이 로크가 가장 주장하고
싶어하는 점들 가운데 하나이다. 왜냐하면 만약 그가 우리 관념들의
기원에 관한 그의 경험주의적 설명이 정당화된다는 것을 보여주기를

---

54) *Essay*, 2, 25, 1 ; I, p. 427.   55) *Essay*, 2, 25, 3 ; I, p. 428.

134

원한다면, 모든 관계 관념들이 궁극적으로 감각이나 반성을 통해서 얻어진 관념들로 이루어진다는 것을 보여주어야 하기 때문이다. 그리고 그는 그의 이론을 인과율과 같은 어떤 선택된 관계들에 적용함으로써 이것이 참임을 계속해서 논증한다.

그러나 우리가 인과율에 관한 로크의 분석을 고찰하기 전에, 그가 관계에 관해서 말하는 불명료한 방식에 주목할 만한 가치가 있다. 참으로 그는 주로 마음이 어떻게 관계 관념들을 획득하는지를 보여주고 싶어한다. 즉 그는 관계의 본성이 무엇인가 하는 존재론적 물음보다는 주로 심리학적인 물음에 주로 관심을 갖는다. 하지만 그는 마음이 생각할 때 그것의 대상이 되는 것은 무엇이든지 관념이라고 기술했기 때문에, 고려된 것으로서의 관계는 관념이라는 결과가 된다. 그리고 그의 견해들 중의 약간은 관계가 순전히 심리적인 것이라는 것을 의미하는 것으로 이해될 수밖에 없다. 예를 들면 "관계의 본성은 두 개의 사물을 언급하거나 또는 그것들을 서로 비교하는 데 있다."[56] 또 한편 "관계는 두 사물을 비교하거나 함께 고려하며 그 비교로부터 그것들 중의 하나 또는 둘 다에 어떤 명칭을 부여하는, 그리고 때로는 심지어 관계 그 자체에 하나의 이름을 부여하는 방식이다."[57] 게다가 그는 관계는 "사물들의 실제 존재에 포함되는 것이 아니라 외부로부터 첨가되는 어떤 것"[58]이라고 명백히 말한다. 뒤에 낱말의 오용을 논할 때, 그는 관계란 두 사물을 함께 고려하거나 비교하는 방식에 불과하고 따라서 "내 자신이 만드는 관념"[59]이기 때문에, 우리는 사물들 자체와 일치하지 않는 관계의 관념을 가질 수 없다고 말한다. 동시에 로크는 관계 관념에 관하여 거리낌없이 말한다. 그는 이것으로 그가 함축하려고 하는 것을 분명히 하지 않는다. 내가 존을 단지 홀로 고려하지 않고 그의 아들인 피터와 "비교한다"고 상상해 보자. 그러면 나는 존을 상대적 용어인 아버지로 생각할 수 있다. 그런데 우리가 보았듯이 로크는 관계란 한 사물을 다른 것과 비교하는 것이라고 말한다. 그 경우에 관계란 존과 피터를 "비교하는" 행위가 되어야 할 것이다. 그리고 관계의 관념은 비교 행위의 관념이 되어야 할

56) *Essay*, 2, 25, 5 ; I, p. 428.
57) *Essay*, 2, 25, 7 ; I, pp. 429~430.
58) *Essay*, 2, 25, 8 ; I, p. 430.   59) *Essay*, 3, 10, 33 ; II, p. 145.

것이다. 그러나 아버지임의 관계가 한 사람을 다른 사람과 비교하는 행위라고 말하는 것은 기묘한 일이 될 것이다. 그리고 아버지임의 관계 관념이 비교 행위의 관념이라고 말하는 것은 더욱더 기묘한 일이 될 것이다. 게다가 《인간 오성론》의 제 4 권에서 로크가 신의 존재에 대한 우리의 지식에 관해서 말할 때, 그는 분명히 모든 유한한 사물들은 참으로 그 원인으로서의 신에 의존한다. 즉 그것들은 신에게 의존한다는 실재적 관계를 가진다고 암시한다. 문제의 핵심은 그가 그의 관계 이론을 어떤 분명하고 정확한 방식으로 만들어 내지 않았다는 것에 있는 것처럼 보인다. 일반적으로 관계들을 말할 때 그는 그것들을 모두 심적인 것으로 말하는 것처럼 보인다. 그러나 이것은 그가 약간의 개별 관념들에 관해서 마치 그것들이 순전히 심적인 것이 아닌 것처럼 말하는 것을 막지 못한다. 이것은 그가 인과율을 다루는 데에서 볼 수 있으리라고 생각한다.

7. 인과율

로크에 따르면 "우리는 어떤 단순 관념이나 복합 관념을 산출하는 것을 원인이라는 일반적인 이름으로 표시한다. 그리고 산출되는 것은 결과라고 표시한다."[60] 그러므로 우리는 개별적인 사물들, 성질들 또는 실체들이 존재하기 시작하는 것을 관찰하는 것으로부터 원인과 결과의 관념들을 받아들인다. 예를 들어 하나의 "단순 관념"인 유동성은 일정한 정도의 열을 밀랍에 가하면 산출된다는 것을 관찰함으로써, "우리는 밀랍의 유동성에 관하여 열의 단순 관념을 원인이라고 부르고 유동성을 결과라고 부른다."[61] 마찬가지로 하나의 "복합 관념"인 나무는 불을 붙이면 또하나의 "복합 관념"인 재로 환원된다는 것을 관찰함으로써, 우리는 재에 관하여 불을 원인이라고 부르고 재를 결과라고 부른다. 그러므로 원인과 결과의 개념들은 감각이나 반성을 통해서 받아들여진 관념들에서 발생한다. 그리고 "원인과 결과의 관념을 갖기 위해서는 어떤 단순 관념이나 실체를 다른 어떤 작용

---

60) *Essay*, 2, 26, 1 ; I, p. 433.　　61) *Essay*, 2, 26, 1 ; I, p. 434.

136

에 의해서 존재하기 시작하는 것으로 간주하는 것(그 작용의 방식을 알지 못하고서도)으로 충분하다. "62) 우리는 여러 종류의 산물들을 식별할 수 있다. 따라서 앞서 존재하는 재료로부터 하나의 새로운 실체가 산출될 때, 우리는 그것을 "발생"이라고 부르며 앞서 존재하는 사물 안에 하나의 새로운 "단순 관념"(성질)이 산출될 때, 우리는 그것을 "변화"라고 부른다. 앞서 존재하는 어떤 재료가 없이도 어떤 것이 존재하기 시작할 때, 우리는 그것을 "창조"라고 부른다. 그러나 서로 다른 형식을 가진 이 모든 사물의 관념들은 감각과 반성을 통해서 받아들여진 관념들에서 유래한다고 한다. 비록 로크는 어떻게 이 일반 명제가 우리의 창조 관념의 경우를 포함하는지에 관해서 아무런 설명도 제시하고 있지 않음에도 불구하고 말이다.

인과율이 관념들 사이의 관계인 한에서는 그것은 심적인 구성물이다. 그러나 그것은 하나의 실재하는 토대를 갖는데 그것이 힘이다. 즉 다른 실체들에 영향을 미치고 우리에게 관념들을 산출하는 실체들이 가진 힘이다. 그가 "나는 힘이 그 안에 어떤 종류의 관계, 즉 작용 또는 변화와의 관계를 포함한다고 생각한다"63)고 말하고 있기는 하지만, 그에 의하면 힘의 관념은 하나의 단순 관념으로 분류된다. 우리가 이미 보았듯이 힘은 능동적인 것과 수동적인 것으로 나누어진다. 그러므로 우리는 어디서 능동적인 힘과 인과적인 효력의 관념을 끌어내는지 물어볼 수 있다. 로크에 따르면 그 대답은 능동적 힘의 가장 분명한 관념은 반성 또는 내성에서 유래한다는 것이다. 만약 우리가 정지중인 공을 쳐서 움직이게 한 한 개의 움직이는 공을 관찰한다면, 우리는 처음 상태의 공에서 하등의 능동적인 힘도 보지 못한다. 왜냐하면 "그것은 그것이 다른 것으로부터 받았던 운동을 단지 전달하며, 또 다른 것이 받아들인 만큼을 그것 안에서 잃기 때문이다. 이것은 우리에게 물체 안에서 움직이는 능동적인 힘의 매우 불명료한 관념을 줄 뿐이며, 반면에 우리는 그것이 어떤 운동을 산출하는 것이 아니라 단지 전달하는 것을 보게 된다. 왜냐하면 행동의 산출이 아니라 정념의 지속에 도달하는 것은 단지 힘의 매우 불명료한 관념이기 때문이다."64) 하지만 만약 우리가 내성을 조사한다면, "우리는

62) *Essay*, 2, 26, 2 ; I, p. 435.   63) *Essay*, 2, 21, 3 ; I, p. 310.
64) *Essay*, 2, 21, 4 ; I, p. 312.

자신 안에서 몇 가지 마음의 행위들과 신체의 운동들을 일으키거나 억제하고, 지속시키거나 끝내게 하는(그러한 것들 또는 그런 개별적인 행위를 하거나 하지 않도록 명령하는, 말하자면 지휘하는 하나의 생각 또는 마음의 선호에 의해서) 힘을 발견한다."[65] 그러므로 힘과 인과적 효력의 가장 분명한 관념을 우리에게 주는 것은 의지 작용의 행사이다.

이와 같이 로크는 그 자신이 만족하도록 우리가 가진 원인과 결과, 인과적 효력 또는 능동적 힘의 행사의 관념들의 경험적 토대를 수립한다. 그러나 그는 인과 관계의 어떤 실질적인 분석은 제시하지 않는다. 하지만 그는 신의 존재에 관한 논의들에서나 스틸링플리트에게 편지를 쓸 때나 모두 자신은 "시작이 있는 모든 것에는 반드시 원인이 있어야 한다"는 명제가 의심의 여지가 없는 명제임을 확신했다는 것을 명백히한다. 그는 어떻게 이 명제가 경험에 의해서 수립된 것인지를 설명하지 못한다고 비난을 받았다. 그러나 《인간 오성론》의 제 4권에서 아주 명백하게 나타난 것처럼 로크는 직관적인 확실성과 같은 것이 있으며, 마음은 관념들 사이의 필연적인 관계를 파악할 수 있다고 믿었다. 문제되는 명제의 경우에 로크는 틀림없이 우리가 경험을 통해서 존재하기 시작하는 사물의 관념과 원인의 관념을 얻으며, 그 다음에 관념들 사이의 필연적 관계를 지각한다고 말할 것이다. 이것은 존재하기 시작하는 모든 것은 원인을 갖는다는 명제에서 나타난다. 아마도 그는 이 문제에 관한 설명이 우리의 모든 관념과 지식의 토대에 관한 그의 경험주의적 이론의 요구를 만족시킨다고 생각했던 것 같다. 그것이 관계들을 심적인 구성물이라고 한 그의 말과 들어맞는지 그렇지 않은지는 또다른 문제이다.

8. 무기물, 유기물, 인간에 관한 동일성

관계들과 연관해서 로크는 동일성과 다양성의 관념들에 관해 한 장을 충당하고 있다. 우리는 일정한 순간에 일정한 장소에 존재하는

---

65) *Essay*, 2, 21, 5 ; I, p. 313.

사물을 볼 때, 그것은 그것 자체이며 다른 장소에 동시에 존재하는
또다른 사물이 아님을 확신한다. 비록 두 사물이 다른 점에서는 비슷
하다 할지라도 말이다. 왜냐하면 우리는 동일한 사물은 동시에 한 장
소 이상에서 존재할 수 없다는 것을 확신하기 때문이다. 로크는 여기
서 일상적인 언어 용법에 주의를 돌린다. 만약 우리가 장소 x에서 시
간 t에 존재하는 물체 A를 관찰하고 장소 y에서 시간 t에 존재하는
물체 B를 관찰한다면, 우리는 아무리 그것들이 서로 닮았다 하더라
도 그것들을 두 개의 다른 물체들이라고 말한다. 그러나 만약 A와 B
가 둘 다 장소 x에서 시간 t에 존재한다면 그것들은 구별할 수 없을
것이다. 따라서 우리는 두 개의 물체들이 아닌 동일한 물체를 말할
것이다. 나는 로크가 이 견해를 "단순히 낱말들의 문제"라고 생각했
다고 말하려는 것은 아니다. 나는 그가 일상적인 언어 용법에 나타나
는 상식적 관점을 채택한다고 말하려는 것이다. 로크는 신은 영원 불
변하며 편재하기 때문에 신의 변치 않는 자기 동일성에 관해서는 의
문의 여지가 있을 수 없다고 말한다. 그러나 유한한 사물들은 시간과
공간 안에서 존재하기 시작한다. 각 사물의 동일성은 그것이 존재하
는 한 그것이 존재하기 시작하는 시간과 장소와의 관계에 의하여 결
정될 것이다. 그러므로 우리는 개체화의 원리가 "어떤 종류의 한 존
재를, 동일 종류의 두 존재에게 전달될 수 없는 특정한 시간과 공간
에 한정시키는 존재 그 자체"[66]라고 말함으로써 개체화의 문제를 해
결할 수 있다. 서로 다른 종류의 두 실체가 동일한 시간에 동일한 장
소를 점유할 수도 있기 때문에 이 정의의 마지막 부분이 포함된다.
아마도 로크는 주로 신의 영원함과 편재를 생각하고 있는 것 같다.

그러나 로크가 일반적으로 동일성을 한 사물의 존재의 시공간적인
좌표에 관련하여 정의하고 있기는 하지만, 그는 문제가 이 공식에 의
해서 인정되는 것보다 훨씬 복잡하다는 것을 안다. 만약 두 원자가
결합해서 하나의 "물질 덩어리"를 형성한다면, 우리는 동일한 두 원
자가 결합되는 한 그 덩어리를 동일하다고 말한다. 그러나 한 원자
가 떨어져 나가고 다른 원자가 덧붙여진다면, 그 결과는 하나의 다른
덩어리 또는 물체가 된다. 하지만 유기물에 있어서는 물질 안에 명백

---

66) *Essay*, 2, 27, 4 ; I, pp. 441~442.

한 변화들이 발생한다 해도 우리는 그 유기체를 동일한 유기체로 말하는 데 익숙해져 있다. 하나의 식물은 "그것이 그 종류의 식물에 적합한, 유사하게 계속되는 조직 속에서 동일한 생명(비록 그 생명이 살아 있는 그 식물에 생명상 결합되는 새로운 물질 입자들에 전달된다 할지라도)을 같이하는 한"[67] 계속해서 동일한 식물이다. 동물들의 경우도 비슷하다. 한 동물의 계속되는 동일성은 여러 가지 점에서 기계의 동일성과 비슷하다. 왜냐하면 우리는 설령 기계의 부분들이 수리되거나 새로 교환되었다 할지라도, 어떤 목적이나 의도를 달성할 작정으로 이루어진 모든 부분들의 계속되는 조직 때문에 그 기계를 동일하다고 하기 때문이다. 하지만 기계의 경우에는 운동이 외부로부터 오는 반면에 동물의 경우에는 운동이 내부로부터 나온다는 점에서 동물은 기계와 다르다.

그러므로 "단순한" 무생물의 동일성은 시간과 장소에 의해서 정의될 수 있다(비록 로크는 사물의 공간과 시간상의 연속성을 지속적인 자기 동일성의 규준의 하나로 말하지는 않지만). 복합적인 무생물의 계속되는 동일성은 그것을 구성하는 부분들의 계속적인 동일성(공간과 시간에 관하여)을 요구한다. 하지만 유기체의 계속적인 동일성은 부분들 자체의 계속되는 동일성에 관해서라기보다는 차라리 공통적인 생명에 의해서 알려지는 부분들의 조직에 관련해서 정의된다. 사실상 "물질 덩어리와 생명체라는 이 두 경우에 동일성은 같은 것에 적용되지 않는다."[68] 무생물과 유기체는 비록 두 경우 모두 공간과 시간상의 좌표에 관계하는 하나의 계속적인 존재가 있어야 하기는 하지만, 서로 종류가 다르며 동일성의 규준도 서로 다르다.

다른 유기체들에 적용할 수 있는 동일성의 규준을 인간에게 어디까지 적용시킬 수 있는가? 로크는 한 인간의 계속되는 자기 동일성은 단지 "동일한 조직체에 연속해서 생명상 결합되는 끊임없이 질주하는 물질 입자들에 의해서 동일하며 계속되는 생명에 관여하는 데"[69] 있다고 대답한다. 그는 이 진술의 엄밀한 의미를 정확한 용어로 설명하지 않는다. 그러나 그는 그가 보기에 우리는 신체적 연속성이 있을 때 "동일한 사람"을 말하는 데 익숙해져 있으며, 그렇게 익숙한 것은

67) *Essay*, 2, 27, 5 ; I, p. 443.　　68) *Essay*, 2, 27, 4 ; I, p. 442.
69) *Essay*, 2, 27, 7 ; I, p. 444.

140

정당화될 수 있는 것임을 명백히한다. 한 사람의 내면에 어떠한 심리
적인 변화가 일어나든지간에, 만약 그의 신체적 존재가 지속적이라면
우리는 그를 여전히 동일한 사람이라고 부른다. 하지만 만약 우리가
영혼의 동일성을 동일함의 유일한 규준으로 삼는다면 이상한 결과들
이 나오게 된다. 예를 들어 만약 우리가 논의를 위해 환생의 가설을
가정한다면, 우리는 단지 영혼이 동일하다는 것 때문에 고대 그리스
에서 살았던 X와 중세 유럽에 살았던 Y가 동일한 사람이라고 말해
야만 한다. 그러나 이렇게 말하는 것은 매우 이상할 것이다. "나는
어느 누구도 헬리오가발루스(Heliogabalus)의 영혼이 그의 돼지들 중
의 한 마리에 깃들어 있다고 확신할 수 있다 해도 그 돼지가 사람 또
는 헬리오가발루스라고 말하지는 않으리라 생각한다."[70] 다시 말하면
로크는 여기서 일상적인 언어 용법에 호소하고 있다. 우리는 신체적
인 지속성이 있을 때 한 사람을 동일한 사람이라고 말한다. 여기서
우리는 동일함의 경험적인 규준을 갖는다. 그러나 로크의 견해에 의
하면, 만약 우리가 한 사람을 동일한 사람으로 만드는 것이 영혼의
동일성이라고 말한다면 우리가 "동일한"이라는 낱말을 사용하는 것을
조절할 길이 없을 것이다.

　그러나 설령 우리가 신체적 지속성이 있을 때 한 사람을 동일한 사
람이라고 말하는 데 일상적으로 익숙해져 있다 하더라도, 우리는 여
전히 다음과 같은 물음을 제기할 수 있다. "인격", "이성을 갖고 있
으며 반성을 하고 스스로를 그 자체로 고려할 수 있는 하나의 사유,
지성적인 존재, 서로 다른 시간과 장소에서도 동일하게 사유하는
것"[71]이라는 말이 의미하는 인격의 동일성은 어디에 있는가? 이 물
음에 대한 대답은 바로 의식이다. 로크는 "어느 누구도 자신이 지각
한다는 것을 지각하지 않으면서 지각한다는 것은 불가능하다"[72]고 말
함으로써 의식을 사유로부터 분리할 수 없으며 사유에 필수적인 것으
로 선언한다. "이 의식이 어떠한 과거의 행동이나 사고로 거슬러올라
가 확장될 수 있는 한 거기까지 그 인격의 동일성이 미친다."[73]

　로크는 만약 동일한 사람(즉 신체적 지속성이 있다는 의미에서 동
일한 어떤 사람)이 시간 t^1에 하나의 뚜렷하며 말로 표현할 수 없는

70) *Essay*, 2, 27, 7 ; I, p. 445.　71) *Essay*, 2, 27, 11 ; I, p. 448.
72) *Essay*, 2, 27, 11 ; I, p. 449.　73) 같은 책, 같은 면.

의식을 가지며 시간 t^2에 또다른 뚜렷하며 말로 표현할 수 없는 의식
을 갖는 것이 가능하다면, 우리는 시간 t^1에서의 그와 시간 t^2에서의
그가 동일한 "인격"이라고 말할 수 없다는 논리적인 결론을 끌어낸
다. 이것이 "그들 견해들의 가장 엄숙한 선언에 있어서 인간의 의미
이다." "인간의 법은 정신이 맑은 사람의 행동에 대해 미친 사람을
처벌하지 않으며, 또한 미친 사람이 한 것에 대해 정신이 맑은 사람
을 처벌하지도 않는다. 그렇게 하는 것은 그들을 두 인격으로 여기는
것이다. 이것은 우리가 그런 사람은 그 자신이 아니라거나 또는 미쳤
다고 말할 때, 우리가 영어로 말하는 방식에 의해서 어느 정도 설명
된다. 이 구절들에서는 마치 지금 또는 적어도 처음에 그것들을 사용
했던 사람들이 자아가 변했으며, 동일한 인격이 더 이상 그 사람 안
에 있지 않다고 생각하는 것처럼 비친다."[74]

9. 언 어

로크는 《인간 오성론》의 제2권 마지막에서 우리 관념들의 원천과
종류에 관하여 설명하고 나서 즉시 계속해서 마음이 이 관념들을 사
용하는 용법과 우리가 관념들을 통해 얻는 지식을 고려하려 했다고
말한다. 그러나 숙고 끝에 그는 계속해서 지식을 논의하기 전에 언어
를 다루는 것이 필요하다고 확신했다. 왜냐하면 관념과 낱말은 명백
히 밀접하게 연관되어 있으며, 그가 표현하듯이 지식은 명제 안에 있
기 때문이다. 그러므로 그는 제3권을 낱말 또는 언어라는 주제에 충
당했다.

신은 인간을 태어날 때부터 사회적인 존재로 만들었다. 그리고 언
어는 "사회의 커다란 도구이며 공통의 끈"[75]으로 되게 되어 있었다.
언어는 낱말들로 이루어져 있으며, 낱말은 관념들의 기호이다. "낱말
의 용법은 관념의 감각 가능한 표시가 되는 것이다. 그리고 낱말이
나타내는 관념은 그것의 적절하고 직접적인 의미이다."[76] 즉 우리가
다른 사람들과 하나의 공통 언어를 말하고 있을 때, 우리는 우리의

74) *Essay*, 2, 27, 20 ; I, p. 461.   75) *Essay*, 3, 1, 1 ; II, p. 3.
76) *Essay*, 3, 2, 1 ; II, p. 9.

낱말들을 우리 자신의 마음 속에 있는 관념들뿐만 아니라 다른 사람들의 마음 속에 있는 관념들의 기호들로 여긴다는 것은 참이다. 그리고 우리들은 종종 낱말이 사물을 나타낸다고 상정한다. 그럼에도 불구하고 한 사람의 낱말들은 근본적으로는 직접적으로 그 자신의 마음 속에 있는 관념들을 의미한다. 물론 낱말은 의미없이 사용될 수도 있다. 어린 아이는 한 낱말에 의해서 정상적으로 의미되는 관념을 갖지 않고서도 앵무새처럼 낱말을 배우고 사용할 수 있다. 그러나 이 경우에 낱말은 단지 의미없는 소리에 불과하다.

로크는 낱말이 관념의 기호라고 집요하게 주장하지만, 이 진술의 의미에 대한 어떠한 충분한 설명도 제시하지 않는다. 하지만 만약 우리가 너무 엄밀하게 파고들지 않는다면 그의 일반적인 입장은 충분히 명확하다. 로크의 대표설에 따르면 관념은 사고의 직접적인 대상이다. 그리고 관념들 또는 그것들 중의 약간은 사물을 나타내거나 사물의 기호이다. 그러나 관념은 사적이다. 우리의 관념을 다른 사람들에게 전달하고 다른 사람들의 관념을 배우기 위해서 우리들은 "감각 가능한" 공적 기호들을 필요로 한다. 이 요구는 낱말들에 의해 충족된다. 그러나 사물의 기호인 관념과 낱말 사이에는 차이가 있다. 사물을 의미하거나 나타내는 관념은 자연적인 기호이다. 즉 다른 어떤 것들은 심적 구성물들이라 할지라도 적어도 그것들 중의 약간은 사물에 의하여 산출된다. 하지만 낱말은 전부 약정적인 기호이다. 그것들의 의미는 선택이나 약정에 의해 고정된다. 따라서 프랑스 사람과 영국 사람의 마음 속에 있는 인간의 관념은 동일하지만, 이 관념의 기호는 프랑스어로는 homme이며 영어로는 man이다. 로크가 사고 자체는 사실상 낱말과 상징의 사용과 다르며, 동일한 사고를 다른 언어적 형식들과 다른 언어로 표현하는 것이 가능하다는 것이 이 구별의 증거라고 추측했다는 것은 명백하다.

하지만 낱말이 관념의 기호라는 진술에 덧붙여져야 할 하나의 조건이 있다. "마음 속에 있는 관념들의 이름인 낱말들 이외에 마음이 낱말들이나 명제들 상호간에 부여하는 관계를 의미하기 위해서 사용되는 아주 많은 다른 것들이 있다."[77] 마음은 "그것 앞에" 관념들의 기

---

77) *Essay*, 3, 7, 1 ; II, p. 98.

호를 필요로 할 뿐만 아니라, 이 관념들에 관한 마음 자체의 어떤 행위를 보여주거나 암시하는 기호들을 필요로 한다. 예를 들어 "이다" (is)와 "아니다"(is not)는 긍정하고 부정하는 마음의 행위를 보여주거나 암시하거나 표현한다. 로크는 이 종류의 낱말들을 "불변화사 (particles, 不變化詞)라고 부르고, 여기에 명제들에 있어서의 연결사뿐만 아니라 전치사와 접속사들도 포함시킨다. 이것들은 모두 관념들에 관한 마음의 어떤 행위를 표시하거나 표현한다.

　로크는 그의 의미 이론에 대하여 어떠한 충분한 설명도 제시하지 않는다. 하지만 그는 낱말은 관념의 기호이며, 약정적 기호들로 이루어진 언어는 관념을 전달하는 수단이라고 말하는 것은 지나치게 단순화시키는 것임을 아주 명백하게 깨달았다. "낱말들을 의사 소통의 목적에 쓸모있게 하기 위해서는 그것들이 말하는 사람의 마음 속에서 나타내는 것과 정확히 동일한 관념을 듣는 사람에게 불러일으킨다는 것이 필요하다."[78] 그러나 이 목적이 항상 달성되는 것은 아니다. 예를 들어 한 낱말은 매우 복합적인 한 관념을 나타낼 수도 있다. 이 경우에 그 낱말이 일반적인 사용에 있어서 정확히 항상 동일한 관념을 나타낸다고 확신하는 것은 매우 힘든 일이다. "그러므로 대부분 도덕적인 낱말들과 같은 매우 복합적인 관념들의 이름은 서로 다른 두 사람에게 좀처럼 동일하고 정확한 의미를 갖지 않게 되는 일이 일어난다. 왜냐하면 한 사람의 복합 관념은 다른 사람의 것과 좀처럼 일치하지 않으며, 종종 그 자신의 것, 그가 어제 가졌거나 또는 내일 가질 것과 다르기 때문이다."[79] 게다가 혼합 양태는 심적 구성물이며, 마음에 의해서 뭉쳐진 관념들의 집합이기 때문에 어떤 고정된 의미의 표준을 찾기 힘들다. "살인"과 같은 낱말의 의미는 단지 선택에 의존한다. 그리고 비록 "일반적인 용법이 낱말들의 의미를 일반적인 대화에 아주 적합하게 규정하기는 하지만,"[80] 그런 낱말들의 정확한 의미를 결정할 수 있는 승인된 권위란 없다. 그러므로 이름이 관념을 나타낸다고 말하는 것과 그것이 나타내는 관념을 정확히 말하는 것은 별개의 것이다.

　언어의 이 "불완전"은 거의 피할 수 없는 것이다. 그러나 피할 수

---

78) *Essay*, 3, 9, 6 ; II, p. 106.　　79) *Essay*, 3, 9, 6 ; II, p. 107.
80) *Essay*, 3, 9, 8 ; II, p. 108.

있는 낱말들의 "오용" 같은 것도 역시 있다. 첫째로, 사람들은 종종 어떤 명석 판명한 관념들을 나타내지 않는 낱말들을 만들어 낸다. "내가 여기서 예들을 쌓아놓을 필요는 없을 것이다. 모든 사람들이 읽고 대화하는 것이 그들에게 예를 충분히 제공할 것이다. 또는 만약 그가 더 좋은 예들을 축적하기 원한다면, 이런 종류의 용어들을 만드는 위대한 조폐국장들(내가 여기서 의미하는 것은 스콜라 철학자들과 형이상학자들이다. 요즈음의 논쟁적인 자연 철학자들과 도덕 철학자들을 이들과 연관시켜 생각한다면 아마도 이해될 수 있으리라고 생각한다)이 그를 만족시킬 자금을 넉넉하게 갖고 있다. "[81] 둘째로, 논쟁에 있어서 낱말들은 종종 동일한 사람에 의해서 서로 다른 뜻으로 사용됨으로써 오용된다. 또다른 하나의 오용은 낱말을 사물이라고 생각하며, 실재의 구조가 누군가가 그것에 관해서 말하는 방식에 상응함에 틀림없다고 상정하는 데 있다. 마찬가지로 로크는 비유적 언어를 언어의 한 오용으로 꼽는다. 아마도 그가 그것을 언어의 오용의 한 원천 또는 계기로 예증했다면 더 좋았을 것이다. 사실상 이것을 어느 정도는 그 스스로 느낀다. 왜냐하면 그는 "웅변술은 마치 여성처럼 그 안에 너무 탁월한 아름다움을 갖고 있어서 결코 자신에게 욕을 하게 내버려 두지 못한다"[82]고 말하기 때문이다. 그러나 그의 요점은 "웅변술"과 수사학은 그것들이 실제로 종종 그런 것처럼 정념들을 움직이도록 사용되며 판단을 그르치게 한다는 것이다. 그리고 그는 대단한 이성주의자였기 때문에 정서적이며 감정을 불러일으키는 언어의 적절한 사용과 부적절한 사용을 명백히 구별하려는 시도를 할 수 없었다.

낱말들의 오용은 이와 같이 많은 잘못의 원천이다. 로크는 명백히 이것을 상당히 중요한 주제로 여겼다. 왜냐하면 《인간 오성론》의 맨 마지막에서 그는 기호학을 연구할 필요성을 주장하고 있기 때문이다. "그렇다면 지식의 커다란 도구로서 관념들과 낱말들에 관한 고찰은 인간 지식을 그것의 전체 범위에서 보려고 하는 사람들의 숙고의 보잘것없는 부분을 이루지는 않는다. 그리고 아마도 만약 그것들이 명료하게 평가되고 정당하게 고려된다면, 그것들은 우리가 이제까지 알

---

81) *Essay*, 3, 10, 2 ; II, p. 123.   82) *Essay*, 3, 10, 34 ; II, p. 147.

고 있었던 것과는 다른 종류의 논리와 비판을 우리에게 제공할 것이다. "[83] 그러나 로크의 제안이 매우 진지하게 받아들여진 것은 아주 최근의 일에 불과하다.

10. 보편 관념

일반적인 용어들은 담론에서 아주 두드러진 역할을 하기 때문에 그것들의 기원, 의미, 용법에 특별히 주목하는 것이 필요하다. 우리는 일반적인 용어들을 가져야만 한다. 왜냐하면 전적으로 고유 명사들로만 이루어진 언어는 암기될 수 없으며, 설령 그것이 가능하다 해도 그것은 의사 소통의 목적에는 소용이 없을 것이기 때문이다. 예를 들어 어떤 사람이 일반적인 암소들을 언급할 수는 없고 그가 보았던 각각의 개별적인 암소에 대해서 하나의 고유 명사를 가져야 한다면, 그 이름들은 이 개별적인 동물들을 알지 못하는 다른 사람에게는 아무런 의미도 갖지 못할 것이다. 그러나 일반적인 이름들이 있어야 한다는 것이 분명히 필요함에도 불구하고, 어떻게 해서 우리가 그것들을 갖게 되는가 하는 물음이 발생한다. "왜냐하면 존재하는 모든 것들은 단지 개별자들이므로, 어떻게 우리는 일반적인 용어들을 얻는가, 또는 우리는 그것들이 나타낸다고 상정되는 일반적인 본성들을 어디서 발견할 것이가? "[84]

로크는 낱말은 일반 관념의 기호가 됨으로써 일반적이 되며, 일반 관념은 추상 작용에 의해 형성된다고 대답한다. "관념들은 그것들을 어떤 한 개별적인 존재로 결정하는 시간과 공간의 상황들과 그 밖의 다른 관념들을 그것들로부터 분리시킴으로써 일반적이 된다. "[85] 어떤 어린 아이가 처음으로 한 사람을 알게 되었다고 상상해 보자. 나중에 그는 다른 사람들을 알게 된다. 그리고 그는 어떤 한 개인에게 독특한 특성들을 생략한 하나의 공통 특성들의 관념을 형성한다. 이와 같이 그는 그것 자체는 "사람"이라는 일반적인 용어에 의해 의미되는 하나의 일반 관념을 갖게 된다. 경험이 많아질수록 그는 계속해서 각

83) *Essay*, 4, 21, 4 ; II, p. 462.   84) *Essay*, 3, 3, 6 ; II, p. 16.
85) *Essay*, 3, 3, 6 ; II, pp. 16~17.

146

각 하나의 일반적인 용어에 의해 의미될 또다른 광범위하고 더 추상적인 관념들을 형성하게 된다.

보편성과 일반성은 모두 개체적이거나 개별적인 사물들의 속성이 아니라, 관념들과 낱말들의 속성이라는 결과가 된다. 그것들은 "스스로의 요구에 따라 오성에 의해서 만들어진 발명품이며 창조물이고, 낱말들이든 관념들이든지간에 오직 기호들에 관계한다."[86] 물론 어떠한 관념이나 낱말도 역시 개별적이다. 그것은 이러한 개별 관념이거나 개별적인 낱말인 것이다. 그러나 소위 일반적이거나 보편적인 낱말들과 관념들은 그것들의 의미에 있어서 보편적이다. 즉 하나의 보편 관념이나 일반 관념은 암소나 양, 사람과 같은 사물의 한 종류를 의미한다. 그리고 일반적인 용어는 사물의 한 종류를 의미하는 것으로서의 관념을 나타낸다. "그렇다면 일반적인 낱말들이 의미하는 것은 사물들의 한 **종류**이다. 그것들 각각은 마음 속에 있는 하나의 추상 관념의 기호가 됨으로써 그렇게 한다. 그리고 존재하는 사물들이 그 관념에 일치하는 것으로 발견되는 것과 같이, 사물들은 그 이름으로 분류되거나 또는, 결국 같은 것이지만, 그 종류가 되게 된다."[87]

하지만 보편성은 단지 낱말이나 관념에 속한다고 말하는 것이 보편 관념에 대한 객관적 토대가 전혀 없다는 것을 뜻하는 것은 아니다. "나는 여기서 자연은 사물들의 산출에 있어서 그것들 중의 여럿을 비슷하게 했다는 것을 잊어 버렸다거나 심지어 부정하려 한다고 생각하고 싶지는 않다. 특별히 동물들의 종족과 씨앗에 의해 번식되는 모든 것들에서 이것보다 더 명백한 것은 없다."[88] 그러나 개별적 사물들 사이의 이 유사성을 관찰하고, 그것을 일반 관념들을 형성하는 계기로 사용하는 것은 마음이다. 이를테면 금의 관념과 같은 일반 관념이 형성되었을 때, 하나의 개별적인 사물이 이 관념에 적합하다면 그것은 금이라고 불리며, 그렇지 않으면 금이라고 불리지 않는다.

로크는 가끔 버클리에게 일반 관념은 양립할 수 없는 요소들로 이루어진 하나의 혼합 심상이라고 연상하게 했던 방식으로 말한다. 예를 들어 그는 삼각형의 일반 관념을 다음과 같이 말한다. 그것은 "빗각 삼각형도, 직각 삼각형도, 등변 삼각형도, 등각 삼각형도, 부등변

---

86) *Essay*, 3, 3, 11 ; II, p. 21.　　87) *Essay*, 3, 3, 12 ; II, p. 22.
88) *Essay*, 3, 3, 13 ; II, p. 23.

삼각형도 아니면서 이 모든 것임과 동시에 아무 것도 아닌 것이어야 한다. …그것은 그 안에 여러 다른 모순되는 관념들의 어떤 부분들이 한데 뭉쳐진 하나의 관념이다."[89] 그러나 이 진술은 로크가 다른 곳에서 "추상 작용"에 관하여 말한 것에 비추어 이해되어야 한다. 그는 삼각형의 일반 관념이 하나의 심상이라고 말하지 않는다. 또한 그는 그것이 서로 모순적이거나 양립 불가능한 관념들로 이루어진다고 말하지도 않는다. 그는 그것은 서로 다르고 모순적인 관념들의 "부분들"로 이루어진다고 말한다. 다시 말하면 마음은 삼각형의 일반 관념을 형성하기 위해서 어떤 한 종류의 삼각형에 독특한 특징들을 생략하고 서로 다른 종류의 삼각형의 공통 특성들을 적용한다. 이와 같이 추상 작용은 제거나 생략의 과정으로, 또는 남는 것, 즉 공통 특성들을 한데 뭉치는 과정으로 묘사된다. 실제로 이것은 불행하게도 모호할지도 모른다. 그러나 일반 관념들은 서로 양립 불가능한 요소들로 이루어진다는 견해를 로크에게 돌림으로써 로크가 절대적으로 넌센스를 말한 것으로 만들 필요는 없다.

11. 실재적 본질과 명목적 본질

이 문맥에서 "추상 작용"이라는 낱말은 한 사물의 실재적 본질에 관한 추상 작용을 의미하는 것으로 이해하지 않는 것이 중요하다. 로크는 "실재적 본질"이라는 용어의 두 가지 뜻을 구별한다. "하나는 본질이라는 낱말을 자신들이 무엇인지 모르는 것에 대해서 사용함으로써, 자연의 모든 사물들이 그것에 따라서 만들어지며 사물들이 그 본질들 가운데 각각을 정확히 나누어 가져서 어떤 한 종(種)이 되게 되는 그런 다수의 본질들을 상정하는 사람들의 견해이다."[90] 로크는 이 이론은 괴물들의 산출에서 보여지는 것처럼 지지할 수 없는 하나의 가설이라고 말한다. 왜냐하면 이 이론은 고정되고 영속적인 종의 본질들을 전제하며, 경계선상의 경우들과 유형에 있어서의 변종들이 있다는 사실을 설명할 수 없기 때문이다. 바꾸어 말하면 그것은 손에

---

89) *Essay*, 4, 7, 9 ; II, p. 274.   90) *Essay*, 3, 3, 17 ; II, p. 27.

148

넣을 수 있는 경험적인 자료와 모순된다는 것이다. 나아가 영속적이지만 알려지지 않는 종의 본질들에 관한 가설은 너무 쓸모없는 것이어서 설령 그것이 경험적 자료와 모순되지 않는다 하더라도 폐기될 수밖에 없다. "(실재적 본질들에 관한) 다른 더 합리적인 견해는 자연의 모든 사물들이 그것들의 감각 불가능한 부분들의 실재하지만 알려지지 않는 구조(우리가 사물들을 공통 명칭들로 분류하는 계기를 가짐에 따라서 우리가 사물들을 서로 구별하도록 도와 주는 감각 가능한 성질들이 그것으로부터 나오는)를 갖는다고 보는 사람들의 견해이다."[91] 그러나 이 견해가 "더 합리적"이기는 하지만, 알려지지 않는 본질들을 추상하는 것이라는 데에는 명백히 의문의 여지가 없다. 단순 관념들의 각각의 집합은 한 사물의 어떤 "실재적인 구조"에 의존한다. 그러나 이 실재적인 구조는 우리에게 알려지지 않는다. 그러므로 그것은 추상될 수 없다.

로크는 실재적 본질들과 명목적 본질들을 구분한다. 우리는 한 사물이 그것을 가지면 금으로 분류될 수 있기에 필요하고도 충분하다고 여겨지는 공통 특성들을 갖고 있는지 그렇지 않은지를 관찰함으로써 주어진 사물이 금인지 아닌지를 결정하는 데 익숙해져 있다. 그리고 이 특성들의 복합 관념이 금의 명목적 본질이다. 이것이 로크가 "(일반적인) 이름이 나타내는 추상 관념과 그 종의 본질은 전적으로 동일하다,"[92] 그리고 "각각 별개의 추상 관념은 별개의 본질이다"[93] 하고 말할 수 있는 이유이다. 그러므로 개체들인 개별적 사물들에 독특한 특성들을 생략하고 그것들의 공통 특성들을 보존함으로써 추상되는 것이 명목적 본질이다.

로크는 단순 관념들과 양태들의 경우에는 실재적 본질과 명목적 본질은 동일하다고 덧붙인다. "따라서 세 개의 직선 사이에서 공간을 갖는 도형은 삼각형의 명목적 본질일 뿐만 아니라 실재적 본질이다."[94] 그러나 실체들의 경우에는 그것들은 서로 다르다. 금의 명목적 본질은 금으로 분류되는 사물들에 공통적인 관찰 가능한 특성들의 추상 관념이다. 그러나 그것의 실재적 본질 또는 실체는 "그것 안에서 발견될 수 있는 색깔, 무게, 가용성, 고정성 등 모든 성질들이 의

---

91) *Essay*, 3, 3, 17, II, pp. 27~28.   92) *Essay*, 3, 3, 12 ; II, p. 23.
93) *Essay*, 3, 3, 14 ; II, p. 25.   94) *Essay*, 3, 3,18 ; II, p. 29.

존하는 그것의 감각 불가능한 부분들의 실재적 구조이다."[95] 그리고 이 실재적 본질, 금의 개별적 실체는 우리에게 알려지지 않는다. 로크가 말하는 방식은 확실히 비판받기 쉽다. 왜냐하면 삼각형의 보편 관념의 경우에 만약 실재적 본질이 하나의 물질적 실체의 감각 불가능한 부분들의 실재하지만 알려지지 않는 구조로 정의된다면, "실재적 본질"에 관하여 말하는 것은 온당치 않기 때문이다. 그러나 그가 일반적으로 의미하는 것, 즉 물질적 실체들의 경우에는 실재적 본질을 명목적 본질이나 추상 관념과는 다른 것으로 말하는 것이 사리에 맞지만 삼각형의 경우에는 그렇지 않다는 것이 아주 명백하다.

---

95) 같은 책, 같은 면.

제 6 장

존 로크 3

1. 지식 일반

《인간 오성론》의 초고에서 로크는 다음과 같이 말한다. "이제는 우리가 관념들에 관해서 갖고 있거나 또는 관념들에 의해서 갖고 있는 지식이 어떤 종류의 것이며, 지식의 적절한 대상은 전적으로 긍정이나 부정에 있는 진리인가, 또는 심적인 것이든 용어상의 것이든간에 명제들(사물들이 실제로 그러하며 실제로 존재하는 대로 그것들을 이해하거나, 또는 우리가 이해하는 것처럼 다른 사람들도 이해하게 하기에 적합한 낱말들로 우리의 이해를 표현하고 있는 것 이상의 것이 아닌)인가 하는 것을 탐구하는 것이 남아 있다."[1] 그러나 그는 출판된 《인간 오성론》의 제4권을 다음과 같이 명료하게 대표적인 언명으로 시작하고 있다. "마음은 그것의 모든 사고와 추론에 있어서 마음만이 주시하거나 주시할 수 있는 그 자신의 관념들 이외의 어떤 다른 직접적인 대상도 갖고 있지 않다는 것을 보면, 우리의 지식이 단지 그것들에만 관련되어 있다는 것은 명백하다."[2] 그는 계속해서 지식은

---

1) Rand, p. 85.　　　　　　　2) *Essay*, 4, 1, 1 ; II, p. 167.

오로지 우리 관념들 중 어떤 것들의 연결과 일치, 또는 불일치와 모순을 지각하는 데 있다고 말한다. 우리는 삼각형의 세 각은 두 개의 직각과 같다는 것을 볼 때 관념들 사이의 필연적인 연결을 지각한다. 그러므로 우리는 삼각형의 세 각이 두 개의 직각과 같다는 것을 진정으로 안다고 할 수 있다.

그러나 관념들의 "일치"나 "불일치"는 무엇을 의미하는가? 일치나 불일치의 일차적 형태는 로크가 말하는 "동일성 또는 다양성"이다. 예를 들어 마음은 하얗고 동그랗다는 관념들(말할 필요도 없이 그가 감각 경험을 통해 그것들을 받아들였을 때)이 바로 그것들이며, 우리가 붉고 네모난 것이라고 부르는 다른 관념들이 아니라는 것을 즉각적으로 확실하게 안다. 실로 어떤 사람은 이 관념들에 대한 정확한 용어에 관해서 실수할 수도 있다. 그러나 그가 그것들을 가지면 그는 반드시 각각의 것이 그것 자체에 일치하며 서로 다른 관념들과는 불일치한다는 것을 알게 된다. 로크에 의해 언급된 두번째 형태는 "상대적"이라고 불린다. 그는 여기서 일치나 불일치의 관계들일 수도 있는 관념들 사이의 관계에 관한 지각을 생각하고 있다. 수학적 명제들은 설령 유일하지는 않더라도 관계적 지식의 주된 예를 제공한다. 셋째로 공존의 일치나 불일치가 있다. 그래서 실체는 불에 의해서도 타지 않는 채로 남는다는 진리에 관한 우리의 지식은 불에 의해서 타지 않은 채로 남아 있을 수 있는 힘은 문제의 실체에 관한 우리의 복합 관념을 함께 형성하는 다른 특성들과 공존하거나 또는 항상 그것에 수반한다는 것에 관한 지식이다. 마지막으로 "실재적 존재에 관한" 일치나 불일치가 있다. 로크는 한 예로 "신은 존재한다"는 언명을 제시한다. 다시 말하면 우리는 신의 관념이 실제적으로 현존하는 존재에 "일치하거나" 또는 그것에 상응한다는 것을 안다.

지식의 형태에 관한 이 분류에서 두 가지 점이 직접적으로 명백하다. 첫째로 동일성의 지식과 공존의 지식은 둘 다 관계적이다. 실로 로크는 이것을 명백히 인정한다. "동일성과 공존은 참으로 관계들에 불과하다."[3] 그러나 그는 계속해서 그것들은 그것들이 각각 분리된 제목 아래 고찰되는 것을 정당화하는 그것들 자체의 독특한 특징들을

---

3) *Essay*, 4, 1, 7 ; II, p. 171.

가진다고 주장한다. 그렇지만 그는 이 특징들이 무엇인지 설명하지는 않는다. 둘째로 실재적 존재의 지식은 명백하게 로크에게 상당한 난점을 불러일으킬 것임에 틀림없다. 왜냐하면 만약 마음이 생각할 때 그것의 대상이 되는 것은 무엇이나 관념이라고 정의된다면, 실재적 존재자들이 우리의 관념들이 아닌 한 어떻게 우리가 우리의 관념들이 실재적 존재자들에 상응하는지 알 수 있는가 하는 것을 알기란 쉽지 않기 때문이다. 하지만 우선 당장은 이 점을 제쳐 놓는다면, 우리는 로크에게 있어서 지식은 관념들 사이의 일치나 불일치를 지각하는 데 있거나, 또는 관념들과 그것들 자체는 관념들이 아닌 사물들과의 일치나 불일치를 지각하는 데 있다고 말할 수 있다.

2. 지식의 등급

로크는 계속해서 우리 지식의 등급을 검토한다. 여기서 그는 결정적으로 합리주의적인 마음의 전환을 보여준다. 왜냐하면 그는 설령 수학적 지식에 국한되지는 않는다 하더라도 수학적 지식의 특징인 직관과 논증을 그가 "감각적 지식"이라고 부르는 것보다 높이 사고 있기 때문이다. 물론 그가 우리의 모든 관념들은 경험, 즉 감각이나 반성으로부터 나온다는 그의 일반적인 경험주의적 이론을 철회하는 것은 아니다. 그러나 이 이론을 전제하고 나서 그는 명백히 수학적 지식을 지식의 본보기로 간주한다. 적어도 이 점에서 그는 데카르트와 비슷함을 보여준다.

"만약 우리가 우리 자신의 사고 방식을 곰곰이 생각해 본다면, 우리는 때때로 마음은 어떤 다른 것의 간섭을 받지 않고 두 관념들의 일치나 불일치를 그것들만으로 직접적으로 지각한다는 것을 발견할 것이다. 나는 이것이 우리가 직관적 지식이라고 부를 수도 있는 것이라고 생각한다."[4] 이와 같이 마음은 직관에 의해서 직접적으로 흰색은 검은색이 아니며, 3은 2보다 크다는 것을 지각한다.[5] 이것이 인간의 마음이 도달할 수 있는 가장 명백하고 가장 확실한 종류의 지식

---

4) *Essay*, 4, 2, 1 ; II, p. 176.   5) *Essay*, 4, 2, 1, ; II, p. 177.

이다. 여기에는 의심의 여지가 없으며, "우리의 전 지식의 확실성과 증거가 의존하는 것은 바로 이 직관이다."[6]

지식의 두번째 등급은 논증적 지식이며, 여기서 마음은 관념들 사이의 일치나 불일치를 직접적으로 지각하는 것이 아니다. 그렇게 하기 위해서는 그 사이에 개재하는 관념들을 필요로 한다. 로크는 근본적으로는 한 명제가 증명되거나 논증되는 수학적 추론을 생각하고 있다. 그는 우리가 삼각형의 세 각이 두 개의 직각이라는 것에 관하여 직접적인 직관적 지식을 갖지 못하며, 그것의 도움으로 문제의 그 일치가 증명되는 "그 사이에 개재하는 관념들"을 필요로 한다고 말한다. 이 종류의 논증적 지식은 직관의 용이함과 명료함을 결여하고 있다고 한다. 그러나 추론에 있어서 각 단계는 직관적 확실성을 갖는다. 그러나 만약 로크가 그가 실제로 했던 것보다 더 삼단 논법의 추론에 주목했다면, 그는 이 마지막 언명의 진리에 관하여 어떤 의심을 품었을지도 모른다. 왜냐하면 우연적인 명제를 포함하는 타당한 삼단 논법의 논증도 있을 수 있기 때문이다. 그리고 우연적 명제의 진리는 로크가 직관적 확실성이라고 부르는 것처럼 직관적으로 확실히 알려지지는 않는다. 용어들 사이에 필연적 연결이란 없다. 따라서 우리는 그것을 직접적으로 지각할 수 없다. 바꾸어 말하면 주석자들이 지적했듯이 로크의 논증 관념은 어쩔 수 없이 논증적 지식의 범위를 아주 좁은 영역에 국한시킨다.

직관이나 논증에 미치지 못하는 것은 무엇이나 지식이 아니라, "적어도 모든 일반적 진리들에 있어서 신앙 또는 견해이다."[7] 하지만 개별적 존재에 관한 감각적 지식이 있다. 로크는 어떤 사람들은 우리 관념들에 상응하여 현존하는 사물들이 있는지 없는지에 관한 의심을 나타낼 수도 있다고 말한다. "그러나 나는 여기서 우리에게는 우리를 의심에서 벗어나도록 하는 하나의 증거가 갖추어져 있다고 생각한다."[8] 어떤 사람이 낮에 태양을 볼 때 그의 지각은 그가 밤에 태양을 생각하는 것과는 다르다. 그리고 장미 향기를 맡는 것과 장미 향기를 회상하는 것 사이에는 의심의 여지가 없는 차이가 있다. 설령 그가 모든 것이 꿈일지도 모른다고 말할지라도, 그가 불 속에 있는 꿈을

---

6) 같은 책, 같은 면.   7) *Essay*, 4, 2, 14 ; II, p. 185.
8) *Essay*, 4, 2, 14 ; II, p. 186.

꾸는 것과 실제로 불 속에 있는 것 사이에는 커다란 차이가 있다는 것을 인정해야만 한다.

3. 우리 지식의 범위와 그 실재

그러므로 지식에는 직관적·논증적·감각적 지식이라는 세 등급의 지식이 있다. 그러면 우리의 지식은 어느 정도까지 확장될 수 있는가? 만약 지식이 관념들 사이의 일치나 불일치를 지각하는 데 있다면, "우리는 우리가 관념들을 가진다는 것 이상의 지식을 가질 수 없다"[9]는 결과가 된다. 그러나 로크에 따르면 "우리 지식의 범위는 사물들의 실재에 미치지 못할 뿐만 아니라, 우리 자신의 관념들의 범위에조차 미치지 못한다."[10] 그리고 그가 이것으로써 의미하는 것을 검토하는 것이 필요하다. 우리는 첫번째 절에서 언급된 지식의 네 가지 형태들을 하나씩 차례로 다루며, 우리 관념들의 일치나 불일치를 지각하는 이 방식들의 각각에서 우리의 지식이 얼마나 멀리 확장되거나 확장될 수 있는지 보는 데서 그를 따라갈 수 있다.

첫째로, "동일성과 다양성"에 관한 우리의 지식은 우리의 관념들이 미치는 한도까지 확장된다. 다시 말하면 우리가 관념을 가질 수 있다면 반드시 우리는 그것이 그것 자체이며, 그것은 다른 어떤 관념과도 다르다는 것을 직관적으로 지각할 수 있다.

그러나 이것은 "공존"에 관한 우리의 지식에 관해서는 사실이 아니다. "실체들에 관한 우리 지식의 가장 크고 가장 중요한 부분이 이 지식에 있기는 하지만, 이것에 관한 우리의 지식은 매우 빈약하다."[11] 개별적 종류의 실체에 관한 우리의 관념은 공존하는 단순 관념들의 한 집합이다. 예를 들어 "불꽃에 관한 우리의 관념은 뜨겁고, 빛을 내며 위로 움직이는 물체라는 것이며, 금에 관한 우리의 관념은 어느 정도 무겁고, 노란 색이며, 펴 늘일 수 있으며, 녹이기 쉬운 물체라는 것이다."[12] 그러나 우리가 지각하는 것은 단순 관념들의 실제적인 공존 또는 종합이다. 우리는 그것들 사이의 어떤 필연적인 연결

9) *Essay*, 4, 3, 1 ; II, p. 190. 10) *Essay*, 4, 3, 6 ; II, p. 191.
11) *Essay*, 4, 3, 9 ; II, p. 199. 12) 같은 책, 같은 면.

을 지각하지 못한다. 실체들에 관한 우리의 복합 관념은 그것들의 제 2성질의 관념들로 이루어지며, 이것들은 "그것들의 미세하고 감각 불가능한 부분들의 제1성질에 의존하거나, 또는 설령 그것들에 의존하지 않는다 해도 우리가 파악한 것과는 훨씬 멀리 떨어진 어떤 것에 의존한다."[13] 그리고 만약 우리가 그것들이 발생하는 근원을 알지 못한다면, 우리는 어떤 성질들이 실체의 감각 불가능한 구성으로부터 필연적으로 유래하는지, 또는 어떤 성질들이 그것과 필연적으로 모순되는지 알 수 없다. 따라서 우리는 어떤 제2성질들이 우리가 문제의 실체에 관해서 갖는 복합 관념과 항상 공존하는 것임에 틀림없는지, 또는 어떤 성질들이 이 복합 관념과 모순되는지 알 수 없다. "이 모든 탐구들에 우리 지식은 우리의 경험 이상으로 거의 나아가지 못한다."[14] 게다가 우리는 다른 물체들에 감각 가능한 변화들을 가져오는 한 실체의 힘들과 문제의 그 실체에 관한 우리의 개념을 함께 형성하는 그 관념들 중의 어떤 것과의 사이에 어떤 필연적인 연결을 식별할 수 없다. "경험은 이 부분에서 우리가 의존해야만 하는 것이다. 그리고 우리는 그것이 더 향상되기를 바랄 것이다."[15] 만약 우리가 우리의 관심을 물체에서 정신으로 돌린다면, 우리는 우리가 훨씬 더한 어둠 속에 놓여 있게 됨을 알게 될 것이다.

로크가 "공존"에 관한 우리의 지식은 아주 멀리 확장되지 못한다고 말할 때 제시하고 있는 이유는 상당히 흥미롭다. 그가 마음 속에 지식의 이상적인 기준을 갖고 있다는 것은 분명하다. 한 사물의 명목적 본질을 함께 형성하는 관념들의 공존에 관한 "실재적 지식"을 갖는다는 것은 우리가 수학적 명제들의 경우에 관념들 사이의 필연적 연결들을 지각하는 방식과 유사한 방식으로 그것들이 서로 필연적으로 연결되어 있음을 안다는 것을 의미할 것이다. 그러나 우리는 이 필연적 연결들을 지각하지 못한다. 우리는 금의 복합 관념이 사실상 노란색의 관념을 포함한다는 것을 안다. 그러나 우리는 노란색과 금의 복합 관념을 함께 형성하는 다른 성질들 사이에 하나의 필연적 연결을 지각하지 못한다. 따라서 우리의 지식은 불충분한 것으로 판단된다. 그것은 단지 경험, **사실상의 연결들**에 기초한 지식이다. 우리는 자연 과

13) *Essay*, 4, 3, 11 ; II, p. 200.   14) *Essay*, 4, 3, 14 ; II, p. 203.
15) *Essay*, 4, 3, 16 ; II, p. 206.

학 또는 "실험 철학"에 있어서의 명제들을 논증할 수 없다. "이 문제
들에서 확실성과 논증이란 우리가 요구해서는 안 되는 것들이다."[16]
우리는 물체들에 관한 "일반적이고, 유익하며, 의심할 여지 없는 진
리들을"[17] 획득할 수 없다. 이 모든 것에서 로크의 태도는 "경험주의
자"의 태도라기보다는 차라리 수학적 지식을 "이상적 기준"으로 삼는
"합리주의자"의 태도인 것처럼 보인다.

　그러나 나는 이 관점이 지나치게 강조되어야 한다고 생각하지는 않
는다. 실로 로크는 자연 과학은 바로 그것이 경험적인 것이기 때문에
불충분하다는 것을 암시한다. 그러나 그는 역시 그것의 결점들을 단
지 당시의 무지에 돌린다. "우리는 일반적인 물체들의 이러한 제 1 성
질의 관념들을 갖지 않을 수는 없으며, 그것을 가지면 반드시 우주의
물체들의 가장 큰 부분의 특정한 부피와 모양, 운동이 무엇인지 알기
는 하지만, 우리는 우리가 매일 보는 결과들을 산출하는 작용의 여러
힘과 효력, 방식들은 모른다."[18] 여기서 그것은 단지 무지의 문제이
다. 우리의 감각 기관들은 물체들의 "미세한 입자들"을 지각하고 그
것들의 작용을 발견하기에 충분할 만큼 예리하지 않다. 우리의 실험
과 탐구는 우리를 그렇게 멀리 이끌지는 못한다. 그렇지만 우리는
"그것들이 언젠가 성공할 것인지 아닌지" 확신할 수 없다. "이것은
자연적인 물체들에 관한 보편적 진리들에 관한 우리의 확실한 지식을
방해한다. 그리고 우리의 이성은 우리를 개별적인 사실 너머로 거의
이끌지 못한다."[19] 실로 로크는 비관적인 말을 한다. 왜냐하면 그는
"인간의 근면이 물리적 사물들에 있어서 유용하고 실험적인 철학을
아무리 멀리 진척시킨다 하더라도, 과학적 지식은 여전히 힘이 미치
지 못하는 것이 아닐까 하고 생각하는 경향이 있기"[20] 때문이다. 그
리고 그는 다음과 같이 주장한다. 설령 우리의 물체들의 관념이 우리
의 일상적인 실제 목적에 도움이 된다 하더라도, "우리는 과학적 지
식을 가질 수 없다. 또한 우리는 그것들에 관한 일반적이고, 유익하
며, 의심할 여지없는 진리들을 발견할 수 없을 것이다. 이 문제들에
서 확실성과 논증이란 우리가 요구해서는 안 되는 것들이다."[21] 바로

---

16) *Essay*, 4, 3, 26 ; II, p. 218.　　17) 같은 책, 같은 면.
18) *Essay*, 4, 3, 24 ; II, p. 215.　　19) *Essay*, 4, 3, 25 ; II, p. 217.
20) *Essay*, 4, 3, 26 ; II, pp. 217~218.　21) 같은 책, 같은 면.

158

앞절에서 언급되었던 것처럼 우리는 여기서 자연 과학은 이상적 지식에 미치지 못한다고 평가 절하하고 있는 것을 본다. 우리는 자연 과학은 결코 "과학"이 될 수 없다는 분명한 언명을 보고 있다. 그러나 자연 과학에 관한 로크의 비관적인 소견들은 대부분 단지 당시의 무지와 놀라운 진보와 발견에 필요한 기술적 설비의 부족 탓이다. 따라서 《인간 오성론》의 제4권에서 명백한 합리주의적 태도에 주목하는 것이 필요한 반면에, 나는 우리가 이 특정한 문맥에서 그것을 지나치게 강조하지 않도록 주의해야 한다고 생각한다.

지식의 세번째 종류인 관계적 지식에 관해서는 그것이 얼마나 멀리 확장될 수 있는지 말하기 힘들다. "왜냐하면 지식의 이 부분에서 이루어지는 진보는 그것들의 공존이 고려되지 않는 관념들의 관계와 습성들을 보여줄 매개적 관념들을 발견하는 데 있어 우리의 총명함에 의존하기 때문에, 언제 우리가 그것들을 발견하게 될 것인지 말하는 것은 어려운 일이다."[22] 로크는 일차적으로 수학을 생각하고 있다. 그는 대수학을 모르는 사람들은 그것의 잠재력을 상상할 수 없으며, 우리는 수학의 그 이상의 원천과 효용을 미리 결정할 수는 없다고 말한다. 그러나 그는 오로지 수학만 생각하고 있는 것은 아니며, 윤리학이 논증적 학문이 될 수 있을지도 모른다고 암시한다. 하지만 윤리학에 관한 로크의 사상은 다음 장에서 다루게 될 것이다.

마지막으로 사물들의 실제 존재에 관한 지식이 있다. 여기서의 로크의 입장은 쉽게 요약된다. "우리는 우리 자신의 존재에 관한 직관적 지식을 갖는다. 그리고 우리는 신의 존재에 관한 논증적 지식을 갖는다. 그 밖의 어떤 다른 것의 존재에 관해서도 우리는 우리의 감각 기관들에 현전하는 대상들 너머로 확장되지 않는 다름아닌 감각적 지식을 갖는다."[23] 우리 자신의 존재에 관한 지식에 있어서 우리는 그것을 너무 명백하고 확실하게 지각해서 그것은 증명을 필요로 하지 않으며 증명할 수도 없다. "만약 내가 다른 모든 것들을 의심한다면, 바로 그 의심이 나로 하여금 내 자신의 존재를 지각하게 하며, 나로 하여금 그것을 의심하게 하지 않을 것이다."[24] 바로 앞장에서 보았듯이 로크는 내가 내 자신에게서 비물질적인 영혼의 존재를 직관적으로

22) *Essay*, 4, 3, 18 ; II, p. 207.　　23) *Essay*, 4, 3, 21 ; II, p. 212.
24) *Essay*, 4, 9, 3 ; II, p. 305.

확실히 안다는 뜻으로 말하지는 않는다. 로크는 정확하게 무엇이 직관되는지 설명하지는 않지만, 나는 내가 하나의 생각하는 자아라는 것을 분명히 지각한다. 신에 관한 우리의 지식과 신과 우리 자신이 아닌 사물들에 관한 우리의 지식은 이 장의 뒷절에서 고찰될 것이다. 당분간 나는 로크가 "우리 지식의 실재"라는 표제를 붙여 다루는 것을 문제삼을 것이다.

우리는 방금 로크에 따르면 우리가 사물들이 존재한다는 것을 알 수 있다는 것을 보았다. 우리는 그것들에 관해서 무엇인가를 알 수 있다. 그러나 만약 지식의 직접적인 대상이 관념이라면 우리는 어떻게 이것을 알 수 있는가? "마음은 직접적으로 사물들을 아는 것이 아니라, 단지 그것이 사물들에 관해서 가지는 관념들의 개재에 의해서만 안다는 것은 명백하다. 그러므로 우리의 지식은 우리 관념들과 사물들의 실재가 일치하는 한에서만 실재적이다. 그러나 여기서 무엇이 기준이 될 것인가? 마음이 단지 그것 자체의 관념들만을 지각할 때, 마음은 어떻게 그 관념들이 사물들 자체와 일치한다는 것을 알 수 있는가?"[25] 문제는 아주 명백하다. 로크의 대답은 무엇인가?

우리는 수학적 지식과 도덕적 지식을 한데 놓을 수 있다. 순수 수학은 우리에게 확실하고 실재적인 지식을 가져다 주지만, 그것은 "단지 우리 자신의 관념들에 관한"[26] 지식이다. 다시 말하면 순수 수학은 형식적인 것이다. 그것은 삼각형이나 원의 관념과 같은 "관념들"의 특성들, 관념들 사이의 관계들에 관하여 말하지만, 사물들의 세계에 관해서는 말하지 않는다. 그리고 수학적 명제들의 진리는 수학자가 그의 추론에서 사용하는 관념들에 상응하는 사물들이 있거나 없는 것에 의해서 영향받지 않는다. 만약 그가 삼각형이나 원에 관해서 말한다면, 그것에 상응하는 삼각형이나 원이 세계에 존재하거나 존재하지 않는 것은 그의 언명이 참인 것과는 전혀 무관하다. 만약 이것이 사실이라면 설령 수학자의 삼각형이나 원의 관념들에 상응하는 삼각형이나 원이 현존하지 않는다 하더라도 그 언명은 여전히 참이다. 왜냐하면 그의 언명의 진리는 단지 그의 정의와 공리의 결과로 일어나는 것이기 때문이다. "동일한 방식으로 도덕적 논의들의 진리와 확실

---

25) *Essay*, 4, 4, 3 ; II, p. 228.　　26) *Essay*, 4, 4, 6 ; II, p. 231.

160

성은 사람들의 삶과 그것들이 다루는 세계 내의 덕들의 존재로부터 분리된다. 또한 툴리의 의무들(Tully's Offices) —키케로의 《의무론》 (De officiis) —은 그가 우리에게 제시했으나 그가 그것을 썼을 때 그의 머릿속 이외에는 어디에도 존재하지 않았던 한 고결한 사람의 본보기에 따라 생활하며 그의 규칙들을 정확히 실천하는 사람이 세상에 아무도 없다고 해서 덜 진실한 것도 아니다."[27]

하지만 단순 관념들에 관해서는 사정이 다르다. 왜냐하면 이것들은 완전한 원의 관념이 그런 것처럼 마음에 의해서 만들어지는 것이 아니기 때문이다. 그것들은 마음에 주어지는 것이다. 따라서 그것들은 마음에 작용하는 사물들의 산물임에 틀림없으며, 사물들과 일치하는 것임에 틀림없다. 예를 들어 색깔은 그것과 관련된 단순 관념들을 우리 안에 산출하는 대상 안에 있는 힘과 거의 닮지 않았다는 사실을 생각하면, 우리는 로크가 이 "일치"의 본성을 더 정확하게 설명하리라고 기대할지도 모른다. 하지만 그는 다음과 같이 말하는 것으로 만족한다. "우리 마음 안에 흰색이나 쓴맛의 관념을 산출할 어떤 물체 안에 있는 힘들에 정확히 부합하는 우리 마음 속의 흰색이나 쓴맛의 관념은 그것이 가질 수 있거나 또는 가져야만 하는 우리 밖에 있는 사물들과의 모든 실재적인 일치를 갖는다. 그리고 우리의 단순 관념들과 사물들의 존재 사이의 이 일치는 실재적 지식에 충분하다."[28] 그것은 충분할지도 모른다. 그러나 이것은 논쟁점이 아니다. 문제는 우리가 어떻게 로크의 전제들에 입각해서 어떤 일치가 있다는 것을 알거나 알 수 있는가 하는 것이다.

그러므로 단순 관념들은 외부 대상들과 일치한다고 한다. 그렇다면 복합 관념들은 어떠한가? 이 물음은 우리의 실체 관념들에 관련한다. 왜냐하면 다른 복합 관념들은 "어떤 사물의 모사물들로 의도된 것이 아니라 마음 자신이 만든 원형들이기"[29] 때문이다. 그러므로 그것들의 일치 문제는 그렇게 절박한 것이 아니다. 마음의 외부에 있는 어떤 것도 그것들에 상응하지 않는다 하더라도 그것들은 우리에게 수학에서와 같은 "실재적" 지식을 줄 수 있다. 그러나 실체들의 관념들은 로크의 용어를 사용한다면 우리 외부에 있는 원형들에 관련된다.

27) *Essay*, 4, 4, 8 ; II, p. 233.   28) *Essay*, 4, 4, 4 ; II, p. 230.
29) *Essay*, 4, 4, 5 ; II, p. 230.

즉 그것들은 외부 실재에 상응하는 것으로 생각되는 것이다. 그렇다면 만약 그것들이 사실상 어떤 방식으로든 외부 실재에 상응한다면, 우리는 어떻게 그것들이 상응하는지 알 수 있는가 하는 물음이 발생한다. 물론 이 물음은 명목적 본질들에 관련된다. 왜냐하면 로크에 따르면 우리는 사물들의 실재적 본질들은 알지 못하기 때문이다. 그의 대답은 다음과 같다. 실체들에 관한 우리의 복합 관념들은 단순 관념들로 형성된다. 그리고 "어떤 단순 관념들이 실체 안에 공존하는 것으로 발견되었든지간에 우리는 이것들을 자신을 갖고 다시 결합시킬 수도 있으며, 따라서 실체들의 추상 관념들을 만들 수도 있다. 왜냐하면 일단 자연에서 결합되었던 것은 무엇이나 다시 결합될 수도 있기 때문이다."[30]

물론 만약 성질들이 단순 **관념들**이며, 만약 우리가 직접적으로는 단지 관념들만을 안다면, 우리는 결코 우리 마음 속에 있는 성질들의 집합과 우리 마음의 외부에 있는 성질들의 집단을 비교할 수 없다. 로크의 대답은 확실히 이 난점을 일소하지 못한다. 그러나 비록 그가 "단순 관념들"에 관하여 말하기는 하지만, 그는 역시 성질과 실체에 관한 우리의 관념들에 관해서도 말한다. 바꾸어 말하면 그는 관념들이 지식의 대상이라는 대표설과, 관념들은 단지 그것에 의해 우리가 사물들을 직접 아는 심적인 변경들(psychic modifications)이라는 견해 사이에서 갈피를 잡지 못하고 있다. 좀더 정확하게 말하면 그는 두 "견해" 사이에서 갈피를 못잡고 있는 것이 아니라(왜냐하면 그의 공공연한 견해는 지식의 대상은 관념들이라는 것이기 때문이다), 두 가지 말하는 방식들, 즉 때로는 관념이 지식의 **대상으로서의 매개물**(medium quod)인 것(그의 공공연한 견해)처럼 말하며, 때로는 관념이 지식의 **수단으로서의 매개물**(medium quo)인 것처럼 말하는 방식들 사이에서 갈피를 잡지 못하고 있다. 그가 그의 대표설로부터 발생하는 난점을 진지하게 다루지 못한 것은 부분적으로는 이 불명료함 때문일 수도 있다.

하지만 우리는 실체에 관한 우리의 복합 관념들과 공존하는 성질들의 현존하는 집합들 사이의 상응을 알 수 있다고 가정해 보자. 우리

---

30) *Essay*, 4, 4, 12 ; II, p. 237.

가 보았듯이 로크는 이 성질들 사이에서 어떤 필연적 연결들이 지각된다는 것을 인정하지 않을 것이다. 따라서 우리의 지식은 설령 실재적이라 하더라도 우리가 가졌던 실제의 경험 너머로 확장되지 못하며, 만약 우리가 이 지식을 일반 명제들 또는 보편 명제들의 형태로 표현한다면, 우리는 그 명제들이 개연적으로 참이라는 것 이상을 정당하게 주장할 수 없다.

4. 신의 존재에 관한 지식

앞절에서 우리는 신의 존재에 관한 논증적 지식을 갖거나 또는 가질 수 있다는 로크의 견해에 관해서 말했다. 그는 이것으로써 신의 존재를 "우리의 직관적 지식의 어떤 부분으로부터"[31] 연역할 수 있다는 것을 의미한다. 그가 그것으로부터 출발하는 직관적으로 알려진 진리는 우리 자신의 존재에 관한 지식이다. 좀더 정확하게 말한다면 신의 존재에 관한 개인의 논증적 지식은 그 자신의 존재에 관한 그의 직관적 지식에 근거한다. 그러나 그 자신의 존재에 관한 지식만으로 신의 존재를 증명하는 것은 아니다. 우리는 직관적으로 알려진 다른 진리들을 필요로 한다. 이것들 중의 첫번째 것은 "단지 무가 어떤 실재적 존재를 산출할 수 없다는 것은 그것이 두 개의 직각과 같을 수 없다는 것과 같다"[32]는 명제이다. 내 자신의 존재에 관한 직관적 지식은 적어도 한 사물이 존재한다는 것을 나에게 보여준다. 그런데 나는 내가 영원토록 존재해 온 것이 아니라 존재의 출발점을 갖고 있었다는 것을 안다. 그러나 존재하기 시작했던 것은 어떤 다른 것에 의해서 산출되었음에 틀림없다. 그것은 스스로를 산출했을 리가 없다. 그러므로 로크는 영원토록 존재했던 어떤 것이 있어야만 한다고 말한다. 그는 논증의 단계들을 아주 명백히 하지는 않았다. 그러나 그가 명백히 의미하는 것은 언제 어느 때 존재하는 어떤 것에 대해서도 그 자체 출발점을 갖지 않은 한 존재가 있어야만 한다는 것이다. 왜냐하면 만약 이것이 사실이 아니라면, 어떤 것은 스스로를 산출했거나 또

---

31) *Essay*, 4, 10, 1 ; II, p. 306.   32) *Essay*, 4, 10, 3 ; II, p. 307.

는 "단순히 발생했을" 것이며, 이것은 상상할 수 없기 때문이다. 존재하기 시작하는 어떤 것도 이미 현존하는 외부 원인의 효력을 통하여 존재하기 시작한다는 것은 명백히 로크에 의해서 하나의 자명한 명제로 여겨진다. 그러나 그는 그가 시간적 순서에서의 무한 후퇴(즉 과거로 거슬러올라가는 무한 후퇴)를 배제하려고 의도하는 것인지, 아니면 과거에 관계없이 지금 바로 존재의 의존의 순서에서의 무한 후퇴를 배제하려고 의도하는 것인지를 설명하지 않는다. 하지만 그의 여러 소견들로부터 그가 과거로 거슬러올라가는 무한 후퇴를 생각하고 있는 것처럼 보인다. 만약 이것이 사실이라면 그의 논증의 흐름은 예를 들어 아퀴나스의 것과 다르다. 아퀴나스는 과거로 무한히 거슬러올라가는 일련의 시간적 사건들이 있는지 없는지 하는 물음과 무관한 신의 존재 증명을 전개하려고 시도했다. 사실상 로크의 논증은 부주의하게 구성된 것이며 정확성을 결여하고 있다. 어떤 사람들은 로크가 자명한 진리로 여기는 것들이 자명하게 참이 아니라는 이유로 그의 논증을 전적으로 배제할 것이다. 그러나 설령 우리가 기꺼이 이렇게 하려고 하지는 않는다 하더라도, 로크가 그것을 명백하게 말하지 않기 때문에 그것에 관해 많은 말을 하기는 어렵다.

하지만 만약 우리가 영원토록 존재했던 한 존재가 있다고 가정한다면, 그것의 본성은 무엇인가 하는 물음이 발생한다. 여기서 로크는 "다른 것으로부터 그 존재와 출발점을 가졌던 것은 마찬가지로 그 존재 안에 있으며 그 존재에 속하는 모든 것을 다른 것으로부터 가져야만 한다"[33]는 원리를 사용한다. 그러므로 인간은 자신에게서 힘을 발견하며, 마찬가지로 지각과 지식을 향유하므로, 그가 의존하는 영원한 존재도 역시 강력하고 지성적이어야 한다. 왜냐하면 그 자신이 지식을 결여하고 있는 한, 사물은 하나의 지적인 존재를 산출할 수 없기 때문이다. 이것으로부터 로크는 다음과 같이 결론짓는다.

"영원하고 전지 전능한 존재가 있으며, 어떤 사람이 그것을 기꺼이 신이라고 부를지 부르지 않을지 하는 것은 상관없다. 그것은 명백하며, 정당하게 고려된 이 관념으로부터 우리가 이 영원한 존재에 돌려야만 하는 다른 모든 속성들이 쉽게 연역될 것이다."[34]

---

33) *Essay*, 4, 10, 4; II, p. 308. 34) *Essay*, 4, 10, 6; II, p. 309.

5. 다른 사물에 관한 지식

사람은 직관에 의해서 그 자신의 존재를 알며 논증에 의해서 신의 존재를 안다. "우리는 어떤 다른 사물의 존재에 관한 지식을 단지 감각에 의해서 가질 수 있다."[35] 왜냐하면 인간이 신 이외의 어떤 것에 관해서 갖는 관념과 그 사물의 존재 사이에 필연적 연결은 없기 때문이다. 우리가 한 사물의 관념을 갖는다는 사실은 그것이 존재한다는 것을 증명하지 못한다. 우리는 그것이 우리에게 작용하고 있을 때에만 단지 그것이 존재한다는 것을 안다. "그러므로 우리에게 다른 사물들의 존재를 통지하며, 그때 우리의 외부에 무엇인가가 존재한다는 것을 우리로 하여금 알게 하는 것은 관념들을 밖으로부터 실제로 받아들이는 것이다."[36] 밖으로부터 관념들을 받아들이는 것은 감각이며, 우리는 우리의 감각 기관에 영향을 주는 사물들의 존재를 단지 그것들이 그렇게 하고 있는 동안만 안다. 내가 눈을 뜰 때 내가 보는 것은 나의 선택에 의존하지 않는다. 나는 작용을 당하고 있는 것이다. 나아가 만약 내가 손을 너무 불 가까이 댄다면 나는 고통을 느끼겠지만, 반면에 내가 손을 너무 불 가까이 댄다는 단순한 관념을 가질 때 나는 고통을 받지 않는다. 그런 고찰들은 우리에게 다른 사물들의 존재에 관한 우리의 확신이 근거가 박약한 것은 아니라는 것을 보여준다. 참으로 외부 사물들의 존재에 관한 우리의 지식은 단지 우리 감각 기관들의 현전하는 입증의 한도까지만 미친다. 그러나 내가 전에 잠깐 보았던 탁자가 여전히 존재하고 있다는 것은 틀림없을 것 같다. 그리고 우리가 존재 언명에 기꺼이 동의하려고 하기 전에 논증적 지식을 찾는 것은 어리석은 일이다. "일상사에서 단지 직접적으로 명백한 논증만을 인정하려는 사람은 이 세상의 어떤 것도 확신하지 않고 다만 빠르게 사라지는 것만을 확신할 것이다. 그가 먹는 음식물이 건강에 좋다는 것이 그에게 위험을 무릅쓰고 그 음식물을 먹을 이유를 제시하지는 못할 것이다. 나는 의심할 수도 반대할 수도 없는 그러한 근거들에 입각해서 그가 할 수 있었던 것이 무엇인지 기꺼이

---

35) *Essay*, 4, 11, 1 ; II, p. 325.   36) *Essay*, 4, 11, 2 ; II, p. 326.

알고 싶다. ">37)

6. 판단과 개연성

마음은 "그것이 어떤 관념들의 일치나 불일치를 확실히 지각하며 의심할 여지없이 그것을 확신할 때"38) "안다"고 한다. 우리는 X와 Y 사이에 필연적 연결을 명백하게 지각할 때 X는 Y라는 것을 안다. 그러나 마음은 로크가 또다른 하나의 "기능"이라고 부르는 것, 즉 판단을 갖는다. 판단은 "관념들의 어떤 일치나 불일치가 지각되지는 않지만 그러리라고 추정될 때, 마음 안에서 관념들을 모으거나 서로 분리하는 것이다. … 그리고 만약 관념들을 실재에 있어서 사물들이 그런 것처럼 결합하거나 분리한다면 그것은 올바른 판단이다. "39) 그러므로 판단은 개연성에 관계하며 "견해"를 산출한다.

로크에 의하면 개연성은 "틀리기 쉬운 증거들에 대한 일치의 현상"40)으로 정의된다. 다시 말하면 우리가 한 명제가 개연적으로 참이라고 판단할 때 우리로 하여금 그 명제가 개연적으로 참이라고 동의하게 하는 것은 그것의 자명성이 아니라(왜냐하면 이 경우에 우리는 그것이 확실히 참임을 알 것이므로), 그것의 진리를 논증하기에 충분하지 않은 비본질적인 근거들이나 이유들이다. 명제가 자명하게 참이 아닌데도 그것을 참이라고 믿게 하는 두 가지 주된 비본질적 근거들이 있다. 이것들 중 첫번째 것은 "우리 자신의 지식과 관찰, 경험과 어떤 것의 일치"41)이다. 예를 들어 내 경험에 따른다면 쇠는 물에 가라앉는다. 만약 내가 종종 그리고 항상 이것이 발생하는 것을 보았다면, 그것이 미래의 경우에도 발생하리라는 개연성은 내가 그것이 발생하는 것을 단 한번 보았을 경우보다는 비례적으로 더 클 것이다. 사실상 일관된 경험들이 판단을 불러일으키고, 이 판단이 항상 미래의 경험에서 검증된다면, 개연성은 대단히 높아져서 논증의 증거가 우리의 기대와 행동에 영향을 미치는 것과 실제로 동일한 방식으로

37) *Essay*, 4, 11, 10 ; II, pp. 335~336.
38) *Essay*, 4, 14, 4 ; II, p. 362.   39) 같은 책, 같은 면.
40) *Essay*, 4, 15, 1 ; II, p. 363.   41) *Essay*, 4, 15, 4 ; II, p. 365.

우리의 기대와 행동에 영향을 미칠 것이다. 한 명제가 개연적으로 참이라고 믿는 두번째 근거는 증언이다. 여기서도 또한 개연성의 정도가 있을 수 있다. 예를 들어 만약 어떤 사건을 목격한 상당히 많은 신뢰할 만한 증인들이 있으며, 그들의 증언이 일치한다면, 증인들이 거의 없으며 서투르거나 또는 제시된 설명들이 서로 불일치하는 경우보다는 훨씬 높은 정도의 개연성이 있을 것이다.

로크는 "개연성의 유인(誘引)에 의하여 우리가 받아들이는 명제들"[42]을 두 집합으로 나눈다. 첫번째 집합은 관찰할 수 있으며 인간의 증언의 대상이 될 수 있는 "사실들"에 관한 명제들로 이루어진다. 지난 겨울 영국은 굉장히 추웠다는 것이 한 예가 될 것이다. 두번째 집합은 경험적 조사가 불가능하기 때문에 인간의 증언 대상이 될 수 없는 문제들에 관한 명제들로 이루어진다. 천사들이 있다는 것이 한 예가 될 것이며, 열은 "불타는 물질의 지각 불가능한 미세한 부분들의 격렬한 동요"[43]에 있다는 것이 또하나의 예가 될 것이다. 그런 경우들에서 우리가 개연성의 근거들을 끌어내는 것은 유비로부터이다. 인간보다 열등한 존재 수준의 계층 구조에 있어서 서로 다른 단계들(동물, 식물, 무기물)을 관찰함으로써 우리는 인간과 신 사이에 유한한 비물질적 정신들이 있을 것 같다는 판단을 내릴 수 있다. 게다가 두 물체들을 서로 비비면 열이 발생한다는 것을 관찰함으로써 우리는 유비에 의해서 열은 아마도 물질의 지각 불가능한 입자들의 격렬한 운동에 있으리라고 주장할 수 있다.

그러므로 로크에게서 자연 과학의 명제들은 기껏해야 단지 매우 높은 정도의 개연성만을 가질 수 있다는 것은 명백하다. 물론 이 견해는 바로 앞장에서 설명되었던 의미에서, 우리는 단지 사물들의 명목적 본질들만을 알며 그것들의 "실재적 본질들"은 알지 못한다는 그의 확신과 밀접하게 연결된다. 인간의 증언에 의존하는 역사적인 명제들도 마찬가지로 단지 다양한 정도의 개연성만을 가질 수 있다. 그리고 로크는 독자에게 역사적 언명이 갖는 개연성의 정도는 관련된 증언의 가치에 의존하는 것이지 그 언명을 되풀이했을 사람들의 수에 의존하는 것이 아니라는 것을 깨닫게 한다.

42) *Essay*, 4, 16, 5 ; II, p. 374.   43) *Essay*, 4, 16, 12 ; II, p. 380.

7. 이성과 신앙

아마도 로크가 신앙에 의해서 받아들여진 모든 언명들을 개연적 명제들의 집합에 포함시켰으리라고 생각할지도 모르겠다. 그러나 그는 그렇게 하지 않았다. 왜냐하면 그는 신의 증언은 의심할 여지가 없으므로 우리에게 계시된 교리들의 진리에 관한 확실성을 주는 신의 계시를 인정했기 때문이다. "우리는 신으로부터의 어떤 계시가 참인지 아닌지 의심할 수 있기 때문에 우리 자신의 존재를 의심하는 편이 좋다. 따라서 신앙은 동의와 확신의 고정되고 확실한 원리이며, 의심이나 망설임의 여지가 없다."[44] 물론 이것이 신에 관한 모든 진리가 신앙에 의해서 받아들여진다는 것을 의미하지는 않는다. 왜냐하면 우리가 보았듯이 로크는 신의 존재에 관한 우리 지식의 논증적 특성을 주장했기 때문이다. 계시된 진리들은 이성과 모순되지는 않는다 하더라도 이성을 넘어선 것들이며, 우리는 그것들의 진리를 신의 증언에 의하여 안다. 바꾸어 말하면 로크는 인간 이성의 힘만으로 발견할 수 있는 신에 관한 진리들과 신이 계시하지 않는 한 알려질 수 없는 진리들 사이의 중세적인 구별을 계속했다.

동시에 로크는 그가 "열광"이라고 불렀던 것을 대단히 혐오했다. 그는 그들의 머리에 떠오르는 어떤 관념이 사적인 신의 계시, 신의 영감의 산물을 구성한다고 가정하는 경향이 있는 사람들의 태도를 생각하고 있었다. 그들은 그들의 관념들이 신에 의하여 불어넣어진 것이라는 주장을 옹호하는 객관적 이유들에 관하여 근심하지 않는다. 그들에게는 강렬한 느낌이 어떤 이유보다도 더 설득력이 있는 것이다. "그들은 그들이 확신하기 때문에 확신한다. 그들의 설득력은 그것이 그들 안에서 강하기 때문에 올바른 것이다."[45] 그들은 자신들이 "보고", "느낀다"고 말한다. 그러나 그들이 "본다"는 것은 무엇인가? 어떤 명제가 명백히 참이라는 것인가 아니면 그것은 신에 의해서 계시되었다는 것인가? 두 물음은 구별되어야만 한다. 그리고 만약 명제가 명백히 참이 아니라면, 또는 만약 그것이 신념의 어떤 객관적인 근거들을 기초로 하여 개연적으로 참인 것으로 주장되지 않는

---

44) *Essay*, 4, 16, 14 ; II, p. 383.   45) *Essay*, 4, 19, 9 ; II, p. 434.

다면, 그것이 실제로 신에 의해 계시된다고 생각할 만한 이유가 주어져야만 한다. 그러나 "열광"에 병들어 있는 사람들에게 어떤 명제는 "그들이 그것을 굳게 믿기 때문에 계시인 것이며, 그들은 그것이 계시이기 때문에 그것을 믿는 것이다."[46] 그러므로 로크는 설령 신이 이성만으로는 진리들을 진리인 것으로 수립할 수 없다는 의미에서 이성을 초월하는 진리들을 확실히 계시할 수 있다 하더라도, 우리가 신앙에 의해서 그것들을 받아들일 수 있게 되기 전에 그것들이 사실상 계시된다는 것이 이성에 의해 보여져야만 한다고 주장한다. "만약 설득력이 우리를 틀림없이 인도하는 광명이라면, 나는 어떻게 우리가 악마의 기만과 성령의 영감들을 구별할 것인가 하는 것을 묻겠다."[47] 결국 "신이 예언자를 만들 때, 그는 그 사람을 파괴하지 않는다. 그는 그의 모든 능력을 자연 상태로 두어서 그가 그의 영감들이 신으로부터 온 것인지 아닌지를 판단할 수 있게 한다."[48] 계시에 자리를 양보하도록 이성을 처분함으로써 "열광"은 이성과 계시를 둘 다 없앤다. 열광을 다루는 데서 로크의 강한 상식이 아주 많이 눈에 띈다.

그러므로 로크는 신의 계시의 가능성을 의문시하지는 않았다. 사실상 그는 신의 말씀의 증언에 기초한 영혼 불멸성과 육체 부활의 교리와 같은 것들을 믿었다. 그러나 그는 이성에 모순되는 명제들은 신에 의해서 계시되었을 리가 없다고 주장했다. 나는 이런 식으로 말할 때 그릇된 동의 또는 실수에 관한 장에서 그가 명백하게 언급하는 성스러운 변화의 교리와 같은 가톨릭의 교리들을 주로 생각하고 있다는 것이 명백하다고 생각한다.[49] 다음과 같은 반박이 명백하게 이루어질지도 모른다. 즉 만약 한 명제가 신에 의해 계시된다고 생각할 훌륭한 이유가 있다면, 설령 그것이 이성을 초월한다 해도 이성과 모순될 수는 없다는 것이다.[50] 그러나 로크는 어떤 교리들은 이성과 모순된

---

46) *Essay*, 4, 19, 10 ; II, p. 436.   47) *Essay*, 4, 19, 13 ; II, p. 438.

48) *Essay*, 4, 19, 14 ; II, p. 438.   49) *Essay*, 4, 20, 10 ; II, p. 450.

50) 가톨릭 신학자들은 이성이 이성에 모순되는 명제들과 계시의 도움없이는 그것들의 진리나 허위가 이성에 의해 결정될 수 없는 명제들을 **원칙적으로** 구별할 수 있다는 것을 부인하지 않을 것이다. 그러나 특별한 경우들에 있어서 우리가 제멋대로 하게 내버려 둘 때 우리는 양자를 혼동할지도 모른다.

다고 굳게 믿었기 때문에, 그것들은 계시되었을 리가 없으며 그것들이 계시되었다고 생각할 적합한 이유가 있을 수 없다고 결론지었다. 여기서 이런 종류의 논의의 여지가 있는 물음들을 논의하는 것은 부적절할 것이다. 그러나 로크가 케임브리지 플라톤주의자들 또는 "자유주의자들"의 관점을 유지했다는 사실은 주목할 만한 가치가 있다. 한편으로는 그가 스스로 예언자들과 설교자들이라고 자처하는 사람들의 오도된 열광으로 여겼던 것을 거부하는 반면에, 마찬가지로 그는 신의 계시의 가능성에 대한 믿음의 논리적 결과들인 것처럼 보일 것, 즉 만약 신이 어떤 대변자를 통하여 진리를 계시했다고 생각할 훌륭한 이유들이 있다면 공인된 권위에 의해 가르쳐진 어떤 명제도 이성과 모순될 수는 없다는 것을 거부했다. 의심할 여지없이 로크는 한 교리가 이성과 모순되는지 또는 단지 "이성을 초월하는지" 하는 것을 결정할 유일한 기준은 이성 자체라고 대답할 것이다. 그러나 로크는 신의 계시들이 어디에서 발견될 수 있으며 그것이 어떤 특정한 기관 또는 기관들을 통해서 이루어질 수 있는가 하는 물음에 관계하지 않고 신의 계시의 가능성을 충분히 인정함으로써 그의 입장을 주장하기 쉽게 한다.

확실성이 미치는 범위는 매우 제한되어 있는 반면에 개연성의 영역은 그것의 다양한 정도에 있어서 매우 크다는 그의 확신과 함께 로크의 일반적인 중용의 태도와 극단에 대한 혐오는 그로 하여금 조심스럽게 관용주의를 신봉하게 했다. 내가 "조심스럽게"라고 말하는 이유는 그가 그의 《관용에 관한 서한》에서 관용은 무신론자들, 그들의 종교가 기묘한 힘에 대한 충성을 포함하는 사람들, 그들의 종교적 신앙이 그들로 하여금 그들이 자신들을 위해서 주장하는 관용을 다른 사람들에게 베풀도록 허락하지 않는 그런 사람들에게까지 확장되어서는 안 된다고 말하기 때문이다. 그가 보기에 무신론은 필연적으로 도덕적 원리의 결여, 맹세와 계약들과 약속들의 구속력 있는 특성에 대한 경시를 함축한다. 다른 두 집단들에 관해서 그는 비록 이슬람교도들을 언급하기는 하지만 일차적으로 가톨릭교도들을 생각하고 있음이 명백하다. 이 문제에서 로크는 가톨릭에 대해서 그 당시의 그의 나라 사람들과 공통된 견해를 가졌다. 그렇지만 "로마 교황의 음모"로부터 발생하는 재판들에서 수석 재판관 스크로그스에 의해 법정에서 사용된 방법들에 관해서 실제로 그가 생각했던 것(만약 그가 그 문제에 실제로 주의를 기울였다면)을 아는 것은 흥미로울 것이다. 아마도 그는 샤프츠베리의 숨은 정치적 목적들과 그의 당파에 공감했던 것 같다. 하지만 만약 우리가 그의 조국과 그 밖의 다른 곳 양쪽의 당시의 태도를 고려한다면, 주목할 만한 것은 그가 관용을 옹호했다는 점이다. 그는 명백히 이것을 잘 알고 있었다. 그것은 그가 그 문제에 관한 저작들을 익명으로 출판했기 때문이다.

제 7 장

존 로크 4

1. 로크의 윤리설

로크 철학의 첫번째 장에서 우리는 그가 본유 관념들의 이론을 반박하면서 본유적인 사변적 원리들이 있다는 것과 본유적인 실천 원리들 또는 도덕 원리들이 있다는 것을 둘 다 부인했음을 보았다. 그러므로 우리의 도덕 관념은 경험에서 유래하지 않으면 안 된다. 그것은 로크가 표현하는 것처럼 "단순 관념들로 돌아가지 않으면 안 된다." 즉 적어도 그것들을 구성하는 요소들은 감각 또는 반성에서 유래하지 않으면 안 된다는 의미에서 그렇다. 그러나 로크는 우리의 도덕 관념의 기원에 관한 이 경험주의적 설명이 우리가 확실히 알려지는 도덕 원리들을 인정하는 데 장애가 된다고 생각하지 않았다. 왜냐하면 일단 우리가 관념들을 획득하기만 하면 우리는 그것들을 검토하고 비교하며 일치와 불일치의 관계들을 식별할 수 있기 때문이다. 이것은 우리들에게 도덕 규칙들을 선언할 수 있게 한다. 만약 그것들이 관념들의 일치 또는 불일치의 필연적 관계를 표현한다면 그것들은 확실하며 확실한 것으로서 알려질 수 있다. 우리는 윤리적 명제 가운데 나오는 관념들 또는 용어들과 그 명제에서 주장된 관계를 구별해야 한다. 도덕 규칙에서 관념들은 적어도 근본적으로 각각 경험에서 끌어낼 수 있는 것이어야 한다. 그러나 도덕 규칙의 참 또는 타당성은 그것의 준수와 무관하다. 예를 들어 만약 내가 진실을 말하는 것이 도덕적으로 좋다고 말한다면, 진실을 말하는 것과 도덕적 선의 관념들은 근본적으로 경험에서 끌어낼 수 있지 않으면 안 된다. 그러나 이 관념들 사이에서 주장된 관계는 설령 대부분의 사람들이 거짓말을 한다 하더라도 성립된다.

만약 우리가 이 관점을 명심한다면, 로크가 《인간 오성론》의 제3권과 제4권에서 윤리학의 "합리주의적인" 이상을 제안하는 것이 의외로 여겨지지는 않을 것이다(만약 명심하지 않는다면 그럴지도 모른다). 거기서 그는 "윤리학은 수학과 마찬가지로 논증 가능하다"[1]고 말한다. 그 이유는 윤리학이 실재적 본질인 관념들에 관계한다는 것이다. 우리는 자연 과학에서는 사물들의 실재적 본질들이 아니라 오직 명목적 본질들만을 안다. 하지만 수학에서는 이 명목적 본질과 실재적 본질의 구별은 사라진다. 그것은 윤리학에서도 마찬가지이다. 우리의 정의(正義) 관념은 그것을 구성하는 요소들이 경험에서 유래한다는 의미에서 궁극적으로 경험에서 유래하는 것이다. 그러나 정의라고 불리는 어떠한 실체도 "저쪽에"(out there) 없으며, 그것의 실재적 본질도 우리에게 알려질 수 없다. 그러므로 윤리학이 논증적 학문이 될 수 없는 이유는 없다. "왜냐하면 확실성이란 단지 우리 관념들의 일치 또는 불일치를 지각하는 것이며, 논증이란 다른 관념들 또는 매개물들의 개재에 의하여 그러한 일치를 지각하는 것에 지나지 않기 때문이다. 수학적인 관념들과 마찬가지로 우리의 도덕 관념들은 그것들 자체가 원형들이며, 따라서 충분하며 완전한 관념들이다. 수학적인 도형에서와 마찬가지로 우리가 그것들에서 발견할 모든 일치 또는 불일치는 참된 지식을 산출할 것이다."[2] 우리의 도덕 관념들은 그것들 자체가 원형들이라고 말함으로써, 로크는 예를 들어 정의의 관념은 그것 자체가 그것에 의해 우리가 정당한 행동들과 부당한 행동들을 구별하는 표준이라는 뜻으로 말한다. 정의는 정의의 관념이 참된

1) *Essay*, 4, 12, 8 ; II, p. 347. 2) *Essay*, 4, 4, 7 ; II, p. 232.

관념이 되기 위하여 그것에 일치해야 하는 하나의 실재하는 실체가
아니다. 그러므로 만약 우리가 노고를 아끼지 않고 우리의 도덕 용어
들을 분명하고 정확하게 정의하려고 한다면, 우리의 수학적인 지식과
마찬가지로 "도덕적 지식은 대단히 분명하고 확실한 것이 될지도 모
른다."3)

　로크의 이 제안들은 그에게 윤리학은 사람들이 지켜야 하는 일련의
도덕 규칙 따위란 존재하지 않는다는 의미에서 단지 관념들의 분석에
불과하다는 뜻을 함축하는 것처럼 보일지도 모른다. 만약 우리가 이
일련의 관념들을 형성한다면 우리는 이 규칙들을 선언할 것이고, 만
약 우리가 저 일련의 관념들을 형성한다면 우리는 저 규칙들을 선언
할 것이다. 어느 것이 채택되는가는 선택의 문제이다. 그러나 이것은
결코 그 문제에 관한 로크의 견해가 아니었다. 적어도 그것은 로크가
도덕적인 선과 악, 그리고 도덕 규칙들 또는 법칙들에 관하여 언급하
는 《인간 오성론》의 제 2 권에 나타나는 견해가 확실히 아니다.

　로크가 선과 악을 쾌락과 고통에 관련하여 정의했다는 것은 이미
언급되었다. 선은 마음이나 신체 안에 쾌락을 불러일으키거나 증가시
키는 경향이 있는 것, 또는 고통을 감소시키는 경향이 있는 것인 반
면에, 악은 어떤 고통을 불러일으키거나 증가시키는 경향이 있는 것,
또는 쾌락을 감소시키는 경향이 있는 것이다.4) 하지만 도덕적 선은
우리의 자발적인 행동들이 어떤 법에 따르는 것이며, 그럼으로써 입
법자의 의지에 따라서 선(즉 "쾌락")이 우리에게 발생한다. 그리고
도덕적 악은 우리의 자발적인 행동들과 어떤 법과의 불일치에 있으
며, 그럼으로써 악(즉 "고통")이 "입법자의 의지와 힘으로부터 우리
에게 얻어진다."5) 로크는 도덕적인 선과 악이 쾌락과 고통이라고 말
하지 않는다. 또한 논리적으로도 그가 그렇게 말한 것으로 되지도 않
는다. 왜냐하면 그는 선과 악을 쾌락과 고통으로서가 아니라(비록 때
때로 그가 부주의하게 이런 식으로 말하기는 하지만), 쾌락을 초래하
는 것과 고통을 가져오는 것으로 정의했기 때문이다. 도덕적 선은 우
리의 자발적인 행동들이 제재에 의해 뒷받침되는 하나의 법에 따르는
것이다. 그는 그것이 순응에 대한 보상과 같은 종류의 것이라고 말하

3) *Essay*, 3, 11, 17 ; II, p. 157.　　4) *Essay*, 2, 20, 2 ; I, p. 303.
5) *Essay*, 2, 28, 5 ; I, p. 474.

174

지 않는다.

로크는 어떤 종류의 법을 생각하고 있는가? 그는 신법(神法), 시민법, 그리고 "여론 또는 평판의 법"[6]이라는 세 종류를 구별한다. 그에 의하면 세번째 유형의 법은 "세계의 여러 사회, 종족과 집단에 있어서 눈에 보이지 않는 무언의 동의에 의해 성립하며, 그것에 의해 여러 행동들이 그곳의 판단, 격률 또는 유행에 따라 그들 사이에서 신용 또는 불명예를 얻게 되는"[7] 찬성 또는 불찬성, 칭찬 또는 비난을 의미한다. 행동은 신법에 관해서는 의무나 죄로, 시민법에 관해서는 무죄나 유죄로, 여론 또는 평판의 법에 관해서는 덕이나 악덕으로 판단된다. 그런데 이 법들이 서로 일치하지 않을 수도 있다는 것은 확실하다. 로크가 주목하듯이, 하나의 주어진 사회 안에서 사람들은 신법과 모순되는 행동을 찬성할 수도 있다. 그는 확실히 시민법이 옳고 그름의 궁극적인 기준이라고 생각하지 않았다. 그러므로 신법은 자발적 행동들이 그것에 관하여 도덕적으로 선하거나 악하다고 불리는 궁극적 기준이라는 결론이 된다. "신이 사람들에게 자신들을 지배해야 할 규칙을 주었다는 것을 부정할 만큼 야만적인 사람은 아무도 없다고 나는 생각한다. 신은 그것을 줄 권리를 가지며, 우리는 그의 피조물들이다. 신은 우리의 행동을 최선의 것으로 향하게 하는 미덕과 지혜를 가진다. 그는 내세에 무한히 무겁고 무한히 지속되는 보상과 처벌로써 그것을 강요할 힘을 가진다. 왜냐하면 아무도 우리를 그의 손에서 벗어나게 할 수 없기 때문이다. 이것이 도덕적인 올바름의 유일하고 참된 표준이다."[8]

그런데 만약 우리가 로크는 도덕적 선악과 옳고 그른 행동들의 기준이 임의의 신법임을 의미하는 것으로 이해해야 한다면, 그가 《인간오성론》의 제2권과 제4권에서 말하는 것 사이에는 극도의 모순이 있게 될 것이다. 왜냐하면 만약 신법이 신에 의해서 임의적으로 부여된다면, 우리는 그것을 단지 계시에 의해서만 알 수 있을 것이기 때문이다. 이 경우에 우리가 제4권에서 보는 윤리학과 수학의 비교는 전혀 잘못된 것이 될 것이다. 그러나 제2권에서 신법을 말할 때 로크는 "나는 자연의 빛에 의해서 그들에게 공포되든지, 또는 계시의 음

6) *Essay*, 2, 28, 7; I, p. 475.   7) *Essay*, 2, 28, 10; I, p. 477.
8) *Essay*, 2, 28, 8; I, p. 475.

성에 의해서 그들에게 공포되든지간에 신이 사람들의 행동에 부여한 그 법을 의미한다"[9]고 설명한다. 그에게 자연의 빛은 이성을 뜻한다. 그는 명백히 설령 기독교 계시가 우리에게 더 이상의 빛을 준다고 해도 우리는 이성만으로 얼마간 신법을 발견할 수 있다고 생각했다. 제4권으로 눈을 돌려 보면 우리는 그가 다음과 같이 말하는 것을 발견한다. "우리가 그의 제작품이며 그에 의존하고 있는 힘, 미덕과 지혜에 있어서 무한한 지고의 존재라는 관념, 오성을 가진 합리적 존재들로서의 우리 자신의 관념은 우리 안에서 명백한 관념들이므로, 만약 이 관념들이 정당하게 고려되고 추구된다면, 윤리학을 논증 가능한 학문들 중의 하나로 자리잡게 할 수도 있는, 우리의 의무와 행동 규칙들에 관한 그러한 토대를 제공할 것이라고 나는 생각한다. 그 점에서 나는 자명한 원리들로부터 그리고 수학에서와 마찬가지로 논의의 여지가 없는 필연적인 결론들에 의해 옳고 그름의 척도들이 수학에 전념할 때와 똑같은 공정함과 주의력을 갖고 윤리학에 전념할 사람에게 반드시 이해되리라고 믿어 의심치 않는다."[10] 명백하게 로크는 신의 본성, 인간의 본성, 그리고 그것들의 관계를 고찰함으로써 우리는 다른 더 개별적인 도덕 규칙들이 그것들로부터 연역될 수 있는 자명한 도덕 원리들에 도달할 수 있다고 생각했다. 그리고 연역 가능한 규칙들의 체계는 자연의 빛에 의해서 알려진 것으로서의 신의 법을 구성할 것이다. 그는 자신이 계시된 도덕법을 보충적인 것으로 생각했는지 아니면 전제들의 일부를 형성하는 것으로 생각했는지를 분명히 하지 않았다. 또한 그는 제안된 방침에 따라 하나의 윤리 체계를 논증하려는 어떠한 시도도 하지 않았다. 그가 자명한 명제들로 제시한 예들은 그다지 분명하지 않은 것들이다. "재산이 없는 곳에는 불의가 없다." "어떤 정부도 절대적인 자유를 허용하지는 않는다."[11] (두번째 명제는 사실적인 언명으로 주어진 것이지만, 로크의 설명은 그가 그것을 이런 식으로 이해되도록 의도하지 않았다는 것을 보여준다.)

그러므로 나는 로크는 자신이 조화시키려는 어떠한 시도도 하지 않았던 두 가지 도덕 이론들을 우리에게 제시한다고 말하는 역사가들의

9) 같은 책, 같은 면.   10) *Essay*, 4, 3, 18 ; II, p. 208.
11) 같은 책, 같은 면.

판단에 동의하고 싶지 않다. 왜냐하면 내게는 그가 《인간 오성론》의 제2권과 제4권에서 제시된 사고 경향이 어떻게 앞뒤가 맞는지를 보여주려는 모종의 시도를 하는 것으로 보이기 때문이다. 그러나 그가 말해야 하는 것은 대략적이고 혼동된 것이며, 그것은 서로 다른 요소들의 융합을 나타내는 것임을 거의 부인할 수는 없다. 우리가 보았듯이 그는 심지어 제2권에서도 단순히 쾌락주의자라고 불릴 수는 없지만, 부분적으로는 아마도 가상디(P. Gassendi)에 의해서 불어넣어진 쾌락주의적인 공리주의의 요소가 있다. 그 밖에 신의 권리들의 관념에 근거한 권위주의의 요소도 있다. 마지막으로 로크가 자연의 빛과 계시를 구별한 것은 아퀴나스가 이성에 의해 알려진 자연법과 신의 실정법을 구별한 것을 생각나게 한다. 의심할 여지없이 이 구별은 중세 철학에서 많은 것을 이어받았던 리처드 후커(1553~1600)에 의해서 주로 불어넣어진 것이었다. [12] 로크 사상에 대한 후커의 영향, 그리고 후커를 통한 중세 사상의 영향은 로크의 정치 이론과 관련하여 곧 고찰하게 될 로크의 자연권 개념에서 볼 수 있다.

2. 자연 상태와 자연 도덕법

로크는 《시민 정부론》(*Treatises of Civil Government*)[13]의 머리말에서 그가 쓴 것은 "우리의 위대한 부흥자, 우리의 현재 왕 윌리엄의 왕권을 확립하고, 국민의 동의에 의해 그의 자격을 입증하기에" 충분하다는 그의 희망을 표현한다. 뒤에 보겠지만 흄은 로크의 정치 이론이 이 기능을 발휘할 수는 없었다고 생각했다. 어쨌든 로크가 단순히 윌리엄이 왕위에 오를 자격을 확립하기 위해서 그의 정치 이론을 전개했다고 생각하는 것은 잘못일 것이다. 왜냐하면 그는 1688년보다 훨씬 이전에 그 이론의 원리들을 갖고 있었기 때문이다. 게다가 그의 이론은 당시의 자유주의 사상의 체계적 표현으로서 역사에서 지속적인 중요성을 가지며, 그의 논문들은 휘그당 팜플렛 이상이다.

---

12) Hooker에 관해서는 F. Copleston, *A History of Philosophy*, 제3권, pp. 322~324를 참조.

13) 달리 지적되지 않는 한 인용문들서 '*Treatise*'는 제2권을 의미한다.

《시민 정부론》의 제 1 권을 살펴보기 위해서 지체할 필요는 없다. 거기서 로크는 로버트 필머 경의 《가부장권론》(*Patriarcha*, 1680)에서 옹호된 것과 같은 왕권 신수설에 반대한다. 가부장적 왕권 양도설은 조롱거리가 된다. 아담이 신이 인정한 왕권을 소유했다는 증거는 전혀 없다. 설령 그가 그것을 소유했다 하더라도 그의 계승자들이 그것을 가졌다는 증거도 전혀 없다. 설령 그들이 그것을 소유했다 하더라도 계승권은 결정되지 않았으며, 신에 의해 결정된 계승의 질서가 있다 하더라도 그것에 대한 지식은 오래전에 사라졌다. 사실상 필머는 로크가 이해한 것처럼 바보가 아니었다. 왜냐하면 그는 《가부장권론》보다 훨씬더 가치있는 저작들을 이미 출판했었기 때문이다. 그러나 《가부장권론》은 최근에 출판되어 논의를 불러일으켰으며, 로크가 제 1 권에서 공격을 하기 위해 그것을 선택했다는 것은 꽤 이해할 만한 일이다.

제 1 권[14]에서 로크는 "로버트 필머 경의 중요한 입장은 사람들은 태어나면서부터 자유롭지는 않다는 것이며, 이것이 그의 절대 군주제가 서 있는 토대"라고 주장한다. 사람들이 태어날 때부터 종속되어 있다는 이 이론은 로크에 의해 단호히 거부되었다. 그는 제 2 권에서 자연 상태에서 사람들은 태어나면서부터 자유롭고 평등하다고 주장한다. "저 현명한 후커는 이와 같은 인간의 자연적인 평등은 너무 명백해서 조금도 의심의 여지가 없다고 보아 그것을 사람들이 서로 남을 사랑해야 하는 의무의 기초로 삼았으며, 그 위에다 사람들 서로가 짊어지게 되는 여러 가지 의무를 설정하고, 그것으로부터 정의와 사랑의 위대한 격률들을 이끌어낸다."[15]

그러므로 로크는 홉즈가 그랬듯이 자연 상태라는 착상에서 출발한다. 그의 견해에 의하면 "모든 사람들은 원래 그와 같은 자연 상태에 있으며, 그들 스스로의 동의에 의하여 어떤 정치 사회의 일원이 되기까지는 줄곧 거기에 머물러 있는 것이다."[16] 그러나 그의 자연 상태관은 홉즈의 것과 매우 다르다. 그가 그렇게 명백하게 말하지는 않지만, 홉즈야말로 분명히 그가 제 2 권에서 유념하고 있는 주된 적이다. 로크에 따르면 자연 상태와 전쟁 상태에는 근본적인 차이가 있다. "사람들이 그들 사이에서 일어나는 사건을 재판할 수 있는 권위를 가

---

14) *Treatise*, 2, 6.   15) *Treatise*, 2, 5.
16) *Treatise*, 2, 15.

진 공통적인 우월자를 이 세상에서 갖지 않고 이성에 따라서 함께 살아가는 상태가 바로 자연 상태이다."[17] 권리가 없이 행사되는 힘은 전쟁 상태를 유발한다. 그러나 이것은 자연 상태와 동일시될 수 없다. 왜냐하면 그것은 자연 상태, 즉 자연 상태가 그래야만 하는 것을 위배하기 때문이다.

로크는 이성에 의해 발견될 수 있는 자연 도덕법을 인정하기 때문에 자연 상태가 그래야만 한다고 말할 수 있다. 자연 상태는 자유 상태이기는 하지만 방종 상태는 아니다. "자연 상태에는 그것을 지배하는 자연법이 있으며, 그것은 모든 사람을 구속한다. 이성이 바로 그 법인데 이 이성의 소리에 조금이라도 귀를 기울이면, 모든 사람은 만인이 평등하고 독립된 존재이기 때문에 어느 누구도 다른 사람의 생명, 건강, 자유 또는 소유물을 손상시켜서는 안 된다는 것을 알게 된다."[18] 왜냐하면 모든 사람은 신의 피조물이기 때문이다. 그리고 어떤 사람이 공격에 대해 자발적으로 자신을 방어하고 공격자들을 처벌할 수 있을지 모르겠지만, 가정된 것처럼 공통적인 현세의 주권자나 심판관이 전혀 없으므로 그의 양심은 시민 사회와 그 합법적인 법규들에 관계없이 모두를 구속하는 자연 도덕법에 의해 속박당한다. 그러므로 로크에게서 자연법은 홉즈가 의미했던 것과 아주 다른 것을 의미한다. 그것은 홉즈에게서 권력과 힘과 사기의 법을 의미했던 반면에, 로크에게서는 신과 그의 권리, 신에 대한 인간의 관계, 이성적 피조물로서 모든 인간의 근본적인 평등을 반영하기 때문에 인간 이성에 의해 공포된 하나의 보편적이고 의무적인 도덕법을 의미했다. 후커는 로크의 자연 도덕법 이론의 원천자 중의 하나로 앞에서 이미 언급되었다. 마찬가지로 우리는 영국에서 케임브리지 플라톤주의자들과 대륙에서 그로티우스(Grotius, 1583~1645)[19]와 푸펜도르프(Pufendorf, 1632~1694) 같은 문필가들을 말할 수 있다.

로크는 국가와 그 법률과 관계없이 양심을 속박하는 자연 도덕법을 믿었기 때문에 자연권도 역시 믿었다. 예를 들어 각자는 자기를 보존하고 생명을 지킬 권리를 가지며, 자신의 자유에 대한 권리를 가진

---

17) *Treatise*, 3, 19.　　　　　　18) *Treatise*, 2, 6.
19) Grotius에 관해서는 F. Copleston, *A History of Philosophy*, 제3권, pp. 328~334를 참조.

다. 물론 서로 관계있는 의무들도 역시 있다. 사실상 사람은 자신의 생명을 보존하고 지킬 의무를 가지기 때문에 그렇게 할 권리를 가지는 것이다. 그리고 도덕적으로 그는 그의 생명을 그의 뜻대로 보존하는 수단을 갖지 않으면 안 되기 때문에, 그는 스스로 목숨을 끊을 권리나 또는 가장 충실한 의미에서의 노예 상태에 자신을 종속시킴으로써 생명을 빼앗을 힘을 다른 사람에게 줄 권리를 갖지는 않는다.

3. 사유 재산의 권리

하지만 로크가 가장 주목한 자연권은 재산권이었다. 인간은 자신을 보존할 의무와 권리를 가지므로, 그는 이 목적에 필요한 것들에 대한 권리를 갖는다. 신은 인간들에게 그들의 부양과 복지를 위해 땅과 그 안에 있는 모든 것을 주었다. 그러나 신은 땅과 그 위의 것들을 나누지 않았지만, 이성은 땅 위의 열매들과 그 위와 안의 것들에 관해서뿐만 아니라 땅 자체에 관해서도 사유 재산이 있어야 한다는 것이 신의 의지에 따르는 것임을 보여준다.

무엇이 사유 재산권의 으뜸가는 자격을 이루는가? 로크의 견해에 의하면 그것은 노동이다. 자연 상태에서 인간의 노동은 그 자신의 것이며, 그가 그의 노동을 첨가해서 그것의 원래 상태로부터 떼어 놓은 것은 무엇이나 그의 것이 된다. "샘물은 만인의 공유물이지만 물주전자 속의 물은 바로 그 물을 떠 온 사람의 것이라는 것을 의심할 사람이 있겠는가? 물은 자연에서는 모든 사람들의 공유물이며 자연 속에서 사는 모든 것들에게 평등하게 속해 있었지만, 그의 노동이 그것을 자연의 손으로부터 떼어냈으며 그렇게 함으로써 그것을 자기의 점유물로 한 것이다."[20] 어떤 사람이 숲의 나무 아래에서 사과를 먹기 위해 그것들을 딴다고 상상해 보자. 아무도 그의 소유권과 그것을 먹을 권리를 의심하지 않을 것이다. 그러나 언제 그것들이 그의 것이 되기 시작했는가? 그가 그것들을 소화시켰을 때? 그가 그것들을 먹고 있었을 때? 그가 그것들을 요리했을 때? 그가 그것들을 집에 가져왔

---

20) *Treatise*, 5, 29.

을 때? 그가 그것들을 땄을 때, 그것들이 그의 것이 되었다는 것은 분명하다. 즉 그가 그것들에 "그의 노동을 첨가시켜서" 그것들을 공유 재산 상태에서 옮겨 놓았을 때 토지도 똑같은 방식으로 획득된다. 만약 어떤 사람이 숲 속에서 나무들을 베고, 개간하고, 쟁기질을 하여 씨를 뿌린다면 그 땅과 거기서 나온 농산물은 그의 것이다. 왜냐하면 그것은 그의 노동의 결실이기 때문이다. 그가 그렇게 하도록 마련하지 않았다면 땅은 곡식을 생산하지 못했을 것이다.

노동을 재산의 으뜸가는 자격으로 보는 로크의 이론은 결국 노동 가치설로 통합되었으며 그가 결코 상상하지 못했던 방식으로 사용되었다. 그러나 여기서 이 사태의 진전을 다루는 것은 부적절할 것이다. 만약 우리가 사유 재산권을 그렇게 많이 강조하는 데 있어서 로크가 그의 후원자들이었던 휘그당 지주들의 의도를 표현하고 있었다는 자주 주장되는 견해에 주목하는 것이 더 적절할 것이다. 확실히 이 주장에는 약간의 진실이 있다. 적어도 로크가 사유 재산에 열중했던 것이 부분적으로는 그가 활동했던 사회 계층의 사고 방식에서 영향받은 것이라고 생각하는 것은 일리가 있다. 동시에 시민 사회의 법에 관계없는 사유 재산권이 있다는 이론이 로크 편에서는 새로운 발명이 아니었다는 것을 기억해야 할 것이다. 마찬가지로 그는 누구에게나, 다른 사람들에게 손해를 입히고 무제한으로 재산을 모을 자격이 있다고 말하지 않았다는 것을 주목해야 한다. 그 자신은 만약 땅 위의 열매들을 주워 모으는 것이 그것들에 대한 권리를 부여하는 것이라면 누구든지 그가 원하는 만큼 많이 모을 수 있을 것이라는 반대 의견을 제시하고 다음과 같이 대답한다. "결코 그렇지 않다. 이 방법으로 우리에게 재산을 부여하는 동일한 자연법이 마찬가지로 그 재산을 제한한다."[21] 땅 위의 열매들은 그것들을 이용하고 즐기도록 주어진다. "물건이 상하여 못쓰게 되기 전에 삶에 도움이 되도록 이용할 수 있다면 누구나 그것에 자기의 노동력을 투하함으로써 자기 재산으로 확정시킬 수 있다. 이것을 넘어서는 것은 무엇이나 그의 몫 이상의 것이며 다른 사람들에게 속한다."[22] 토지에 관해서는 노동이 재산 소유의 자격이라는 이론이 재산의 한계를 설정한다. 왜냐하면 "한 사

---

21) *Treatise*, 5, 31.　　　　　22) 같은 책, 같은 면.

람이 밭을 갈고, 씨를 뿌리고, 개량하고, 재배하며, 그 수확물을 이용할 수 있을 정도의 토지가 그의 재산이기"[23] 때문이다. 로크가 당시의 아메리카에서와 같이 모든 사람에게 충분한 땅이 있는 상태를 전제한다는 것은 분명하다. "처음에는 전세계가 아메리카였으며, 현재의 아메리카 이상이었다. 왜냐하면 화폐와 같은 것이 어느 곳에서도 알려져 있지 않았기 때문이다."[24]

로크가 재산 상속의 자연권이 있다고 가정한 것은 명백하다. 실제로 그는 다음과 같이 분명히 말한다. "각자는 이중의 권리를 가지고 태어난다. 첫째는 자기의 신체에 대한 자유권이다. … 둘째는 남에게 앞서 형제와 더불어 아버지의 재물을 상속받을 권리이다."[25] 가족은 자연 사회이며, 아버지는 자식들을 부양할 의무를 가진다. 그러나 로크는 그가 불명료하게 남겨 놓았던 상속권을 정당화하는 문제보다는 어떻게 재산이 획득되는가를 설명하는 데 더 열중하고 있다.

4. 정치 사회의 기원 : 사회 계약

자연 상태가 사람들이 그들을 지배하는 어떠한 공통 권위도 갖지 못하는 상황이긴 하지만, "신은 인간에게 필요, 편의, 성향이라는 강력한 의무를 지워서 사회를 만들지 않을 수 없게 했다."[26] 그러므로 우리는 사회를 인간에게 부자연스러운 것이라고 말할 수 없다. 인간 사회의 원초적 형태인 가족은 사람에게 자연스러운 것이며, 시민 사회 또는 정치 사회는 그것이 인간의 요구를 충족시킨다는 의미에서 자연스럽다. 왜냐하면 자연 상태에서의 인간들은 서로 독립적이긴 하지만, 그들이 실제로 자신들의 자유와 권리를 보존하기는 어렵기 때문이다. 그것은 자연 상태에서 모두가 양심에 있어 공통의 도덕법을 준수하지 않을 수 없다는 사실로부터 모두가 실제로 이 법을 준수한다고 결론지을 수는 없기 때문이다. 그리고 모두가 평등한 권리를 누리고 도덕적으로 다른 사람들의 권리를 존중하지 않을 수 없다는 사실로부터 모두가 실제로 다른 사람들의 권리를 존중한다고 생각할 수

23) *Treatise*, 5, 32.　　24) *Treatise*, 5, 49.
25) *Treatise*, 16, 190.　　26) *Treatise*, 7, 77.

182

도 없다. 그러므로 자신들의 자유와 권리의 좀더 효과적인 보존을 위해 하나의 조직된 사회를 형성하는 것은 인간의 관심사이다.

그러므로 로크는 홉즈에 의해 묘사되었던 것과 다른 자연 상태의 모습을 묘사했지만, 그가 이 상태를 이상적인 상황으로 여긴 것은 아니었다. 첫째로, "자연법은 이성적 동물인 모든 인간에게 명백하고 이해할 수 있는 것이기는 하지만 사람들은 그것에 대한 연구 부족으로 무지할 뿐만 아니라 이해 관계에 의한 편견을 갖게 되므로, 그것을 그들의 개별적인 경우에 적용할 때는 자기들을 속박하는 법으로 인정하려 하지 않는다."[27] 그러므로 자연법을 정의하고 논쟁을 해결할 성문법이 있어야 한다는 것이 바람직하다. 둘째로, 인간은 자연 상태에서 침입에 응징할 권리를 갖지만, 사람들은 자기 자신을 위해서는 지나칠 정도로 매우 열심인 반면 다른 사람들을 위해서는 태만하다. 그러므로 하나의 확립된 일반적으로 인정하는 사법 체계가 있어야 한다는 것이 바람직하다. 셋째로, 자연 상태에서 사람들은 심지어 그들의 판결이 정당할 때에도 범죄 행위들을 처벌할 힘이 부족할 경우가 있을 수 있다. "그래서 인류는 자연 상태의 모든 특권에도 불구하고 이 상태에 머물러 있는 동안은 오히려 악조건 속에 있는 것이 되므로 신속히 사회를 만들게 된다."[28]

로크에 따르면 "사람들이 결합하여 국가를 수립하고 그 통치에 따르려는 커다란 주요 목적은 그들의 재산의 보존이다."[29] 그러나 만약 우리가 "재산"이라는 낱말을 일상적인 제한된 의미로 사용한다면 이 주장은 잘못 해석된다. 왜냐하면 로크는 그가 이 낱말을 더 넓은 의미로 사용하고 있다고 이미 설명했기 때문이다. 사람들은 "그들의 생명, 자유와 자산―내가 재산이라는 일반적 명칭으로 부르는 것들―의 상호 보존을 위하여"[30] 사회 안에 결합한다.

그런데 로크는 정치 사회와 정부가 합리적 기초에 의존한다는 것을 보여주고 싶어한다. 그리고 그가 생각할 수 있는 이것을 보여주는 유일한 방법은 그것들이 동의에 의존한다고 주장하는 것이다. 자연 상태의 불리한 사정들과 정치 사회의 유리한 점을 설명하는 것은, 충분하지는 않지만 그래도 이 설명은 이 사회가 유용한 목적을 충족시킨

27) *Treatise*, 9, 124. 28) *Treatise*, 9, 127.
29) *Treatise*, 9, 124. 30) *Treatise*, 9, 123.

다는 의미에서 합리적이라는 것을 보여준다. 왜냐하면 자연 상태의 완전한 자유는 필연적으로 정치 사회와 정부의 설립에 의하여 어느 정도 삭감되며, 이 삭감은 그것이 정치 사회에 통합되거나 또는 스스로 그 일원이 되며 통치를 받는 사람들의 동의로부터 일어나는 경우에만 정당화될 수 있기 때문이다. 정치 사회는 "그 수효는 어떻든지 간에 자연 상태의 사람들이 사회에 소속되어 유일한 최고의 정부 아래 하나의 국민, 하나의 정치적 통일체를 형성하는 곳에서는 어디에서나, 그렇지 않으면 누군가가 이미 수립된 어떤 정부에 가담하여 그 일원이 될 때…" 발생한다. [31] "이미 말했던 것처럼 사람들은 태어나면서부터 모두 자유롭고, 평등하며 독립적이기 때문에 어느 누구도 그 자신의 동의없이 이 상태로부터 추방되어 다른 사람의 정치 권력에 복종당하게 될 수는 없다. 인간이 그의 자연적 자유를 포기하고 시민 사회의 구속을 받게 되는 유일한 길은 다른 사람들에 동의하여 서로 결합하여 하나의 공동체를 이룩하는 것이다. 그런데 그렇게 하는 목적은 자기들의 재산을 안전하게 향유하며 그 공동체의 일원이 아닌 사람들에 대하여 커다란 안전을 보장받음으로써 서로 안락하고 안전하며 평화로운 생활을 하기 위한 것이다. "[32]

그러면 사람들이 하나의 정치 공동체를 형성하기 위하여 결합할 때 그들은 무엇을 포기하는가? 그리고 그들은 무엇에 동의하는가? 첫째로, 사람들은 노예 상태로 들어가기 위해서 그들의 자유를 포기하지는 않는다. 참으로 각자는 그의 입법·행정권들이 자연 상태에서 그에게 속하는 그런 형태에서 그것들을 포기한다. 왜냐하면 그는 공익을 위해 필요한 것과 같은 법들을 만들기 위해서 사회, 더욱 정확히 말하면 입법부에 권한을 주며, 이 법들을 집행하고 법 위반에 대한 엄격한 처벌을 시행할 힘을 사회에 양도하기 때문이다. 그리고 이 한도까지 자연 상태의 자유가 삭감된다. 그러나 사람들은 그들의 자유를 더욱 안전하게 누리기 위해서 이 힘들을 양도한다. "왜냐하면 어떠한 이성적 피조물도 현재 상태보다 더 나쁘게 만들려는 의도로 그의 상황을 변경시키리라고 상상할 수는 없기 때문이다. "[33] 둘째로, "자연 상태에서 벗어나 하나의 공동체를 결성하는 사람은 누구나 사

---

31) *Treatise*, 7, 89.   32) *Treatise*, 8, 95.

33) *Treatise*, 9, 131.

184

회를 결성한 목적에 필요한 모든 권력을, 그들이 특별히 과반수 이상의 어떤 수를 협정해 놓지 않는 한, 공동체의 다수파에게 양도하는 것으로 이해되어야 한다."[34] 그러므로 로크가 보기에 "원초적 계약"은 다수의 의지에 따르는 데에 대한 개인의 동의를 포함하는 것으로 이해되어져야 한다. "그 집단은 다수의 동의인 더욱더 큰 힘이 이끌어가는 방향으로 움직이지 않을 수 없다."[35] 제정되는 모든 법령에 각 개인의 만장일치의 명백한 동의가 필요하거나(대부분의 경우에 이것은 실행 불가능하다), 또는 다수의 의지가 우세해야 한다. 로크는 명백하게 공동체를 대표하는 다수의 권리가 실제로 자명하다고 여겼다. 그러나 그는 다수가 소수에 대하여 전제적으로 행동할 수도 있다는 것을 명백히 깨닫지 못했다. 어쨌든 그의 주된 관심은 절대 군주제는 원초적 사회 계약에 모순되는 것임을 보여주려는 것이었다. 그는 분명히 다수 규칙으로부터 나오는 자유에 대한 위험이 절대 군주제로부터 나오는 자유에 대한 위험보다 훨씬더 적다고 생각했다. 그리고 그의 "원초적 계약"에 다수 규칙에 대한 동의를 포함시킴으로써 그는 다음과 같이 말할 수 있었다. "몇몇 사람들에 의해서 세상의 유일한 정부로 여겨지는 절대 군주제는 참으로 시민 사회와 모순되므로 결코 시민 정부의 형태가 될 수 없다."[36]

사회 계약론에 대한 한 가지 명백한 반대 이유는 그것의 역사적 증거들을 찾는 데 어려움이 있기 때문이다. 그러므로 로크가 사회 계약을 하나의 역사적 사건으로 생각했는지 안 했는지에 관한 물음이 생긴다. 그 자신은 함께 모여서 정치 사회를 형성하는 데 명백히 동의하는 자연 상태의 인간의 예는 없다고 반대 의견을 제시한다. 계속해서 그는 로마와 베니스, 아메리카의 어떤 정치 공동체들의 발단과 같은 몇몇 예들이 사실상 발견될 수 있다고 주장한다. 설령 우리가 그러한 예들의 기록을 갖고 있지 않다 해도, 침묵이 사회 계약의 가설에 대한 반박은 아닐 것이다. 왜냐하면 "정부는 어디서나 기록에 선행하는 것이며, 문자라는 것은 시민 사회가 오랫동안 지속되어서 달리 더 필요한 기술들에 의해 그들에게 안전, 안락과 풍요를 제공하게 되기 전에는 사람들 사이에서 결코 유행하지 않기"[37] 때문이다. 이

34) *Treatise*, 8, 99.   35) *Treatise*, 8, 96.
36) *Treatise*, 7, 90.   37) *Treatise*, 8, 101.

모든 것이 로크는 사실상 사회 계약을 하나의 역사적 사건으로 여겼다는 것을 암시한다. 그러나 그는 동시에 설령 시민 사회가 가족과 종족에서 생겼으며 시민 정부는 가부장제 규칙의 발전이라는 것이 증명된다 해도, 이것이 시민 사회와 정부의 합리적 토대가 동의라는 사실을 변경시키지는 않는다고 주장한다.

하지만 두번째 반대 의견이 발생한다. 설령 정치 사회들이 사회 계약과 자발적으로 이 사회들을 창조한 사람들의 동의에서 생겼다는 것이 보여질 수 있다 하더라도, 어떻게 이것이 우리가 그것을 알고 있는 것과 같이 정치 사회를 정당화시킬 수 있는가? 왜냐하면 예를 들어 영국의 시민들은 그들의 먼 조상들이 무엇을 했든지 그들의 정치 사회의 일원이며 그 정부의 백성들이라는 것에 아무런 명시적인 동의도 하지 않기 때문이다. 참으로 이 난점을 잘 알고 있는 로크 자신은 아버지는 "어떤 계약에 의해서도 그의 자식들이나 자손을 구속할 수 없다"[38]고 주장함으로써 그것을 강조한다. 어떤 사람은 그의 아들이 아버지와 동일한 정치 사회의 일원이 아니고서는 그의 재산을 물려받아 그것을 계속 향유할 수 없도록 그의 유언장에 조건을 규정할 수도 있다. 그러나 그는 그의 아들이 문제의 재산을 받아들이도록 구속할 수 없다. 만약 그의 아들이 그 조건을 좋아하지 않는다면 그는 상속을 포기할 수도 있는 것이다.

반대 의견에 대처하기 위해서 로크는 명시적인 동의와 묵시적 동의의 구별에 의지해야만 한다. 만약 어떤 사람이 어떤 정치 사회에서 자라나서 국법에 따라 재산을 상속하고 시민의 특권을 누린다면, 그는 적어도 그 사회의 일원이라는 것에 무언의 동의를 했던 것으로 여겨져야 한다. 왜냐하면 시민의 특권을 누리는 것과 동시에 그가 여전히 자연 상태에 있다고 주장하는 것은 모순이기 때문이다. 바꾸어 말하면 어떤 국가의 시민의 권리와 특권들을 이용하는 사람은 적어도 묵시적으로나마 그 국가의 시민으로서의 의무들을 자발적으로 떠맡았다고 여겨져야 한다. 그리고 영국 사람 또는 프랑스 사람으로 태어난 사람은 시민의 의무를 감수할 수밖에 없다는 반대 의견에 답하여, 로크는 그가 다른 나라로 가거나 또는 자연 상태에서 살 수 있는 외딴

---

38) *Treatise*, 8, 116.

곳으로 가서 은둔 생활을 함으로써 사실상 국가로부터 탈퇴할 수 있다고 대답한다.

물론 이 대답은 로크 당시의 일반적인 상황에 비추어 이해되어야만 한다. 당시에는 여권 규정, 이민법, 보편적인 징병 제도 등이 알려져 있지 않았으며, 그가 선택한다면 어떤 사람이 조국을 떠나서 아메리카나 아프리카의 황무지에서 사는 것이 실제로 가능했다. 그럼에도 불구하고 로크의 말은 사회 계약론의 인공적이고 비현실적인 특성을 보여주는 데 도움이 된다. 정치 사회의 기원에 관한 로크의 설명에서 우리는 두 가지 요소들의 융합을 발견한다. 하나는 그리스 철학에서 유래하는 정치 사회의 "자연적" 특성이라는 중세적인 관념이며, 다른 하나는 무제한의 자유(로크의 경우에 자연 도덕법을 준수하는 도덕적 의무는 제외하고)가 향유되는 자연 상태가 전제되었을 때 조직된 사회에서 자유의 제한에 대한 정당화의 근거를 찾으려는 합리주의적 시도이다.

5. 시민 정부

우리가 보았듯이 홉즈는 다수의 사람들이 자연 상태에서 누렸던 "권리들"을 주권자에게 양도하게 되는 하나의 계약이 있다고 주장했다. 이와 같이 정치 사회와 정부는 하나의 계약에 의해서 동시에 탄생하는 것이다. 하지만 로크의 정치 이론은 하나는 그것에 의하여 정치 사회가 형성되고, 다른 하나는 그것에 의하여 정부가 수립되는 두 가지 서약이나 맹약 또는 계약들을 인정한다고 주장되었다. 참으로 두 가지 계약들에 관한 명백한 언급은 없지만, 로크가 암묵적으로 두 가지를 가정했다고 주장되었다. 첫번째 계약에 의해서 사람은 일정한 정치 사회의 일원이 되며 다수의 결정을 받아들이지 않으면 안 된다. 반면에 두번째 계약에 의해서는 새로 형성된 사회의 구성원들의 다수(또는 전부)가 스스로 정부를 운영하든가 또는 과두제나 군주제, 세습제나 선거제를 수립하는 것을 승낙한다. 그러므로 홉즈의 이론에서는 주권자의 전복이 문제의 정치 사회의 해체를 논리적으로 함축하는 반면에 로크의 이론에서는 그렇지 않은데, 그것은 정치 사회가 별개의 계약에 의해서 형성되었으며 단지 그 구성원들의 동의에 의해서만 해체될 수 있기 때문이다.

이 해석에 찬성하여 주장될 수 있는 것들이 확실히 많이 있다. 그러나 동시에 로크는 시민과 정부의 관계를 계약에 의해서보다는 차라리 수탁자의 지위 개념에 의해서 생각하는 것처럼 보인다. 사람들은 정부를 수립하고 그것에 일정한 임무를 맡긴다. 그리고 정부는 이 임무를 수행해야 할 의무가 있다. "모든 국가들의 으뜸가는 근본적인 실정법은 입법권을 확립하는 것이다."[39] 그리고 "공동체는 이 위탁에 적합하다고 생각되는 사람들의 손에 입법권을 위임하며, 그들은 선언된 법에 의하여 다스려지게 된다. 만일 그렇지 않으면 그들의 평화, 안식과 재산은 여전히 그것이 자연 상태에 있었을 때와 똑같은 불확실한 상태에 있게 될 것이다."[40]

로크는 입법부를 국가의 "최고 권력"이라고 말한다.[41] 그리고 "사회의 어떠한 구성원들이나 부분들에 있어서의 다른 모든 권력들은 그것으로부터 나오고 그것에 종속되어야 한다."[42] 최고 행정권을 가지는 군주가 있을 때, 특별히 그의 동의가 없이는 어떠한 결의도 법이 될 수 없으며 입법부가 상설되어 있는 것도 아니라면, 그는 일상 언어로 최고 권력이라고 불릴 수 있다. 그러나 이것은 그 자신이 모든 입법권을 갖는다는 것을 의미하지는 않으며, 전문적인 의미에서의 최고 권력은 전체 입법부이다. 로크는 국가의 권력 분립이 바람직하다는 것을 강조했다. 예를 들어 법을 만드는 사람들이 스스로 그것을 집행해야 한다는 것은 별로 바람직하지 않다. 왜냐하면 "그들은 그들이 만드는 법을 준수하는 의무로부터 벗어나려고 할지도 모르며, 법을 만들고 집행하는 데서 법을 그들의 사적인 이익에 적합하게 함으로써 공동체의 나머지 사람들과는 전혀 다른 이해 관계를 갖게 될지도 모르기"[43] 때문이다. 그러므로 행정부는 입법부와 별개의 것이어야 한다. 로크는 국가의 권력 분립이 바람직하다는 것을 그렇게 강조했기 때문에, 그는 홉즈의 주권자에 상응하는 어떤 것도 갖지 않는다고 말해진다. 물론 이것은 우리가 "주권자"라는 낱말에 홉즈가 부여

39) *Treatise*, 11, 134.
41) *Treatise*, 11, 134.
43) *Treatise*, 12, 143.
40) *Treatise*, 11, 136.
42) *Treatise*, 13, 150.

했던 전체 의미를 부여할 때만 참이다. 그러나 우리가 보았듯이 로크는 최고 권력, 즉 입법부를 인정한다. 그것이 국가의 최고 권력인 한에서는, 바로 그 한도까지 그것은 아마도 홉즈의 주권자에 상응한다고 말할 수 있다.

그럼에도 불구하고 "나머지 모든 권력들은 그것에 종속되며 반드시 종속되어야만 하는 오직 하나의 최고 권력인 입법부가 있을 수 있다. 그런데 입법부도 어떤 특정한 목적을 위해 행동해야 하는 하나의 신탁(信託)된 권력에 지나지 않으므로, 입법부가 위임받은 신탁에 위배되는 행동을 하는 것을 국민이 발견할 때 입법부를 제거하거나 변경시킬 수 있는 최고 권력이 여전히 국민들에게 남아 있다."⁴⁴⁾ 이와 같이 입법부의 권력은 확실히 절대적인 것이 아니다. 그것은 수행해야할 책임을 갖는다. 물론 그것은 도덕법에 복종해야 한다. 따라서 로크는 "정부의 모든 형태들에서 사회가 입법부의 구성원들에게 위임한 신탁과 신법 그리고 자연법이 모든 국가의 입법권에 부여한 제한"⁴⁵⁾을 규정한다. 첫째로, 입법부는 모든 사람에게 동일하며 개별적인 경우들에서 변하지 않는 공포된 법에 의해서 다스려야 한다. 둘째로, 이 법들은 국민의 행복 이외의 어떤 다른 목적을 위해서 고안되어서는 안 된다. 셋째로, 입법부는 국민들 스스로 또는 그들의 대표자들에 의해서 주어지는 동의가 없이 세금을 올려서는 안 된다. 왜냐하면 사회가 형성되는 주요한 목적은 재산의 증식과 보호에 있기 때문이다. 넷째로, 입법부는 국민이 입법권을 위탁하지 않은 어떠한 사람이나 집단에 그 권력을 양도할 권리가 없으며, 또한 그것을 그렇게 타당하게 할 수도 없다.

우리가 권력 분립을 말할 때 우리는 일반적으로 입법권, 행정권과 사법권이라는 세 가지 구분을 언급한다. 그러나 로크의 세 가지 구분은 이것과 다르며, 입법권, 행정권 그리고 그가 "연합권"(federative)이라고 부르는 세 가지이다. 이 연합권은 전쟁과 강화권, 동맹과 조약권, "그리고 그 국가 밖의 모든 사람들이나 공동체들과 온갖 거래를 할 수 있는"⁴⁶⁾ 권력으로 이루어져 있다. 로크는 그것을 별개의 권력으로 여겼다. 그렇지만 그는 그것은 다른 사람(들)에게 위탁된다는

---

44) *Treatise*, 13, 149.   45) *Treatise*, 11, 142.
46) *Treatise*, 12, 146.

의미에서 "무질서와 파멸"[47]을 일으키기 쉬울 것이기 때문에 행정부
와 거의 분리될 수 없다고 말한다. 사법권에 관해서 로크는 그것을
행정부의 부분으로 여겼던 것처럼 보인다. 어쨌든 그가 주장하는 두
가지 점들은 입법부가 최고여야 한다는 것과 입법부를 포함한 모든
권력이 수행해야 할 하나의 책임을 갖는다는 것이다.

6. 정부의 해체

"사회가 해체될 때는 언제나 그 사회의 정부가 존속할 수 없다는
것은 확실하다."[48] 만약 정복자가 "사회를 산산조각으로 결딴낸다
면"[49] 정부가 해체된다는 것은 명백하다. 무력에 의한 이 해체를 로
크는 "밖으로부터의 전복"이라고 부른다. 그러나 "안으로부터의" 해
체도 역시 발생할 수 있다. 그는 제 2 권의 마지막 장의 대부분을 이
주제에 충당한다.

정부는 입법부가 바뀜으로써 안으로부터 해체될 수도 있다. 명백히
영국의 헌법을 생각하고 있는 로크는 다음과 같이 말한다. 입법권
이 국민에 의해 선출된 대표자들의 집단에 주어지는 경우, 세습 귀
족의 집단에 주어지는 경우, 최고 행정권을 소유하며 두 집단을 소집
하고 해산할 수 있는 권리도 소유하는 유일한 상속자인 왕자에게 주
어지는 경우를 상상해 보자. 만약 왕자가 법 대신 그의 독단적인 의
지를 따른다거나, 또는 그가 입법부(즉 두 집단, 특별히 대표자 집
단)가 적당한 시기에 모이거나 자유롭게 행동하는 것을 방해하거나,
또는 그가 선거 방식을 임의로 국민들의 동의없이 그리고 그들의 관
심과 반대 방향으로 변경시킨다면, 그러한 모든 경우에 입법부가 바
뀐다. 게다가 만약 최고 행정권을 쥐고 있는 사람이 그의 직무를 유
기하거나 소홀히 해서 법이 집행될 수 없다면 정부는 실제로 해체된
다. 더 나아가서 왕자나 입법부가 시민들의 재산을 침해한다든가 그
들의 생명, 자유 또는 재산에 대한 임의의 소유권을 획득하려고 할
때처럼 그들의 신탁과 모순된 방식으로 행동할 때 정부는 해체된다.

---

47) *Treatise*, 12, 148.　　48) *Treatise*, 19, 211.
49) 같은 책, 같은 면.

이 방식들 중 어느 것에 의해서든지 정부가 "해체될" 때 혁명이 정당화된다. 이 신조가 잦은 혁명을 촉진한다고 말하는 것은 건전한 주장이 결코 아니다. 왜냐하면 만약 시민들이 포학한 권력이 제멋대로 휘두르는 변덕에 시달린다면, 그들은 지배자들의 신성한 인격이 아무리 많이 칭송되었다 할지라도 언제든지 혁명의 기회를 포착할 채비를 갖추고 있게 될 것이다. 게다가 혁명이 사실상 "공무에 온갖 사소한 실수가 있을 때마다"[50] 발생하는 것은 아니다. 우리는 백성들과 그들의 행동을 말할 때 "혁명"과 "반역자들"이라고 말하지만, 더 정확히 말한다면 지배자들이 폭군이 되거나 국민의 의지와 관심에 반대되는 방식으로 행동할 때 우리는 그들을 반역자들이라고 말할 수 있다. 참으로 정당화될 수 없는 반란과 혁명이 있을 수 있으며 이것은 범죄이다. 그러나 남용의 가능성이 혁명의 권리를 제거하지는 않는다. 그리고 만약 상황이 혁명을 합법화할 때 누가 심판을 할 것인지 묻는다면, "나는 국민들이 심판관이 될 것이라고 대답한다."[51] 왜냐하면 피신탁자들이 그의 신탁을 남용했는지 안 했는지를 결정할 수 있는 사람은 신 말고는 오직 그들이기 때문이다.

7. 총 평

로크의 정치 이론은 명백히 몇 가지 근거에서 비판을 면할 수 없다. 매우 일반적인, 너무 일반적이어서 "영원하다"고 불릴 수 있는 원리들을 선언하는 것 이상인 다른 정치 이론들과 더불어 그것은 당시의 역사적 상황에 너무 밀접하게 관련되어 있다는 결점을 포함한다. 이것은 물론 다소 세부에까지 미치는 이론의 경우에 피할 수 없는 것이다. 그리고 로크의 《시민 정부론》이 어느 정도 당시의 역사적 상황을 반영하며, 휘그당원이며 스튜어트 왕조의 반대자로서 저자의 사적인 정치적 신념을 반영한다는 사실에 놀랄 만한 것은 아무 것도 없다. 왜냐하면 만약 정치 철학자가 "정부는 공익을 목적으로 운영되어야 한다"와 같은 명제들을 선언하는 것에 국한하기를 원하는 것이

---

50) *Treatise*, 19, 225.　　　　　51) *Treatise*, 19, 240.

아니라면, 그는 반성의 자료로서 그 당시의 정치 자료를 취하지 않을 수 없기 때문이다. 정치 이론들에서 우리는 정치적인 삶의 어떤 사고 방식과 정신 그리고 활동이 반성적인 표현에 이르고 있는 것을 본다. 정도에 각기 차이는 있지만 정치 이론들은 불가피하게 어느 시대에도 속하는 것이다. 이것은 플라톤의 정치 이론에 명백히 해당된다. 마르크스의 정치 이론도 역시 마찬가지이다. 마찬가지로 그것이 로크의 이론에도 해당되어야 한다는 것은 아주 자연스러운 일이다.

실제로 불가피하다는 것이 당연하게 "결점"으로 불릴 수는 없다고 말할 수도 있다. 그러나 정치 철학자가 그의 이론을 **대표적인** 이론으로 제안한다면, 이 낱말의 사용을 흠잡는 것은 헛된 일이라고 나는 생각한다. 어쨌든 로크의 정치 이론은 다른 결점들도 갖고 있다. 사회 계약론이 인공적이라는 것은 이미 앞에서 주목되었다. 그리고 우리는 로크가 공익 개념을 철저히 분석하지 못한 것도 역시 주목해야할 것이다. 로크는 손쉽게 사유 재산의 보존과 공익의 증진이 어느점으로 보나 동의어라고 가정하는 경향이 있다. 이 비판은 로크가 예견할 수 없었던 경제적·사회적·정치적 삶의 발전, 그 당시 자유주의의 수정을 불가피하게 했던 발전을 회고하는 사람의 관점에서 이루어지는 것이라고 말할 수도 있다. 이것은 부분적으로는 참이다. 그러나 그 자신의 역사적 상황의 틀 안에서조차 로크는 정치 사회와 정부의 기능에 관한 좀더 적절한 설명을 제시할 수 없었다는 결론이 되지는 않는다. 비록 초보적인 형태이기는 하지만 그리스와 중세의 정치 사상에도 있었던 것이 그의 설명에는 빠져 있다.

하지만 로크의 정치 이론이 비판을 면할 수 없다고 말하는 것이 그것은 어떤 지속적인 가치를 갖지 않는다고 말하는 것은 아니다. 그리고 영원한 타당성을 가진 것으로 여겨질 수 있는 원리들은 정확히 그것들의 일반성 때문에 특정 시대나 환경에 한정되고 제한되는 것을 넘어서는 원리들이라고 말하는 것이 이 원리들은 무가치하다고 말하는 것과 똑같은 것은 아니다. 하나의 원리는 그것이 서로 다른 시대에 서로 다른 방식들로 적용되어야 하기 때문에 무가치한 것으로 되지는 않는다. 정부(오늘날 "정부"라는 용어가 일반적으로 사용되는 좁은 의미에서뿐만 아니라 국가 조직이라는 넓은 의미에서)는 수행해야 할 책임을 지고 있으며 그것은 공익을 촉진하기 위해서 존재한다는 로크의 원리는 그가 그것을 선언했을 때 그랬던 것처럼 지금도 참이다. 그것은 물론 새로운 것은 아니었다. 아퀴나스도 동일한 것을 말했을 것이다. 그러나 요점은 원리란 끊임없는 반복을 필요로 한다는 것이다. 실시되기 위해서는 그것은 서로 다른 시대에 서로 다른 방식으로 적용되어야만 한다. 로크는 그것이 어떻게 중세 시대의 상황이 아닌 그 시대의 상황에서 적용되어야 하는가를 보여주려고 노력했다.

국민에 대한 정부의 책임과 공익을 증진시키는 정부의 기능은 일반적으로 인정될 것이다. 그러나 나는 지속적인 타당성을 가진 하나의 입장으로서, 로크 자신이 항상 채택했지만 이의가 제기되었던 하나의 입장을 덧붙이기를 원한다. 자연권들이 있으며 지배자와 피지배자들 모두 양심적으로 따르지 않을 수 없는 자연 도덕법이 있다는 교의를 말하려는 것이다. 이 교의는 자연 상태와 사회 계약 이론들과 뗄 수 없게 밀접한 관계가 있는 것은 아니다. 그것은 그것이 진정으로 받아들여질 때 폭정에 대한 하나의 지속적인 방위 수단이 되는 것이다.

하지만 그것의 본질적인 장점과 결점은 별문제로 하고 로크의 정치 이론은 역사적으로 매우 중요하다. 약간의 비판에도 불구하고 그것은 18세기 그의 조국에서 일반적으로 받아들여졌다. 심지어 흄과 같은 문필가들이 사회 계약론을 공격했을 때에도 정부에 관한 로크의 일반적인 개념들은 받아들여졌다. 물론 좀더 뒤에 한편으로는 벤담주의와 다른 한편으로는 버크(Edmund Burke, 1729~1797)의 이론들과 함께 서로 다른 사상 경향들이 나타났다. 그러나 그것들은 로크가 말했던 것 중의 많은 부분을 공통적으로 가졌다. 한편 그의 정치 이론은 대륙에 알려지게 되었는데, 그가 망명중에 살았던 네덜란드는 물론이고, 그가 몽테스키외(1689~1755)와 같은 계몽주의 문필가들에게 영향을 미쳤던 프랑스에도 역시 알려졌다. 게다가 비록 제퍼슨(1743~1826)과 같은 혁명 지도자들 각 개인에게 미친 그의 영향력의 정도를 정확히 평가하는 것이 어렵기는 하지만, 아메리카에 커다란 영향을 미쳤다는 사실은 의심할 여지가 없다. 결국 넓게 보급되어 있는 로크의 《시민 정부론》의 지속적인 영향은 철학자들은 무력하다는 생각에 대한 영속적인 반증이다. 로크 자신이 이미 존재하는 사상의 동향을 명료하게 표현했다는 것은 의심할 여지없이 참이다. 그러나 이 명료한 표현은 그것 자체가 사상 운동의 통합과 보급에 강력한 영향력을 가지는 것이었으며, 그것이 표현했던 정치적 삶의 동향이었다.

8. 로크의 영향

프랑스 백과전서파인 달랑베르에 따르면, 로크는 뉴턴이 물리학을 창안했던 것과 아주 똑같은 방식으로 형이상학을 창안했다. 이 점에서 달랑베르는 형이상학을 로크가 생각했던 것과 같은, 즉 인간 오성의 범위, 능력과 한계를 결정하는 것과 같은 지식론의 뜻으로 말했다. 지식론의 발전과 인간 오성의 분석 기능에 의해서 형이상학을 취급하는 데 주어진 로크의 추진력은 참으로 그가 철학적 사고에 강력한 영향력을 행사했던 주요한 방식들 중의 하나였다. 그러나 그의 영향은 그의 윤리설의 쾌락주의적 요소들에 의해서 윤리학에도 역시 강력하게 미쳤으며, 마지막 절에서 보았던 것처럼 정치 이론에도 강력하게 미쳤다.

예를 들면 케네(François Quesnay, 1694~1744)와 같은 프랑스 "중농주의자들"의 저작과 아담 스미스(1723~1790)의 《국부론》(*Wealth of Nations*, 1776)에서 볼 수 있는 것과 같은 **자유 방임주의적** (laissez-faire) 유형의 경제적 자유주의는 로크의 경제 이론, 정치 이론들과 적어도 먼 관계를 맺고 있다는 것이 덧붙여질 수 있다.

로크의 경험주의의 영향은 뒤에 살펴보게 될 버클리와 흄의 철학에서 가장 잘 나타난다. 이 사상의 발전 과정에서 그의 경험주의적 원리는 그 자신이 상상하지 못했던 방식으로 적용되었다. 그러나 여기에 놀랄 만한 것은 아무 것도 없다. 로크는 온건하고 균형잡힌 사상가였다. 그러므로 그는 그를 상당히 존경했던 사무엘 클라크(Samuel Clarke, 1675~1729)와 같은 사람의 마음에 들 수 있었다. 그러나 로크 사상의 서로 다른 측면들이 그 자신은 과장되었다고 여겼을 방식으로 다른 사람들에 의해서 발전되었다는 것은 지극히 자연스러운 일이다. 예를 들면 계시의 심판관으로서의 이성에 관한 그의 견해들은 뒤에 보게 될 이신론자(理神論者)들에게 영향을 미쳤다. 우리는 볼링브로우크(Henry Bolingbroke, St. John Viscount, 1678~1751)가 로크를 그가 존경했던 유일한 일류 철학자로 격찬하는 것을 본다. 게다가 《인간 오성론》에 있는 관념들의 연합에 관한 로크의 의견들은 좀더 나중에 하틀리(David Hartley, 1705~1757)와 프리스틀리(Joseph Priestley, 1733~1804)의 연상 심리학에서 열매를 맺었다. 두 사람은 모두 물리적 사건들과 정신적 사건들의 관련을 강조했으며, 후자는 적어도 유물론적인 입장을 택했다. 물론 로크 자신은 유물론자가 아니었다. 또한 생각과 관념들을 단순히 변형된 감각들이라고 보지도 않았다. 동시에 그는 감각주의의 기초로 사용될 수 있는 진술을 했다. 예를 들면 그는 신이 순전히 물질적인 사물에 생각하는 능력을 주었을지도 모른다고 말했다. 감각주의의 이 요소들은 예를 들어 코크의 감독(bishop of Cork)이었던 브라운(Peter Browne, 1735년에 사망)과 프랑스 철학자 콩디약(Condillac, 1715~1780)에게 영향을 주었다. 참으로 로크 철학의 감각주의적 요소들은 직접적으로나 간접적으로 백과전서파와 같은 프랑스 계몽주의 사상가들에게 상당한 영향을 미쳤다.

요컨대 로크는 그 시대의 특징이었던 "합리주의", 그리고 모든 권위주의를 혐오하는 자유로운 탐구 정신을 그 자신과 그의 저작들에서 보여주는, 계몽주의 시대 전반에 걸친 탁월한 인물 중의 한 사람이었다. 하지만 그는 그의 영향을 받았던 대륙의 사상가들에게 때때로 부족했던 중용, 경건, 진지한 책임감의 특성들을 가졌다는 것이 덧붙여져야만 한다.

그러나 만약 로크가 당대의 대사상가들 중 한 사람이었다면 뉴턴도 그렇다. 달랑베르가 그들을 함께 언급하는 것은 부당하지 않았다. 따라서 이 책은 확실히 물리학의 역사를 쓰려고 예정한 것은 아니지만, 사람들의 사고에 그렇게 심오한 영향을 미친 위대한 수학자이며 물리학자인 그에 관하여 적어도 약간이라도 언급해야 할 것이다.

제 8 장

아이작 뉴턴

1. 로버트 보일

　로크의 친구들 중에 로버트 보일(Robert Boyle, 1627~1691)이 있었다. 화학자, 물리학자로서 보일은 자연 발생에 관한 폭넓고 광범위한 가설을 형성하는 것보다는 오히려 감각적 자료의 개별적인 분석들에 흥미를 가졌다. 그는 과학적 방법을 구성하는 데 있어서 실험적 탐구를 강조했다. 따라서 그는 길버트(William Gilbert, 1540~1603)와 하비(William Harvey, 1578~1657) 같은 사람들의 작업을 계속해 나갔다. 실험에 대한 강조에서 그는 물론 프란시스 베이컨과 유사함을 보여준다. 그러나 이론과 가설의 너무 이른 주입에서 벗어나기 위하여 초년 시절에 그는, 나중에 그가 자신의 주요한 선구자로 인정했던 베이컨, 데카르트, 가상디의 저작들에 관한 진지한 연구를 의도적으로 피했다. 그는 당연히 실험 과학의 주요한 철학자 중의 하나로, 그리고 대조 실험에 의한 검증 또는 확증이 따르지 않는 이론화의 부적절함을 자신의 작업에 의해서 명백하게 하는 데 공헌한 사람으로 여겨진다. 따라서 그 설명이 《새로운 물리-역학적 실험들》(*New Experi-*

ments Physico-Mechanical, 1660)에 실려 있는, 공기 펌프에 의한 공기와 진공에 대한 실험은 홉즈의 선험적 이론화에 결말을 지었으며, 실험적 방법을 반대하는 사람들에게 치명타를 가했다. 나아가 그는 《회의적인 화학자》(*Sceptical Chymist*, 1661)에서 4원소설뿐만 아니라, 물질적 사물들의 세 가지 구성 원리로 소금, 유황, 수은을 드는 당시의 이론을 효과적으로 비판했다. (비록 그 자신은 원소들의 목록을 제시할 수 없었지만, 그의 정의에 따르면 화학적 원소는 더 단순한 구성물로 해체될 수 없는 실체이다.) 1662년에 그는 보일의 법칙으로 알려진, 기체의 압력과 부피는 반비례한다는 언명을 일반화시켰다. 그 자신은 연금술을 믿었지만, 그가 실험적 방법을 강조하고 사용한 것은 연금술의 종말을 고하게 하는 가장 효과적인 수단이 되었다.

물론 보일은 물리학과 화학에서 실험적 방법을 주장하고 사용했다고 말하는 것이, 그가 단지 "실험자"였으며 모든 가설들을 삼갔다고 말하는 것은 아니다. 만약 그가 이렇게 했다면 그는 과학자로서 명성을 거의 얻지 못했을 것이다. 그가 반대했던 것은 가설들 그 자체의 형성이 아니라, 실험적 방법을 대조 사용하지 않고서 이론들을 성급하게 주장하는 것과 단지 각기 다른 정도의 개연성을 갖고 있는 이론들과 가설들을 진리라고 자신있게 주장하는 것이다. 검증될 수 없는 광범한 철학 체계들을 세우는 것보다는 실험에 단단히 기초한 약간의 지식을 축적하는 것이 차라리 낫다. 그러나 이것이 가설은 형성되어서는 안 된다는 것을 의미하지는 않는다. 왜냐하면 과학자는 그가 확인한 사실들을 해석하고 설명하려고 애쓰기 때문이다. 동시에 하나의 주어진 설명적 가설이 동일한 사실들을 설명하려는 어떤 다른 가설보다 더 틀림없을 것 같다는 점을 보여주는 것이 가능할 때라도 그것이 미래에 그 지위를 빼앗기지 않으리라는 보장은 없다. 보일이 에테르의 가설, 즉 엷은 에테르 같은 실체가 공간 전체에 걸쳐 퍼져 있다는 가설을 신봉했다는 것을 특히 주목해야 할지도 모르겠다. 에테르의 가설은 진공 개념을 피하기 위하여, 그리고 어떤 명백한 매체없이 운동의 전달을 설명하기 위하여 가정되었다. 그러나 기계론적인 세계 개념에 의하여 아무런 만족스러운 설명도 주어지지 않는 자기(磁氣)와 같은 현상들도 역시 있었다. 따라서 보일은 에테르는 두 종류의 분자들 또는 미립자들로 구성되어 있을지 모르며, 그것들 중 하나의

도움을 빌려 우리는 자기와 같은 현상들을 설명할 수 있으리라고 제
안했다. 이와 같이 그는 케임브리지 플라톤주의자인 헨리 모어가 자
기와 중력 같은 현상들의 설명으로 제시했던[1] 자연의 정신 또는 세계
의 영혼 이론을 피할 수 있었다. 바꾸어 말하면 보일은 더 자연주의
적이며 "과학적인" 가설을 제안했다. 그러나 그는 자신의 가설이 단
지 틀림없을 것 같은 데 불과하며 버려져야 할지도 모른다는 것을 잘
알고 있었다. 그는 다른 사람들의 이론들에 대해서도 허용하지 않았
겠지만, 자신의 과학적 이론들도 궁극적인 진리라고 주장하지 않았
다. 그는 일반적으로 인간 지식의 한계들, 그리고 특히 과학적 설명
의 가설적이고 잠정적인 특성을 날카롭게 의식하고 있었다.

게다가 보일은 과학에서 실험적 방법을 주장했다고 말하는 것이 물
리학에서 수학의 역할을 깨닫지 못했다고 말하는 것은 아니다. 그 자
신은 비록 위대한 수학자는 아니었지만, 그는 자연의 수학적 구조를
운동중에 있는 물체들의 체계로 여기는 갈릴레이와 데카르트의 견해
에 완전히 공감했다. 그는 심지어 수학적 원리들을 우리의 모든 지식
의 토대이며 도구인 초월적 진리들이라고 보았다. 그리고 간략하게
언급되겠지만 그는 조건부로 기계론적인 자연 해석을 받아들였다. 그
는 크기와 형태라는 제 1 성질들이 부여된 원자들의 이론을 가정했으
며, 물질적 세계의 자연 현상들도 마찬가지로 우리가 운동을 가정한
다면 기계적으로 설명될 수 있다고 주장했다. 운동은 물질적 실체의
본래의 성질이 아니며 그것의 본질에 속하지도 않는다. 따라서 그것
은 물질적 실체에 덧붙여 가정되어야 한다. 말하자면 그것은 신에 의
해서 덧붙여지며, 운동의 법칙들도 신에 의해서 결정된다. 보일은 운
동 또는 에너지의 동일한 총량의 보존에 관한 데카르트의 형이상학적
증명, 즉 신의 불변성으로부터의 증명을 받아들이려고 하지 않았다.
이 형이상학적 논의는 증명될 수 없으며, 우리는 운동의 총량이 항상
일정한 채로 남아 있음에 틀림없다는 것을 알지 못한다. 하지만 물질
적 실체와 운동을 가정하면 자연의 체계는 하나의 우주 기계 장치이
다. 그럼에도 불구하고 우리는 운동은 또하나의 인접한 물체에 의해
서 하나의 물체에 필연적으로 전달되어야 한다는 홉즈의 견해를 거부

---

1) 데카르트는 중력을 역학적으로 설명하기 위해서 에데르 같은 매체가
   소용돌이를 형성한다고 가정했다.

해야 한다. 왜냐하면 만약 우리가 이 견해를 받아들인다면 우리는 무한 후퇴에 말려들며, 정신적인 신의 인과 행위를 배제하게 되기 때문이다.

그러나 보일은 자연을 기계적인 체계로 보는 데카르트의 해석에 대부분은 함께하지만, 이 해석이 과장되었으며 제한이 필요하다고 여겼다. 참으로 그는 목적인(目的因)에 의한 사건들의 설명은 어떻게 이 사건들이 발생하느냐는 물음에 대한 대답이 아니며, 동력인(動力因)에 관한 물음에 대한 대답 대신 목적론적 설명을 교묘하게 대체하는 것은 어느 것이나 데카르트의 마음에 그랬던 것과 마찬가지로 그의 마음에 맞지 않는다고 보았고 또 명백하게 그렇게 말했다. 동시에 그는 비록 그러한 문제들에 관계하는 것이 물리학자나 화학자 그 자체의 일이 아님에도 불구하고, 목적인 개념의 타당성과 목적론적 설명의 가능성을 주장했다. 데카르트가 물리학 또는 실험 철학으로부터 목적론적 설명들을 배제했을 때 목적인들이 있다는 것을 부정하지 않았다는 것은 참이다. 그리고 보일이 목적인과 형이상학의 관련을 주장하는 것이 데카르트에 대한 맹렬한 반대로 기술되어서는 안 된다. 그러나 그가 그 주제에 관하여 말해야 하는 것은 데카르트와 홉즈에 의해서 주장된 것과 같은 기계적인 세계 해석이 적절한 해석으로 여겨질 때 그는 그것에 만족하지 않는다는 것을 보여준다. 그것은 어떤 목적들 또는 한정된 영역 안에서는 적당할지도 모른다. 그러나 세계에 관한 일반 철학으로서는 부적당하다. 보일은 수단을 목적에 적응시키는 사물들의 지적인 창조자, 결정자에 관계하지 않고서는 창조에 관한 어떠한 만족스러운 해석이나 일반적인 설명도 주어질 수 없다고 확신했다.

보일은 홉즈의 유물론에 강력하게 반대했다. 그는 역시 그가 갈릴레이와 데카르트의 경향으로 여겼던 경향, 즉 세계 내의 인간의 중요성을 경시하며 인간의 지위를 방관자의 상태로 떨어뜨리는 것에 반대했다. 그는 새로운 자연 철학과 새로운 세계관의 발생에 그렇게 많이 공헌했던 사람들이 이 새로운 철학을 전개했던 것, 말하자면 바로 그 존재를 중요하지 않게 밀어내려 했다는 것은 명백히 역설적이라고 여겼다. 만약 나중의 방식으로 말하는 것이 허용된다면, 그는 새로운 대상 개념들 자체가 주체에 기인하는 것이었을 때 주체가 대상을 위해 자신의 중요성을 경시하려 한다는 것은 이상하다고 생각했다.

보일의 관점에 대한 하나의 표현은, 비록 제 2 성질들에 대한 우리의 지각이 기계적으로 설명될 수 있음에도 불구하고 이것은 제 2 성질들이 비실재적이라고 말하는 데에 대한 충분한 근거가 아니라는 그의 주장에서 보여질 수 있다. 이렇게 말하는 것은 세계 내에서의 인간의 실제 현전을 망각하는 것이다. 왜냐하면 이 실제 현전을 가정한다면, 제 2 성질들은 제 1 성질만큼이나 실재적이기 때문이다.

하지만 비록 보일은 우주 내에서의 인간의 지위의 중요성을 주장했음에도 불구하고, 인간의 본성에 대한 그의 해석은 상호 작용의 문제를 해결하는 데에서 부딪쳤던 커다란 난점에 그의 주의를 집중하게 할 만큼 성격상 충분히 데카르트적이었다. 왜냐하면 그는 정신적 영혼을 어떤 신비로운 방식으로 송과선(conarion) 안에 존재하는, 말하자면 영혼이 뇌 속에 가두어져서 감각 기관들로부터 오는 전갈들을 기다리는 것으로 생각했다. 게다가 그는 영혼의 위치로부터 인간의 힘은 필연적으로 매우 한정되고 제한된 것이라고 추론한다. 이 추론은 우리 이론들의 가설적이고 잠정적인 특성에 관한 보일의 견해, 비록 가설의 절대적 진리를 증명할 수 없기는 하지만 실험적 검증이 필요하다는 그의 견해와 밀접한 관계가 있다.

우리 마음들의 제한된 범위로부터 보일이 끌어내는 하나의 결론은, 우리는 우리 지식을 확장시켜 주는 기독교에 더욱더 가치를 두어야 한다는 것이다. 그는 사실상 철저히 종교적인 사람이었다. 그는 과학에서 그의 실험적인 작업을 신에 대한 봉사로 여겼으며, 당시의 과학적이며 철학적인 발전들로부터 발생할 수도 있을 기독교 신앙에 관한 난점들에 대비될 대답을 예상하여 보일 강좌 시리즈를 창시했다. 그의 저작들에서 그는 일반적으로 우주 체계와 특별한 인간 영혼의 기능과 작용들에 관한 고찰은 성서에서도 자신을 드러냈던 최고로 강력하고 현명하며 선한 조물주의 존재에 대한 확실한 증거를 제공한다고 주장했다. 이것은 보일이 신을 단지 우주와 운동의 창시자로서 가정했다는 것을 의미하는 것은 아니다. 그는 종종 신의 세계 보존과, 세계의 모든 작용들과 동시에 신이 "함께함"을 말했다. 그는 기계적 체계로서의 그의 자연관과 이 학설을 체계적으로 조화시키려는 어떠한 시도도 하지 않았는지 모른다. 그러나 그가 했던 것처럼 만약 그가 자연 법칙들은 아무런 본질적인 필연성을 갖지 않는다고 주장했다면, 아무런 시도도 하지 않았던 것이 아마도 필연적이었던 것 같다. 게다가 그는 신은 결코 평범하고 일반적인 함께함을 필연적으로 하게 되어 있는 것은 아니라고, 즉 정상적인 경험에서 우리가 그것을 아는 것과 같이 정확하게 자연의 체계를 유지하지 않으면 안 되는 것은 아니라고 주장했다. 기적은 가능하며 또 발생했다.

그러므로 우리는 보일에게서 과학에서의 실험적 방법, 과학 이론들의 가설적 특성에 대한 주장과 영혼과 육체의 관계에 대한 데카르트적인 견해, 그리고 중세와 르네상스의 스콜라 철학에서 철학적으로 생겼던 신학적 신념들이 흥미롭게 결합된 것을 본다. 신의 함께함에 관한 그의 이론과, 신은 자신 안에서 직관적으로 아는 모든 것을 본다는 그의 이론은 그의 사상에서 언급된 요소를 마지막으로 예증한다.

2. 아이작 뉴턴 경

로크의 친구들 중의 또 한 사람은 이 《철학사》[2]의 제 3 권에서 이미 언급되었던 아이작 뉴턴 경(1642~1727)이다. 우리가 여기서 보일이라는 이름보다 더 위대한 이름을 대한다고 덧붙이는 것은 거의 불필요하다. 왜냐하면 코페르니쿠스, 갈릴레이, 케플러[3]와 같은 사람들에 의해서 준비된 세계관의 완성을 성취한 것은 뉴턴의 천부적인 재능이었으며, 그의 이름은 최근까지도 과학을 지배했기 때문이다. 우리는 아직까지도 양자 역학의 도래에 이르기까지의 근대 물리학을 뉴턴 물리학으로 말하는 데 익숙해져 있다.

링컨셔의 울스토프에서 태어난 뉴턴은 1661년 6월에 케임브리지의 트리니티 대학에 입학해서 1665년 1월에 학위를 받았다. 중력의 문제에 주목했으며 적분학과 이항 정리를 역시 발견했던 울스토프에서 잠시 지낸 뒤에, 그는 1667년에 트리니티의 평의원으로 선출되었고,

---

2) F. Copleston, *History of Philosophy*, 제 3 권, p. 284.
3) 이 르네상스 과학자들에 관해서는 F. Copleston, *A History of Philosophy*, 제 3 권, 18 장을 참조.

1669년에는 루커스 대학의 수학 교수가 되었다. 1687년에는 보통 뉴턴의 《수학 원리》(*Principia*)로 알려진 《자연 철학의 수학적 원리》(*Philosophiae naturalis principia mathematica*)를 출판했는데, 인쇄 비용은 그의 친구인 천문학자 핼리(Edmond Halley, 1656~1742)가 지불했다. 그는 1689년에서 1690년까지, 그리고 1701년에서 1705년까지 두 차례에 걸쳐서 케임브리지 대학교 선출 국회 의원을 지냈다. 1703년에 그는 1672년에 회원이 되었던 왕립 학회의 회장으로 선출되었다. 그는 1705년에 앤 여왕으로부터 나이트 작위를 수여받았다. 《수학 원리》의 제2판과 제3판이 1713년과 1726년에 나왔다. 뉴턴은 웨스트민스터 성당에 묻혔다.

수학적 물리학자로서 뉴턴의 천부적 재능과 조정, 통합, 단순화의 능력은 물론 의문의 여지가 없다. 예를 들어 그는 케플러의 법칙들을 사용해서, 만약 태양이 각 행성에 그 행성이 태양으로부터 떨어져 있는 거리의 제곱에 반비례로 변화하는 힘을 행사한다고 가정된다면, 태양의 주위를 도는 행성들의 운동이 설명될 수 있다는 것을 보여줄 수 있었다. 그 다음에 그는 만약 우리가 지구의 인력이 달에까지 미친다고 상정한다면, 달이 그 궤도에서 유지되는 것은 이 기본 원리에 일치하는 방식으로 설명될 수 있는가 없는가 하고 물었다. 그리고 결국 그는 질량들의 상호 인력을 결정하는 중력의 보편 법칙을 발표할 수 있었다. 질량 M을 가진 어떤 물체와 질량 m을 가진 다른 어떤 물체도 그것들 사이의 직선을 따라서 F라는 힘으로 서로 잡아당기는데, 이 힘은 d가 물체들 사이의 거리이고, G가 보편 상수일 때 GMm/d^2에 상당한다. 뉴턴은 이렇게 행성들, 혜성들, 달과 바다의 운동과 같은 주요한 현상들을 하나의 단일한 수학적 법칙 아래 가져올 수 있었다. 그는 지상의 물체들의 운동이 천상의 물체들과 동일한 운동 법칙들을 따른다는 것을 보여줄 수 있었다. 이런 식으로 그는 지상과 천상의 물체들은 본질적으로 서로 다른 법칙들을 따른다는 아리스토텔레스 이론의 파괴를 완결했다.

일반적으로 뉴턴은 자연 안에서의 모든 운동 현상들도 마찬가지로 역학 원리들로부터 수학적으로 도출될 수 있다고 제안했다. 예를 들면 《광학》(*Opticks*, 1704)에서 그는 빛의 굴절과 합성에 관하여 관련된 정리들이 일단 주어지면 색깔의 현상들은 수리 역학적인 용어들로 설명될 수 있으리라고 주장했다. 바꾸어 말하면 그는 결국 모든 자연 현상들은 수리 역학에 의해 설명될 수 있다는 것이 판명될지도 모른다는 희망을 표현했다. 그리고 개별적인 문제들의 해결에서 그 자신이 두드러진 성공을 거둔 것은 명백히 그의 일반적 견해에 권위를 부여하는 데 이바지했다. 이렇게 그의 업적은 세계의 역학적 해석을 강력하게 촉진했다. 그의 "중력"이 물질적 입자들의 단순한 운동에 환원될 수 있는 것처럼 보이지 않았기 때문에, 그의 이론은 일반적으로 데카르트의 극단적인 기계론을 약화시키는 것으로 여겨졌다는 것이 주목되어야 한다. 어떤 18세기 호교론자들은 순전히 기계론적인 이론으로는 설명될 수 없는 것으로서의 중력의 존재를 신의 존재에 대한 논증으로 사용했다.

뉴턴에게서 자연 철학은 운동의 현상을 연구하는 것이라는 점이 주목되어야 한다. 그것의 목적은 "운동의 현상으로부터 자연의 힘을 탐구하는 것이며, 그리고 나서 이 힘으로부터 다른 현상들을 논증하는 것이다."[4] 이 "자연의 힘"이란 무엇인가? 그것은 운동에서 변화의 원인으로 정의된 것이다. 그러나 우리는 이 문맥에서 "원인"이라는 낱말의 의미를 오해하지 않도록 주의해야 한다. 말할 것도 없이 뉴턴은 현상의 동력인, 형이상학적 원인, 즉 신을 언급하지 않는다. 또한 그는 역학 법칙들의 작용에 성공적으로 환원되지 않았던 현상들을 설명하기 위해, 또는 실제 운동들의 이 법칙에 대한 사실적인 부합을 설명하기 위해서 가정되는 가설적·물질적 원인들을 언급하지 않는다. 그는 역학 법칙들 자체를 언급하고 있다. 이 기술적(記述的) 법칙들은 물론 물질적 능동자들이 아니다. 그것들은 동력인을 행사하지 않는다. 그것들은 "역학 원리들"이다.

《수학 원리》에서 인용된 구절은 뉴턴의 과학적 방법 개념을 지적한다. 그것은 두 가지 주된 요소들, 즉 운동의 현상들의 연구로부터 역학 법칙들을 귀납적으로 발견하는 것과, 이 법칙들에 비추어 현상들을 연역적으로 설명하는 것을 포함한다. 바꾸어 말하면 그 방법은 분석과 종합 또는 합성으로 구성된다. 분석은 실험과 관찰을 하고 그것들로부터 귀납에 의해 일반적인 결론들을 끌어내는 데 있다. 종합은 수립된 법칙들 또는 원리들 또는 "원인들"을 가정하고, 이 법칙들로

---

4) *Principia mathematica*, 제1판, 서문.

부터 결과들을 연역함으로써 현상들을 설명하는 데 있다. 수학은 전 과정에 있어서 마음의 연장 또는 도구이다. 그것은 연구될 운동들이 측정되고 수학적인 공식화로 환원되어야 한다는 의미에서 처음부터 필요하다. 그리고 방법과 자연 철학의 영역은 그것에 의해 제한된다. 그러나 뉴턴에게 수학은 갈릴레이에게서처럼 실재에 대한 절대로 확실한 실마리라기보다는 오히려 마음이 사용하게 되는 하나의 도구나 연장으로 여겨졌다.

참으로 이것은 중요한 것이다. 뉴턴이 자연 철학에서 없어서는 안될 역할을 수학에 돌렸다는 것은 《자연 철학의 수학적 원리》라는 그의 위대한 저작의 바로 그 제목에서 나타난다. 자연 철학의 논증에서 커다란 도구는 수학이다. 이것은 뉴턴에게서 순전히 연역적인 방식으로 진행되는 수학적 물리학은 우리에게 실재에 대한 실마리를 주며, 그가 길버트, 하비 그리고 보일 같은 영국의 과학자들보다는 갈릴레이와 데카르트에 더 가까이 있다는 것을 암시할지도 모른다. 하지만 이것은 그릇된 생각일 것이다. 뉴턴이 수학에 부여했던 중요성을 강조하는 것은 의심할 바 없이 옳다. 그러나 우리는 그의 사상의 경험주의적인 측면도 역시 강조해야 한다. 갈릴레이와 데카르트는 우리가 수학적 방법을 사용함으로써 우주의 비밀을 발견할 수 있다는 의미에서 우주의 구조는 수학적이라고 믿었다. 그러나 뉴턴은 그런 전제를 마음내켜 하지 않았다. 우리는 수학이 우리에게 실재에 대한 실마리를 준다고 미리 정당하게 가정할 수는 없다. 만약 우리가 추상적인 수학 원리들에서 시작하여 결론들을 연역한다면, 우리는 우리가 그것들을 검증하기 전까지는 이 결론들이 세계에 관한 정보를 제공하는지 알 수 없다. 우리는 현상에서 시작하여 귀납에 의하여 법칙 또는 "원인"을 발견한다. 그 다음에 우리는 이 법칙들로부터 결과들을 끌어낼 수 있다. 그러나 우리 연역의 결과들은 실험적 검증이 가능한 한 그것을 필요로 한다. 수학의 사용은 필연적이지만 그것만이 세계에 관한 과학적 지식의 보증은 아니다.

참으로 뉴턴 자신은 어떤 가정들을 한다. 그래서 《수학 원리》 제 3 권에서 그는 철학적으로 사색하기 위한 어떤 규칙들, 또는 자연 철학에서 추리의 규칙들을 주장한다. 이것들 중의 첫번째는 단순성의 원리 (principle of simplicity)인데, 그것은 우리가 자연의 사물들의 현상을 설명하기에 참되고도 충분한 원인들과 같은 것보다 더 많은 원인을 인정해서는 안 된다는 것이다. 두번째 규칙은, 가능한 한 우리는 동일한 자연적인 결과에 대해서는 동일한 원인을 들어야 한다는 것이다. 그리고 세번째 규칙은, 정도의 강화나 경감의 여지가 없으며 실험이 미치는 범위 내에 있는 모든 물체에 속하는 것으로 발견되는 성질들은 모든 물체의 보편적인 성질들로 생각되어야 한다는 것이다. 그러므로 뉴턴은 단순성과 자연의 일양성(一樣性)을 말하는 처음의 규칙들을 선험적인 진리들로 여겼는지, 그렇지 않으면 경험에 의해 제시된 방법론적인 가정들로 여겼는지에 관한 물음이 발생한다. 뉴턴은 우리에게 이 물음에 대한 어떠한 분명한 대답도 제공하지 않는다. 그는 단순성과 일양성으로 향하는 자연의 유추를 말한다. 그러나 그는 자연은 신에 의해서 그렇게 창조되었기 때문에 단순성과 일양성을 지킨다고 생각했던 것처럼 보이며, 그것은 그에게 처음의 두 규칙들이 형이상학적인 기초를 가진다는 것을 암시할지도 모른다. 하지만 네번째 규칙은 처음의 두 규칙들이 방법론적인 공준 또는 가정들로 여겨져야 한다는 것을 암시한다. 그것은 실험 철학에 있어서 우리는 명제들을 더 정확하게 하거나 또는 이의 신청의 여지가 있게 할지도 모르는 다른 현상들이 발생할 때까지는, 상상될 수도 있는 어떤 반대 가설들에도 불구하고, 현상들로부터의 귀납의 결과들인 명제들을 정확하게 또는 정말로 거의 참인 것으로 보아야 한다고 말한다. 이것은 실험적 검증이 자연 철학에서 궁극적인 규준이며, 설령 뉴턴이 그렇게 말하지 않을지라도 처음의 두 규칙들은 방법론적인 공준들임을 함축하는 것으로 보인다.

그런데 뉴턴은 이 네번째 규칙에 대해서, 우리는 "귀납의 논증이 가설들에 의해서 회피되지 않도록 하기 위해서" 그것을 따라야 한다고 말한다. 그리고 《광학》에서 그는 "실험 철학에서 가설들이 고려되어서는 안 된다"[5]고 가차없이 말한다. 또 한편 《수학 원리》에서 그는 현상들로부터 중력의 특성들의 원인을 발견할 수 없었다고 말하면서, "나는 아무런 가설도 형성하지 않는다"[6]고 덧붙인다. 이 언명들에는 명백히 약간의 주석이 필요하다.

5) 같은 책, 제3판, 1721, p. 380.
6) 같은 책, II, p. 314, A. Motte 옮김.

뉴턴이 자연 철학에서의 가설들을 거부했을 때 그는 물론 무엇보다 먼저 검증 불가능한 사색들을 생각하고 있었다. 그래서 그가 귀납으로부터의 논증이 가설에 의해서 회피되지 않도록 하기 위해서 네번째 규칙을 따라야만 한다고 말할 때, 그는 아무런 실험적 증거가 제시되지 않는 이론들을 생각하고 있었다. 귀납에 의해서 도달되었던 명제들은 실험에 의해서 정확하지 않다는 것이 보여질 때까지는 받아들여져야 하며, 검증 불가능한 반대 이론들은 무시되어야 한다. 그가 자신은 중력의 특성의 원인들을 귀납적으로 발견할 수 없었으며 아무런 가설들을 형성하지 않는다고 말할 때, 그는 자신은 단지 중력이 작용하는 방식을 말하는 기술적 법칙들에 관계하는 것이지 중력의 본성이나 본질에 관계하는 것은 아님을 뜻한다. 이것은 《수학 원리》에 있는 언명에 의해서 분명해진다. "현상들로부터 연역되지 않는 것은 무엇이나 가설이라고 불린다. 그리고 가설들은 형이상학적이든지 아니면 물리학적이든지, 신비로운 성질들을 가진 것이든지 아니면 역학적이든지간에 실험 철학에서는 설 자리가 없다. 이 철학에서 개별 명제들은 현상들로부터 추론되며, 그 뒤에 귀납에 의해 일반적인 것으로 된다. 이런 식으로 물체들의 불가입성, 이동성, 순간력 그리고 운동 법칙들과 중력 법칙들이 발견되었다."[7]

물론 만약 우리가 "가설"이라는 낱말을 오늘날의 물리학에서 사용되는 의미로 이해한다면, 우리는 뉴턴이 가설을 배제한 것은 과장이라고 말해야 할 것이다. 게다가 뉴턴 자신이 가설들을 형성했다는 것은 분명하다. 예를 들어 그의 원자론, 즉 관성(vis inertiae)을 가진 연장적이고, 단단하며 꿰뚫을 수 없고, 불멸의 유동적인 미립자들이 있다는 이론은 가설이었다. 그의 에테르 매체 이론도 마찬가지이다. 이 가설들 가운데 어느 것도 근거없는 것은 아니었다. 에테르 이론은 첫째로 빛의 전달을 설명하기 위해서 가정되었다. 그리고 미립자들의 이론은 원리적으로 검증 불가능한 것은 아니었다. 뉴턴 자신은 만약 우리가 더 성능이 좋은 현미경들을 가진다면 이 미립자들 또는 원자들 중에서 가장 큰 것을 지각할 수 있을지도 모른다고 암시했다. 그럼에도 불구하고 그 이론들은 가설들이었다.

---

7) 같은 책, 같은 면.

하지만 우리는 뉴턴이 실험 법칙들과 자신이 인정했던 것처럼 단지 그럴 듯하게 참이거나 또는 참일지도 모르는 사변적 가설들을 구별했다는 사실을 감안해야 한다. 그는 처음부터 후자를 자연 현상들의 과학적 설명에 절대 필요한 부분들을 구성했던 **선험적** 가정들로 보기를 거부했다. 하지만 그는 사람들로 하여금 이 구별을 파악하게 하는 것이 어렵다는 것을 알았기 때문에, 형이상학적이든지 또는 물리학적이든지간에 모든 "가설들"을 물리학 또는 실험 철학에서 배제할 필요성을 선언하기에 이르렀다. 그는 아리스토텔레스주의자들의 신비로운 성질들은 과학의 진보에 방해가 되며, 사물의 특수한 유형은 그것의 힘에 의해 작용하며 관찰 가능한 결과들을 산출하는 특수한 신비로운 성질들을 타고났다고 말하는 것은 전혀 아무 것도 말하지 않는 것이라고 우리에게 말한다. "그러나 비록 원리들의 원인들은 아직 발견하지 않았을지라도, 현상들로부터 운동의 두세 가지 일반 원리들을 끌어내고 그 뒤에 어떻게 이 명백한 원리들로부터 모든 물질적 사물들의 성질과 작용들이 결과되는가 하는 것을 우리에게 말하는 것은 철학에서 매우 큰 진전이 될 것이다."[8] 뉴턴이 때로는 과장된 방식으로 말했을지도 모르며, 과학의 발전에서 사변적 가설들이 했던 역할을 공정하게 평가하지 않았을지도 모른다. 그러나 쓸모없고 검증 불가능한 가설들을 배제하고 사람들이 귀납적으로 확인된 원리들이나 법칙들의 결과를 검증 불가능한 사변적 가정들이라는 의미에서 "가설"의 이름으로 의문시하지 않도록 주의시키려는 그의 근본적인 의도는 충분히 명백하다. 우리는 실험이나 확실한 진리에 근거한 반대 의견은 그렇다 하더라도, 귀납적으로 확인된 "결론들"에 대한 어떠한 반대 의견들도 인정해서는 안 된다. 이것이 그가 실험 철학에서 가설이 고려되어서는 안 된다고 말할 때 의미하는 것이다.

그러므로 뉴턴 사상의 경향은 물리학을 형이상학으로부터 계속 정화시키려는 것이며, 궁극적인 동력인(動力因)이든지 또는 스콜라 철학자들이 "형상인"(形相因)이라고 부르는 것, 즉 본성이든 본질이든지간에 그런 것들을 과학으로부터 배제하려는 것이다. 그에게서 과학은 법칙들 안에 존재한다. 법칙들은 가능한 경우 수학적으로 공식화

---

8) *Opticks*, 제3판, 1721, p. 377.

되며, 현상들로부터 추론되고, 사물들이 어떻게 작용하는지 말하며, 그것들로부터 이끌어내어진 결과들에 의해서 경험적으로 검증된다. 그러나 이렇게 말하는 것이 그가 실제로 모든 사변을 피했다고 말하는 것은 아니다. 그가 빛의 전달을 설명하기 위해서 가정했던 에테르 이론에 관해서는 이미 말했다. 그도 역시 그것은 세계에서 쇠퇴하는 운동의 보존, 그리고 필요하다면 그 증대를 제공하려는 목적에 알맞다고 믿었다. 그는 명백히 에너지의 보존은 능동적인 원리들을 포함하는 이 추가적 요소를 도입하지 않고서는 설명될 수 없다고 생각했다. 데카르트가 상상했듯이 에테르는 농도가 짙다거나 널리 퍼지는 유동체가 아니다. 그것은 더 희박하기는 하지만 다소 공기와 같은 것인데, 뉴턴은 때때로 그것을 "정신"으로 불렀다. 그러나 그는 실제로 그것의 본성을 어떤 정확한 방식으로 기술하려는 시도를 하지는 않았다. 그는 에테르 매체의 존재에 대하여 의심을 했던 것처럼 보이지 않는다. 그러나 그는 그것의 특성에 관한 고찰은 단지 잠정적인 가설들이며, 관찰되지 않은 실체들의 기술을 삼가는 그의 일반 방침이 그로 하여금 그것의 정확한 본성에 관하여 독단적인 선언을 하지 못하도록 했다는 것을 인정했다.

뉴턴의 절대 공간과 시간 이론들은 사변적 가설들의 한층 더한 예들을 제공한다. 상대적이며 명백하고 통상적인 시간과 구별되는 것으로서 절대 시간은 어떤 외적인 것에 상관없이 한결같이 흐른다고 하며, "다른 이름으로는 지속이라고 불린다."[9] 상대 공간과 구별되는 것으로서 절대 공간은 "항상 비슷하며 부동의 상태로 있다."[10] 참으로 뉴턴은 그의 절대 공간과 시간의 가정을 정당화하려는 약간의 시도를 했다. 물론 그것들이 관찰 가능한 실체들이라고 제안함으로써가 아니라, 그것들을 실험적으로 측정 가능한 운동의 전제들이라고 주장함으로써 말이다. 하지만 그가 그것들을 그 안에서 사물들이 움직이는 실체들이라고 말하는 경향이 있는 한, 그는 확실히 가설들이 추방된 실험 철학의 영역을 넘어선다. 게다가 절대 운동, 절대 공간 그리고 절대 시간이라는 뉴턴의 세 가지 개념에는 본질적인 난점들이 있다. 예를 들어 상대적인 운동은 한 물체가 어떤 다른 개별적인 물체

---

9) *Principia mathematica*, I, p. 6.　　10) 같은 책, 같은 면.

208

로부터 떨어진 거리 안에서의 변화이거나, 또는 한 물체가 하나의 상
대적인 장소로부터 다른 상대적인 장소로 옮겨가는 것이다. 그러므로
절대 운동은 한 물체가 하나의 절대 장소에서 다른 절대 장소로 옮겨
가는 것이 될 것이다. 그리고 이것은 판단의 상대적인 기준들이 아니
라 절대적인 기준들을 제공하기 위해서 절대 공간을 요구하는 것처럼
보인다. 그러나 어떻게 절대적이며 무한하고 동질적인 공간이 그런
판단의 기준들을 제공할 수 있는지 알기는 어렵다.

　지금까지 우리는 현상들이 순전히 역학적인 용어들로 명백하게 설
명될 수 없을 때 현상들을 설명하기 위해서 에테르의 가설과 같은 어
떤 가설을 도입한 세계에 관한 역학적인 기술을 보았다. 뉴턴은 물체
를 질량으로 정의했는데, 그것은 각 물체는 그것의 기하학적인 성질
들 이외에, 하나의 주어진 외적 힘이 물체에 더해 준 가속도에 의해
서 측정할 수 있는 관성을 가진다는 것을 의미한다. 그러므로 우리
는 역학적인 운동 법칙들에 따라서 절대 공간과 시간 안에서 움직이
는 질량의 개념을 갖는다. 그리고 이 과학자의 세계에는 단지 제1성
질들만 있다. 예를 들어 색깔은 사물 안에서 "단지 어떤 한 종류의
광선을 나머지 것보다 더 풍부하게 반사하는 성향이며, 반면에 광선
안에서는 단지 어떤 한 개별적인 운동을 지각 기관에 전달하는 성향
이며, 지각 기관 안에서는 색깔의 형태를 띤 그 운동들의 감각이
다."[11] 그러므로 만약 우리가 인간과 그의 감각을 생각 밖에 둔다면,
우리에게는 제1성질들을 가지며, 절대 공간과 시간 안에서 움직이
며, 에테르 매체에 의해서 퍼지는 질량들의 체계가 남는다.

　그러나 이러한 묘사는 뉴턴의 전체적인 세계관에 대하여 매우 부적
당한 생각을 갖게 한다. 왜냐하면 그는 종교적인 사람이었으며 확고
부동하게 신을 믿는 사람이었기 때문이다. 그는 비록 다소 정통적이
지는 않았지만 특별히 삼위 일체라는 주제에 관한 다수의 신학적인
논문들을 썼으며, 확실히 자신을 선한 기독교도로 여겼다. 게다가 비
록 그의 과학적인 신념들과 종교적인 신념들이 구별될 수 있음에도
불구하고, 그는 과학이 결코 종교와 무관하다고 생각하지 않았다. 그
는 우주의 질서가 신의 존재에 대한 증거를 제공한다고 확신했으며,

11) *Opticks*, pp. 108 이하.

그것은 "영적이며, 살아 있고, 지성적이며, 편재하는 존재가 있다
는 현상들로부터"[12] 나타난다고 확신했다. 참으로 그는 태양 주위를
도는 행성들의 운동이 신의 존재에 대한 증명이라고 생각했던 것 같
다. 게다가 신은 별들을 서로서로 적절한 거리를 유지하게 하는 작용
을 하기 때문에 별들이 충돌하지 않으며, 신은 우주 안에서의 불규칙
한 일들을 "교정하는" 작용을 한다. 그러므로 뉴턴의 생각으로는 신
은 낱말의 일반적인 의미에서 자신의 창조물을 보존할 뿐만 아니라,
기계가 계속 돌아가게 하기 위해서도 역시 능동적으로 개입한다.

　나아가 뉴턴은 그의 절대 공간과 시간 이론에 신학적인 해석을 부
여한다. 《수학 원리》의 제 2 판에 대한 《일반 주석》(*General Scholium*)에
서 그는 신이 언제 어디서나 존재함으로써 지속과 공간을 구성한다고
한다. 참으로 무한 공간은 그 안에서 신이 모든 사물들을 지각하고
파악하는 신의 **지각 기관** 또는 "감각 기관"으로 기술된다. 사물들은
"신의 무한하고 일양적인 감각 기관 내에서"[13] 움직이며 알려진다.
이것은 언뜻 보기에는 범신론으로 이끄는 것처럼 보일지도 모르지만,
뉴턴은 신이 절대 공간과 시간과 동일시될 수 있다고 주장하지 않았
다. 오히려 신은 자신의 편재와 영원성을 통하여 절대 공간과 시간을
구성한다. 그리고 신은 그의 편재를 통하여 모든 것이 그에게 직접
현전하기 때문에, 무한 공간 안에서, 말하자면 그의 지각 기관 안에
서 사물들을 안다고 한다.

　뉴턴이 수학자이며 물리학자일 뿐만 아니라 철학자였다는 것은 분
명하다. 그러나 어떻게 그의 형이상학이 물리학의 본성과 기능에 관
한 그의 견해들과 조화되는지는 그렇게 분명하지 않다. 참으로 《광학》
에서 그는 "자연 철학의 주된 임무는 가설들을 지어내지 않고 현상들
로부터 논의하는 것이며, 우리가 확실히 역학적이지 않은 바로 그 제
1 원인에 도달할 때까지 결과들로부터 원인들을 연역하는 것"[14]이라고
말한다. 그는 계속해서 현상들에 대한 반성은 우리에게 모든 사물을
무한 공간 안에서, 말하자면 그의 감각 기관 안에서 보는 정신적이고
지성적인 존재가 있다는 것을 보여준다고 주장한다. 이와 같이 그는
분명히 그의 철학적 신학이 그의 과학적인 생각들로부터 나왔다고 생

---

12) *Opticks*, p. 344.　　　　　13) *Opticks*, p. 379.
14) *Opticks*, p. 344.

각했다. 그러나 나는 그의 형이상학과, 과학의 본성에 대한 그의 좀 더 "실증주의적인" 선언들 사이에 완전한 조화가 있다고 주장될 수는 거의 없다고 생각한다. 또한 뉴턴도 어느 기능들이 에테르에 의해서 수행되며 또 어느 기능들이 신에 의해서 수행되는지를 매우 분명하게 했던 것처럼 보이지는 않는다. 게다가 뉴턴의 철학적 신학은 버클리가 보고 특별히 언급했던 것과 같이 유신론자의 관점에서 오는 명백한 불이익으로 곤란을 받는다. 예를 들어 만약 우리가 자연의 "불규칙성들"로부터, 그리고 때때로 기계를 고칠 필요로부터 신의 존재를 입증하려 한다면, 말하자면 그러한 증명들은 모든 설득력을 박탈당하게 될 것이다. 만약 상정된 불규칙성들이 경험적으로 설명 가능한 것으로 판명되고, 일단 역학적 설명이 불가능한 것으로 보였던 현상들이 결국 자연에 관한 역학적 설명에 어려움없이 들어맞는 것으로 발견된다면 말이다. 나아가 절대 공간과 시간의 개념들은 신의 존재 증명에 설득력 없는 토대를 제공한다. 버클리가 뉴턴의 신존재 증명 방식이 철학적 유신론의 평판을 떨어뜨리리라고 염려했던 것도 이유가 없는 것은 아니었다. 어쨌든 물론 물리학의 가설들에 기초한 증명들이 가설들 자체보다 더 큰 타당성을 가질 수는 없다. 그것의 진리가 과학적 발전들과 관계없이 확실한 명제들에 기초하여 과학의 진보에 의해 영향받지 않은 채로 남아 있는 신의 존재에 대한 어떤 후험적인 증명은 있을 수 없다.

하지만 뉴턴이 어느 근대 철학사에서도 언급되어야만 하는 주된 이유가 그의 철학적 신학에 있는 것은 아니다. 또한 과학적 방법과 자연 철학 또는 실험 철학의 본성에 관한 그의 설명, 결코 명백하고 일관되며 정확한 용어들로 다듬어지지 않은 설명이라는 의미에서 그의 과학 철학조차도 주된 이유는 아니다. 주된 이유는 근대적 의식과 과학적인 세계 개념을 만들어 낸 눈에 띄는 사람들 중의 하나로서의 그의 커다란 중요성이다. 그는 갈릴레이와 데카르트 같은 사람들에 의해서 발전되었던 작업을 진행시켰으며, 물질적인 우주의 역학적 해석에 포괄적인 과학적 기초를 부여함으로써 그 뒤의 세대들에게 막대한 영향력을 행사했다. 그의 중요성을 인정하기 위해서 그의 신학적인 사상을 거부한 사람들과 세계를 자립적인 기계 장치로 여겼던 사람들의 견해들을 받아들일 필요는 없다. 과학의 영역 내에서 그는 **선험적**

인 이론화와는 다른 경험 과학의 발전에 강력한 추진력을 부여했으며, 세계의 과학적인 해석을 발전시킴으로써 그 뒤에 계속되는 철학 사상에 가장 중요한 자료의 하나를 제공하는 데 도움을 주었다.

제 9 장

종교적 문제

1. 사무엘 클라크

뉴턴의 열렬한 찬미자들 중에 사무엘 클라크(Samuel Clarke, 1675 ~1729)가 있었다. 그는 1697년에 자크 롤(Jacques Rohault)의 《물리학 개론》(*Traité de physique*)을 라틴어로 번역해 출판했다. 그는 이 책에 뉴턴 체계로 옮겨 가는 것을 손쉽게 하려는 의도에서 주석을 달았다. 그는 영국 국교회의 목사가 된 후 많은 신학적인 저작들과 주석들을 출판했다. 그는 1704년에는 신의 존재와 속성이라는 주제로, 1705년에는 자연 종교와 계시 종교의 증거들이라는 주제로 두 차례에 걸쳐 보일 강좌 시리즈 강연을 했다. 1706년에 그는 영혼은 자연히 죽음을 면할 수 없지만 신은 내세의 삶에서 처벌이나 보상을 할 목적으로 그의 은총을 통해 영혼에 불멸성을 부여한다는 헨리 도드웰(Henry Dodwell, 1641~1711)의 견해에 반대하는 글을 썼다. 또한 그는 뉴턴의 《광학》(*Opticks*)의 번역서를 출판했다. 1715년과 1716년에 그는 종교와 자연 철학의 원리들에 관하여 라이프니츠와 논쟁을 벌였다. 사망할 당시에 그는 웨스트민스터의 성 야고보 교구 목사였으며,

214

이 성직은 1709년 앤 여왕이 그에게 수여한 것이었다. "홉즈, 스피
노자, 《이성의 신탁》(*Oracles of Reason*)의 저자, 그리고 자연 종교와
계시 종교를 부정하는 다른 사람들"을 향한 그의 보일 강좌[1]에서 클
라크는 신의 존재에 대한 **후험적 증명**을 장황하게 전개한다. 그는 "모
든 무신론자들이 그들의 불신앙의 토대로 자처하는 바로 그 이성으로
부터 떠나면 반드시 부정될 수 있는 그러한 명제들만을"[2] 강조하는
그의 의도를 분명히 한다. 그 다음에 그는 계속해서 신에 대한 믿음
의 합리적 특성을 논리적이고 체계적인 방식으로 보여주려고 계획된
다수의 명제들을 설명하고 증명한다.

그 명제들은 다음과 같다. 첫째로, "어떤 무엇이 영원히 존재해 왔
다는 것은 절대적으로 부인할 여지없이 확실하다."[3] 왜냐하면 지금
존재하는 것들이 있으며, 그것들은 무(無)로부터 생겨날 수 없기 때
문이다. 만약 무엇인가가 지금 존재한다면 어떤 무엇이 영원히 존재
해 왔다. 둘째로, "어떤 하나의 불변하고 독립적인 존재가 영원히 존
재해 왔다."[4] 의존적인 존재들이 있으므로 비의존적인 존재가 있음에
틀림없다. 만약 그렇지 않다면 여하한 의존적 사물의 존재에 대한 적
절한 원인이 없게 된다. 셋째로, "그 존재의 어떠한 외적 원인도 없
이 영원히 존재해 온 그 불변하고 독립적인 존재는 자존적인 것, 즉
필연적으로 존재하는 것이다."[5] 그 다음에 클라크는 이 필연적인 존
재는 단순하고 무한하며, 그것은 세계나 어떠한 물질적 사물일 수가
없다고 주장한다. 왜냐하면 하나의 필연적인 존재란 필연적으로 스스
로 있으며 따라서 불변하는 모든 것이기 때문이다. 그러나 우리는 이
존재가 어떤 것이 아니라는 것은 알 수 있지만 그 실체는 파악할 수
없다. 따라서 네번째 명제는 다음과 같다. "우리는 자존적인 또는 필
연적으로 존재하는 그 존재의 실체 또는 본질이 무엇인지 알 수 없으

---

1) 위에 언급된 두 번의 보일 강좌 시리즈(series of Boyle lectures)는 뒤
   에 *A Discourse concerning the Being and Attributes of God, the Obligations of
   Natural Religion, and the Truth and Certainty of the Christian Revelation*이라는
   제목을 가진 한 권의 책으로 함께 출판되었다. 인용문들은 이 책의
   1719년 판에 따른 것이다.
2) *A Discourse*, 1, p. 9.　　　　3) 같은 책, 같은 면.
4) *A Discourse*, 1, p. 12.　　　　5) *A Discourse*, 1, p. 15.

며, 또한 우리가 그것을 파악하는 것도 전혀 불가능하다. "[6] 우리는
어떤 것의 본질이나 실체를 파악하지 못한다. 하물며 신의 본질이나
실체에 대해서는 더더구나 그렇다. 그럼에도 불구하고 다섯번째 명제
는 다음과 같다. "자존적 존재의 실체나 본질은 그것 자체가 우리에
게 절대적으로 불가해한 것이기는 하지만, 그의 존재와 마찬가지로
그의 본성의 필연적 속성들 중 많은 것은 엄격하게 논증될 수 있다.
따라서 우선 자존적인 존재는 필연적으로 영원한 것임에 틀림없다."[7]
여섯번째 명제[8]는 자존적 존재는 무한하고 편재하는 존재임에 틀림없
다는 것이다. 일곱번째[9]는 이 존재는 오로지 유일한 것임에 틀림없다
는 것이다. 여덟번째[10]는 신은 지성적인 존재임에 틀림없다는 것이
다. 아홉번째[11]는 그는 자유를 타고난 존재임에 틀림없다는 것이다.
열번째[12]는 그는 무한히 강한 존재임에 틀림없다는 것이다. 열한번
째[13]는 궁극의 원인은 무한히 현명한 존재임에 틀림없다는 것이다.
열두번째 명제는 다음과 같다. 궁극의 원인은 "세상의 최고 지배자와
심판관이 되는 무한한 선과 정의, 진리 그리고 다른 모든 도덕적 완
전성을 가진"[14] 존재임에 틀림없다는 것이다.

그가 숙고하고 논증하는 동안에 클라크는 스콜라 철학자들에 대한
다소 상투적인 비판을 경험한다. 예를 들어 그들은 무의미한 용어들
을 사용했다는 비판과 같은 것이 그것이다. 하지만 그가 특수한 용어
들을 사용함으로써 동일한 유형의 비판을 초래한다는 사실은 별문제
로 하더라도, 스콜라 철학적인 전통을 조금이라도 아는 어떠한 독자
에게도 클라크가 그것을 많이 사용한다는 것은 명백하다. 하지만 이
것은 클라크에게 스콜라 철학자들로부터 온 것을 제외하면 아무 것도
없다고 말하는 것은 아니다. 예를 들면 그가 편재(ubiquity or omni-
presence)는 자존적 존재라는 개념에 필연적으로 속하는 것은 아니라
는 반대 의견에 대해서 그의 여섯번째 명제(자존적 존재는 필연적으
로 무한하고 편재한다)를 옹호하려고 할 때, 그는 공간과 지속(즉 절

---

6) *A Discourse*, 1, p. 38.
7) *A Discourse*, 1, pp. 41~42.
8) *A Discourse*, 1, p. 44.
9) *A Discourse*, 1, p. 48.
10) *A Discourse*, 1, p. 51.
11) *A Discourse*, 1, p. 64.
12) *A Discourse*, 1, p. 76.
13) *A Discourse*, 1, p. 113.
14) *A Discourse*, 1, p. 119.

대적이고 무한한 공간과 지속)은 신의 특성이라고 주장한다. [15] "공간
은 자존적 실체의 한 특성이며, 어떤 다른 실체의 특성은 아니다. 다
른 모든 실체들은 공간 안에 있으며 그것에 의해서 관통되고 있지만,
자존적 실체는 공간 안에 있지도 않고 그것에 의해서 관통되지도 않
으며, (만약 내가 그렇게 부른다면) 그것 자체가 공간의 기체
(substratum)이며, 공간과 지속 자체의 존재 근거이다. 공간과 지속
이 명백히 필연적이면서도 그것들 자체가 실체들이 아니라 특성들이
라는 것은 그것이 없이는 이 특성들이 존속할 수 없는 실체는 그것
자체가 훨씬더 (만약 그것이 가능하다면) 필연적이라는 것을 명백히
보여준다. "[16] 그 이상의 반대 의견들에 응해서 클라크는 "자존적 실
체는 공간의 기체, 또는 공간은 자존적 실체의 한 특성이라는 것은
아마도 그다지 적절한 표현들이 아니다"[17]고 말하는 것을 인정한다.
그러나 그는 계속해서 자신은 무한 공간과 지속을 유한한 사물들과
독립적인 어떤 의미에서의 실재들로 여긴다고 말한다. 하지만 그것들
은 실체는 아니다. 클라크는 첫째로 신의 존재를 공간과 지속으로부
터 증명하지 않는다. 우리가 보았듯이 그는 그의 여섯번째 명제에 도
달하기 전에 하나의 자존적 실체의 존재를 증명한다. 그러나 신의 존
재를 증명하고 나서 그는 무한 공간과 지속은 신의 특성들임에 틀림
없다고 주장한다. 하지만 이 문제에 관한 그의 설명에는 중요한 모호
함이 있는 것처럼 보이며 그는 이것을 명료화하지 않는다. 왜냐하면
공간과 지속이 신의 특성들이라고 말하는 것과 신은 어떤 의미에서
공간과 시간의 토대가 된다고 말하는 것은 동일한 것이 아니기 때문
이다. 클라크에게 무한 공간과 무한 지속은 신의 편재와 영원함이라
고 할 수도 있겠다. 그러나 이런 이유라면 어떻게 우리가 신을 미리
알지 않고 그것들을 알 수 있는가 하는 것에 관한 설명이 필요하다.

이 문제에 관한 클라크의 견해는 뉴턴의 견해와 두드러지게 유사하
기 때문에, 그가 뉴턴의 저작들로부터 그의 견해들을 끌어낸 것이라
는 주장들이 때때로 있었다. 그러나 역사가들은 클라크는 뉴턴이 《수
학 원리》(Principia)의 제 2판에 대한 《일반 주석》(General Scholium)을

15) A Discourse, 1, p. 16 마지막에 인쇄된 편지들을 참조.
16) A Discourse, 1, pp. 21~22.
17) A Discourse, 1, p. 27.

출판하기 약 9년 전에 처음으로 그의 생각들을 상술했다는 것을 올바
르게 지적했다. 그러나 설령 클라크가 그의 생각들을 뉴턴으로부터
빌어 오지 않았다 하더라도, 그와 라이프니츠와의 서신 왕래에서 명
백히 뉴턴의 이론을 어리석은 것으로 여겼던 라이프니츠가 행한 비판
에 대해서 그가 뉴턴의 이론을 옹호하려 했다는 것은 충분히 이해할
수 있는 것이다. 그는 역시 자신의 생각들을 발전시킬 기회를 잡는
다. 그래서 "공간은 하나의 존재, 하나의 영원하고 무한한 존재가 아
니라, 무한하고 영원한 한 존재의 특성 또는 결과이다. 무한 공간은
광대함이다. 그러나 광대함은 신이 아니다. 그러므로 무한 공간은 신
이 아니다."[18] 라이프니츠는 절대 공간 또는 순수 공간은 상상의 것
이며 상상의 건조물이라고 반대 의견을 주장했다. 그러나 클라크는
"(만약 물질적 세계가 그 차원에서 유한하다면) 물질계 밖의 공간은
상상의 것이 아니라 실재하는 것"[19]이라고 대답했다. 하지만 신에 대
한 이 공간의 정확한 관계는 불명료한 것으로 남는다. 그것은 신이
아니라 신의 특성이라고 말하는 것은 별다른 해명이 되지 못하며, 만
약 마찬가지로 그것이 신의 한 "결과"라고 말한다면 혼동은 정말 증
가된다. 클라크에 따르면 "설령 아무런 피조물도 존재하지 않는다 하
더라도, 신의 편재와 그 존재의 계속은 공간과 시간을 지금과 정확히
동일한 것으로 할 것이다."[20] 하지만 라이프니츠는 "만약 아무런 피
조물도 존재하지 않는다면, 공간과 시간은 단지 신의 생각들 속에 있
을 것"[21]이라고 주장했다.

　공간과 시간에 관한 클라크의 다소 불명료한 이론은 제쳐 놓고라도
우리는 일반적으로 그가 보기에는 신의 존재가 어떤 하나의 유한한
것의 존재의 함축들을 주의깊게 고찰하는 어떤 사람에게도 명백할 수
있거나 또한 명백할 것임에 틀림없다고 말할 수 있다. 따라서 마찬가
지로 그는 어떤 사람도 옳고 그름의 객관적인 차이들을 어려움없이
식별할 수 있다고 여긴다. "사물들의 어떤 필연적이고 영원한 차이들
이 있으며, 서로 다른 사물이나 서로 다른 관계를 서로 적용하는 것

---

18) *A Collection of Papers which passed between the late learned Mr. Leibniz and Dr. Clarke*, 1717, p. 77.

19) 같은 책, p. 125.　　　　　　　20) 같은 책, p. 149.

21) 같은 책, p. 113.

에는 어떤 결과적인 적합성과 부적합성이 있다. 이것은 어떠한 명확한 규약에 의존하는 것이 아니라, 사물들의 본성과 이유에 불변하게 근거하며, 사물들 자체의 차이들로부터 어쩔 수 없이 일어나는 것이다."[22] 예를 들면 신에 대한 인간의 관계는 그가 그의 조물주를 존중하고 그를 숭배하며 그에게 복종해야 하는 것을 일정 불변하게 적합한 것으로 한다. "마찬가지로 사람들이 서로 교제하고 친교하는 데서 모든 사람들이 끊임없이 모두의 파멸과 파괴를 도모해야 한다는 것보다는 모두의 보편적인 이익과 복지를 증진시키려 노력해야 한다는 것이 더할 나위없이 사물 자체의 본성에 정말로 더 적합하다."[23]

클라크는 홉즈에 대해서 적합성과 부적합성의 이 관계들은 어떠한 사회적 맹약이나 서약과 관계없으며, 그것들은 어떠한 법률의 제정, 현재 또는 미래의 제재의 적용과는 전혀 별도로 의무들을 발생시킨다고 주장한다. 사실상 도덕 원리들은 너무 "명백하고 자명해서 단지 마음의 극도의 어리석음, 예절의 타락 또는 정신의 사악함만이 아마도 어떤 사람으로 하여금 그것들에 관해서 최소한의 의심을 품게 할 수 있을 것이다."[24] 이 "영원한 도덕적 의무들은 심지어 그것들이 신의 적극적 의지와 명령임을 고려하기 이전에 참으로 모든 이성적 존재들에 저절로 의무로 지워진다."[25] 그러나 그들의 이행은 사실상 확실히 신이 원하는 것이며, 신은 그들의 도덕법 이행이나 위반에 따라 사람들에게 상벌을 준다. 따라서 우리는 "이차적이며 추가적인 의무"를 말할 수 있지만, "모두의 근원적인 의무는…사물들의 영원한 이유이다."[26] 바꾸어 말하면 그것의 주요 원리들이 백치나 철저히 타락한 사람이 아닌 모든 사람들의 마음에 의해서 식별되는 하나의 자연 도덕법이 있다. 그리고 "홉즈가 자연 상태라고 부른 상태는 결코 자연적인 상태가 아니라 상상될 수 있는 최고의 가장 부자연한, 가장 견딜 수 없는 타락의 상태이다."[27]

하지만 설령 도덕법의 근본 원리들이 맑고 비뚤어지지 않은 마음에는 자명하며, 더 개별적인 규칙들은 이것들로부터 연역될 수 있다 하더라도, 인간의 실제 상태가 그렇기 때문에 도덕적 진리의 가르침은

---

22) *A Discourse*, 2, p. 47.
24) *A Discourse*, 2, p. 39.
26) *A Discourse*, 2, p. 54.

23) *A Discourse*, 2, p. 38.
25) *A Discourse*, 2, p. 5.
27) *A Discourse*, 2, p. 107.

그에게 필연적이다. 이것은 결국 계시가 도덕적으로 필연적임을 의미
한다. 그리고 참된 신의 계시는 기독교이다. 기독교는 원리적으로 이
성이 스스로 발견할 수 있는 진리들뿐만 아니라, 설령 이성과 모순되
지는 않는다 하더라도 이성을 초월하는 진리들도 포함한다. 그러나
"이 교리들의 각각은 사람들의 삶을 개혁시키고 그들의 관습을 바로
잡는 자연스러운 경향을 가지며, 직접적이며 강력한 영향을 미친다.
이것은 모든 참된 종교의 커다란 목적이며 궁극적인 의도이다."[28] 그
리고 기독교의 진리는 기적과 예언에 의해서 확증된다.

2. 이신론자

  케임브리지 플라톤주의자들 또는 자유주의자들처럼 클라크는 이성
에 호소하며 기독교가 합리적인 토대를 가진다고 주장했다는 의미에
서 "합리주의자"였다. 그는 믿음에 대한 합리적 근거에 전혀 관계없
이 신앙에 호소하는 사람이 아니었다. 우리는 그의 저작들에서 기독
교를 합리화하며 "신비"의 개념을 과소 평가하는 경향을 발견할 수도
있다. 한편으로 그는 자신을 이신론자들과 뚜렷이 구별한다. 그의 두
번째 보일 강좌 시리즈에서 그는 소위 이신론자들을 네 종류 또는 네
집단으로 나눈다. 첫번째 집단은 신이 세계를 창조했다는 것은 인정
하지만 신이 세계를 다스리는 어떤 역할을 한다는 것은 부인하는 사
람들로 이루어져 있다. 두번째 집단은 모든 자연의 사건들은 신의 행
위에 의존한다고 믿지만, 한편으로 도덕적 구분들은 단지 인간의 실
정법에 의존한다는 이유로 신은 인간의 도덕적 행위를 주목하지 않는
다고 주장하는 사람들로 이루어진다. 세번째 집단은 참으로 신은 그
의 이성적인 피조물들로부터 도덕적인 행위를 기대한다고 생각하지
만, 영혼의 불멸성은 믿지 않는 사람들로 이루어진다. 네번째 집단은
신이 상벌을 주는 내세가 있다고 믿지만, 이성에 의해서만 발견될 수
있는 진리들만을 받아들이는 사람들로 이루어진다. 그래서 "나는 이
들이 유일하게 참된 이신론자들이라고 말한다."[29] 클라크의 생각으로

---

28) *A Discourse*, 2, p. 284.   29) *A Discourse*, 2, p. 19.

는 이 "유일하게 참된 이신론자들"은 신의 계시에 대한 어떤 지식도 없이 살았지만, 자연 종교와 자연 도덕의 원리들과 의무들을 인지하고 그것들에 따라 생활했던 철학자들 가운데서만 발견될 수 있다. 바꾸어 말하면 그는 당시의 이신론자들이 아니라 이교도 철학자들을 "참된" 이신론자들로 인정했다.

이신론자들에 관한 클라크의 견해들은 어조부터 대단히 논쟁적이다. 그러나 그의 분류는 비록 지나치게 도식적이기는 하지만, 그것이 공통되는 바탕과 차이점들 양쪽에 주의를 돌리게 한다는 점에서 유용하다. "이신론"이라는 낱말은 16세기에 처음으로 사용되었다. 그리고 그것은 초자연적 계시와 계시된 신비들이라는 사상을 거절했던, 대부분 17세기 마지막과 18세기 초반에 속한 다수의 문필가들에게 적용된다. 로크 자신은 계시 사상을 거절하지 않았다. 그러나 우리가 보았듯이 그는 이성이 계시의 심판관이라고 주장했으며, 《기독교의 합리성》(*Reasonableness of Christianity*, 1695)에 관한 그의 책은 기독교를 합리화하는 방향으로 강력한 추진력으로 작용했다. 이신론자들은 그의 사상을 좀더 급진적인 방식으로 적용했고, 유일무이한 계시라는 사상을 버리고 서로 다른 역사적인 종교들의 핵심에서 합리적 본질을 찾으려고 함으로써 기독교를 순수한 자연 종교로 격하시키려고 했다. 그들은 그들을 무신론자들과 구별시켰던 신에 대한 믿음을 공통으로 가졌으며, 또한 그들을 정통 기독교인들과 구별시켰던 어떤 유일무이한 계시와 구원의 초자연적인 계획에 대한 불신도 가졌다. 바꾸어 말하면 그들은 신을 믿은 합리주의자들이었다. 그러나 그들은 서로 매우 달랐으며, 이신론 학파와 같은 것은 전혀 없었다. 어떤 사람들은 기독교에 대해서 적대적이었던 반면에, 다른 사람들은 비록 기독교를 하나의 자연 종교로 격하시키려고는 했지만 기독교에 대해서 적대적이지는 않았다. 어떤 사람들은 영혼 불멸을 믿었지만, 다른 사람들은 믿지 않았다. 어떤 사람들은 마치 신이 세계를 창조했으며, 그리고 나서 세계로 하여금 자연 법칙들에 따라서 계속 앞으로 나아가도록 한 것처럼 말한다. 이들은 명백히 우주 체계의 새로운 역학적 개념에 의해 강하게 영향을 받았다. 다른 사람들은 적어도 신의 섭리에 대한 약간의 믿음은 가졌다. 미지막으로 어떤 사람들은 신과 자연을 동일시하려 했던 반면에, 다른 사람들은 하나의 인격적인 신을 믿었다. 그러나 시간이 지남에 따라 자연주의적 범신론자들과 다르며, 신의 섭리에 의한 모든 통치를 부인했던 사람들과 다르게 후자를 "유신론자"라고 불렀다. 요컨대 18세기 이신론은 종교의 비초자연화(desuper-naturalizing), 어떠한 종교적 명제들을 권위에 근거해서 받아들이기를 거부하는 것을 의미했다. 이신론자들에게는 딴 경우와 마찬가지로 종교에서도 이성만이 진리의 심판관이었다. 그러므로 그들은 "자유 사상가"라고도 불렸다. 이 낱말은 그들에게서 이성의 활동은 성서의 것이든 또는 교회의 것이든간에 어떠한 전통과 권위에 의해서도 제한될 수 없다는 것을 보여준다.

종교적 진리의 하나밖에 없는 조정자로서의 이성에 대한 이 호소는 존 톨랜드(John Toland, 1670~1722)의 《신비스럽지 않은 기독교》(*Christianity Not Mysterious*, 1696), 매튜 틴달(Matthew Tindal, 1656경~1733)의 《창조만큼 오래된 기독교 또는 자연 종교 복음서 재판》(*Christianity as Old as the Creation; the Gospel a Republication of the Religion of Nature*, 1730)과 같은 책들에 의해 대표된다. 바로 앞에 거명된 틴달의 저작은 이신론자의 성서의 일종으로 여겨졌으며, 존 코니비어(John Conybeare, 1692~1755)의 《계시 종교의 옹호》(*Defence of Revealed Religion*, 1732)와 같은 많은 응답들을 이끌어냈다. 버틀러(Joseph Butler, 1692~1752)의 《종교의 유비》(*Analogy of Religion*) 역시 대부분 틴달의 저작을 향한 것이었다. 동일한 종류의 다른 이신론적 저작들은 윌리엄 울러스턴(William Wollaston, 1659~1724)의 《자연 종교 개관》(*The Religion of Nature Delineated*, 1722)과 토마스 칩(Thomas Chubb, 1679~1747)의 《예수 그리스도의 참된 복음》(*The True Gospel of Jesus Christ*, 1739)이다. "자유 사상"의 권리는 앤터니 콜린스(Anthony Collins, 1676~1729)의 저작 《자유 사상가들이라고 불리는 학파의 발생과 성장에 의해 야기된 자유 사상론》(*A Discourse of Free-thinking, occasioned by the Rise and Growth of a Sect called Free-thinkers*, 1713)에서 선언되었다.

이신론자들 중에서 틴달과 같은 사람들은 의심할 바 없이 그들이 참된 자연 종교의 공통 본질이라고 여겼던 것을 상술하는 데만 관여했다. 그리고 그들에게 기독교의 본질은 주로 그것의 윤리적 가르침에 있었다. 그들은 서로 다른 기독교 집단들의 교리 논쟁에는 찬성하지 않았지만, 기독교에 대해서 근본적으로 적대적이지는 않았다. 하지만 다른 이신론자들은 좀더 급진적인 사상가들이었다. 신교로 돌아오기 전에 짧은 기간 동안 구교로 개종했던 존 톨랜드는 결국 범신론자가 되었으며, 그의 사상의 이 단계는 그의 《범신론자상》(*Pantheisticon*, 1720)에 의해서 대표된다. 그는 운동이 물체의 필수적인 속성임을 알지 못했다고 스피노자를 비난했지만, 자신은 스피노자보다 훨씬더 유물론적이라는 조건을 붙여 그의 입장에 접근했다. 톨랜드에게 마음은 단지 뇌의 기능이거나 부수 현상이었다. 나아가 앤터니 콜린스는 그의 《인간의 자유에 관한 연구》(*Inquiry concerning Human Liberty*, 1715)에서 명백하게 결정론적인 이론을 주장했다. 그리고 토마스 울스턴(Thomas Woolston, 1669~1733)은 성서를 우화적으로 해석한다는 핑계로 그리스도의 기적과 부활의 사실성(historicity)에 이의를 제기했다. 토마스 셜록(Thomas Sherlock, 1678~1761)의 《예수 부활의 증인 재판》(*The Trial of the Witnesses of the Resurrection of Jesus*, 1729)은 울스턴의 《논문들》(*Discourses*)이 부활에 관계하는 한에서는 그것들에 대한 하나의 대답이었다.

이신론자들 중에서 정치가로서의 두드러진 삶 때문에 유명한 사람은 헨리 성 요한 볼링브로우크 자작(Henry St. John, Viscount Bolingbroke, 1678~1751)이었다. 볼링브로우크는 로크를 자신의 스승으로 인정했지만, 로크의 경험주의를 해석하는 방식에서 그는 로크의 정신과 거의 일치하지 않았다. 그것은 그가 로크의 경험주의를 실증주의적인 방향으로 발전시키려 했기 때문이었다. 그에게 있어서 플라톤, 그리고 성 아우구스티누스, 말브랑슈, 버클리, 케임브리지 플라톤주의자들, 사무엘 클라크를 포함한 "플라톤주의자들"은 저주받은 사람들이었다. 그가 보기에 형이상학은 상상력의 산물이었다. 참으로 이것이 그가 전지 전능한 조물주의 존재는 우주 체계에 관한 숙고에 의해서 증명될 수 있다고 주장하는 것을 막지 못했다. 그러나 그는 신의 초월성을 강조했으며, "플라톤주의자들"의 "관여"(participation) 개념을 거부했다. 신이 인간을 사랑한다고 말하는 것은 넌센스이다. 그렇게 말하는 것은 단지 인간이 그의 중요성을 과장하려는 욕망에 이바지할 뿐이다. 물론 이것은 볼링브로우크가 기독교에서 그 특질적인 요소들을 빼버리고 그것을 그가 자연 종교로 여겼던 것으로 격하시켜

야 했다는 것을 의미한다. 그는 그리스도가 구세주라거나 또는 그가
기적들을 행했다는 것을 명백하게 부인하지는 않았다. 사실상 그는
두 명제를 긍정한다. 그러나 성 바울과 그의 후계자들의 저작은 가차
없는 공격의 대상이었다. 그리스도의 도래와 그의 활동의 목적은 단
지 자연 종교의 진리를 확실히 하려는 것이었다. 구속과 구원의 신학
은 무가치한 부착물이다. 로크에 대한 그의 모든 존경에도 불구하고,
볼링브로우크는 로크의 진정한 기독교적인 경건함을 전적으로 결여하
고 있었으며, 그의 사고 방식은 영국 경험주의의 창시자의 마음에는
눈에 띄게 결여된 냉소적인 것에 오염되었다. 볼링브로우크의 생각으
로는 일반 대중은 지배적이고 널리 보급되어 있는 종교를 신봉하도록
내버려 두어야 하며 자유 사상가들에 의해서 동요되지 않아야 한다.
자유 사상은 귀족들과 교육받은 사람들의 특권이어야 한다.

　영국의 이신론자들은 결코 심오한 철학자들이 아니었다. 그러나 그
운동은 어느 정도 상당한 영향력을 행사했다. 예를 들어 프랑스에서
볼테르(Voltaire, 1694~1787)는 볼링브로우크의 찬미자였고, 디드로
(D. Diderot, 1713~1784)는 적어도 일시적으로는 이신론자였다. 울러
스턴의 《자연 종교 개관》에 대해서 한때 반종교적인 관점에서 글을 썼
던 미국의 정치가 벤자민 프랭클린(1706~1790)도 역시 자신이 이신
론자라고 고백했다. 그러나 물론 프랑스와 미국 이신론자들 사이에는
상당한 차이가 있었다. 전자는 정통 기독교에 대해서 신랄한 조소와
공격을 가하는 경향이 있었던 반면에, 후자는 자연 종교와 도덕에 관
한 그들의 적극적인 관심에서 영국의 이신론자들에 좀더 가까웠다.

3. 조셉 버틀러 주교

　이신론자들에 대한 반대자들 중에 가장 유명한 사람은 더럼의 주교
였던 조셉 버틀러(Joseph Butler, 1692~1752)였다. 1736년에 그의
주저인 《자연의 구조와 진행에 대한 자연 종교와 계시 종교의 유비》
(*The Analogy of Religion, Natural and Revealed, to the Constitution and Course
of Nature*)[30]가 나왔다. 이 책의 서문 또는 "광고"(advertisement)에서

30) 면수 인용은 버틀러의 저작들을 두 권으로 편집한 Gladstone 판

버틀러는 다음과 같이 말한다. "나는 어떤 이유에서인지는 모르지만 많은 사람들이 기독교는 탐구의 주제조차 되지 못하며, 이제는 마침내 그것이 허구임이 밝혀진다는 것을 당연하게 여기게 되었다는 것을 안다. 따라서 그들은 마치 오늘날 이것이 식별력을 가진 모든 사람들 사이에 하나의 일치된 점이며, 말하자면 기독교가 그렇게 오랫동안 세상의 쾌락들을 방해해 온 것에 대한 보복을 할 셈으로 그것을 웃음과 조롱의 주요한 주제로 삼는 것 이외에는 아무 것도 남지 않은 것처럼 기독교를 취급한다."[31] 버틀러가 이 글을 썼던 당시에 영국에서는 종교가 아주 쇠퇴하였으며, 그의 주된 관심은 기독교를 믿는 것이 비합리적인 것이지 않다는 것을 보여주려는 것이었다. 특별히 이신론자들에 관계하는 한에서는 그는 그들을 종교의 일반적 쇠퇴의 징후로 보았다. 그러나 그가 그들에 관계했다는 것은 그가 신의 존재를 전제하고 그것을 증명하려고 시도하지는 않는다는 사실에서 명백하다.

《종교의 유비》의 목적은 내세가 있고 신이 사후에 상벌을 주며, 기독교는 참된 것임을 증명하려는 것은 아니다. 이신론자들이 자연의 체계와 진행에 관한 그들의 모든 신념이 비합리적이라고 기꺼이 말하려고 하지 않는 한 이 저작의 의도는 그런 진리들을 받아들이는 것은 비합리적이지 않다는 것을 보여주려는 것이므로 더 제한된다. 자연에 관한 우리의 지식은 개연적인 것이다. 참으로 개연성은 그 정도가 서로 아주 다를 수 있다. 그러나 우리가 자연에 관해서 가지는 지식은 경험에 기초해 있으며, 그것이 아주 높은 정도의 개연성에 이를 때라도 그것은 여전히 개연적일 뿐이다. 그리고 우리가 이해하지 못하는 것이 많이 있다. 우리 지식의 한계에도 불구하고, 이신론자들은 단지 많은 것이 우리에게 불명료하다는 이유로 자연에 관한 우리 신념의 온당함과 정당성을 문제시하지는 않는다. 그러므로 우리는 유비에 의해서 다음과 같이 주장할 수 있다. 비록 종교적 진리의 영역에서 우리가 틀림없이 신의 창조물인 자연에 대한 지식에서 마주치는 것과 비슷한 난점들에 직면하더라도, 이 난점들은 종교적 교리들을 힘에 겨워 거절할 아무런 이유가 되지 못한다. 바꾸어 말하면 이신론자들은 영혼 불멸과 같은 자연 종교의 어떤 진리들에 대해서 그리고

(Oxford, 1896)에 따른 것이다.
31) 1, pp. 1~2.

계시 종교의 진리들에 대해서 난점들을 제출하지만, 그러나 만약 그 난점들이 자연(그것의 창조자는 이신론자들 자신에 의해서 신이라고 인정되는)의 구조와 진행에 관한 우리의 지식과 유사하거나 또는 그 지식 안에 그것들과 닮은 것을 갖는다면, 그런 난점들의 존재가 문제의 명제들에 대한 반증을 성립시키지는 않는다. 서론에서 버틀러는 성서가 자연의 조물주인 존재의 작품임을 믿는 사람은 자연 안에서 발견되는 것과 동일한 종류의 난점들을 성서 안에서 발견하리라고 기대하는 것도 당연하다는 뜻에서 오리게네스(Origenes)를 인용한다. "그리고 비슷한 숙고의 방식에서, 이 난점들 때문에 성서가 신으로부터 온 것이라는 것을 부인하는 사람은 바로 동일한 이유로 세계가 그에 의해서 형성되었다는 것을 부인하게 될지도 모른다는 것이 덧붙여져야 할 것이다."[32]

물론 버틀러는 종교적 진리의 영역에서의 난점들이 자연에 관한 우리 지식에서 직면하게 되는 난점들과 유사할 때 그것이 종교적 명제들에 대한 반증을 성립시키는 것은 아니라고 주장하는 데 국한하지는 않는다. 그는 더 나아가 자연의 사실들이 자연 종교와 계시 종교의 개연적 진리를 추론하는 근거를 제공한다고 주장한다. 그리고 그것은 단지 그것의 진리나 허위가 우리에게 대수롭지 않은 명제들의 문제가 아니라, 실천적인 명령에서 우리와 지극히 중요한 관계를 가진 명제들의 문제이기 때문에 우리는 개연성의 우세에 따라 행동해야만 한다. 예를 들면 우리에게 영혼 불멸은 불가능하다고 말하도록 강요하는 자연의 사실은 전혀 없다. 더 나아가 현세로부터 이끌어내어진 유추들은 내세가 있다는 것을 확실히 그럴 듯하게 한다. 우리는 유충이 결국 나비로 변하고, 새가 껍질을 깨고 더 본격적인 삶을 시작하며, 인간이 태아 상태로부터 성숙한 상태로 발전하는 것을 본다. "그러므로 우리가 현재가 이전과 다른 것만큼 현재와 (아마도) 다른 상태에서 장차 존재하리라는 것은 단지 자연의 유비에 따른 것이다."[33] 참으로 우리는 신체의 사멸을 본다. 그러나 죽음은 인간의 체력이 남아 있다는 어떠한 "감각 가능한 증거"도 우리에게서 빼앗아 가는 반면에, 그것은 그가 살아 있지 않다는 것을 의미하는 것은 아니며, 현세

---

32) Introduction, 8 ; 1, pp. 9~10.
33) 1, 1, 3 ; 1, p. 22.

226

에서의 의식의 통일성은 그가 그렇게 살아 있을 수 있다는 것을 암시한다. 게다가 현세에서도 우리의 행동은 우리의 행위에 의존하는 자연적인 결과들, 행복과 불행을 겪는다. 그러므로 자연의 유추는 현세에서의 우리 행동들이 내세에서 보상과 처벌을 받게 된다는 것을 암시한다. 기독교에 관해서 그것은 단지 자연 종교의 "재판에 지나지 않는다고 말하는 것은 참이 아니다. 왜냐하면 기독교는 만일 그렇지 않다면 우리가 알 수 없었을 많은 것을 우리에게 가르쳐 주기 때문이다. 만약 자연에 관한 우리의 지식이 불충분하며 제한된 것이라면 실제로는 우리가 계시를 통하여 신선한 광명을 획득해선 안 된다는 어떠한 선험적인 이유도 없다. 나아가 "자연의 유비는 우리가 그것을 획득하거나 누리는 데 지정된 수단을 사용하지 않고서는 어떠한 이익도 기대해서는 안 된다는 것을 보여준다. 그런데 이성은 우리에게 현세적이건 탈속적이건간에 이익을 획득하는 특정한 직접적 수단에 관해서 아무 것도 보여주지 않는다. 그러므로 우리는 이것을 경험이나 또는 계시로부터 배워야만 한다. 이 경우는 경험의 여지가 없다."34) 그러므로 기독교의 계시와 가르침을 가볍고 사소한 문제로 취급하는 것은 어리석은 일이다. 왜냐하면 우리는 신에 의해서 지정된 수단, 즉 계시를 통해서 알려지는 수단을 사용하지 않고서는 신에 의해서 제안된 목적과 보상을 획득할 수 없기 때문이다.

만약 버틀러의 논증들이 자연 종교와 계시 종교의 진리의 증거로 해석된다면, 그것들은 종종 아주 미약한 것으로 보인다. 그러나 그 자신은 이것을 알고 있었다. 예를 들어 그는 "앞의 논문은 결코 만족스럽지 못하다는 것은 아주 쉽사리 인정된다. 참으로 전혀 그렇지 않다"35)고 말한다. 그는 "부족한 것이 그것들 각각의 다른 난점들뿐만 아니라 그것들의 공통된 난점 모두에 명백할 때, 자연 종교에도 동일한 것들이 있다고 말함으로써 계시에 있는 난점을 해결하려는 것은 어설픈 일…"36)이라는 반대 견해를 고려한다. 동시에 그는 종교에 대해서 제기된 특정한 반대 견해의 노선(즉 종교 안에는 난점과 의심스러운 점들이 있으며, 만약 종교가 참이라면 이러한 것들이 없을 것이다)에 관계했다는 것을 지적한다. 그러나 이 반대 견해는 비종교적

34) 2, 1, 24 ; 1, p. 201.　　　　35) 2, 8, 17 ; 1, pp. 362~363.
36) 2, 8, 2 ; 1, p. 354.

인 자연의 지식에는 난점과 의문점들이 전혀 없다는 것을 전제로 한
다. 그러나 실은 그렇지 않다. 그런데도 그들의 현세적인 관심사에서
사람들은 종교적인 문제들에 유용한 것과 동일한 종류의 증거를 좇아
행동하기를 서슴지 않는다. "그리고 이 대답의 효력은 단지 종교에
대한 증거와 우리의 현세적 행위에 대한 증거 사이에 있는 평행선에
있기 때문에, 그 평행선이 전자의 증거가 더 낫다는 것을 보여줌으로
써 입증되든지 또는 후자의 증거가 더 못하다는 것을 보여줌으로써
입증되든지간에 그 대답은 동등하게 정당하며 확실하다."[37] 그 논문
의 목적은 모든 난점들을 일소하고 신의 섭리를 정당화하려는 것이
아니라, 우리가 해야 하는 것을 보여주려는 것이다. 우리는 증거없이
행동해서는 안 된다고 말할 수도 있다. 그러나 우리는 기독교의 진리
에 대해서 역사적인 증거, 특히 기적과 예언들을 가진다.

　《종교의 유비》는 만약 그것이 종교 철학으로 간주된다면 명백히 매
우 불충분한 것이다. 그러나 그것은 종교 철학으로 의도되지 않았으
며 그것만으로 판단되어서도 안 된다. 만약 그것이 체계적인 호교론
을 담은 책으로 여겨진다면 그것도 역시 불충분한 것이다. 그럼에도
불구하고 버틀러가 기독교에 대해서 하나의 증명에 상당하는 축적적
인 논증 개념을 개설하는 것을 주목하는 것은 흥미있는 일이다. "그
러나 우리 종교의 진리는 흔히 있는 문제들의 진리들처럼 일괄해서
생각된 모든 증거에 의해서 판단되어야 한다. 그리고 이 논증에서 주
장되었을지도 모르는 사물들의 전 연쇄와 그 안에 있는 각각의 개별
적인 사물들이 우연히(왜냐하면 여기에 기독교에 대한 논증의 강조점
이 놓여 있기 때문에) 있었다고 이치에 맞게 상정될 수 없는 한, 그
것의 진리는 증명된다."[38] 이것은 호교론에서 하나의 귀중한 사고 방
향이다. 그럼에도 그 저작은 근대적 의미에서의 체계적 호교론 저작
으로 의도되지는 않았다. 그것은 계시 종교에 대한 이신론자들의 반
대 견해의 경향에 대한 대답, 위에 기술된 의미에서 자연의 유비에
근거한 대답으로 의도되었다. 나는 버틀러의 유비들 중의 약간은 설
득력을 지니고 있지 않다는 점이 인정되어야만 한다고 생각한다. 예
를 들어 현세적인 행복과 불행은 현세에서의 우리 행위에 의존한다는

---

37) 2, 8, 9 ; 1, p. 359.　　　　　　38) 2, 7, 62 ; 1, p. 352.

사실로부터 내세에서의 행복과 불행도 역시 **현세에서의** 우리 행위에
의존한다는 개연성으로 논증하는 것에 대한 명백한 반대 견해들이 있
다. 한편 그 저작의 커다란 힘은 자연에 관한 우리의 해석, 그리고
현세적 관심사에 관한 우리의 행위에서 개연성의 역할을 버틀러가 알
고 있었다는 데 있는 것처럼 보인다. 그것은 이 경우에 우리가 모든
난점들과 불명료함들이 먼저 일소되어야 한다고 요구하지 않고 종교
적 사건들에서도 마찬가지로 개연성의 우세에 따라 행동해야 한다는
그의 논증에 있는 것처럼 보인다. 이 논증의 방향은 **사람에 대한 논증**
(argumentum ad hominem), 다시 말하자면 이신론자들에 대한 논증일
지도 모른다. 그러나 그것은 이 점에 대해서 하나의 효과적인 논증
방향이다. 왜냐하면 당시의 이신론자들은 허버트 경처럼 본유 관념론
의 지지자들이 아니라, 오히려 경험주의적인 전통에 참가했기 때문이
다. 버틀러는 자신을 동일한 입장에 놓는다. 그럼에도 불구하고 그는
어떻게 이것이 신의 존재에 관한 우리의 지식에 영향을 미칠지 설명
하지 못한다.

버틀러의 윤리설은 다음 장에서 고찰될 것이다. 그러나 《종교의 유
비》에 부록으로 실린 첫번째 논문에서 주어진 인격의 동일성에 관한
그의 견해들 가운데 약간을 여기서 말하는 것이 부적절하지는 않을
것이다.

우선 버틀러는 인격의 동일성은 정의될 수 없다고 말한다. 그럼에
도 불구하고 이렇게 말하는 것이 우리는 인격의 동일성을 알지 못한
다거나 그것의 개념을 전혀 갖지 않는다고 말하는 것은 아니다. 우리
는 유사함이나 같음을 정의할 수는 없지만 그것들이 무엇인지는 안
다. 예를 들면 우리는 두 삼각형의 유사함을 보거나 또는 2의 두 배
가 4와 같음을 봄으로써 그것들이 무엇인지 안다. 바꾸어 말하면 우
리는 유사함과 같음의 개념을, 그 예들을 앎으로써 갖게 된다. 그것
은 인격의 동일성에서도 마찬가지이다. "어떤 두 순간에 자신 또는
자기 존재의 의식을 비교하자마자 즉시 인격의 동일성의 관념이 마음
에 생긴다."[39]

버틀러는 의식이 인격의 동일성을 만든다고 말하려 하지 않는다.

---

39) 2 ; 1, p. 388.

사실상 그는 로크가 의식에 의해서 인격의 동일성을 정의한다고 비판한다. "우리는 인격의 동일성의 의식은 인격의 동일성을 전제하므로, 그것이 인격의 동일성을 성립시킬 수 없다는 것은 어떤 다른 경우의 지식도 그것이 전제하는 진리를 성립시킬 수 없다는 것과 같음을 정말 자명한 것으로 생각해야 한다."[40] 버틀러는 의식을 타고났다는 것은 하나의 인격 또는 지성적 존재의 관념과 분리될 수 없다는 것을 인정한다. 그러나 과거의 행동이나 느낌에 관한 현재 의식이 우리가 그 행동을 했거나 그 느낌을 가졌던 바로 그 사람이라는 데 필수적이라는 결론이 되지는 않는다. 참으로 우리가 자신의 존재에 관해서 가지는 계속되는 의식들은 별개의 것들이다. 그러나 "그 존재에 관해서 의식이 지금 느껴지는 인격과, 한 시간이나 또는 일 년 전에 느껴졌던 인격은 두 인격이 아니라 전적으로 동일한 인격이라고 식별된다. 그러므로 그 인격은 전적으로 동일하다."[41] 이 방식으로 우리가 지각하는 것의 진리를 증명하려고 시도하는 것은 쓸데없는 일이다. 왜냐하면 우리는 단지 지각들 자체에 의해서만 그렇게 할 수 있기 때문이다. 마찬가지로 우리는 진리를 아는 우리 기능들의 능력을 증명할 수 없다. 왜냐하면 그렇게 하기 위해서 우리는 바로 이 기능들에 의존해야 하기 때문이다. 버틀러는 잘못은 명백한 것을 논증할 수 없는 사람에게 있는 것이 아니라, 논증될 수 없는 것 그리고 논증될 필요가 없는 것의 논증을 요구하는 사람에게 있다고 생각한다. 그가 인격의 동일성의 문제를 논의하는 이유는 그것과 영혼 불멸의 문제와의 관련 때문이다. 비록 그가 그 문제를 매우 철저히 다루었다고 말할 수는 거의 없지만, 그는 확실히 로크에 반대하는 훌륭한 주장을 한다.

---

40) 3 ; 1, p. 388.   41) 5 ; 1, p. 392.

제 10 장

윤리학의 문제들

1. 샤프츠베리

17세기에 홉즈는 인간을 본래 이기적인 것으로 해석하는 것과 권위주의적 도덕 개념을 옹호했는데 그것은 다음과 같은 의미에서이다. 즉 그에 따르면 우리가 보통 생각하는 것처럼 도덕법들의 의무적인 성격은 신 또는 정치상의 주권자의 의지에 의존한다는 것이다. 그리고 신의 법을 해석하는 것이 정치상의 주권자이므로, 우리는 홉즈에게 있어서 사회 도덕에서의 의무의 원천은 주권자의 권위라고 말할 수 있다.

우리가 보았듯이 로크는 중요한 점들에서 홉즈에게 강력히 반대했다. 그는 사회와 정부의 강제적인 영향에서 분리되어 고려된 인간 본성에 관한 홉즈의 비관적인 견해들에 동의하지 않았다. 또한 그는 도덕법들의 의무적인 성격이 정치상의 주권자의 권위와 의지에 의존한다고 생각하지도 않았다. 그러나 윤리학에 관한 그의 견해들 중 일부에서 그는 확실히 도덕적 의무가 신의 의지에 의존한다는 것을 암시했다. 참으로 그는 도덕적인 구별들은 이 의지에 의존한다는 것을 때때로 암시했다. 따라서 그는 도덕적인 선과 악은 그것에 의하여 선 또는 악이 "우리에게 주어지는" 하나의 법(입법자인 신의 의지와 힘에 의한)과 우리의 자발적인 행동들과의 일치 또는 불일치라고 서슴없이 말했다. 게다가 그는 기독교도가 사람은 왜 약속을 지켜야만 하느냐 하는 질문을 받는다면 그는 영원한 삶과 죽음의 능력을 가진 신이 우리에게 그것을 요구하기 때문이라고 대답할 것이라고 주장했다. 확실히 이 권위주의적 요소는 로크의 도덕 사상의 단지 한 부분 또는 측면을 나타낸다. 그럼에도 불구하고 그것은 하나의 요소이다.

하지만 18세기 전반까지는 인간을 본래 이기적인 것으로 보는 홉즈의 해석뿐만 아니라 도덕법과 도덕적 의무의 모든 권위주의적 개념들에 대해서도 반대했던 일단의 도덕가들이 있었다. 홉즈의 인간관에 반대해서 그들은 인간의 사회적 본성을 주장했다. 그들은 윤리적 권위주의에 대해서 인간은 신의 표현된 의지와 관계없이, 더욱이 국가의 법에도 관계없이 도덕적 가치들과 도덕적 차이들을 식별하는 도덕감을 갖고 있다고 주장했다. 그러므로 그들은 말하자면 윤리학을 독립적인 것으로 보려는 경향이 있었다. 그리고 단지 이 이유 하나만으로도 그들은 영국의 도덕 이론의 역사에서 상당히 중요하다. 마찬가지로 그들은 개인적인 목적보다는 오히려 사회적인 목적에 의하여 도덕의 사회적 해석을 제시했다. 그리고 18세기 도덕 철학에서 우리는 특히 19세기에 밀(J. S. Mill)의 이름을 연상시키는 공리주의의 발단을 볼 수 있다. 하지만 우리는 공리주의의 발달에 관한 관심이 우리로 하여금 샤프츠베리와 허치슨과 같은 18세기 도덕가들의 독특한 특징들을 간과하도록 해서는 안 될 것이다.

여기에서 고려될 집단의 첫번째 철학자는 로크의 문하생이다. 샤프츠베리 백작 3세이자 로크의 후원자의 손자인 앤터니 애쉬리(Anthony Ashley, 1671~1713)는 로크와 3년 동안(1686~1689) 관계를 맺었다. 그러나 그의 가정 교사를 존경했음에도 불구하고, 그는 로크의 모든 사상을 받아들였다는 의미에서 로크의 제자였던 것은 결코 아니다. 샤프츠베리는 그가 그리스인의 균형과 조화의 이상으로 여겼던 것을 찬미한 사람이었다. 그의 생각으로는 만약 로크가 그리스 사상에 대해 좀더 깊은 지식과 식별력을 가졌더라면 로크는 도덕 철학과 정치 철학에 더 이바지했을 것 같았다. 우선 한 예를 든다면,

그는 그 당시에 인간은 날 때부터 사회적 존재라는 아리스토텔레스의 진리를 좀더 분명하게 알 수 있었을 것이다. 그러나 실상은 스콜라 철학의 아리스토텔레스주의에 대한 혐오감 때문에 그는 역사상의 아리스토텔레스와 《윤리학》(*Ethica*)과 《정치학》(*Politica*)에 나타난 진리들을 인식하지 못했다. 선과 악, 옳음과 그름의 구별들에 대한 기준을 제시하는 인간의 목적은 사회적인 목적이며, 그의 본성에 의해 인간은 이 구별들에 대해 자연스러운 느낌을 갖는다. 이렇게 말하는 것이 본유 관념들에 대한 로크의 거부와 모순되지는 않는다. 두드러진 물음은 도덕 관념들이 마음에 들어오는 시간에 관한 것이 아니라, 오히려 인간의 본성은 도덕 관념들 또는 도덕적 가치의 관념들이 순서를 밟아서 그에게 일어나는 그러한 것인지 아닌지 하는 것이다. 그것들은 로크가 본유 관념들을 이해했고 또 거부했던 그 의미에서 본유적이기 때문에 일어나는 것이 아니라, 인간은 그 특성상 사회적인 하나의 도덕적 목적을 가진 사회적 존재이기 때문에 일어나는 것이다. 도덕 관념들은 본유적이기보다는 차라리 "타고난"(connatural) 것이다.

샤프츠베리는 개인이 자연히 자신의 이익을 추구한다는 것을 부정할 의도는 갖고 있지 않았다. "우리는 모든 피조물들은 자연이 그로 하여금 추구하지 않을 수 없도록 한 사적인 이익과 자기 소유의 관심을 갖는다는 것을 안다."[1] 그러나 인간은 하나의 체계의 부분이며, "선하다 또는 덕이 있다고 불릴 만하기 위해서는 개인은 그의 모든 경향과 감정, 마음의 성향과 기질들을 인류 또는 그가 속해 있고 그가 한 부분을 이루고 있는 그 체계의 선에 적합하고 일치하게 해야 한다."[2] 한 사람의 개인적 또는 사적인 선은 그의 욕구, 정념, 감정들을 이성의 지배 아래 조화롭게 하거나 균형있게 하는 데 있다. 그러나 인간은 하나의 체계의 부분이기 때문에, 즉 본래 사회적 존재이기 때문에 그의 성질들이 사회에 관하여 조화되지 않는 한 완전하게 조화를 이루거나 균형을 이룰 수 없다. 우리는 이기주의와 이타주의, 자기 자신의 이익에 관한 관심과 공익에 관한 관심이 마치 필연적으

1) *Characteristics*, II, p. 15. 샤프츠베리의 저작들에 관한 인용은 윤리 문제에 관한 다수의 논문들과 단편들을 포함하고 있는 *Characteristics of Men, Manners, Opinions, Times*의 1773년 판의 권수와 면수에 따를 것이다.
2) *Characteristics*, II, p. 77.

로 서로 배타적인 것들인 것처럼 양자간의 선택을 억지로 하게 되는 것은 아니다. 참으로 "만약 어떤 사람에게서든지 인류 또는 공중의 이익과 모순되는 보통 이상의 자기 관여 또는 사적인 이익에 관한 관심이 발견된다면, 이것은 모든 점에서 나쁘고 사악한 성질로 여겨져야만 한다. 이것이 우리가 일반적으로 이기주의라고 부르는 것이다."[3] 그러나 만약 사적인 이익에 관한 어떤 사람의 관심이 공익에 모순되지 않을 뿐만 아니라 그것에 기여한다면, 그것은 결코 비난받을 만한 것이 아니다. 예를 들면 만약 자기 보존에 관한 관심이 그로 하여금 어떠한 관대한 또는 자비로운 행동을 할 수 없게 한다면 사악한 것으로 여겨져야 하지만, 개인들의 편에서 그들 자신의 보존에 관한 질서 정연한 관심은 공익에 기여하는 것이다. 따라서 샤프츠베리는 모든 "이기주의"를 비난함으로써 홉즈에 응수하지는 않는다. 그는 도덕적인 사람에게 이기적인 충동과 이타적인 또는 자비로운 충동들이 조화를 이루고 있다고 주장한다. 자비심은 도덕에 빠뜨릴 수 없는 부분이며, 한 체계의 부분으로서의 인간 본성에 뿌리박혀 있다. 그러나 그것이 도덕의 전체 내용은 아니다.

그러므로 샤프츠베리는 인간의 선을 사람을 사람으로서 만족시키는 것이라는 의미에서, 그리고 그것의 본성은 인간 본성에 관한 반성에 의해서 결정될 수 있다는 의미에서 객관적인 어떤 것이라고 생각한다. "그 안에서 인간의 본성이 만족되고, 그것만이 그의 선임에 틀림없는 것이 있다."[4] "그런 까닭에 철학이 성립된다. 왜냐하면 각자는 필연적으로 그 자신의 행복, 그의 선이 무엇이며 그의 악이 무엇인가에 관하여 추리해야 하기 때문이다. 문제는 누가 가장 잘 추리하느냐 하는 것뿐이다."[5] 이 선은 쾌락이 아니다. 무조건 또는 구별없이 쾌락이 우리의 선이라고 말하는 것은 "'우리는 우리가 적격이라고 생각하는 것을 선택한다', '우리는 우리를 기쁘게 하거나 즐겁게 하는 것이 마음에 든다'고 말하는 것처럼 거의 의미를 갖지 못한다."[6] 샤프츠베리는 선의 본성을 매우 엄밀하게 기술하지는 않는다. 한편 그는 그것을 덕이라고 한다. 그래서 그는 "우리가 그것에 선 또는 덕이라

3) *Characteristics*, II, p. 23.
4) *Characteristics*, II, p. 436.
5) *Characteristics*, II, p. 442.
6) *Characteristics*, II, p. 227.

는 이름을 부여하는 성질"[7]이라고 쓴다. 강조점은 감정 또는 정념들에 주어진다. "그러므로 한 개인이 선하거나 악하게, 자연스럽거나 자연스럽지 못하게 여겨지는 것은 단지 감정에 의한 것이므로 우리의 일은 어느 것이 선하고 자연스러우며 어느 것이 악하고 자연스럽지 못한 감정들인가를 검사하는 것이 될 것이다."[8] 한 사람의 감정과 정념들이 그 자신과 사회 양쪽에 관하여 조화와 균형의 적절한 상태에 있을 때, "이것은 정직, 성실 또는 덕이다."[9] 여기서 강조는 행동들 또는 행동에 의해서 성취될 어떤 부대적인 목적보다는 차라리 인격에 주어진다. 한편 샤프츠베리는 감정을 선으로 향한 것으로 말하고, 선은 "이익"이라고 한다. "개인의 정념과 감정에는 인류의 이익과의 변치 않는 관계 또는 공통 본성이 있다는 것은 이미 보여졌다."[10] 이것은 선이 덕이나 도덕적인 성실이 아닌 다른 무엇임을 암시하는 것처럼 보일지도 모른다. 샤프츠베리는 관학적이며 현학적인 철학을 나쁘게 생각하였으며, 아마도 그가 그의 윤리 사상을 명백한 용어들로 표현하지 않았던 것도 놀랄 만한 것은 아닐 것이다. 그러나 우리는 어쨌든 덕과 인격이 일관되게 강조되었다고 말할 수 있다. 예를 들면 어떤 사람이 우연히 인류에 유익한 일을 하게 되었다는 이유만으로 그가 선하다고 여겨져서는 안 된다. 왜냐하면 그는 순전히 이기적인 감정의 충동 아래 또는 하찮은 동기들에서 그러한 행동들을 할 수도 있기 때문이다. 사실상 한 사람은 그의 덕에 비례하여 자기 자신의 이익이나 선 또는 행복에 그리고 공통의 이익이나 선 또는 행복에 기여할 것이다. 덕과 이익은 이렇게 공존한다. 그리고 이렇다는 것을 보여주는 것이 샤프츠베리의 주된 관심사 가운데 하나이다. 따라서 그는 "덕은 모든 사람의 선이며 악덕은 모든 사람의 악이다"[11]하고 말할 수 있다.

샤프츠베리는 모든 사람은 적어도 어느 정도 도덕적 가치들을 지각하고, 덕과 악덕을 구별할 수 있다고 여겼다. 왜냐하면 모든 인간은 조화와 부조화, 균형과 균형의 결핍과의 차이들을 지각하는 능력과 유사한 하나의 능력으로서 양심 또는 도덕감을 가졌기 때문이다. "형

---

7) *Characteristics*, II, p. 16.   8) *Characteristics*, II, p. 22.
9) *Characteristics*, II, p. 77.   10) *Characteristics*, II, p. 78.
11) *Characteristics*, II, p. 176.

태들의 자연미가 있는가? 그리고 행동들의 아름다움은 자연스럽게 있지 않은가? … 행동들을 보고 인간의 감정과 정념을 식별하자마자 (그리고 그것들은 대부분 느끼자마자 식별된다), 마음의 눈은 볼품없는 것, 더러운 것, 싫은 것 또는 비열한 것과는 별도로 아름답고 볼품있는 것, 호감을 주는 것과 칭찬할 만한 것을 곧장 구별하고 알아본다. 그러므로 이 구별들이 자연에 근거한 것이기 때문에 식별 자체가 자연스러운 것이며 오직 자연으로부터 오는 것이라고 인정하지 않는 것은 어떻게 가능한가?"[12] 그른 것에 대한 어떤 실제적인 반감을 갖고 있지 않으며, 그 자신을 위해 옳은 것에 대한 어떤 실제적인 사랑도 갖고 있지 않은 사악하고 타락한 사람들이 있을 수도 있다. 그러나 아무리 사악한 사람이라 하더라도 적어도 어느 정도 칭찬할 만한 행위와 벌을 받을 만한 행위를 구별할 수 있는 한도까지는 어떤 도덕감을 갖는다.[13] 옳고 그른 것에 대한 감각은 인간에게 자연스러운 것이지만, 관습과 교육이 사람들로 하여금 옳은 것과 그른 것에 관한 잘못된 관념을 갖게 할지도 모른다. 바꾸어 말하면 모든 사람들에게는 근본적인 도덕감이나 양심이 있지만, 그것은 나쁜 습관, 잘못된 종교적 관념 등을 통해서 흐려지거나 곡해될지도 모른다.

그러므로 우리는 샤프츠베리에게서 도덕감이나 도덕적 능력이 미적 "감각"이나 능력과 동질화되는 것을 발견한다. 마음은 "부드럽고 거친 감정, 유쾌하고 불쾌한 감정을 느끼며, 음률에서 또는 감각적 사물들의 외적인 형태나 표상들에서와 마찬가지로 참으로 여기서도 더럽고 깨끗함, 조화와 부조화를 발견한다. 또한 마음이 도덕감과 관련된 것에서 감탄과 황홀, 혐오와 경멸을 억제할 수 없는 것은 그것이 미적 감각과 관련된 것에서 그럴 수 없는 것과 같다."[14] 이것이 도덕적 가치들의 본유 관념이 있다는 것을 의미하지는 않는다. 예를 들어 우리는 경험에 의해서 동정과 감사의 감정과 행위를 안다. 그런데 "이미 느껴졌고 지금은 새로운 기호나 혐오의 주체가 된 바로 그 감정들 자체에 대한 또다른 종류의 감정이 발생한다."[15] 도덕감은 본유적이지만 도덕적 개념들은 본유적이지 않다.

12) *Characteristics*, II, pp. 414~415.
13) *Characteristics*, II, pp. 42~43.
14) *Characteristics*, II, p. 29.   15) *Characteristics*, II, p. 28.

샤프츠베리가 주장하는 것은 덕은 그것 자체를 목적으로 추구되어야 한다는 것이다. 실로 보상과 처벌은 교육적인 목적을 위해서 유익하게 사용될 수 있다. 그러나 이 교육의 목적은 덕에 대한 공평 무사한 사랑을 산출하는 것이다. 어떤 사람이 덕이 있다고 적절하게 불릴수 있는 것은 오직 그가 덕을 "본질적으로 좋고 사랑스러운 것으로서 그것 자체를 위해서"[16] 사랑하게 될 때뿐이다. 덕을 신의 의지에 의존하게 하거나 그것을 신의 보상과 연관시켜 정의하는 것은 처음부터 잘못 시작하는 것이다. "왜냐하면 선 자체가 무엇인지 알지 못하는 사람들에게 어떻게 최고선이 이해될 수 있을 것인가? 또는 덕의 장점과 훌륭함이 아직 알려지지 않았을 때 어떻게 덕이 보상을 받을 만한 것으로 이해될 수 있는가? 우리가 그 장점을 편들어 증명하며 그 등급을 신에 의해 증명하려 할 때 우리는 확실히 처음부터 잘못 시작하는 것이다."[17] 바꾸어 말하면 윤리학은 어떤 독립성을 갖는다. 우리는 신, 신의 섭리, 영원한 보상과 처벌이라는 관념들로부터 시작해서는 안 되며, 도덕적 개념들의 기초를 이 관념들에 두어서는 안 된다. 그렇기는 하지만 덕은 신에 대한 신앙심을 포함하지 않는다면 완전한 것이 아니다. 신앙심은 덕스러운 감정에 반응하여 그것에 견고함과 항구성을 부여한다. "이와 같이 덕의 완전함과 탁월함은 신에 대한 믿음에 기인하는 것임에 틀림없다."[18]

이러한 관점에서 본다면 샤프츠베리가 의무를 신의 의지와 권위에 대한 복종에 의하여 정의하지 않는다는 것을 덧붙일 필요는 거의 없다. 어떤 사람은 혹시 그가 도덕감이나 양심이 의무를 식별한다고 말하고 그 문제를 그대로 방치하기를 기대할지도 모른다. 그러나 의무를 고찰할 때 그는 자기 자신의 이익에 관한 관심과 공익에 관한 관심은 나눌 수 없으며, 자비심을 본질로 하는 덕은 개인에게 유리하게 된다는 것을 보여주려고 한다. 자기 본위에 빠지는 것은 불행한 일이다. 반면에 완벽하게 덕스럽게 되는 것은 더할 나위없이 행복한 일이다. 의무의 문제에 대한 이 대답은 다음과 같이 그가 물음을 제기하는 방식에 의해 좌우된다. "덕에는 어떤 의무가 있는가 또는 그것을 받아들일 어떤 이유가 있는가 하는 것을 묻는 일이 남아 있다".[19] 그

---

16) *Characteristics*, II, p. 66.   17) *Characteristics*, II, p. 267.
18) *Characteristics*, II, p. 76.   19) *Characteristics*, II, p. 77.

가 제시하는 이유는 덕은 행복에 필수적이고 악덕은 불행을 초래한다
는 것이다. 아마도 우리는 여기서 그리스 윤리 사상의 영향을 볼 수
있을 것이다.

샤프츠베리의 윤리학 저작들은 영국과 그 밖의 여러 나라의 철학자
들의 사상에 상당한 영향을 미쳤다. 허치슨의 도덕 철학을 곧 고찰하
게 되겠지만 허치슨은 그의 영향을 상당히 받았으며, 허치슨을 통해
서 샤프츠베리는 흄과 아담 스미스 같은 후기 사상가들에게 영향을
미쳤다. 또한 그는 프랑스에서는 볼테르와 디드로 그리고 헤르더와
같은 독일의 문학가들에 의해서 진가를 인정받았다. 그러나 다음 절
에서는 샤프츠베리의 비판자들 중의 한 사람을 살펴보게 될 것이다.

2. 버나드 맨드빌

버나드 맨드빌(Bernard de Mandeville, 1670~1733)은 샤프츠베리의
윤리설을 그의 저작 《꿀벌들의 우화 또는 사적인 악덕과 공익》(*The Fable
of the Bees or Private Vices Public Benefits*, 1714; 2판, 1723)에서 비판했는데,
이 저작은 《불평하는 군중 또는 악한들이 정직하게 되다》(*The grumbl-
ing Hive or Knaves turned Honest*, 1705)를 발전시킨 것이다. 맨드빌은
샤프츠베리가 공익에 관해서 수행되는 모든 행위를 덕스러운 행위라
고 불렀으며, 공익에 대한 관심을 배제하는 모든 자기 본위를 악덕이
라고 비난했다고 말한다. 이 견해는 인간을 사교적이게 하는 것은 그
의 좋은 성품이며 그는 자연히 이타적인 경향을 타고난다는 것을 전
제로 한다. 그러나 일상 경험은 우리에게 정반대의 것을 가르쳐 준
다. 우리는 인간이 자연적으로 이타적인 존재라는 것에 대한 경험적
인 증거를 전혀 갖지 못한다. 또한 우리는 사회가 오직 샤프츠베리가
덕스러운 행위라고 불렀던 것에 의해서만 이익을 얻는다는 것에 대한
어떠한 설득력 있는 증거도 갖지 못한다. 반대로 사회에 유익한 것은
악덕(즉 이기적인 감정과 행위)이다. 모든 "덕들"이 부여된 사회는
정적이고 침체한 사회일 것이다. 사회가 진보하고 융성하는 것은 개
인들이 자기 자신의 즐거움과 안락을 추구함으로써 새로운 발명품을
고안하거나 촉진할 때, 사치스러운 생활에 의해서 자본을 유통시킬

때이다. 이런 의미에서 사적인 악덕은 공익이다. 나아가 도덕의 객관적인 기준과 객관적인 도덕적 가치들이 있다는 샤프츠베리의 생각은 경험적 증거와 모순된다. 우리는 덕과 악덕, 더 높은 쾌락과 더 낮은 쾌락의 구별을 객관적으로 근거있게 할 수 없다. 사회적 덕이라는 고양된 개념은 부분적으로는 자기 보존을 확보하기 위해서 사회에서 서로 결합하는 사람들의 자기 보존의 이기적 욕망, 짐승에 대한 인간의 우월성을 주장하려는 똑같이 이기적인 욕망, 그리고 인간의 허영심과 자만심을 이용하는 정치가들의 활동의 결과이다.

《알키프론》(*Alciphron*)에서 버클리에 의해서 비판되었던 맨드빌의 사상은 자연히 철저한 도덕적 냉소주의의 결실이라는 인상을 준다. 그는 인간 본성에 대한 홉즈의 이기주의적인 해석을 발전시켰다. 그러나 홉즈가 인간은 사회적 도덕을 추구하기 위해서는 외적인 힘에 의해 강제될 수 있으며 어떤 의미에서는 그래야만 한다고 생각했던 반면에, 맨드빌은 사적인 악덕의 융성이 사회에 가장 도움이 된다고 주장했다. 이와 같이 기술된 견해는 필연적으로 도덕적 냉소주의의 표현인 것처럼 보인다. 그러나 우리는 맨드빌이 "악덕들"로써 의미했던 것을 명심해야 한다. 그는 "사치", 즉 필요한 것 이상의 물질적인 설비를 추구하는 것을 "부도덕한" 것이라고 비난했다. 그리고 이러한 추구에 의해서 주어지는 물질 문명 발전에 대한 자극을 보고서 그는 사적인 악덕이 공익이 될 수 있다고 주장했다. 그러나 명백하게 모든 사람이 기꺼이 이러한 사치의 추구를 "부도덕한" 것이라고 부르리라는 것은 결코 아니다. 그렇게 하는 것은 부분적으로 도덕적 냉소주의보다는 차라리 어떤 청교도적인 엄격주의의 표현이다. 하지만 이타적이고 공평 무사한 행위는 인간의 허영심과 자만심을 이용하는 정치가들의 능력에 의해서 보장된다는 견해는 냉소적인 것이라고 정당하게 불릴 수 있다. 바로 이런 의견이 몇몇 그의 동시대인들에게는 유행처럼 보였으며 다른 사람들에게는 기괴하고 가증스러운 것으로 보였다. 확실히 맨드빌은 위대한 도덕 철학자로 간주될 수는 없다. 그러나 사적인 이기주의와 공익은 결코 모순되지 않는다는 그의 일반적인 생각은 어느 정도 중요하다. 이러한 생각은 **자유 방임주의적인** 유형의 정치 경제 이론에 은연중 내포되어 있다.

240

3. 프란시스 허치슨

샤프츠베리는 체계적인 사상가도 아니었으며 특별히 명확하고 엄밀한 사상가도 아니었다. 하지만 그의 사상은 한동안 글래스고우의 도덕 철학 교수였던 프란시스 허치슨(Francis Hutcheson, 1694~1746)에 의해서 어느 정도 체계화되고 발전되었다. 나는 "어느 정도"라고 말하는데 그것은 허치슨의 의식과 그의 사상 형성에 샤프츠베리가 유일하게 영향을 미친 것은 결코 아니기 때문이다. 그의 첫저작 《미와 덕의 관념의 기원에 관한 연구》(An Inquiry into the Original of our Ideas of Beauty and Virtue, 1725)의 첫판에서 명백하게 허치슨은 맨드빌의 원리에 반대되는 것으로서 샤프츠베리의 원리들을 설명하고 옹호하기 시작했다. 그러나 그의 《도덕감에 관한 예증이 실린 정념과 감정의 본성과 행위에 관한 소논문》(Essay on the Nature and Conduct of the Passions and Affections, with Illustrations on the Moral Sense, 1728)은 버틀러의 영향을 받았다는 증거를 보여준다. 게다가 허치슨이 1737년경에 완성했으나 윌리엄 리취맨(William Leechman)에 의해서 편집되고 1755년에 유작으로 출판된 그의 《도덕 철학의 체계》(System of Moral Philosophy)에서는 변경된 것들이 눈에 띈다. 마지막으로 《3권의 윤리학 저서에 대한 요약과 자연 법학의 원리들을 포함하고 있는 도덕 철학 개요》(Philosophiae moralis institutio compendiaria libris tribus ethices et jurisprudentiae naturalis principia continens, 1742)는 마르쿠스 아우렐리우스의 영향을 다소간 보여준다. 그의 《명상록》(Meditations)의 대부분은 허치슨이 그의 라틴어 저작을 쓰고 있을 무렵에 그에 의해서 번역되었다. 하지만 여기에서 할 수 있는 짤막한 설명에서 그의 도덕 철학에서의 계속적인 수정과 변화, 발전을 모두 언급하는 것은 불가능하다.

허치슨은 다시 도덕감의 문제를 취급한다. 물론 그는 "감각"이라는 낱말이 보통 시각, 촉각 등에 관하여 사용된다는 것을 안다. 그러나 그가 보기에 그 낱말의 확장된 용법은 정당화된다. 왜냐하면 마음은 그 용어의 일상적인 의미에서 감각의 대상들에 의해서뿐만 아니라 미적이고 도덕적인 종류의 대상들에 의해서도 수동적으로 영향받을 수 있기 때문이다. 그러므로 그는 외적 감각과 내적 감각을 구별한다.

로크의 용어법에 의하면 마음은 외적 감각에 의해서 대상의 단일한 성질들의 단순 관념들을 받아들인다. "외부 대상과 대면하여 그것들이 우리 신체에 작용함으로써 마음에 발생하는 관념들은 감각이라고 불린다."[20] 내적 감각에 의해서 우리는 따로따로 관련된 대상들을 보거나 듣거나 만지는 것과는 다른 느낌을 일으키는 관계들을 지각한다. 그리고 내적 감각은 일반적으로 미감과 도덕감으로 나뉜다. 미감의 대상은 "다양성 가운데의 일양성"[21]이며, 허치슨은 이 용어를 샤프츠베리의 "조화" 대신 사용했다. 도덕감에 의해서 "우리는 다른 사람들의 선한 행동을 응시하는 데서 쾌락을 느낀다. 우리는 그러한 행동들로부터 더 이상의 자연적인 이익을 전혀 기대하지 않고서도 행위자를 사랑하게끔 된다(우리는 그러한 행동을 스스로가 했다는 것을 의식하는 데서 쾌락을 훨씬더 많이 느낀다)."[22]

우리가 단순 관념들을 받아들이는 것을 설명할 때 허치슨은 명백하게 로크에 상당히 의존한다. 물론 도덕감이라는 개념은 로크가 아니라 샤프츠베리에게서 온 것이다. 도덕감을 가정하는 것은 윤리학에 관한 로크의 의견과 별로 들어맞지 않는다. 그러나 우리가 단순 관념들을 받아들이는 것에 관한 로크의 이론에서 발견되는 외적 감각의 수동성은 도덕감의 수동성에 관한 허치슨의 설명에 반영된다. 게다가 허치슨은 도덕감 이론과 본유 관념 이론의 차이를 강조하는 로크의 경험주의의 영향을 충분히 받는다. 도덕감을 행사할 때 우리는 본유 관념들을 응시하지 않으며 우리 자신으로부터 관념들을 이끌어내지도 않는다. 그 감각 자체는 자연적인 것이며 타고난 것이다. 그러나 외적 감각에 의해서 우리가 감각적 성질들을 지각하듯이 우리는 그것에 의해서 도덕적 성질들을 지각한다.

우리가 도덕감에 의해서 지각한다는 것은 정확하게 무엇을 말하는가? 허치슨은 이 점에서 그렇게 명백한 것처럼 보이지 않는다. 때때로 그는 행위의 도덕적 성질들을 지각한다고 말한다. 그러나 그가 숙고한 견해는 오히려 우리가 인격의 성질들을 지각한다는 견해인 것 같다. 물론 적어도 《연구》에서는 도덕감의 행위를 기술하는 그의 방식의 쾌락주의적 색채에 의해서 전반적인 문제가 복잡하게 된다. 따라

20) *Inquiry*, I, 1.　　　　21) *Inquiry*, I, 2.
22) *Inquiry*, II, Introduction.

서 위에 인용된 구절에서 그는 우리 자신에게서나 다른 사람들에게서 선한 행위를 응시하는 데서 쾌락을 느낀다고 말한다. 그러나 《도덕 철학의 체계》에서 그는 도덕감을 "도덕적 탁월성과 그것의 최고의 대상들을 지각하는 능력"[23]이라고 기술한다. "도덕감의 으뜸가는 대상들은 의지의 감정들이다."[24] 이것은 어떤 감정들을 말하는가? 첫째로 허치슨이 "친절한 감정들"이라고 부르는 것, 즉 자비심의 감정들이다. 그는 우리가 이성적 행위자들의 친절한 감정에서 아름다움이나 탁월함을 뚜렷하게 지각한다고 말한다. 《연구》에서 그는 "자비심의 출현이나 증거에서"[25] 탁월함을 지각한다고 말하며, 자비심에 대한 비슷한 강조는 그의 후기 저작들에서도 명백하다. 그러나 적어도 타인들이 관계되는 한 도덕감의 으뜸가는 대상이 감정에 있다고 주장하는 데는 명백한 어려움이 있다. 왜냐하면 어떻게 우리가 우리 자신의 것이 아닌 감정들을 지각한다고 할 수 있느냐고 물을 것이기 때문이다. 허치슨에 따르면 "도덕감의 대상은 어떠한 외적인 운동이나 행위가 아니라, 우리가 추리에 의해서 관찰된 행위로부터 추론하는 내적인 감정들과 성향이다."[26] 아마도 우리는 도덕감의 으뜸가는 대상은 행위에서 드러나는 자비심이라고 결론지을 수 있을 것이다. 도덕감은 "쾌락"의 지각보다는 차라리 행위(또는 행위자의 감정이나 성향)의 특정한 유형에 대한 특정한 유형의 시인을 할 수 있는 능력이 되는 경향이 있다. 허치슨의 이론에 있는 쾌락주의적 요소는 도덕감의 실제적 활동이 관계되는 한 뒤로 후퇴하는 경향이 있다. 그러나 그것은 결코 사라지지는 않는다.

허치슨이 자비심을 강조한다는 것을 인정한다면 자기애의 지위는 어떠한가? 우리는 다수의 특별한 이기적 욕망을 경험하지만 그것들이 모두 충족될 수는 없다. 왜냐하면 한 욕망의 충족은 종종 다른 욕망의 충족을 방해하거나 막기 때문이다. 그러나 우리는 평온한 자기애의 원리에 따라서 그것들을 조화롭게 할 수 있다. 허치슨의 견해에 따르면 이 평온한 자기애는 도덕적으로 공평 무사하다. 다시 말하면 자기애에서 비롯된 행위는 다른 사람들을 해치고 자비심과 모순되지 않는 한 나쁘지 않다. 그러나 그것이 도덕적으로 선하다는 것은 아니

---

23) *System*, I, 1, 4.
25) *Inquiry*, I, 7.
24) 같은 책, 같은 면.
26) *System*, I, 1, 5.

다. 도덕적으로 선한 것은 오직 자비로운 행위뿐이다. 또는 좀더 정확하게 말한다면 도덕적으로 선한 것은 (도덕감의 으뜸가는 대상이며, 도덕감의 주체가 아닌 사람들의 경우에는 그들의 행위에서 추론되는) 친절한 또는 자비로운 감정들뿐이다. 이와 같이 허치슨은 덕을 자비심과 동의어로 사용하는 경향이 있다. 《정념론》(*Essay on the Passions*)에서 보편적인 행복에 대한 욕망으로서 평온하고 보편적인 자비심은 도덕의 지배적인 원리가 된다.

덕의 아름다움과 악덕의 추함 또는 망측함이라는 생각에 집중함으로써 샤프츠베리는 이미 도덕이 강한 미적 색채를 띠도록 했다. 허치슨은 도덕감의 활동을 미적인 용어로 말하는 이 경향을 지속시켰다. 그러나 나는 그가 윤리학을 미학으로 변경시켰다고 단순하게 말하는 것은 옳지 않다고 생각한다. 실로 그는 미의 도덕감에 관해서 말한다. 그러나 그가 뜻하는 것은 도덕적 미의 감각이다. 미감과 도덕감은 일반적인 내적 감각의 서로 다른 기능 또는 능력이다. 그것들은 공통된 특성을 약간 갖고 있기는 하지만 서로 구별될 수 있다. 미에 대한 느낌 또는 미적 감각의 대상은 그 부분과 성질의 비율과 배열에 관해서 고찰해 볼 때 단일한 대상일 수도 있다. 그때 우리는 허치슨이 "절대미"라고 부르는 것을 보게 된다. 또는 그것은 서로 다른 대상들 사이의 관계들일 수도 있다. 그때 우리는 "상대미"를 보게 된다. 상대미의 경우에 따로따로 고려된 각각의 대상이 아름다워야 할 필요는 없다. 예를 들어 한 가족을 그린 그림에서 우리가 그 집단 속에서 묘사된 어떤 개인도 아름답다고 말하지 않음에도 불구하고 그 그림은 "다양성 가운데의 일양성"을 보여줌으로써 아름다울 수 있다. 우리가 보았듯이 도덕감의 으뜸가는 대상은 시인의 느낌을 불러일으키는 자비로운 감정들이다. 그러므로 허치슨이 샤프츠베리처럼 윤리학과 미학을 동질화하는 경향이 있기는 하지만, 도덕감은 그것 자체에 할당할 수 있는 대상을 갖는다. 그는 두 가지 내적 감각들을 말할 수 있는 것이다.[27]

하지만 허치슨은 내적 감각들의 수효와 그것의 분류에 관해서는 매

---

27) 미적 인식에 관한 (예를 들어 그것의 공평 무사한 특성에 관한) 허치슨의 견해의 상낭 부분이 취미 판단에 대한 칸트의 설명에서 다시 나타난다는 것은 주목할 만한 가치가 있다.

244

우 불확실하다는 것이 덧붙여져야 한다. 《정념론》에서 그는 감각 일반의 다섯 가지 분류를 제시한다. 외적 감각과 미의 내적 감각(미감) 이외에 공적 감각 또는 자비심, 도덕감이 있으며, 우리가 한 선한 행위에 대해서 다른 사람들이 쾌락의 필연적 원천이라고 시인하거나 감사하게 하는 존중의 감각이 있다. 《도덕 철학의 체계》에서 우리는 미의 감각 또는 미적 감각의 다양한 세분화를 보며, 마찬가지로 동정감, 도덕적 탁월성을 지각하는 도덕감이나 도덕적 기능, 존중의 감각, 예의 또는 예절의 감각을 본다. 라틴어로 쓴 《개요》(*Compendiaria*)에서 허치슨은 어리석음의 감각과 진실함의 감각을 덧붙인다. 일단 우리가 구별될 수 있는 대상들과 대상의 측면에 따라서 감각과 기능들을 구별하기 시작하면 우리가 가정할 수 있는 감각과 기능의 수에는 거의 한계가 있을 수 없다는 것은 명백하다.

덕이 인격의 미적 탁월성과 유사한 것으로서 주된 논지를 이루고 있는 허치슨의 윤리설에서 우리는 특별히 그가 실제로 자유를 자발성으로 환원시킬 때 의무라는 주제에 많은 주의를 기울이고 있음을 발견하리라고 기대하기는 거의 어려울 것이다. 그러나 그는 서로 다른 행위의 가능한 과정들을 판단하는 하나의 규준을 제시한다. "제기된 다양한 행위들에 대한 우리의 선택을 조정하기 위해서 또는 어느 행위가 최고의 도덕적 탁월성을 가진 것인지 알기 위해서 행위의 도덕적 성질을 비교할 때 우리는 덕에 대한 우리의 도덕감에 의해서 이와 같이 판단하게 된다. 행위에서 비롯되리라고 기대되는 행복의 동일한 정도에 있어서 덕은 그 행복이 미칠 사람의 수에 비례한다.…따라서 최대 다수에게 최대의 행복을 초래하는 행위가 가장 좋으며, 역시 마찬가지로 불행을 야기시키는 행위가 가장 나쁘다."[28] 여기서 우리는 명백히 공리주의를 예견할 수 있다. 실로 허치슨은 공리주의적 도덕 철학의 원천 중의 하나이다.

그런데 선한 행위를 응시하는 데서 쾌락을 지각하는 것이라고 여겨진 도덕감이라는 관념은 판단의 합리적 과정보다는 느낌을 암시한다. 그러나 허치슨이 도덕감을 쾌락주의적 용어들로 말하고 있는 동일한 초기 저작으로부터 바로 앞 구절에 인용된 문장은 도덕감을 행위의

28) *Inquiry*, II, 3.

결과들에 관한 판단을 행하는 것으로 기술한다. 후기 저작들에서 그는 이 두 관점을 체계적인 방식으로 병행시키려는 시도를 한다. 그래서 《도덕 철학의 체계》에서 그는 행위의 실질적 선과 형식적 선을 구별한다. 행위가 체계의 이익, 즉 행위자의 감정이나 동기가 무엇이든 간에 공익 또는 공동의 행복을 향할 때 그것은 실질적으로 선한 것이다. 행위가 공정한 비율로 선한 감정들에서 비롯될 때 그것은 형식적으로 선한 것이다. 실질적 선과 형식적 선은 둘 다 도덕감의 대상이다. 허치슨은 버틀러의 "양심"이라는 낱말을 빌어서 선행적 양심과 후속적 양심을 구별한다. 선행적 양심은 도덕적 결정이나 판단의 능력이며 인류의 덕과 행복에 가장 도움이 되는 것처럼 보이는 것을 택한다. 후속적 양심은 과거의 행위들이 유래한 동기나 감정들에 관하여 과거의 행위들을 그 대상으로 한다.

《연구》에서 의무는 "우리 자신의 이익을 고려하지 않고 행위를 시인하고 수행하려는 결정이며, 그 결정은 역시 우리로 하여금 그것에 모순되게 행동한 것을 불쾌하고 마음에 걸리게 할 것"[29]이라고 기술된다. 허치슨은 "어떤 사람도 그의 행위의 경향에 대한 진지한 연구와 보편적 선의 가장 올바른 개념들에 따라서 보편적 선을 끊임없이 연구하는 것에 의하지 않고서는 자신에게 완전한 평온과 만족, 자기 시인을 확보할 수 없다"[30]고 설명한다. 그러나 그런 말들은 거의 의무의 문제를 논하지 않는다. 도덕감에 관한 그의 기술로부터 직접적으로 우리에게 나타나는 것은 어떤 행위의 의무적 특성이라기보다는 차라리 덕의 도덕적 아름다움인 것 같다. 아마도 그는 가능한 최대 다수의 좀더 큰 이익에 도움이 되는 행위의 적합성은 맑은 도덕감을 갖고 있는 어떤 사람에게도 직접적으로 명백하다고 말할 것이다. 그러나 《도덕 철학의 체계》와 라틴어로 씌어진 《개요》에서 "올바른 이성"은 법의 원천으로서 권위와 재판권을 가진 것으로 나타난다. 감정은 자연의 목소리이며, 자연의 목소리는 신의 목소리를 반영한다. 그러나 이 목소리는 해석을 필요로 하며, 양심 또는 도덕적 능력이 가진 기능 중의 하나로서 올바른 이성이 명령을 내린다. 허치슨은 그것을 스토아 학파의 구절을 사용해서 지도적 정신($τò\ ηγεμογινòγ$)이라고

---

29) *Inquiry*, II, 7.　　　　　　30) 같은 책, 같은 면.

부른다. 여기서 도덕적 능력으로 된 도덕감은 합리주의적인 색채를 띠게 된다.

허치슨의 윤리설에는 서로 다른 요소들이 아주 많이 있어서 그것들을 모두 조화시키는 것은 불가능한 것처럼 보인다. 그러나 윤리학에 관한 그의 의견의 주요한 특징들 중의 하나로서 그의 의견과 샤프츠베리의 의견이 공통으로 가진 특징은 윤리학을 미학과 동질화한다는 것이다. 우리가 두 사람 다 미적이며 도덕적인 "감각들"을 말하고 있다는 사실을 명심할 때 그들의 이론에서 직관주의가 결정적인 지위를 차지하는 것처럼 보일 수도 있다. 그러나 두 저술가는 모두 인간을 본래 이기적인 것으로 보는 홉즈의 이론을 반박하는 데 관계했다. 허치슨에게서는 특별히 자비심이 너무 많이 표면화되어서 윤리학의 전 영역을 침해하는 경향이 있다. 자비심과 이타주의의 관념들은 자연히 공익의 관념과 가능한 최대 다수의 더 큰 선이나 행복을 촉진하는 것에 집중하도록 조장한다. 그러므로 윤리학의 공리주의적인 해석으로 수월하게 넘어가게 된다. 그러나 공리주의는 행위의 결과들을 고려함으로써 판단과 추리를 포함하므로 도덕감은 "감각" 이상의 것임에 틀림없다. 허치슨이 그랬듯이 만약 우리가 윤리학을 형이상학 및 신학과 연결시키기를 원한다면, 도덕적 능력 또는 양심의 결정은 도덕이 신의 선택에 의존한다는 의미에서가 아니라, 도덕적 탁월성에 대한 도덕적 능력의 시인은 이 탁월성에 대한 신의 시인을 반영하거나 비춘다는 의미에서 신의 목소리의 반영이 된다. 하지만 의심할 바 없이 허치슨이 버틀러의 저작을 읽은 것에 의해서 어느 정도 영향받았던 이러한 사상의 흐름은 우리가 직접적으로 허치슨의 이름과 관련지어 생각하는 사상의 흐름이 아니다. 도덕 이론의 역사에서 허치슨은 도덕감 이론의 옹호자이며 공리주의의 선구자로 기억된다.

4. 조셉 버틀러

샤프츠베리와 허치슨은 둘 다 인간 본성에 대한 홉즈의 이기주의적인 해석에 의해서 전복되었던 불균형을 고치려고 노력했다. 우리가 보았듯이 두 사람 다 인간의 사회적 특성과 타고난 이타주의를 주장

했기 때문이다. 그러나 샤프츠베리가 이기주의적 감정과 이타주의적
감정의 조화에서 덕의 본질을 발견함으로써 자기애를 완전한 덕의 영
역 안에 포함시켰던 반면에 허치슨은 덕을 자비심과 동일시하는 경향
이 있었다. 그는 "평온한 자기애"를 비난하지는 않았지만, 그것을 도
덕적으로 공평 무사한 것으로 여겼다. 이 점에서 버틀러 주교[31]는 허
치슨보다는 샤프츠베리와 입장을 같이했다.

《종교의 유비》(*The Analogy of Religion*)의 부록으로 1736년[32]에 출판
되었던 《덕의 본성론》(*Dissertation of the Nature of Virtue*)에서 버틀러는
"자비심과 그것의 결핍을 각각 고려해 볼 때 그것들이 덕과 악덕의
전부인 것은 결코 아니라고 말하는 것이 적절할 것 같다"[33]고 말한
다. 그가 허치슨을 지명해서 말하지는 않지만, 다음과 같이 말할 때
아마도 그는 허치슨을 생각하고 있는 것 같다. "나는 그들의 견해의
커다랗고 두드러진 약간의 장점들은 모든 덕이 오직 그들의 최상의
판단에 따라서 현상태의 인류 행복의 증진을 목표로 하는 데 있으며,
그들이 예견하는 것 또는 예견할 수도 있는 것을 함에 있어서 모든
악덕은 현상태에 불행을 넘치게 할 것 같다고 상상하는 경솔한 독자
들에게 어떤 위험을 초래할지도 모를 그러한 방식으로 표현되었다고
생각한다."[34] 버틀러는 이것을 엄청난 잘못이라고 말한다. 왜냐하면
때때로 중대한 부정이나 박해의 행위들이 미래에 인류의 행복을 증진
시킬 것처럼 보일 수도 있기 때문이다. "진실과 정의의 한도 내에
서"[35] 공동의 행복에 기여하는 것은 확실히 우리의 의무이다. 그러나
행위의 도덕성을 단지 가능한 최대 다수의 더욱더 큰 행복을 증진시
키는 그들의 뚜렷한 능력이나 그러한 능력의 결핍에 따라서 평가하는
것은 인류의 미래 행복이라는 명분으로 범해지는 온갖 종류의 부정에
편의를 제공하는 것이다. 우리는 우리 행위의 결과가 어떻게 될지 확
실히 알 수가 없다. 게다가 도덕감의 대상은 행위이다. 그리고 의도

31) 버틀러의 저작들에 관한 인용은 Gladstone판(1896)의 권수와 면수
   에 따른다.
32) 그러므로 이 논문은 허치슨의 *Inquiry*와 *Essay on the Passions*가 나온
   뒤에 출판되었다.
33) *Dissertation of the Nature of Virtue* 12 ; I, p. 407.
34) 같은 책, 15 ; I, pp. 409~410.
35) 같은 책, 16 ; I, p. 410.

248

가 하나의 전체 행위로 고려된 행위의 부분을 형성하기는 하지만 행위의 전부는 아니다. 우리는 좋은 결과 또는 나쁘지는 않은 결과를 맺으려고 작정할 수도 있다. 그러나 결과가 실제로 우리가 원하거나 기대하는 대로 반드시 이루어지는 것은 아니다.

그러므로 덕이 단순히 자비심으로 환원될 수는 없다. 실로 자비심은 인간에게 자연적인 것이다. 그러나 자기애도 역시 그렇다. 하지만 "자기애"라는 용어는 모호하며 어떤 구별이 이루어져야만 한다. 모든 사람이 그 자신의 행복을 추구하는 일반적인 욕망을 갖고 있으며, 이 것은 "자기애로부터 비롯된 것이거나 아니면 바로 자기애이다."[36] 그 것은 "자기 자신의 이익이나 행복을 숙고하는 분별력 있는 피조물인 인간에게 속한다."[37] 이렇게 일반적인 의미에서의 자기애는 인간의 본성에 속하며, 그것은 자비심과는 성질이 다르기는 하지만 그것을 배제하지는 않는다. 왜냐하면 우리 자신의 행복에 대한 욕망은 일반적인 욕망인 반면에 자비심은 특수한 감정이기 때문이다. "자기애와 자비심 사이에 특별한 모순이 있는 것은 아니며, 어느 다른 특별한 감정과 자기애와의 사이에서보다 이것들 사이에 더 큰 경쟁 관계가 놓여 있는 것도 아니다."[38] 실은 자기애의 대상인 행복은 자기애와 동일시될 수 없다. "행복 또는 만족은 본래 우리의 여러 특별한 욕구와 정념, 감정들에 적합한 대상들을 향유하는 데에만 있는 것이다."[39] 자비심은 하나의 특별한 자연적인 인간의 감정이다. 자비심의 행사가 우리의 행복에 이바지해서는 안 될 이유도 없다. 실로 만약 행복이 우리의 자연적인 욕구와 정념, 감정의 만족에 있으며, 자비심 또는 이웃 사랑이 감정들 중의 하나라면 자비심의 만족은 우리의 행복에 이바지한다. 그러므로 자비심은 행복의 욕망인 자기애와 모순될 수 없다. 하지만 이를테면 부에 대한 욕망과 자비심처럼 어떤 특별한 욕구나 정념 또는 감정의 만족 사이에 충돌이 있을 수 있다. 우리 모두는 "이기적"이라는 낱말이 의미하는 것을 알고 있다. 사람들이 자기애와 자비심 또는 이타주의가 양립 불가능하다고 말할 때, 이것은 종종 이기주의와 자기애를 혼동하는 데서 연유하는 것이다. 그러나 이렇게 말하는 것은 부적당하다. 왜냐하면 그것은 소위 이기주의가

---

36) *Sermons*, 11, 3 ; II, p. 187.　　37) 같은 책, 같은 면.
38) *Sermons*, 11, 11 ; II, p. 196.　　39) *Sermons*, 11, 6 ; II, p. 190.

진정한 자기애와 양립 불가능한 것이 아주 당연하다는 사실을 경시하기 때문이다. "사람들이 이미 알려져 있는 그들의 피해와 손해에 대한 정념이나 감정에 몰두하며, 그와 정반대로 명백하고 실제적인 이익과 자기애의 가장 소리 높은 요구에 몰두한다는 것을 보는 것보다 더 흔한 일은 없다."[40]

버틀러는 때때로 "사리에 맞는 자기애" 또는 "냉정한 자기애"와 "과도한 자기애"를 대조시킨다. 또한 그는 사리에 맞는 자기애를 "가상적 자기애" 또는 "가상적 이익"과 대조시킨다. 어쩌면 이렇게 말하는 것이 더 바람직할 것이다. 왜냐하면 그는 그것의 달성이 사실상 행복을 가져다 주는 그러한 목적에 대한 욕망과 행복을 가져다 주리라고 잘못 판단된 목적들에 대한 욕망을 대조시키고 있기 때문이다. "우리 행복의 총계"를 이루는 특별한 향유는 때때로 "부, 명예 그리고 관능적인 욕구들의 만족으로부터 일어난다고 상정된다."[42] 그러나 이러한 향유가 인간의 행복의 유일한 구성 요소라고 생각하는 것은 잘못이다. 이런 식으로 생각하는 사람들은 진정한 자기애가 요구하고 있는 것에 대하여 잘못된 생각을 갖고 있는 것이다.

물론 행복은 주관적인 것이며 각 개인은 그의 행복을 이루고 있는 것에 대한 최적의 심판관이라는 이의가 제기될 수도 있다. 그러나 만약 버틀러가 행복에 관한 서로 다른 사람들의 다양한 생각과 관계없이 "행복"이 어떤 명확하고 객관적인 의미를 갖고 있다는 것을 보여줄 수 있다면 그는 이러한 반대에 대처할 수 있다. 그는 본성, 즉 인간 본성의 개념에 명확하고 객관적인 내용을 제시함으로써 그렇게 하려고 시도한다. 우선 첫째로 그는 그것들을 배제하기 위해서 "본성"이라는 낱말의 두 가지 가능한 의미를 말한다. "본성은 종종 그것의 종류나 정도에 관계없이 단지 인간 안에 있는 어떤 원리를 의미한다."[43] 그러나 우리가 본성은 도덕의 척도라고 말할 때, 우리가 "본

40) *Sermons*, 11, 18 ; II, p. 203.
41) 허치슨은 버틀러의 *Sermons*를 익히 알고 있었기 때문에 그러한 구별의 영향을 받았다. 그러나 우리가 보았듯이 그는 어느 점으로 보나 도덕성과 자비심을 동일시하기를 계속했다. 그리고 버틀러가 덕에 관한 그의 논문에서 비판했던 것은 바로 이 입장이었다.
42) *Sermons*, 11, 13 ; II, p. 199.   43) *Sermons*, 11, 7 ; II, p. 57.

성"이라는 낱말을 이런 의미로, 즉 그것의 특성이나 강도에 관계없이 어떤 욕구나 정념 또는 감정을 가리키는 것으로 사용하고 있지 않다는 것은 분명하다. 둘째로 "본성은 종종 가장 강력하며 행위에 가장 영향을 많이 미치는 정념들에 있다고 말한다."[44] 그러나 본성의 이러한 의미 역시 배제되어야만 한다. 그렇지 않으면 우리는 예를 들어 관능적인 정념이 그의 행위의 지배적인 요소인 사람은 본성에 따라 행동하는 덕스러운 사람이라고 말하지 않으면 안 된다. 그러므로 우리는 그 용어의 세번째 의미를 찾아보아야 한다. 버틀러에 따르면 그가 인간의 "원리들"이라고 부르는 것들은 그 안에서 하나의 원리가 우월하거나 권위를 갖는 일종의 계층 구조를 형성한다. "모든 사람에게는 그의 외적인 행위들뿐만이 아니라 그의 마음의 내적인 원리들을 구별하는 반성 또는 양심의 우월한 원리가 있다. 그것은 그 자신과 그것들에 대해서 판단하며, 어떤 행위들은 본질적으로 정당하고, 옳고, 선하며, 다른 행위들은 본질적으로 악하고, 그리고, 부당하다고 확정적으로 단언한다. …"[45] 그러므로 양심이 지배하는 한 인간은 그의 본성에 따라 행동하는 반면에, 양심 이외의 어떤 다른 원리가 그의 행위를 명령하는 한 이 행위는 그의 본성에 어울리지 않는 것이라고 할 수 있다. 본성에 따라 행위하는 것은 행복에 도달하는 것이다.

그러나 버틀러는 양심으로 무엇을 의미하는가? 물론 마지막 인용문은 그의 견해에서 양심은 본인이든 다른 사람이든지간에 그 사람의 좋음과 나쁨에 대해서 판결을 내리며, 행위의 좋음과 나쁨, 옳음과 그름에 판결을 내린다. 그러나 이것은 우리에게 양심의 정확한 본성과 지위가 무엇인지를 말해주지 않는다. 《덕의 본성론》에서 그는 양심을 "이러한 도덕적 시인과 비난의 능력"[46]이라고 말한다. 그리고 다음 절에서 그는 다시 "양심, 도덕적 이성, 도덕감이라고 불리든 아니면 신으로부터 부여받은 이성이라고 불리든지간에, 또는 오성의 감정 또는 마음의 지각으로 여겨지든 아니면 양자를 포함하는 것(이것이 참인 것처럼 보인다)으로 여겨지든지간에 모두 이러한 도덕적 능력"[47]이라고 말한다. 나아가 버틀러는 때때로 얼핏 보기에는 양심과

---

44) *Sermons*, 11, 8 ; II, p. 57.　　45) *Sermons*, 11, 10 ; II, p. 59.
46) *Dissertation of the Nature of Virtue*, 1 ; I, p. 398.
47) 같은 책, I, p. 399.

자기애를 동일한 것으로 함축하는 것 같다.

마지막 것을 먼저 다루어 보도록 하자. 버틀러는 자기애가 인간에게 하나의 우월한 원리라고 주장했다. "만약 정념이 자기애보다 우세하다면 결과되는 행위는 부자연스러운 것이다. 그러나 만약 자기애가 정념보다 우세하다면 그 행위는 자연스러운 것이다. 자기애가 인간 본성에서 정념보다 우월한 원리임은 명백하다. 정념은 인간 본성을 어기지 않고서도 부정될 수 있다. 그러나 자기애는 그럴 수 없다. 따라서 만약 우리가 인간 본성의 조화에 순종하여 행위하려 한다면 사리에 맞는 자기애가 지배해야만 한다."[48] 그러나 그는 자기애와 양심이 동일하다고 주장하지 않았다. 버틀러가 보기에 그것들은 일반적으로 일치한다. 그러나 이렇게 말하는 것은 그것들이 정확하게 동일한 것은 아니라는 것을 함축한다. "일반적인 인생 행로에서 우리의 의무와 소위 이익 사이에 모순이 있는 경우는 좀처럼 없다는 것은 명백하다. 우리의 의무와 정말로 우리의 현재의 이익(행복과 만족을 의미한다)이 되는 것 사이에 모순이 있는 경우는 더욱더 드물다."[49] "그렇다면 현세의 이익에 국한되기는 하지만 자기애는 일반적으로 완벽하게 덕과 일치하며, 우리를 똑같은 인생 행로로 인도한다."[50] 게다가 "만약 우리가 우리의 진정한 행복을 이해한다면 양심과 자기애는 항상 우리를 동일한 길로 인도할 것이다. 의무와 이익은 완벽하게 일치한다. 현세에서는 대부분 그렇지만 미래와 전체에 있어서는 모든 경우에 다 그렇다. 이것은 사물의 선하며 완벽한 집행이라는 개념에 함축되어 있다."[51] 양심은 우리의 세속적 이익에 따라서 우리의 진정한 이익이 아니거나 또는 그런 것처럼 보이지 않는 행위를 명령할 수도 있다. 그러나 만약 우리가 내세를 고려한다면 결국에는 양심은 항상 우리의 진정한 이익이 되는 것, 우리의 완전한 행복에 이바지하는 것을 명령한다. 그러나 이것으로부터 양심이 자기애와 동일한 것이라는 결론이 나오지는 않는다. 왜냐하면 우리에게 인간으로서 우리의 완전한 행복에 이바지하는 것을 해야 한다고 말해 주는 것은 양심이기 때문이다. 또한 우리의 진정한 이익에 도움이 되는 양심적 동기로부터 우리는 양심이 명령하는 것을 해야 한다는 결론이 반드시 도출되는

---

48) *Sermons*, 2, 16 ; II, p. 62. 49) *Sermons*, 3, 11 ; II, p. 74.

50) *Sermons*, 3, 12 ; II, p. 75. 51) *Sermons*, 3, 13 ; II, p. 76.

것도 아니다. 왜냐하면 양심은 우리에게 이익이 되는 것을 명령한다 거나 또는 의무와 이익이 일치한다고 말하는 것과, 우리는 우리의 이 익을 확보하려는 동기에 따라 우리의 의무를 다해야 한다고 말하는 것이 똑같은 말은 아니기 때문이다.

《덕의 본성론》에서 버틀러는 양심의 능력의 대상을 "만약 경우와 상 황에 따라 강력하게 되면 사람들이 거기에 따라 행위하게 되며, 어떤 사람에게 고정적이며 습관적일 때 우리가 그의 인격이라고 부르는 그 러한 능동적인 또는 실천적인 원리들을 함축하는 행위"[52]라고 말한 다. "사실과 사건에서 그것의 결과가 되는 것에 대한 모든 관련으로 부터 추상된 행동, 행위, 행실은 그것 자체가 도덕적 식별의 자연적 대상이다. 마치 사변적 진리와 허위가 사변적 이성의 자연적 대상인 것처럼 말이다. 실로 이러이러한 결과를 바라는 의도는 항상 포함된 다. 왜냐하면 의도는 행위 자체의 부분이기 때문이다."[53] 둘째로, 행 위의 좋음이나 나쁨에 관한 우리의 지각은 "그것을 좋거나 나쁜 가치 를 가진 것으로 식별하는 것"[54]을 포함한다. 셋째로, 악덕과 "나쁜 가치"의 지각은 행위와 행위자의 능력의 비교로부터 일어난다. 예를 들어 우리는 미친 사람의 행위를 우리가 제 정신인 사람의 행위를 판 단하는 것과 동일한 방식으로 판단하지는 않는다.

그러므로 양심은 실제로 발생하는 결과와 상관없이 행위에 관계한 다. 그렇지만 양심이 행위자의 의도와 상관없는 것은 아니다. 왜냐하 면 그의 의도는 도덕감 또는 도덕적 능력의 대상으로 고려될 때 그의 행위의 부분이 되기 때문이다. 그러므로 행위는 식별되는 객관적인 도덕적 성질들을 가져야 한다. 이것이 바로 버틀러의 견해였다. 행위 의 좋음이나 나쁨은 단순히 "우리의 행위 그 자체, 즉 인간다운 것, 그 상황이 요구하는 어떤 것 또는 그 반대의 것으로부터"[55] 발생한 다. 그런데 이 견해는 오해를 불러일으킬 수도 있다. 왜냐하면 버틀 러가 우리는 인간 본성의 분석으로부터 개별적인 행위들의 좋거나 나 쁨, 옳거나 그름을 추론한다는 뜻으로 말하는 것처럼 해석될 수도 있 기 때문이다. 하지만 이것은 전혀 그가 의미하는 것이 아니다. 물론

52) *Dissertation of the Nature of Virtue*, 4 ; I, p. 400.
53) 같은 책, 4 ; I, pp. 400~401.
54) 같은 책, 5 ; I, p. 401.　　　　　55) Preface to *Sermons*, 33 ; II, p. 25.

우리는 이런 식으로 추론할 수는 있다. 그러나 그렇게 하는 것은 일반적인 도덕적 행위자의 특징이기보다는 도덕 철학자의 특징이다. 버틀러의 견해에 따르면 우리는 일반적인 규칙들에 의존하거나 연역의 절차를 거치지 않고서도 주어진 상황을 점검함으로써 일반적으로 행위의 옳거나 그름을 식별할 수 있다. "한가한 사람들이 어떤 일반적인 규칙에 따라 했으며, 그것들과의 일치나 불일치에 의해서 우리 행위를 선하거나 악한 것으로 부르게 되는 그러한 연구들은 여러 측면에서 크게 소용이 된다. 하지만 어느 평범하고 정직한 사람에게나 그가 어떤 행위를 하기 전에 내가 지금 하려고 하는 것이 옳은가 아니면 그른가, 선한가 아니면 악한가 하는 것을 스스로에게 묻게 해보라. 나는 어떤 상황에서도 공정한 사람이라면 거의 누구나 진리와 덕에 따라서 이 물음에 대답하리라는 것을 전혀 의심하지 않는다."[56]

그렇다면 의무에 관해서는 어떤가? 버틀러는 이 문제에 관해서 자신이 생각하는 바를 그다지 명백하게 표현하지 않는다. 그러나 그의 지배적인 견해는 양심이 이 행위가 옳으며 저 행위가 그르다고 인식할 때 그것은 전자는 수행되어야 하며 후자는 수행되어서는 안 된다는 것을 권위있게 선언한다는 것이다. 《설교집》의 머리말에서 그는 "반성의 원리의 자연적 권위는 가장 가깝고 친근하며, 가장 확실하게 알려져 있는 의무"[57]라고 말한다. 마찬가지로 "그 다음에 이 반사적인 시인의 부분을 구성하고 있는 권위와 의무를 받아들여야 한다. 그러면 우리가 다른 모든 것은 의심한다 하더라도 여전히 덕의 실천에 대한 가장 가깝고 가장 확실한 의무(덕의 관념 자체, 반사적인 시인의 관념 자체에 함축되어 있는 의무)를 지게 되리라는 것은 명백하다."[58] 그는 덕은 우리들에 대한 그 자체의 주장을 수반하며, 도덕적으로 시인하는 것은 만약 내가 실제적인 선택에 직면했을 때 하나의 행위는 선하며 다른 하나는 악하다고 인식한다면 나는 필연적으로 첫번째 행위를 따르고 두번째 행위를 피해야 한다고 주장한다는 점에서 의무적임을 선언하는 것이라는 점을 의미하는 것 같다. 그는 우리의 본성에 관한 법칙이 있다고 가정한다면 우리가 따라야 하는 의무는 어떤 것이냐고 묻는다. 그는 다음과 같이 대답한다. "그 물음은 그

---

56) *Sermons*, 3, 4 ; II, p. 70. 57) Preface to *Sermons*, 21 ; II, p. 15.
58) 같은 책, 22 ; II, p. 16.

자체의 대답을 수반한다. 이 법칙에 따라야 하는 너의 의무는 그것이 너의 본성의 법칙이라는 데서 비롯된다. 너의 양심이 그러한 행위를 시인하고 또 그런 행위를 증언하는 것 자체만으로도 하나의 의무인 것이다. 양심은 우리가 걸어가야 할 길을 알려 줄 뿐만 아니라 또한 그 자체의 권위를 수반한다. …"[59] 그는 하나의 행위가 우리에게 이익이 된다는 사실이 그것만으로 의무를 성립시킨다고 말하지는 않는다. 오히려 우리가 보았듯이 그는 적어도 신은 우리가 우리의 의무라고 인식하는 것을 행하는 것이 결국 우리의 완전한 행복과 만족이 되도록 할 것이라는 의미에서 의무와 이익은 부합되는 것이라고 말한다.

의심할 바 없이 버틀러는 도덕적 견해와 신념들의 다양성과 차이에 충분히 주의하지 않았다. 물론 그는 개별적인 점들에 관해서는 의심의 여지가 있을 수도 있다고 인정한다. 그러나 그는 다음과 같이 주장한다. "일반적으로 실제에서는 보편적으로 인정된 덕의 기준이 있다. 그것은 어느 시대나 어느 나라를 막론하고 모든 사람들이 공공연히 공언해 왔던 것이며, 당신이 만나는 어떤 사람에게서도 나타난다. 그것은 지구상의 모든 시민 헌법의 으뜸가는 근본적인 법들이 떠맡아서 그 실천을 강요하는 것, 즉 정의, 진실, 공익 존중이다."[60] 그러나 그가 인류의 도덕률에서 **사실상의** 상대주의의 강한 요소로부터 발생하는 난점들을 충분히 논의하지는 않지만, 그의 윤리설에서 주목해야 할 중요한 점은 그가 순전히 권위주의적인 것도 아니며 순전히 공리주의적인 것도 아닌 윤리학을 주장한다는 점인 것 같다. 양심은 말하자면 신의 임의적인 선택에 의존하지 않으며 하물며 국법에 의존하지도 않는 도덕법을 공포한다. 그러나 그는 결코 도덕성과 자비심을 동일시하거나 자기애를 도덕성의 유일한 최고 원리로 삼지 않는다. 도덕법은 인간 본성과 관계가 있으며 그것에 근거한다. 그러나 현세에서 의무와 이익이 부합하지 않을 때에도 양심을 따라야 한다. 의무와 이익이 결국에 가서는 의심할 여지없이 부합하는 것은 신의 섭리에 기인한다. 그러나 이것이 우리는 단지 보상을 얻고 처벌을 피하기 위해서 행동해야 한다는 것을 뜻하는 것은 아니다. 최고의 권위는 양심이다. "그것이 옳기 때문에 강력하며, 그것이 명백한 권위를 갖고

59) *Sermons*, 3, 6 ; II, p. 71.
60) *Dissertation of the Nature of Virtue*, 3 ; I, pp. 399~400.

있기 때문에 힘을 갖는다면, 그것은 정말로 세계를 지배할 것이다. "[61] 버틀러의 윤리설은 결코 충분하지 않다. 왜냐하면 거의 논의되지 않는 중요한 논제들이 있기 때문이다. 예를 들어 우리는 선과 악, 옳음과 그름이라는 용어들에 관한 좀더 정확한 분석과 그 용어들 사이의 정확한 관계들에 관한 논의를 바랄 수 있다. 게다가 의무에 관한 더 깊은 분석과 이 주제에 관해 실제로 말한 것에 대한 명확한 설명이 요망될 것이다. 하지만 버틀러의 윤리설은 현상태로서도 주목할 만한 것이며, 확실히 더욱 철저히 안출된 정교한 도덕 철학에 귀중한 재료를 제공한다.

5. 데이비드 하틀리

앞서 로크의 영향과 관련하여 데이비드 하틀리(David Hartley, 1705 ~ 1757)를 언급했었다. 그는 영국 국교의 목사가 되려는 원래의 의도를 단념하고 의학 공부에 전념해서 나중에 의사가 되었다. 1749년에 그는 《인간론》(*Observations on Man*)을 출판했다. 이 저작의 제1부에서 그는 몸과 마음의 관계를 다루며, 제2부에서는 도덕에 관계되는 문제들을 특별히 심리학적인 측면에서 다루고 있다. 그의 일반적인 입장은 로크의 입장에 기초를 두고 있다. 감각은 인식에서 가장 앞선 요소이며, 감각에 앞서 마음은 공허하거나 비어 있다. 따라서 다양하고 복잡한 인간의 관념들이 어떻게 감각의 자료들로부터 형성되는가 하는 것을 보여줄 필요가 있다. 여기서 하틀리는 로크의 관념 연합의 개념을 사용한다. 그렇지만 《인간론》의 머리말에서 그는 목사였던 존 게이(John Gay, 1699~1745)가 썼으며, 로 주교(Bishop Law)가 킹 대주교(Archbishop King)의 라틴어 저작을 번역한 《악의 기원》(*Origin of Evil*, 1731) 앞에 덧붙였던 《덕과 도덕의 근본 원리론》(*Dissertation concerning the Fundamental Principles of Virtue and Morality*)에 힘입은 바가 크다고 인정하고 있다. 그러나 하틀리의 심리학적인 이론들은 게이의 논문에 의해 유발되었던 반면에, 몸과 마음의 관계에

---

61) *Sermons*, 2, 19.; II, p.64.

관한 그의 물리학 이론은 《원리》에 나타난 신경 작용에 관한 뉴턴의 이론에서 영향을 받았다. 그러므로 우리는 하틀리의 사상은 로크, 뉴턴, 게이의 영향을 받았다고 말할 수 있다. 그 다음에 그 자신은 몸과 마음의 관계에 관한 연구와 연상 심리학을 촉진했다.

하틀리는 마음은 원래 전혀 내용이 없다는 로크의 이론에는 동의하지만 반성의 지위에 관해서는 그에 동의하지 않는다. 반성은 관념들의 별개의 원천이 아니다. 유일한 원천은 감각이다. 감각은 에테르(이 관념은 떨어진 상태에서 힘이 작용하는 것을 설명하기 위한 뉴턴의 가설에 의해서 제안되었다)에 의해서 전달되는 신경의 미립자들 안에서의 진동의 결과이다. 적당한 진동은 쾌락을 낳으며, 격렬한 진동은 고통을 낳는다. 기억은 약한 진동 또는 "소진동"(vibratiuncles ; 진동에 의해서 뇌의 골수체에 새겨지는 경향)을 가정함으로써 설명된다. 실로 뇌 안에는 항상 진동이 있다. 그렇지만 그것은 물론 그 사람의 과거 경험과 현재의 외적 영향에 의존한다. 이와 같이 우리는 현재의 감각에 아무런 명백한 원인이 없을 때에도 기억과 관념의 원인을 설명할 수 있다. 인간의 복잡한 정신 상태의 형성은 하틀리가 "인접한" 요소들(여기서 "인접한"은 연속되는 관념 연상을 포함한다)의 영향으로 환원시켰던 연합에 의해서 설명될 수 있다. 서로 다른 감각들이 종종 서로 연합될 때, 그것들 각각은 다른 것들에 의해 산출된 관념들과 연합하게 된다. 그리고 연합된 감각들에 상응하는 관념들은 일종의 상호 연합을 맺게 된다.

하틀리는 인간의 도덕 관념과 느낌의 발생을 설명하는 데 연합의 원리를 사용한다. 그러나 연합의 산물은 그것의 구성 요소들의 단순한 합계 이상의 것이라는 의미에서 새로운 관념일 수 있다는 그의 주장에 주목하는 것이 중요하다. 또한 그는 자연의 질서에서 선행하는 것은 후속되는 것보다 덜 완전하다고 주장했다. 바꾸어 말하면 하틀리는 연합의 산물이 그것의 구성 요소들의 단순한 합계에 지나지 않는다고 말함으로써 도덕적 삶을 도덕에 관계없는 요소들로 환원시키려는 시도를 하지는 않았다. 오히려 그는 연합의 관념을 사용함으로써 어떻게 더 고차적이고 새로운 발생물이 더 저급한 요소들, 그리고 궁극적으로 하나의 원초적인 원천, 즉 감각으로부터 산출되는가 하는 것을 설명하려고 했다. 이와 같이 그는 도덕감과 이타적인 감정은 인간 본성의 원초적 특성이 아니라 연합의 작용을 통해서 이기적인 감정과 사적인 행복을 얻으려는 경향으로부터 나온다는 것을 보여주려고 했다.

하틀리는 그의 생리학과 심리학 이론들의 요구에 따라서 설령 마지 못해서 그랬다 하더라도 결정론적 입장을 채택했다. 그러나 몇몇 비평가들이 그의 이론들은 유물론적 감각주의에 해당한다고 주장하기는 했지만 그 자신은 다르게 생각했다. 그는 더 저급한 쾌락들로부터 더 고차적인 쾌락들로의 진전, 공감과 자비심의 쾌락들을 통한 감각적이며 이기주의적인 쾌락들로부터 신에 대한 순수한 사랑과 완전한 극기의 지고한 쾌락으로의 진전을 추적하고자 했다.

6. 아브라함 터커

허치슨의 윤리설을 고찰하는 동안에 우리는 거기에 포함된 공리주의적 요소에 주목했다. 나중의 공리주의를 더 명백하게 예견하게 하는 것들은 터커와 팰리(따로 더 충분히 다루게 될 흄을 뺀다면)의 이론에서 볼 수 있다.

그가 살아 있을 동안에 세 권으로 나왔던 《자연의 빛 연구》(*The Light of Nature Pursued*)의 저자인 아브라함 터커(Abraham Tucker, 1705~1774)는 도덕감 이론이 로크가 성공적으로 분쇄했던 본유 관념 이론의 윤리학적 변형이라고 믿었다. 그가 하틀리에게 힘입은 바가 크다고 말하고 있지는 않지만, 그는 하틀리처럼 연합(그는 이것을 "변환"이라고 불렀다)의 원리의 도움으로 "도덕감"과 우리의 윤리적 신념들을 설명하려고 했다.

《자연의 빛 연구》의 서론에서 터커는 독자들에게 자신은 인간의 본성을 검토했으며 각 개인 자신의 사적인 만족이 그의 모든 행위의 궁극적 원천이라는 것을 발견했다고 말한다. 그러나 그는 또한 독자들에게 자신은 예외없이 모든 사람을 향한 보편적인 자선 또는 자비심의 규칙을 수립하는 것을 목표로 삼았으며, 행위의 근본 규칙은 공익 또는 공동의 행복을 위해 노력하는 것, 즉 만족의 공동 축적을 증가시키는 것이라고 말한다. 그러므로 그는 만약 모든 사람이 날 때부터

258

자기 자신의 만족을 추구하지 않으면 안 된다고 한다면 어떻게 그러한 이타적인 행위가 가능한가 하는 것을 보여주어야 한다. 그는 "변환"을 통해서 처음에는 수단이었던 것이 목적으로 여겨지게 된다고 주장함으로써 그것을 보여준다. 예를 들어 우리는 다른 사람들에게 봉사하는 것을 좋아하기 때문에 "선행을 하는 쾌락"은 우리로 하여금 그렇게 하게 한다. 조만간 자비심 또는 다른 사람들에 대한 봉사는 자신의 만족을 얻으려는 생각을 전혀 하지 않게 된다는 의미에서 본질적으로 하나의 목적이 된다. 유사한 과정에 의해서 우리는 덕을 그것 자체를 위해 바라게 되며 행위의 일반 규칙들이 형성된다.

그러나 터커는 좀더 완전한 자기 희생의 행위를 설명하는 데 약간의 난점이 있음을 알았다. 어떤 사람은 친절하게 행동하는 것을 좋아하며 불친절함에서는 어떠한 만족도 찾을 수 없기 때문에 다른 사람들에게 친절할 수도 있다. 그는 그 자신의 만족에 유의하지 않고서도 친절한 방식으로 행위하게 된다는 것도 아주 당연하다. 그러나 터커가 말하듯이 어떤 사람이 자비를 베풀고 공동의 행복을 증가시키기 위한 조처를 취하는 것과 같은 행위가 자기 자신의 행복을 증가시키는 경향이 있다는 것을 의식하지 못하면서 그런 행위를 하는 것과, 공익을 위해 그가 취한 조처가 만족을 받아들이는 자신의 능력을 소멸시킨다는 것을 명백히 식별하는 것은 다르다. 조국을 위해 자기 생명을 희생하는 사람은 그의 행위가 더 이상 향유할 수 있는 능력을 소멸시킨다는 의미에서 자신의 행복과 모순된다는 것을 알 수도 있다. 그런 행위들은 어떻게 설명되고 정당화될 수 있을까?

본질적으로 경험적으로 주어진 어떤 것이라고 고려된 인간 본성을 넘어섬으로써, 그리고 신의 개념과 다른 세계의 개념을 도입함으로써 이 문제는 적어도 터커가 만족하도록 해결된다. 그는 "우주의 은행", 신에 의해 관리되는 행복의 공동 축적이 있다고 상정한다. 사람들은 정말로 전혀 공적이 없으며 신이 행복 또는 쾌락의 공동 축적을 똑같은 몫으로 나누어 준다. 그러므로 나는 공동의 행복을 증가시키려고 일함으로써 필연적으로 내 자신의 행복을 증가시킨다. 왜냐하면 신은 설령 현세에서가 아니라 하더라도 내세에서 때가 오면 확실히 나의 몫을 내게 줄 것이기 때문이다. 만약 내 자신의 희생이 공익을 위한 것이라면 나는 결국 손실자가 되지는 않는다. 실로 나는 나의 궁극적 만족을 증가시킬 것이다.

역사적 관점에서 볼 때 이 교묘한 논증이 명백히 터커의 윤리설의 가장 중요한 특징은 아니다. 더욱 중요한 것은 그의 쾌락의 양적 평가(쾌락은 정도에서는 다르지만 종류에서는 그렇지 않다), 사적인 만족을 행위의 궁극적 동기로 보는 그의 주장, 일반적인 행복이나 쾌락에 대한 공헌에 의한 도덕 규칙들의 평가, 그리고 어떻게 인간의 근본적인 이기주의가 자비심과 이타주의적 행위와 조화될 수 있는가 하는 것을 보여주려는 그의 시도이다. 터커의 의견과 벤담과 밀 부자의 공리주의에 공통된 난점들은 후자와 관련하여 가장 잘 논의될 수 있다.

7. 윌리엄 팰리

윌리엄 팰리(William Paley, 1743 ~ 1805)는 그가 학부 학생으로서 공부했던 케임브리지의 크라이스트 대학의 특별 연구원과 개별 지도 교수가 되었다. 그 후에 그는 다양한 교회의 직책을 맡았는데 결코 높은 지위에 있은 적이 없었다. 그것은 그의 자유주의적 견해 때문이라고 한다.

팰리는 자연 종교와 기독교의 신빙성을 변호하는 그의 저작들, 특히 그의 《기독교 증험론 개관》(*View of The Evidences of Christianity*, 1794)과 《자연 신학 또는 자연의 현상들로부터 수집된 신의 존재와 속성에 관한 증거》(*Natural Theology, or Evidences of the Existence and Attributes of the Deity collected from the Appearances of Nature*, 1802)에 의해서 그 이름이 가장 잘 알려져 있다. 나중에 든 저작에서 그는 설계로부터의 논증을 발전시켰다. 그는 자신의 논증을 하늘의 현상에 의거하지 않는다. "천문학에 대한 나의 의견은 항상 그것이 하나의 지성적인 조물주 행위를 증명하는 최적의 수단이 아니라, 이것이 증명된다면 다른 모든 학문들을 넘어서서 조물주 작용의 장엄함을 보여준다는 것이었다."[62] 대신에 그는 그가 표현하듯이 해부학, 즉 동

---

62) *N.T.*, 22 ; *Works*, 1821, IV, p. 297.

물의 유기적 조직체 특히 인간의 유기적 조직체에 있어서 설계의 증거에 치중한다. 그는 자료들은 설계하는 정신을 관련시키지 않고서는 설명될 수 없다고 주장한다. "만약 세계에 눈의 예를 제외하고는 고안의 예가 없다고 한다면 하나의 지성적인 조물주의 필연성에 관해서 우리가 그것으로부터 끌어내는 결론을 지지하는 것만으로도 충분할 것이다."[63] 때때로 팰리의 설계로부터의 논증은 진화론의 가설에 의해서 모든 설득력을 박탈당해 왔다고 말하기도 한다. 만약 이것이 진화론의 가설은 신의 존재에 관한 어떠한 목적론적인 논증과도 양립불가능하다는 것을 의미한다면 그것은 논의할 여지가 있는 견해이다. 그러나 만약 그것이 그가 말하듯이 팰리의 논증은 불충분하며, 특별히 진화론의 가설과 그것을 지지하는 자료들은 그 논증을 고쳐 말하는 어떠한 논증에서도 고려될 필요가 있다는 것을 의미한다면, 대부분의 사람들은 동의하리라고 나는 생각한다. 팰리는 특별히 독창적인 저술가는 아니었다. 예를 들어 그 저작의 맨 처음에 있는 그의 유명한 시계의 유비는 그의 발명품이 아니었다. 그는 아마도 너무나 많은 것을 당연하다고 생각했던 것 같다. 그러나 그는 그의 문제를 정리하는 데서나 논증을 전개시키는 데서 아주 상당한 솜씨와 능력을 보여주었다. 내가 보기에는 때때로 그랬듯이 그의 사고 경향을 가치없는 것이라고 제안하는 것은 과장된 표현이다.

하지만 여기서 우리는 케임브리지에서 행한 강의들을 개정하고 확대한 팰리의 《도덕 철학과 정치 철학의 원리들》(*The Principles of Moral and Political Philosophy*, 1785)이라는 저작에 관하여 다소 살펴보고자 한다. 여기서도 마찬가지로 그는 특별히 독창적이지는 않다. 그러나 그는 독창적인 체하지는 않았다. 머리말에서 그는 자신이 아브라함 터커에게 힘입은 바 크다는 것을 솔직히 시인한다.

팰리는 도덕 철학을 "사람들에게 그들의 의무와 그것의 이유를 가르치는 학문"[64]이라고 정의한다. 그는 우리가 일종의 본능으로 고려된 도덕감의 가설에 입각해서 도덕 이론을 수립할 수 있다고 생각하지 않는다. "대체로 나에게는 소위 도덕감을 구성하고 있는 것과 같은 본능들은 존재하지 않거나, 그렇지 않으면 지금은 그것들이 선입

---

63) *N.T.*, 6; *Works*, IV, p. 59.　　64) *Principles*, 1, 1; I, p. 1.

관과 습관들로부터 구별될 수 없거나 둘 중 하나인 것 같다. 그 때문
에 도덕적 추리에서 그것들에 의존할 수는 없다."[65] 우리는 행위의
"경향", 즉 그것의 목표를 고려하지 않고서는 행위의 옳음이나 그름
에 관한 결론을 이끌어낼 수 없다. 이 목표는 행복이다. 그러나 행복
은 무엇을 의미하는가? "엄밀히 말해서 쾌락의 양 또는 집합이 고통
의 양이나 집합보다 큰 어떠한 상태도 행복이라고 일컬을 수 있을 것
이다. 그리고 행복의 정도는 이 초과량에 의존한다. 인간의 삶에서
보통 획득할 수 있는 그것의 최대량이 우리가 인간의 행복은 무엇에
있는가를 묻거나 또는 단언할 때 우리가 행복이라는 말로 의미하는
것이다."[66]

　행복이 무엇인가를 구체적으로 결정함에 있어서 팰리는 "쾌락은 오
직 지속과 강도에 있어서만 다르다"[67]는 터커의 견해를 받아들인다.
그는 사람들이 서로 아주 다르기 때문에 모두에게 타당한 보편적인
행복의 이상을 규정하는 것은 불가능하다고 말한다. 그러나 사람들이
일반적으로 가장 기분이 좋고 만족하는 것처럼 보이는 삶의 조건에
관하여 추정할 수는 있다. 그것은 사회적 영향력의 행사, 어떤 "마음
을 끄는 목표"(지속적인 관심과 희망을 제공하는 목표)를 추구함에
있어서 우리의 정신적이거나 육체적인 능력의 행사, 신중한 습관과
좋은 건강을 포함한다.

　덕은 명백히 공리주의적인 풍조에서 정의된다. 그것은 "신의 의지
에 복종하고 영구적인 행복을 위해 인류에게 선을 행하는 것"[68]이다.
인류의 선은 덕의 내용이며, 신의 의지가 규칙을 제공하고, 영구적인
행복이 동기를 제공한다. 대체로 우리는 신중한 반성의 결과로서가
아니라 이미 확립된 습관에 따라 행위한다. 따라서 덕스러운 행위의
습관을 형성하는 것이 중요하게 된다.

　이러한 덕의 정의를 인정한다면 우리는 도덕적 의무의 공리주의적
인 해석을 기대할 수 있을 것이다. 사실상 우리는 이것을 발견한다.
우리가 어떤 사람이 무언가를 하지 않으면 안 된다고 말할 때 우리가
의미하는 것은 무엇인가 하는 물음에 대해서, 팰리는 "그것은 어떤
사람이 다른 사람의 명령에서 비롯되는 강력한 동기에 의해서 압력을

---

65) *Principles*, 1, 5 ; I, p. 14.　　　66) *Principles*, 1, 6 ; I, pp. 16〜17.
67) *Principles*, 1, 6 ; I, p. 18.　　　68) *Principles*, 1, 7 ; I, p. 31.

받을 때를 말한다"[69]고 대답한다. "우리는 오직 그것에 의해서 우리 자신이 이득을 보거나 손해를 보게 되는 것을 할 수밖에 없다. 왜냐 하면 그 밖의 다른 어떤 것도 우리에게 '강력한 동기'가 될 수 없기 때문이다."[70] 만약 나는 왜 무언가를 하지 않으면 안 되느냐고 더 묻는다면, 나는 "강력한 동기"에 의해서 그렇게 하도록 압력을 받는다 고 대답하기만 하면 될 것이다. 팰리는 그가 처음에 도덕 철학에 주의를 돌렸을 때 특히 의무와 관련된 주제에 무엇인가 불가사의한 것이 있는 것처럼 느껴졌다는 점을 인정한다. 그러나 그는 도덕적 의무는 다른 모든 의무들과 마찬가지라는 결론을 내리게 되었다. "의무는 충분한 힘을 가진 권유에 지나지 않으며 어떤 식으로든 다른 사람의 명령에서 비롯되는 것이다."[71] 만약 타산적인 행위와 의무의 행위의 차이가 무엇이냐고 묻는다면 그 대답의 유일한 차이는 다음과 같다는 것이다. "전자의 경우에 우리는 현세에서 우리가 이득을 보거나 손해를 볼 것을 고려한다. 후자의 경우에 우리는 또한 내세에서 우리가 이득을 보거나 손해를 볼 것을 고려한다."[72] 그러므로 팰리는 "사적인 행복은 우리의 동기이며, 신의 의지는 우리의 규칙이다[73] 하고 말할 수 있다. 그는 우리의 행복과 아무 관계도 없는 행위들이 명령된다는 의미에서 신의 의지는 순전히 임의적이라는 뜻으로 말하지는 않는다. 신은 인간의 행복을 원하므로 이러한 행복으로 이끄는 행위를 원한다. 그러나 신은 인간의 행위에 보상과 처벌의 영원한 제재를 부여함으로써 타산적인 동기(이것이 단지 현세에 관련되는 한)를 넘어서는 권유나 강력한 동기를 제공하여 도덕적 의무를 부과한다.

팰리는 흄이 《도덕 원리들에 관한 연구》의 네번째 부록에서 윤리학을 신학과 밀접하게 연결시키려는 시도에 대해서 이의를 제기하는 것에 주목한다. 그러나 만약 영원한 제재가 있다면 그것은 기독교 윤리 사상가에 의해서 고려되었음에 틀림없다고 팰리는 주장한다. 기독교 윤리에 독특한 것은 말하자면 윤리의 내용이라기보다는 오히려 어떤 행위를 하거나 또는 하지 않도록 하는 하나의 권유로서 작용하는 부가적인 동기(영원한 제재에 관한 지식에 의해서 제공된)이다.

---

69) *Principles*, 2, 2 ; I, p. 44.
70) *Principles*, 2, 2 ; I, p. 45.
71) *Principles*, 2, 3 ; I, p. 46.
72) *Principles*, 2, 3 ; I, p. 47.
73) *Principles*, 2, 3 ; I, p. 46.

"그렇다면 행위는 그것의 경향에 의해서 평가되어야 할 것이다. 유리한 것은 무엇이든 옳다. 어떠한 도덕 규칙이든 그것의 의무를 성립시키는 것은 그것의 유용성 하나뿐이다."[74] 행위의 결과를 평가할 때 우리는 만약 동일한 종류의 행위가 보편적으로 허용된다면 어떤 결과가 될 것인가를 물어야 한다. 유리한 것은 무엇이든 옳다는 진술은 직접적이고 즉각적인 결과들뿐만 아니라 부수적이고 먼 결과들까지도 고려하는 장기적인 편의 또는 유용성에 관한 것으로 이해되어야 한다. 이와 같이 위조의 개별적인 결과는 특정한 사람에게 특정한 금액의 손실을 입히는 것인 반면에 일반적인 결과는 모든 통화 가치의 파괴가 될 것이다. 도덕 규칙들은 바로 이 일반적 의미에서 행위의 결과들을 평가함으로써 수립될 수 있다.

실로 팰리는 일관된 공리주의자다. 그러나 개별적인 도덕 규칙들과 의무들, 그리고 특정한 유형의 행위들의 옳거나 그름을 다룰 때 그는 사적인 행복의 동기에 관한 자신의 원래의 주장을 잊고 공익을 기준으로 삼는 경향이 있다는 것은 주목할 만하다. 게다가 좋은 습관을 계발하고 유지할 필요를 주장함으로써 그는 선과 악, 옳음과 그름의 기준으로서 결과를 산정한다는 견해에서 발생하는 아주 커다란 난점들을 어느 정도 피한다. 그러나 팰리는 그의 입장에 대한 심각한 난점들을 가볍게 처리하거나 후닥닥 해치우는 경향이 있다. 그는 너무 많은 것을 당연하다고 생각한다. 예를 들어 어떤 사람이 자신은 도덕적으로 행동하지 않으면 안 된다고 말할 때 그는 자신이 다른 사람의 명령에서 비롯되는 강력한 동기에 의해서 압력을 받고 있다는 것을 의미한다는 것은 전혀 명백하지 않다. 팰리의 견해에 의하면 모든 도덕 체계들은 다소간 동일한 결론에 도달한다는 것도 덧붙여질 수 있겠다. 이와 같이 X가 사물 본래의 합목적성에 맞기 때문에 X를 하지 않으면 안 된다고 말하는 사람들은 합목적성을 행복을 산출하는 합목적성이라는 뜻으로 말함에 틀림없다. 바꾸어 말하면 팰리는 모든 도덕 철학자들은 암암리에 공리주의를 주장하고 있다고 추정한다.

물론 팰리는 그의 정치 이론에서도 공리주의자였다. 역사적인 관점에서 "처음에는 정부가 가족을 지배하는 부모와 같은 가부장적인 것

74) *Principles*, 2, 6 ; I, p. 54.

이었거나 그렇지 않으면 동료 전사들을 거느리는 지휘관과 같은 군사적인 것이었거나 둘 중 하나였다."[75] 그러나 만약 우리가 백성이 주권자에게 복종할 의무의 근거를 묻는다면 유일하게 참인 대답은 "편의로부터 모아진 것으로서의 신의 의지"[76]라는 것이다. 팰리는 그가 이것으로써 의미하는 것을 설명한다. 인간의 행복이 증진되어야 한다는 것은 신의 의지이다. 시민 사회는 이 목표로 이끈다. 시민 사회는 전체 사회의 이익이 각 구성원에게 의무를 지우지 않으면 유지될 수가 없다. 따라서 확립된 정부가 "공중의 불편이 없이는 저항을 받거나 바뀔 수 없는"[77] 한 그것에 복종해야 한다는 것은 신의 의지이다. 이와 같이 팰리는 계약설을 거부하고 공익 또는 "공중의 편의"의 개념을 정치적 의무의 근거로(물론 역시 정치적 의무의 한계를 지시하는 것으로) 대체한다. 흄은 이미 동일한 견해를 주장했다.

8. 총 평

이 장에서 샤프츠베리와 허치슨은 자비롭거나 이타적인 충동들이 이기적인 충동들만큼이나 인간에게 자연스럽다는 것 또는 자비심은 자기애만큼이나 자연스럽다는 것을 보여줌으로써 홉즈의 인간관을 반박하는 데 관계하는 것으로 묘사되었다. 맨드빌은 샤프츠베리의 비판자이며 적으로 묘사되었기 때문에 암암리에 홉즈의 관점의 옹호자로 묘사되었다. 그러나 적어도 한 가지 점에서 맨드빌은 홉즈의 비판자였다. 왜냐하면 홉즈는 인간이 이타적이며 사회의 이익을 목적으로 행동하게 되는 것은 궁극적으로 오직 공포와 강제를 통해서일 뿐이라고 생각했던 반면에 맨드빌은 이기주의는 자연히 공익에 도움이 되며 사적인 "악덕들"이 공익이라고 주장했기 때문이다. 이와 같이 그는 개인의 자연적인 이기주의를 사회에 의해서 부과된 강제를 통해서 극복되어야 할 것으로 여겼던 홉즈의 관점과는 다른 관점을 채택했다. 하지만 홉즈의 주된 반대자들은 샤프츠베리와 허치슨이었다는 것은 명백하다.

---

75) *Principles*, 6, 1 ; I, p. 353.   76) *Principles*, 6, 3 ; I, p. 375.

77) 같은 책, 같은 면.

물론 홉즈에게는 다른 비판자들과 반대자들이 있었다. 이미 3장에서 케임브리지 플라톤주의자들을 다루었으며, 바로 앞장에서는 사무엘 클라크에 관해서 약간 논했다. 케임브리지 플라톤주의자들과 클라크는 인간의 이성이 영원 불변의 도덕 원리들을 파악한다고 믿었다는 의미에서 합리주의자들이었다. 그리고 이 견해를 지지하는 점에서 그들은 홉즈와 대립했다. 그러나 마찬가지로 홉즈와 대립했던 샤프츠베리와 허치슨은 그들의 합리주의를 따르지는 않았다. 대신에 그들은 도덕감 이론에 의지했다. 나는 합리주의자들과 도덕감 이론의 옹호자들 사이에 공통 지반이 전혀 없었다는 것을 암시하려고 하는 것은 아니다. 왜냐하면 이 두 유형의 윤리설에는 예를 들어 직관주의의 요소가 있었기 때문이다. 그러나 역시 중요한 차이점들이 있었다. 합리주의자에게 마음은 그가 행위의 지침으로 사용할 수 있는 영원 불변의 도덕 원리들을 파악한다. 도덕감 이론의 지지자에게 어떤 사람은 추상적 원리들보다는 차라리 구체적인 예들에서 직접적으로 도덕적 성질들을 파악한다.

이것은 도덕감 이론의 옹호자가 아마도 합리주의자보다는 보통 사람이 도덕적인 결정과 판단을 내릴 때 그의 마음이 작용하는 방식에 훨씬더 주의하는 것 같다는 뜻이다. 바꾸어 말하면 우리는 아마도 그에게서 우리가 도덕 심리학이라고 부를 수도 있을 것에 좀더 주의하기를 기대할 것이다. 사실상 우리는 특히 버틀러에게서 심리학적으로 상당히 날카로운 통찰력을 발견한다. 나아가 일반적으로 도덕감 이론은 도덕적 삶에서 "느낌", 직접성이 하는 역할에 대한 파악을 반영한다. 도덕적 식별력과 미적 인식에서 도출된 유사함도 이 사실을 나타내는 데 도움이 된다.

그러나 만약 우리가 일상적인 도덕 의식을 검토한다면 "느낌"이나 직접성은 단지 한 요소라는 것을 알게 될 것이다. 예를 들어 고려해야 할 도덕적 판단이나 결정, 권위있는 명령 같은 것들도 역시 있다. 버틀러 주교는 그의 양심 분석에서 문제의 이 측면을 정당하게 다루려고 노력했다. 그렇게 함으로써 그는 원래의 도덕감 이론을 상당히 변형시켰으며 도덕적 식별력과 미적 인식의 차이점들을 보여주는 데 도움을 주었다.

버틀러의 도덕 이론에 관해서 주목해야 할 점이 또하나 있다. 샤프츠베리와 허치슨은 "도덕적 탁월성", 인격의 상태로서의 덕, "감정"을 강조했다. 우리가 보았듯이 허치슨에게서 도덕감의 주요한 대상은 친절하거나 자비로운 감정이었다. 그러나 양심과 도덕적 결정은 주로 행위에 관계된다. 따라서 버틀러에게서 우리는 강조점이 감정에서 행위로(물론 단지 외적인 행위로 고려된 것이 아니라 인간에 기인하는 동기에 의해서 불어넣어진 것으로서의 행위) 옮겨 가는 경향을 볼 수 있다. 그리고 행위를 더 많이 강조할수록 윤리학을 미학과 동질화하는 것은 더 뒤로 후퇴하게 된다.

그런데 샤프츠베리와 허치슨의 윤리설에는 여러 가지 보이지 않는 잠재력을 지닌 것들이 있었다. 첫째로, 보편적 자비심이라는 관념은 행복 산출의 관념과 결부시켜 생각할 때 자연히 공리주의적인 이론이 된다. 우리는 허치슨의 철학의 한 측면에서 공리주의를 예기할 수 있었음을 보았다. 이 요소는 우리가 고찰했던 다른 윤리 사상가들에 의해서 발전되었다. 이와 같이 심리학적인 측면에서 하틀리와 터커는 로크의 연합의 원리를 사용함으로써 비록 인간이 날 때부터 자기 자신의 만족을 추구한다 하더라도 어떻게 이타주의와 자비심이 가능한가 하는 것을 보여주려고 했다. 나아가 우리는 터커에게서 그리고 팰리에게서는 더욱더 신학적인 공리주의를 발견한다. 그러나 팰리가 이타적으로 행위하는 동기로서 신의 보상이라는 사상을 강조했을 때 그는 물론 샤프츠베리와 허치슨의 관점과는 매우 다른 관점을 채택하고 있었다.

둘째로, 우리는 샤프츠베리와 허치슨 모두에게서 덕과 인격에 대한 강조와 아울러 쾌락주의적 공리주의의 원리들보다는 차라리 인간의 자기 완성이라는 관념, 또는 인간 본성의 조화롭고 완전한 계발이라는 관념에 기초한 윤리학의 출발점을 발견한다. 버틀러가 인간에 있어서 원리들이 양심의 지배적인 권위 아래 하나의 계층 구조를 이룬다는 사상의 윤곽을 어렴풋이 나타내는 한 그는 이 사상을 발전시키는 데 도움이 되었다. 나아가 소우주인 인간과 그가 부분을 이루고 있는 전체와의 상응이라는 샤프츠베리의 사상은 그것을 신의 관념과 결합시켰던 허치슨에 의해서 어느 정도 발전되었다. 여기서 우리는 말하자면 관념론적인 윤리학의 발전을 위한 형이상학적인 고찰과 재료를 받아들이게 되는 것이다. 그러나 가장 크게 영향을 미쳤던 것은 우리가 이 장[78]에서 다루었던 사상가들에게 있었던 공리주의적 요소였다. 19세기에 관념론적 윤리학을 발전시킨 추진력은 또다른 원천으로부터 나온 것이었다.

이와 같이 이 장에서 언급된 철학자들의 도덕 이론에는 상당수의 다른 요소들과 잠재적 가능성이 있었다. 그러나 전반적인 묘사는 비록 허치슨과 버틀러 같은 사람들이 매우 자연스럽고 당연하게 그들의 윤리학을 그들의 신학적인 신념과 결합시키려고 시도하기는 했지만, 대부분 신학으로부터 분리되어 독립해 있는 하나의 독립된 연구 주제로서의 도덕 철학의 성장에 관한 것이다. 도덕 철학에 관한 이러한 관심은 영국 사상의 두드러진 특징들 중의 하나로 남아 있다.

---

78) 나는 버틀러가 당연히 공리주의자라고 불릴 수 있다는 것을 암시하려는 뜻으로 말하는 것은 아니다. 그 문제에 관해서는 허치슨을 이런 식으로 기술하는 것은 우리를 오해하게 하는 것이 될 것이다.

제 11 장

조지 버클리 1

1. 생 애

조지 버클리 (George Berkeley)는 1685년 3월 12일 아일랜드의 킬케니 근처인 킬크렌에서 태어났으며 그의 가문은 영국 혈통이었다. 그는 11살 때 킬케니 학교에 입학하였고, 15살 때인 1700년 3월에 더블린의 트리니티 대학에 입학했다. 수학, 외국어, 논리학과 철학을 배운 뒤에 그는 1704년에 문학사 학위를 받았다. 1707년에 그는 《산술》(*Arithmetica*)과 《수학 잡록》(*Miscellanea mathematica*)을 출판했고, 그 해 6월에는 그 대학의 평의원이 되었다. 그는 이미 물질의 존재를 의심하기 시작했으며, 이 주제에 관한 그의 관심은 로크와 말브랑슈의 연구에 의해 자극되었다. 법에 의해 정해진 자격 조건을 이행한 그는 1707년에 집사, 1710년에는 신교 교회의 목사가 되었다. 그리고 그는 처음에는 하급 평의원으로서, 1717년 이후에는 상급 평의원으로서 대학의 여러 직책들을 맡았다. 그러나 1724년에 그는 데리의 지방 부감독 (dean)의 지위를 얻음으로 해서 대학의 평의원직을 사임하지 않을 수 없었다. 물론 그가 대학에 근무한 기간이 이 도중에 중단된 적이 없었던 것은 아니었다. 그는 런던을 방문하여 애디슨(J. Addison), 스틸(R. Steele), 포프(A. Pope), 그외 다른 많은 유명 인사들을 알게 되었고, 대륙을 두 번 방문했다.

데리의 지방 부감독으로 임명된 뒤 그는 곧 런던으로 갔는데, 그것은 버뮤다 섬에 있는 영국 개척민들과 토착 인디언들의 자녀들을 교육시키기 위해서 그곳에 대학을 설립하려는 그의 계획에 왕과 내각 각료들의 관심을 얻기 위해서였다. 그는 명백하게 보통 교육, 특별히 종교 교육을 받기 위해서 아메리카 대륙으로부터 상당히 먼 거리에 있는 곳에 와서 교육을 받은 뒤 자기 본토로 돌아갈 영국 청년들과 인디언들을 마음에 그리고 있었다. 그는 대학 지부 설립 허가와 신청한 보조금의 의회 승인을 받는 데 성공하였고, 1728년에 몇몇 동료들과 함께 아메리카를 향해 출범하여 로드 아일랜드의 뉴포트로 갔다. 자신의 초기 계획이 현명한 것인지에 대해 의문을 갖기 시작한 그는 일단 보조금이 주어지면 계획했던 대학을 버뮤다보다는 로드 아일랜드에 세우는 것에 대한 허가를 신청하려고 결심했다. 그러나 돈이 나오지 않았기 때문에 그는 영국으로 되돌아가서 1731년 10월말에 런던에 도착했다.

영국으로 돌아온 그는 승진을 기대하면서 런던에서 기다렸으며, 실제로 1734년에 클로인의 감독으로 임명되었다. 그가 인간의 질병들에 대한 만병 통치약으로 여겼던 타르물(tar-water)의 효력에 관해 유명한 선전을 했던 것이 바로 이 시기였다. 이 독특한 치료에 대해 사람들이 어떻게 생각했든지간에 고통의 경감에 대한 버클리의 열의는 의심할 여지가 없다.

1745년에 그는 좀더 유리한 클로퍼의 감독직 제의를 거절하였고, 1752년에 부인과 함께 옥스퍼드에 정착하여 홀리웰 가(街)에서 살았다. 1753년 1월 14일 그는 자는 듯이 눈을 감았으며, 옥스퍼드 주교 관구의 성당인 그리스도 교회 예배당에 묻혔다.

2. 저 작

버클리의 가장 중요한 철학적 저작들은 그가 처음 트리니티 대학의 평의원으로 있었던 초년 시절에 씌어졌다. 《새로운 시각 이론》(*An Essay towards a New Theory of Vision*)은 1709년에 나왔다. 이 저작에서 버클리는 시각의 문제들, 예를 들어 거리, 크기, 위치에 대한 우리 판단의 근거를 분석하는 문제를 다루었다. 그는 이미 유심론의 진리를 확신하였음에도 불구하고 이 저작에서 그를 유명하게 만든 학설은 나타내지 않았다. 이 학설은 1710년에 출판된 《인간 지식의 원리론》(*A Treatise concerning the Principles of Human Knowledge*)의 제 1 부와 1713년에 출판된 《하일라스와 필로누스의 세 대화편》(*Three Dialogues between Hylas and Philonous*)에서 제창되었다. 《시각 이론》과 《원리론》에 대한 준비 작업은 1707년과 1708년에 쓴 그의 공책들에 담겨 있다. 이것들은 1871년 프레이저(A.C. Fraser)에 의해서 《비망록》(*Commonplace Book of occasional Metaphysical Thoughts*)이라는 제목으로, 그리고 1944년에는 루스(A.A. Luce) 교수에 의해 《철학적 주석》(*Philosophical Commentaries*)이라는 제목으로 출판되었다. 1712년에 버클리는 《무저항적 복종》(*Passive Obedience*)이라는 작은 책자를 출판했는데, 여기서 그는 폭정의 극단적인 경우에 혁명의 권리를 인정함으로써 제한적이긴 하지만 무저항적인 복종의 이론을 주장했다.

라틴어로 된 《운동론》(*De Motu*)이라는 논문은 1721년에 나왔으며, 같은 해에 그는 주가 폭락 사건(the South Sea Bubble)*에 의해 발생한 재난들을 고려하여 종교, 근면, 검약, 애국심에 호소한 것을 실은 《대영제국의 황폐 방지론》(*An Essay towards preventing the Ruin of Great Britain*)을 출판했다. 아메리카에 있는 동안 그는 《알키프론 또는 섬세한 철학자》(*Alciphron or the Minute Philosopher*)를 썼으며, 그것을 1732년에 런던에서 출판했다. 7개의 대화편으로 구성된 이 책은 그의 저작들 중에서 가장 긴 것으로 본래는 자유 사상가들에 반대하여 기독교를 옹호한 작품이다. 1733년에 《시각 이론》의 신문 비평에 대한 대답으로서 《신의 직접적인 현전과 섭리가 입증되고 설명된다는 것을

* 국가의 빚을 처리하기 위하여 1711년에 세워진 South Sea Company의 주가 폭락 사건(1720년). 부당한 이익 행위에 대한 국민의 분노는 극에 달해 지위 고하를 막론하고 관계자들을 처벌해 줄 것을 원했고, 돈이 모든 것의 척도가 되어 도덕이 땅에 떨어졌다. 이 사건으로 인하여 국가의 경제와 국민의 양심이 마비되었다—옮긴이 주.

보여주는 시각 이론 또는 시각적 언어》(*The Theory of Vision or Visual Language showing the immediate Presence and Providence of a Deity Vindicated and Explained*)가 나왔다. 1734년에 《분석자 또는 신을 믿지 않는 수학자에게 주는 말》(*The Analyst or a Discourse addressed to an Infidel Mathematician*)을 출판했는데, 여기서 그는 뉴턴의 미분 이론을 공격하고, 만약 수학에 신비가 있다면 그것은 종교 안에서 기대하는 것만이 사리에 맞다고 주장했다. 쥬린 박사(Dr. Jurin)가 반론을 펴자, 버클리는 1735년에 출판된 《수학에서의 자유 사상의 옹호》(*A Defence of Free-thinking in Mathematics*)로써 그것을 반박했다.

1745년에 버클리는 두 편의 편지를 출판했는데, 하나는 그의 신도들에게, 다른 하나는 클로인 교구의 구교도들에게 쓴 것이었다. 구교도들에게 보내는 편지에서 버클리는 자코바이트(Jacobite) 반란에 참여하지 말 것을 촉구했다. 아일랜드 은행 문제에 대한 그의 생각은 《질문자》(*The Querist*)라는 제목으로 1735년, 1736년 그리고 1737년에 세 부분으로 나뉘어서 더블린에서 익명으로 발표되었다. 버클리는 아일랜드의 문제에 상당한 관심을 가졌으며, 1749년에는 시골의 구교 성직자들에게 더 나은 사회 경제적 조건 향상을 위한 운동에 참여할 것을 촉구하는 《현자들에게 주는 말》(*A Word to the Wise*)을 보냈다. 타르물의 효력에 관한 그의 선전과 관련하여 그는 1744년에 《시리스》(*Siris*)를 출판했는데, 여기에도 역시 상당한 철학이 담겨 있다. 마지막으로 알려진 그의 작품은 1752년에 출판되었는데, 그것은 그의 《잡문》(*Miscellany*)에 서문 격으로 포함된 《타르물에 관한 추고》(*Farther Thoughts on Tar-water*)이다.

3. 버클리 사상의 정신

버클리의 철학에 대해서 간단히 언급하는 것(예를 들어 오직 신과 유한 정신들과 정신들의 관념들만 있다는)은 그것을 일상인의 세계관과 너무 동떨어진 것으로 보이게 해서 주목을 끈다는 의미에서 몹시 흥미를 자아낸다. 우리는 어떻게 한 뛰어난 철학자가 물질의 존재를 부정하는 것이 정당하다고 생각했는지 의아하게 생각할지도 모른다.

참으로 버클리가 《인간 지식의 원리론》을 출판했을 때, 그는 자연히 비판 심지어 조소의 표적이 되었다. 많은 사람들은 그가 가장 명백한 것, 너무나 명백해서 어떠한 정상적인 사람도 의심하지 않을 것을 부정하고 결코 그렇게 명백하지 않은 것을 주장했다고 생각했다. 그러한 철학은 단지 환상적이고 터무니없는 생각이었다. 사람들이 생각하듯이 그러한 철학의 장본인은 정신적으로 이상이 있거나, 또는 역설적인 색다름을 탐구하는 사람이거나 아니면 정교한 농담을 행하는 익살스러운 아일랜드 사람일지도 모른다. 그러나 집과 탁자, 나무와 산들이 정신 또는 마음의 관념이라고 믿거나 또는 믿는 체하는 어떠한 사람도 다른 사람들이 자기와 의견을 같이하리라고 합리적으로 기대할 수는 없었다. 몇몇 사람들은 버클리의 논증은 착상이 교묘하고 미묘하여 반박하기 힘들다는 것을 인정했다. 동시에 그들은 그러한 역설적인 결론들로 이끄는 논증들에는 무엇인가 잘못된 점이 있음에 틀림없다고 생각했다. 다른 사람들은 버클리의 입장을 반박하는 것이 쉽다고 생각했다. 그의 철학에 대한 그들의 반응은 사무엘 존슨 박사 (Dr. Samuel Johnson)의 유명한 반박으로 잘 상징화된다. 박학한 이 학자는 "나는 이와 같이 그를 반박한다"고 외치면서 커다란 돌을 발로 찼다.

하지만 버클리 자신은 그의 철학을 상식에 어긋나는 하나의 터무니없는 환상, 또는 심지어 일상인의 자연스러운 확신과 모순되는 것이라고 결코 생각하지 않았다. 반대로 그는 자신이 상식의 편에 서 있다고 확신했으며, 명백히 자신을 교수들, 그리고 그가 생각하기에 이상하고 기괴한 학설들을 제의하는 오도된 형이상학자들과는 다른 "대중"(the vulgar)으로 분류했다. 그의 공책에서 우리는 중요한 구절을 볼 수 있다. "메모: 형이상학 등을 영원히 추방함, 그리고 사람들을 상식으로 귀환시킴."[1] 사람들은 전체 버클리 철학을 형이상학을 추방하는 예로 여기고 싶어하지 않을지도 모른다. 그러나 로크의 불가사

---

1) *Philosophical Commentaries*, 751 ; Ⅰ, p. 91. 버클리 저작들에 대한 인용문들의 권수와 면수는 A.A. Luce와 T.E. Jessop 교수에 의한 버클리 저작들의 결정판에 따른다. *Philosophical Commentaries* 는 *P.C.* ; *Essay towards a New Theory of Vision* 은 *E.* ; *Principles of Human Knowledge* 는 *P.* ; *Three Dialogues* 는 *D.* ; *De motu* 는 *D.M.* ; *Alciphron* 은 *A.* 로 각각 표시한다.

의한 물질적 실체 이론을 부정하는 것이 그에게서는 확실히 이 행위의 예였다. 그는 물체들 또는 감각적 대상들이 지각하는 마음에 의존한다는 그의 학설이 보통 사람의 견해와 모순된다고 여기지 않았다. 참으로 보통 사람들은 방 안의 탁자는 그것을 지각하는 사람이 거기 없을 때라도 방 안에 존재하며 현전한다고 말할 것이다. 그러나 버클리는 방 안에 탁자를 지각할 사람이 없을 때 어떤 의미에서 탁자는 존재한다고 말할 수 있다는 것을 부정하려는 것은 아니라고 대답할 것이다. 문제는 그 언명이 참인지 또는 거짓인지 하는 것이 아니라, 어떤 의미에서 그것이 참인가 하는 것이다. 아무도 현전하지 않으며 그것을 지각하지 않을 때 방 안에 탁자가 있다고 말하는 것은 도대체 무엇을 의미하는가? 그것은 누군가 방안에 들어선다면 우리가 탁자를 보는 것이라고 부르는 경험을 하게 되리라는 것을 제외하면 무엇을 의미할 수 있는가? 보통 사람은 이것이 아무도 탁자를 지각하고 있지 않을 때라도 그가 방 안에 탁자가 있다고 말할 때 그가 의미하는 것이라고 주장하지 않을까? 나는 문제가 이 물음들이 함축하는 것으로 보일지도 모르는 것처럼 단순하다고 말하지 않는다. 또한 나는 버클리의 견해를 떠맡고 나서기를 원하지도 않는다. 그러나 나는 어떻게 버클리가 그와 동시대인들이 환상적이라고 여겼던 견해들이 사실상 상식과 상당히 일치한다고 주장할 수 있었는지에 대해 미리 매우 간략하게 지적하고 싶다.

실제로 지각되지 않을 때 물체 또는 감각적 사물이 존재한다고 말하는 것은 무엇을 의미하는가 하는 물음은 앞에서 언급되었다. 버클리는 모국어를 능숙하게 사용할 수 있는 철학자들 중 한 사람이었을 뿐만 아니라, 낱말의 의미와 용법에 대단한 관심을 가졌다. 이것이 오늘날 영국 철학자들이 그의 저작에 관심을 갖는 주요한 이유 가운데 하나임은 물론이다. 왜냐하면 그들은 버클리에게서 언어 분석 운동의 선구자적인 면모를 보기 때문이다. 예를 들어 버클리는 "존재"라는 용어의 정확한 분석의 필요성을 주장했다. 따라서 그의 공책에서 그는 고대의 많은 철학자들은 존재가 무엇인지 몰랐기 때문에 어리석음에 빠졌다고 말한다. 그러나 "내가 주로 강조하는 것은 존재의 본성과 의미 그리고 그 중요성을 발견하는 것이다."[2] 버클리의 견해

2) *P.C.*, 491;I, pp. 61~62.

에 의하면 존재는 지각되는 것 (Esse est percipi)이라는 결론은 우리가 감각적 사물이 존재한다고 말할 때 "존재한다"라는 용어의 정확한 분석의 결과이다. 게다가 버클리는 뉴턴의 과학 이론들에 등장하는 것과 같은 추상적인 용어들의 의미와 용법에 특별히 주목했다. 추상적인 용어들의 용법에 관한 그의 분석에 의하여 그는 뒤에 일반적으로 통용되게 되었던 과학 이론들의 지위에 관한 견해들을 내다볼 수 있었다. 과학 이론은 가설이며, 과학적인 가설이 "효과가 있기" 때문에 그것은 반드시 실재의 궁극적인 구조를 관통하고 궁극적인 진리를 획득하는 인간의 마음의 자연스러운 힘의 표현임에 틀림없다고 생각하는 것은 잘못이다. 나아가 "중력", "인력"과 같은 용어들은 확실히 그 용도를 갖는다. 그러나 그것들이 도구적 가치를 갖는다고 말하는 것과 그것들이 신비스러운 실체나 성질들을 내포한다고 말하는 것은 전혀 다른 것이다. 비록 피할 수는 없을지라도 추상적인 낱말들을 사용하는 것은 물리학을 형이상학으로 오염시키며, 우리에게 물리 이론의 지위와 기능에 대해 잘못된 생각을 가져다 주는 경향이 있다.

그러나 비록 버클리가 형이상학을 추방하고 사람들을 상식으로 귀환시키는 것에 대해 말했을지라도 그 자신은 형이상학자였다. 예를 들어 그는 물질적 사물들의 존재와 본성에 대한 그의 설명이 주어지면, 신이 존재한다는 것은 확실히 도출된다고 생각했다. 버클리가 "관념들"이라고 불렀던, 성질들을 지지하는 물질적 실체(로크의 불가사의한 미지의 실체)란 없다. 그러므로 물질적 사물들은 관념들의 집합으로 환원될 수 있다. 그러나 관념들은 마음으로부터 떨어져서 혼자 힘으로 존재할 수 없다. 동시에 우리 스스로 형성하는 관념들, 상상의 산물들(예를 들어 인어 또는 일각수의 관념)과, 깨어 있을 때의 정상적인 상황과 조건 속에서 사람이 지각하는 현상 또는 "관념들" 사이에는 차이가 있다는 것이 명백하다. 나는 내 자신의 상상적인 세계를 창조할 수 있다. 그러나 내가 책에서 눈을 떼고 창 밖을 볼 때 내가 보는 것은 나에게 의존하지 않는다. 그러므로 이 "관념들"은 하나의 마음 또는 정신, 즉 신에 의해 내게 현전하는 것임에 틀림없다. 정확하게 말해서 이것은 버클리가 문제를 표현하는 방법이 아니다. 그러나 이것은 현상론이 유신론을 수반한다고 보는 버클리의 견해를 간단히 지적하는 것으로 충분할 것이다. 물론 현상론이 유신론을 수반하는지 그렇지 않는지는 다른 문제이다. 그러나 버클리는 현상론이 유신론을 수반한다고 믿었다. 이것은 그가 신에 대한 믿음이 명백한 상식의 문제라고 생각했던 하나의 이유이다. 만약 우리가 물질적 사물들의 존재와 본성에 대한 상식적 견해를 가진다면, 우리는 신의 존재를 긍정하게 될 것이다. 역으로 물질적 실체에 대한 믿음은 무신론을 조장한다.

이것은 우리가 버클리 철학의 정신을 고려하는 데 중요한 문제이다. 왜냐하면 그는 자신의 물질적 실체 비판을 일반적으로 유신론, 그리고 특별히 기독교가 받아들여지는 것을 수월하게 하는 데 공헌한 것으로 여긴다는 점을 매우 명백하게 했기 때문이다. 앞에서 말했듯이 그의 철학은 많은 동시대인들로부터 환상적이고 터무니없는 것으로 여겨졌다. 그가 버뮤다 계획을 수행하기 위해서 아일랜드 신교 교회에서의 출세를 기꺼이 포기하려 한 것[3]이 어떤 사람들에게는 미친 짓으로 여겨졌다. 그러나 그의 유심론적인 철학과 버뮤다 계획은 또 다른 면에서 아일랜드의 가난한 사람들의 고통에 대한 그의 관심과 타르물의 효능에 대한 그의 열성적인 선전에 나타난 그의 마음의 동일한 특성과 경향을 보여준다. 그의 철학에 어떠한 가치가 부여되든지, 그리고 그의 철학 가운데 어떤 요소들이 후대 철학자들에 의해 강조되든지간에 자신의 철학에 대한 그의 평가는 《원리론》의 마지막 글에 훌륭하게 요약되어 있다. "왜냐하면 결국 우리 연구의 첫번째 자리를 차지할 가치가 있는 것은 신과 우리의 의무에 대한 고려이기 때문이다. 그것을 조장하는 것이 내 일의 주요한 취지이며 계획으로, 만약 내가 말한 것에 의해 독자들에게 신의 현전에 대한 경건심을 불러일으키지 못한다면 나는 내 일을 전혀 쓸모없고 헛된 것으로 여길 것이다. 나는 학자들이 주로 하고 있는 무익한 사색의 거짓됨 또는 공허함을 보여주고, 나아가 그들로 하여금 그것을 알고 실천함이 인간 본성의 최고 완성인 복음의 유익한 진리를 존중하고 신봉하게 하

---

3) 사실상 버클리는 성직자의 승진에 무관심하지는 않았다. 그에게는 부양해야 힐 가족이 있었다. 그러나 그의 아메리카 복음 전도 계획들이 아무리 실패로 끝났다 할지라도, 그것들은 확실히 그가 엽관 운동자(place-hunter)가 아니라 이상주의자임을 보여준다.

려 한다. "⁴⁾

이와 같이 버클리는 그의 철학의 실천적 기능에 대해서 아주 분명했다. 《원리론》의 완전한 제목은 《회의주의, 무신론, 무종교의 근거와 함께 학문에서의 잘못과 난점의 주요 원인들이 탐구되는 인간 지식의 원리들에 관한 논문》(*A Treatise concerning the Principles of Human Knowledge, wherein the Chief Causes of Error and Difficulty in the Sciences, with the Grounds of Scepticism, Atheism and Irreligion, are inquired into*)이다. 마찬가지로 《세 대화편》의 목적은 "회의주의자와 무신론자에 대해서 인간 지식의 실재와 완전성, 영혼의 영적 본성과 신의 직접적인 섭리를 명백히 증명하려는 것"⁵⁾이라고 말한다. 그러나 이러한 것들과 이와 유사한 선언들로부터 버클리의 철학은 종교적이고 호교적인 성격의 편견과 선입관에 너무 물들어 있어서 철학적 반성에는 아무런 가치가 없다는 결론이 도출되어서는 안 된다. 그는 진지한 철학자였다. 우리가 그가 사용한 논증과 그가 도달한 결론에 찬성하든지 그렇지 않든지간에 그의 사고의 진행 과정은 고찰할 가치가 충분히 있으며, 그가 제기한 문제들은 흥미롭고 중요하다. 일반적으로 그는 현상론이 철학에서 최종적인 것이라고 생각하지 않았던 형이상학자이며 현상론자인 경험주의자로서 주목할 만하다. 물론 그의 철학은 잡종으로 보일지도 모르겠다. 만약 우리가 그의 철학을 단순히 로크에서 흄에 이르는 길의 디딤돌로만 생각한다면, 그것은 어쩔 수 없이 그렇게 보일 것이다. 그러나 내가 생각하기에 그의 철학은 그 자체로서 흥미롭다.

4. 시각 이론

버클리가 사람들이 받아들일 수 있도록 노력하지 않으면서 그의 유심론적 철학을 제시했던 것은 아니라고 앞에서 말했다. 왜냐하면 비록 그는 자신의 견해가 참이라는 것과 그것이 상식과 일치한다는 것을 확신하고 있었음에도 불구하고, 그의 언명들이 많은 독자들에게 이상하고 기묘하게 보이리라는 것을 알았기 때문이다. 그러므로 그는

4) *P.*, 1, 156; II, p. 113.   5) *D.*, sub-title; II, p. 147.

먼저 그의 《새로운 시각 이론》을 출판함으로써 《인간 지식의 원리론》 의 준비를 하려 했다.

하지만 《시각 이론》이 단지 버클리가 사람들로 하여금 뒤에 출판된 책들에서 말하려 했던 것에 귀를 기울이게 하기 위한 책략이었다고 상상하는 것은 잘못이다. 그것은 지각에 관계된 여러 문제들에 관한 진지한 연구이며, 그것의 서문격인 기능과는 아주 별도로 그것 자체로서 대단히 흥미롭다. 광학 기구의 조립은 광학 이론의 발달을 촉진했다. 배로우(I. Barrow, 1630~1677)의 《광학 강의》(Optical Lectures, 1669)와 같은 다수의 저작들이 이미 나와 있었으며, 《시각 이론》에서 버클리는 이 분야에 공헌했다. 그 자신의 말에 나타나 있는 것처럼, 그의 목적은 "우리가 시각에 의해서 대상들의 거리, 크기 그리고 위치를 지각하는 방식을 보여주고, 시각의 관념들과 촉각의 관념들의 차이점을 고려하며, 양 감각에 공통된 관념들이 있는지 없는지 그 여부를 고려하는 것"[6]이었다.

버클리는 우리가 거리 자체를 직접적으로 지각하지 않는다는 것에 찬성하는 듯한 입장을 취했다. "그러므로 그것은 그 자체가 시각 행위에서 직접적으로 지각된 어떤 다른 관념에 의해서 우리에게 들어온다고 할 수 있다."[7] 그러나 버클리는 선과 각에 대한 당시의 기하학적 설명은 거부한다. 한 가지 이유는 우리가 기하학적 계산에 의해 거리를 산정하거나 판단한다는 생각은 경험에 의해 지지되지 못한다는 것이며, 다른 한 가지 이유는 언급된 선과 각은 수학자들이 광학을 기하학적으로 다루기 위해 구성한 가설들이라는 것이다. 버클리는 기하학적 설명 대신에 이 방침에 입각하여 제안한다. 내가 두 눈으로 가까운 대상을 보고 있을 때 내 눈동자 사이의 간격은 대상이 접근하거나 후퇴하는 데에 따라서 축소되거나 확장된다. 눈의 이러한 변화는 감각들을 동반한다. 결과적으로 서로 다른 감각과 서로 다른 거리 사이에 하나의 연합이 이루어진다. 이와 같이 감각들은 거리의 지각에서 매개적인 "관념들"로 작용한다. 게다가 하나의 대상이 눈으로부터 일정한 거리에 놓여 있다가 접근하게 되면 그것은 더 혼동되게 보인다. 이런 식으로 "혼동과 거리의 여러 등급들 사이의 습관적인 관

---

6) E., 1 ; II, p. 171.   7) E., 11 ; II, p. 173.

계가 우리 마음에 새겨진다. 더 큰 혼동은 더 가까운 거리를 나타내고, 더 작은 혼동은 대상의 거리가 멀다는 것을 나타낸다."[8] 그러나 눈으로부터 일정한 거리에 놓여 있는 하나의 대상이 다가올 때, 우리는 적어도 잠시나마 눈을 긴장시킴으로써 그 현상이 혼동되는 것을 막을 수 있다. 그리고 긴장의 노력을 동반하는 감각은 우리가 대상의 거리를 판단하도록 도와준다. 눈을 긴장시키는 노력이 더 클수록 대상은 더 가까이 있는 것이다.

감각적 대상들의 크기에 대한 우리의 지각에 대해서 우리는 먼저 시각에 의해 파악되는 두 종류의 대상을 구별해야 한다. 어떤 것들은 올바르게 그리고 직접적으로 눈에 보이는 것들이다. 다른 것들은 직접적으로 시각에 들어오지 않으며 오히려 촉각의 대상들인데, 이것들은 직접적으로 눈에 보이는 것에 의해서 단지 간접적으로 보인다. 각 종류의 대상은 그 자체의 뚜렷한 크기나 연장을 갖는다. 예를 들어 내가 달을 볼 때 나는 채색된 원반을 직접적으로 본다. 시각의 대상으로서의 달은 중천에 있을 때보다는 지평선에 있을 때 더 크다. 그러나 우리는 달이 촉각의 대상으로 고려될 때에는 달의 크기가 이런 식으로 변화하는 것이라고는 생각하지 않는다. "마음 밖에 존재하며 얼마간 떨어져 있는 대상의 크기는 항상 불변적으로 동일성을 유지한다. 그러나 시각의 대상은 우리가 촉각의 대상에 접근하거나 그것으로부터 후퇴함에 따라 여전히 변화하며 고정된 일정한 크기를 갖지 않는다. 그러므로 우리가 예를 들어 나무나 집과 같은 것의 크기를 말할 때, 우리는 촉각적인 크기를 의미해야만 한다. 만일 그렇지 않으면 어떤 지속적인 것, 그리고 그것에 대하여 말할 때 모호함의 여지가 없는 것이란 있을 수 없다."[9] "우리가 이런저런 일정한 척도에 의해서 하나의 대상을 크거나 작다고 말할 때마다 나는 그것은 반드시 촉각적인 연장을 의미해야 하며, 비록 직접적으로 지각됨에도 불구하고 거의 고려되지 않는 시각적인 연장을 의미해서는 안 된다고 말한다."[10] 하지만 촉각의 대상들의 크기는 직접적으로 지각되지 않는다. 그것은 시각 현상들의 혼동 또는 뚜렷함, 약함 또는 강함에 따라서 시각적인 크기에 의해 판단된다. 참으로 시각적인 크기와 촉각

---

8) *E.*, 21 ; II, p. 175. 9) *E.*, 55 ; II, p. 191.
10) *E.*, 61 ; II, p. 194.

적인 크기 사이에는 어떠한 필연적인 관계도 없다. 예를 들어 적당한 거리에 놓여 있는 탑과 사람은 다소간 동일한 시각적인 크기를 가질 수도 있다. 그러나 우리는 그 때문에 그것들이 동일한 촉각적인 크기를 갖는다고 판단하지는 않는다. 우리의 판단은 다양한 실험적 요소들에 의해 영향을 받는다. 하지만 이것은 비록 그 대상의 시각적인 크기가 촉각적인 크기와 아무런 필연적 관계가 없다 할지라도, 우리가 대상을 만지기 전에 후자가 전자에 의해 암시된다는 사실을 변경시키지는 못한다. "우리가 거리를 보듯이 우리는 크기를 본다. 우리는 양자를 우리가 사람의 표정에 나타나는 부끄러움 또는 분노를 보는 것과 똑같은 방법으로 본다. 그러한 정념들은 그것들 자체가 눈에 보이는 것은 아님에도 불구하고, 시각의 직접적인 대상인 안색의 색깔과 변화에 따라 눈에 의해 들어온다. 그리고 안색의 색깔과 변화가 부끄러움 또는 분노를 동반하는 것으로 관찰되어 왔다는 단지 그 이유 때문에 전자는 후자를 의미한다. 만일 경험이 없다면 우리는 얼굴 빨개짐을 기쁨의 표시라고 할 수 없는 것과 마찬가지로 부끄러움의 표시라고 여길 수도 없었을 것이다."[11]

시각에 관한 버클리의 생각 모두가 독창적인 것은 결코 아니었다. 그러나 그는 주의깊게 산출된 이론의 구성에서 그가 차용했던 생각들, 개별적인 가치들은 별문제로 하더라도, 개별적인 예들의 도움으로 우리가 사실상 거리, 크기 그리고 위치를 지각하는 방식들에 관한 반성의 결과라는 커다란 가치를 갖는 생각들을 활용했다. 물론 그는 광학의 수학적인 이론의 효용을 의심할 생각은 없었다. 그러나 그에게는 일상적인 시각에 있어서 우리는 수학적인 계산에 의해서 거리와 크기를 판단하지는 않는다는 것이 명백했다. 참으로 우리는 거리를 결정하기 위해서 수학을 사용할 수 있다. 그러나 이 과정은 버클리가 말하는 일상적인 시각을 명백하게 전제한다.

여기에서 지각에 대해 버클리가 설명하는 더 이상의 세부 사항에 들어가는 것은 불필요하다. 주목해야 할 점은 그가 시각과 촉각 사이에 그리고 그것들 각각의 대상들 사이에 했던 구별이다. 우리는 이미 그가, 적절하게 말해서, 시각의 대상들과 단지 간접적으로 시각의 대

---

11) *E.*, 65 ; II, p. 195.

상이 되는 대상들을 구별하는 것을 보았다. 시각적인 크기 또는 연장은 촉각적인 연장과 다르다. 그러나 일반적으로 우리는 더 나아가서 "양 감각에 공통되는 관념은 없다"[12]고 말할 수 있다. 그렇다는 것은 쉽게 보여질 수 있다. 시각의 직접적인 대상은 빛과 색깔들이며 다른 직접적인 대상은 없다.[13] 그러나 빛과 색깔들은 촉각에 의해 지각되지 않는다. 따라서 양 감각에 공통되는 직접적인 대상들은 없다. 버클리가 한편으로 시각적인 연장을 말하면서도 시각의 유일한 직접적인 대상들은 빛과 색깔들이라고 말할 때, 아마도 그는 모순된 말을 하고 있는 것으로 보일지도 모른다. 그러나 우리가 보는 것은 색깔 조각들, 말하자면 연장된 색깔들이다. 그리고 버클리는 색깔 조각들처럼 눈에 보이는 시각적인 연장은 촉각적인 연장과는 전혀 다르다고 주장한다.

시각과 촉각의 대상들의 이질성을 주장하는 것은 뻔한 일을 주장하는 것이라고 말할 수도 있다. 예를 들어 우리는 누구나 촉각이 아니라 시각에 의해 색깔을 지각한다는 것을 안다. 또한 우리는 사물이 녹색으로 보인다고 말하지 녹색으로 느껴진다고 말하지는 않는다. 우리 모두는 소리는 맡아지는 것이 아니라 들리는 것이라고 알고 있는 것만큼이나 빛과 색깔이 시각의 고유 대상임을 안다. 그러나 시각과 촉각의 대상들의 이질성을 주장하는 데 있어서 버클리는 숨겨진 목적을 갖는다. 왜냐하면 그는 시각의 대상들, "시각의 관념들"은 우리에게 촉각의 관념들을 암시하는 상징 또는 기호라는 것을 주장하려고 하기 때문이다. 둘 사이에는 필연적 관계가 없다. 그러나 "이 기호들은 변하지 않으며, 보편적이고, 촉각의 관념들과 그것들의 관계는 우리가 세상에 처음 나왔을 때 배운 것이다."[14] "대체로 나는 우리가 시각의 고유 대상들은 조물주의 보편적 언어를 구성한다고 올바르게 결론지으리라고 생각한다. 우리는 우리 신체의 보존과 안녕에 필요한 사물들을 획득하기 위해서, 그리고 우리 신체에 해롭고 유해한 것들을 피하기 위해서 어떻게 우리 행동을 조절할 것인지를 이 보편적 언어에 의해 가르침을 받는다. … 그리고 그 언어들이 우리와 떨어져 있는 대상들을 우리에게 의미히고 나타내는 방식은 인간의 약속에 의한

---

12) *E.*, 129 ; II, p. 223. 　　　　　13) 같은 책, 같은 면.
14) *E.*, 144 ; II, p. 229.

언어와 기호의 방식과 동일하다. 인간의 언어와 기호는 사물들이 자연의 어떠한 유사성 또는 동일성에 의해서가 아니라, 단지 경험이 우리들로 하여금 사물들 사이에서 관찰하도록 한 습관적인 관계에 의해서 의미된다는 것을 암시한다."[15]

"우리가 떨어져 있는 대상들을 우리에게 의미하고 나타내는"이라는 말에 주목해야 한다. 이것이 함축하는 것은 시각의 대상들이 우리와 떨어져 있다는 것이 아니다. 다시 말해서 그것들은 어떤 의미에서 마음 안에 있으며, "저기 밖에" 있는 것이 아니다. 버클리는 "마음 밖에 있으며 떨어져 있는 대상들의 크기는 항상 동일하게 지속된다"[16]고 말함으로써, 그리고 이 외적인 촉각의 대상과 시각의 대상을 대조함으로써 이미 그것을 암시했다. 시각의 대상들은 어떤 의미에서 마음 안에 있으며, 그것들은 마음 밖에 있는 대상들인 촉각의 대상들의 기호 또는 상징으로서 작용한다.

시각의 대상들과 촉각의 대상들의 차이는 뒤에 《원리론》에서 주장된 견해, 즉 모든 감각적 대상들은 어떤 의미에서 마음 안에 존재하는 "관념들"이라는 견해와 모순된다. 그러나 이것이 버클리가 《시각 이론》을 쓰고 《원리론》을 쓰는 동안에 그의 견해를 바꾸었다는 것을 의미하지는 않는다. 오히려 그것은 《시각 이론》에서 그가 자신의 일반 이론의 단지 부분적인 설명을 제시하려 한다는 것을 의미한다. 그러므로 그는 마치 시각의 대상들은 마음 안에 있고 촉각의 대상들은 마음 밖에 있는 것처럼 말한다. 하지만 《원리론》에서는 모든 감각적 대상들은 마음 안에 들어오며, 신에 의해 결정된 언어를 구성하는 것이 시각의 대상들뿐만은 아니다. 바꾸어 말하면 그가 지각에 관계된 여러 개별적인 문제들을 일차적으로 논의했던 《시각 이론》에서는 그는 독자들에게 그의 일반 이론의 단지 한 부분을, 그것도 단지 부수적으로 소개한 것인 반면에, 《원리론》에서는 자신의 일반 이론을 설명하고 있다. 나아가 버클리의 일반 이론에서도 거리, 크기 그리고 위치에 관한 지각과 관계된 문제들은 여전히 제기될 수 있다는 것이 덧붙여져야겠다. 그러나 만약 마음과 독립적인 물질적 사물들이 없다면, 거리와 위치는 물론 절대적이 아니라 단지 상대적일 수 있다.

---

15) *E.*, 147 ; II, p. 231.   16) *E.*, 55 ; II, p. 191.

제 12 장

조지 버클리 2

1. 낱말과 그 의미

앞장에서 언어와 낱말의 의미에 대한 버클리의 관심이 주목되었다. 그의 공책들인 《철학적 주석》에서 그는 수학의 정의들은 학습자에게 아직 알려지지 않은 낱말들의 정의여서 그것들의 의미가 의문시되지 않는 반면에, 형이상학과 윤리학에서 정의된 용어들은 그것들을 정의하려는 어떠한 시도도 그것들의 의미에 대한 선입관과 편견에 마주치게 되는 결과로 대체로 이미 알려진 것들이라는 점에서, 수학은 형이상학과 윤리학보다 유리하다고 말한다.[1] 게다가 많은 경우에 우리는 철학에서 사용되는 용어에 의해 의미되는 것을 이해하기는 하나, 그것의 의미를 명백하게 설명하거나 정의할 수는 없다. "나는 내 자신의 영혼, 연장 등을 명백하고 충분히 이해하지만 그것들을 정의할 수는 없다."[2] 그는 사물들을 정의하고 그것에 관해 명백하게 말하기 어려운 것은 사고의 혼동만큼이나 "언어의 결함과 불충분"에 기인하는

---

1) *P.C.*, 162 ; I, p. 22.   2) *P.C.*, 178 ; I, p. 24.

것이라고 여겼다.[3]

그러므로 철학에서 언어 분석은 매우 중요하다. "우리는 흔히 사용되는 낱말들의 명백하고 확정된 의미들을 획득하는 데 종종 당황해하며 난처함을 겪는다."[4] 잘못을 유발한 것은 "사물" 또는 "실체"와 같은 낱말들이라기보다 "그것들의 의미를 반성하지 않음이다. 나는 낱말들을 존속시키는 데에는 아무 말도 하지 않을 것이다. 나는 단지 사람들이 말하기 전에 생각하고, 그들이 쓰는 낱말들의 의미를 결정하기를 바랄 뿐이다."[5] "내가 하는 또는 내가 한다고 감히 말하는 주된 것은 단지 그 낱말들을 흐리게 하는 안개 또는 장막을 제거하는 것이다. 이것은 무지와 혼동을 일으켰다. 이것은 스콜라 철학자들, 수학자들, 법률가들, 성직자들을 망쳐 놓았다."[6] 어떤 낱말들은 아무런 의미도 표현하지 않는다. 즉 분석해 보면 그것들의 상정된 의미는 사라진다. 그것들은 어떤 것도 언급하지 않는 것으로 보인다. "우리는 아무 것에도 상당하지 않는 그럴 듯하고 조리가 서 있으며 정연한 이야기들이 있을 수 있으며 또한 있다는 것을 로크에게서 배웠다."[7] 버클리가 말하는 의미의 예는 그에게 명백하게 일어났던 생각을 메모식으로 표현한 것에서 보인다. 하지만 그는 그것을 발전시키지 않았으며, 게다가 자신이 언급한 관점을 기각해 버렸다. "너는 마음이 지각들이 아니라 지각하는 저 사물이라고 말한다. 나는 네가 '저'(that), '사물'이라는 낱말들에 의해 기만당하고 있다고 대답한다. 이것들은 의미가 없는 모호하고 공허한 낱말들이다."[8] 그러므로 우리는 의미들이 명백하지 않을 때 그것들을 결정하며, 아무 것도 의미하지 않는 용어들의 무의미성을 밝혀내기 위해서 분석을 할 필요가 있다.

버클리는 이러한 생각을 로크의 물질적 실체 이론에 적용시켰다. 사람들은 로크의 이론에 대한 그의 공격이 물질적 대상 문장들의 분석 형태를 취했다고 말할 수 있을 것이다. 그는 감각적 대상들 또는 물체들의 이름을 포함한 문장들의 의미 분석은 로크가 의미하는 어떠한 물질적 실체, 즉 감추어진 알 수 없는 기체(substrate)가 있다는 견해를 지지하지 않는다고 주장한다. 사물들은 단지 우리가 그것들이

3) 같은 책, 같은 면.
4) *P.C.*, 591 ; I, p. 73.
5) *P.C.*, 553 ; I, p. 69.
6) *P.C.*, 642 ; I, p. 78.
7) *P.C.*, 492 ; I, p. 62.
8) *P.C.*, 581 ; I, p. 72.

라고 지각하는 것들이며, 우리는 로크의 실체 또는 기체를 지각하지 않는다. 감각적 사물들에 관한 언명들은 현상들에 관하여 분석될 수 있거나, 현상들에 관한 언명들로 번역될 수 있다. 만약 우리가 사물들을 지각하는 것과 같이 실체들을 단지 사물들이라고 생각한다면, 우리는 실체들에 관하여 말할 수 있다. 그러나 "물질적 실체"라는 용어는 현상과 다르며 현상의 기초가 되는 어떤 것을 의미하지 않는다.

　물론 모든 문제는 감각적 사물들이 "관념들"이라는 버클리의 이론에 의해 복잡하게 된다. 그러나 이 이론은 당분간 제쳐 놓을 수 있다. 우리가 그의 과정을 단지 한 관점에서 바라본다면, 우리는 버클리가 보기에 물질적 실체를 믿는 사람들은 낱말에 의해서 오도되어 있다고 말할 수 있다. 예를 들면 우리가 장미의 성질을 서술하기 때문에 로크와 같은 철학자들은 지각된 성질들을 지지하는 어떤 보이지 않는 실체가 있음에 틀림없다고 생각하게 되었다. 그러나 뒤에 보게 되겠지만, 버클리는 이 문맥에서 "지지한다"(support)는 낱말에 어떠한 명백한 의미도 부여될 수 없다고 주장한다. 그는 낱말의 어떤 의미에서가 아니라 단지 철학적 의미에서 실체가 있다는 것을 부정하고자 한다. "나는 실체들을 제거하지 않는다. 나는 실체를 정당한 세계 밖으로 버렸다고 비난받을 필요가 없다. 나는 단지 '실체'라는 낱말의 철학적 의미(사실상 아무 의미도 아닌)를 거부할 뿐이다. …"[9]

　나아가 앞장에서 보았듯이 버클리는 "존재"라는 낱말의 명백한 분석의 필요성을 주장한다. 그가 감각적 사물들의 존재는 지각되는 것이다라고 말할 때, 그는 그것들이 존재한다는 것이 거짓이라고 말하려는 것이 아니다. 그는 감각적 사물들이 존재한다는 진술의 의미를 주고 싶어한다. "내가 존재를 제거한다고 말하지 말라. 나는 내가 그것을 파악할 수 있는 한 단지 낱말의 의미를 선언하는 것이다."[10]

　언어에 관한 《철학적 주석》에서의 이 언급은 물론 《인간 지식의 원리론》에서도 되풀이되어 나타난다. 왜냐하면 전자는 《새로운 시각 이론》뿐만 아니라 후자에 대한 예비 자료를 포함한 것이기 때문이다. 《원리론》의 서론에서 버클리는 독자들의 마음을 지식의 첫번째 원리들에 관한 그의 이론을 이해하도록 준비시키기 위해서는 먼저 "언어의

---

9) *P.C.*, 517 ; I, p. 64.　　　　10) *P.C.*, 593 ; I, p. 74.

본성과 남용에 관한"[11] 것을 말하는 것이 적절하다고 말한다. 그는 언어의 기능에 관하여 몇 가지 흥미로운 관찰을 한다. 그는 언어의 주된, 그리고 참으로 유일한 기능은 낱말들에 의해 특징지어진 관념들의 전달로 보통 상정된다고 말한다. 그러나 사실은 그렇지 않다는 것이 확실하다. "어떤 정념을 불러일으키는 것, 행동을 고무하거나 제지하는 것, 마음을 어떤 개별적인 경향에 빠지게 하는 것과 같은 다른 목적들이 있다. 많은 경우에 관념의 전달은 이러한 것들에 거의 도움이 되지 않으며, 때때로 관념의 전달이 없이 이런 것들이 획득될 수 있을 때 관념의 전달은 완전히 생략된다. 내가 생각하는 바로는 이 양자는 언어의 일상적인 사용에서 자주 일어난다."[12] 여기서 버클리는 언어의 정서적 사용에 주의를 집중시킨다. 그는 만약 우리가 "낱말들에 의한 기만"[13]을 피하려면 언어와 개별적 종류의 낱말들의 다양한 기능과 목적을 구별하고, 순전히 용어상의 논쟁인 것들과 그렇지 않은 것들을 식별하는 것이 필요하다고 생각한다. 이것은 분명히 탁월한 충고이다.

2. 추상적 일반 관념

버클리가 추상적 일반 관념들을 논의한 것은 언어에 관한 이러한 일반적인 언급의 배경에서이다. 그는 그런 것들이 없다고 주장한다. 그러나 그는 어떤 의미에서 일반 관념들을 기꺼이 받아들이려고 한다. "나는 일반 관념들이 있다는 것을 절대적으로 부정하는 것이 아니라, 단지 추상적 일반 관념들이 있다는 것을 부정하려는 것임에 특히 주의해야 한다."[14] 그러나 이 주장은 약간 설명이 필요하다.

우선 추상적 일반 관념들은 존재하지 않는다고 할 때 강조점은 "추상적"이라는 낱말에 주어진다. 버클리는 일차적으로 로크의 추상 관념 이론을 반박하는 데에 관계한다. 그는 스콜라 철학자들도 역시 언급한다. 그러나 그가 인용하는 것은 로크이다. 게다가 그는 로크가 우리는 추상적 일반 심상들을 형성할 수 있다고 말하는 것으로 여긴

---

11) *P*., Introduction, 6 ; II, p. 27.   12) *P*., Introduction, 20 ; II, p. 37.
13) *P*., Introduction, 24 ; II, p. 40.   14) *P*., Introduction, 12 ; II, p. 31.

다. 그렇게 이해될 때 그가 로크의 입장을 반박하는 것은 물론 어렵지 않다. "내가 내 자신에게 형성하는 사람의 관념은 희거가 검거나 황갈색인 사람, 또는 허리가 곧거나 꼬부라진 사람, 또는 크거나 작거나 중간 크기인 사람이어야 한다. 나는 어떻게 생각해도 위에 기술한 추상 관념을 마음에 품을 수 없다."[15] 즉 나는 실재하는 개인들의 모든 개별적 특성들을 생략하는 동시에 포함하는 사람의 심상을 형성할 수 없다. 마찬가지로 "누군가가 자신의 관념들을 약간 조사해 보고, 삼각형의 일반 관념에 주어진 기술(빗각 삼각형도, 직각 삼각형도, 등변 삼각형도, 등각 삼각형도, 부등변 삼각형도 아니면서, 이 모든 것임과 동시에 아무 것도 아닌)과 부합될 관념을 자신이 가지는지 또는 가지게 될 수 있는지를 시험하는 것보다 더 쉬운 일이 어디 있겠는가?"[16] 나는 여러 형태의 삼각형들이 모든 특성을 포함하며, 동시에 그것 자체가 삼각형의 개별적 형태의 심상으로 분류될 수 없는 삼각형의 관념(즉 심상)을 가질 수 없다.

이 마지막 예증은 로크에게서 직접 취한 것이다. 로크는 "빗각 삼각형도, 직각 삼각형도, 등변 삼각형도, 등각 삼각형도, 부등변 삼각형도 아니어야 하며, 이 모든 것인 동시에 아무 것도 아닌"[17] 삼각형의 일반 관념 형성에 관하여 말한다. 그러나 추상 작용과 그것의 산물에 관한 로크의 설명이 항상 일관된 것은 아니다. 다른 곳에서 그는 "관념들은 그것들을 어떤 한 개별적인 존재로 결정하는 시간과 공간의 상황들과 그 밖의 다른 관념들을 그것들로부터 분리시킴으로써 일반적이 된다. 이 추상 작용의 방법에 의해 관념들은 하나 이상의 개별자들을 대표할 수 있게 된다"[18]고 한다. 그는 인간의 일반 관념 안에는 개별자로서의 개인들의 특성들은 생략되고 모든 사람들이 공통적으로 가진 특성들만 존속된다고 말한다. 게다가 비록 로크는 때때로 추상적 일반 관념이 심상이라고 암시하기는 하지만 결코 항상 그렇지는 않다. 하지만 처음부터 끝까지 지각에 나타난 대상들의 관념들에 관하여 말하고 있는 버클리는 로크가 마치 추상적 일반 심상들을 말하고 있었던 것처럼 해석할 것을 고집한다. 그가 그런 것들은

---

15) *P.*, Introduction, 10 ; II, p. 29.   16) *P.*, Introduction, 13 ; II, p. 33.

17) *Essay concerning Human Understanding*, 4, 7, 9.

18) 같은 책, 3, 3, 6.

288

없다는 것을 보여주기란 쉬운 일이다. 참으로 그는 합성 심상들 (composite images)은 그런 것들보다 더 명백해야 한다고 상정하는 것처럼 보인다. 그러나 이것이 예를 들어 위에 언급된 모든 조건들을 충족시키는 삼각형의 추상적 일반 심상은 있을 수 없다는 사실을 변경시키지는 않는다. 또한 버클리에 의해 주어진 다른 예를 든다면, 우리는 움직이는 물체, 그리고 어떤 일정한 방향 또는 속도가 없는 운동의 관념(심상)을 가질 수도 없다.[19] 그러나 만약 우리가 로크의 주석에 있는 버클리 이론의 그 부분을 고려한다면, 우리는 그가 명백히 로크를 부당하게 다루었다고 말할 수밖에 없다고 생각한다. 훌륭한 감독의 찬미자들이 아무리 이 부담을 해결하려 했어도 말이다.

우리가 보았듯이 버클리는 내성(introspection)에 호소한다. 추상적 일반 관념들을 찾기 위해서 자신의 마음을 들여다볼 때 버클리는 단지 심상들만을 보았으며, 심상을 관념과 동일시하기에 이른다는 게 통상적인 논평이다. 비록 합성 심상이 다수의 개별적 사물들을 나타내도록 만들어질 수 있음에도 불구하고, 그것은 여전히 하나의 개별적인 심상이므로 그는 추상적 일반 관념들의 존재를 부정한다. 이것은 크게는 참되다고 할 수 있을지도 모른다. 그러나 버클리는 우리가 보편 관념들을 가진다는 것을 받아들이지 않았다. 만약 이것이 우리가 시각에 홀로 주어질 수 없는 감각적 성질(움직이는 물체가 없는 운동과 같은), 또는 색깔과 같이 순전히 일반적인 감각적 성질들의 관념을 가질 수 있다는 것, 즉 명확하게 보편적인 내용을 가진 관념을 가질 수 있다는 것을 의미한다면 말이다. 만약 그가 심상과 관념을 혼동했다고 비난받았다면, 그는 그의 비평가에게 어떠한 추상적 일반 관념들이 있다는 것을 보이라고 도전함으로써 응답했을 것이다. 버클리의 철학에서 "본질"은 버림받는다는 것을 잊지 말아야 한다.

그러면 버클리는 추상적 일반 관념을 부정함에도 불구하고 어떻게 자신이 일반 관념을 절대적으로 부정하려는 게 아니라고 말할 수 있는가? 그의 견해는 "본래 개별적으로 고려되는 하나의 관념이 같은 종류의 다른 모든 개별적 관념들을 대표하거나 나타내는 것으로 만들어짐으로써 일반적으로 된다"[20]는 것이다. 따라서 보편성은 "어떤 것

---

19) *P.*, Introduction, 11 ; II, p. 31.   20) *P.*, Introduction, 12 ; II, p. 32.

의 절대적이고 명확한 본성 또는 개념이 아니라, 그것이 그것에 의해 의미되거나 대표되는 개별자들과 갖는 관계"[21])에 있다. 나는 한 사물의 어떤 한 측면에 주목할 수 있다. 이것이 추상 작용에 의해서 의미되는 것이라면 추상 작용은 명백하게 가능하다. "어떤 사람은 각들의 개별적 성질들 또는 변들의 관계들에 주목하지 않고서도 하나의 모양을 단지 삼각형으로 고려할 수 있다는 것이 인정되어야 한다. … 마찬가지로 우리들은 피터(Peter)를 사람의 정도 또는 동물의 정도까지는 고려할 수 있을지도 모른다. … "[22]) 만약 내가 피터에게서 동물이 아닌 다른 사람들과 공통으로 소유한 특성들을 제거하거나 따로 떼어 버리고, 단지 그가 동물들과 공통으로 소유한 특성들에 관하여 고려한다면, 나의 피터 관념은 모든 동물들을 대표하거나 나타내는 것으로 될 수 있다. 이런 의미에서 그것은 일반 관념이 된다. 그러나 보편성은 단지 대표하거나 나타내는 그것의 기능에서만 그것에 속한다. 그것의 명확한 내용에 관해서 그것 자체가 고려된다면 그 관념은 하나의 개별 관념이다.

만약 추상적 일반 관념들이 없다면, 추리는 개별자들에 관한 것이어야 한다는 결론이 된다. 만약 추상적 일반 관념들이 없다면, 추리는 명백히 그 추상적 일반 관념들에 관한 것이 될 수 없다. 기하학자는 개별적인 삼각형의 개별적 특성보다는 그것의 삼각형임에 주목함으로써 개별적 삼각형으로 모든 삼각형을 나타내거나 대표하게 한다. 그리고 이 경우에 이 개별적 삼각형의 증거가 되는 속성들은 모든 삼각형들의 증거가 된다고 여겨진다. 그러나 기하학자는 삼각형의 추상적 일반 관념의 속성들을 증명하고 있지는 않다. 왜냐하면 그러한 것은 없기 때문이다. 그의 추리는 개별자들에 관한 것이며, 그것의 보편적 범위는 하나의 개별 관념을 보편적인 것으로 하는 우리가 가진 힘에 의해서, 즉 개별 관념의 명확한 내용이 아니라 대표하는 기능에 의해서 가능해진다.

물론 버클리는 일반적인 낱말들이 있다는 것을 부정하지는 않는다. 그러나 만약 우리가 일반 관념들을 명확한 보편적 내용을 가진 관념들로 여긴다면, 그는 일반적인 낱말들이 일반 관념들을 표시한다는

21) *P.*, Introduction, 15 ; II, pp. 33~34.
22) *P.*, Introduction, 16 ; II, p. 35.

로크의 이론을 거부한다. 윌리엄과 같은 고유 명칭은 개별적인 사물을 의미하는 반면에, 일반적인 낱말은 어떤 종류의 복수의 사물들을 무차별적으로 의미한다. 그것의 보편성은 사용 또는 기능의 문제이다. 우리가 일단 이것을 이해하면, 우리는 일반적인 낱말들에 상응하는 신비스러운 실체들을 찾아 헤매지 않아도 될 것이다. 우리는 "물질적 실체"라는 용어를 말할 수 있다. 그러나 그것은 어떠한 추상적 일반 관념도 의미하지 않는다. 만약 우리가 그 용어를 말할 수 있으므로 그것은 지각의 대상들로부터 독립된 하나의 실체를 의미해야만 한다고 생각한다면, 우리는 낱말들에 의해서 오도되는 것이다. 따라서 버클리의 유명론은 로크의 물질적 실체 이론에 대한 자신의 공격에서 대단히 중요하다. 비록 어떤 철학자들은 "물질적 실체"가 이름이라고 잘못 생각했던 것처럼 보이기는 하지만, 그것은 윌리엄이 이름인 것과 같은 식으로 이름인 것은 아니다.

3. 감각적 사물의 존재는 지각되는 것이다

이미 《원리론》의 첫머리에서 버클리는 지식의 감각적 대상들에 관해서 "관념들"이라고 말한다. 그러나 당분간 이 복잡한 주제를 제쳐 놓고, 감각적 대상들은 지각되는 것과는 별도로 자신의 어떠한 절대적 존재도 갖지 않는다는 이론(이것은 이 대상들을 반드시 "관념들"이라고 말하는 것은 아니다)에 접근하는 것에서 시작하는 것이 아마도 더 좋을 것이다.

버클리에 따르면 누구든지 만약 그가 "존재한다"는 용어가 감각적 사물들에 적용될 때의 의미에 주의한다면, 이 사물들은 지각되는 것과 독립해서 존재하지 않으며 또 존재할 수 없다는 사실을 알 수 있다. "내가 받치고 쓰는 탁자가 존재한다고 말하는 것은 나는 그것을 보고 느낀다는 것이다. 그리고 만약 내가 서재에서 나간다 하더라도 나는 그것이 존재한다고 말해야 하는데, 그것은 만약 내가 서재 안에 있다면 그것을 지각할 수 있을 것이라거나, 또는 어떤 다른 정신이 실제로 그것을 지각한다는 것을 의미한다."[23] 이렇게 버클리는 독자

---

23) *P.*, 1, 3 ; II, p. 42.

에게 "탁자는 존재한다"는 명제에 관하여 "탁자는 지각되거나 지각 가능하다"는 것 이외의 다른 의미를 찾아보라고 감히 요구한다. 여느 일상인이 말하는 것처럼 방에 아무도 없을 때도 탁자는 존재한다고 말하는 것은 더할 나위없이 참이다. 그러나 버클리는 이것은 만약 내가 방에 들어서면 탁자를 지각할 것이다, 또는 만약 다른 사람이 방에 들어선다면 그 사람이 탁자를 지각하거나 지각할 수 있을 것이라는 것을 제외한다면 무엇을 의미할 수 있느냐고 묻는다. 설령 내가 탁자는 지각에 대한 모든 관계를 벗어나서 존재한다고 상상하려 한다 해도, 나는 필연적으로 내 자신 또는 어떤 다른 사람이 그것을 지각하는 것을 상상한다. 즉 설령 내가 그렇게 하고 있다는 사실을 언급하지 않을지라도 남몰래 지각 주체를 도입하는 것이다. 그러므로 버클리는 다음과 같이 말할 수 있다. "지각되는 것과 어떠한 관계도 없는 사유하지 않는 사물들의 절대적 존재는 더할 나위없이 이해하기 어렵게 보인다. 그것들의 **존재는 지각되는 것**이다. 그것들이 그것들을 지각하는 마음들 또는 사유하는 사물들 밖에 어떤 존재를 갖는다는 것은 불가능하다."[24]

그러므로 버클리의 주장은 하나의 감각적 사물 또는 물체가 존재한다는 것은 그것이 지각되거나 또는 지각 가능하다는 것이라는 것이다. 그의 견해에 의하면 그것이 의미할 수 있는 것은 더 이상 다른 것이 없다. 그는 이 분석이 사물들의 실재에 영향을 미치지는 않는다고 주장한다. "존재는 **지각되는 것** 또는 **지각하는 것**(percipere)이다. 전과 마찬가지로 말은 마구간에 있고, 책들은 서재에 있다."[25] 바꾸어 말하면 그는 근처에 아무도 없을 때 말이 마구간에 있다고 말하는 것이 거짓이라고 주장하지 않는다. 그는 언명의 의미에 관계한다. 다음 글은 이미 인용되었던 것이지만 재인용할 가치가 있다. "내가 존재를 제거한다고 말하지 말라. 나는 내가 그것을 파악할 수 있는 한 단지 낱말의 의미를 선언하는 것이다."[26] 나아가 버클리는 감각적 사물들에 관한 존재 언명들에 대한 자신의 분석은 그 마음이 형이상학적인 추상 작용에 의해 오도되지 않은 보통 사람들의 사고 방식과 일치한다고 생각한다.

---

24) 같은 책, 같은 면.   25) *P.C.*, 429 ; I, p. 53.
26) *P.C.*, 593 ; Ⅰ, p. 74.

물론 설령 보통 사람이 아무도 주위에 없을 때 말이 마구간에 있다고 말하는 것은 만약 누군가가 마구간에 들어선다면 그는 우리가 말을 본다고 부르는 경험을 하게 되거나 또는 경험할 수 있을 것이라는 것을 의미한다는 데 확실히 동의한다 할지라도, 그 사람은 말의 존재는 지각되는 것이라는 언명에 놀라서 펄쩍 뛸 것이라는 반대도 당연한 것이다. 왜냐하면 그가 말이 마구간에 있다는 것은 만약 누군가가 마구간에 들어간다면 말을 지각하거나 또는 지각할 수 있을 것이라는 것을 "의미한다"는 것을 받아들일 때, 그는 실제로는 단지 두번째 언명이 첫번째 언명의 결과라고 말하려는 것이기 때문이다. 만약 말이 마구간에 있다면, 지각에 관한 다른 필요 조건들이 주어지는 한 정상적인 시력을 가진 사람이 마구간에 들어간다면 누구나 말을 지각할 것이다. 그러나 말의 존재는 지각되는 것에 있다는 결론이 되지는 않는다. 그렇지만 버클리의 입장은 몇몇 현대 신실증주의자들이 경험적 언명의 의미는 그것의 검증 양식과 일치한다고 주장했을 때의 그들의 입장에 매우 가까이 접근한 듯이 보인다. 마구간에 들어가서 말을 지각하는 것은 마구간에 말이 있다는 언명을 검증하는 하나의 방식이다. 버클리가 이 두번째 언명이 단지 만약 지각 주체가 마구간에 들어간다면 그는 어떤 감각 경험을 할 것이거나 또는 할 수 있을 것이라는 것을 의미할 수 있을 뿐이라고 말할 때, 이것은 말이 마구간에 있다는 언명의 의미가 그것의 검증 양식과 일치한다고 말하는 또하나의 방식처럼 보인다. 물론 이것이 그의 견해에 대한 적절한 설명은 아니다. 왜냐하면 그것은 감각적 대상들은 관념이라는 그의 이론뿐만 아니라, 뒤에 그가 보편적이고 무소부재한 지각자로서의 신을 도입하는 것에 대한 모든 언급을 생략하기 때문이다. 그러나 그의 이론의 언어적 분석의 측면에 관한 한, 그의 입장과 다수의 현대 신실증주의자들의 입장에는 어떤 유사성이 있는 것처럼 보인다. 그리고 버클리의 입장은 문제의 신실증주의자들의 견해에 대해서 제기될 수 있는 비판과 동일한 종류의 비판을 받기 쉽다.[27]

더 이상 나아가기 전에 다음 두 가지 점에 주목하는 것이 좋을 것 같다. 첫째, 버클리가 존재는 **지각되는 것이다** 하고 말할 때, 그는 단

---

27) 예를 들어 나의 *Contemporary Philosophy* (London : Burns and Oates, 1956)의 3장과 4장을 참조할 것.

지 감각적 사물들 또는 대상들에 관해서만 말하고 있는 것이다. 둘째, 완전한 공식은 존재는 지각되는 것이거나 지각하는 것이다 하는 것이다. 그 존재가 지각되는 것에 있는 감각적이며 사유하지 않는 사물들 이외에, 능동적이고 그 존재가 지각되는 것이라기보다는 지각하는 것인 마음들 또는 지각 주체들이 있다.

4. 감각적 사물은 관념이다

《철학적 주석》에서 이미 우리는 감각적 사물들은 관념 또는 관념의 집합이라는 버클리의 이론과 그가 끌어낸 결론, 즉 그것들은 마음에서 독립하여 존재할 수 없다는 언명을 발견할 수 있다. "모든 의미있는 말은 관념을 나타낸다. 모든 지식은 우리의 관념에 관한 것이다. 모든 관념은 밖에서 또는 안에서 온다."[28] 첫번째 경우에 관념은 감각이라고 불리며, 두번째 경우에는 사고라고 불린다. 지각한다는 것은 관념을 갖는 것이다. 그러므로 예를 들어 우리가 색깔을 지각할 때 우리는 관념을 지각하고 있는 것이다. 그리고 이 관념은 밖에서 오는 것이므로 감각이다. 그러나 "어떤 감각도 무감각한 사물 속에 있을 수 없다."[29] 그러므로 색깔과 같은 관념은 불활성적인 기체인 물질적 실체에 본래 속할 수 없다. 따라서 그러한 실체를 가정하는 것은 매우 불필요하다. "관념과 같은 것은 어느 것도 지각하지 않는 사물 안에 있을 수 없다."[30] 지각된다는 것은 지각자에 의존한다는 것을 의미한다. 그리고 존재한다는 것은 지각하거나 또는 지각되는 것을 의미한다. "인격들, 즉 의식적 사물들 이외에는 정확하게 어느 것도 존재하지 않는다. 다른 모든 사물은 존재라기보다는 인격의 존재 방식이다."[31] 그러므로 감각적 대상이 관념이라는 것을 보여주는 것은 이 대상의 존재가 지각되는 것이라는 언명이 참임을 보여주고 로크의 물질적 실체 이론을 배제하려는 버클리의 주요한 방법들(비록 주요한 방법은 아니라 할지라도) 중의 하나이다.

《원리론》에서 버클리는 감각적 사물을 "감각 또는 관념"의 집합 또

---

28) *P.C.*, 378 ; I, p. 45. 29) 같은 책, 같은 면.
30) 같은 책, 같은 면. 31) *P.C.*, 24 ; I, p. 10.

는 집합들이라고 말하고, 그것들은 "그것들을 지각하는 마음 안 이외에는 어디에도 존재할 수 없다"[32]는 결론을 이끌어낸다. 그러나 비록 그가 우리 지식의 대상이 관념이라는 것은 분명하다고 주장함에도 불구하고,[33] 그는 이 이론이 대부분의 사람들이 믿는 것과 전적으로 일치하지는 않는다고 느낀다. 왜냐하면 그는 "사람들 사이에는 이상하게도 집, 산, 강, 한마디로 모든 감각적 대상들은 오성에 의한 그것들의 지각됨과는 다른 자연적인 또는 참된 존재를 갖는다는 견해가 퍼져 있다"[34]고 말하고 있기 때문이다. 그렇지만 이상하게도 널리 퍼져 있는 이 견해는 명백한 모순이다. "왜냐하면 감각에 의해 우리가 지각하는 사물들을 제외한 앞에 말한 대상들은 도대체 무엇이며, 우리는 우리 자신의 관념이나 감각 이외에 무엇을 지각하는가? 그리고 이것들 중 어느 하나 또는 그것들 중 어느 결합도 지각되지 않은 채로 존재해야 한다는 것은 명백히 모순되지 않는가?"[35] 이 사물들이 지각과 관계없이 그 자체로 존재할 수 있다는 생각은 "아마도 본질적으로 **추상 관념** 이론에 의존하고 있다는 것이 발견될 것이다. 왜냐하면 감각적 대상들의 존재를 그것들의 지각됨과 구별함으로써 그것들이 지각되지 않은 채로 존재한다고 생각하는 것보다 더 훌륭한 추상 작용은 있을 수 없기 때문이다."[36]

물론 낱말의 일상적 의미에서 감각적 사물들이 관념이라면, 그것들이 어떤 마음에서 독립하여 존재할 수 없다는 것은 분명하다. 그러나 그것들을 관념이라고 부르는 것을 정당화시키는 것은 무엇인가? 버클리에 의해서 추구된 한 가지 논증의 방향은 다음과 같다. 어떤 사람들은 색깔, 소리, 맛과 같은 제2성질들과 연장, 모양과 같은 제1성질들을 구분한다. 그들은 제2성질은 지각된 것으로서 마음의 외부에 존재하는 어떤 것의 유사물이 아니라고 인정한다. 다시 말해서 그들은 그것들의 주관적 특성을, 즉 그것들이 관념이라는 것을 인정한다. "그러나 그들은 마음의 외부에 그들이 **물질**이라고 부르는 사유하지 않는 실체 안에 존재하는 사물들의 모사 또는 상으로서 제1성질들에 관한 관념들을 가질 것이다. 그러므로 우리는 물질이라는 말에

32) *P*., 1, 3 ; II, p. 42.   33) *P*., 1, 1 ; II, p. 41.
34) *P*., 1, 4 ; II, p. 42.   35) 같은 책, 같은 면.
36) *P*., 1, 5 ; II, p. 42.

의해서 그 안에 연장, 모양 그리고 운동이 실제로 존속하는 불활성적
이고 무감각한 하나의 실체를 이해할 수 있다."[37] 그러나 이 구분은
이루어질 수 없을 것이다. 제 2 성질들과 별도로 제 1 성질들을 생각하
는 것은 불가능하다. "다른 모든 성질들로부터 추상된 연장, 형태,
운동은 생각할 수 없다."[38] 나아가 로크가 생각했던 것처럼 만약 제 2
성질들의 상대성이 그것들의 주관성에 대한 타당한 논증을 제공한다
면 같은 종류의 논증이 제 1 성질들에 대해서도 적용될 수 있다. 예를
들어 모양 또는 형태는 지각자의 위치에 의존하며, 운동은 빠르거나
느린데 이것은 상대적인 용어들이다. 연장 일반과 운동 일반은 "저
이상한 **추상 관념 이론**"[39]에 의존하는 무의미한 용어들이다. 결국 제
1 성질들이 지각과 독립적이지 않은 것은 제 2 성질들이 그런 것과 마
찬가지이다. 제 2 성질뿐만 아니라 제 1 성질도 관념이다. 만약 그것들
이 관념이라면, 그것들은 사유하지 않는 실체 또는 기체 안에 존재하
거나 속할 수 없다. 그러므로 우리는 로크의 물질적 실체를 제거할
수 있다. 감각적 사물들은 관념들의 다발 또는 집합들이 된다.
　앞에서 보았듯이 로크는 실제로 제 2 성질들이 주관적이라고 말하지
는 않았다. 왜냐하면 그의 특수한 용어법에서 제 2 성질들이란 우리
안에 어떤 관념들을 산출하는 사물들 안의 힘이기 때문이다. 이 힘은
객관적이다. 즉 그 존재가 우리 마음에 의존하지 않는다. 그러나 만
약 우리가 제 2 성질들을 가지고 예를 들어 색깔과 같이 지각된 것으
로서의 성질들을 의미한다면, 우리는 로크에게서는 그것들은 주관적
이며 마음 안에 있는 관념들이라고 말할 수 있다. 위에 언급된 논증
에서 버클리가 출발점으로 삼고 있는 것이 바로 이 점이다. 그러나
이 논증의 타당성은 확실히 의심스럽다. 버클리는 성질들의 "상대성"
이 그것들이 마음 안에 있다는 것을 보여준다고 생각한 듯하다. 지각
된 개별적 성질들에 더하여 성질들 일반이라는 것은 없다. 그리고 지
각된 각각의 개별적 성질은 하나의 개별적 주체에 의해서 지각되며
그것에 대해 상대적이다. 그러나 풀이 나에게 때로는 녹색으로, 또
어떤 때에는 노란색이나 황금색으로 보이기 때문에, 녹색과 노란색이
내 마음 안에 있는 것이라는 의미에서 관념이라고 하는 것은 직접적

---

37) *P.*, 1, 9 ; II, pp 44~45.　　38) *P.*, 1, 10 ; II, p. 45.
39) *P.*, 1, 11 ; II, p. 46.

으로 명백하지는 않다. 또한 하나의 개별적 사물이 이 상황에서는 크게 보이며 저 상황에서는 작게 보인다거나, 어떤 때에는 이 형태로 또 다른 때에는 저 형태로 보이기 때문에 연장과 모양이 관념이라는 것도 직접적으로 명백하지 않다. 물론 성질들의 객관성을 가정해서 우리가 사물들은 필연적으로 모든 사람 또는 한 개인에게 항상 어떤 환경에서든지 동일하게 나타나야만 한다고 가정할 때, 만약 사물들이 그렇게 나타나지 않는다면 그것들은 객관적이 아니라는 결론이 된다. 그러나 이 가정을 하는 데 어떤 뚜렷한 이유가 있는 것처럼 보이지는 않는다.

5. 물질적 실체는 무의미한 용어이다

하지만 만약 우리가 감각적 사물을 관념이라고 가정한다면, 로크의 물질적 기체 이론은 불필요한 가설이라는 것이 명백하다. 그러나 버클리에 따르면 우리는 이것보다 더 나아갈 수 있으며, 이 가설은 단지 불필요한 것일 뿐만 아니라 이해할 수 없는 것이라고 말할 수 있다. 만약 우리가 그 용어의 의미를 분석하려 한다면, 우리는 그것이 "그것이 지지하는 우연적 성질들이라는 상대적 개념과 함께 존재 일반이라는 관념"으로 구성된다는 것을 발견할 것이다. "존재의 일반 관념이 내게는 다른 모든 것 중에서도 가장 추상적이고 이해할 수 없는 것으로 보인다. 우리가 방금 보았듯이 그것이 지지하는 우연적 성질들에 관해서 말한다면, 이것은 그 낱말들의 일반적인 의미로는 이해될 수 없다. 그러므로 그것은 어떤 다른 의미에서 고려되어야 한다. 그러나 그것들이 설명하지 못하는 그것은 무엇인가?"[40] "우연적 성질들을 지지하는"[41]이라는 구절은 "우리가 기둥들이 건물을 받치고 있다고 말할 때와 같이" 그것의 일상적인 의미에서 고려될 수 없다. 왜냐하면 물질적 실체는 연장, 하나의 우연적 성질에 논리적으로 선행하며, 그것을 지지하는 것으로 상정되기 때문이다. "그러므로 그것

40) *P*., 1, 17 ; II, p. 47~48.
41) "지지하는"이라는 낱말은 물론 하나의 능동적인 의미로 이해되어야 한다. 즉 물질적 실체는 우연적 성질들을 지지한다는 것이다.

은 어떤 의미에서 고려되어야만 하는가? "⁴²⁾ 버클리의 견해에 의하면
어떠한 명확한 의미도 이 구절에 주어질 수 없다.

　동일한 사고의 흐름이 첫번째 (대화편)에 장황하게 표현되어 있다.
하일라스는 우리가 지각에 관해 말할 때 감각과 대상의 구분, 마음의
행위와 그 대상의 구분은 유지될 수 없음을 인정하게 된다. 감각적
사물들은 감각들로 환원될 수 있다. 그리고 감각들이 하나의 지각하
지 못하는 실체 안에 존재해야 한다는 것은 이해할 수 없다. "그러나
그렇다면 한편으로 내가 다른 관점에서 감각적 사물들을 대단히 많은
양태와 성질들로 고려하면서 볼 때, 나는 그것이 없이는 감각적 사물
들이 존재한다고 생각될 수 없는 하나의 물질적 實體를 상정하는 것이
필요함을 발견한다. "⁴³⁾ 그러자 필로누스는 하일라스에게 그가 물질적
실체로써 의미하는 것을 설명해 보라고 도전한다. 만약 물질적 실체
가 감각적 사물들 또는 우연적 성질들 밑에 퍼져 있다는 것을 의미한
다면, 그것은 연장 밑에도 퍼져 있어야 한다. 이 경우에 그것 자체는
연장되어야만 한다. 그렇다면 우리는 무한 후퇴에 놓이게 된다. 게다
가 만약 우리가 실체 또는 밑에 퍼져 있음이라는 관념 대신에 밑에
서 있음(standing under) 또는 지지함이라는 관념을 쓴다 해도 동일한
결과가 될 것이다.

　하일라스는 그가 너무 글자 뜻 그대로 다루어지고 있다고 항의한
다. 그러나 필로누스는 반박한다. "나는 당신의 낱말들에 어떤 의미
를 부과하려고 하지 않는다. 당신에게는 당신 마음대로 그것들을 설
명할 자유가 있다. 나는 단지 당신이 그것들에 의해서 무엇인가를 내
게 이해시켜 주기를 간절히 바랄 뿐이다. … 제발 글자 뜻 그대로든지
그렇지 않든지 당신이 그것에서 이해하는 의미를 알게 해 달라. "⁴⁴⁾
결국 하일라스는 자기가 "우연적 성질들을 지지하는", 그리고 "물질
적 기체"⁴⁵⁾와 같은 구절들에 어떠한 명확한 의미도 부여할 수 없다는

---

42) *P.*, 1, 16 ; II, p. 47.　　　　43) *D.*, 1 ; II, p. 197.
44) *D.*, 1 ; II, p. 199.
45) 하일라스는 아마도 자신이 필로누스가 명백하고 명확한 의미를 요구
　　하는 것에 대해 만족할 수 없었던 이유는 필로누스가 그에게 실체와 우
　　연적 성질들 사이의 관계를 그것 자체가 아닌 어떤 다른 관계에 의해서
　　기술하도록 요구하고 있다는 것이라고 대답했을 것이다. 그러나 필로

것을 인정하게 되었음을 알게 된다. 그러므로 토론의 결말은 물질적 사물들이 마음에 의존하지 않고 절대적으로 존재한다는 언명은 무의미하다는 것이다. "사유하지 않는 사물들의 절대적 존재란 의미가 없는 또는 모순을 포함한 낱말들이다. 이것이 내가 독자의 세심한 사고에 반복하고 되풀이하여 가르치고 진지하게 추천하는 것이다."[46]

6. 감각적 사물의 실재

버클리는 감각적 사물들은 관념들이라는 언명이 감각적 사물들은 아무런 실재도 갖지 않는다는 언명과 같은 뜻이 아니라는 것을 애써 보여주려고 한다. "당신은 이런 상태로는 모든 것이 단지 관념, 단순한 환영에 지나지 않는다고 말한다. 나는 모든 것이 예전처럼 실재적이라고 대답한다. 나는 사물을 '관념'이라고 부르는 것이 사물을 덜 실재적인 것으로 되게 하지 않기를 희망한다. 사실을 말하자면 나는 아마도 '사물'이라는 낱말에 집착했어야 했으며, 만약 한 가지 이유가 없었다면 '관념'이라는 낱말을 언급하지 않았어야 했다. 나는 그 이유가 훌륭한 것이라고 생각하며, 제 2 권에서 그것을 제시할 것이다."[47] 게다가 "나의 원리들에서 볼 때 실재가 있으며, 사물들이 있고, **사물들의 본성**(rerum natura)이 있다."[48] 《원리론》에서 버클리는 다음과 같은 반론을 제기한다. 그의 이론에 의하면 "자연에서 실재적이고 실체적인 모든 것은 세계로부터 추방된다. 거기에 관념들의 터무니없는 도표가 대신한다. …그러면 해, 달 그리고 별들은 무엇이 되는가? 우리는 집, 강, 산, 나무, 돌 들을 무엇이라고 생각해야 하는가, 아니 심지어 우리 자신의 몸까지도? 이 모든 것이 단지 공상에 의한 수많은 망상과 환상 들이란 말인가?"[49] 그는 여기에 대해 대답한다. "전제된 원리들에 의해서 우리는 자연에서 어느 하나의 사물도 빼앗기지 않는다. 우리가 보고, 느끼고, 듣고 또는 어떻게든지 생각하거

누스(버클리)는 물론 현상들은 관념들이라고 주장했다. 그리고 이 경우에 그것들은 사유하지 않는 무감각한 실체에는 속할 수 없다.

46) *P.*, 1, 24 ; II, p. 51.   47) *P.C.*, 807 ; I, p. 97.
48) *P.C.*, 105 ; I, p. 38.   49) *P.*, 1, 34 ; II, p. 55.

나 이해하는 것은 무엇이나 예전처럼 안전하게 남아 있으며 예전처럼 실재적이다. **사물들의 본성**은 있으며, 실재와 망상의 구분은 그 완전한 효력을 유지한다."[50]

하지만 만약 감각적 사물이 관념이라면 우리는 관념을 먹고 마시며 입는다는 결과가 된다. 이렇게 말하는 방식은 "매우 귀에 거슬리게" 들린다. 버클리는 물론 그렇다고 대답한다. 그러나 그것이 귀에 거슬리고 이상하게 들리는 이유는 단지 일상적인 이야기에서 "관념"이라는 낱말이 보통은 우리가 보고 만지는 사물들에 사용되지 않기 때문이다. 주된 필요 조건은 우리가 이 문맥에서 낱말이 어떤 의미로 사용되고 있는가를 이해해야 한다는 것이다. "나는 표현의 적절함에 관해서가 아니라 표현의 진실성에 관해서 논하고 있는 것이다. 그러므로 만약 당신이 우리는 지각되지 않은 채로 또는 마음의 외부에서 존재할 수 없는 감각의 직접적인 대상들을 먹고 마시고 입는다는 것에 대해서 나와 같은 의견이라면, 나는 기꺼이 그것들이 관념들이라기보다는 사물들로 불리는 것이 관습에 더 적절하거나 적합하다는 것을 인정할 것이다."[51]

그렇다면 일상적인 용법과 명백히 일치하지 않는 의미로 "관념"이라는 용어를 사용하는 것을 정당화시키는 것은 무엇인가? "나는 두 가지 이유로 그렇게 한다고 대답한다. 첫째, **사물**이라는 용어는 **관념**에 비해 일반적으로 마음의 외부에 존재하는 무엇을 나타낸다고 상정되기 때문이다. 둘째, **사물**은 관념들뿐만 아니라 정신들 또는 사유하는 사물들을 포함하므로 **관념**보다는 더 포괄적인 의미를 갖기 때문이다. 그러므로 감각의 대상들은 마음 안에 존재하며 더욱이 사유하는 능력이 없고 비활동적이므로, 나는 그러한 특성들을 필연적으로 수반하는 **관념**이라는 낱말에 의해 그것들을 특징지으려고 선택했다."[52]

그러므로 버클리는 "관념"이라는 낱말을 감각의 직접적인 대상들을 언급하는 데 사용하며, 감각적 인식의 대상들의 존재를 부정하는 것은 아니기 때문에, 그의 관념 이론이 감각적 세계의 실재와 차이가 없다고 주장할 수 있는 것이다. 그가 제거한 모든 것은 로크의 물질적 실체이다. 그것은 감각의 대상이 아니며, 따라서 정상인이라면 누

---

50) 같은 책, 같은 면.   51) *P.*, 1, 38 ; II, p. 57.
52) *P.*, 1, 39 ; II, p. 57.

구나 그것이 없어서 불편하게 여기지는 않을 것이다. "나는 감각에 의해서나 또는 반성에 의해서나 우리가 파악할 수 있는 어떤 사물의 존재를 반대하는 것이 아니다. 내 눈으로 보고 내 손으로 만지는 사물들은 존재하며 참으로 존재한다. 나는 그것을 문제시하지도 않는다. 우리가 그 존재를 부정하는 유일한 사물은 철학자들이 물질 또는 물질적 실체라고 부르는 것이다. 이것을 함에 있어서 나머지 모든 사람들에게 미치는 해는 없으며, 그들은 결코 그것이 없어서 불편하게 여기지는 않는다고 나는 감히 말한다. 실로 무신론자는 그의 불신앙을 지지하기 위해서 공허한 명칭의 채색을 원할 것이다. 그리고 철학자들은 아마도 그들이 시간 낭비와 논쟁을 위한 커다란 수단을 잃었다는 것을 발견하게 될지도 모른다."[53]

버클리가 "관념"이라는 용어를 사용한 데에 어떤 혼동이나 모순이 있다는 것은 논의의 여지가 있다. 우선 그는 자신은 이 용어를 단지 우리가 지각하는 것, 감각적 대상들을 의미하는 데 사용하며, 용어의 이러한 사용이 비록 혼하지 않은 것일지라도 그것이 감각적 인식의 대상들의 실재에 영향을 미치지는 않는다고 항변한다. 이것은 독자에게 버클리에게서 이 용어는 순전히 기술적인 것임을 암시한다. 순전히 기술적인 의미에서 감각적 사물을 관념이라고 부르는 것은 감각적 사물을 일상적 의미에서의 관념으로 환원시키지 못한다. 동시에 우리가 보았듯이 버클리는 "감각 또는 관념"을 마치 동의어인 것처럼 말한다. 관념과 감각을 같다고 하는 일반적인 부적절함은 그렇다 치더라도, 이것은 불가피하게 감각적 사물은 우리 마음의 단순한 주관적인 변경이라는 것을 암시한다. 왜냐하면 "감각"이라는 낱말은 주관적인 어떤 것, 그리고 실로 사적인 어떤 것을 언급하기 때문이다. 그것은 어떤 실재하는 공적 감각 세계는 없으며, 오히려 지각 주체만큼이나 많은 사적인 감각 세계가 있다는 것을 암시한다. 그렇게 되면 감각 세계는 마치 꿈의 세계와 같은 것이 된다.

하지만 여기에서 비록 다음 장에서 고찰할 그의 철학의 측면들에 관계하는 것이기는 해도, 버클리가 관념과 사물의 심상을 구분한 것을 소개하는 것이 적절할 것 같다. 관념들, 즉 감각적 사물들은 "자

---

53) *P.*, 1, 35 ; I, p. 55.

연의 창조자에 의해서 우리의 감각에 새겨진다"고 한다. 그것들은 "실재하는 사물들"[54]이라고 불린다. 예를 들어 내가 눈을 뜨고 백지 한 장을 볼 때, 내가 다른 방향보다는 이 방향을 보기를 선택할 수 있다는 의미를 제외하고서는 내가 백지 한 장을 본다는 것은 나의 선택에 달려 있지 않다. 나는 종이로 향한 방향에서 종이 대신 녹색 치즈 한 장을 볼 수는 없다. 버클리의 어법에서 백지를 이루고 있는 관념들 또는 성질들은 나의 감각에 새겨진다. 하지만 나는 내가 보았던 사물들의 심상을 가지며, 심상들을 내 마음대로 결합시켜서 예를 들면 일각수(unicorn)의 심상을 형성할 수 있다. 일상 언어에서 내가 나의 탁자 위에서 보는 백지는 관념이라고 불리지 않는 반면에, 우리는 일각수의 관념을 가지는 것에 관하여는 말을 한다. 그러나 설령 버클리의 용어법에서 백지가 관념들의 집합이나 다발이라고 한다 하더라도, 이 관념들은 일각수의 심상이 유한한 마음에 의존적인 것과 똑같은 방식으로 유한한 마음에 의존적인 것이 아니다. 이렇게 버클리의 이론에는 감각적 실재의 영역과 심상들의 영역을 구분할 여지가 있다. 이 구분은 매우 중요하다. 왜냐하면 다음 장에서 거론되겠지만, 버클리는 "자연의 질서", 인간의 선택에 의존하지 않는 관념들의 정합적인 양식이 있다고 주장했기 때문이다. 동시에 실재하는 사물들, 즉 감각적 사물들은 지각하는 인간에 단순히 의존하지는 않지만, 그럼에도 불구하고 그것들은 관념들이며, 하나의 마음에서 절대적으로 독립하여 존재할 수 없다. 그러므로 버클리에게서는 이 두 언명들이 다 같이 참이며 중요하다. 즉 관념들(이 용어의 버클리적인 의미에서)은 오로지 인간의 마음에 의존하지는 않지만, 그것들은 결국 관념이므로 어떤 마음에 의존한다는 것이다.

나는 이 구분이 모든 난점들을 일소하고 모든 가능한 반대들에 대한 대답이 된다고 말하지는 않겠다. 한 가지 이유로는, 버클리의 이론으로부터는 여전히 지각 주체가 있는 만큼이나 많은 사적인 세계들이 있으며 공적인 세계는 없다는 결과가 되는 것처럼 보이기 때문이다. 물론 버클리는 유아론자는 아니었다. 그러나 그가 유아론자가 아니었다고 말하는 것이 그의 전제들로부터 유아론이 파생될 수 없다고

54) P., 1, 33 ; II, p. 54.

말하는 것과 같은 것은 아니다. 실로 그는 유한한 마음들 또는 정신들이 다수임을 믿었다. 그러나 그의 전제 위에서 어떻게 그가 이 확신의 타당성을 확인할 수 있는가 하는 것을 보기는 대단히 어렵다. 하지만 바로 앞 단락에 기술된 구분은 적어도 우리가 다음과 같은 것을 이해하는 데 도움이 된다. 즉 그것은 버클리는 어떻게 그의 이론의 상식적 측면(감각적 사물들이란 단지 우리가 그것들이 어떤 것인지 지각하는 것 또는 지각할 수 있는 것들이다)과 그것의 관념론적 측면(감각적 사물들은 감각과 같은 뜻에서의 관념들이다) 사이에 어떤 모순이 있음에도 불구하고, 그의 이론에서 여전히 **사물들의 본성이** 있으며 감각적 사물들은 망상의 수준으로 떨어지지 않는다고 주장하는 것이 정당하다고 느낄 수 있었는가 하는 것이다. 모순은 이런 식으로 표시될 수 있다. 버클리는 형이상학자들의 불필요하고 참으로 무의미한 부가물들을 배제하면서 일상인의 세계를 기술하는 것을 강조한다. 그러나 그의 분석의 결과는 그 자신도 알고 있었던 것처럼 일상인이 받아들이고 싶어하지 않을 명제이다.

7. 버클리와 지각 대표설

이 장의 결론으로서 우리는 버클리의 "관념"이라는 용어 사용이 지각 대표설(the representative theory of perception)을 함축하는지 그렇지 않은지에 관한 문제를 제기할 수 있다. 로크는 항상 그렇지는 않지만 자주 사물보다는 관념을 지각하는 것에 관해서 말한다. 그에게서 관념은 종종 사물을 대표하므로, 이렇게 말하는 방식은 지각 대표설을 함축한다. 물론 이것은 로크가 수학과 비교하여 감각적 지식과 물리학을 경시하는 하나의 이유이다. 그러므로 문제는 버클리가 똑같은 이론과 똑같은 난점들에 말려들었는지 그렇지 않은지 하는 것에 관한 것이다.

만약 우리가 로크가 버클리에게 출발점을 제공했다는 사실보다는 차라리 버클리 자신의 철학을 경청한다면, 이 문제에 대한 적절한 대답은 충분히 명백한 것처럼 보인다. 만약 우리가 단지 방금 말한 사실만 고려한다면 우리는 쉽사리 버클리를 지각 대표설의 책임자로 판정하고 싶어할지도 모른다. 그러나 만약 그 자신의 철학을 주의깊게 경청한다면, 우리는 그가 이 이론에 말려들지 않았다는 것을 알아낼 것이다.

버클리가 관념이라고 부른 것은 사물들의 관념이 아니다. 관념은 사물이다. 관념은 관념 자체를 넘어서 실체를 대표하지 않는다. 관념 자체가 실체이다. 관념을 지각한다고 할 때 우리는 감각적 사물의 심상을 지각하는 것이 아니라 감각적 사물 자체를 지각한다. 《철학적 주석》에서 버클리는 명백하게 말한다. "우리의 모든 지식과 숙고는 꾸밈없이 우리 자신의 관념들에 국한되므로, 사물이 관념과 다르다는 가정은 모든 참된 진리를 제거하고 결과적으로 보편적인 회의주의를 가져온다."[55] 게다가 "관념을 관념이 아닌 사물에 속하는 것으로 하는 것, '~의 관념'이라는 용어를 사용하는 것은 하나의 커다란 실수의 원인이다. …"[56] 이것은 확실히 지각 대표설이 아니며, 참으로 지각 대표설은 버클리의 철학과는 양립할 수 없는 것이다. 왜냐하면 그의 전제에서는 "관념"이 대표할 것은 아무 것도 없기 때문이다. 그리고 방금 주어진 두 개의 인용문 중 첫번째에서 보여질 수 있는 것처럼, 그는 그 이론이 회의주의로 이끈다는 이유로 반대한다. 왜냐하면 만약 감각적 지식의 직접적인 대상들이 그것들 자체가 아닌 다른 사물들을 대표한다고 상정되는 관념들이라면, 우리는 결코 그것들이 사실상 사물들을 대표한다는 것을 알 수 없기 때문이다. 버클리는 의심할 바 없이 지각의 직접적인 대상에 "관념"이라는 용어를 사용하는 것을 로크에게서 가져 왔다. 그러나 이것이 관념은 버클리의 철학에서도 로크의 철학에서 하는 것과 동일한 기능을 하거나 동일한 지위를 갖는다는 것을 의미하지는 않는다. 적어도 일반적으로 로크가 말하는 방식에 따르면, 그에게서 관념은 비록 그것이 지식의 직접적인 대상은 아닐지라도 우리 마음에 의존하지 않는 외부의 사물을 대표한다는 의미에서 마음과 사물의 매개물로서 작용한다. 버클리에게서는 관념은 매개물이 아니다. 그것은 감각적 사물 자체인 것이다.

55) *P.C.*, 606 ; I, p. 75.   56) *P.C.*, 660 ; I, p. 80.

제 13 장

조지 버클리 3

1. 유한 정신 : 그 존재, 본성, 불멸성

만약 감각적 사물들이 관념이라면 그것들은 오직 마음 또는 정신 안에 존재할 수 있다. 이와 같이 정신이 유일한 실체이다. 관념은 수동적이고 비활성적이다. 관념을 지각하는 정신은 능동적이다. "사물 또는 존재는 모든 것의 가장 일반적인 이름이며, 이것은 이름 이외에는 아무 것도 공통적인 것을 갖지 않는 두 가지 아주 이질적인 종류, 즉 정신과 관념을 포함한다. 전자는 능동적이고 나눌 수 없는 실체이며, 후자는 홀로 존속할 수 없으며 마음이나 정신적 실체에 의해 지지되거나[1] 또는 그 안에 존재하는 비활성적이며 무상하고 의존적인 존재이다. "[2]

---

1) 버클리는 모순된 말을 하고 있는 것처럼 보일지도 모른다. 그러나 앞장에서 언급되었던 것처럼 그가 "우연적 성질들을 지지하는"이라는 용어는 무의미하다고 밀헀을 때, 그는 물질적 실체와 관념들 사이의 추정된 관계를 언급하고 있었다. 여기서는 그는 정신적 실체 또는 마음과 관념들 사이의 관계를 말하고 있다.

2) *P.*, 1, 89 ; II, pp. 79~80.

그러므로 정신은 관념일 수 없거나 또는 관념과 같은 것일 수 없
다. "그러므로 모호함을 막고, 완전히 다르며 닮지 않은 본성을 혼동
하는 것을 막기 위해서 정신과 관념을 구별하는 것이 필요하다."³⁾ "관
념들을 지지하거나 지각하는 이 실체 자체가 하나의 관념 또는 관념과
같은 것이어야 한다는 것은 명백히 불합리한 일이다."⁴⁾ 나아가 정확
히 말해서 우리는 정신의 어떠한 관념도 가질 수 없다. 실로 "그런
관념이 있다는 것은 명백히 불가능하다."⁵⁾ "정신이란 하나의 단일하
고 나누어지지 않는 능동적인 존재이다. 그것이 관념들을 지각할 때
는 오성이라고 불린다. 그것이 관념들을 산출하거나 그것들에 대해
작용할 때는 의지라고 불린다. 따라서 영혼 또는 정신을 형성한 관념
이란 있을 수 없다. 왜냐하면 모든 관념은 무엇이나 수동적이고 비활
성적이므로 능동적으로 작용하는 것을 심상 또는 닮음에 의해서 우리
에게 대표해 줄 수는 없기 때문이다."⁶⁾

버클리가 우리는 정신의 어떤 관념도 가질 수 없다고 말할 때, 그
는 그의 특수한 의미에서 "관념"이라는 용어를 사용하고 있다. 그는
우리가 "정신"이라는 낱말로 의미되는 것에 대한 지식을 갖지 않는다
는 것을 말하지 않는다. "우리는 의지, 사랑, 증오와 같은 낱말들의
의미를 알거나 이해하므로, 영혼, 정신 그리고 위와 같은 마음의 작
용들의 어떤 개념을 갖는다"⁷⁾는 것이 인정되어야만 한다. 이와 같이
버클리는 "개념", 즉 대상으로서의 심적인 것 또는 정신적인 것과
"관념", 즉 대상으로서의 감각적인 것 또는 물질적인 것을 구별한다.
우리는 특수한 의미에서 정신의 개념은 가질 수 있지만 정신의 관념
은 가질 수 없다. "실로 넓은 의미에서는 우리가 정신의 관념 또는 차
라리 개념을 가질 수 있다고 말할 수 있다. 즉 우리는 그 낱말의 의
미를 이해한다. 그렇지 않다면 우리는 그것에 관해서 아무 것도 긍정
하거나 부정할 수 없을 것이다."⁸⁾ 정신이란 "생각하고 의욕하고 지각
하는 것"으로 기술될 수 있다. "이것, 오직 이것만이 이 용어의 의미
를 이룬다."⁹⁾ 우리는 그가 물체들에 적용했던 현상론적 분석과 똑같

3) *P.*, 1, 139 ; …II, p. 105.
5) 같은 책, 같은 면.
7) *P.*, 1, 140 ; II, p. 105.
9) *P.*, 1, 138 ; II, p. 104.
4) *P.*, 1, 135 ; …II, p. 103.
6) *P.*, 1, 27 ; II, p. 52.
8) 같은 책, 같은 면.

은 종류의 것을 마음에 적용할 수 있다는 생각을 그의 공책[10]에서 암시하고 있다는 것을 기억해 둘 필요가 있다. 그러나 그는 이 생각을 거부했다. 그에게는 만약 감각적 사물들이 관념들로 환원된다면, 이 관념들을 갖거나 지각하는 정신들 또는 정신적 실체들이 있어야만 한다는 것이 명백한 것으로 보였다.

여기에서 어떻게 정신들의 존재, 즉 유한 정신들 또는 자아들이 다수임을 아느냐 하는 문제가 생긴다. "우리는 내적인 느낌 또는 반성에 의해 우리 자신의 존재를 파악하고, 다른 정신들의 존재는 추리에 의해서 파악한다."[11] 결국 내가 존재한다는 것은 명백하다. 왜냐하면 나는 관념들을 지각하며, 내가 지각하는 관념들과 나는 다르다는 것을 알기 때문이다. 그러나 나는 다른 유한 정신들 또는 자아들의 존재는 단지 추리, 즉 추론에 의해서 알 뿐이다. "우리는 다른 정신들의 작용들에 의해서나 또는 그것들이 우리에게 불러일으키는 관념들에 의해서가 아니라면 다른 정신들의 존재를 알 수 없다. 나는 관념들의 여러 운동, 변화, 결합들을 지각하는데, 이는 나에게 그것들을 수반하며 그것들이 생겨날 때 동시에 일어나는 나 자신과 같은 어떤 개별적 행위자들이 있다는 것을 알려 준다. 따라서 다른 정신들에 관하여 내가 갖는 지식은 관념들에 관한 나의 지식처럼 직접적이 아니라 그 결과들 또는 동반하는 상징들로서의 관념들의 개재에 의존하므로, 나는 그것을 내 자신과는 다른 행위자 또는 정신들에 속하는 것으로 간주한다."[12] 버클리는 《알키프론》(Alciphron)에서 이 문제로 되돌아간다. "엄격한 의미에서 나는 알키프론, 즉 하나의 사유하는 사물을 보는 것이 아니라, 단지 눈에 보이지 않는 사유하는 원리 또는 영혼의 존재를 암시하며 나타내는 그러한 눈에 보이는 상징들과 표시들을 볼 뿐이다."[13] 그는 다른 유한 정신들에 관한 우리의 간접적인 지식과 신에 관한 우리의 간접적 지식의 유사함을 이끌어낸다. 이 두 경우에 우리가 하나의 능동적인 행위자의 존재를 알게 하는 것은 감각적 상징들을 통해서이다.

어떤 다른 가능한 비판은 별문제로 하고, 다른 유한 정신들 또는 자아들의 존재에 관한 우리의 지식에 대한 이 설명은 다음의 난점 때

10) *P.C*, 581 ; I, p. 72.
11) *P.*, 1, 89 ; II, p. 80.
12) *P.*, 1, 145 ; II, p. 107.
13) *A.*, 4, 5 ; II, p. 147.

308

문에 곤란을 겪을 것처럼 보인다. 버클리에 따르면, "우리가 어떤 사람의 색깔, 크기, 모양 그리고 운동을 볼 때 우리는 단지 우리 자신의 마음에 일으켜진 어떤 감각들 또는 관념들을 지각한다. 우리 눈에 갖가지 다른 집합들로 나타난 이것들은 우리에게 우리 자신들처럼 유한하고 창조된 정신들의 존재를 특징짓는 데 소용이 된다."[14] "만약 사람이라는 것이 우리가 하는 것처럼 살고 움직이며 지각하고 생각하는 것을 의미한다면 우리는 사람을 보는 것이 아니다. 우리는 단지 우리로 하여금 그것에 수반하며 그것에 의해 표상되는 사고와 운동의 다른 원리(우리 자신들에게서와 같이)가 있다고 생각하게 하는 그러한 어떤 관념들의 집합을 볼 뿐이다."[15] 그러나 내가 이런 식으로 생각한다 할지라도, 나는 내가 다른 유한 정신들에 속하는 것으로 돌리는 내 안에 산출된 관념들이 정말 신의 결과들이 아니라고 확신할 수 있을까? 만약 신이 어떤 물질적 실체가 없이 내 안에 관념들(실체 - 우연적 성질 이론에서는 물질적 실체의 우연적 성질들로 여겨질)을 산출한다면, 나는 신이 어떠한 다른 유한 자아들이 없이 내게 관념들(내가 다른 유한 자아들, 즉 내 자신이 아닌 다른 정신적 실체들의 현전의 상징으로 여기는)을 산출하지 않는다고 어떻게 확신할 수 있을까?

언뜻 보기에는 버클리가 이 난점을 느꼈던 것처럼 보일지도 모른다. 왜냐하면 그는 신의 존재가 인간들의 존재보다 더 명백하다고 주장하기 때문이다. 그러나 그가 이렇게 말하는 이유는 신의 존재의 상징들의 수효가 어떤 주어진 인간 존재의 상징들의 수효보다 훨씬 많기 때문이다. 따라서 알키프론은 말한다. "뭐라고! 너는 네가 실제로 네 옆에 서 있고 너에게 말하는 것을 보는 나의 존재에 대하여 가질 수 있는 확신과 똑같은 확신을 신의 존재에 대해서도 가질 수 있다고 주장하는 것인가?"[16] 유프라노(Euphranor)는 대답한다. "설령 더 크지는 않더라도 똑같다." 그는 자신은 단지 두세 개의 상징들에 의해서도 다른 유한 자아의 존재를 확신하는 반면, "나는 언제 어디서나 신의 존재를 증명하는 감각적 상징들을 지각한다"고 계속 주장한다. 마찬가지로 《원리론》에서 버클리는 "우리는 신의 존재가 사람들

14) *P.*, 1, 148 ; II, p. 109.   15) 같은 책, 같은 면.
16) *A.*, 4, 5 ; III, p. 147.

의 존재보다 훨씬더 명백하게 지각된다고 주장할 수도 있다. 왜냐하면 자연의 결과들은 인간 행위자들에 기인하는 것들보다도 무한정 더 많기 때문이다"[17] 하고 말한다. 그러나 그는 우리가 어떻게 유한한 정신적 실체들의 현전의 상징들로 여기는 관념들이 정말 우리가 그것들이라고 생각하는 것들이라고 확신할 수 있는지에 대해서는 아무 말도 하지 않는다. 하지만 아마도 그는 우리가 사실상 유한 행위자들에 기인하는 것으로 돌리는 개별적 결과들과 이 결과들에 의해서 전제로 되는 자연의 일반 질서를 판별한다고 대답할 것이다. 그는 그의 이론이 우리가 사실상 소유하며 활용하는 판별의 근거들 이상의 것을 요구하지 않는다고 대답할 것이다. 우리는 우리가 그것들을 산출한다는 것을 의식하는 것들과 유사한 관념들 또는 관찰 가능한 결과들로부터 다른 자아들의 존재를 추론한다. 이것이 충분한 증거이다. 그러나 만약 누군가가 그러한 대답에 만족하지 못하고 버클리의 전제들 위에서 이 추론을 하는 데에 대한 어떤 정당화가 있는지 알기 원한다면, 그는 버클리의 저작들에서 별다른 도움을 받지 못할 것이다.

정신의 본성에 관한 버클리의 기술 중 약간은 이미 언급되었다. 그러나 나는 그의 기술들이 항상 일관적이라고 썩 잘 주장될 수는 거의 없다고 생각한다. 《철학적 주석》에서 마음은 "지각들의 덩어리들"이라는 암시가 주어진다. "지각들을 줄여라, 그러면 너는 마음을 줄이는 것이다. 지각들을 더하라, 그러면 너는 마음을 더하는 것이다."[18] 이미 주목되었던 것처럼 버클리는 이 현상론적인 마음의 분석을 추구하지 않았다. 그러나 훨씬 뒤에 그는 정신들의 존재는 지각하는 것이라고 말하는데, 그것은 하나의 정신은 본질적으로 지각하는 행위임을 의미한다. 하지만 그는 역시 "정신"이라는 낱말은 "사고하고 의욕하며 지각하는 것, 이것, 오직 이것만이 그 용어의 의미를 구성한다"[19]는 것을 의미한다고 말한다. 따라서 우리는 일반적으로 버클리는 그가 물체들에 적용했던 현상론적 분석의 유형을 마음에 적용시키는 생각을 거부하고, 로크의 비물질적인 또는 정신적인 실체 이론을 받아들였다고 말할 수 있다.[20] 물론 그가 인간의 영혼 또는 정신의 불멸

---

17) *P*., 1, 147 ; II, p. 108.　　　18) *P.C.*, 580 ; I, p. 72.

19) *P*., 1, 138 ; II, p. 104.

20) 만약 물체의 존재가 **지각되는 것**으로 정의된다면 정신 또는 마음의

성을 주장하는 것도 이것을 기초로 한다.

몇몇 사람들이 주장하듯이 만약 인간의 영혼이 엷은 생명의 불꽃 또는 하나의 생기 조직이라면, 그것은 신체와 마찬가지로 부패하기 쉬울 것이다. 그것은 "그것이 넣어져 있는 육체의 몰락으로부터"[21] 헤어나지 못할 것이다. 그러나 "우리는 영혼이 나눌 수 없고, 영적이며, 비연장적이며, 결과적으로 부패하지 않는다는 것을 보았다."[22] 이것은 인간의 영혼이 신의 무한한 힘에 의해서도 절멸될 수 없다는 것을 의미하지는 않는다. "단지 그것은 일상적인 자연 법칙 또는 운동에 의해서 깨지거나 용해되기 쉽지는 않다는 것을 의미한다."[23] 이것이 인간의 영혼은 자연히 불멸적이라고 말하는 것, 즉 그것은 "우리가 자연계의 물체들에게서 일어나는 것을 끊임없이 보는"[24] 운동, 변화 그리고 쇠퇴에 의해서 영향받지 않을 수 있다고 말하는 것에 의해서 의미되는 것이다. 인간의 영혼은 물질적이고 부패하기 쉽다는 생각은 "가장 나쁜 사람들에 의해서 덕과 종교의 모든 인상들에 대한 가장 효과적인 해독제로 게걸스레 신봉되어 왔고 소중히 여겨져 왔다."[25] 그러나 정신적 실체로서 영혼은 자연히 불멸적이다. 이 진리는 종교와 도덕을 위해서 매우 중요한 것이다.

2. 자연의 질서

정신들에서 물체들로 돌아옴에 있어서, 우리는 버클리에 따르면 후자에 관한 그의 분석은 사물의 본성을 그대로 둔다는 것을 보았다. "사물의 본성은 있으며, 실재들과 망상들의 구분은 완전한 효력을 유

존재를 지각하는 것으로 정의하는 것은 당연하다. 왜냐하면 그 둘은 상관적인 것이기 때문이다. 그러나 물체는 마음에 새겨지며 마음에 의해서 지각되는 관념이라고 하므로, 마음은 관념을 "지지하는" 실체이며 관념을 지각하는 주체라고 주장하는 것은 당연하다. 버클리는 서로 다르게 말하는 자신의 방식에 의해서 야기된 혼동을 말끔하게 없애지 않는다.

21) *P.*, 1, 141 ; II, p. 105.   22) *P.*, 1, 141 ; II, p. 106.
23) *P.*, 1, 141 ; II, p. 105.   24) *P.*, 1, 141 ; II, p. 106.
25) *P.*, 1, 141 ; II, p. 105.

지한다."²⁶⁾ 그러므로 자연 법칙들을 말하는 것은 매우 지당하다. "자연계의 결과들의 전체 연쇄를 관통하는 어떤 일반 법칙들이 있다. 우리는 이것들을 자연의 관찰과 연구에 의해 체득한다. …"²⁷⁾ 이와 같이 버클리는 "표현할 수 없으며 생각할 수 없는 광대하고 아름답고 영광스러운 모든 체계"²⁸⁾를 언제든지 말할 채비를 갖추고 있다. 우리는 그에게서 감각적 사물들 또는 물체들은 정확하게 우리가 그것들이 어떤 것인지 지각하는 것 또는 지각할 수 있는 것이며, 그가 현상들을 "관념"이라고 부른다는 것을 기억해야만 한다. 이 관념들은 하나의 정합적인 형을 이룬다. 우리는 어느 정도 규칙적인 연속들을 식별할 수 있다. 규칙적 연속들 또는 계열들은 감각적 사물들의 규칙적인 움직임에 관한 진술들인 "법칙"의 형태로 표현될 수 있다. 그러나 자연에서 연관은 필연적인 것이 아니다. 그것은 어느 정도 규칙적이지만 언제나 우연적이다. 관념들은 자연의 창조적인 신에 의해서 어느 정도 규칙적인 연속들로 우리 마음에 새겨진다. Y가 규칙적으로 X를 뒤따른다고 말하는 것은 신이 우리에게 이 순서대로 관념들을 새겨준다고 말하는 것이다. 모든 개별적인 규칙적 연속들, 그리고 일반적인 자연의 모든 질서는 끊임없는 신의 행위와 의지에 의존하므로, 이른바 자연은 말하자면 우연성으로 가득차 있는 것이다.

그러므로 버클리는 물리학 또는 자연 철학을 부정하지 않는다. 그러나 예를 들어 어떤 유형의 물체들은 서로 잡아당긴다고 진술하는 물리적 법칙은 순전히 사실적이기는 하지만 필연적이지는 않은 연결들을 진술한다. 일정한 방식으로 움직이는 어떤 물체들은 신에 의존한다. 비록 우리는 신이 대체로 일양적으로 행위하리라고 기대할 수는 있을지라도, 그가 항상 똑같은 방식으로 행위하리라는 것을 알 수는 없다. 일반적으로 말해서 만약 Y가 항상 X를 뒤따른다고 할 때 그렇지 않은 어떤 경우가 있다면, 우리는 그것을 기적이라고 말해야 할지도 모른다. 그러나 설령 신이 기적적으로 행위한다 해도, 즉 그가 정상적으로 행위하는 방식과 전혀 다른 방식으로 행위한다 해도, 그가 말하자면 변경할 수 없는 자연 법칙을 파괴하는 것은 아니다. 왜냐하면 자연 법칙은 우리가 경험하는 한에서는 사물들이 사실상 일

26) *P.*, 1, 34 ; II, p. 55.　　27) *P.*, 1, 62 ; II, p. 67.
28) *D.*, 2 ; II, p. 211.

312

반적으로 작용하는 방식을 진술하는 것이지, 사물들이 작용해야만 하는 방식을 진술하는 것은 아니기 때문이다. "우리 눈에 보이는 현상을 부지런히 관찰함으로써 우리는 자연의 일반 법칙을 발견할 수 있으며, 그것들로부터 다른 현상들을 연역할 수도 있다. 나는 증명하라고 말하지 않는다. 왜냐하면 그러한 종류의 모든 연역들은 조물주가 항상 일양적으로, 그리고 명백히 알 수는 없지만 우리가 원리들이라고 생각하는 규칙들을 항상 지키면서 작용한다는 가정에 의존하기 때문이다."[29] 관념들의 언어에서 신은 어떤 일정한 질서로, 또는 일정하게 규칙적인 연속들로 관념들을 우리에게 새기게 하는 데 익숙해 있다. 이것이 우리로 하여금 "자연 법칙"을 진술하는 것을 가능하게 한다. 그러나 신이 항상 똑같은 질서로 우리에게 관념들을 새기게 되어 있는 것은 결코 아니다. 그러므로 기적은 가능하다. 그것들은 별개의 관념들 사이의 필연적인 연결에 대한 어떤 방해를 포함하지 않는다. 왜냐하면 그러한 필연적인 연결들이란 없기 때문이다. 참으로 **사물들의 본성**은 있으며 자연의 질서도 있다. 그러나 그것이 필연적인 질서는 아니다.

3. 물리학에 관한 버클리의 경험주의적 해석, 특히 《운동론》에 나타난 것을 중심으로

앞절에서 나는 신의 존재를 가정했으며 신이 행위하는 방식에 대한 버클리의 견해를 가정했다. 왜냐하면 나는 그에게서 자연의 질서는 필연적 질서가 아니라는 사실을 나타내기를 원했기 때문이다. 이 절에서 나는 특히 《운동론》(*De motu*)에 나타난 것과 같은, 물리학에 관한 버클리의 아주 경험주의적이며 심지어 실증주의적인 해석을 설명하려고 한다.

추상적 일반 관념들에 대한 버클리의 공격은 물리학에 관한 그의 해석에서 자연히 그 영향을 나타낸다. 그는 추상적인 용어들의 사용이 불합리하며 어떠한 유용한 목적에도 맞지 않는다고 말하지는 않는

---

29) *P.*, 1, 107 ; II, p. 88.

다. 그러나 그는 사람들이 자신의 무지를 감추기 위해서 낱말을 사용할 수 있기 때문에, 그러한 용어들의 사용은 사람들로 하여금 자신들이 실제로 갖고 있는 것보다 훨씬 많은 지식을 소유한다고 상상하도록 이끌지도 모른다는 것을 암시한다. "지금 유행하는 커다란 역학의 원리는 인력이다. 돌이 땅으로 떨어지거나 바닷물이 달을 향하여 부푸는 것은 어떤 사람들에게는 그것으로 충분히 설명된 것으로 보일지도 모른다. 그러나 어떻게 우리는 이것이 인력에 의해서 된다는 말을 들음으로써 분별하게 될 수 있을까? [30] 물리학자(버클리는 종종 "수학자들"이라고 말한다) 또는 자연 철학자는 "인력"과 같은 용어는 실재적인 원인으로 작용하는 것으로서, 물체들이 본래부터 갖고 있는 본질적인 성질을 의미한다고 생각하게 될지도 모른다. 그러나 그런 것은 없다. 순수하게 경험적인 사실로서 어떤 물체들 사이의 관찰된 관계들은 우리가 그것들을 상호 인력의 경우들로 기술하는 그런 종류의 것들이다. 그러나 "인력"이라는 낱말은 하나의 실체를 의미하지 않으며, 물체들의 작용이 그러한 용어의 사용에 의해 설명된다고 가정하는 것은 태만한 짓이다. 물리학자는 예측과 실제적인 효용을 노리고 기술(記述)에 관계하며, 일반 "법칙들" 아래 비슷한 것들을 한 떼로 만드는 일에 관계한다. 만약 우리가 "원인"으로써 능동적인 동력인을 의미한다 해도, 그는 인과 설명에 관계하는 것이 아니다. 그리고 현상들 a, b, c 가 추상적 용어인 P 에 기인한다고 말함으로써 그것들이 설명된다고 상정하는 것은 커다란 실수이다. 왜냐하면 이것을 상정하는 것은 용어 사용을 오해하는 것이기 때문이다. 그것은 하나의 능동적인 동력인이 될 수 있는 어떤 실체를 의미하지 않는다.

《운동론》에서 버클리는 이 관점을 발전시킨다. 그는 "진리 추구에서 우리는 우리가 올바르게 이해하지 못하는 용어들에 의해서 오도되는 것을 조심해야 한다. 거의 모든 철학자들이 조심할 것을 말하지만 거의 그것을 지키지 않는다"[31]는 말로써 이 논문을 시작한다. "노력" (effort), "의욕"(conation) 같은 용어들을 예로 들어 보자. 이런 용어들은 생물에만 타당하게 적용될 수 있다. 무생물에 적용될 때 그것들은 은유적이며 모호한 의미로 사용된다. 게다가 자연 철학자들은 추

---

30) *P.*, 1, 103 ; II, p. 86.   31) *D.M.*, 1 ; IV, p. 11.

314

상적인 일반 용어들을 사용하는 데 익숙해져 있으며, 그것들이 실제의 신비로운 실체들을 의미한다고 생각하기 쉽다. 예를 들어 어떤 필자들은 절대 공간이 마치 별개의 실체인 어떤 것처럼 말한다. 그러나 우리는 분석에 의해서 "이 낱말들에 의해서는 순수한 결여 또는 부정, 즉 단순한 무 이외에 어느 것도 의미되지 않는다"[32]는 것을 발견할 것이다.

버클리에 따르면 우리는 "사물들의 본성들로부터 수학적인 가설들을 구별해야"[33] 한다. "힘", "중력", "인력"은 물리적인 또는 형이상학적인 실체들을 의미하지 않는다. 그것들은 "수학적인 가설들"이다. "인력에 관해서 말한다면 그것은 확실히 뉴턴에 의해서 하나의 참된 물리적 성질로서가 아니라 단지 수학적인 가설로서 사용된다. 참으로 라이프니츠가 단자의 노력 또는 끌어당기는 힘(elementary effort or solicitation)을 기동력(impetus)*과 구별할 때, 그는 이 실체들이 실제로 자연에서 발견되는 것이 아니라 추상 작용에 의해서 형성되어야만 한다는 것을 인정한다."[34] 역학은 수학적 추상 작용과 가설들을 사용하지 않고서는 진보할 수 없으며, 그것들을 사용하는 것은 그것들의 성공 즉 그것들의 실제적 효용에 의해서 정당화된다. 그러나 수학적 추상 작용의 실제적인 유용성은 그것이 어떤 물리적 또는 형이상학적 실체를 의미한다는 것을 증명하지는 않는다. "역학자는 물체들 안에 힘, 작용, 인력을 상상하면서 어떤 추상적이고 일반적인 용어들을 사용한다. … 기하학자들이 수학적인 추상 작용을 통해서 만들어 내는 허구적 사물들과 꼭 마찬가지로 그것들을 사물들의 진리에서, 그리고 실제로 존재하는 물체들에서 찾는 것은 헛된 것임에도 불구하고, 그것들은 운동에 관한 이론들, 공식화 그리고 역시 계산에 대단히 유용

32) D.M., 53; IV, p. 24.　　33) D.M., 66; IV, p. 28.
* impetus 이론은 투사 운동의 본성에 관한 14세기의 논쟁에서 채용된 Johannes Philoponus의 견해이다. 예를 들어 투사 물체가 움직여지고 있을 경우 움직이는 자는 impetus를 투사 물체에 주므로 공기의 저항이나 반대 작용하는 다른 힘에 의해서 약화되기는 하지만 움직이는 자와의 접촉이 더 이상 없을지라도 그 impetus가 투사 물체를 움직이고 있다는 것이다—옮긴이 주.
34) D.M., 17; IV, p. 15.

하다. "35)

사람들은 물리학에서 사용되는 것과 같은 추상적인 용어들에 의해 오도되는 경향이 있는데, 여기에 대한 하나의 주된 이유는 그들이 물리학자는 현상의 참된 동력인들을 발견하는 데 관계한다고 생각한다는 것이다. 그러므로 그들은 "중력"과 같은 낱말은 어떤 운동의 참된 동력인이며, 그것을 설명하는 하나의 존재하는 실체 또는 성질을 의미한다고 생각하는 경향이 있다. 그러나 "동력인들을 제시하는 것은 물리학이나 역학에 속하지 않는다. … "36) 버클리가 이것을 말하는 한 가지 이유는 물론 그가 보기에 유일한 참된 원인들은 영적인 행위자들이라는 것이다. 이것은 다음의 인용에 명백하게 나타난다. "물리학에서 우리는 역학적인 원리들로부터 현상의 원인들과 해결책을 찾아내야 한다. 그러므로 하나의 사물은 그것의 진정으로 능동적이고 영적인 원인을 할당함에 의해서가 아니라, **작용과 반작용은 항상 반대 방향이며 같다**와 같은 역학적인 원리들과 그것의 연관을 논증함에 의해서 물리적으로 설명된다. … "37) 역학적인 원리들이란 무엇을 의미하는가? "실험에 의해 증명되고 추리에 의해 전개되어 보편적인 것으로 된 … " 운동의 제 1법칙들은 "마땅히 원리들이라고 불리는데, 그것은 그것들로부터 일반적인 역학적 정리들과 현상들의 개별적인 설명들이 둘 다 유도되기 때문이다. "38) 그러므로 한 사건의 물리적 설명을 제시하는 것은 어떻게 그것이 높은 수준의 가설로부터 연역될 수 있는지 보여주는 것이다. 이런 종류의 설명들은 존재보다는 오히려 움직임에 관계한다. 현상들의 존재는 형이상학에서는 그것의 영적인 참된 동력인으로부터 그것을 끌어냄으로써 설명된다. 물리학자는 A와 B가 현상들이고 B가 항상 A의 뒤에 일어나며 A가 선행하지 않을 때는 결코 발생하지 않음을 발견하고, A를 원인, B를 결과라고 하고, 이 한도까지는 "원인"에 관계한다. 그러나 현상은 관념이며 관념은 능동적인 동력인이 될 수 없다. 만약 이것이 원인에 의해서 이해되는 것이라 해도 물리학자는 원인에 관계하지 않는다.

그러므로 버클리의 주장은 만약 과학의 본성이 이해된다면 그의 관념 이론과 형이상학에 의해서 과학은 손상되지 않은 채로 남게 된다

---

35) D.M., 39 ; IV, p. 20.   36) D.M., 35 ; IV, p. 19.
37) D.M., 69 ; IV, p. 29.   38) D.M., 36 ; IV, p. 20.

는 것이다. 형이상학은 물리학에서 배제되어야 하며, 둘은 혼동되어서는 안 된다. 이 배제는 물리학에서 불명료함과 모호한 용어를 제거할 것이며, 아무리 유용하다 할지라도 실체들 또는 실체들의 실제 성질들을 의미하지 않는 낱말들에 의해서 오도되는 것으로부터 우리를 구할 것이다. 동시에 버클리는 형이상학을 소멸시키기 위해서 그것을 물리학으로부터 배제하지는 않았다. 그가 바라는 것은 오히려 형이상학으로 나아가는 길을 가리키는 것이었다. 왜냐하면 일단 우리가 물리학은 현상들의 진정으로 능동적인 동력인들에 관계하지 않는다는 것을 이해한다면, 우리는 중력과 인력 같은 낱말들의 기능과 의미를 잘못 해석하는 것을 면하게 될 뿐만 아니라, 현상들의 존재의 원인을 다른 곳에서 찾게 될 것이기 때문이다. 버클리는 물리학에 관하여 실증주의적인 방식으로 말한다. 그러나 그의 마음 속에는 현상들의 적절한 인과적 설명은 중력, 인력 등(실체들 또는 존재하는 성질들을 의미하는 것이 아니라, 현상들을 분류하는 데서, 그리고 물체들의 움직임을 기술하는 어떤 원리들로부터 현상들을 연역하는 데서 성공함으로써 정당성을 인정받는 가설들에서 편의상 사용되는)에 의하여 주어질 수 있다는 생각에서 사람들을 깨어나게 하려는 욕망이 있었다. 그는 사람들을 자연 과학의 기능에 관한 잘못된 해석에서 깨어나게 하기를 원했는데, 그것은 그가 그들에게 현상들의 참된 인과 설명들은 궁극적이고 영적이며 참된 동력인인 신에 대한 현상들의 관계를 확립하는 형이상학에서만 발견될 수 있다는 것을 보여주기를 원했기 때문이다. "진정으로 능동적인 원인들은 오직 숙고와 추리에 의해서만 그것들을 둘러싸고 있는 암흑으로부터 나올 수 있으며, 따라서 어느 정도까지 알려질 수 있다. 그것들을 다루는 것은 제1철학 또는 형이상학에 속한다."[39]

이 장에서는 역학을 포함하는 것으로 이해된 물리학 또는 자연 과학에 관해 언급했다. 그러나 (운동론)에서 버클리는 물리학과 역학을 기묘하게 구분한다. "물리학에서는 오로지 명백한 결과들에 도달하는 감각과 경험이 지배한다. 역학에서는 수학자들의 추상 개념들이 허용된다."[40] 바꾸어 말하면 물리학은 현상들과 그것들의 움직임을 기술

---

39) *D.M.*, 72 ; IV, p. 30.　　　　　40) *D.M.*, 71 ; IV, p. 30.

하는 데 관계하는 반면에, 역학은 이론화와 그리고 수학을 사용하는
설명적 가설들을 포함한다. 버클리가 이러한 구분을 하는 이유는, 그
가 관찰된 사실들과 이 사실들을 이해하거나 설명하기 위해 세워진
이론들을 구별하고자 하기 때문이다. 왜냐하면 만약 우리가 사실들과
이론들을 구별하지 않는다면, 우리는 "수학자들의" 추상적인 용어들
에 대응하는 신비스러운 실체들을 가정하게 될 것이기 때문이다. "중
력" 또는 "힘"과 같은 낱말들은 관찰 가능한 실체들을 표시하지 않는
다. 그러므로 우리는 이 용어들에 대응하는 신비스러운 실체들 또는
성질들이 있음에 틀림없다고 생각하게 될지도 모른다. "그러나 신비
스러운 성질이 무엇인지, 또는 어떤 성질이 어떻게 작용하거나 무엇
을 할 수 있는지 우리는 거의 상상할 수 없다. 참으로 우리는 상상할
수 없다. … 그것 자체가 신비스러운 것은 아무 것도 설명하지 않는
다. "[41] 그러나 만약 우리가 관찰된 결과들과 그것들을 설명하기 위해
서 세워진 가설들을 주의깊게 구별한다면, 우리는 이 가설들에 사용
된 추상적인 용어들의 기능을 더 잘 이해할 수 있게 될 것이다. "부
분적으로 그 용어들은 말을 짧게 하려는 일반적인 습관에 의해서 발
명되었고, 부분적으로는 가르침을 위해 고안되었다. "[42] 감각적 사물
들에 관한 추리를 통해 우리는 개별적인 물체들에 대해서 판단을 내
린다. 그러나 개별적인 물체들에 관한 보편 명제들을 위해서 우리들
은 추상적인 용어들을 필요로 한다.

4. 신의 존재와 본성

그러므로 자연 과학의 건설을 가능하게 하는 현상들 또는 관념들의
체계(버클리에게서는 자연의 질서)가 있다. 그러나 방금 우리가 보았
듯이 과학자에게 현상들의 존재의 원인 또는 원인들에 대한 지식을
기대하는 것은 헛된 일이다. 이것은 곧 신의 존재에 대한 버클리의
증명이 인과적 논증의 변형인 후험적 증명이 될 것임을 암시한다. 그
가 《철학적 주석》에서 "그의 관념으로부터 신의 존재를 논의하는 것은

---

41) *D.M.*, 4와 6 ; IV, p. 32.　　　42) *D.M.*, 7 ; IV, p. 12.

318

불합리하다. 우리는 신의 관념을 갖지 않는다. 그것은 불가능하다"[43] 하고 말할 때, 의심할 바 없이 그는 "관념"이라는 낱말에 대한 그의 특수한 용법을 기본적으로 생각하고 있다. 왜냐하면 만약 "신"은 정신적 존재를 의미하고 "신념"은 감각적 인식의 대상에 사용된다면, 신의 관념이 있을 수 없다는 것은 명백하기 때문이다. 알키프론이 자신은 "예를 들어 완전 무결한 존재라는 관념에서 이끌어내어진 것과 같은"[44] 형이상학적 논의들에 의해서 설득당하지는 않을 것이라고 말하게 될 때, 우리는 알키프론은 "섬세한 철학자"이며, 무신론의 옹호자라는 것을 명심해야 한다. 그럼에도 불구하고 버클리는 성 안셀무스와 데카르트에 의해서 여러 다른 방식들로 사용된 것과 같은 소위 존재론적인 증명을 받아들이지 않았다고 해도 과언이 아니다. 그의 증명은 감각적 사물들의 존재에 기초를 둔 인과적 논증이다. 신의 존재에 대한 버클리의 논의의 두드러진 특징은 그가 사용하는 "관념" 이론의 용법이다. 만약 감각적 사물들이 관념들이고, 이 관념들이 단지 우리 마음에 의존하는 것들이 아니라면, 그것들은 우리 자신이 아닌 다른 마음에 속하게 되는 것임에 틀림없다. "자연의 작품들이라고 불리는 사물들, 즉 우리에게 지각되는 관념들 또는 지각들의 훨씬더 큰 부분은 사람들의 의지에 의해서 산출되지 않으며, 그것에 의존하지도 않는다는 것은 모든 사람에게 명백하다. 그러므로 그것들이 혼자 힘으로 존속해야 한다는 것은 모순되므로, 그것들의 원인이 되는 어떤 다른 정신이 있다."[45]

《대화편》에서 신의 존재 증명은 다음과 같이 간결한 형식으로 표현된다. "감각적 사물들은 실제로 존재한다. 그리고 만약 그것들이 존재한다면, 그것들은 필연적으로 하나의 무한한 마음에 의해서 지각된다. 그러므로 하나의 무한한 마음 또는 신이 있다. 이것은 당신에게 가장 명백한 원리로부터 신의 존재에 대한 똑바르고 직접적인 증명을 제공한다."[46] 버클리는 신의 유일성 문제를 아주 자세하게 파고들지는 않는다. 그는 어느 정도는 감각적 사물들 또는 관념들은 우리 마음에 의존하지 않는다는 언명들로부터 그것들은 하나의 무한한 마음에 의존한다는 결론으로 곧장 나아가는 것처럼 보인다. 그는 자연의 체계, 조화, 미

43) *P.C.*, 782 ; I, p. 94.　　44) *A.*, 4, 2 ; III, p. 142.
45) *P.*,1, 146 ; II, pp. 107~108.　　46) *D.*, 2 ; II, p. 212.

가 자연이 그의 힘에 의해서 모든 사물들을 떠받치는 하나의 무한한
현명하고 완전한 정신인 신의 산물임을 보여준다는 것은 사실상 의심
의 여지가 없다고 생각한다. 물론 우리는 신을 보지 못한다. 그러나
그 점에 관해서라면 우리는 유한 정신들도 보지 못한다. 우리는 "어
떤 유한하고 한정된 관념들의 집합물"로부터 하나의 유한한 정신의 존
재를 추론한다. 반면에 "우리는 언제 어디서나 신성의 명백한 표시들
을 지각한다. "⁴⁷⁾

　자연의 오점들과 결점들은 이 추론에 반대하는 어떤 타당한 논의도
성립시키지 못한다. 만약 우리가 인간의 기준에 의해 판단한다면, 씨
앗과 태아의 명백한 허비, 미성숙한 식물과 동물의 우연한 파멸은 결
점이 많고 부주의한 관리와 조직을 시사하는 것처럼 보일지도 모른
다. 그러나 "자연의 사물들의 더할 나위없는 낭비는 그것들을 산출하
는 행위자의 약함 또는 방탕으로 해석되어서는 안 되며, 차라리 그의
힘의 풍부함에 대한 근거로 간주되어야 한다. "⁴⁸⁾ 그리고 우리에게 괴
롭게 악영향을 미치기 때문에 악한 것처럼 보이는 많은 사물들은, 만
약 그것들이 사물들의 전 체계의 부분으로 간주된다면 선한 것으로
보일 수도 있다. 《알키프론》에서 이 이름을 가진 화자는 다음과 같이
말하는 것으로 묘사되고 있다. 창조시에 어느 정도의 악은 선을 더
돋보이게 한다고 그럴듯하게 주장될지도 모른다. 반면에 이 원리는
"얼룩들이 너무 크고 검어서 … 지상에는 악덕은 너무 많고 덕은 너무
적게 있음에 틀림없으며, 신의 왕국의 법들은 그의 신하들에 의해서
아주 잘못 준수되는 것임에 틀림없다는 것은 최고 군주의 뛰어난 지
혜와 선함과 결코 조화될 수 없는 것이다"⁴⁹⁾라는 것을 설명할 수 없
다. 여기에 대해 버클리는 도덕적 결함은 인간의 선택의 결과이며,
마찬가지로 우리는 우주에서 인간들의 지위를 과장해서는 안 된다고
대답한다. "우리는 계시에 의해서뿐만 아니라, 가시적 사물들의 유사
함을 관찰하고 추론함으로써 상식에 의해서도 인간보다 더 행복하고
더 완전한 지성적 존재들의 무수한 등급들이 있다고 결론짓게 되는
것처럼 보인다. "⁵⁰⁾ 신의 존재 증명에 관한 버클리의 약간 간략한 해
설로부터, "물질적 실체"와 같은 용어들에 언제든지 비판적 분석을

---

47) *P.*, 1, 148 ; II, p. 109. 　48) *P.*, 1, 152 ; II, p. 111.

49) *A.*, 4, 23 ; III, p. 172. 　50) 같은 책, 같은 면.

320

적용할 채비를 갖추고 있었던 그 철학자가 신의 속성이라고 단언된 용어들의 의미를 분석하는 데서 마주칠 수 있는 난점들을 깨닫지 못했다고 결론짓는 것은 잘못일 것이다. 그래서 그는 리시클레스 (Lysicles)에게 다음과 같이 말하도록 한다. "그러면 당신은 실제로 신의 존재는 본질적으로 대수롭지 않은 것이며 인간은 많이 양보하지 않고서도 이것을 용인할 수 있다는 것을 알아야 한다. 중요한 점은 신이라는 낱말이 어떤 의미로 받아들여지는가 하는 것이다."[51] 지혜와 선함과 같은 용어들이 신의 속성으로 단언될 때에는 "그것들이 통속적인 말뜻에서 의미하는 것이나 또는 우리가 그것의 개념을 형성할 수 있거나 생각할 수 있는 어떤 것과도 아주 다른 의미에서 이해되어야만 한다"[52]고 주장했던 사람들이 있었다고 리시클레스는 말한다. 이렇게 그들은 그것들이 어떤 이미 알려져 있는 의미로 서술되었다는 것을 부정함으로써 그러한 신의 속성들을 단언하는 데 대하여 제기된 반대 의견들에 대처할 수 있었다. 그러나 이 부정은 그 속성들이 신에 속한다는 것을 부정하는 것과 같다. "아마도 그들은 그것을 깨닫지 못했겠지만, 이렇게 신의 속성들을 부정함으로써 그들은 사실상 신의 존재를 부정했다."[53] 바꾸어 말하면 신의 속성이라고 단언된 용어들은 순전히 모호한 의미로 이해되어야 한다고 주장하는 것은 불가지론을 주장하는 것이다. 그런 사람들은 "어떤 의미도 부가되지 않은 이름을 제외하고는 아무 것도 남지 않는다"[54]는 조건에 의해서 "신"이라는 낱말의 의미를 그렇게 깎아 버렸다.

리시클레스는 이 불가지론적 입장이 수많은 교부들과 스콜라 철학자들에 의해서 주장되었다고 생각한다. 그러나 크리토(Crito)는 스콜라 철학자들과 같이 세련되지 못하고 유행에 뒤떨어진 문필가들을 훌륭한 친구에게 소개하는 것을 변명하면서 유비적 서술 이론의 간략한 역사적 설명을 제시한다. 여기서 그는 성 토마스 아퀴나스와 수아레즈(Francis Suárez, 1548~1617) 같은 스콜라 철학자들의 입장은 위디오니시우스의 입장과 동일하지 않다는 것을 보여준다. 이 스콜라 철학자들은 예를 들어 지식은 적절한 의미에서 신의 덕분으로 생각될 수 있다는 것을 부정하는 것이 아니라, 단지 우리는 지식이 피조물들

51) *A.*, 4, 16; III, p, 163.　　52) *A.*, 4, 17; III, p. 164.
53) 같은 책, 같은 면.　　54) 같은 책, 같은 면.

에게서 발견되기 때문에 지식의 불완전함을 당연히 신의 탓으로 돌릴 수 있다는 것을 부정했다. 예를 들어 수아레츠가 "지식은 당연히 신 안에 있다고 하지는 않으며, 그것은 모든 진리의 명백하고 분명한 이해를 위한 것이라고 일반적으로 생각된 추론적 지식과 같은…지식의 불완전함을 포함하는 의미에서 이해되어야만 한다"고 말할 때, "그는 그것은 신 안에 있으며, 이것은 신을 믿었던 어떤 철학자에 의해서도 결코 부정되지 않았다고 분명히 단언한다."[55] 마찬가지로 스콜라 철학자들이 신은 피조물들과 같은 의미에서 존재한다고 상정되어서는 안 된다고 말했을 때, 그들은 신이 "좀더 탁월하고 완전한 방식으로"[56] 존재한다는 것을 의미한다.

이것은 버클리 자신의 입장을 나타낸다. 한편으로 처음에 피조물들의 속성으로 단언되고 나중에는 신의 속성으로 단언된 용어들은 "적절한 의미에서…그 낱말들의 참된 정식 말뜻으로" 신의 속성으로 단언되어야 한다. "그렇지 않으면 그 속성들을 증명하려는, 또는 (같은 것이지만) 신의 존재를 증명하려는 모든 추론식은 4개의 용어들로 이루어진다는 것이 발견될 것이며, 결과적으로 아무 것도 결론지을 수 없다는 것은 명백하다."[57] 다른 한편으로 신의 속성으로 단언된 용어들은 그것들이 피조물들의 속성으로 단언하는 방식과 똑같이 불완전한 방식이나 정도로 서술될 수는 없다. 버클리는 자신의 신 개념은 자기 자신의 영혼을 반성하며, "그 능력들을 강화시키고, 그 불완전함을 제거함으로써"[58] 얻게 된다고 주장한다. 나는 자기 반성에 의해서 얻는 정신의 개념에 따라서 신을 생각한다. 신을 생각함에 있어서 나는 그 자체로서의 유한 정신 개념에 부속되는 한계와 불완전함을 제거하기는 하지만, 그 개념은 여전히 본질적으로 동일한 것이다.

버클리는 신의 속성으로 단언된 용어들의 의미 분석을 스콜라 철학자들이 했던 것 이상으로 했다고 할 수는 없다. 또한 그는 불완전함을 제거하는 과정에서 우리도 역시 문제의 용어의 명확하게 기술할 수 있는 내용을 제거한다는 가능한 반대 의견에 대해 많이(설령 있다손 치더라도) 고려하지는 않았다. 하지만 그는 신의 속성으로 단언된 의미와 연결된 문제가 있다는 것을 이해했다. 스콜라 철학적인 전통

---

55) *A.*, 4, 20 ; III, pp. 168~169.   56) 같은 책, 같은 면.
57) *A.*, 4, 22 ; III, p. 171.   58) *D.*, 3 ; II, pp. 231~232.

의 바깥에 있는 탁월한 근대 철학자들 중에서 그는 그 문제에 매우 진지하게 주목했던 극소수 철학자들 중의 한 사람이었다. 이 문맥에서의 유비는 비스콜라적인 철학자들에 의해서는 거의 고려되지 않았다. 이것은 오늘날의 분석 철학자들에 의한 그 문제의 논의가 믿는 사람들에게는 종종 성격상 순전히 파괴적인 것처럼 보이는 하나의 이유이다. 때때로 그것은 파괴적이었다. 그러나 우리는 역시 이 논의가 스콜라 철학자들과 버클리가 관여했지만 더 잘 알려진 대다수의 근대 철학자들에 의해서는 거의 건드려지지 않았던 문제의 소생을 나타내는 것임을 이해해야 한다.

5. 우리 자신과 신에 대한 감각적 사물의 관계

그런데 버클리는 종종 마치 감각적 사물들이 우리 마음 속에 존재하는 것처럼 말한다. 그래서 우리는 신은 "우리의 마음 속에 관념들을 불러일으키며,"[59] 관념들은 "감각 기관들에 새겨진다"[60]고 씌어진 것을 읽는다. 이것은 세계가 끊임없이 새로워지고 있거나 또는 차라리 재창조되고 있다는 것을 암시한다. "내가 지각하는 모든 감각적 인상들로 매순간 나에게 영향을 미치는 하나의 마음이 있다."[61] 게다가 모든 사물들을 신 안에서 본다는 형이상학적 가설은 거부되어야 하지만, "이 시각의 언어는 권능과 섭리의 직접적인 행위를 나타내는 하나의 끊임없는 창조와 같은 것이다."[62] 버클리는 "결합되고 분해되며, 바꾸어 놓아지고 다양화되는, 그리고 무한히 다양한 목적들에 적합한 아주 많은 기호들의 순간적인 생산과 재생산"[63]을 말한다. 이미 언급되었던 것처럼 지각 주체들이 있는 것만큼이나 많은 사적인 세계들이 있다는 것이 역시 암시된다. 참으로 버클리는 "동일한"이라는 낱말의 통속적인 말뜻에서 우리가 동일한 대상들을 지각한다고 할 수 있는 반면에, 엄격하게 말하자면 어떤 일정한 개인이 그가 만지는 것

59) *P.*, 1, 57 ; II, p. 65.
60) *P.*, 1, 90 ; II, p. 80 ; *P.*, 1, 1 ; II, p. 41 참조.
61) *D.*, 2 ; II, p. 215.
62) *A.*, 4, 14 ; III, p. 159.   63) *A.*, 4, 14 ; III, pp. 159~160.

과 동일한 대상을 본다거나, 그가 맨눈으로 지각하는 것과 동일한 대
상을 현미경을 통해서 지각한다고 하지 않는 것처럼, 우리는 동일한
대상들을 지각한다고 말하지 않는다는 것을 인정한다. [64]

　그러나 버클리는 역시 감각적 사물들 또는 관념들은 신의 마음 속
에 존재한다고 말한다. 자연의 사물들은 일각수의 심상이 나에게 의
존하는 것과 동일한 방식으로 나에게 의존하지는 않는다. 그러나 그
것들은 관념들이기 때문에 혼자 힘으로 존속할 수 없다. 그러므로
"그것들이 그 안에 존재하는 어떤 다른 마음이 있음에 틀림없다. "[65]
게다가 "사람들은 신의 존재를 믿기 때문에 보통 모든 사물들은 신에
의해서 알려지거나 지각된다고 믿는다. 그에 반하여 나는 모든 감각
적 사물들은 신에 의해서 지각되는 것이 틀림없기 때문에 직접적이고
도 필연적으로 신의 존재를 추정한다. "[66] 버클리는 모든 감각적 사물
들이 바깥에 존재한다는 것을 부인하고 싶어하지는 않았다. 그는 아
무런 유한 정신도 사물들을 지각하고 있지 않을 때 사물들은 존재한
다는 언명에 의미를 부여하려고 했다. 다시 말하면 그는 아무도 그것
을 지각하고 있지 않을 때 마구간에 말이 있다는 언명은 마구간에 들
어선 어떤 사람도 우리가 말을 보는 것이라고 말하는 경험을 하게 되
거나 또는 할 수 있을 것이라는 언명과 같은 것이라고 말할 때 의미
되는 것 이상의 의미를 앞의 언명에 부여하려고 했다. 그는 신은 심
지어 아무런 유한 정신도 말을 지각하고 있지 않을 때라도 항상 말을
지각하고 있다고 단지 말함으로써 그 이상의 의미를 제공할 수 있다.
"내가 감각적 사물들이 마음의 바깥에 존재한다는 것을 부정할 때,
나는 특별히 내 마음을 의미하는 것이 아니라 모든 마음들을 의미하
는 것이다. 그런데 나는 경험에 의해서 그것들이 마음과 별도로 있다
는 것을 발견하기 때문에, 그것들이 내 마음 바깥에 존재한다는 것은
명백하다. 그러므로 내가 그것들을 지각하는 시간의 간격 사이에 그
것들이 그 안에 존재하는 어떤 다른 마음이 있다. …그리고 이것은
유한하게 창조된 다른 모든 정신들에 관해서도 마찬가지로 참이기 때
문에, 모든 사물들을 알고 파악하며 그 자신이 제정했고 우리가 자연
의 법칙들이라고 부르는 그런 방식으로, 그리고 그런 규칙들에 따라서

---

64) *D.*, 3 ; II, pp. 245~247.　　　　65) *D.*, 2 ; II, p. 212.
66) 같은 책, 같은 면.

324

우리에게 모든 사물들을 보여주는 하나의 편재하며 영원한 마음이 있다는 것이 필연적으로 도출된다."[67]

적어도 언뜻 보기에는 우리는 존재하는 것은 지각하거나 지각되는 것이라는 언명이 서로 다른 의미를 갖는 두 개의 다른 견해에 직면한다. 첫번째 견해에서는 지각하는 것은 유한한 주체에 적용되며, 지각되는 것은 이 주체에 의해서 지각된다는 것을 의미한다. 두번째 견해에서는 지각하는 것은 신에 적용되며, 지각되는 것은 신에 의해서 지각된다는 것을 의미한다. 그러나 버클리는 영원한 존재와 상대적 존재의 구별에 의해서 두 입장을 조화시키려고 시도한다. "모든 대상들은 영원히 신에 의해서 알려진다. 또는 같은 것이지만 모든 대상들은 신의 마음 속에서 영원히 존재한다. 전에는 피조물들이 감지할 수 없었던 사물들이 신의 명령에 의해서 피조물들에게 지각될 수 있게 될 때, 비로소 사물들은 창조된 마음들에 관하여 하나의 상대적인 존재가 되기 시작한다고 한다."[68] 그러므로 감각적 사물들은 신의 마음 속에서는 "원형적이며 영원한" 존재이며, 창조된 마음들 속에서는 "모사물과 같거나 또는 자연적인" 존재이다.[69] 창조는 관념들이 "모사물과 같은" 존재를 받아들일 때 발생한다.

이 구별은 버클리가 자신은 신 안에서 관념들을 본다는 말브랑슈의 이론을 공유하지 않는다고 말하는 것을 정당화한다. 왜냐하면 우리가 지각하는 것은 상대적 또는 모사물과 같은 존재를 갖는 것으로서의 관념들이기 때문이다. 이 관념들은 그것들이 신에 의해서 우리 마음에 새겨질 때 생긴다. 이와 같이 그것들은 신의 마음 속에 영원히 현전하는 것들로서의 관념들과 다르다. 그러나 그렇다면 우리는 우리가 지각하는 관념들이 우리가 그것들을 지각하고 있지 않을 때 신의 마음 속에 존재한다고 말할 수 없다는 결론이 되는 것처럼 보인다. 왜냐하면 그것들은 신의 마음 속에 현전하는 관념들과 동일한 것이 아니기 때문이다. 만약 그것들이 동일하다면, 버클리가 스스로 단호하게 거부하는 이론인 신 안에서 사물들을 본다는 이론을 포함하는 것으로부터 벗어나기는 매우 힘들 것이다.

이 구별은 버클리가 여러 가지 관념들의 집합을 가정했다(즉 한 집

67) *D.*, 3 ; II, pp. 230~231.　　68) *D.*, 3 ; II, p. 252.
69) *D.*, 3 ; II, p. 254.

합은 각각의 지각자를 위한 것으로서 그 모든 집합들은 모사물과 같은 존재를 가지며, 한 집합은 원형적 존재를 가지며 신의 마음 속에 있다)고 상정하는 정도까지 강조되어서는 안 된다고 할 수 있겠다. 버클리가 의미하는 것은 단순히 유한 주체에 의해 지각되는 것으로서는 모사물 또는 자연적인 존재를 갖는 동일한 감각적 사물들이 신에 의해서 지각되는 것으로서는 원형적 존재를 갖는다는 것이라고 할 수도 있다. 결국 버클리는 신에 의해서 영원히 알려지며 그의 마음 속에 영원한 존재를 갖는 대상들은 피조물들에게 지각될 수 있게 됨으로써 상대적인 존재로 되기 시작한다고 명백히 말한다. [70)]

　버클리가 이런 식으로 말하는 것은 사실이며, 나는 그 사실을 문제 삼고 싶지 않다. 그러나 내게는 그것이 그가 말하는 다른 방식들과 들어맞을 것인지 아닌지에 대해서는 논의의 여지가 있는 것으로 보인다. 만약 우리가 신의 마음 속에 존재하는 대상들을 지각한다면, 우리는 버클리에 따를 경우 우리가 가지고 있지 않은, 신 안에서 사물들을 보는 능력을 갖게 된다. 하지만 만약 감각적 사물들이 우리의 감각들이거나 또는 신에 의해서 우리에게 새겨진 관념들이라면, 감각적 사물들은 아마도 신 안에 있는 관념들과는 다른 것임에 틀림없다.

　물론 버클리의 근본적 의도는 감각적 사물들은 마음과 독립적인 절대적 존재를 전혀 갖지 않는다는 것을 보여줌으로써 유물론자들과 무신론자들의 계획의 허를 찌르려는 것이다. 이것은 그가 감각적 사물이 관념이라는 것을 증명함으로써 무익하고 참으로 이해할 수 없는 가설로서의 로크의 물질적 기체를 제거하는 것을 포함한다. 그렇게 되면 두 가지 관점이 드러나게 되는 것처럼 보인다. 첫째로, 감각적 사물들은 그것들이 유한한 마음들에 의해서 임의로 구성된다는 의미에서가 아니라, 끊임없는 신의 행위에 의해서 유한한 마음들에 새겨지거나 또는 주어진다는 의미에서 유한한 마음들 속에 있는 관념들이다. 그러므로 그것을 지각할 사람이 거기에 아무도 없을 때 말이 마구간에 있다고 말하는 것은 단지 만약 필요 조건들이 주어지고 누군가가 마구간에 들어선다면 신이 그의 마음에 어떤 관념들을 새겨줄 것이라고 말하는 것이다. 이것은 그것을 지각할 사람이 거기에 아무

---

70) *D.*, 3 ; II, p. 252.

도 없을 때 말이 마구간에 있다는 언명은 만약 누군가가 마구간에 들어서고 필요 조건들이 주어진다면 그는 우리가 말을 보는 것이라고 부르는 경험을 하게 될 것이라는 것을 의미한다고 말하는 하나의 형이상학적인 방식이다. 그러나 이 관점은 인간의 출현 이전의 감각적 세계의 존재에 관하여 난점을 일으키는 것처럼 보인다. 따라서 버클리는 두번째 관점을 도입하는데, 이것에 따르면 관념들(감각적 사물들)은 항상 신에 의해서 지각된다. 그러나 이것은 감각적 사물들이 존재하기 때문에 신에 의해서 지각된다는 것을 의미할 수는 없다. 그렇게 된다면 그것들은 마음과 독립적인 것으로 될 것이기 때문이다. 그것들은 신이 그것들을 지각하기 때문에 존재해야 한다. 그리고 이것은 그것들이 신의 마음 속에 있는 관념들임에 틀림없다는 것을 의미한다. 그러나 버클리는 우리가 신 안에서 사물들을 본다고 말하기를 원하지 않는다. 따라서 그는 오래된 "신에 의한 관념" 이론에 의존하는, 모사물 또는 자연적 존재와 원형적 존재의 구별을 도입한다. 그러나 이 경우에 우리의 관념들로서의 감각적 사물들은 신의 마음 속에서 원형적 존재를 갖는 관념들과 다르다. 그렇다면 그것이 유한 정신에 의해 지각되지 않을 때 신이 그것을 지각하기 때문에, 말이 마구간에 있다고 말하는 것은 적절하지 않다. 왜냐하면 신은 내가 나의 관념들을 갖고 있지 않을 때 나의 관념들을 갖지는 않기 때문이다. 나는 이 다양하게 말하는 방식들이 조화될 수 없다고 독단적으로 말하려고 하지는 않겠다. 그러나 내게는 그것들을 조화시키는 것이 매우 어렵게 보인다.

신이 버클리가 기술하는 방식으로, 즉 우리 마음에 관념들을 새겨주거나 또는 우리에게 관념들을 제공하는 식으로 행위할 수 없다는 것을 보여주는 것이 어렵기 때문에 때때로 버클리의 입장은 반박하기가 어렵다고 말하기도 한다. 그러나 이렇게 말하는 사람들은 자신들은 신의 존재를 전제하고 있는 반면에, 버클리는 **존재는 지각되는 것이다**는 것으로부터 신의 존재에 이르는 논증을 하고 있다는 것을 잊고 있다. 그는 현상론을 증명하기 위해서 유신론을 전제로 하거나 그것을 사용하는 것이 아니다. 그는 현상론이 유신론을 수반한다고 주장함으로써 거꾸로 나아간다. 이것은 그의 경험주의를 따르고 그것을 발전시켰던 철학자들도 거의 공유했다고 할 수 없는 관점이다. 그러나 이 문제는 별도로 하더라도 그의 현상론 자체는 두 가지 요소를 포함하는 것처럼 보인다. 첫째로, 감각적 사물들은 단지 우리가 그것들이 어떤 것이라고 지각하는 것, 또는 지각할 수 있는 것이라는 견해가 있다. 보통 사람은 결코 로크의 비활성적이고 불변하며 알 수 없는 물질적 기체를 생각할 수 없으므로, 이것은 소위 상식적 요소이다. (물론 로크의 물질적 기체를 배제하는 것이 어떤 의미에서의 실체도 배제한다는 것을 필연적으로 수반하지는 않는다.) 둘째로, 감각적 사물들은 관념들이라는 견해가 있다. 그리고 이 견해가 흔하지 않은 방식으로 낱말을 사용하려는 단순한 결정인 것으로 환원될 수 없는 한, 버클리가 무엇이라고 말했든지간에 이것이 보통 사람의 견해를 대표하는 것이라고는 거의 할 수 없다. 버클리가 그렇다고 생각했던 것처럼 이 두 요소들이 나누어질 수 없는 것인지 아닌지는 논의의 여지가 있다.

마지막으로, 이 절에서 간단히 언급되어야 할 화제가 하나 있다. 버클리는 경험주의에서 합리주의로 옮겨가면서 **존재는 지각되는 것이다**는 것 대신에 **존재는 생각되는 것이다**(esse est concipi)는 것을 사용하게 되었다고 때때로 주장되기도 하였다. 이 주장의 주된 토대는 그가 이성에 비교해서 감각 기관들을 비난조로 말하는 《시리스》에 실려 있는 많은 소견들로 이루어진다. 그는 이렇게 말한다. "우리가 한 사물을 이해할 때 우리는 그것을 안다. 그리고 우리가 그것이 의미하는 것을 해석하거나 말할 수 있을 때 우리는 그것을 이해한다. 엄격히 말해서 감각 기관들은 아무 것도 알지 못한다. 실로 우리는 청각에 의해서 소리를 지각하고 시각에 의해서 문자들(글자들)을 지각한다. 그러나 그로 말미암아 우리가 그것들을 이해한다고 할 수는 없다."[71] 그리고 그는 "감각을 사유의 한 양태라고 보는 데카르트주의자들과 그 후계자들을"[72] 비난한다.

《시리스》에서 우리는 그 자체로서의 감각의 인식적 가치에 관한 빈번한 비난조의 소견들의 원인이 되는 플라톤 철학의 영향이 그 저작에 미친 것을 볼 수 있다. 마찬가지로 버클리가 신을 "지각하는" 사물들이라고 말하는 데 약간의 어려움이 있다는 것을 느꼈다는 것도

---

71) *Siris*, 253 ; V, p. 120.　　　72) *Siris*, 266 ; V, p. 125.

328

참인 것처럼 보인다. 공간을 신의 **지각 기관**(sensorium)으로 보는 뉴턴의 공간 관념을 넌지시 비추면서 그는 다음과 같이 말한다. "신 안에는 감각 기관이나 지각 기관은 전혀 없으며 그런 것과 비슷한 것도 없다. 감각 기관은 어떤 다른 존재로부터의 인상을 함축하며, 그것을 갖고 있는 영혼 안에 하나의 의존물을 나타낸다. 감각은 하나의 정념이다. 그리고 정념들은 불완전성을 함축한다. 신은 순수한 마음 또는 지성으로서 모든 것을 안다. 그러나 감각 기관이나 지각 기관에 의해서는 아무 것도 알지 않는다. 그러므로 공간이든 어떤 다른 것이든 어떤 종류의 지각 기관을 신 안에 상정하는 것은 매우 잘못된 것이며, 이것은 우리를 그의 본성에 관한 거짓된 개념들로 이끈다."[73] 그러나 설령 《시리스》(이 기묘한 저작의 대부분은 타르물의 효능에 관계한다)의 철학적 부분들이 버클리의 초기 저작들의 분위기와는 아주 다른 분위기를 나타낸다 해도, 그 책이 앞에서 제시된 것과 같은 근본적인 관점의 변화를 대표하는 것인지 아닌지는 의심스럽다. 감각과 사유의 구별이 《시리스》에서 강조되었을지도 모른다. 그러나 그것은 버클리의 초기 저작들에 함축되어 있었다. 우리가 보았듯이 그는 현상들의 관찰과 그것들에 관한 추리나 이론화의 구별을 주장했다. 게다가 버클리는 이미 《대화편》에서 "신은 어떠한 외적 존재도 그에게 영향을 미칠 수 없으며, 우리가 하는 것처럼 감각 기관에 의해서는 아무 것도 지각하지 않으며…어떤 감각에 의해서도 결코 영향받을 수 없다"[74]고 명확한 용어들로 말했다. 신은 모든 것들을 알거나 이해하지만 감각 기관에 의해서 그런 것은 아니다. 따라서 나는 《시리스》가 버클리 철학에서 어떠한 근본적인 변화를 대표한다고 말하는 것이 옳다고 생각하지 않는다. 우리가 말할 수 있는 최상의 것은 다음과 같은 것이다. 만약 이미 그의 초기 저작들에 함축되어 있었던 사고의 어떤 흐름들이 철저히 추구되고 발전되었다면, 예를 들어 우리가 사물들을 지각하고 있지 않을 때 그것들을 지각하고 있는 신과 신의 마음 안에 존재하는 "관념들"에 관하여 말하는 것으로부터 발생하는 난점들이 그 안에서 일소되었을 것이고, 아마도 그의 철학에 대한 다른 해석이 산출되었을 것이다.

---

73) *Siris*, 289; V, pp. 134~135.   74) *D.*, 3; II, p. 241.

6. 인과율

우리는 이미 버클리가 감각적 사물들의 활동이 관계되는 한에서는 인과 관계의 경험주의적인 또는 현상론적인 분석을 제시한다는 것을 보았다. 사실상 우리는 그것들을 능동적 원인들이라고는 결코 온당하게 말할 수 없다. 만약 A가 주어지면 B가 뒤따르며, A의 부재시에는 B가 발생하지 않는 식으로 B가 규칙적으로 A를 뒤따른다면, 우리는 A를 원인이라고 부르며 B를 결과라고 부른다. 그러나 이것은 A가 B의 산출에서 효과적으로 작용한다는 것을 의미하지 않는다. B는 신의 배치에 따라서 A를 뒤따른다. 관념들은 관념들이기 때문에 수동적이며, 적절하게 말해서 효과적인 인과율을 행사할 수 없다. A의 발생은 B가 발생하리라는 기호이다. "관념들의 관계는 **원인과 결과**의 관계를 함축하는 것이 아니라, 단지 **의미되는** 사물을 가지는 표시나 기호의 관계를 함축한다. 내가 보는 불은 내가 그것에 접근할 때 겪는 고통의 원인이 아니라, 내게 그것을 미리 알리는 표시이다."[75]

그러므로 우리가 추측했던 것처럼 감각적 사물들이 관계되는 한에서는 인과 관계에 관한 버클리의 분석에는 두 가지 요소들이 있다. 첫째로 경험주의적 요소가 있다. 우리 모두가 관찰하는 것은 규칙적인 연속이다. 둘째로 형이상학적인 요소가 있다. A는 신에게서 부여받은 B의 예언적 기호이다. 자연의 전 체계는 우리 마음에 신에 대해서 말해 주는 기호들의 체계, 시각적인 신의 언어이다. 게다가 신이 최초에 하나의 체계를 수립하고 나서, "어떤 예술가가 시계를 그 이후부터 일정 기간 동안 저절로 가게 하는 것처럼" 그 체계가 작동하도록 놓아 둔 것은 아니다. "오히려 이 시각 언어는 창조주뿐만 아니라 섭리를 지닌 통치자도 또한 입증한다. … "[76] 신은 모든 기호를 산출한다. 그는 끊임없이 활동하며 기호들을 통하여 유한 정신들에게 끊임없이 말하고 있다. 아마도 왜 신이 이런 식으로 행위해야만 하는가 하는 것을 알기는 그렇게 쉽지 않을 것이다. 왜냐하면 시각적인 기호들은 신체를 가진 정신들에게만 도움이 될 수 있기 때문이다. 그

---

75) *P.*, 1, 65 ; II, p. 69.　　　　　76) *A.*, 4, 14 ; III, p. 160.

리고 버클리의 원리들에 의하면 신체들 자체는 관념들의 덩어리이며, 시각적인 기호들도 마찬가지이다. 그러나 이 난점은 일소되지 않는다.

세번째 《대화편》에서 하일라스는 만약 신이 자연의 모든 사건들을 직접 창조한 존재라면 그는 죄와 범죄의 창조자가 될 것이라는 이유를 들어 반대한다. 그러나 여기에 대해 필로누스는 "나는 신이 물체들 안에 운동들을 산출하는 유일한 행위자라고 어디서도 말한 적이 없다"[77]고 대답한다. 인간의 정신은 참으로 능동적인 동력인이다. 나아가 죄는 물리적 행위에 있는 것이 아니라, "의지가 이성과 종교의 법들로부터 내적으로 일탈하는 데"[78] 있다. 살인을 저지르는 물리적 행위는 범죄자를 처형하는 물리적 행위와 유사할 것이다. 그러나 도덕적 관점에서 볼 때 두 행위는 서로 같지 않다. 죄나 도덕적으로 비열한 행위가 있는 곳에는 의지의 도덕법으로부터의 이탈이 있으며, 행위자는 이것에 대하여 책임이 있다.

그래서 버클리는 인과율을 단지 규칙적인 연속에 지나지 않는다고 말하지도 않는다. 그가 말하는 것은 오직 정신들만이 참으로 능동적인 동력인들이라는 것이다. 또한 그는 신이 유일하게 참된 원인이라고 말하지는 않는다. 그가 말하는 것은 유일하게 참된 능동적 원인은 정신이라는 것이다. 버클리에게는 종종 그렇듯이 경험주의와 형이상학이 결합되어 있다.

7. 버클리와 다른 철학자

근세 초기의 대륙 철학자들 중에서 버클리가 가장 호의를 보일 것으로 자연스럽게 기대되는 사람은 말브랑슈이다. 그러나 버클리가 말브랑슈를 연구하고 그에게서 배우기는 했지만, 우리는 버클리가 그 자신의 철학과 그 프랑스 오라토리오회 수도사의 철학을 뚜렷하게 구별하려고 애썼다는 것을 상정해야 한다. 그의 공책들에서 그는 여러 번 말브랑슈와의 의견의 불일치를 나타낸다. 예를 들어 "그(말브랑슈)는 물체들의 존재를 의심한다. 나는 이것을 조금도 의심하지 않는

---

77) *D.*, 3 ; II, p. 237.   78) 같은 책, 같은 면.

다."[79] 게다가 그는 말브랑슈의 기회 원인론(occasionalism)에 관하여 "우리는 우리 다리를 스스로 움직인다. 그것들을 움직이게 하는 것은 우리이다. 이것에 비추어 보아도 나는 말브랑슈와 다르다"[80] 하고 말한다. 《대화편》에서 그는 그의 철학이 그 프랑스 사람의 "열광"과는 멀리 떨어져 있다는 것을 장황하게 말한다. "그는 내가 전적으로 부인하는 가장 추상적인 일반 관념들에 의지한다. 그는 내가 부인하는 하나의 절대적인 외부 세계를 주장한다. 그는 우리가 우리의 감각 기관들에 의해서 속고 있으며, 연장적인 존재의 실재적 본성이나 참된 형상과 모양을 알지 못한다고 주장한다. 이 모든 것에 대해서 나는 정반대로 주장한다. 따라서 전체적으로 보아 그의 원리와 나의 원리보다 근본적으로 정반대인 원리는 없다."[81] 물론 버클리는 특별히 신 안에서 모든 사물들을 본다는 말브랑슈의 이론에 관하여 자신의 저작들과 말브랑슈의 저작들 사이에 때때로 이해할 수 있도록 비교가 이루어진다는 것을 잘 알고 있었다. 이 비교들은 그를 화나게 했다. 설령 우리가 버클리는 마음 속에서 처음부터 말브랑슈와의 관계를 부인했다는 사실을 참작한다 해도 시일이 지난 지금에 와서 참으로 이 노여움을 이해한다는 것은 약간 어려울지도 모르겠다. 그러나 그는 분명히 말브랑슈를 엄격한 철학적 논쟁에 거의 주목하지 않은 "열광자"로 생각했다. 그래서 그는 물질의 존재에 관해서 "말브랑슈에게는 성서와 가능성만이 유일한 증거들이다. 이것들에다가 그렇게 생각하려는 커다란 성향이라고 그가 말하는 것을 덧붙여 보아라"[82] 하고 말한다. 버클리의 생각으로는 말브랑슈는 사람들을 형이상학으로부터 상식으로 되부르려고 하지 않았다. 그는 추정된 일반적이고 추상적인 관념들을 많이 사용했다. 비록 그 오라토리오회 수도사에 대한 버클리의 비판적 태도는 의심할 바 없이 진지하며 그의 정직한 의견의 표현이었기는 했지만, 말브랑슈와의 관계를 부인하려는 그의 관심은 비교의 근거가 전혀 부족한 것만은 아니었음을 그가 알고 있었다는 것을 보여준다.

　버클리는 데카르트의 철학이 자기 철학과 같은 성질의 것이 아님을 알고 종종 그것을 비판했다. 인간은 물체들의 존재를 직접적으로 확

---

79) *P.C.*, 800 ; I, p. 96.　　　　　80) *P.C.*, 548 ; I, p. 69.
81) *D.*, 2 ; II, p. 214.　　　　　82) *P.C.*, 686 ; I, p. 83.

신하지 못한다는 데카르트의 견해에 관해 언급하면서 그는 다음과 같이 외친다. "한 철학자가 감각적 사물들의 존재를 신의 성실성으로부터 증명할 때까지 그것을 의문시한다는 것은 얼마나 웃음거리인가. …나는 내가 실제로 보고 느끼는 것들의 존재를 의심하는 것만큼이나 내 자신의 존재를 의심해도 좋을 것이다."[83] 그는 스피노자와 홉즈에 대해서는 거의 공감하지 않는다. 《대화편》에서 그들은 무신론자들과 "불신앙의 선동자"[84]로서 바니니*와 한 부류로 분류되고 있다. 반면에 공책들에서 버클리는 만약 그 자신의 이론들이 올바르게 이해된다면, "종교에 대한 공공연한 적이었던 에피쿠로스, 홉즈, 스피노자 등의 모든 철학은 멸망한다"[85]고 선언한다. "홉즈와 스피노자는 신을 연장적인 것으로 만든다."[86] 그리고 "홉즈가 의지를 마치 운동(그것과 아무 유사성도 갖지 않은)인 것처럼 말하는 것은 어리석은 일이다."[87] 만약 버클리가 데카르트에 찬성하지 않았다면, 그는 스피노자의 유물론에 대해서는 훨씬더 강력하게 찬성하지 않았을 것이다. 또한 《옹호되고 설명된 시각 이론》(*Theory of Vision Vindicated and Explained*, 1733)의 본문에서 볼 수 있는 것처럼 그는 이신론자들을 싫어했다.[88]

철학자로서의 버클리에게 주된 영향을 미친 것은 당연히 로크의 저작들이었다. 버클리는 로크를 대단히 존경했다. 그는 로크를 "내가 만났던 누구에게도 못지 않게 명석한 문필가"라고 부르며, 계속해서 다음과 같이 말한다. "내가 확신하는 것은 이 위대한 사람의 솔직함이었다. 만약 그가 살아 있다면 그는 내가 그와 다르다고 기분이 상하지는 않을 것이다(그렇게 하는 데에 내가 그의 충고를 따르는 것을 보면, 즉 내 자신의 판단을 하기 위해서 다른 사람의 눈이 아닌 내 자신의 눈으로 본다는 것을 알면)."[89] 게다가 삼각형의 일반 관념을 파악하려는 그의 반복되는 헛된 시도들에 관하여 언급한 뒤에 그는

83) *D.*, 3 ; II, p. 230.   84) *D.*, 2 ; II, p. 213.

* Lucilio Vanini : 나폴리의 성직자로서 1619년 무신론의 죄목으로 화형에 처해졌다—옮긴이 주.

85) *P.C.*, 824 ; I, p. 98.   86) *P.C.*, 825 ; I, p. 98.

87) *P.C.*, 822 ; I, p. 98.   88) I, pp. 251 이하.

89) *P.C.*, 688 ; I, p. 84.

다음과 같이 말한다. "정말로 만약 누군가가 그 관념들을 내 마음 속에 넣어 줄 수 있다면, 그것은 《인간 오성론》(*Essay Concerning Human Understanding*)의 저자임에 틀림없다. 그는 그가 말하는 것의 명백함과 의미 심장함에 의해서 지금까지 일반적인 문필가들과 두드러지게 구별되었다."[90] 그러나 비록 버클리가 로크에게 깊은 존경심을 느꼈다고 해도, 그리고 로크가 그의 출발점을 대부분 제공했다 해도, 물론 그의 존경은 지속적인 비판을 수반하는 것이었다. 그의 공책들에서 그는 로크가 《인간 오성론》을 제3권부터 시작했더라면 더 좋았을 것이라고 말한다.[91] 바꾸어 말하면 만약 로크가 언어의 검토와 비판으로부터 시작했다면 그는 그의 추상적 일반 관념들의 이론(버클리에 따르면 물질적 실체 이론은 주로 이 이론 탓이다)에 빠지지 않았을지도 모른다. 우리는 일반적으로 버클리는 로크를 불충분한 경험주의자이며 그 자신이 선언했던 원리들을 충실히 지키지 않았던 사람으로 여겼다고 말할 수 있다.

8. 버클리의 윤리 사상에 관한 소견

버클리는 윤리학이 수학처럼 논증적 학문이 될 수 있다는 로크의 생각에 의해서 영향을 받았다고 말할 만한 가치가 있다. 그래서 그는 "로크가 대수학에 관해서 그것은 매개적 관념들을 제공한다고 말할 때 의미하는 것을 잘 고려하며, 마찬가지로 윤리학 등에서도 수학에서 그러는 것과 동일한 용법을 제공하는 하나의 방법을 생각하라"[92]는 메모를 했다. 수학적 방법은 윤리학에 적용될 수 있으며 윤리학을 논증적 학문이 되게 할 수 있다는 생각은 그 당시에는 흔한 것이었는데, 그것은 부분적으로는 수학이 자연 과학에 성공적으로 적용됨으로써 획득한 명성 때문이었으며, 부분적으로는 윤리학이 이전에는 권위에 의존했으나 이제는 새로운 합리적 토대를 필요로 한다는 생각이 널리 퍼져 있었기 때문이었다. 실로 버클리는 윤리학은 어떠한 경우에도 순수 수학의 한 분과가 될 수 없다는 것을 알았다. 그러나 그는

---

90) *E.*, 125 ; I, p. 221.　　　　　91) *P.C.*, 717 ; I, p. 87.
92) *P.C.*, 697 ; I, p. 85.

334

적어도 한때는 윤리학을 응용 수학, 또는 그가 표현한 것처럼 "혼합 수학"(mixt Mathematics)[93]의 한 분과와 비슷하게 하려는 희망을 가졌다. 그는 이 꿈을 체계적으로 성취하려는 시도는 결코 하지 않았다. 그러나 그는 윤리적 논증이 어떤 형태를 띨 것인가 하는 것에 관한 그의 견해가 로크와 다르다는 것을 보여주는 몇 가지 의견을 말했다. 로크에게서 수학은 추상 관념들 사이의 관계들을 연구하며 "매개적 관념들"에 의해서 논증을 수행할 수 있다. 그러나 버클리에게서 그것은 추상 관념들 사이의 관계들이 아니라, 기호들이나 상징들 사이의 관계들을 고찰하는 것이다. 수학적으로 다루어진 윤리학은 추상 관념들 사이의 관계들을 논증하지 않을 것이다. 그것은 낱말들에 관계할 것이다. 그는 윤리학을 논증적 학문이 되게 하는 데 필요한 모든 것은 낱말들의 사전을 만들고 어느 낱말이 어느 낱말을 포함하는지를 보는 것과 같다고 말한다.[94] 그러므로 첫번째의 중요한 과제는 낱말들을 정의하는 일일 것이다.[95] 하지만 버클리는 그때에도 대수학의 상징들의 의미에 관해서보다는 윤리학의 용어들의 의미에 관한 공통의 합의에 도달하는 데서 훨씬더 어려움이 많음을 깨닫고 있었다는 것이, 그의 공책들에 나오는 몇 가지 언급들로 볼 때 명백하다. 우리가 수학을 배울 때 우리는 상징들의 의미에 관한 선입관이 없이 그 상징들의 의미를 동시에 배운다. 그러나 윤리학에서 사용되는 용어들의 경우에는 그렇지 않다. 아마도 이것이 버클리가 윤리학을 다룰 예정이었던 《원리론》(Principles) 부분을 결코 쓰지 않았던 이유들 중의 하나였을 것이다.

실제로는 버클리의 도덕 철학은 단편적이며 미숙한 것이다. 그의 공책에서 우리는 "감각적 쾌락이 최고선이며 윤리학의 커다란 원리이다"[96]는 놀랄 만한 주장을 발견한다. 언뜻 보기에 이것은 아둔한 쾌락주의의 표현인 것처럼 보인다. 그러나 동일한 단락의 바로 뒤따르는 낱말들—"일단 이것이 올바르게 이해된다면, 모든 교의들 심지어 복음서의 가장 엄숙한 교의들조차도 명백하게 논증될 수 있을 것이다"—은 이것이 경솔한 결론임을 보여준다. 왜냐하면 만약 감각적 쾌락이 최고선(summum bonum or supreme good)이라는 언명이 복음서

---

93) P.C., 755 ; I, p. 92.   94) P.C., 690 ; I, p. 84.
95) P.C., 853 ; I, p. 101.   96) P.C., 769 ; I, p. 93.

의 가장 엄숙한 교의들과 모순이 없도록 만들어질 수 있다면, 그것은
명백히 얼핏 보이는 의미로 여겨질 수는 없기 때문이다. 게다가 다른
단락들에서 버클리는 서로 다른 종류의 쾌락들을 구별한다. "쾌락으
로서의 감각적 쾌락은 좋은 것이며 현명한 사람에 의해서도 바람직한
것이다. 그러나 만약 그것이 경멸할 만한 것이라면, 그것은 쾌락으로
서가 아니라 고통이나 고통의 원인으로 또는 (같은 것이지만) 더 큰
쾌락의 손실의 원인으로서이다."[97] 또한 그는 "영원한 행복을 얻기
위해서 행동하지 않는 사람은 믿음이 없는 사람임에 틀림없다. 적어
도 그는 내세의 심판을 확신하지 않는다"[98]고 말한다. 이 단락들은
일관되지 않는 것으로 보일지도 모른다. 그러나 버클리는 명백히 "감
각적 쾌락"이라는 말로써 배타적 의미에서 관능적 욕구를 만족시키는
것이라기보다는 차라리 감각되거나 지각된 쾌락(구체적 쾌락)을 의미
한다. 만약 행복이 인생의 목적이라면, 그것은 단지 추상적 개념이
아니라 구체적인 어떤 것이어야 한다. "모든 사람은 누구나 사람이
행복하다는 것이 무엇인지 또는 하나의 대상이 선하다는 것이 무엇인
지를 자신은 안다고 생각할지도 모른다. 그러나 모든 개별적 쾌락을
떼어 버린 행복의 추상 관념이나 또는 모든 선한 것을 떼어 버린 선
의 추상 관념을 형성하는 것은 어느 누구도 좀처럼 감히 형성할 수
있다고 말할 수 있는 것이 아니다. … 요컨대 추상 작용 이론은 지식의
가장 유용한 부분들을 망치게 하는 데 적지 않게 공헌했다."[99]

버클리는 감성일 뿐만 아니라 이성적인 존재로서의 인간에게 어
울리는 "자연적" 쾌락들과, 욕망을 만족시키지 않으면서 욕망을 부채
질하는 "환상적" 쾌락들을 구별하게 되었다. 그는 행복에 대한 욕망
인 자기애가 행위에서 지배적인 동기라고 생각했다. 그러나 그는 그
의 후기 저작들, 특히 《시리스》에서 이성적 지식과 비교해서 감각을
평가 절하한 것과 마찬가지로 합리적인 자기애를 강조했으며, 이성의
쾌락들과 비교해서 감각 기관의 쾌락들을 평가 절하하게 되었다.

버클리의 의견들 중 약간은 공리주의와, 사적인 행복보다는 공익이
인간의 노력의 적절한 목표라는 견해를 주장하는 것처럼 보인다. 그
래서 그는 "도덕적"이거나 실천적인 진리들은 보편적 이익과 언제나

---

97) *P.C.*, 773 ; I, p. 93.　　　　98) *P.C.*, 776 ; I, p. 93.
99) *P.*, 1, 100 ; II, pp. 84~85.

연관되어 있다"[100]고 말한다. **무저항적 복종**에 관한 논문에서 우리는 "각 개인의 일치된 행동들에 의해 획득되도록 신이 계획한 것은 세계의 모든 사람들, 모든 국가들, 모든 시대의 일반 복지"[101]라는 구절을 볼 수 있다. 그러나 공익을 강조하는 것이 버클리의 생각으로는 합리적인 자기애가 일차적이라고 주장하는 것과 양립 불가능하지 않았다. 왜냐하면 후자는 이기주의를 의미하지 않기 때문이다. 그것은 소위 이타주의를 포함한다. 신은 사물들을 그렇게 고안했기 때문에 이성에 따른 행복의 추구는 항상 공익과 복지에 공헌한다.

나아가 도덕은 합리적이고 도덕적인 법칙들을 필요로 한다고 확신했기 때문에, 버클리는 이성이 인간의 자유와 의무를 함축하는 자연 도덕법을 확인할 수 있다고 주장했다. 그러나 보편적 표준들과 규칙들의 타당성을 주장하는 것은 모든 사람은 자신의 이익을 추구한다고 말하는 것과 모순되지 않는다. 도덕법이 명령하는 것은 우리는 이성에 따라서 우리의 참된 이익을 추구해야 한다는 것이며, 그것은 우리로 하여금 우리의 참된 이익이 어디에 있는지를 알도록 해준다. 그래서 버클리가 《알키프론》에서 소견을 말한 것처럼 "각자의 참된 이익은 그의 의무와 결합되며", "지혜와 덕은 동일한 것이다."[102]

버클리는 합리적인 자기애는 이타주의를 포함한다고 믿었기 때문에 그가 홉즈의 협소한 이기주의라고 여겼던 것을 공격하리라는 것은 쉽게 기대될 수 있다. 마찬가지로 그는 《알키프론》에서 맨드빌과 샤프츠베리를 공격했는데, 전자는 두번째 《대화편》에서, 후자는 세번째 《대화편》에서 공격했다. 버클리는 도덕감의 이론을 받아들이지 않았다. 그가 보기에는 이 철학자들 중 어느 누구도 도덕적 삶에서 이성의 기능을 이해하지 못했으며, 이타적 행위의 효과적인 동기를 제시하지 못했다. 두 사람의 공통적인 결점, 그리고 각자의 특수한 결점은 자유 사상가들의 도덕적인 불충분함을 예증한다. 버클리는 적어도 샤프츠베리에게는 명백히 불공정했으며 그의 입장을 잘못 해석했다. 그러나 자유 사상가들에 대한 그의 비판은 흥미로운데, 그 까닭은 그것이 도덕은 자율적이 아니며 종교와 연결되어야 한다는 그의 확신을 보여주기 때문이다. "양심은 언제나 신의 존재를 상정한다."[103] 버클리기

---

100) *A.*, 5, 4 ; III, p. 178.
102) *A.*, 3, 10 ; III, p. 129.
101) *Passive Obedience*, 7 ; VI, p. 21.
103) *A.*, 1, 12 ; III, p. 52.

《알키프론》을 썼을 때까지는 그는 버틀러 주교의 설교에 의해 영향을 받았는데, 이것이 증명될 수 있는 것처럼 보이지는 않는다. 하지만 그는 버틀러가 믿었던 것처럼 도덕의 합리적이고 보편적인 규칙들이 도덕적 삶에서 실재적인 중요성을 가지며, 윤리와 종교는 몇몇 문필가들이 생각했던 것보다 훨씬 밀접하게 연결된다고 믿게 되었다.

이런 소견들은 버클리가 윤리와 도덕에 관한 다수의 소견들을 말했으며, 그것들을 완전히 일관되게 하려고 시도하지 않았고, 더군다나 그것들을 체계적으로 발전시키려고 하지는 않았다는 것을 암시할지도 모른다. 사실상 우리는 그의 저작들에서 발전된 윤리학적인 체계라고 적절하게 불릴 수 있는 것을 발견할 수 없다. 한편 우리는 **무저항적 복종**에 관한 논문에서 아마도 버클리의 윤리학적 체계의 서언으로 불릴 수도 있을 것을 발견할 수 있다. 이 절의 마지막에서 관련된 구절들에 주목하는 것은 아마도 가치가 있을 것이다.

행동의 원리로서의 자기애는 일차적인 지위를 갖는다. "자기애는 다른 모든 것들 중에서도 가장 보편적인 원리이며 우리 마음에 가장 깊이 새겨진 원인이기 때문에, 우리가 사물들을 우리 자신의 행복을 증가시키거나 감소시키기에 적합한 것으로 여기는 것은 당연하다. 따라서 우리는 그것들을 선 또는 악 이라고 일컫는다."[104] 맨 처음에 인간은 감각 기관의 인상들에 의해서 인도되며, 감각적 쾌락과 고통은 선과 악의 의심할 여지없는 특징들로 간주된다. 그러나 인간은 성장하면서 경험에 의해서 현재의 쾌락이 때때로 더 큰 고통을 수반하며, 현재의 고통이 더 큰 미래의 선을 획득하는 계기가 될 수도 있다는 것을 알게 된다. 나아가 영혼의 더 고귀한 능력들이 그 활동을 드러낼 때 우리는 감각 기관들의 것보다 더 탁월한 능력을 발견한다. "따라서 하나의 변화가 우리의 판단들에 작용한다. 우리는 더 이상 감각 기관의 처음의 유혹들을 좇지 않으며, 하나의 행동의 먼 결과들, 즉 사물들의 일상적인 진행에 따라서 어떤 선을 기대해도 좋을 것인지 또는 그것으로부터 어떤 악이 결과될 것인지를 고려하게 된다."[105]

그러나 이것은 단지 첫단계에 불과하다. 시간과 비교하여 영원을 고려하는 것은 우리에게 모든 분별있는 사람은 자신의 영원한 이익에

---

104) *Passive Obedience*, 5 ; VI, p. 19.   105) *Passive Obedience*, 같은 면.

가장 효과적으로 공헌할 수 있도록 행동해야 한다는 것을 보여준다. 이성은 인간을 영원히 행복하거나 영원히 비참하게 할 수 있는 신이 있다는 것을 보여준다. 그리고 이것으로부터 분별있는 사람은 자신의 행동들을 신의 명확한 의지에 순응시킬 것이라는 결론이 나온다. 그러나 버클리는 이 신학적 공리주의를 배타적으로 고수하지 않는다. 그는 만약 우리가 신이 피조물들과 맺고 있는 관계를 고려한다면, 우리는 동일한 결론을 내려야 할 것이라고 말한다. 왜냐하면 모든 사물을 만들고 보존하는 존재로서의 신은 최고의 입법자이기 때문이다. "인간은 이익만큼이나 의무의 모든 속박에 의해서 신의 법들을 준수해야 한다."[106] 의무와 이익은 동일한 방향을 가리킨다.

그러나 계시는 별도로 치더라도 어떻게 우리는 이 법들을 알 수 있는가? "법들은 우리 행위들을 입법자에 의해서 의도된 목적에 맞추도록 지시하는 규칙들이기 때문에, 신의 법들에 관한 지식을 획득하기 위해서 우리는 먼저 인간의 행위들에 의해서 수행되도록 신이 계획한 그 목적이 무엇인지 탐구해야 한다."[107] 신은 무한히 선하므로 그 목적은 선한 것임에 틀림없다. 그러나 그것이 신의 선일 수는 없다. 왜냐하면 신은 이미 완전하기 때문이다. 따라서 그 목적은 인간의 선이어야만 한다. 그래서 저 사람보다 이 사람을 신의 마음에 더 들도록 하는 것이 도덕적 선이다. 도덕적 선은 법을 준수하는 것을 전제로 한다. 따라서 입법자에 의해서 마음 속에 그려진 목적은 논리적으로 개인들 사이의 모든 구분들에 선행해야 한다. 이것은 그 목적이 어떤 한 개별적인 사람이나 국가의 선이 아니라 일반적인 인간, 즉 모든 사람들의 선이어야만 한다는 것을 의미한다.

이것으로부터 당연히 다음과 같은 결과가 나온다. "실천적 명제가 그 안에 포함된 보편적 복지와 필연적인 관련을 가진 것처럼 올바른 이성에 명백하게 보이는 것은 무엇이든지 신의 의지에 의해서 명령된 것으로 간주될 수 있다."[108] 이 명제들은 보편적이며, 그 의무를 시민의 재가로부터가 아니라 신으로부터 끌어내기 때문에 "자연법"이라고 불린다. 그것들은 사람들에 의해서 잘 알려지며 양심에 의해 깨우쳐지기 때문에 마음에 새겨져 있다고 한다. "그것들은 필연적으로 사

---

106) *Passive Obedience*, 6 ; VI, p. 20.　　107) *Passive Obedience*, 7 ; VI, p. 20.
108) *Passive Obedience*, 11 ; VI, p. 22.

물의 본성으로부터 결과되며, 의심할 여지없는 이성의 연역에 의해
논증될 수도 있기 때문에,"[109] "이성의 영원한 규칙들"이라고 불
린다.

 윤리 체계에 관한 이 개요는 어느 정도 중요하다. 왜냐하면 그것은
도덕적 삶에서 자기애의 위치, 행위의 목적으로서의 이익과 공익에
대한 의무의 관계와 같은 당시의 주제들에 관한 고려와, 신의 임의적
인 의지가 아닌 하나의 객관적인 목적에 의해서 결정된 자연 도덕법
사상과 같은 전통적인 요소들을 결합시키기 때문이다. 그것은 마찬가
지로 도덕에서 이성의 기능에 관한 버클리의 주장을 보여주는 것으로
서도 중요하다. 이 문제에 관해서 버클리가 적어도 어느 정도까지 약
간은 케임브리지 플라톤주의자들에 의해서 영향을 받았다는 것이 정
말일지도 모른다. 우리가 보았듯이 그는 "이성의 영원한 규칙들"을
말하며 다음과 같이 주장한다. "도덕에서 행위의 영원한 규칙들은 기
하학의 명제들과 동일하게 불변의 보편적 진리를 갖는다. 그것들 중
어느 것도 상황이나 우연한 사건들에 의존하지 않으며, 제한이나 예
외없이 언제 어디서나 참이다."[110] 그러나 버클리의 개요가 어느 정
도 중요하기는 하지만, 도덕 철학자로서의 그가 버틀러와 똑같은 지
위를 갖는 것은 아니다.

9. 버클리의 영향

 그의 철학에 대한 버클리 자신의 태도를 이해하기 위해서 우리는
신의 존재와 섭리적 행위, 영혼의 영적 본성과 불멸성을 증명하려는 그
의 관심을 명심해야 한다. 그는 물질적 실체 이론에 관한 그의 비판
을 통해서 자신이 유물론으로부터 그 주된 지주를 박탈했다고 확신했
다. "예나 지금이나 무신론자들에게는 물질적 실체가 얼마나 훌륭한
친구였는가 하는 것은 말할 필요가 없을 것이다. 그들의 모든 기괴한
체계들은 명백하고 필연적으로 그것에 의존하기 때문에 일단 이 초석
이 제거되면 그 전체 건물은 땅에 쓰러질 수밖에 없다."[111] 버클리의

---

109) *Passive Obedience*, 12 ; VI, p. 23.   110) *Passive Obedience*, 53 ; VI, p. 45.
111) *P.*, 1, 92 ; II, p. 81.

철학을 그 자신이 그것을 본 것처럼 보기 위해서는 그의 종교적이며 호교적이고 도덕적인 관심들을 기억하는 것이 필수적이다.

그러나 버클리 철학에서 형이상학적 요소들이 많은 영향을 미쳤다고 주장될 수는 거의 없다. 가장 영향력 있는 것은 경험주의적 요소였다. 다음 장들에서 보게 되겠지만 흄은 그의 현상론적인 분석을 발전시켰다. 그리고 19세기에 밀(J.S. Mill)은 "그 각각이 심리학에서 하나의 혁명을 이루기에 충분했으며, 그것들의 결합에 의해서 그 뒤에 계속되는 철학적 사색의 전체 진로를 결정했던 그의 세 가지 제1급의 철학적 발견물들"[112]을 칭찬했다. 밀에 따르면 이 세 가지 발견물들은 버클리의 시각적인 지각 이론(즉 《새로운 시각 이론》에서 상술된 이론), 추리는 항상 개별자들에 관한 것이라는 그의 이론, 그리고 실재는 감각들의 집합이나 무리로 이루어진다는 그의 견해이다. (밀 자신은 물질적 사물을 감각들의 영원한 가능성이라고 정의했다.)

버클리의 중요성을 말하는 데서 밀은 아주 정당했다. 그는 세 사람의 탁월한 고전 영국 경험주의자들 중 하나로 남아 있으며, 경험주의적 측면에서의 그의 사상을 직접적이거나 간접적으로 이 전통에서의 영국 철학의 뒤이은 발전에 영향을 미쳤다. 영국 사상에서 언어 분석 운동이 아주 강력한 오늘날 이 분석의 이론과 실천에 관한 그의 예견들에 특별한 관심이 주어진다. 그리고 그의 사상에서 이 요소가 드러내어져야 한다는 것이 중요하다. 그러나 버클리 자신은 그의 철학의 더 형이상학적인 요소들이 다른 이유로 그를 존중하는 사람들에 의해서 일반적으로 받아들일 수 없는 것으로 여겨진다는 것을 의심할 여지없이 유감으로 생각할 것이다.

112) *Dissertations and Discussions*, 4, 155.

제 14 장

데이비드 흄 1

1. 생애와 저작

앞에서 살펴보았듯이 로크는 우리의 모든 관념들이 궁극적으로 경험에서 온다는 원리를 온건한 형이상학과 연결시켜 받아들였다. 버클리는 로크의 물질적 실체 개념을 부정함으로써 로크가 했던 것보다 더 경험주의를 추진하였음에도 불구하고, 정신주의의 형이상학적인 철학을 위해서 경험주의를 활용했다. 경험주의적 실험을 완성하고 대륙 합리론에 대한 비타협적인 반정립을 제시하는 과업은 데이비드 흄 (David Hume)에 의하여 처음으로 이루어졌다. 그러므로 현대의 경험주의자들은 흄을 그들이 받아들이는 철학의 창시자로 보는 것이다. 나는 현대 경험주의자가 흄의 모든 주장을 받아들인다거나, 또는 경험주의 이론들과 분석들에 관한 흄의 모든 표현 방식들을 본받는다는 뜻으로 말하는 것은 아니다. 그러나 흄은 18세기말에 이르기까지 경험주의를 곧이 곧대로 받아들이고 일관된 경험주의 철학을 발전시키려고 애썼던 단 한사람의 탁월한 철학자로 그에게 남아 있다.

데이비드 흄은 1711년 에딘버러에서 태어났다. 그의 가족은 그가

법률가가 되기를 바랐지만, 그는 자신이 문학에 대한 열정에 사로잡
혀 있었으며, "철학과 일반 학문의 연구를 제외한 모든 것에 대해 참
을 수 없는 혐오"를 느꼈다고 말한다. 하지만 흄의 아버지는 그의 아
들이 좋아하는 것들을 추구하게 할 수 있을 만큼 넉넉하지 못했으므
로 그는 브리스틀에서 사업을 했다. 이 일은 성공적이지 못했으므로
마음에 맞지 않는 일을 몇 달 한 뒤에 그는 프랑스로 가서 문필업에
전념하고 금전의 부족은 철저한 검약으로 메꾸기로 결심했다. 프랑스
에서 보낸 1734년에서 1737년에 이르는 기간 동안 그는 그의 가장
유명한 저서인 《인성론》(A Treatise of Human Nature)을 썼다. 이것은
3권으로 출판되었는데(1738~1740), 그의 설명에 따르면 "열광자들
사이에 속삭임조차" 불러일으키지 못하고 "인쇄기로부터 사산(死產)
된 채로 떨어졌다".

1737년 프랑스에서 돌아온 뒤에 흄은 어머니와 형과 함께 스코틀
랜드에서 살았다. 1741~1742년에 그는 《도덕과 정치 소논집》(Essays,
Moral and Political)을 출판했으며, 이 저서의 성공에 자극받아 《인성
론》을 새로운 형태로 개작하면 대중에게 더 쉽게 받아들여질 수 있으
리라는 희망에서 그것을 다시 쓰기 시작했다. 1745년에 그는 에딘버
러 대학교의 윤리학과 정신 철학 교수직에 지원했으나, 회의주의
와 무신론에 대한 그의 명성 때문에 실패했다. 가정 교사로 1년을
보낸 뒤 클레어 장군의 비서로 출국하여 1749년에야 돌아왔다. 그
사이에 《인성론》제1권의 개정판이 1748년에 《인간 오성에 관한
철학적 소논집》(Philosophical Essays concerning Human Understanding)이라
는 제목으로 출판되었다. 1751년에 재판이 나왔는데, 그는 이 책에
현재의 제목인 《인간 오성 연구》(An Enquiry concerning Human Under-
standing)라는 제목을 붙였다. 같은 해에 그는 《도덕 원리 연구》(An Enquiry
concerning the Principles of Morals)를 출판했는데, 이 책은 《인성론》의 제
3권을 조금 개작한 것이며, 저자가 자신의 저작들 중에서 최고로 여
기는 것이다. 1752년에 그는 그에게 상당한 명성을 가져다 준 《정치
론》(Political Discourses)을 출판했다.

같은 해에 그는 에딘버러에 있는 변호사 협회의 도서관 직원이 되
었으며, 누이와 함께 그 도시에 정착했다. 그의 형은 1년 전에 결혼
했다. 도서관을 이용할 수 있게 되면서 그는 영국사 저술에 관심을

돌리게 되었다. 1754년*에 그는 제임스 1세의 즉위로부터 찰스 1세의 죽음에 이르기까지의 영국사를 출판했으며, 이것에 이어 1688년 혁명에 이르기까지의 영국사를 담은 2권을 1756년에 출판하였다. 그의 《튜더 왕조하의 영국사》(*History of England under the House of Tudor*)는 1759년에 출판되었으며, 1761년에는 《케사르의 침략으로부터 헨리 7세 즉위까지의 영국사》(*History of England from the Invasion of Julius Caesar to the Accession of Henry VII*)가 출판되었다. 이 시기에 철학에 관해서는 많이 출판하지 않았지만, 종교의 자연사에 관한 논문을 포함한 《4편의 연구 논문》(*Four Dissertations*)이 1757년에 출판되었다.

1763년에 그는 프랑스 주재 영국 대사인 허트포드 백작과 함께 파리로 가서 한동안 대사관 비서로 일했다. 파리에서 《백과전서》(*Encyclopaedia*)와 관련된 일단의 프랑스 철학자들과 사귄 그는 1766*년 런던으로 돌아올 때 루소와 동행하기도 하였으나, 루소의 의심 많은 성격 때문에 그 관계는 곧 끊어졌다. 2년 동안 국무차관(Undersecretary of State)을 지내고 1769년 에딘버러로 돌아온 그는 그곳에서 1776년에 죽었다. 1752년 이전에 씌어진 《자연 종교에 관한 대화편》(*Dialogues concerning Natural Religion*)은 1779년에 유고집으로 출판되었다. 자살과 영혼 불멸에 관한 그의 논문들은 1777년에 익명으로, 1783년에는 흄의 이름으로 출판되었다.

흄의 자서전은 친구인 아담 스미스에 의하여 편집되어 1777년에 간행되었다. 거기서 그는 자주 인용되는 다음과 같은 문구로 자신을 기술하고 있다. "나는 온화한 성격과 자유로운 기질의 성품과 개방적이고 사교적이며 유쾌한 해학을 지니고 있어서 누구나 가까이하기 쉽고 증오심이 거의 없으며 모든 정열에 있어서 중용을 지킬 수 있는 사람이다. 심지어 나의 지배적인 열정인 문학적 명성에 대한 애착조차도, 비록 그것이 번번히 나를 실망시켰음에도 불구하고 결코 나의 기질을 뒤틀리게 하지는 못했다." 샤를르몽 백작의 회상에 따라 판단한다면, 그의 모습은 그의 저작들을 읽는 독자들이 무의식적으로 떠올리기 쉬운 모습과는 거리가 멀었던 것처럼 느껴진다. 왜냐하면 샤를르몽에 따르면 흄은 "세련된 철학자라기보다는 차라리 거북이를 먹

＊ 원문에는 1756년으로 되어 있으나 바로잡음―옮긴이 주.
＊ 원문에는 1716년으로 되어 있으나 바로잡음―옮긴이 주.

고 있는 총독"처럼 생겼기 때문이다. 또한 그는 매우 심한 스코틀랜드 억양이 섞인 영어를 쓰며, 그의 프랑스어는 전혀 모범적이지 못했다는 말도 있다. 하지만 설령 그의 개인적인 외모나 억양이 유명한 사람들의 그런 사소한 일들을 알고 싶어하는 사람들에게 흥미있을지는 몰라도, 그것들은 철학자로서의 그의 중요성과 영향과는 명백히 무관한 것이다. [1]

2. 인간 본성의 학문

《인성론》의 서론에서 흄은 모든 학문이 인간 본성과 어떤 관련을 가진다고 말한다. 그는 이것이 논리학, 윤리학, 비평 그리고 정치학의 경우에 명백하다고 말한다. 논리학은 인간의 추리 능력의 원리들과 작용들, 그리고 우리 관념들의 본성에 관계한다. 윤리학과 비평(미학)은 우리의 취향과 감정들을 다룬다. 정치학은 사회 안에서 인간들의 결합을 고찰한다. 실로 수학, 자연 철학 그리고 자연 종교는 인간과는 아주 다른 주제들에 관계하는 것처럼 보인다. 그러나 그것들은 인간에 의해 알려지며, 이러한 지식의 분야들에서 참된 것과 거짓된 것을 판단하는 것은 바로 인간이다. 게다가 자연 종교는 신의 본성뿐만 아니라 우리에 대한 신의 의향, 그에 대한 우리의 의무 등도 다룬다. 그래서 인간 본성은 학문들의 "수도 또는 중심"이며, 우리가 인간학을 발전시켜야 한다는 것은 대단히 중요한 일이다. 이것은 어떻게 이루어질 것인가? 실험적 방법을 적용함으로써 이루어질 수 있을 것이다. "인간학은 다른 학문들을 위한 유일하게 견고한 토대이므로, 우리가 이 학문 자체에 줄 수 있는 유일하고 견고한 토대는 경험과

---

1) 흄의 *Treatise*와 *Enquiries*의 면수 인용은 L.A. Selby-Bigge 판들 (*Treatise* 1888년 판의 재발행(1951)과 *Enquiries* 1902년 판의 1951년 쇄, Oxford)에 따라 주어질 것이다. *Treatise*는 *T.*로, *Enquiry concerning Human Understanding*은 *E.*로, *Enquiry concerning the Principles of Morals*는 *E.M.*으로 인용될 것이다. *Dialogues concerning Natural Religion*의 면수 인용은 Norman Kemp Smith 판(Edinburgh, 제2판, 1947)에 따라 주어질 것이며, 그 저작은 *D.*로 인용될 것이다.

관찰 위에 놓여져야만 한다. "[2]

이와 같이 흄의 《인성론》은 결코 평범한 야심에 의해 고취된 것이 아니다. "그러므로 인간 본성의 원리들을 설명한다고 주장하면서, 우리는 결국 학문들이 안전하게 설 수 있는 거의 전적으로 새롭고 유일한 토대 위에 세워진, 학문들의 완전한 체계를 제안하는 것이다. "[3] 그의 주장은 자연 과학에 그렇게 성공적으로 적용되어 왔던 실험적 방법이 인간의 연구에도 역시 적용되어야 한다는 것이다. 즉 우리는 인간의 심리적 과정들과 그의 도덕적 행위에 관한 면밀한 관찰에서 시작하여 그것들의 원리들과 원인들을 탐지하려고 노력해야 한다. 사실상 우리는 이 분야에서, 예를 들어 화학에서 우리가 할 수 있는 것과 정확히 동일한 방식으로 실험을 할 수는 없다. 우리는 인간의 삶과 행위에 관한 내성과 관찰에서 우리에게 주어지는 것과 같은 자료에 만족해야만 한다. 그러나 어쨌든 우리는 경험적 자료에서 시작해야 하며, 우리가 파악할 수 없는 인간 마음의 본질에 관한 어떠한 거짓된 직관에서 시작해서는 안 된다. 우리의 방법은 연역적이라기보다는 차라리 귀납적이어야 한다. 그리고 "이런 종류의 실험들이 현명하게 축적되고 비교되는 곳에서, 우리는 어떤 다른 인간 이해보다도 확실성에서 뒤지지 않으며 효용에서 훨씬 우수한 것이 될 학문을 이것들 위에 수립하리라고 희망할 수 있을지도 모르겠다. "[4]

이처럼 뉴턴 과학의 방법들을 가능한 한 인간 본성 자체에까지 확장시키고, 로크, 샤프츠베리, 허치슨과 버틀러에 의해 시작된 작업을 더 한층 진전시키는 것이 흄의 의도이다. 물론 그는 인간 본성의 학문이 어떤 의미에서 자연 과학과 다르다는 것을 알고 있다. 예를 들어 그는 내성의 방법을 사용하며, 이 방법이 심리학의 영역 밖에서는 적용될 수 없다는 것을 명백히 알고 있다. 동시에 그는 칸트 이전의 다른 계몽 철학자들과 마찬가지로 자연 과학들과 마음 또는 "정신" 과학들 사이의 차이에 관해서 불충분하게 이해하고 있다. 하지만 흄이 더 낫다면 그 좀더 나은 이해는 부분적으로 "자연 철학"의 일반 개념들을 인간학으로 확장시키는 실험의 결과였다. 르네상스 이래로 자연 과학들에서의 커다란 진보를 고려한다면 그 실험이 이루어졌다

---

2) *T*., Introduction, p. xx.   3) 같은 책, 같은 면.
4) *T*., Introduction, p. xxiii.

346

는 것은 놀랄 만한 일이 아니다.

《인간 오성 연구》에서 흄은 인간 본성의 학문은 두 가지 방식으로 다루어질 수 있다고 말한다. 어떤 철학자는 인간을 주로 행동하기 위해 태어난 것으로 여기고, 사람들로 하여금 유덕한 행위를 하도록 촉진시키기 위하여 덕의 아름다움을 보여주는 데 열중할지도 모른다. 또한 그는 인간을 활동적인 존재라기보다는 차라리 추리하는 존재로 여기고, 인간의 행위를 개선하기보다는 인간의 오성을 개발하는 데 열중할지도 모른다. 이 두번째 유형의 철학자는 "인간 본성을 사색의 주체로 여기고, 우리의 오성을 규제하고, 우리의 감정을 불러일으키며, 우리로 하여금 어떤 특정한 대상, 행동이나 행위를 시인하거나 비난하게 하는 원리들을 발견하기 위하여 인간 본성을 아주 정밀하게 검토한다."5) 첫번째 유형의 철학은 "쉽고 명백하며", 두번째 유형의 철학은 "정밀하고 난해하다." 대다수의 인간은 자연히 첫번째 유형을 더 좋아한다. 그러나 첫번째 유형이 어떤 확실한 토대를 가질 수 있으려면 두번째 것이 필수적이다. 참으로 추상적이고 난해한 형이상학적 사색은 어느 곳으로도 인도하지 못한다. "그러나 학문을 이 난해한 물음들로부터 즉시 벗어나게 하는 유일한 방법은 인간 오성의 본성을 진지하게 탐구하는 것이며, 그것의 힘과 능력을 정확하게 분석함으로써 그것은 결코 그러한 소원하고 난해한 주제들에 적합하지 않다는 것을 보여주는 것이다. 우리는 이 이후에 편하게 살기 위해서 이러한 노고를 감수해야만 하며, 그릇되고 나쁜 것을 파괴하기 위하여 신중하게 참된 형이상학을 개발해야 한다."6) 한때 천문학자들은 천체들의 운동과 크기를 결정하는 데 만족했다. 그러나 그들은 마침내 행성들의 운동을 지배하는 법칙과 힘을 결정하는 데 성공했다. "마찬가지의 것들이 자연의 다른 부분들에 관해서도 수행되었다. 만약 동일한 능력과 주의력을 가지고 수행된다면, 심적인 힘과 유기적 구조에 관한 우리의 탐구들에서 동일한 성공을 단념할 이유가 전혀 없다."7) "참된 형이상학"은 거짓된 형이상학을 몰아낼 것이다. 그러나 그것은 역시 인간학을 확실한 토대 위에 수립할 것이다. 이 목적을 달성하기 위해서는 고통을 감수하고, 상당히 난해하기는 하지만

5) E., 1, 2, p. 6.　　　　6) E., 1, 7, p. 12.
7) E., 1, 9, p. 14.

정확한 분석을 추구할 만한 가치가 있다.

흄은 첫번째 《연구》에서 독자들에게 《인성론》의 제 1 권에서 전개된 사유의 흐름들을 권장하고 있는데, 그의 견해에 의하면 《인성론》은 추상적인 문체 때문에 출판할 때 마땅히 받아야 할 주목을 끌지 못했다. 따라서 그것을 철학적으로 해석하는 문체에 대한 그의 변론은 도덕주의적인 교화를 넘어선다. 그러나 그는 역시 자신이 인간 지식의 범위를 결정하려는 로크의 원래의 계획을 다시 수행하고 있다는 것을 명백히한다. 참으로 그는 자신이 마음 속에 윤리학과 연관된 목적, 즉 우리의 도덕적 판단들을 지배하는 원리들과 힘들을 발견하려는 목적을 갖고 있다는 것을 보여준다. 그러나 그는 역시 "우리의 오성을 규제하는" 원리들을 발견하는 데 관계하고 있다. 도덕 철학자로서의 흄의 역할을 강조하는 것은 정당하다. 그러나 만약 인식론자로서의 그의 역할이 뒤로 밀려난다면, 흄의 사상의 이 측면은 너무 강조되는 것이다.

3. 인상과 관념

로크와 마찬가지로 흄은 마음의 모든 내용을 경험에서 끌어낸다. 그러나 그의 용어는 로크에 의해 사용된 것과는 약간 다르다. 그는 "지각들"이라는 낱말을 마음의 내용 일반을 망라하는 데 사용하며, 지각들을 인상들과 관념들로 나눈다. 인상은 감각과 같이 경험의 직접적인 자료이다. 관념은 흄에 의하면 사유와 추론에서 인상의 모사물이거나 희미한 심상으로 기술된다. 만약 내가 내 방을 본다면 나는 그것의 인상을 얻을 것이다. "내가 눈을 감고 내 방을 생각할 때 내가 형성하는 관념은 내가 느꼈던 인상의 정확한 표상이다. 인상에서 발견될 수 없는 관념의 상황은 있을 수 없다. … 관념과 인상은 항상 서로 상응하는 것처럼 보인다."[8] "관념"이라는 낱말은 여기서 명백하게 심상을 의미하는 것으로 사용되고 있다. 그러나 이 점을 무시한다면 우리는 흄 사상의 일반적인 방향을 직접적으로 볼 수 있다. 로크

---

8) *T*., 1, 1, 1, p. 3.

가 우리의 모든 지식을 궁극적으로 "단순 관념들"에서 끌어내었던 것과 마찬가지로 흄은 우리의 지식을 궁극적으로 인상들, 즉 경험의 직접적인 자료에서 끌어내기를 원한다. 그러나 이 예비적인 언급들이 흄 사상의 일반적인 방향을 예증하기는 하지만 그것들만으로 그것을 설명하기는 매우 불충분하다. 그래서 더 이상의 설명이 필요하다.

흄은 인상과 관념의 차이를 생생함이라는 말로 묘사한다. "이것들의 차이는 이것들이 우리 마음에 부딪쳐서 우리의 사유나 의식에 들어오는 데서 갖는 강도와 활발함의 정도에 있다. 가장 힘있고 강렬하게 들어오는 지각을 우리는 인상이라고 부를 수 있다. 나는 우리의 모든 감각, 정념, 감정이 영혼에 처음 나타났을 때 그것들을 이 이름으로 파악한다. 관념에 의해서 나는 사유와 추리에서 이것들의 희미한 심상들을 의미한다. 예를 들어 시각과 촉각으로부터 발생하는 것들과, 그것이 일으킬지도 모르는 직접적인 쾌락이나 불쾌를 제외하고 현재의 논의에 의해서 불러일으켜진 모든 지각들과 같은 것들이다."[9] 흄은 다음과 같이 덧붙임으로써 계속해서 이 언명에 제한을 주려고 한다. "잠잘 때, 열광할 때, 미쳐 있을 때, 또는 영혼이 아주 강렬한 감정에 휩싸였을 때 우리의 관념은 인상과 비슷할지도 모른다. 다른 한편으로 우리의 인상이 너무 희미하고 강렬하지 않아서 그것을 우리의 관념과 구별할 수 없을 때도 있다."[10] 그러나 그는 일반적으로 이 구별은 유효하다고 주장한다. 그리고 《연구》에서 그는 "가장 활발한 사고가 가장 둔한 감각보다도 더 못하다"[11]고 말한다. 하지만 활발함과 강도에 의한 인상과 관념의 구별은 다소 오해를 일으키기 쉽다. 즉 만약 그것이 흄은 근본적으로 경험의 직접적 자료와 이 자료들에 관한 우리의 사고를 구별하고 싶어한다는 사실에서 우리의 주의를 돌리게 한다면, 적어도 그것은 오해하게 하는 것이 될 것이다. 그러나 그는 관념을 인상의 모사물이나 심상으로 보고 있으며, 아마도 그가 원형과 심상 사이의 생생함의 차이를 강조하는 것은 당연한 일일지도 모른다.

우리가 보았듯이 흄은 "관념과 인상은 항상 서로 상응하는 것처럼 보인다"고 주장한다. 그러나 그는 계속해서 이 "첫인상"을 제한하고

---

9) *T*., 1, 1, 1, p. 1.　　　　10) *T*., 1, 1, 1, p. 2.
11) *E*., 2, 11, p. 17.

수정하려고 한다. 그는 단순 지각들과 복합 지각들을 구별하는데, 그는 이 구별을 두 종류의 지각, 즉 인상과 관념 모두에 적용한다. 붉은 형겊의 지각은 단순 인상이며, 붉은 형겊의 사고(또는 심상)는 단순 관념이다. 그러나 만약 내가 몽마르트르 언덕 위에 서서 파리 시를 내려다본다면, 나는 그 도시, 지붕, 굴뚝, 탑, 거리의 복합 인상을 갖게 될 것이다. 그리고 내가 그 후에 파리를 생각하고 이 복합 인상을 회상할 때 나는 복합 관념을 갖는다. 이 경우에 복합 관념은 비록 그렇게 정확하고 충분하지는 않지만 어느 정도 그 복합 인상에 상응한다. 그러나 다른 예를 들어 보자. "나는 결코 그런 어떤 것도 보지 못했지만 어떤 도시를 금으로 포장된 도로와 루비로 된 벽들로 이루어진 새로운 예루살렘이라고 혼자 상상할 수 있다."[12] 이 경우에 나의 복합 관념은 복합 인상에 상응하지 않는다.

  그러므로 우리는 모든 관념에는 그것에 정확히 상응하는 인상이 있다는 것이 참이라고 말할 수 없다. 그러나 새로운 예루살렘의 복합 관념은 단순 관념들로 쪼개질 수 있다는 것에 유의해야 한다. 우리는 모든 단순 관념이 상응하는 단순 인상을 가지며 모든 단순 인상이 상응하는 단순 관념을 가지는지 그렇지 않은지 물을 수 있다. 흄은 다음과 같이 대답한다. "나는 그 규칙이 여기서 예외없이 적용되며, 모든 단순 관념은 그것과 닮은 단순 인상을 가지며 모든 단순 인상은 상응하는 관념을 가진다고 감히 확언한다."[13] 이것은 모든 가능한 경우들을 검토함으로써 증명될 수는 없다. 그러나 이 명제를 부정하는 사람은 누구든지 그것에 대한 예외를 말해 보라고 도전받을 수 있다.

  인상이 관념으로부터 유래하는 것인가, 아니면 관념이 인상으로부터 유래하는 것인가? 이 물음에 대답하기 위해서 우리는 단지 그것들이 나타나는 순서를 검토하기만 하면 된다. 인상이 관념에 선행한다는 것은 명백하다. "어린 아이에게 주홍색 또는 오렌지 색의 관념, 달콤하거나 쓴 관념을 주기 위해서 나는 대상들을 제시하거나, 또는 바꾸어 말하면 그에게 이 인상들을 전달한다. 그러나 나는 어리석게도 관념들을 불러일으킴으로써 그 인상들을 산출하려고 애쓰지는 않는다."[14] 하지만 흄은 관념은 상응하는 인상으로부터 유래한다는 일

---

12) *T*., 1, 1, 1, p. 3.   13) 같은 책, 같은 면.
14) *T*., 1, 1, 1, p. 5.

반 규칙에 한 가지 예외를 제시한다. 한 색조만 제외한 나머지 모든 색조의 파란 색에 익숙한 어떤 사람을 상상해 보자. 만약 그에게 가장 어두운 것에서부터 가장 밝은 것에 이르는 파란 색의 연속된 등급을 제시하고, 그가 전에 본 적이 없었던 특정한 파란 색의 색조만 빼놓는다면 그는 그 연속적인 계열들 중에서 빈 칸을 발견할 것이다. 그가 결코 상응하는 인상을 가진 적이 없었다 하더라도 그의 상상력을 사용함으로써 이 빈 칸을 메우고 이 특정한 색조의 "관념"을 형성하는 것이 가능할까? "나는 그가 할 수 있다고 생각하지 않을 사람은 거의 없다고 믿는다."[15] 나아가 관념의 관념을 형성하는 것도 명백히 가능하다. 왜냐하면 우리는 그것들 자체가 인상의 관념인 그런 관념에 관해서 추리하거나 말할 수 있기 때문이다. 그렇다면 우리는 직접적으로 인상에서 유래한다기보다는 차라리 앞선 관념으로부터 유래하는 "2차 관념"을 형성한다. 그러나 엄격히 말해서 이 두번째 제한은 인상이 관념에 선행한다는 일반 규칙에 대한 예외에 포함되지 않는다. 만약 우리가 첫번째 제한에서 언급된 예외를 허용한다면, 우리는 우리의 단순 인상들은 그것들에 상응하는 관념들에 선행한다는 일반 명제를 안전하게 선언할 수 있다.

하지만 다음 사항이 추가되어야 한다. 인상들은 감각의 인상들과 반성의 인상들로 나눌 수 있다. "첫번째 종류는 알려지지 않은 원인으로부터 원래 영혼 안에 발생한다."[16] 그렇다면 반성의 인상은 무엇인가? 이것들은 "대부분" 관념에서 유래한다. 내가 고통을 동반하는 차다는 인상을 가진다고 상상해 보자. 이 인상의 "모사물"은 그 인상이 사라진 뒤에도 마음 속에 남아 있다. 이 "모사물"은 "관념"이라고 불리며, 그것은 예를 들어 반성의 인상인 혐오의 새로운 인상을 산출할 수 있다. 이것들은 다시 기억과 상상력에 의해서 모사되어서 관념이 될 수 있으며, 그렇게 계속 진행될 수 있다. 그러나 그런 경우에 설령 반성의 인상들이 감각 관념들 뒤에 온다 할지라도, 그것들은 그것들에 상응하는 반성의 관념들에 선행하며, 그것들은 궁극적으로 감각의 인상들로부터 유래한다. 그러므로 결국에는 인상이 관념에 선행한다.

---

15) *T*., 1, 1, 1, p. 6.　　　16) *T*., 1, 1, 2, p. 7.

　인상과 관념 사이의 관계에 관한 이 분석은 본유 관념들의 가설을 배제하는 경험주의의 재천명이라는 점을 제외한다면, 순전히 학문적인 관심에서 나왔으며 거의 중요하지 않은 이론을 성립시키는 것처럼 보일지도 모른다. 그러나 만약 우리가 흄이 그것을 적용하는 방식을 명심한다면 그것의 중요성은 명백하게 된다. 예를 들어 나중에 보게 되겠지만 그는 실체의 관념은 어떤 인상들로부터 유래하는가 하고 묻는다. 그는 우리는 특정한 성질들의 집합 이외에는 어떠한 실체의 관념도 갖지 않는다는 결론에 도달한다. 게다가 인상들과 관념들에 관한 그의 일반 이론은 그의 인과율 분석에서 대단히 중요하다. 나아가 그 이론은 흄이 "그렇게 오랫동안 형이상학적 추리들을 점유해 왔고 그것들에 불명예를 가져다 주었던 모든 허튼 소리"[17]라고 일컫는 것을 제거하는 데 사용될 수 있다. 철학자들은 그것들이 어떤 일정한 관념들을 의미하지 않으며 어떤 명확한 의미도 갖지 않는다는 의미에서 공허한 용어들을 사용할 수도 있다. "그러므로 우리가 어떤 철학적 용어가 아무런 의미나 관념이 없이 사용되고 있다(너무도 자주 있는 일이기는 하지만)는 의문을 품을 때, 우리는 단지 **그 상정된 관념은 어떤 인상으로부터 유래하는가** 하고 묻기만 하면 된다. 그리고 그 근원으로서 어떤 인상도 들 수 없다면 이것은 우리의 의심을 굳히는 데 도움이 될 것이다."[18]

　흄의 입장은 그가 실제로 그것을 표현하는 방식과 아주 다른 방식으로 표현될 수도 있다. 만약 한 어린 아이가 "마천루"라는 단어를 우연히 발견한다면 그는 그의 아버지에게 그것이 무엇을 의미하는지 물을 것이다. 아버지는 그것의 의미를 정의하거나 기술함으로써 설명할 수 있다. 즉 그는 "집", "높은", "층" 등과 같은 낱말들을 사용함으로써 그 아이에게 그 낱말의 의미를 설명할 수 있다. 그러나 그 어린 아이가 그 기술에서 사용된 용어들의 의미를 이해하지 못한다면 그는 그 기술의 의미를 이해할 수 없다. 이 용어들 중 어떤 것들은 그것들 자체가 정의나 기술에 의해 설명될 수 있다. 그러나 궁극적으로 우리는 그것들의 의미를 직시적으로 알아야 하는 낱말들에 도달하게 된다. 즉 그 어린 아이에게는 이 낱말들이 사용되는 방식의 예들,

---

17) *E.*, 2, 17, p. 21.　　　　　18) *E.*, 2, 17, p. 22.

그 낱말들이 적용되는 예들이 보여져야만 하는 것이다. 흄의 언어로 말하자면 그 어린 아이에게는 "인상들"이 주어져야만 한다. 그러므로 그것들의 의미가 직시적으로 알려지는 용어들과 그것들의 의미가 정의나 기술에 의해 알려지는 용어들 사이의 구별을 사용함으로써 흄의 주장을 설명하는 것은 가능하다. 바꾸어 말하면 인상들과 관념들에 관한 흄의 심리학적 구별을 용어들 사이의 언어적인 구별로 대체하는 것은 가능하다. 그러나 경험의 우위, 직접적으로 주어진 것의 우위라는 주된 요지는 여전히 동일하다.

흄이 "경험"은 원자적 구성 요소들, 즉 인상이나 감각 자료로 분해될 수 있다고 가정한다는 것은 주목할 만한 가치가 있다. 그러나 만약 순전히 추상적인 분석으로 고려된다면 이것이 가능할지도 모르기는 하지만 "경험"이 이러한 원자적 구성 요소들에 의해서 유익하게 기술될 수 있을지는 의문이다. 마찬가지로 흄이 "관념"이라는 낱말을 모호하게 사용한다는 것도 주목할 만한 가치가 있다. 어떤 때는 그는 명백히 심상을 언급하고 있는데, 관념을 이 의미로 가정한다면 관념을 인상의 모사물이라고 말하는 것은 부당하지 않다. 그러나 다른 때는 그는 심상보다는 개념을 언급하고 있는데, 어떻게 개념과 그 개념이 그것의 개념인 바로 그것과의 관계가 심상과 그 심상이 그것의 심상인 바로 그것과의 관계를 기술할 때와 동일한 용어들에 의해서 옳게 기술될 수 있는가 하는 것을 이해하기는 어렵다. 첫번째 (연구)[19]에서 그는 "사고와 관념"을 동의어로 사용한다. 그렇다면 그의 주된 구별은 직접적으로 주어진 것 즉 인상들과 파생된 것, 즉 그가 거기에 "관념들"이라는 일반적인 이름을 부여한 것 사이의 구별이라는 것은 명백하다고 나는 생각한다.

인상과 관념에 관한 흄의 이론은 본유 관념들의 가설을 배제한다고 말해 왔다. 그러나 흄이 "본유 관념"이라는 용어를 사용하는 방식을 고려하면 이 언명에는 약간의 제한이 필요하다. 만약 본유적이라는 것이 자연적이라는 것과 같은 뜻으로 여겨진다면, "마음의 모든 지각들과 관념들은 본유적이거나 자연적인 것이라고 인정되어야만 한다."[20] 만약 본유적이라는 것이 태어날 당시를 의미한다면, 본유 관

---

19) *E.*, 2, 12, p. 18.   20) *E.*, 2, 17, 각주, p. 22.

념이 있느냐 없느냐 하는 논쟁은 쓸데없는 일이다. "또한 사유가 언제 시작되느냐, 즉 태어나기 전이냐, 태어날 때냐, 아니면 태어난 뒤냐를 묻는 것도 물을 만한 가치가 없다."[21] 그러나 만약 본유적이라는 것이 어떤 선행하는 지각으로부터도 모사된 것이 아닌 것을 의미한다면 "우리는 우리의 모든 인상들은 본유적이며, 우리의 관념들은 본유적인 것이 아니라고 주장할 수 있다."[22] 명백하게도 흄은 로크가 그런 것들이 있다는 것을 부인하고 싶어했던 의미에서의 본유 관념들이 있다고 주장하지는 않았다. 인상이 본유적이라고 말하는 것은 단지 그것들 자체는 인상의 모사물이 아니라고 말하는 것이다. 즉 그것들은 흄이 의미하는 관념들이 아니라고 말하는 것이다.

4. 관념의 연합

마음이 인상을 받아들였을 때 그것은 흄이 설명하는 것처럼 두 가지 방식으로 다시 나타날 수 있다. 첫째, 그것은 인상의 생생함과 관념의 희미함의 중간에 속하는 정도의 생생함을 갖고 다시 나타날 수 있다. 이런 방식으로 우리의 인상을 되풀이하는 기능이 기억이다. 둘째, 그것은 단순한 관념, 즉 인상의 희미한 모사물이나 심상으로서 다시 나타날 수 있다. 이 두번째 방식으로 우리의 인상을 되풀이하는 기능이 상상력이다.

이와 같이 흄은 인상과 관념의 차이를 생생함의 정도에 의해서 기술했던 것과 마찬가지로 이제는 기억의 관념과 상상력의 관념의 차이를 비슷한 방식으로 기술한다. 그러나 그는 계속해서 이 차이에 대한 더 만족스러운 다른 설명을 제시한다. 그는 기억은 단순 관념들뿐만 아니라 그것들의 순서와 위치까지도 보존한다고 말한다. 바꾸어 말하면 예를 들어 우리가 어떤 사람이 크리켓 시합을 잘 기억하고 있다고 말할 때, 우리는 그가 개별적으로 치뤄진 여러 시합들을 회상할 뿐만 아니라 그 시합들이 시행된 순서도 회상하고 있다는 것을 의미한다. 하지만 상상력은 이런 식으로 국한되지 않는다. 예를 들어 그것은 단

---

21) 같은 책, 같은 면.   22) 같은 책, 같은 면.

순 관념들을 임의로 결합하거나 복합 관념들을 단순 관념들로 분해시
켜서 이것들을 재정리할 수 있다. 이것은 시와 소설에서 자주 일어난
다. "거기에서는 자연이 완전히 뒤섞여 있어서 온통 날개 달린 말,
불을 뿜는 용 그리고 괴물 같은 거인에 관한 말들뿐이다". 23)

그러나 상상력은 자유롭게 관념들을 결합할 수는 있지만, 그것은
일반적으로 연합의 어떤 일반 원리들에 따라 작용한다. 기억에는 관
념들 사이에 분리할 수 없는 연결이 있다. 상상력의 경우에는 이 분
리할 수 없는 연결은 없다. 그럼에도 불구하고 관념들 사이에 "결합
원리", 즉 "그것에 의해서 한 관념이 자연스럽게 다른 관념을 이끌어
들이는 어떤 연합하는 성질"24)이 있다. 흄은 그것을 "일반적으로 행
해지는 유연한 힘"이라고 기술한다. 그것의 원인들은 "거의 알려져
있지 않으며 인간 본성의 원초적 성질들로 귀착될 수밖에 없는데, 나
는 감히 그것을 설명한다고 하지 않겠다."25) 바꾸어 말하면 인간에게
는 비록 필연성은 없지만 그로 하여금 어떤 유형의 관념들을 서로 결
합시키도록 하는 본유적인 힘이나 충동이 있다. 흄은 이 "유연한 힘"
이 본질적으로 무엇인가에 대해 설명하려 하지 않는다. 그는 그것을
주어진 어떤 것으로 여긴다. 그러나 우리는 이 유연한 힘을 작용하게
하는 성질들을 확인할 수 있다. "이 연합이 그것으로부터 발생하며,
그것에 의해서 마음이 이 방식을 따라 한 관념으로부터 다른 관념에
로 옮겨지는 성질들에는 세 가지가 있는데, 그것들은 유사성, 시간이
나 공간에서의 근접성, 그리고 원인과 결과이다."26) 상상력은 한 관념
에서 그것을 닮은 관념으로 쉽게 옮겨간다. 마찬가지로 마음도 오랜
습성에 의해 공간과 시간에서 직접적으로나 간접적으로 근접해 있는
관념들을 연합하는 습관을 갖게 된다. "원인과 결과의 관계에 의해 이
루어지는 연결에 관해서 우리는 뒤에 그것을 철저히 검토할 기회를
가질 것이므로 지금은 그것을 강조하지 않겠다."27)

23) *T.*, 1, 1, 3, p. 10. 24) *T.*, 1, 1, 4, p. 10.
25) *T.*, 1, 1, 4, p. 13. 26) *T.*, 1, 1, 4, p. 11.
27) 같은 책, 같은 면.

5. 실체와 관계

《인성론》에서 관념들의 연합에 관한 절 뒤에는 관계들에 관한 절, 양태들에 관한 절, 그리고 실체들에 관한 절이 나온다. 이것들은 앞에서 말한 연합의 결과들이라고 주장되는 복합 관념들이다. 복합 관념들을 이런 식으로 분류하는 데서 흄은 로크의 분류들 가운데 하나를 채택하고 있다. 우리는 먼저 실체의 관념을 살펴보도록 하자.

우리가 예상하는 것처럼 흄은 만약 실체의 관념이 있다고 한다면 그것은 어떤 인상 또는 인상들로부터 유래하는가 하고 묻는다. 그것은 감각의 인상들로부터 유래할 수는 없다. 만약 그것이 눈에 의해서 지각된다면 그것은 색깔이어야 한다. 만약 귀를 통해 지각된다면 소리여야 하며, 만약 미각을 통해 지각된다면 맛이어야 한다. 그러나 아무도 실체가 색깔이나 소리 또는 맛이라고 말하지 않을 것이다. 그러므로 만약 실체의 관념이 있다면, 그것은 반성의 인상들로부터 유래하는 것임에 틀림없다. 그러나 이것들은 우리의 정념이나 감정들로 환원될 수 있다. 그리고 실체들을 말하는 사람은 그 낱말에 의해서 정념이나 감정을 의미하지는 않는다. 그러므로 실체의 관념은 결코 감각의 인상들이나 반성의 인상들로부터 유래하지 않는다. 정확하게 말하면 실체의 관념이란 전혀 존재하지 않는다는 결론이 된다. "실체"라는 낱말은 "단순 관념들"의 한 집합을 함축한다. 흄이 표현하듯이 "실체의 관념은… 상상력에 의해 결합되며, 그것들에 붙여진 특정한 이름을 가진 단순 관념들의 한 집합에 불과하다. 우리는 그 이름에 의해서 우리 자신들에게나 또는 다른 사람들에게 그 집합을 상기시킬 수 있다."[28] 때때로 실체를 형성하는 특정한 성질들은 그것들이 그것 안에 본래부터 속한다고 생각되는 알려지지 않은 어떤 것에 속하는 것으로 된다. 그러나 이 "허구"를 피한다 하더라도 그 성질들은 적어도 "근접성과 인과성"에 의해서 서로서로 밀접하게 관련되어 있다고 상정된다. 이와 같이 관념들의 연합은 마음 안에서 이루어지며, 우리가 하나의 주어진 실체의 새로운 성질을 발견하는 것으로 기술하

---

28) *T*., 1, 1, 6, p. 16.

는 행위를 할 때, 그 새로운 관념은 연합된 관념들의 다발의 일부가 된다.

흄은 실체의 주제를 간략한 방식으로 처리한다. 그가 로크의 물질적 실체 개념에 대한 버클리의 비판의 일반적 노선을 받아들이며, 알려지지 않은 실체의 이론을 더 논박할 필요가 있다고 여기지 않는다는 것은 명백하다. 그에게 특유한 것은 그가 버클리의 정신적 실체 이론도 역시 거부한다는 것이다. 즉 그는 사물들에 관한 현상론적인 해석을 물체들로부터 정신이나 영혼에까지 확장한다. 참으로 명백히 그는 마음을 연합의 원리의 도움과 연합된 심적 사건들로 분해하는 것에 대해 그렇게 즐거워하지 않았다. 그러나 그의 일반적인 경험주의적 입장은 일관된 현상으로, 즉 모든 복합 관념들을 인상들로 분석하는 것으로 명백히 향해 있으며, 물질적 실체와 동일한 방식으로 정신적 실체를 다루려는 시도에 말려들고 있다. 만약 그가 자신의 분석이 무엇인가를 빠뜨렸다고 느껴서 마음에 관한 그의 설명이 교묘히 변명하여 발뺌함으로써 설명하는 하나의 예가 아닌가 의심한다면, 그의 의심은 일반적인 현상론의 불충분함을 나타내는 것이거나 아니면 적어도 현상론에 관한 그의 언명의 부적합함을 나타내는 것이다. 하지만 그가 "인격의 동일성"이라는 제목으로 마음 또는 영혼을 다루는 것은 단지 《인성론》의 뒷부분에서이다. 그러므로 우리는 이 문제를 당장은 제쳐 놓을 수 있을지도 모르겠다. 그럼에도 불구하고 동시에 흄은 버클리가 그랬던 것처럼 물질적 실체 관념에 대한 현상론적 분석에 틀어박히지는 않는다는 것을 주목하는 것은 유익할 것이다.

《인성론》에서 관계들을 논할 때 흄은 "관계"라는 낱말의 두 가지 의미를 구별한다. 첫째, 이 낱말은 "그것에 의해 두 관념들이 상상력 안에서 함께 연결되며, 위에서 설명된 방식을 따라 한 관념이 자연히 다른 관념을 끌어들이는"[29] 그런 성질 또는 성질들을 의미하는 데 사용될 수 있다. 이 "성질들"이 유사성, 근접성 그리고 인과 관계이며 흄은 그것들을 자연적 관계들이라고 부른다. 그러므로 자연적 관계들의 경우에 관념들은 연합의 자연적 힘에 의해서 연결되어서 한 관념이 자연스럽게 또는 습관적으로 다른 관념을 상기시키는 경향이 있

---

29) *T*., 1, 1, 5, p. 13.

다. 둘째, 흄이 철학적 관계라고 부르는 것이 있다. 만약 적어도 대상들 사이에 성질의 어떤 유사성이 있다면, 우리는 어떤 대상들이라도 마음내키는 대로 비교할 수 있다. 그런 비교에서 마음은 연합의 자연적 힘에 의해서 한 관념에서 다른 관념으로 나아가도록 강제되지 않는다. 마음은 단지 그 자신이 어떤 비교를 하기로 결심했기 때문에 그렇게 한다.

흄은 7가지 유형의 철학적 관계를 열거한다. 유사성, 동일성, 시간과 공간의 관계, 양 또는 수의 비율, 어떤 성질의 정도, 반대와 인과 관계가 그것이다.[30] 우리는 자연적 관계들과 철학적 관계들 사이에 어떤 중복되는 것이 있다는 것을 즉시 알게 될 것이다. 사실상 세 가지 자연적 관계가 모두 철학적 관계의 목록에 들어 있다. 물론 이것들은 자연적 관계로서 그 목록에 들어 있는 것은 아니다. 그러나 이러한 중복은 흄의 입장에서는 실수에 기인하는 것이 아니다. 예를 들어 그는 어떤 대상들도 그것들 사이에 어떤 유사성이 없는 한 비교될 수 없다고 설명한다. 그러므로 유사성은 그것이 없으면 어떤 철학적 관계도 존재할 수 없는 하나의 관계이다. 그러나 모든 유사성이 관념들의 연합을 산출한다는 결론이 되지는 않는다. 설령 어떤 성질이 매우 일반적이며 아주 많은 대상들 또는 모든 대상들에서 발견된다고 해도, 그것이 마음을 집합의 한 특정한 구성 요소로부터 어떤 다른 특정한 구성 요소로 이끌지는 않는다. 예를 들어 모든 물질적 사물들은 물질적이라는 점에서 서로 유사하며, 우리는 어떤 물질적 사물과 어떤 다른 물질적 사물을 비교할 수 있다. 그러나 물질적 사물 자체의 관념은 연합의 힘에 의해서 마음을 어떤 다른 특정한 물질적 사물로 이끌지 않는다. 또 녹색은 아주 많은 사물들에 공통적이다. 우리는 둘 또는 그 이상의 녹색 사물들을 자유롭게 비교하거나 분류할 수 있다. 그러나 상상력은 말하자면 연합의 자연적 힘에 의해서 녹색 사물 X의 관념으로부터 녹색 사물 Y의 관념으로 움직이도록 강제되지 않는다. 또 우리는 어떤 두 사물을 공간과 시간상의 관계에 따라 비교할 수 있다. 그러나 필연적으로 마음은 연합의 힘에 의하여 이렇게 하도록 강제된다는 결론이 되지는 않는다. 어떤 경우

30) *T*., 1, 1, 5, pp. 14~15; *T*., 1, 3, 1, p. 69 참조.

에는 그렇게 강제된다(예를 들어 우리가 항상 두 사물을 공간적으로 직접 근접한 것으로, 또는 항상 서로서로 직접적으로 연속되는 것으로 경험했을 때). 그러나 아주 많은 경우에는 어떤 연합의 힘도 작용하지 않는다. 내가 바티칸 궁전을 생각할 때, 필연적인 것은 아니지만 자연히 성 베드로 성당을 생각하게 된다는 것은 있을 수 있다. 그러나 뉴욕의 관념이 광동(廣東)의 관념을 자연스럽게 상기시키지는 않는다. 그럼에도 불구하고 물론 나는 예를 들어 두 도시는 아주 멀리 떨어져 있다고 주장함으로써 공간적 관점에서 이 두 도시를 비교할 수는 있다.

인과 관계에 관하여 흄은 또다시 그 논의를 미룬다. 그러나 여기서 그의 견해에 따르면 철학적 관계로 고려된 인과 관계는 근접성, 시간적 연속과 일정한 결합 또는 종합과 같은 공간과 시간의 관계들로 환원될 수 있다는 것을 말하는 것이 좋다. 여기서 관념들 사이에는 어떠한 필연적인 연결도 없다. 단지 사실적인 공간과 시간상의 관계만이 있을 뿐이다. 따라서 철학적 관계로서의 인과 관계는 관찰된 결과들로부터 초월적인 원인들을 추론함으로써 경험 너머로 나아가는 데 아무런 근거도 제공하지 않는다. 실로 자연적 관계로 고려된 인과 관계에서는 관념들 사이에 분리할 수 없는 연결이 있다. 그러나 이 요소는 연합의 원리들의 도움을 받아 주관적으로 설명되어야만 한다.

6. 추상적 일반 관념

흄은 일반적 추상 관념들을 《인성론》의 제 1 부에서, 따라서 관념과 인상에 관한 그의 분석과 밀접하게 관련시켜서 다루고 있다. 그는 "한 위대한 철학자", 즉 버클리가 모든 일반 관념들은 "단지 어떤 용어에 부속된 개별적 관념들에 불과하며, 이 용어는 그것들에 더 광범위한 의미를 부여하고, 그것들로 하여금 때때로 그것들과 유사한 다른 개별자들을 상기시키게 한다"[31]고 주장했다고 말하는 것으로 시작한다. 이것은 아마도 버클리의 입장에 관한 매우 적절한 진술은 아니

---

31) *T*., 1, 1, 7, p. 17.

다. 그러나 어쨌든 흄은 그것을 최근의 발견들 중에서 가장 위대하고
귀중한 것의 하나로 여기며, 더욱 상세한 논증에 의해 그것을 확증하
려고 한다.

무엇보다도 먼저 추상 관념들은 그 자체 개별적이거나 특정한 것이
다. 흄이 의미하는 것은 이 명제를 지지하는 자신의 논증들에 의해
예증될 수 있다. 첫째로 "마음은 각각의 정도를 가진 정확한 개념을
형성하지 않고서는 양이나 질의 어떤 개념도 형성할 수 없다."[32] 예
를 들어 한 선의 정확한 길이는 그 선 자체와 구별될 수 없다. 우리
는 어떠한 길이도 갖지 않는 선의 일반 관념을 형성할 수 없다. 또한
우리는 가능한 모든 길이를 가진 선의 일반 관념도 형성할 수 없다.
둘째로 모든 인상은 일정하고 명확하다. 그러므로 한 관념은 한 인상
의 심상이나 모사물이기 때문에, 그것 자체는 비록 그것이 유래한 인
상보다는 더 희미하기는 하지만 역시 일정하고 명확해야 한다. 셋째
로 존재하는 모든 것은 개별적인 것임에 틀림없다. 예를 들어 그것의
개별적 특성을 가진 개별적 삼각형이 아닌 어떤 삼각형도 존재할 수
없다. 삼각형의 가능한 모든 종류와 크기를 가지는 동시에 아무 것도
갖지 않는 삼각형이 현존한다고 가정하는 것은 어리석은 일일 것이
다. 그러나 사실과 실재에 있어서 불합리한 것은 관념에서도 역시 불
합리하다.

흄의 견해가 관념, 그리고 관념과 인상의 관계에 관한 그의 개념에
서 비롯된다는 것은 명백하다. 만약 관념이 심상이나 모사물이라면
그것은 개별자임에 틀림없다. 그래서 그는 **추상적** 일반 관념은 결코
존재하지 않는다고 하는 버클리의 주장에 동의한다. 동시에 그는 소
위 추상 관념들은 비록 그것들 자체로는 개별적 심상들이기는 하지만
"그것들을 표상할 때 일반적인 것으로 될 수도 있다"[33]는 것을 인정
한다. 그리고 그가 하려고 하는 것은 이러한 의미의 확장이 일어나는
방식을 규정하는 것이다.

우리가 종종 관찰하는 사물들 사이에서 유사성을 발견했을 때, 우
리는 그것들 사이에 어떤 차이가 있든지간에 그것들 모두에 동일한
이름을 적용하는 데 익숙해 있다. 예를 들어 소위 나무들을 빈번하게

---

32) *T.*, 1, 1, 7, p. 18. 33) *T.*, 1, 1, 7, p. 20.

관찰하고 그것들 사이에서 유사성을 발견함으로써, 우리는 참나무, 느릅나무, 낙엽송, 키가 큰 나무, 키가 작은 나무, 낙엽수, 상록수 등의 차이에도 불구하고 그것들 모두에 "나무"라는 동일한 낱말을 적용한다. 이 대상들에 동일한 낱말을 적용하는 습관을 갖게 된 뒤에 그 낱말을 들었을 때, 우리는 이 대상들 중 하나의 관념을 재생시키며 상상력으로 하여금 그것을 생각하게 한다. 그 낱말이나 이름을 들었을 때 우리는 그 이름이 적용되는 모든 대상들의 관념들을 상기시킬 수는 없다. 그것은 그것들 중의 하나만 상기시킨다. 그러나 동시에 만약 필요가 생기면, 그것은 이 관념을 닮은 어떤 다른 개별 관념을 산출시킬 준비를 갖춘 "어떤 습관"을 작용하게 한다. 예를 들어 내가 "삼각형"이라는 낱말을 들었을 때 이 낱말이 내 마음 속에 하나의 개별적인 등변 삼각형의 관념을 상기시킨다고 상상해 보자. 그 다음에 만약 내가 삼각형의 세 각들이 서로 동일하다고 주장한다면 "습관" 또는 "연합"은 이 보편 언명이 거짓임을 보여주는 어떤 다른 삼각형의 관념을 상기시킨다. 확실히 이 습관은 불가사의한 것이다. 그리고 "우리의 심적인 활동의 궁극적 원인을 설명하는 것은 불가능하다."[34] 그러나 그러한 습관의 존재를 확증하기 위해서 유사한 경우들이 인용될 수 있다. 예를 들어 설령 우리가 긴 시를 암기했다 하더라도 우리는 그것을 모두 동시에 생각해 낼 수는 없다. 그러나 첫줄 아마도 첫낱말을 기억해 내거나 듣는다면 마음은 필요에 따라, 즉 그 뒤에 오는 모든 것을 올바른 순서로 상기시킬 준비를 갖추게 된다. 우리는 이 연합이 어떻게 작용하는지 설명할 수는 없지만, 경험적 사실들에 관해서는 의심할 여지가 없다. 게다가 우리가 정부나 교회와 같은 용어들을 사용할 때, 우리는 좀처럼 이 복합 관념들을 구성하고 있는 모든 단순 관념들을 우리 마음 속에 뚜렷하게 떠올릴 수 없다. 그러나 우리는 이 복합 관념들에 관하여 별로 허튼 말을 하지 않는다. 어떤 사람이 그런 관념의 전체 내용 중의 어떤 요소와 모순되는 진술을 한다면, 우리는 즉시 그 진술이 불합리하다는 것을 인식할 수 있을 것이다. 왜냐하면 "습관"은 필요에 따라 별개의 구성 관념을 상기시키기 때문이다. 게다가 우리는 그 과정에 관한 어떤 적절한 인과

---

34) *T.*, 1, 1, 7, p. 22.

적 설명을 제시할 수 없을지 모른다. 그럼에도 불구하고 그 과정은 일어난다.

7. 관념의 관계 : 수학

첫번째 《연구》에서 흄은 다음과 같이 주장한다. "인간의 이성 또는 연구의 모든 대상들은 자연히 두 종류, 즉 관념들의 관계와 사실로 나누어질 수 있을 것이다. 기하학, 대수학과 산술학, 그리고 간단히 말해서 직관적으로나 또는 논증적으로 확실한 모든 주장이 첫번째 종류에 속하며 ⋯ 인간 이성의 두번째 대상들인 사실들은 동일한 방식으로 확인되지는 않는다. 또한 그것들이 진리라는 것에 관한 우리의 증거가 아무리 훌륭하다 해도 그것은 전자와 비슷한 성격의 것이 아니다."[35] 흄은 우리의 모든 추리는 사물들 사이의 관계에 관여한다는 뜻으로 말한다. 로크가 말했듯이 이 관계들은 관념들의 관계들 또는 사실들이라는 두 종류이다. 산술적인 명제는 전자의 예인 반면에 태양이 내일 떠오를 것이라는 명제는 후자의 예이다. 이 절에서 우리는 관념들의 관계를 다룬다.

흄은 7가지 철학적 관계들 중에서 단지 네 가지, 즉 유사성, 반대, 성질의 정도, 양이나 수의 비율만이 오로지 관념들에 의존한다고 말한다. 이것들 중 처음 세 가지는 "첫눈에 알아볼 수 있으며, 논증보다는 직관의 영역에 더 적절하게 해당된다."[36] 그러므로 우리가 논증적 추리에 관계할 때 우리에게는 양이나 수의 비율, 즉 수학이 남는다. 수학적 명제들은 관념들 사이의 관계, 그리고 관념들만을 주장한다. 예를 들어 대수학에서 사용된 상징들에 상응하는 대상들이 있느냐 없느냐 하는 것은 논증들의 확실성과 명제들의 진리와 아무런 관계가 없다. 수학적 명제의 진리는 존재에 관한 물음들과 관계없다.

그러므로 수학에 관한 흄의 설명은 그가 주장된 관계들은 필연적이라고 주장한다는 의미에서 합리주의적이며 비경험주의적이다. 수학적 명제의 진리는 오직 전적으로 관념들 사이의 관계, 또는 우리가 그렇

---

35) *E.*, 4, 1, 20~21, p. 25.   36) *T.*, 1, 3, 1, p. 70.

362

게 말할 수도 있는 것처럼 어떤 상징들의 의미에 의존한다. 그것은
경험을 통한 확증을 전혀 필요로 하지 않는다. 물론 우리는 흄이 수
학적 관념들은 로크적인 의미에서 본유적이라는 뜻으로 말하는 것으
로 이해해서는 안 된다. 그는 우리가 산술학과 대수학의 상징들의 의
미를 알게 되는 방식을 아주 잘 알고 있었다. 그의 요점은 명제들의
진리는 우리가 그 상징들의 의미를 알게 되는 방식과 전혀 관계없다
는 것이다. 그것들의 진리는 도저히 경험에 의해서는 반박될 수 없
다. 왜냐하면 사실에 관해서는 아무 것도 언급되지 않기 때문이다.
그것들은 경험적 가설들이 아니라 형식적 명제들이다. 물론 수학이
적용될 수는 있지만 그 명제들의 진리는 이 적용과 관계없다. 흄은
이러한 용어를 사용하지 않지만 이러한 의미에서 그것들은 **선험적 명**
제들이라고 불릴 수 있다.

19세기에 존 스튜어트 밀은 수학적 명제들이 경험적 가설이라는
것을 보여주려고 했다. 그러나 20세기의 특징적인 경험주의에서 받
아들여지는 것은 밀의 견해라기보다는 흄의 견해이다. 예를 들어 신
실증주의자들은 수학적 명제들을 **선험적**이며 분석적인 명제들로 해석
한다. 동시에 물론 그들은 과학에서의 수학적 명제들의 응용 가능성
을 부인하지는 않지만, 그것들은 그 자체가 사실적·경험적 내용을
갖고 있지 않다고 주장한다. 4 더하기 3은 7이라고 말하는 것은 본
질적으로 현존하는 사물들에 관한 어떤 것을 말하는 것이 아니다. 그
명제의 진리는 단지 용어들의 의미에 의존할 뿐이다. 이것이 흄이 주
장한 견해이다.

좀더 주목해야 할 점이 있다. 《인성론》에서 흄은 "기하학은 산술학
과 대수학에 특유한 완전한 정확성과 확실성을 결여하고 있지만, 그
것은 우리의 감각과 상상력의 불완전한 판단보다는 낫다"[37]고 주장한
다. 그가 제시하고 있는 이유는 기하학의 제1원리들이 사물들의 일
반적인 현상들로부터 끌어내어지며, 그 현상들은 우리에게 확실성을
줄 수 없다는 것이다. "우리의 관념들은 어떤 두 개의 직선도 한 선
분을 공유할 수 없다고 하는 완전한 확신을 주는 것처럼 보인다. 그
러나 만약 우리가 이 관념들을 고찰한다면, 우리는 그것들이 항상 두

---
37) *T.*, 1, 3, 1, p. 71.

선이 이루는 감각 가능한 경사각을 가정하며, 그것들이 이루는 각이 극히 작을 때 우리는 이 명제의 진리를 우리에게 확신시킬 만큼 정확한 직선의 기준을 전혀 갖지 못한다는 것을 알게 될 것이다."[38] 그리고 흄이 끌어낸 결론은 "그러므로 우리가 상당히 복잡한 정도까지 연쇄적인 추리를 할 수 있으면서도 완전한 정확성과 확실성을 유지할 수 있는 유일한 학문으로서 대수학과 산술학이 남는다"[39]는 것이다. 그러나 기하학을 수학에 관한 일반적인 해석에서 제외되는 것으로 취급하는 것에 대한 어떤 적절한 이유는 없는 것처럼 보인다. 만약 대수학과 산술학의 명제들의 진리가 오직 "관념들"이나 정의들에만 의존한다면, 기하학에 대해서도 마찬가지라고 말할 수 있으며 감각적 "현상들"은 무관하다. 흄은 이것을 스스로 느꼈던 것 같다. 왜냐하면 첫번째 《연구》에서 기하학은 대수학 및 산술학과 동일한 지위에 놓여져 있기 때문이다. 그는 "자연에는 결코 원이나 삼각형이 존재하지 않지만, 유클리드에 의해 증명된 진리들은 영원히 그것들의 확실성과 증거를 유지할 것"[40]이라고 말한다.

8. 사실

흄에 의하면 철학적 관계들은 불변적 관계들과 가변적 관계들로 나뉜다. 불변적 관계들에 변화가 생기면 관련된 대상들 또는 그것들의 관념들은 반드시 변화한다. 역으로 후자가 변하지 않은 채로 있으면 그것들 사이의 관계는 변하지 않는다. 수학적 관계들이 이 유형에 속한다. 어떤 관념들 또는 유의미한 상징들이 주어진다면 그것들 사이의 관계는 불변적이다. 산술학 또는 대수학의 명제를 거짓인 것으로 하기 위해서는 우리는 상징들의 의미를 변경시켜야만 한다. 만약 이렇게 하지 않는다면 그 명제들은 필연적으로 참이다. 즉 관념들 사이의 관계는 불변적이다. 하지만 가변적 관계들은 관련된 대상들, 또는 필연적으로 포함되고 있는 그것들의 관념들에서의 어떤 변화가 없이도 변화할 수 있다. 예를 들어 두 물체 사이의 거리의 공간적 관계

---

38) 같은 책, 같은 면.   39) 같은 책, 같은 면.
40) E., 4, 1, 20, p. 25.

364

는, 설령 그 물체들과 그것들에 관한 우리의 관념들이 동일한 채로
남아 있다 하더라도 변할 수 있다.

우리는 순수한 추리에 의해서는 가변적 관계들에 관한 확실한 지식
을 가질 수 없게 된다는 결론이 된다. 즉 단순히 관념들의 분석과 선
험적 논증에 의해서는 그럴 수 없다. 우리는 경험과 관찰에 의해서
그것들을 알게 된다. 또는 심지어 우리는 추론이 포함된 경우들에서
도 경험과 관찰에 의존한다. 여기서 우리는 사실에 관계하며, 순전히
관념적인 관계들에 관계하지는 않는다. 우리가 보았듯이 우리는 사실
에 관해서 우리가 관념들의 관계들에 관해서 획득한 것과 동일한 정
도의 증거를 획득할 수 없다. 흄의 의미에서 관념들의 관계를 진술하
는 하나의 명제는 그것을 부정하면 반드시 모순이 된다. 예를 들어 2
와 4라는 상징의 의미들이 주어졌을 때, 우리가 2+2=4를 부정하면
반드시 모순에 빠진다. 그 반대는 상상할 수 없다. 그러나 "모든 사
실의 반대는 여전히 가능하다. 왜냐하면 그것은 결코 모순을 함축할
수 없기 때문이다. … 내일 태양이 떠오르지 않으리라는 것은 태양이
떠오를 것이라고 긍정하는 것만큼이나 이해할 수 있는 명제이며, 이
긍정 명제가 모순을 함축하지 않는 것처럼 모순을 함축하지 않는다."
41) 흄은 내일 태양이 떠오를 것이라고 말하는 것이 거짓이라는 뜻으
로. 말하는 것이 아니다. 그가 의미하는 것은 내일 태양이 떠오르지
않을 것이라고 말하는 데에 아무런 논리적 모순도 포함되지 않는다는
것이다. 또한 그는 우리가 내일 태양이 떠오를 것이라고 확신할지도
모른다는 것을 부인하려는 것도 아니다. 하지만 그는 내일 태양이 떠
오를 것이라는 확신에 대하여 우리가 순수 수학의 명제의 진리에 대
해서 갖는 근거와 동일한 근거를 갖지 못하며 또 가질 수도 없다는
것을 주장하고 있다. 내일 태양이 떠오르리라는 것은 확률이 매우 높
을지도 모른다. 그러나 만약 우리가 확실한 명제라는 것을, 논리적으
로 필연적이며 그것의 부정은 모순이 되며 불가능한 명제라는 뜻으로
말한다면, 그것은 확실하지 않다.

이 문제에 관한 흄의 입장은 상당히 중요하다. 그가 관념들의 관계
라고 부르는 것을 주장하는 명제들은 오늘날 일반적으로 분석 명제라

41) *E.*, 4, 1, 21, pp. 25~26.

고 불린다. 그리고 사실을 주장하는 명제들은 종합 명제라고 불린다. 그것들의 진리가 경험과 관찰과는 관계없이 알려지며, 그것들의 부정이 자기 모순적인 것이 되는 모든 **선험적** 명제들은 분석 명제들이며, 그것들의 진리는 오직 상징들의 의미에만 의존한다는 것이 현대 경험주의자들의 주장이다. 그러므로 어떠한 종합 명제도 **선험적** 명제가 아니다. 그것은 크거나 작은 개연성을 갖는 경험적 가설이다. 종합적이면서 **선험적**인 명제들, 즉 사실을 주장하지만 동시에 절대적으로 확실한 명제들의 존재는 배제된다. 이러한 일반적인 입장은 흄의 견해에서 발전된 것이다.

더 나아가서 우리는 가변적 또는 "일치하지 않는" 관계들의 여러 종류들을 다음과 같이 구별할 수 있다. 흄에 따르면 "우리는 동일성과 시간과 공간의 관계들에 관하여 우리가 할 수도 있는 관찰들 중 그 어느 것도 추리라고 인정해서는 안 된다. 왜냐하면 그것들 중 어느 것에서도 마음은 실재하는 존재를 발견하기 위해서든지 또는 대상들의 관계들을 발견하기 위해서든지간에 감각 기관들에 직접적으로 현전하는 것을 넘어갈 수는 없기 때문이다."[42] 그래서 나는 이 종이가 탁자의 표면에 인접해 있다는 것을 직접 본다. 여기서 우리는 추리를 하고 있다기보다는 지각의 경우를 말하고 있는 것이다. 나는 실제의 지각을 초월하는 어떤 것의 존재나 활동을 추론함으로써 실제의 지각을 넘어서지는 않는다. 물론 나는 그렇게 할 수는 있다. 그러나 이 경우에 나는 인과적 추론을 도입하는 것이다. 그러므로 흄의 견해에 의하면 "우리 감각들의 인상을 넘어선 사실에 관한 어떤 결론도 단지 원인과 결과의 연결에만 근거할 수 있다."[43] "사실에 관한 모든 추리는 원인과 결과의 관계에 근거하는 것처럼 보인다. 그 관계에 의해서만 우리는 우리의 기억과 감각들의 증거를 넘어설 수 있다."[44] 바꾸어 말하면 사실에 있어서의 모든 추리는 관념들의 관계들과 대조해 본다면 인과적인 추론이다. 또는 문제를 더 구체적으로 표현한다면 우리는 수학에서는 논증을 하고, 경험 과학에서는 인과적 추리를 한다. 그러므로 인간의 지식에서 인과적인 추리에 의해 수행되는 중요한 역할을 고려한다면, 우리는 인과 관계의 본

---

42) *T.*, 1, 3, 2, p. 73.   43) *T.*, 1, 3, 2, p. 74.
44) *E.*, 4, 1, 22, p. 26.

성과 우리가 인과적인 추리에 의해서 감각들의 직접적인 증거를 넘어서 나아가는 데에서 가지는 근거를 탐구해야만 한다.

9. 인과율 분석

흄은 인과 관계의 관념이 어떤 인상 또는 인상들로부터 유래하는가 하고 물음으로써 인과 관계에 관한 그의 검토에 착수한다. 우선 우리가 "원인"이라고 부르는 것들의 어떤 성질도 인과 관계라는 관념의 근원일 수가 없다. 왜냐하면 우리는 그것들 모두에 공통되는 어떤 성질도 발견할 수 없기 때문이다. "그렇다면 인과 관계라는 관념은 대상들 사이의 어떤 관계에서 유래하는 것임에 틀림없다. 그리고 지금 우리는 그 관계를 발견하려고 노력해야만 한다"[45]

흄이 언급하는 첫번째 관계는 근접성이다. "나는 제일 먼저 원인 또는 결과라고 고려되는 대상들이 무엇이든지 그것들은 근접해 있다는 것을 발견한다."[46] 물론 그는 우리가 원인과 결과라고 생각하는 사물들이 항상 직접적으로 근접해 있다는 뜻으로 말하지는 않는다. 왜냐하면 우리가 원인이라고 부르는 A와 결과라고 부르는 Z 사이에 원인들의 사슬이나 계열이 있을 수 있기 때문이다. 그러나 비록 A와 Z가 그것들 자체로는 직접적으로 근접해 있지는 않지만, 우리는 A와 B가 근접해 있고, B와 C 등등이 근접해 있다는 것을 알게 될 것이다. 흄이 배제하는 것은 그 말의 본래의 뜻에서 떨어진 상태에서의 작용이다. 하지만 여기서 덧붙여져야 할 것은 그는 통상적인 인과 관계의 관념에 관해 말하고 있다는 점이다. 그는 일반적으로 사람들은 원인과 결과는 직접적이든 간접적이든간에 항상 근접해 있다고 믿는다. 그러나 그는 《인성론》 제3권에서 근접성의 관계가 인과 관계에 절대 필요한 것이라고 명확하게 말하지 않는다. 그는 "우리가 어떤 대상들이 나란히 놓이고 결합될 수 있는지 또는 없는지 검토함으로써 이 문제를 해결할 수 있는 더 적절한 기회를 찾을 수 있을 때까지는"[47] 이것을 사실로 받아들일 수 있다고 말한다. 그리고 좀더 뒤에

45) T., 1, 3, 2, p. 75. 46) 같은 책, 같은 면.
47) 같은 책, 같은 면.

그는 자신이 공간적 근접성을 인과 관계의 관념에 절대 필요한 것으로 여기지 않는다는 것을 명백히한다. 왜냐하면 그는 어떤 대상은 존재하기는 하지만 그 어느 곳에도 없을 수 있다고 주장하기 때문이다. "도덕적 반성은 정념의 오른편이나 왼편에 위치할 수 없다. 또한 냄새나 소리도 원형이거나 사각형일 수 없다. 이 대상들과 지각들은 어떤 특정한 위치를 전혀 필요로 하지 않으므로 절대적으로 위치와 공존할 수 없다. 심지어 상상력조차도 그것들에 위치를 부여할 수 없다."[48] 예를 들어 우리는 확실히 정념들이 인과 관계들을 맺는 것으로 생각한다. 그러나 그것들은 다른 사물들과 공간적으로 근접해 있다고 할 수는 없다. 그러므로 흄은 공간적 근접성을 인과 관계의 필수 불가결한 요소로 여기지 않는다.

흄이 논하는 두번째 관계는 시간적 선행성의 관계이다. 그는 원인은 반드시 결과에 시간적으로 선행해야 한다고 주장한다. 경험이 이것을 확증한다. 나아가 만약 어떤 예에서 결과가 그것의 원인과 완전히 동시적일 수 있다면, 이것은 참된 인과 관계의 모든 예들에서도 그럴 것이다. 왜냐하면 그런 경우가 아닌 어떤 예에서 소위 원인이라는 것은 한동안 작용하지 않은 채로 있을 것이며, 그것을 작용하게 할 어떤 다른 요인을 필요로 할 것이기 때문이다. 그렇다면 그것은 참된 또는 진정한 원인이 아닐 것이다. 그러나 만약 모든 결과들이 그것들의 원인들과 완전히 동시적이라면, "연속과 같은 것은 없을 것이며, 모든 대상들은 공존해야만 한다는 것은 명백하다."[49] 하지만 이것은 명백히 불합리하다. 그러므로 우리는 결과는 그것의 원인과 완전히 동시적일 수는 없으며, 원인은 그것의 결과에 시간적으로 선행함에 틀림없다고 생각할 수 있다.

그러나 흄은 명백하게 이 논증의 설득력을 아주 확신하지는 못하고 있다. 왜냐하면 그는 계속해서 다음과 같이 말하고 있기 때문이다. "만약 이 논증이 만족스럽게 보인다면 그것은 다행이다. 만약 그렇지 않다면 나는 독자에게 내가 앞의 경우에서 행사했던 것과 동일한 자유, 즉 이것도 그럴 것이라고 상정한 자유를 허락해 달라고 부탁할 것이다. 왜냐하면 독자는 그 일이 전혀 중요한 것이 아니라는 것을

---

48) *T*., 1, 4, 5, p. 236.   49) *T*., 1, 3, 2, p. 76.

알게 될 것이기 때문이다."[50] 그래서 흄이 인과 관계의 필수적 요소로서 근접성과 시간적 연속성을 크게 강조한다고 말하는 것은 옳지 않다. 실로 그는 그것들이 마치 필수적 요소들인 것처럼 다루려고 마음먹었다. 그러나 더 중요한 또하나의 요소가 있다. "그렇다면 우리는 인과 관계의 완전한 관념을 주는 것으로서 근접성과 연속성이라는 이 두 가지 관계들에 만족한 채로 있겠는가? 결코 그렇지 않다. 하나의 대상은 다른 것의 원인으로 고려되지 않고서도 그것에 근접해 있고 선행할 수도 있다. 고려되어야 할 것은 **필연적 연결**이다. 그리고 그 관계가 앞서 언급된 다른 두 가지 중의 어느 것보다 훨씬더 중요한 것이다."[51]

그러므로 필연적 연결의 관념이 어떤 인상 또는 인상들로부터 유래하는가 하는 물음이 발생한다. 그러나 《인성론》에서 흄은 자신이 추구하는 목표를 우연히 만날지도 모른다는 희망에서, 그가 말하는 것처럼 모든 인접 분야들을 찾아 헤맴으로써 이 물음에 간접적으로 접근해야 한다는 것을 알게 된다. 이것은 그가 무엇보다도 두 가지 중요한 물음들을 논의하는 것이 필수적이라는 것을 알게 된다는 것을 의미한다. "첫째, 무슨 이유로 우리는 그 존재의 발단을 가진 모든 사물은 마찬가지로 원인을 가져야 한다는 것이 필연적이라고 단언하는가? 둘째, 왜 우리는 그러한 특정한 원인들이 필연적으로 그러한 특정한 결과들을 가져야 한다고 결론짓는가? 우리가 원인으로부터 결과를 끌어내는 추론의 본성은 무엇이며, 우리가 추론에 두는 신뢰의 본성은 무엇인가?"[52]

흄은 존재하기 시작하는 것은 무엇이나 그 존재의 원인을 가져야 한다는 격률은 직관적으로 확실하지도 않으며, 논증될 수 있는 것도 아니라고 주장한다. 그는 첫번째 점에 관해서는 길게 말하지 않으며, 그것이 직관적으로 확실하다고 생각하는 사람에게 그것이 그렇다는 것을 보여 달라고 도전하는 데에 사실상 만족한다. 그 격률 또는 원리의 논증 불가능성에 관하여 흄은 먼저 우리는 원인 또는 산출적 원리에 관한 아무런 뚜렷한 관념도 갖지 않고서도 하나의 대상을 한 순간에는 현존하지 않는 것으로, 그 다음 순간에는 현존하는 것으로 생

---

50) 같은 책, 같은 면. 51) *T*., 1, 3, 2, p. 77.
52) *T*., 1, 3, 2, p. 78.

각한다고 주장한다. 만약 우리가 원인의 관념과는 별개로 존재의 시작을 생각할 수 있다면, "이 대상들의 실제적인 분리는 가능하므로 그것은 아무런 모순이나 불합리함을 함축하지 않는다. 그러므로 그것은 단순한 관념들로부터의 어떤 추리에 의해서도 반박될 수 없다. 이것이 없이 원인의 필연성을 증명하는 것은 불가능하다."[53] 관념들을 인상들의 모사물이나 심상으로 보는 그의 이론과 그의 유명론과 연결된 이 논의를 마치고, 그는 계속해서 존재하기 시작하는 모든 것은 원인의 산출 작용을 통해서 그렇게 된다는 원리에 관한 위장된 논증의 어떤 형식들을 반박한다. 예를 들어 클라크를 비롯한 어떤 사람들은 만약 어떤 것이 원인없이 존재하기 시작했다면 그것이 그것 자체의 원인이 되었을 것이라고 주장했다. 이것은 명백히 불가능하다. 왜냐하면 그러기 위해서는 그것이 그것 자체보다 먼저 존재해야 할 것이기 때문이다. 게다가 로크는 원인없이 존재하게 된 어떤 사물은 무에 의해 발생된 것이며, 무는 어떤 것의 원인일 수 없다고 주장했다. 이런 종류의 논증들에 관한 흄의 주된 비판은 그것들 모두가 그것들이 증명하기로 되어 있는 바로 그 원리, 즉 존재하기 시작하는 어떤 것도 원인을 가져야만 한다는 원리의 타당성을 전제함으로써 논점을 선취하고 있다는 것이다.

만약 이 원리가 직관적으로 확실하지도 않고 논증될 수도 없다면, 그것에 대한 우리의 신념은 경험과 관찰로부터 발생한 것임에 틀림없다. 그러나 이때 흄은 왜 우리는 이 특정한 원인은 이 특정한 결과를 가져야만 한다고 믿는가 하는 자신의 두번째 물음으로 넘어갈 것을 제안한다고 말하면서 이 주제를 버린다. 아마도 두번째 물음에 대한 대답은 첫번째 물음에 대해서도 대답이 된다는 것이 밝혀질 것이다.

우선 인과적인 추리는 본질들에 관한 직관적 지식의 산물이 아니다. "만약 우리가 이 대상들을 그 자체로 고려하고 우리가 그것들에 관해서 형성하는 관념들 너머로 바라보지 않는다면, 어떤 다른 것의 존재를 함축하는 대상은 결코 존재하지 않는다. 그런 추론은 결국 지식이 될 것이며, 그것은 절대적 모순을 함축하며, 어떤 것을 달리 생각하는 것이 불가능하다는 것을 함축할 것이다. 그러나 모든 판명한

---

53) *T*., 1, 3, 3, p. 80.

관념들은 분리할 수 있으므로, 그런 종류의 불가능성은 있을 수 없다는 것은 명백하다."[54] 예를 들어 흄에 따르면 우리는 불꽃의 본질을 직관하고 논리적으로 필연적인 귀결로서 그것의 결과 또는 결과들을 보는 것이 아니다.

"그러므로 우리가 한 대상의 존재를 다른 대상에서 추론할 수 있는 것은 오직 경험에 의해서이다."[55] 이것은 구체적으로 무엇을 의미하는가? 그것이 의미하는 것은 우리는 두 대상, 이를테면 불꽃과 열이라고 부르는 감각의 결합을 빈번하게 경험하며, 이 대상들이 규칙적으로 반복되는 근접과 연속의 순서로 나타났다는 것을 기억한다는 것이다. 그렇다면 "우리는 더 이상의 격식이 없이 전자를 원인이라고 부르며 후자를 결과라고 부르고, 전자의 존재를 후자의 존재로부터 추론한다."[56] 이 마지막 말은 흄이 인과 관계에 관한 일상인의 관념을 생각하고 있으며, 단순히 철학자의 그것을 생각하고 있지 않다는 것을 보여준다. 일상인은 A와 B가 근접해 있으며 A가 B에 선행하는 반복되는 예들에서 A와 B의 "일정한 결합"을 관찰하고는 A를 원인, B를 결과라고 부른다. "하나의 특정한 종류의 사건들이 모든 예들에서 항상 또다른 종류와 결합될 때, 우리는 더 이상 망설이지 않고 후자가 나타나면 전자를 예측하며, 유일하게 우리에게 어떤 사실이나 존재를 확신시킬 수 있는 그 추리(인과 추리)를 사용한다. 우리는 앞의 대상을 원인, 뒤의 것을 결과라고 부른다."[57] 그러므로 이 경험에 어울리게 우리는 원인을 하나의 대상의 뒤를 다른 하나의 대상이 잇는데, 여기서 후자와 유사한 모든 대상들이 전자와 유사한 모든 대상들의 뒤를 잇는, 바꾸어 말하면 만약 전자의 대상이 없었다면 후자의 대상은 결코 존재하지 않았을 그러한 하나의 대상이라고 정의할 수 있다."[58]

우리는 과거의 예들을 "기억한다"고 말하면서 흄은 명백히 일반적인 경험이 그가 말하는 것을 보장하는 한계를 넘어가고 있다. 왜냐하면 우리는 어떤 과거의 예들을 상기하지 않고서도 결과로부터 원인을, 또는 원인으로부터 결과를 매우 훌륭하게 추론할 수도 있기 때문이다. 그러나 흄은 연합의 원리에 의해 이 잘못을 즉시 바로잡는다.

54) *T*., 1, 1, 3, 6, pp. 86~87.　　55) *T*., 1, 1, 3, 6, p. 87.
56) 같은 책, 같은 면.　　57) *E*., 7, 2, 59, pp. 74~75.
58) *E*., 7, 2, 60, p. 76.

만약 규칙적인 특정 인과적 연결들에 대한 우리의 신념이 일정하게 결합하는 과거의 예들을 기억하는 것에 의존한다면, 우리는 "우리가 경험한 적이 없는 예들은 우리가 경험했던 예들과 유사함에 틀림없으며, 자연의 진행은 항상 일양적으로 동일하게 지속된다"[59]는 원리를 가정하고 있거나, 또는 적어도 우리가 그 원리를 가정한 것처럼 행동하고 있는 것으로 보인다. 그러나 이 원리는 직관적으로 확실하지도 않으며 논증될 수도 없다. 왜냐하면 자연의 진행에서 변화의 개념은 자기 모순적이지 않기 때문이다. 또한 그 원리는 경험으로부터의 개연적 추리에 의해 수립될 수도 없다. 왜냐하면 그것은 우리의 개연적 추리의 근저에 놓여 있기 때문이다. 우리는 항상 암암리에 일양성을 전제한다. 흄은 우리가 그 원리를 가정해서는 안 된다는 뜻으로 말하고 있지는 않다. 이렇게 하는 것은 그가 실행될 수 없다고 여겼던 회의주의를 채택하는 것이 될 것이다. 그는 단지 우리는 그것 자체가 증명될 수 없고 직관적으로 확실하지도 않은 원리에 의해서 인과 추리에 대한 우리 신념의 타당성을 증명할 수는 없다는 것을 말하고자 할 뿐이다. 그러나 우리는 사실상 그 원리를 전제하고 있으며, 암암리에 그것을 전제하지 않는 한 (순수 수학은 제외하고) 우리는 행동할 수도 없고 추리할 수도 없을 것이다. 이 "미래는 과거와 유사하다는 가정은 어떤 종류의 논증들에 기초하는 것이 아니라 전적으로 습관에서 유래한다. 이 습관에 의해 우리는 미래에도 우리가 익숙해 있는 대상들이 동일한 순서로 진행되리라고 기대하게 된다."[60] 또한 "그러므로 생활의 길잡이는 이성이 아니라 습관이다. 습관만이 모든 예들에서 마음으로 하여금 미래가 과거와 일치하리라고 상정하게 한다. 이 과정이 아무리 쉽게 보일지라도 이성은 결코 영원히 그렇게 할 수 없을 것이다."[61] 습관 또는 습성의 관념은 인과율에 관한 흄의 최종 분석에서 중요한 역할을 한다.

일정한 결합의 관념으로 되돌아가자. 우리로 하여금 특정한 인과적인 연결들을 주장하게 하는 것은 일정한 결합의 경험이라는 명제는 필연적 연결의 관념이 어떤 인상 또는 인상들로부터 유래하는가 하는 흄의 물음에 대한 대답이 아니다. 왜냐하면 일정한 결합의 관념은 두

---

59) *T*., 1, 3, 6, p. 89.   60) *T*., 1, 3, 12, p. 134.
61) Abstract, 16.

종류의 유사한 사건들이 근접과 연속의 일정한 방식에 따라 규칙적으로 되풀이되는 것에 관한 관념이며, 이 관념은 필연적 연결의 관념을 포함하지 않기 때문이다. "어떤 과거의 인상의 단순한 반복으로부터 그것이 아무리 무한히 반복된다 해도, 필연적 연결의 관념과 같은 어떤 새로운 원초적 관념은 결코 발생하지 않을 것이다. 이 경우에 인상들의 숫자는 그것이 아무리 많다 해도 우리가 단 하나의 인상에 국한할 때와 마찬가지로 아무런 영향도 미치지 못한다."[62] 그러나 흄의 생각으로는 우리는 규칙적 연쇄 또는 인과적 연결들에 대한 관찰로부터 필연적 연결의 관념을 이끌어낼 수 없다. 그러므로 우리는 그런 관념은 전혀 없다거나, 또는 그것은 어떤 주관적인 원천에서 유래하는 것임에 틀림없다고 말해야 한다. 흄은 이 대안들 중 첫번째 것을 채택할 수는 없다. 왜냐하면 그는 이미 필연적 연결의 관념의 중요성을 강조했기 때문이다. 그러므로 그는 두번째 대안을 선택해야만 한다. 사실상 그는 이것을 채택한다.

필연적 연결의 관념은 주관적 원천에서 유래한다고 말하는 것은, 흄 철학의 틀 안에서는 그것이 반성의 어떤 인상에서 유래한다고 말하는 것이다. 그러나 그 관념이 의지와 그것의 결과들의 관계로부터 유래되어 외화된 것이라는 결론이 되지는 않는다. "여기서 원인으로 여겨진 의지는 어떤 물질적 사물이 그것에 상응하는 결과와 관련되지 못하는 것처럼 그것의 결과들과 발견 가능한 관련을 맺지 못한다.… 요컨대 이 점에서 마음의 작용은 물질의 작용과 동일하다. 우리는 단지 그것들의 일정한 결합만을 지각한다.…"[63] 그러므로 우리는 다른 해결책을 찾아야 한다. 우리가 일정한 결합의 여러 예들을 관찰한다고 상정해 보자. 이 반복은 그것 자체만으로는 필연적 연결의 관념을 일으킬 수 없다. 이 점은 이미 인정되었다. 이 관념을 일으키기 위해서는 일정한 결합의 유사한 예들의 **반복**이 "이 관념의 원천인 새로운 어떤 것을 **발견**하거나 또는 **산출해야만 한다**."[64] 그러나 반복은 우리로 하여금 결합된 대상들 속에서 새로운 어떤 것을 발견하게 하지 않는다. 또한 그것은 대상들 자체 내에 어떤 새로운 성질을 산출하지도

---

62) *T.*, 1, 3, 6, p. 88.
63) *T.*, 1, 3, 14, pp. 632~633, Appendix.
64) *T.*, 1, 3, 14, p. 163.

않는다. 하지만 반복의 관찰은 마음 속에 새로운 인상을 산출한다. "왜냐하면 우리는 충분한 수의 예들에서 유사성을 관찰한 뒤에 하나의 대상으로부터 언제나 그것에 수반되는 것으로 넘어가려는 마음이 결정되는 것을 직접적으로 느끼기 때문이다. … 그렇다면 필연성은 이러한 관찰의 결과이며, 우리의 사고를 한 대상으로부터 또다른 대상으로 이행하려는 마음의 내적 인상 또는 결정에 불과하다. … 당면한 관심사와 어떤 관계를 가진 내적 인상이란 없으며, 습관이 산출하는 한 대상으로부터 언제나 그것에 수반되는 것으로 넘어가려는 경향성이 있을 뿐이다."[65] 그러므로 습관이나 연합에 의해 야기된, 항상 결합된 것으로 관찰되어 온 사물들 중의 하나로부터 다른 하나로 넘어가려는 경향성은 필연적 연결의 관념이 그것으로부터 유래하는 인상이다. 즉 습관에 의해 산출된 경향성은 주어진 어떤 것, 하나의 인상이며, 필연적 연결의 관념은 의식에서의 그것의 반영이나 심상이다. 필연적 연결의 관념에 관한 이 설명은 외적인 인과 관계들과, 의지와 그것의 결과들 사이의 관계와 같은 내적인 인과 관계들 모두에 적용될 수 있다.

이제 우리는 원인의 개념을 더욱 정확하게 정의할 수 있다. 앞서 살펴본 것처럼 인과 관계는 철학적 관계나 자연적 관계로 고려될 수 있다. 철학적 관계로 고려될 때 그것은 다음과 같이 정의될 수 있다. 원인은 "다른 하나의 대상에 선행하며 근접해 있는 하나의 대상이며, 그것을 닮은 모든 대상들은 후자를 닮은 대상들에 대해서 비슷한 선행성과 근접성의 관계에 놓인다."[66] 자연적 관계로 고려될 때 "원인은 다른 하나의 대상에 선행하며 근접한 하나의 대상이다. 그렇게 결합됨으로써 전자의 관념은 마음으로 하여금 후자의 관념을 형성하도록 결정하며, 전자의 인상은 후자의 더 생생한 관념을 형성하게 한다."[67] "인과 관계는 근접성, 연속성, 일정한 결합을 함축하는 **철학적 관계**이기는 하지만, 우리가 그것에 관하여 추론할 수 있거나 그것으로부터 어떤 추리를 이끌어낼 수 있는 것은 오직 그것이 **자연적 관계**이며 우리 관념들 사이에 연합을 산출하는 한에서만 가능하다"[68]는 것이 주목되어야 한다.

---

65) *T.*, 1, 3, 14, p. 165.   66) *T.*, 1, 3, 14, p. 170.
67) *T.*, 1, 3, 14, p. 170.   68) *T.*, 1, 3, 6, p. 94.

이와 같이 흄은 "왜 우리는 그런 특정한 원인들이 필연적으로 특정한 결과들을 가져야 한다고 결론지으며, 그리고 왜 우리는 하나로부터 다른 하나로의 추리를 형성하는가"[69] 하는 그의 물음에 대답했다. 그 대답은 일정한 결합의 예들에 관한 관찰의 심리학적 결과를 언급하는 심리학적인 용어들로 표현되고 있다. 이 관찰은 연상적 장치인 마음의 습관 또는 경향성을 산출하며, 이것에 의해 마음은 자연히, 예를 들어 불꽃의 관념으로부터 열의 관념으로 또는 불꽃의 인상으로부터 열의 더 생생한 관념으로 넘어간다. 이것은 우리로 하여금 경험이나 관찰을 넘어설 수 있게 한다. 설령 불이 관찰되지 않을지라도 우리는 연기를 관찰함으로써 자연히 불을 추리한다. 만약 우리는 무엇을 가지고 그런 추리의 객관적 타당성을 보장하느냐고 묻는다면, 흄이 제시할 수 있는 유일한 궁극적인 대답은 경험적 검증이라는 것이다. 그리고 경험주의 철학에서 이것은 진정으로 요구되는 유일한 대답이다.

흄은 역시 경험이 존재하기 시작하는 것은 무엇이나 그 존재의 원인을 가져야 한다는 원리를 발생시키는가 하는 물음에 어떻게 대답했는가, 왜 우리는 이 특정한 원인이 이 특정한 결과를 가져야 한다고 결론짓는가 하는 물음에 대한 그의 대답은 우리로 하여금 모든 사건이 어떤 원인을 가지리라고 기대하게 하며, 절대적으로 원인이 없는 사건들이 있을 수 있다고 주장하지 못하게 하는 것은 습관이라는 것을 암시한다. 내가 그의 전제들을 인정한다면 이것이 그가 말할 수밖에 없는 것이라고 생각한다. 인과율에 관한 그의 분석을 제시한 뒤에 그는 다음과 같이 말한다. 원인의 결말적인 정의들을 고려하면 "우리는 존재의 모든 시작이 그러한 대상을 수반해야 한다는 절대적이거나 형이상학적인 필연성이란 전혀 존재하지 않는다고 쉽게 생각할 수도 있다."[70] 우리는 문제의 그 원리의 진리를 증명할 수 없다. 그러나 그는 첫번째 《연구》에서 "그 존재의 원인이 없이는 아무 것도 존재하지 않는다는 것은 보편적으로 인정된다"[71]고 말한다. 그렇다면 이 원리에 대한 우리의 신념은 습관에 기인하고 있음에 틀림없다. 하지만 《연구》에서 방금 인용된 문장이 "그리고 엄격하게 검토해 볼 때 우연

69) T., 1, 3, 3, p. 82. 70) T., 1, 3, 14, p. 172.
71) E., 8, 1, 74, p. 95.

이란 단지 부정적인 낱말이며, 자연 어디서나 존재하는 어떤 실재적 힘을 의미하지 않는다"[72])는 식으로 계속된다는 것은 주목할 만한 가치가 있다. 이제 "우연"은 흄에게서 예기치 않은 또는 원인 없는 사건을 의미한다. 그리고 우연을 믿지 않는다는 것은 모든 사건은 원인을 갖는다고 믿는 것이다. 흄에게서 이것을 믿는 것은 모든 원인은 필연적이거나 결정적인 원인이라고 믿는 것이다. 참으로 사건들은 기대와는 반대로 발생할 수도 있다. 이것이 보통 사람들로 하여금 우연을 믿게 할지도 모른다. 그러나 "철학자들"(물론 과학자들도 포함해서)은 여러 예들을 면밀하게 검토함으로써 뜻밖의 사건은 이제까지 알려지지 않은 원인이 반작용한 결과에 기인했다는 것을 발견하고는, "모든 원인들과 결과들 사이의 연결은 동등하게 필연적이며, 어떤 예들에서 그것의 외관상의 불확실성은 반대 원인들의 은밀한 반작용으로부터 생긴다는 격률을 형성한다."[73]) 여기서 모든 사건은 원인을 갖는다는 원리는 철학자들에 의해서 "형성된" 격률로 기술된다. 그러나 그 격률에 대한 우리의 신념은 습성이나 습관의 결과인 것처럼 보일 것이다.

흄은 단지 한 종류의 원인만 존재할 수 있다고 말한다. "왜냐하면 우리의 동력인의 관념은 두 대상들의 일정한 결합에서 유래하기 때문에, 이것이 관찰되는 어디서나 그 원인은 동력인이다. 이것이 관찰되지 않는 어디서나 어떤 종류의 원인도 존재할 수 없다."[74]) 형상인, 질료인, 동력인과 목적인들 사이의 스콜라 철학적인 구별은 거부된다. 따라서 이 용어들이 다른 의미들로 사용되는 한, 원인과 계기(occasion)의 구별 역시 마찬가지이다. 나아가 단지 한 종류의 원인만 있는 것과 마찬가지로, 단지 한 종류의 필연성만 있다. 물리적 필연성과 도덕적 필연성의 구별은 어떤 실재적 토대를 결여하고 있다. "물리적 필연성을 구성하는 것은 마음의 결정과 아울러 대상들의 일정한 결합이다. 이것들을 제거하면 우연과 같은 것이 된다."[75])

나는 흄의 인과율 분석에 관한 지금까지의 개괄이 그가 그 주제에 상당한 관심을 기울였다는 사실을 보여주기를 바란다. 그것은 《인성론》에서 실체를 다룰 때보다 훨씬더 두드러진 위치를 차지한다. 의심

---

72) 같은 책, 같은 면.
73) *T*., 1, 3, 12, p. 132.
74) *T*., 1, 3, 14, p. 171.
75) 같은 책, 같은 면.

할 여지없이 그는 물질적 실체 이론은 이미 버클리에 의해서 반박되었다고 생각했다. 그러나 그가 인과율에 그토록 많은 관심을 기울이는 주된 이유는 그가 여러 학문들과 인간의 생활 전반에서 인과 추리가 담당하고 있는 막중한 역할을 이해했다는 데 있다. 그의 분석에 동의하든 하지 않든지간에 우리가 인식할 수 있는 그의 분석의 커다란 가치는 일관된 경험론과 우리가 일상적으로 인과 관계에 부여하는 의미의 인식을 결합하려는 그의 시도에 있다. 그래서 그는 우리가 X가 Y를 일으켰다고 말할 때, 우리는 X가 Y에 시간적으로 선행하며 공간적으로 근접해 있다는 것을 인식한다. 그는 이 난점에 직면하고 경험주의적인 노선에 입각해서 그것을 해결하고자 한다. 일관된 경험주의 철학을 발전시키려는 이 시도가 그의 명성에 대한 으뜸가는 자격이다. 그가 말했던 것은 때때로 상정되었던 것만큼 진기한 것은 결코 아니었다. 한 예를 들어 보면 14세기에 오트르쿠르의 니콜라스 (Nicholas of Autrecourt, 1350년 사망)[76]는 두 개의 다른 사물들의 경우에 하나의 존재를 긍정하고 다른 하나의 존재를 부정하는 것은 논리적 모순 없이 항상 가능하기 때문에, 우리는 한 사물의 존재에서 다른 사물의 존재를 확실히 추론할 수는 없다고 주장했다. 확실한 것은 무모순율로 "환원될 수 있는" 분석 명제들뿐이다. 나아가 니콜라스는 만약 과거에 B가 A의 뒤를 이었다면 미래에도 그럴 것이라는 기대를 일으키는 반복된 연속들에 관한 우리의 경험에 의해서 규칙적 인과 연결들에 관한 우리의 신념을 설명했던 것처럼 보인다. 물론 나는 흄이 니콜라스나 또는 14세기의 유사한 사상가들에 관해서 무엇인가 알았다고 시사하는 것은 아니다. 나는 단지 설령 흄은 그 사실을 알지 못했다고 할지라도 흄의 여러 입장들은 14세기에 이미 고려되었다는 역사적 사실에 주목하고 있는 것이다. 그럼에도 불구하고 현대 경험주의의 후원자이며 아버지인 사람은 흄이지 그의 선학들이 아니라는 것은 여전히 참이다. 18세기 이래 용어법이 바뀌었고, 현대의 경험주의자는 논리학과 심리학을 뒤섞는 흄의 경향을 회피하려고 한다. 그러나 현대 경험주의자가 흄에게 직접적으로나 간접적으로 지고 있는 빚에 관해서는 의심의 여지가 있을 수 없다.

---

76) 오트르쿠르의 니콜라스에 관해서는 F. Copleston, *A History of Philosophy*, 제3권 참조(135면 이하).

흄의 역사적 중요성을 강조하는 것이 반드시 그의 인과율 분석을 받아들이는 것은 아니다. 가능한 비판 노선의 한 예를 든다면, 물질에 관해서 흄이 말하는 것에도 불구하고 우리는 그의 분석에 의해 간단히 설명될 수 없는 종류의 내적인 인과적 산물을 의식하고 있는 것처럼 보인다. 그는 어떻게 우리의 의지가 우리의 신체 운동들에 영향을 미치는가 또는 심지어 어떻게 우리는 마음먹은 대로 어떤 내적인 작용들을 수행하는가 하는 것을 설명하는 데에 있어서의 소문난 난점은 심지어 여기서 객관적인 측면에서의 인과율조차도 단지 일정한 결합이거나, 또는 적어도 우리는 단지 일정한 결합만을 지각한다는 것을 보여준다고 생각하고 있는 것처럼 보인다. 그러나 이런 식의 논증은 기회 원인론자들에 의해서 우리는 우리가 인과적으로 행동한다는 것뿐만 아니라 어떻게 그렇게 한다는 것까지도 알지 못하는 한 어떤 생산적인 인과력도 없다고 주장되었던 입장이 타당하다는 것을 전제하는 것처럼 보인다. 이 주장의 타당성에는 의문의 여지가 있다. 게다가 과학자가 흄의 인과율 관념을 받아들일 수 있는가 하는 물음과 이 관념이 철학적 관점에서 보아 적절한 분석을 나타내고 있는가 하는 물음을 구별하는 것은 중요하다. 예를 들어 물리학자는 존재하기 시작하는 모든 것은 외부적 원인의 작용을 통해서 그렇게 된다는 원리의 논리적이고 존재론적인 지위의 문제에 관계하지 않는다. 그가 그런 문제에 관계하는 것은 필수적인 일이 아니다. 그러나 철학자는 이 문제에 관해서 묻는다. 그리고 흄이 그것을 취급하는 것은 비판의 여지가 있다. 예를 들어 설령 우리가 처음에는 말하자면 빈 공간을 상상하다가 그 다음에는 X가 존재한다고 상상할 수 있다 해도, 필연적으로 X는 외부적 원인이 없이도 존재하기 시작할 수 있다는 결론이 되는 것은 결코 아니다. 또한 "X가 존재하기 시작했다"는 명제와 "X는 아무 원인도 갖지 않았다"는 명제 사이에 아무런 용어상의 모순이 없다는 사실로부터 필연적으로 그 명제들이 "형이상학적 분석"의 관점에서 검토될 때 서로 양립할 수 있다는 결론이 되는 것도 아니다. 우리는 한편으로 분석적이며 "형식적인" 명제들을 가지며, 다른 한편으로는 경험적 가설들을 가진다. 그의 체계에는 **선험적 종합** 명제들의 여지가 없다. 실로 이것은 확실하면서도 실재에 관한 정보를 제공하는 명제들이 있느냐 없느냐의 문제이다. 그러나 이 문제를 충분히 논의하는 것은 형이상학의 본성과 지위를 논의하는 것을 의미할 것이다. 일단 흄의 전제들과 그의 "이성" 개념을 인정한다면, 그의 인과율 분석과 유사한 어떤 것이 반드시 뒤따르게 된다. 우리는 그의 전제들을 받아들이고 난 다음에 인과율에 관한 형이상학적 이론을 덧붙일 수는 없는 것이다.

하지만 흄을 비판함에 있어서 그는 인과 관계들이 있다는 것을 부인하지는 않는다는 것을 기억하는 것이 중요하다. 즉 그는 불꽃이 열의 원인이 된다는 명제의 진리를 부인하지 않는다. 또한 그는 불꽃이 필연적으로 열의 원인이 된다는 명제의 진리도 부인하지 않는다. 그가 하는 일은 이 명제들의 의미를 탐구하는 것이다. 흄을 검토할 때 문제는 인과 관계들이 있느냐 없느냐 하는 것이 아니라, 인과 관계들이 있다고 말하는 것이 무엇을 의미하느냐 하는 것이다. 또한 문제는 어떤 필연적 연결들이 있느냐 없느냐 하는 것이 아니라, 필연적 연결들이 있다고 말하는 것이 무엇을 의미하느냐 하는 것이다.

10. 신념의 본성

앞에서 살펴본 바와 같이 자연의 일양성은 이성에 의해서 논증될 수 없다. 그것은 직관이나 논증의 대상이라기보다는 차라리 신념의 대상이다. 만약 안다는 낱말이 평범한 담화에서 갖는 폭넓은 의미로 사용된다면, 실로 우리는 일상인이 말하는 것처럼 그것을 안다고 말할 수 있다. 그러나 만약 그 낱말이 다른 모든 대안들이 배제되는 경우에 그 명제들에 대한 우리의 이해를 의미하는 엄격한 의미로 사용된다면, 우리는 자연의 일양성에 관한 지식을 갖는다고 말할 수 없다. 흄에게서 우리는 한편으로 관념들 사이의 관계들을 나타내는 분석 명제들을 가지며, 다른 한편으로 어떤 방식으로든 경험에 근거해 있는 종합 명제들을 가진다. 그러나 경험 자체는 우리에게 단지 사실적 자료를 줄 뿐이다. 그것은 우리에게 미래에 관해 알려 줄 수 없다. 또한 우리는 미래에 관한 우리의 신념과 기대가 정당화된다는 것을 이성에 의해 증명할 수도 없다. 그러나 신념은 인간의 삶에서 매우 중요한 역할을 한다. 만약 우리가 한편으로 분석 명제들에, 다른 한편으로 현전하거나 기억되는 직접적인 경험적 자료에만 국한된다면 인간의 삶은 불가능할 것이다. 매일매일 우리는 신념에 기초한 행동들을 한다. 그러므로 신념의 본성을 연구하는 것이 필요하게 된다.

신념에 관한 흄의 설명은 논리학과 심리학을 혼동하는 그의 경향을 예증한다. 왜냐하면 그는 자신이 신념이라고 부르는 그러한 확신의 근거에 관한 논리적 물음에 대해서 심리학적인 대답을 하기 때문이다. 그러나 아마도 그는 그렇게 할 수밖에 없었을 것이다. 왜냐하면 그의 전제들에 따르면 미래의 사건들의 진행에 관한 우리의 신념들의 논리적 근거는 있을 수 없기 때문이다. 그러므로 그는 어떻게 우리가 이 신념들을 갖게 되는지를 보여주는 것으로 만족할 수밖에 없을 것이다.

흄에 따르면 한 명제를 믿는 것은 관념들을 결합시키는 작용들에 의해서 설명될 수 없다. 그가 든 예들 중 하나를 살펴보자. 만약 어떤 사람이 나에게 율리우스 케사르는 자신의 침대에서 죽었다고 말한다면 나는 그의 진술을 이해하고 그가 결합하는 것과 동일한 관념들을 결합한다. 그러나 나는 그 명제에 동의하지는 않는다. 우리는 다른 곳에서 신념과 불신의 차이를 찾아야 한다. 흄이 보기에 신념은 "우리가 어떤 대상을 생각하는 방식을 단지 변경시킬 뿐이며, 단지 우리 관념들에 추가적인 힘과 활발함을 줄 수 있을 뿐이다. 그러므로 하나의 견해나 신념은 **현전하는 인상과 관련되거나 연합된 하나의 생생한 관념**이라고 가장 정확하게 정의될 수도 있다."[77] 예를 들어 우리가 한 사물의 존재를 다른 사물의 존재로부터 추론할 때(즉 우리가 추론의 결과로서 어떤 것이 존재한다고 믿을 때), 우리는 한 대상의 인상으로부터 다른 대상의 "생생한" 관념으로 나아간다. 신념의 특징은 관념의 이러한 생생함이나 활발함이다. 인상에서 관념으로 넘어감에 있어서 "우리는 이성이 아니라, 습관 또는 연합의 원리에 의해서 결정된다. 그러나 신념은 단순 관념 이상의 어떤 것이다. 그것은 관념을 형성하는 특정한 방식이다. 동일한 관념은 단지 그것의 강도와 생생함의 정도가 변화됨으로써만 변화될 수 있기 때문에, 대체로 앞의 정의에 따라 신념은 현전하는 인상과의 관계에 의해서 산출된 생생한

---

77) *T*., 1, 3, 7, p. 96.

관념이라는 결론이 된다."[78]

그러므로 우리는 우리가 관련된 관념들을 생각하는 방식을 주목함으로써 신념과 환상들을 구별할 수 있다. "환상이 우리에게 주는 허구적 관념과는 다른 **느낌**에 따르는 관념이 있다. 나는 이 다른 느낌을 **우월한 강도**, 또는 **생생함**, 또는 **견고성**, 또는 **확고함**, 또는 **한결같음**이라고 부름으로써 그것을 설명하려고 노력한다."[79] 신념은 "모든 사람이 일상적인 삶에서 충분히 이해하고 있는 용어"[80]이다. 그러나 철학에서는 그것을 단지 느낌이라는 말로 기술할 수 있을 뿐이다.

하지만 설령 "활발함"과 "생생함"과 같은 낱말들이 우리가 믿는 명제들을 환상이라고 알려진 것들로부터 구별하기에 충분하다 하더라도, 우리는 전혀 강한 느낌을 주지 않는 많은 신념들을 갖고 있다는 것은 참이 아닌가? 우리는 지구가 평면이 아니며 달은 지구의 위성이라고 믿지만, 우리들 대부분은 이 문제들에 관해서 아무런 강한 느낌도 갖지 않는다. 대답에서 흄은 활발함과 생생함의 속성들보다는 차라리 한결같음과 확고함의 속성들에 의지해야만 하는 것처럼 보인다. 흄의 견해에 따르면 한 명제에 대한 우리의 동의는 대안들의 배제에 의해서 조건지어져야 한다. 분석 명제의 경우에 분석 명제의 부정은 자기 모순적이라는 것이 보이기 때문에 어떤 반대 명제도 배제된다. 종합 명제의 경우에는 그 명제에서 주장된 상황은 과거에 규칙적으로 발생했고, 이 반복에 관한 관찰은 습관을 형성해서 연합의 원리들을 작용하게 했는데, 대안들은 과거에 발생했던 상황이 가진 규칙성에 비례해서 배제된다. 달은 지구의 위성이라는 명제의 경우에 우리는 그것이 참이라는 것을 항상 들어 왔으며, 이 명제가 진리임을 의심하게 하는 어떤 일도 일어나지 않았고, 우리가 했던 어떤 관찰들도 그것의 진리와 모순되지 않는다. 그러므로 비록 우리가 그것에 관하여, 예를 들어 악의적인 비난을 받아 온 친한 친구의 정직성에 관하여 우리가 느낄지도 모르는 그러한 강한 느낌을 갖지 않는다 하더라도, 우리는 그 명제가 진리라는 것에 관한 확고하고 한결같은 신념을 갖는다.

나는 우리는 늘 달이 지구의 위성이라고 들어 왔다고 말했다. 이것

---

78) *T.*, 1, 3, 7, p. 97.
80) 같은 책, 같은 면.

79) *T.*, 1, 3, 7, p. 629, Appendix.

은 그 신념이 교육에 의해 생길 수 있으며, 또한 관념들에 의해서도 생길 수 있다는 것을 의미한다. 흄은 이것을 인정한다. "우리가 어렸을 적부터 익숙해져 온 사물들의 모든 견해들과 개념들은 그 뿌리가 너무 깊어서 우리가 이성과 경험의 모든 힘을 동원하더라도 그것들을 근절하는 것은 불가능하다. 이 습관은 그 영향력에서 원인들과 결과들의 일정하고 분리 불가능한 연합으로부터 생기는 것에 접근할 뿐만 아니라, 많은 경우에서는 심지어 우세하기까지 하다. 여기서 우리는 관념의 생생함이 신념을 낳는다고 말하는 것으로 만족해서는 안 된다. 우리는 그것들이 개별적으로 동일한 것이라고 주장해야 한다.… 나는 조사해 보면 우리는 사람들 사이에 널리 퍼져 있는 견해들의 절반 이상이 교육에 기인하고 있으며, 그렇게 암암리에 신봉되고 있는 원리들이 추상적인 추론이나 경험에 기인하는 원리들보다 더 많은 비중을 차지한다는 것을 알게 될 것이라고 확신하고 있다.… 교육은 인위적인 원인이지 자연적 원인은 아니다."[81]

그러므로 흄에 따르면 "내가 어떤 원리를 확신할 때 나에게 더욱 강하게 떠오르는 것은 단지 하나의 관념이다. 내가 어떤 일련의 논증들이 다른 것보다 더 낫다고 생각할 때, 나는 단지 그것들의 영향력이 갖는 우월성에 관한 나의 느낌으로부터 결정하는 것에 불과하다."[82] 또한 "원인들과 결과들에 관한 우리의 모든 추론들은 단지 습관에서 유래하며, 정확하게 말해서 신념은 우리 본성들의 인지적 부분의 작용이라기보다는 감성적 부분의 작용이다."[83] 그러면 어떻게 우리는 합리적 신념들과 비합리적 신념들을 결정할 수 있는가? 흄은 이 물음에 대해 그렇게 명백하고 명확한 대답을 제시하는 것 같지 않다. 그가 비합리적 신념들을 다룰 때, 그는 어떻게 우리가 합리적인 신념들과 그렇지 않은 신념들을 구별할 수 있는가 하는 것을 명백히 하기보다는 차라리 그가 보기에 어떻게 마음이 작용하는가 하는 것을 보이고자 한다. 그러나 그 문제에 대한 그의 일반적인 대답은 대강 이런 것처럼 보인다. 많은 신념들은 "교육"의 결과이며, 그것들 중 어떤 것들은 비합리적이다. 그것들을 우리 스스로 고치는 길은 경험에 호소하거나 또한 차라리 경험에 의해서 그 신념들을 시험해 보는

81) *T*., 1, 3, 9, pp. 116~117.   82) *T*., 1, 3, 8, p. 103.
83) *T*., 1, 4, 1, p. 183.

것이다. 그것이 참이라고 항상 들어왔던 결과인 신념이 인과 관계들의 경험에 기초한 신념들과 잘 들어맞겠는가? 만약 전자가 후자와 모순되거나 일치하지 않는다면 그것은 버려져야 한다. 교육은 "인위적" 원인이므로 우리는 신념들의 "자연적" 원인, 철학적 의미에서의 인과 관계들, 즉 일정하거나 불변하는 결합들을 택해야 한다. 물론 우리는 경험에 기초한 비합리적 신념들을 형성할 수 있다. 흄은 외국인들과 한두 번 만난 결과로 몇몇 외국 국민들에 관하여 일반화하는 예를 제시한다. 그러나 이런 종류의 편견들을 교정하는 방법은 명백하다. 만약 그것들이 교정된다면 그런 편견들이 사실상 교정되는 것은 이 방법에 의해서이다. 나아가 비합리적 신념들은 일양성들의 경험이나 일정한 결합들의 경험에 의해서 발생될 수 있다. 그러나 이것들은 반대 사례들을 드러내거나 다른 요소들을 밝혀내는 폭넓은 경험을 통한 반성에 의해 교정될 수 있다. 톨스토이는 어딘가에서 봄에 참나무들에 싹이 트는 것은 바람 때문이라는 어떤 농부들의 신념을 이야기한다. 만약 그 바람이 그 나무들에 근접해 있고 싹이 트는 것에 선행한다면 그 신념은 설명될 수 있을 것이다. 그러나 만약 경험이 이 특정한 바람이 불고 있지 않을 때에도 참나무에 싹이 트는 예들을 보여준다면 우리는 그 농부들의 신념을 받아들이지 않을 것이다. 게다가 설령 모든 예들에서 참나무들이 단지 그 특정한 바람이 불고 있을 때에만 싹이 텄다 하더라도, 싹이 트는 것은 그 바람에 의해 야기된다는 신념은 여전히 싹이 트는 다른 경우들에 관한 우리의 경험과 관찰에 상충될 것이다. 그렇다면 마음은 소위 필연적 연결의 요소를 제공하는 습관이나 습성을 형성하지 않을 것이다. 우리는 바람이 참나무들의 싹이 트는 원인이 되었다고 믿지 않을 것이다.

만약 이러한 소견들이 흄의 마음을 나타내는 것이라면 더 큰 난점이 발생한다. 흄은 종종 습관은 인간의 삶에서 지배적일 뿐만 아니라 지배적이어야 한다는 식으로 말한다. 동시에 그는 마치 경험이 우리의 길잡이여야 한다는 식으로 말하기도 한다. 그래서 그는 "경험된 사건들의 연속은 우리 모두가 자신의 행위를 규제하는 훌륭한 기준이다. 다른 어떤 것도 광장이나 의회에서 호소될 수 없다. 다른 어떤 것도 학교에서나 서재에서 들어서는 안 된다."[84] 그러나 아마도 그

---

84) *E.*, 11, 110, p. 142.

난점은 다음과 같은 방식으로 어느 정도 풀릴 수 있다. 흄에 따르면 인간의 삶에 필수적인 어떤 근본적인 습관적 신념들이 있다. 지속적이고 독립된 물체들의 존재에 대한 신념과, 존재하기 시작하는 모든 것은 원인을 가진다는 신념이 그것이다. 즉 만약 인간의 삶이 가능하려면 이 근본적인 습관적 신념들이 지배적이며 또 지배적이어야 한다. 그리고 그것들은 좀더 특수한 우리의 신념들을 조절한다. 그러나 후자는 불가피하고 필수적인 것들이 아니다. 우리는 그것들을 시험하고 수정할 수 있다. 그 시험은 경험된 사건들의 과정이며, 이 경험된 사건들의 과정과 양립할 수 있는 신념들 자체와의 일관성이다.

제 15 장

데이비드 흄 2

1. 물체의 존재에 대한 우리의 신념

앞장의 마지막에서 우리는 마음 또는 지각과 무관한 물체들의 지속적 존재에 대한 신념은 흄에게 근본적으로 자연스러운 신념이라는 것을 보았다. 그러나 우리는 이 문제에 관해 그가 말해야 할 것을 더 자세히 검토하지 않으면 안 된다.

흄은 우리의 지각과 관계없이 영원히 존재하는 대상들의 세계라는 우리의 개념과 관련되어 발생하는 주된 난점은, 우리가 지각들의 세계에 한정되어 있으며, 이 지각들과 관계없이 존재하는 대상들의 세계에 접근할 수 없다는 것이라고 한다. "이제 지각들을 제외한 어느 것도 결코 마음에 현전하지 않으며, 모든 관념들은 마음에 이미 현전하는 어떤 것으로부터 유래하기 때문에, 우리가 관념들과 인상들과 특별히 다른 어떤 것의 관념을 상상하거나 형성하는 것조차 불가능하다.' 되도록 우리 자신들에서 벗어나서 우리의 주의를 집중시켜 보자. 우리의 상상력을 하늘 끝까지, 아니면 우주의 최대 한도까지 추적해 보자. 우리는 결코 우리 자신을 넘어서서는 실제로 한발짝도 나아가지 못하며, 그 좁은 영역 안에 나타난 그러한 지각들 이외에는 어떤 종류의 존재도 상상할 수 없다. 이것이 상상력의 세계이며, 우리는 거기에서 산출되는 것 이외에 어떠한 관념도 갖지 않는다."[1] 관념들은 궁극적으로 인상들로 환원될 수 있으며, 인상들은 지각 주체에 속하며 주관적이다. 그러므로 우리는 우리의 지각들과 별도로 대상들이 어떨 것인지 또는 어떤지 생각할 수도 없다.

흄은 우리의 지각들과 관계없는 물체 또는 물체들의 존재를 부인하려고 하지 않는 것을 이해하는 것이 중요하다. 실로 그는 우리는 물체가 존재한다는 것을 증명할 수 없다고 주장한다. 그러나 동시에 그는 우리는 그 명제를 시인하지 않을 수 없다고 주장한다. "자연은 이것을 그(회의주의자)의 선택에 맡기지 않았으며, 의심할 여지없이 그것은 너무나 중요해서 우리의 불확실한 추론과 사색에 맡길 수는 없는 일이라고 여겼다. 우리가 **어떤 원인들이 우리로 하여금 물체의 존재를 믿게 하는가** 하고 묻는 것은 당연하다. 그러나 **물체가 있느냐 없느냐** 하고 묻는 것은 헛된 일이다. 그것은 우리가 우리의 모든 추론에서 당연한 것으로 인정해야만 하는 점이다."[2] 비회의주의자와 마찬가지로 회의주의자도 한결같이 마치 물체가 실제로 존재하는 것처럼 행동한다. 그가 그의 서재에서 말할 수 있는 학문적인 의심들이 무엇이든지간에 그는 이것을 믿지 않을 수 없다. 그러므로 우리는 단지 우리의 마음이나 지각과는 다른 물체들의 지속적 존재를 믿게 하는 원인 또는 원인들이 무엇인가 하는 것을 탐구할 수 있을 뿐이다.

첫째로, 감각 기관들은 사물들이 지각되지 않을 때 계속해서 존재한다는 생각의 원천일 수 없다. 왜냐하면 이것이 사실이기 위해서는 감각 기관들이 작용을 멈추었을 때에도 작용해야 할 것이기 때문이다. 이것은 모순을 포함할 것이다. 또한 감각 기관들은 우리에게 우리의 지각들, 즉 물체들의 감각 가능한 현상들과는 다른 물체들을 드러내 보이지도 못한다. 그것들은 우리에게 모사물과 원형 둘 다 드러내 보이지 못한다. 실로 나는 내 자신의 신체를 지각하는 것처럼 보일 수도 있다. 그러나 "정확히 말하면 우리가 우리의 손발과 신체의 각 부위를 응시할 때 우리가 지각하는 것은 우리의 신체가 아니라,

---

1) *T*., 1, 2, 6, pp. 67~68.　　　2) *T*., 1, 4, 2, p. 187.

감각 기관들에 의해서 들어오는 어떤 인상들이다. 따라서 이 인상들 또는 그것들이 대상들에 실재적인 물질적 존재를 부여하는 것은 우리가 현재 검토하고 있는 것만큼이나 설명하기 어려운 마음의 작용이다."[3] 우리가 인상들의 집합 가운데 어떤 것에는 뚜렷하고 지속적인 존재를 부여하고 다른 것들에는 그렇게 하지 않는다는 것은 참이다. 아무도 고통이나 쾌락에 뚜렷하고 지속적인 존재를 부여하지는 않는다. "철학자들"은 그렇지 않을지 몰라도 "대중들"은 색깔, 맛, 소리 등 일반적으로 이른바 제 2 성질들이 그런 존재를 갖는다고 생각한다. 철학자들과 대중들은 모두 마찬가지로 모양, 부피, 운동과 고체성이 지속적으로 지각과 관계없이 존재한다고 생각한다. 그러나 우리로 하여금 이런 구별을 하도록 하는 것이 감각 기관들 자체일 수는 없다. 왜냐하면 감각 기관들이 관계하는 한 이 모든 인상들은 동등하기 때문이다.

둘째로, 우리로 하여금 물체들의 지속적이고 뚜렷한 존재를 믿게 하는 것은 이성이 아니다. "마음으로부터 독립된 대상들에 대한 믿음을 확립시키기 위하여 철학자들이 제공할 수 있다고 상상하는 설득력 있는 논증들이 무엇이든간에 이 논증들이 거의 어느 누구에게도 알려지지 않는다는 것은 명백하다. 그리고 어린 아이, 농부, 인류의 대부분이 어떤 인상들에는 대상들을 부여하고 다른 인상들에는 그렇게 하지 않는 것이 그 논증들에 의한 것이 아니라는 것은 명백하다."[4] 또한 일단 우리가 신념을 갖게 되면 우리는 그것을 합리적으로 정당화할 수 없다. "철학은 마음에 나타나는 모든 것이 단지 지각에 불과하고 단절되며 마음에 의존한다는 것을 우리에게 알려 준다."[5] 그러므로 우리는 지각들로부터 대상들의 존재를 추론할 수 없다. 이러한 추리는 인과 추리일 것이다. 그것이 타당하려면 우리는 그 대상들과 이 지각들 사이의 일정한 결합을 관찰할 수 있어야 한다. 그러나 우리는 그렇게 할 수 없다. 왜냐하면 우리는 일련의 우리의 지각들을 그것들과 분리된 어떤 것과 비교하기 위하여 그것들 밖으로 나올 수 없기 때문이다.

그러므로 물체들의 지속적이고 독립된 존재에 대한 우리의 신념과

---

3) *T*., 1, 4, 2, p. 191.　　　　4) *T*., 1, 4, 2, p. 193.

5) 같은 책, 같은 면.

어떤 인상들에 대한 객관적이고 독립된 대응물이 존재한다고 상정하는 우리의 습관은 감각 기관들 또는 이성이나 오성이 아닌 상상력에 기인하는 것임에 틀림없다. 따라서 상상력에 작용하여 물체들의 지속적이고 뚜렷한 존재에 대한 우리의 확신을 낳게 하는 것은 어떤 인상들의 특징인가 하는 물음이 제기된다. 이 신념이나 확신은 어떤 인상들이 다른 것들에 비해 더 강한 힘이나 격렬함을 갖기 때문이라고 말하는 것은 소용없는 일이다. 왜냐하면 대다수의 사람들은 적당한 거리에 놓여 있는 불의 열기는 불 자체에 속하는 것으로 생각하는 반면에, 불에 너무 가까이 있음으로써 야기된 강한 고통이 지각 주체의 인상들 안이 아닌 다른 어떤 곳에 있다고 생각하지는 않는다는 것이 명백하기 때문이다. 따라서 우리는 상상력에 작용하는 어떤 인상들의 독특한 특성들을 다른 곳에서 찾아야 한다.

흄은 두 가지 그런 독특한 특성들, 즉 불변성과 정합성에 대해 언급한다. "지금 내 눈 앞에 있는 저 산과 집과 나무들은 언제나 내게 동일한 순서로 나타났다. 내가 눈을 감거나 고개를 돌림으로써 그것들이 시야에서 사라진 뒤에, 나는 곧 그것들이 조금도 변하지 않고 내게 다시 나타나는 것을 알게 된다."6) 여기서 우리는 변함없이 반복되는 유사한 인상들을 갖는다. 그러나 명백히 물체들은 종종 그것들의 위치뿐만 아니라 성질도 변화시킨다. 하지만 그것들의 변화에도 정합성이 있다. "내가 한 시간 동안 나갔다가 내 방에 돌아올 때, 나는 난롯불이 내가 떠났을 때와 동일한 상태로 있지 않다는 것을 발견한다. 그러나 나는 다른 경우들에서 내가 있건 없건, 가까이 있건 멀리 있건간에 비슷한 시간에 일어난 비슷한 변화를 보는 데 익숙해 있다. 그러므로 그것들의 변화에서 이 정합성은 그것들의 불변성과 더불어 외부 대상들의 특성 중 하나이다."7) 나는 흄이 뜻하는 바가 아주 명백하다고 생각한다. 창문을 통해 볼 수 있는 산에 대한 나의 인상들은 필요 조건들이 주어지면 유사하다는 의미에서 불변적이다. 지각의 관점에서 그 산은 다소간 동일한 채로 있다. 그러나 오후 9시에 내 방에서 받은 불의 인상은 오후 10시 반에 내가 방에 돌아왔을 때 받은 인상과 동일하지 않다. 우리가 말하는 것과 같은 그 불은 그동

---

6) *T*., 1, 4, 2, p. 194.　　　　7) *T*., 1, 4, 2, p. 195.

안에 꺼졌다. 다른 한편으로 이 두 개의 서로 다른 인상들은 내가 다른 날 저녁에 동일한 시간 간격을 두고 받은 두 개의 서로 다른 인상들과 일치한다. 그러므로 만약 내가 두 번 또는 그 이상의 경우에 일정 시간 동안 그 불을 관찰한다면, 서로 다른 일련의 인상들 사이에 규칙적인 형태의 정합성이 존재한다.

하지만 흄은 물체들의 지속적이며 독립된 존재에 대한 우리의 신념에 관한 설명—단지 전적으로 우리 인상들의 실제적인 진행에만 의존하는—에 만족하지 않는다. 한편으로 우리의 인상들은 사실상 단절되는 반면에, 다른 한편으로 우리는 습관적으로 물체들의 지속적인 존재를 믿는다. 그리고 유사하기는 하지만 단절된 인상들의 단순한 반복은 그것만으로 이 신념을 산출할 수는 없다. 우리는 거기서 "어떤 다른 원리들"을 찾아야 하며, 우리가 기대하는 것처럼 흄은 심리학적 고찰들에 의존한다. "상상력은 어떤 일련의 사유에 돌입하면 그 대상이 지속적이지 못할 때에도 계속 진행하는 경향이 있다. 그래서 노에 의해 움직이는 갤리배*처럼 어떤 새로운 추진력이 없이도 계속 진행한다."[8] 일단 마음이 인상들 가운데 일양성이나 정합성을 주목하기 시작하면 그것은 이 일양성을 가능한 한 완전하게 하려고 한다. 물체들의 지속적인 존재를 상정하는 것은 이 목적을 만족시키며, 우리에게 감각 기관들에 의해 제공되는 것보다 더 큰 규칙성과 정합성의 개념을 제공한다. 그러나 정합성이 대상들의 지속적 존재를 상정하게 한다 하더라도, 대상들의 뚜렷한 존재, 즉 대상들이 우리의 지각들로부터 독립되어 있다는 가정을 설명하기 위해서는 불변성의 관념이 필요하다. 예를 들어 우리가 태양에 관한 지각이 그 최초의 모습과 동일한 형태로 변함없이 되풀이되는 것을 보는 데 익숙해졌을 때, 우리는 이 서로 다른 단절된 지각들을 동일한 것으로 여기는 경향이 있다. 하지만 반성은 우리에게 그 지각들이 동일하지 않다는 것을 보여준다. 그러므로 우리 자신을 이 모순에서 벗어나게 하기 위해서 우리는 "이 단절된 지각들은 우리가 감각할 수 없는 실재적 존재에 의해 연결되어 있다고 가정함으로써"[9] 이 단절을 숨기거나 제거한다.

---

* 옛날 노예나 죄수들에게 노를 젓게 한 돛배—옮긴이 주.
8) *T*., 1, 4, 2, p. 198.   9) *T*., 1, 4, 2, p. 199.

이러한 발언들이 그다지 분명하지 못하다는 것은 사실이다. 흄은
자신의 입장을 더 정확하고 명료하게 하려고 노력한다. 그러기 위해
서 그는 대중의 의견과 그가 "철학적 체계"라고 부르는 것을 구별한
다. 대중은 "인류, 즉 시대를 막론한 우리 모두 중에서 사려깊지 않
으며 비철학적인 모든 부류이다."[10] 흄은 이 사람들은 자신들의 지각
들이 유일한 대상들이라고 생각한다고 말한다. "감각 기관들에 현전
하는 바로 그 심상이야말로 우리들에게는 실재적인 물체이다. 그리고
우리가 하나의 완전한 동일성을 부여하는 것이 이 단절된 심상들이
다."[11] 바꾸어 말하면 대중은 로크의 물질적 실체에 관해서 아무 것
도 모른다. 그들에게 물질적 대상들은 단지 그들이 있는 그대로 지각
되는 것들이다. 흄이 보기에 이렇게 말하는 것은 대중에게 대상과 지
각은 동일하다고 말하는 것이다. 이것이 전제되면 우리는 난점에 직
면하게 된다. 한편으로 "유사한 지각들의 관념들을 따라 진행되는 상
상력의 평탄한 이행은 우리로 하여금 그것들에게 완전한 동일성을 부
여하게 한다."[12] 다른 한편으로 그것들은 단절된 발생, 또는 흄이 말
하는 것처럼 출현의 방식은 우리로 하여금 그것들을 상이한 실체들로
여기게 한다. 그러나 이러한 모순은 부자연스러움을 발생시키므로 해
소되어야 한다. 우리는 상상력의 평탄한 이행에 의해 산출된 경향을
포기할 수는 없기 때문에 두번째 원리를 포기한다. 유사한 지각들의
출현에 따른 단절들은 종종 너무 길거나 빈번해서 우리들이 이것들을
간과할 수 없다는 것은 사실이다. 그러나 동시에 "감각 기관들에 나
타나는 단절된 현상들이 반드시 그 존재의 단절을 함축하지는 않는
다."[13] 따라서 우리는 대상들의 지속적인 존재를 "상상하여 만들어
낼" 수 있다. 그러나 우리는 단지 이것을 상상하여 만들어 낼 뿐만
아니라 그것을 믿는다. 흄에 따르면 이 신념은 기억을 언급함으로써
설명될 수 있다. 기억은 우리에게 상당한 단절들이 있은 뒤 다른 때
에도 되풀이되는 유사한 지각들의 수많은 예들을 제공한다. 이 유사
성은 이 단절된 지각들을 동일한 것으로 간주하는 경향을 낳는다. 동
시에 이것은 역시 우리가 그것들에 동일성을 부여하는 것을 정당화시
키고 우리 지각들의 단절된 특성이 우리를 말려들게 하는 모순을 피

---

10) *T.*, 1, 4, 1, p. 205. 11) 같은 책, 같은 면.
12) 같은 책, 같은 면. 13) *T.*, 1, 4, 1, pp. 207~208.

하기 위해서 하나의 지속적인 존재를 가정함으로써 지각들을 연결시키는 경향을 낳는다. 그러므로 우리는 물체들의 지속적 존재를 상상하여 만들어 내는 경향을 갖는다. 나아가 이 경향은 기억의 생생한 인상들로부터 발생하기 때문에 그것은 이 허구에 활성을 부여한다. "또는 바꾸어 말하면 우리로 하여금 물체의 지속적인 존재를 믿게 한다."14) 왜냐하면 신념은 관념의 활성에 있기 때문이다.

그러나 우리가 이런 식으로 "감각적 대상들 또는 지각들"의 지속적 존재를 믿게 된다 하더라도, 철학은 우리로 하여금 그 가정의 오류를 깨닫게 한다. 왜냐하면 이성은 우리에게 우리의 지각들이 우리의 지각 행위와 독립해서 존재하지 않는다는 것을 보여주기 때문이다. 그것들은 독립적인 존재뿐만 아니라 지속적인 존재도 갖지 못한다. 그러므로 철학자들은 지각과 대상을 구별해 왔다. 전자는 단절되며 지각 주체에 의존한다. 후자는 지속적이고 독립적으로 존재한다. 그러나 이 이론은 최초에는 속견을 받아들였다가 그 다음에는 그것을 버림으로써 도달하게 된 것이어서, 속견에 관련된 모든 난점들뿐만 아니라 그것 자체에 특유한 몇몇 난점들도 포함한다. 예를 들어 그 이론은 새로운 부류의 지각들을 가정하는 것을 포함한다. 앞에서 살펴본 것처럼 우리는 지각에 의하지 않고서는 대상을 생각할 수 없다. 따라서 만약 우리가 지각들뿐만 아니라 대상들도 가정한다면 우리는 단지 지각들을 배가시키는 것이 되며, 동시에 그것들에다 지각들에는 속하지 않는 속성들, 즉 비단절성과 독립성을 부여하는 것이 된다.

그러므로 물체들의 지속적이고 독립적인 존재에 관한 우리 신념에 대한 흄의 검토의 결과는 그것에 대한 합리적인 정당성이 없다는 것이다. 그러나 우리는 그 신념을 없앨 수 없다. 우리는 그것을 당연한 것으로 생각할 수 있다. "지금 이 순간에 독자의 견해가 무엇이든간에, 한 시간 뒤에 그는 외적인 세계와 내적인 세계가 둘 다 존재한다는 것을 믿게 될 것이다."15) 이 점에 관해 회의주의가 가능한 것은 철학적 반성의 실제 과정에서일 뿐이며, 거기서도 그것은 단지 이론적으로 그럴 뿐이다. 흄은 어떤 성질(이른바 제2성질)은 주관적인 반면에 다른 성질(제1성질)은 객관적이라고 하는 이론을 권장하지는

---

14) *T*., 1, 4, 1, p. 209.　　　　　15) *T*., 1, 4, 1, p. 218.

않는다는 점이 주목되어야 한다. 반대로 그는 "만약 색깔, 소리, 맛 그리고 냄새 등이 단지 지각일 뿐이라면, 우리가 생각할 수 있는 어떤 것도 실재적이며, 우리는 지속적이고 독립적인 존재를 전혀 가질 수 없다. 주로 제 1 성질이라고 주장되는 운동, 연장, 고체성조차도 말이다"[16] 하고 주장한다. 참으로 그는 "우리가 원인으로부터 결과로 추론할 때, 우리는 색깔, 소리, 맛뿐만 아니라 냄새도 지속적이고 독립적인 존재를 갖지 않는다고 결론짓는다"[17]는 데 동의한다. 그러나 "우리가 이 감각적 성질들을 배제하면 우주에는 그런 존재를 가진 것은 아무 것도 남지 않게 된다."[18] 흄은 확실히 로크에 대한 버클리의 비판의 주된 흐름을 받아들였지만 더 이상 그를 따르지는 않았다. 왜냐하면 버클리가 무신론자들과 유물론자들뿐만 아니라 회의주의자들을 반박하려고는 했지만, 흄에 따르면 그의 논증들은 "그들은 어떤 대답도 인정하지 않으며, 어떠한 확신도 산출하지 않는다. 그들의 유일한 영향은 회의주의의 결과인 순간적인 경악과 우유 부단, 그리고 혼동을 야기시키는 것이다"[19] 하는 점에서 결국 회의주의가 되기 때문이다. 물론 흄은 의식적으로 철학적 추론의 결론들과 우리의 자연스러운 신념 사이의 근본적이고 타협할 수 없는 모순을 강조하므로, 그의 입장이 버클리의 입장보다 더 회의적이라는 반박이 있을 수 있다. 또한 그는 버클리를 "대중"의 견해를 교정하려 한다고 묘사하고 있는 만큼 그를 잘못 전하는 경향이 있다는 것도 역시 논의의 여지가 있다. 그러나 설령 이 모든 것이 참이라 할지라도, 우리는 흄이 궁극적으로 대중의 편을 들고 있다는 것을 기억해야 한다. 그의 요점은 우리는 물체들의 지속적이고 독립적인 존재를 믿으려는 불가피하며 근절할 수 없는 경향을 갖고 있다는 것이다. 이 경향이 신념을 낳으며, 이 신념이 대중과 철학자에게 마찬가지로 작용한다. 이 신념에 합리적 정당성을 부여하려는 모든 시도는 실패한다. 우리의 지각들과 별도로 무엇인가가 있을 수 있다 해도, 우리는 이것이 사실임을 증명할 수는 없다. 그러나 어느 누구도 회의적 원리들에 입각해서 살아가지 않으며 또한 그렇게 살아갈 수도 없다. 자연적 신념은 불가피하게 그리고 정당하게 행해지고 있는 것이다.

16) *T*., 1, 4, 4, p. 228.   17) *T*., 1, 4, 4, p. 231.
18) 같은 책, 같은 면.   19) *E*., 12, 1, 122, p. 155, 각주.

나는 흄의 논증들이 지닌 힘의 상당 부분은, 우리가 직접적으로 아는 것은 우리의 지각들이라는 전제에 의존한다는 것이 명백하다고 생각한다. 게다가 그는 "지각"이라는 낱말을 두 가지 의미, 즉 지각 행위와 지각된 대상을 의미하는 것으로 사용하는 것 같다. "지각"이라는 낱말의 첫번째 의미에서 우리의 지각들은 단절되고 불연속적이라는 것은 분명하다. 그러나 일상인은 이것을 알고 있으며, 그는 예를 들어 태양에 관한 두 개의 단절된 지각들을 동일시하지 않는다. 만약 그가 자신의 지각들을 동일시한다고 할 수 있다면, 그는 그것들을 "지각"이라는 낱말의 두번째 의미에서 동일시하고 있는 것이다. 물론 흄은 이 구별은 논점을 선취하는 것이라고 반박할지도 모른다. 왜냐하면 논의의 주제가 바로 이 구별 자체이기 때문이다. 그러나 언어적인 구별이 주의깊게 이루어지지 않는 한, 이 논의는 유익하게 진행될 수 없다. 그리고 이 문제에 관한 흄의 논의는 관념과 그 파생물을 다루는 로크의 방식, 즉 색다른 의미와 통상적인 의미를 판별하는 데에 충분한 주의를 기울이지 않고 "관념" 또는 "지각"과 같은 용어가 색다른 의미로 사용되고 있는 방식에서 공통적으로 나타나는 결함으로 인한 난관에 빠진 것처럼 보인다. 이 점은 상당히 중요하다. 왜냐하면 만약 이 낱말들이 색다른 의미로 사용된다면, 중대한 철학적 결론들이 뒤따르기 때문이다. 참으로 논점을 선취하는 것은 경험주의자들이며, 흄의 회의적 결론들은 그의 언어적 용법에서 결과된다는 것은 논의의 여지가 있다.

그러나 흄의 일반적인 입장, 즉 인간 생활에서 널리 행해지고 있으며 또 당연히 그래야 하는 것은 동물적 "신념"과 비슷한 자연적 신념이라는 것, 그리고 이성은 이 신념들을 정당화하기에는 무력하다는 것("정당화한다"는 것이 신념의 발생에 관한 심리학적인 설명을 제공하는 것 이상의 어떤 것을 의미하는 것으로 여겨진다면)은 역사적으로 매우 중요하다. 아마도 흄의 특징이며 그를 로크와 버클리 양자로부터 갈라놓는 것이 이 입장일지도 모르겠다. 실로 로크에게서 이 입장이 다소 예견되기는 하였지만, 우리가 보았듯이 로크의 철학은 현격하게 합리주의적인 요소를 가졌다. 다른 모든 고전적 경험주의자들보다도 특히 흄은 반합리주의적인 사상 경향을 체현한 사람이다. 그리고 오로지 그의 회의주의만을 강조해서 그가 자연적 신념의 역할을 크게 강조한 것을 지나쳐 버리거나 경시하는 것은 잘못이다.

2. 마음과 인격의 동일성 문제

흄에 따르면 마음의 문제는 물체의 문제만큼 복잡하거나 어렵지 않다. "지적인 세계는 비록 무한한 불명료함에 싸여 있기는 하지만, 우리가 자연 세계에서 발견했던 것과 같은 모순들로 혼란에 빠져 있지는 않다. 그것에 관해서 알려지는 것은 그것 자체와 일치한다. 그리고 알려지지 않는 것에 관해서 우리는 그대로 내버려 두는 것으로 만족해야 한다."[20] 앞으로 살펴보겠지만 더욱 상세한 고찰은 흄을 덜 낙관적인 결론으로 이끌었다. 그러나 이것이 그가 시작하는 말이다.

우선 무엇보다도 영혼의 비물질성이라는 주제를 다루면서 흄은 지각들이 물질적 실체에 속하는지 아니면 비물질적 실체에 속하는지 하는 물음은 우리가 그것에 어떤 명백한 의미도 붙일 수 없으며 따라서 그것에 대답할 수 없다는 의미에서 무의미한 물음이라고 제안한다. 첫째로, 우리는 실체에 대해 어떤 관념이든 갖고 있는가? 만약 갖고 있다면, 이 관념을 산출하는 인상은 어떤 것인가? 우리는 우리가 그것을 "그 자체로 존재할지도 모르는 어떤 것"이라고 정의할 수 있기 때문에 실체의 관념을 갖고 있다고 할지도 모른다. 그러나 이 정의는 생각할 수 있는 모든 것에 들어맞을 것이다. 왜냐하면 명석하고 판명하게 생각할 수 있는 것은 무엇이든지간에 그 가능성에 관한 한 그 자체로 존재할 수 있기 때문이다. 따라서 그 정의는 실체와 우연적 성질을 구별하거나 또는 영혼과 지각들을 구별하는 데 도움이 되지 못할 것이다. 둘째로, "고유성"이란 무엇을 의미하는가? "어떤 것에 고유한 성질은 우리 지각들의 존재를 밑받침하는 데 필수적인 것으로 상정된다. 하나의 지각의 존재를 밑받침하는 데 필수적인 것은 아무것도 없는 것 같다. 그러므로 우리는 고유성의 관념을 갖지 않는다."[21] 지각들은 물체에 본래부터 속할 수는 없다. 왜냐하면 그러기 위해서는 그것들이 위치상으로 현전해야 할 것이기 때문이다. 그러나

---

20) *T.*, 1, 4, 5, p. 232. 21) *T.*, 1, 4, 5, p. 234.

예를 들어 정념이 도덕적 사유와 관련해서 위치상으로, 즉 그것의 위
나 아래 그것의 오른쪽이나 왼쪽에 자리잡고 있다고 말하는 것은 불
합리하다. 하지만 지각들이 비물질적인 실체에 본래부터 속할 수 있
다는 결과가 되는 것은 아니다. "바로 지금 나에게 나타나는 저 탁자
는 단지 하나의 지각일 뿐이며, 그것의 모든 성질들은 지각의 성질들
이다. 이제 그것의 모든 성질들 가운데 가장 명백한 것은 연장성이
다. 지각은 부분들로 이루어져 있다."22) 그러나 연장된 지각이 비물
질적 실체에 본래부터 속한다고 말하는 것은 무엇을 의미하는가? 그
렇게 상정된 관계는 설명될 수 없다. 만약 지각들이 어떤 것에 본래
부터 속해야 한다고 말한다면 그것은 논점을 선취하는 것이다. 사실
상 한 대상은 존재하면서 동시에 그 어느 곳에도 존재하지 않을 수
있다. "나는 이것이 가능할 뿐만 아니라 존재들의 대부분이 이 방식
대로 존재하며 또 존재해야 한다고 주장한다."23)

　탁자에 관한 흄의 말들은 명백히 내가 탁자를 알 때 내가 아는 것
은 지각이라는 것을 전제하고 있다. 지각이 아닌 것들이 있을 수도
있지만, 설령 그렇다 하더라도 우리는 그것들이 무엇인지 알 수 없
다. 우리는 지각들의 세계에 국한되어 있는 것이다. 나는 이러한 전
제는 그가 영혼을 비물질적 실체로 보는 이론은 결국 아마도 그가 빈
정대면서 스피노자의 "무시무시한 가설"이라고 부르는 것과 구별할
수 없다는 것을 보여주려는 논증에서도 마찬가지로 나타난다고 생각
한다. 첫째로 대상들 또는 물체들의 세계가 있다. 스피노자에 따르면
이 모든 것들은 한 실체 또는 주체의 양태들이다. 둘째로 사유의 세
계, 나의 인상들과 관념들의 세계가 있다. "신학자들"은 이것들이 단
일하고 연장되지 않은 실체인 영혼의 양태들이라고 말한다. 그러나
우리는 지각들과 대상들을 구별할 수 없으며, 결합 관계든 모순 관계
든 전자에 영향을 미치면서 후자에는 영향을 미치지 않는 어떤 관계
도 발견할 수 없다. 그러므로 만약 우리가 스피노자에 반대해서 그의
실체는 그 양태들과 동일해야 하며, 나아가 그것은 양립할 수 없는
양태들과도 동일해야 한다고 주장한다면, 정확하게 동일한 노선의 반
대 의견이 신학자들의 가설에 대해서 주장될 수 있다. 비물질적 영혼

22) T., 1, 4, 5, p. 239.　　　　23) T., 1, 4, 5, p. 235.

396

은 예를 들어 탁자나 의자와 동일해야 한다. 만약 우리가 영혼의 관념을 갖는다면 이 관념은 그것 자체가 지각이면서 양태일 것이다. 이와 같이 우리는 스피노자의 유일 실체론으로 끝나게 될 것이다. 요컨대 이른바 모든 자연적 대상들은 유일 실체의 양태들이라고 말하는 것의 불합리성을 보여주려는 어떤 논증도 마찬가지로 모든 인상과 관념, 즉 모든 지각은 하나의 비물질적 실체인 영혼의 양태들이라고 말하는 것의 불합리성을 보여주려는 것에 기여할 것이다. 지각은 영혼의 양태라는 것을 확립시키는 모든 논증들은 마찬가지로 스피노자의 가설을 확립시키는 경향을 띨 것이다. 왜냐하면 우리는 지각과 대상을 구별할 수 없으며, 후자에 적용되지 않을 진술들을 전자에 관해서 할 수는 없기 때문이다.

물론 스피노자의 일원론에 찬성하는 논증을 하는 것이 흄의 의도는 아니다. 그는 영혼에 관한 신학적 견해는 스피노자의 이론처럼 비판받기 쉽다는 것을 보여주기 위해서 **사람에 대한 논증**(argumentum ad hominem)을 하고 있다. 그가 끌어낸 결론은 다음과 같다. "영혼의 실체에 관한 물음은 절대적으로 이해 불가능하다는 것이다. 우리의 모든 지각들은 연장적인 것이든 또는 비연장적인 것이든간에 어느 것과도 위치상의 결합을 할 수 없다. 그것들 가운데 어떤 것은 비연장적인 것이라 하더라도 그렇다."[24] 그러므로 영혼의 실체에 관한 문제는 기각되는 것이 좋겠다. 왜냐하면 우리는 그것의 의미를 이해할 수 없기 때문이다.

그러나 연장적이든 비연장적이든간에 "영혼"이라고 불릴 수 있는 어떠한 실체도 없다면, 인격의 동일성에 관해서는 어떠한가? 흄은 명백히 우리가 우리의 지각들과 구별되는 것으로서 자아의 어떤 관념을 가진다는 것을 부정할 수밖에 없다. 그는 어떤 철학자들은 우리가 항상 자기 동일성의 영원한 상태로 남아 있는 어떤 것으로서의 자아를 의식한다고 생각하고 있다고 말한다. 그러나 우리가 자아에 대한 어떤 명석하고 이해할 수 있는 관념을 가진다면 그것은 분명히 인상으로부터 유래되어야 한다. 하지만 "자아 또는 인격은 어떤 하나의 인상이 아니라, 그것에 대해 우리의 여러 인상들과 관념들이 관계하

24) *T.*, 1, 4, 5, p. 250.

고 있다고 상정되는 그러한 것이다. 만약 어떤 인상이 자아의 관념을 일으킨다면, 그 인상은 우리 생애의 전 과정을 통하여 항상 동일하게 지속되어야 한다. 자아는 그런 방식으로 존재한다고 여겨지기 때문이다. 그러나 일정하고 불변적인 인상은 없다.…결국 그러한 관념도 없다."[25] 우리의 모든 지각들은 구별 가능하며 분리 가능하다. 우리는 이러한 지각들과 별도로 있거나 또는 그 근저에 놓여 있는 어떠한 자아도 발견할 수 없다. "나로서는, 내가 이른바 나 자신으로 가장 밀접하게 들어갈 때, 나는 항상 더위 또는 추위, 빛 또는 그늘, 사랑 또는 증오, 고통 또는 쾌락과 같은 어떤 특정한 지각에 마주친다. 내가 나 자신을 생각할 때마다 그것은 항상 지각이며, 지각 이외에는 결코 어떤 것도 관찰할 수 없다.…만약 어떤 사람이 진지하고 편견없는 사유를 통해 그가 그 자신에 관한 상이한 개념을 갖는다고 생각한다면, 나는 더 이상 그와 논의할 수 없다고 말할 수밖에 없다. 내가 그에게 인정할 수 있는 것은 기껏해야 그가 나와 마찬가지로 옳을 수도 있다는 것이며, 우리는 이 점에서 본질적으로 다르다는 것뿐이다. 아마도 그는 그가 그 자신이라고 부르는 단일하고 지속적인 어떤 것을 지각할 수 있을지도 모른다. 그렇지만 나는 나에게는 그러한 원리가 없다고 확신한다."[26] 그러므로 흄의 결론은 다음과 같다. "마음은 여러 지각들이 연속해서 나타나는, 즉 지나가고, 다시 지나가고, 어느덧 사라지고, 사태와 상황들의 무한한 변화 속에서 뒤섞이는 일종의 극장이다. 그것에는 당연히 한 시점에서의 단일성도 없으며, 다른 시점에서의 동일성도 없다. 우리가 그 단일성과 동일성을 상상하는 데 갖는 자연적 경향이 무엇이든지간에 극장의 비유가 우리를 잘못 이끌어서는 안 된다. 이것들은 다만 마음을 구성하는 연속적 지각들에 불과하다. 또한 우리는 이 장면들이 나타나는 장소 또는 이 장소를 이루고 있는 재료들에 관한 가장 어렴풋한 개념조차도 갖고 있지 않다."[27]

그렇다면 무엇이 동일성과 단일성을 마음에 부여하려는 우리의 경향을 일으키는가? 흄에 따르면 우리는 동일성의 관념과 관련된 대상들의 연속성의 관념을 혼동하기 쉽다. 예를 들어 동물의 몸은 하나의

---

25) *T*., 1, 4, 6, pp. 251~252.   26) *T*., 1, 4, 6, p. 252.
27) *T*., 1, 4, 6, p. 253.

집합체이며 그 구성 부분들은 끊임없이 변화하고 있다. 엄격한 의미에서 이것은 자기 동일적으로 남아 있지 않다. 그러나 이 변화들은 보통 점진적이어서 순간순간 지각될 수는 없다. 나아가 그 부분들은 서로 관련되어서 상호 의존하며 서로 결합한다. 이와 같이 마음은 말하자면 단절들을 간과하고 그 집합체에 영속적인 자기 동일성을 부여하는 경향이 있다. 그런데 인간의 마음의 경우에는 관련된 지각들의 연속이 있다. 기억은 과거 지각들의 심상들을 떠올림으로써 우리의 지각들 가운데 유사성의 관계를 산출한다. 이와 같이 상상력은 그 연속을 따라 더욱 쉽게 이행되며, 이 연속이 지속적이고 영속적인 대상인 것처럼 보이게 된다. 나아가 우리의 지각들은 인과 관계에 의해 상호 관련된다. "우리의 인상들은 그것들에 상응하는 관념들을 일으킨다. 이 관념들이 이번에는 다른 인상들을 낳는다. 하나의 생각은 또다른 생각을 뒤쫓고, 그것에 이어 제3의 생각을 이끈다. 이것에 의해 이번에는 최초의 것이 밀려난다."[28] 여기서 또다시 기억이 일차적인 중요성을 가진다. 왜냐하면 우리가 우리의 지각들 사이의 인과 관계를 인식할 수 있는 것은 오직 기억에 의해서이기 때문이다. 따라서 기억은 인격의 동일성 관념의 주요 근원으로 생각될 수 있다. 일단 기억이 주어지면 우리의 지각들은 상상력 안에서 연합에 의해 연결된다. 우리는 실제로는 중단되어 있는 관련된 지각들의 연속에다 동일성을 부여한다. 참으로 철학에 의해서 교정되지 않는 한 우리는 하나의 연합 원리, 즉 우리의 지각들과 구별되는 하나의 영속적인 자아를 "상상해서 만들어 낼지도" 모른다. 만약 우리가 이 "허구"를 배제한다면, 인격의 동일성에 관한 모든 문제들은 "철학적인 어려움들이라기보다는 차라리 문법적인 어려움들로 간주될 수 있을 것이다."[29] 즉 어떤 특정한 경우에 한 사물을 동일적이라고 말하는 것이 적절한가 그렇지 않은가 하는 문제는 언어적인 문제인 것이다.

일단 자아에 관한 흄의 현상론적인 분석이 주어지면, 그가 불멸성을 믿느냐 안 믿느냐 하는 것은 논의할 만한 가치가 거의 없다. 사실상 그는 영생의 가능성을 명백하게 부인하지는 않았다. 제임스 보스웰(James Boswell, 1740~1795)은 1776년 7월 7일 흄과의 마지막 회

---

28) *T.*, 1, 4, 6, p. 261.　　　　29) *T.*, 1, 4, 6, p. 262.

견에서 내세가 있을 수 있다고 생각하지 않는지 그 철학자에게 물었다고 기록하고 있다. 흄은 불 위에 던져진 석탄 조각이 타지 않으리라는 것이 가능하다고 대답했다. 바꾸어 말하면 흄의 표현이 진지한 것이었다면 영생은 논리적으로 가능하다. 하지만 그는 자신이 영원히 존재하리라는 것은 가장 불합리한 환상이라고 덧붙였다. 그리고 다른 곳에서 그가 이 주제에 관해 말하는 것에 비추어 볼 때, 그는 불멸성이 형이상학적 논증이든 도덕적 논증이든간에 어느 것에 의해서도 증명될 수 있다고 생각하지 않았을 뿐만 아니라, 그 자신도 그것을 믿지 않았다는 것은 충분히 명백하다. 만약 우리가 자아에 관한 그의 설명을 명심하고 있다면, 이것이 우리가 기대할 수 있는 유일한 것처럼 느껴진다.

하지만 흄이 자아에 관한 자신의 설명이 여러 난점들을 제기했다는 것을 깨닫고 있었다는 것을 덧붙여 말하는 것은 중요하다. 《인성론》의 부록에서 그는 다음과 같이 인정한다. 우리의 상이한 지각들을 서로 결합시키고 우리로 하여금 그것들에다 실재적인 단일성과 동일성을 부여하게 하는 것이 무엇인지 설명하려 할 때, "나는 나의 설명이 매우 결함이 많으며, 앞서 제시한 추론들의 그럴 듯한 증거 이외에는 아무 것도 나로 하여금 그것을 받아들이게 할 수 없었다고 느낀다. 만약 이 지각들이 판명한 존재들이라면 그것들은 서로 결합됨으로써만 전체를 형성한다.···그러나 내가 우리의 사고 또는 의식 속에서 우리의 연속적인 지각들을 결합시키는 원리들을 설명하려 할 때 나의 모든 희망은 사라진다. 나는 이 문제에 대해 만족스러운 어떤 이론도 발견할 수 없다. 요컨대 내가 일치시킬 수 없는 두 개의 원리가 있다. 또한 우리의 모든 판명한 지각들은 판명한 존재들이다와 마음은 판명한 존재들 가운데 어떠한 실재적 결합도 결코 지각하지 못한다는 두 원리 중 어느 것을 포기하느냐 하는 것은 나의 능력을 넘어서는 일이다.··· 나로서는 회의주의자의 특권을 이유로 내세울 수밖에 없으며, 이러한 난점은 내가 이해하기에는 너무 어렵다고 고백하지 않을 수 없다."[30] 흄은 자아와 인격의 동일성에 관한 자신의 설명에 대해 다소의 의문을 느꼈을지도 모른다. 예를 들어 그가 "동일성"[31]이라는 낱말을 모

---

30) *T*., 1, 4, 6, pp 635~636.

31) 그는, 적어도 말로서는, 우리는 동일성을 우리의 지각들에 돌린다고

호하게 사용하는 것에 대해 퍼부어질 수도 있는 반론들은 차치하더라도, 그는 기억의 기능에 대해 그 중요성을 강조하기는 하지만 아무런 실질적인 설명도 제시하지 않는다. 따라서 어떤 설명이 요구된다. 왜냐하면 어떻게 기억이 그의 이론에서 가능한가를 보는 것은 쉽지 않기 때문이다. 나아가 그가 인정하는 것처럼 만약 마음이 어떤 의미에서 집합체를 짜맞춘다고 말할 수 있다면, 마음이 집합체와 동일시되고 이 집합체의 구성원들은 각각 판명한 사물들일 때 어떻게 그것이 가능할 수 있겠는가? 하나의 지각이 다른 지각들을 인식할 수 있는가? 만약 그렇다면 어떻게? 만약 우리가 마음을 심적 사건들로부터의 "논리적 구성물"로 말하는 현대 경험주의의 착안을 채택한다 해도 그 난점들은 어떤 방식으로도 줄어들지 않는 것 같다. 사실상 정확하게 동일한 난점들이 되풀이되며, 자아에 관한 어떠한 현상론적 설명에서도 그 난점들은 되풀이될 수밖에 없는 것이다.

3. 신의 존재와 본성

신의 존재에 관한 흄의 견해를 개관하기에 앞서 종교에 대한 그의 일반적인 개인적 태도에 관해 약간 언급하는 것이 좋을 것 같다. 그는 칼빈교도로 자라났으나, 아주 어린 나이에 그는 소년 시절에 가르침받았던 그 교리들을 버렸다. 하지만 칼빈주의에 대한 그의 명백한 혐오에도 불구하고, 종교에 대한 그의 태도를 단지 그의 어린 시절을 그늘지게 했던 신학적·종교적 훈련에 대한 적대적 반발의 표현에 지나지 않는 것으로 생각하는 것은 잘못일 것이다. 사실은 그가 자신의 초기의 칼빈주의를 벗어 버리자마자 그에게 종교는 그 자신의 내면에 어떠한 반응도 거의 또는 전혀 일으키지 않았던 순전히 외적인 현상에 불과했던 것 같다. 이 의미에서 그는 "비종교적" 인간이었다. 인류의 삶에서 종교에 의해 수행되는 역할을 인식한 그는 그것의 본성과 힘에 관심을 가졌다. 그러나 그는 말하자면 외부로부터 그것에 관심을 가졌을 뿐이다. 나아가 그는 종교의 영향은 전혀 유익하지 않다

___
암시하는 것처럼 보인다. 그러나 설령 우리가 지각들을 지각 수체의 행위들로 여긴다 해도, 우리는 명백히 이렇게 하지 않는다.

고 결론지었다. 예를 들어 그는 종교가 사람들로 하여금 덕 그 자체를 위해 덕을 사랑하도록 하기보다는 다른 동기들을 위해 행위하도록 고무함으로써 도덕을 해친다고 생각했다. 《종교의 자연사》(*The Natural History of Religion*)에 관한 그의 소론에서 그는 다신교에서 일신교로 발전하는 과정을 추적한다. 단지 확대된 인간들에 불과했던 다신교의 여러 신들과 여신들은 점차적으로 일종의 치렛말에 의한 서로 다른 완전성들을 가진 것으로 생각되었으며, 마침내 무한성이 신에게 돌려졌고 이것이 일신교를 수반하게 되었다. 그러나 종교의 발전 과정에서 미신의 감소가 주목할 만한 것이기는 했지만, 다신교에서 일신교로의 변천은 또한 이슬람교도들과 기독교도들의 행동이 보여주는 바와 같은 광신과 편협, 그리고 과도한 열광의 증대를 동반했다. 또한 무한한 신의 위대함과 장엄함이라는 관념은 자기를 낮추는 태도와 이교도의 심성에는 생소했던 금욕과 고행의 수행을 강조하게 했다. 나아가 예를 들어 고대 그리스에서는 기독교도들이 이해하는 것과 같은 어떤 교리도 없었으며 철학은 자유로웠고 교리 신학에 의해 방해받지 않았던 반면에, 기독교 세계에서는 철학이 신학적 교의들에 봉사하는 데 오용되었다. 실로 흄은 모든 종교를 명백하게 그리고 긴 설명을 붙여 부정하지는 않는다. 그는 한편으로 참된 종교와 다른 한편으로 미신과 광신을 구별한다. 그러나 그가 참된 종교라고 이해하는 것을 설명하는 그의 저작들을 읽어 보면, 우리는 그 내용이 극히 빈약하다는 것을 알게 된다.

《인간 오성 연구》의 제11절은 그 제목에 따르면 특수한 섭리와 내세라는 주제를 다룬다. 흄은 자신이 행동의 자유를 갖기 위해서 그의 요청에 따라 아테네 사람들에게 가상적인 연설을 하는 에피쿠로스주의자인 한 친구의 입을 통해 자신이 하고자 하는 말을 한다. 그 연설자는 다음과 같이 말한다. 종교적인 철학자들은 전통에 만족하는 대신에 "그들이 얼마만큼이나 이성의 원리들 위에 종교를 확립할 수 있는가 하는 것을 시험해 보는 데 성급한 호기심을 충족시킨다. 그들은 만족하는 대신에 그것에 의해서 부지런하고 정밀한 탐구로부터 자연스럽게 생기는 회의를 불러일으킨다."[32] 그리고 나서 그는 다음과 같

---

32) *E*., 11, 104, p. 135.

이 말한다. "신의 존재에 대한 최고의 또는 유일한 논증은 자연의 질서로부터 유래한다.…여러분은 이것이 결과로부터 원인을 이끌어낸 논증임을 인정한다. 여러분은 작품의 질서로부터 제작자의 마음에 계획과 예상이 있었음에 틀림없다고 추론한다. 만약 여러분이 이 점을 이해할 수 없다면 여러분은 여러분의 결론이 잘못된 것임을 인정해야 한다. 그런데 여러분은 자연 현상이 정당화하는 것보다 더 큰 범위의 결론을 내리지 않는 체한다. 이것들은 여러분의 특권이다. 나는 그 결과들에 주목하고자 한다."[33]

이 "결과들"이란 무엇인가? 첫째로 결과로부터 특정한 원인을 추론할 때, 결과를 산출하는 데 필요하고 충분한 성질들이 아닌 어떤 성질들을 원인에 돌리는 것은 허용될 수 없다. 둘째로 추론된 원인에서 출발해서 이미 알려진 결과들 이외에 다른 결과들을 추론하는 것은 허용될 수 없다. 인간의 창작물 또는 예술 작품의 경우에 실로 우리는 제작자가 직접적으로 결과에서 드러난 것들과는 다른 어떤 속성들을 소유한다고 주장할 수 있다. 그러나 우리는 단지 우리가 이미 인간, 그리고 그들의 속성, 능력, 일반적인 행동 양식을 알고 있기 때문에 그렇게 할 수 있다. 하지만 신의 경우에 이러한 조건은 성립되지 않는다. 만약 내가 아는 것과 같은 세계가 하나의 지성적 원인을 가정한다고 생각한다면, 나는 그러한 원인의 존재를 추론할 수 있다. 그러나 나는 그 원인이 다른 속성들, 예를 들어 도덕적 성질들을 소유하고 있거나, 또는 그것이 내게 이미 알려진 것들과는 다른 결과들을 산출할 수 있거나 산출할 것이라고 합당하게 추론할 수는 없다. 물론 그것이 다른 속성들을 소유할 수도 있다. 그러나 나는 이것을 알지 못한다. 설령 추측이 허용될 수 있다 해도, 그것은 단순한 추측, 알려진 사실이 아니라 순전한 가능성에 대한 주장으로 인식되어야 한다. 흄의 "친구"는 그가 자연적 질서로부터 지성적 설계자와 원인으로의 추론을 타당하고 확실한 것으로 간주한다고 말하지 않는다. 반대로 "그것은 불확실하다. 왜냐하면 그 주제는 완전히 인간 경험의 영역 너머에 있기 때문이다."[34] 우리는 오직 일정한 결합을 관찰할 때, 그리고 우리가 그것을 관찰하는 한에서는 인과 관계를 수립할 수

---

33) *E.*, 11, 105, pp. 135~136.　　34) *E.*, 11, 110, p. 142.

있다. 그러나 우리는 결코 신을 관찰할 수는 없으며, 자연 현상은 우리가 채택하는 설명적 가설이 무엇이든지간에 있는 그대로 남아 있다. "나는 하나의 원인이 오직 그것의 결과에 의해서만 알려질 수 있는지 심히 의심스럽다."[35] 참으로 그 종교적 가설은 우주의 가시적 현상을 설명하기 위한 한 가지 방편이다. 그것이 참인지 불확실하기는 하지만 그것은 참일 수 있다. 그러나 그것은 우리가 그것으로부터 이미 알고 있는 것들과는 다른 어떤 사실들을 연역할 수 있는 가설이 아니다. 또한 우리는 그것으로부터 행위의 원리들과 격률들을 이끌어 낼 수 없다. 이 의미에서 그것은 "쓸모없는" 가설이다. "그것은 쓸모가 없다. 왜냐하면 이 원인에 관한 우리의 지식은 자연의 과정으로부터 유래되며, 우리는 결코 정당한 추리 규칙에 따라 어떤 새로운 추리를 통해서 원인으로부터 되돌아올 수 없으며, 또는 공통적이고 경험된 자연 과정에 덧붙여서 어떤 새로운 행위와 행동의 원리들을 확립할 수는 없기 때문이다."[36]

본질적으로 동일한 개요가 흄의 희망에 따라 그의 사후에 출판되었던 《자연 종교에 관한 대화편》에서 더 길게 나타난다. 이 《대화편》의 참가자들은 클린테스, 필로, 데미아 등이며, 그들의 대화는 팜필루스에 의해서 헤르미푸스에게 보고된다. 흄 자신이 몸소 나타나지는 않는다. 또한 그는 특정한 견해들 중 어느 것이 자신의 것인지도 말하지 않는다. 팜필루스는 "클린테스의 정교한 철학적 성향", "필로의 부주의한 회의주의", 그리고 "데미아의 엄격한 정통파적 입장"[37]에 대해 언급하고 있다. 그러므로 종종 흄은 자신을 클린테스와 동일시한다고 주장되어 왔다. 이 견해를 지지하는 사람들은 팜필루스가 "전체를 진지하게 검토한 결과 나는 필로의 원리들이 데미아의 것들보다 더 그럴 듯하지만, 클린테스의 원리들이 진리에 훨씬더 가까이 접근한다고 생각하지 않을 수 없다"[38]고 말하고 있는 《대화편》의 결론적인 말들에 호소할 수 있다. 나아가 1751년에 길버트 엘리어트 경에게 보낸 편지에서 흄은 클린테스가 "대화편의 주인공"이며, 엘리어트가 클린테스의 입장을 강화시키는 것으로 생각할 수 있는 어떤 것도 자신에게 "가장 마음에 드는 것"이 될 것이라고 말한다. 그러나 흄이

---

35) *E*., 11, 114, p. 148.   36) *E*., 11, 110, p. 142.

37) *D*., Preface, p. 128.   38) *D*., XII, p. 228.

클린테스와 동일시될 수 있다면, 우리는 설계로부터의 논증에 대한 확고한 신념을 그에게 돌려야 한다. "이 후험적 논증에 의해서, 그리고 오직 이 논증에 의해서만 우리는 즉시 신의 존재, 인간의 마음과 지성에 대한 그의 유사성을 증명한다."[39] 그러나 흄은 그가 선험적 논증들이라고 부르는 것에 대한 클린테스의 거절에 의심할 바 없이 동의하였고, "필연적 존재라는 낱말들은 아무런 의미도 갖지 않거나, 또는 같은 것이기는 하지만 일관된 아무 것도 갖지 않는다"[40]는 클린테스의 주장에 의심할 바 없이 동의하기는 했지만, 그가 설계로부터의 논증을 결정적인 것으로 여겼다는 것은 결코 있을 법하지 않다. 왜냐하면 이것은 그의 일반적인 철학적 원리들과 거의 양립할 수 없었을 것이기 때문이다. 또한 그것은 앞서 언급했던 《연구》 제1권의 제11절과도 모순될 것이다. 왜냐하면 이 절에서 흄은 연설가로서 가상적인 친구를 만들어 내기는 하지만, 본인 자신이 "나는 여러분이 처음부터 상정해 왔던 것처럼, 한 원인이 단지 그것의 결과에 의해서만 알려질 수 있는지 대단히 의심스럽다"[41]고 말하고 있기 때문이다. 내가 보기에 대화에서 어떤 특정한 참여자가 그를 나타낸다고 할 수 있는 한, 《대화편》에서 흄을 나타내는 사람은 클린테스가 아니라 필로인 것 같다. 흄은 신의 존재와 본성에 관한 우리의 지식 문제들을 논의하는 데 착수했으며, 그가 자신을 전적으로 필로나 클린테스 중의 어느 한 사람과 동일시하려 했다고 가정할 필요는 없다. 그러나 그들의 견해가 서로 대립된다면 흄을 후자의 견해보다는 차라리 전자의 견해와 연결시키는 것이 이치에 맞을 것 같다. 클린테스는 흄의 견지에서라기보다는 차라리 팜필루스의 견지에서 《대화편》의 주인공인 듯하다. 흄이 엘리어트에게 그 미완성의 작품을 보여주었을 때 흄은 그 대화편의 극적인 흥미를 지속시키기 위하여 엘리어트에게 클린테스의 입장을 강화시킬 수 있는 생각들을 제공해 달라고 아주 충분히 요청할 수 있었다. 그렇지만 팜필루스의 맞는 말에도 불구하고, 이것은 이 저작의 마지막 절인 제12부의 경향이 클린테스의 입장보다는 필로의 입장을 강화시키려 하고 있다는 사실을 변경시키지는 못한다.

그렇다면 만약 우리가 필로와 클린테스가 정말 서로 대립될 때 흄

39) D., II, p. 143.   40) D., IX, p. 190.
41) E., 11, 115, p. 148.

의 마음을 좀더 가깝게 표현하는 것이 후자라기보다는 전자라고 가정한다면, 신의 존재와 본성에 관한 우리의 지식에 대한 흄의 태도와 관련해서 우리는 어떤 결론에 도달하겠는가? 그 대답은 자주 인용되는 필로의 말에서 찾을 수 있다. "만약 몇몇 사람들이 주장하는 것처럼 자연 신학의 전체가 비록 약간 모호하기는 하지만, 하나의 단순하고 적어도 정의되지 않은 우주에서 질서의 원인 또는 원인들은 아마도 인간의 지성과 약간 근소하게 유사하다는 명제로 환원된다면, 만약 이 명제가 확장되고 변형되거나 더 구체적으로는 해명될 수 없다면, 만약 그것이 인간의 삶에 영향을 미치거나 또는 어떤 행위나 자제의 원천이 될 수 있는 어떤 추리도 제공하지 않는다면, 그리고 만약 그 유비가 불완전하기 때문에 인간의 지성을 넘어서 진행될 수 없으며 어떠한 개연적인 형태로도 마음의 다른 성질들로 전환될 수 없다면, 만약 이것이 정말로 사실이라면, 가장 호기심 많고 관조적이고 종교적인 사람은 종종 그렇듯이 그 명제에 명백하고 철학적인 동의를 하는 것, 그리고 그 명제를 확립하는 논증들이 그 명제에 반대하는 주장들을 능가한다고 믿는 것 이상의 무엇을 할 수 있단 말인가?"[42] 여기서 우리는 세계에서 질서의 원인 또는 원인들은 아마도 인간의 지성과 근소하게 유사할 것이라는 단순한 명제에 도달하게 된다. 그 이상 아무 것도 말할 수 없다. "원인 또는 원인들"의 도덕적 성질들에 관해서는 어떠한 단언도 내려질 수 없다. 게다가 그 명제는 종교적이거나 도덕적인 인간 행위에 영향을 미치는 어떠한 결론도 그것으로부터 합당하게 이끌어낼 수 없다는 의미에서 순전히 이론적이다. 그러므로 "참된 종교"는 개연성에 관한 순전히 이론적인 언명의 인식으로 환원된다. 이것이 《연구》 제 1 권의 제 11 절에 들어맞는 입장이며 흄이 도달하고자 한 입장이다.

보스웰은 흄이 임종시에 자신은 로크와 클라크의 저작들을 읽기 시작한 이래로 종교에 대한 어떠한 믿음도 결코 마음에 품지 않았다고 말한 것을 기록하고 있다. 아마도 그는 자신이 이 철학자들의 저작들에서 자연 신학과 종교에 관한 합리적인 옹호를 연구하기 시작했을 때 그들의 논증이 너무 약하다는 것을 발견하고 그 결론들을 믿지 않

---

42) *D.*, **XII**, p. 227.

게 되었다는 뜻으로 말했을 것이다. 종교는 재난에 대한 두려움, 이익이나 개선에 대한 희망과 같은 정념들이 어떤 보이지 않는 지성적인 힘으로 향하게 되었을 때 그러한 정념들에서 생겨났다는 것이 그의 견해였다. 시간이 경과함에 따라 인간은 종교를 합리화하려고 했으며, 신앙을 위한 논증들을 발견하려고 했다. 그러나 이 논증들의 대부분은 비판적 분석에 맞서지 못할 것이다. 그는 로크와 클라크, 그리고 다른 형이상학자들에 의해 제시된 논증들에 대해서도 마찬가지라고 생각했다. 하지만 세계를 설계의 증거를 보여주는 것으로 간주하려는 준자생적인 경향이 있다. 만약 우리가 더 이상 말하지 않는다면, 현상의 원인 또는 원인들은 그것들이 무엇이든지간에 소위 지성과 일종의 어떤 유사성을 가질지도 모른다고 말하는 것은 불합리하지 않다. 그러나 결국 세계는 측량할 수 없는 불가사의이며, 우리는 궁극적 원인들에 관한 어떠한 확실한 지식도 가질 수 없다.

독자는 흄이 무신론자, 불가지론자, 또는 유신론자 중 어느 것으로 간주될 수 있는지 하는 물음에 대한 명백한 대답을 기대할지도 모르겠다. 그러나 이 물음에 대한 "명백한 대답"을 제시하기는 쉽지 않다. 이미 말했듯이 그는 신의 존재에 관한 형이상학적인 논증들의 타당성을 인정하기를 거부했다. 즉 그는 신의 존재가 증명될 수 있다는 것을 인정하지 않았다. 그가 하는 것은 그가 "종교적 가설"로 이끄는 것으로 간주하는 설계로부터의 논증을 검토하는 일이다. 그가 인간의 인위적 구성물들과 세계 사이의 유사성에 주로 기초하고 있는 논증의 어떤 형태도 혐오했다는 것은 (대화편)에서 명백하게 나타난다. 하지만 그는 세계 안에서 작용하는 어떤 원리들, 즉 "유기체" 또는 동식물적 생명, 본능과 지성이 존재한다는 것을 인정했다. 이 원리들은 질서와 유형을 낳으며, 우리는 경험에 의해서 그것들의 결과를 안다. 그러나 원리 자체와 그것들의 작용 방식은 신비스러우며 측정할 수 없다. 하지만 이것들의 결과들로 미루어 판단하건대, 그것들 사이에는 유사점들이 있다. 만약 신의 존재를 긍정하는 것이 단지 우리가 우주의 질서의 궁극적 원인은 아마도 지성과 약간 근소한 유사성을 가지리라는 것을 긍정하는 것을 의미한다면, 흄은 기꺼이 동의한다. 이것은 현상 이외에 어떤 것이 존재한다는 것에 대한 무조건적인 부정이라는 의미에서 무신론은 아니다. 흄은 무신론자를 자칭하지 않았

다. 그렇다고 그것이 유신론이라고 불릴 수는 거의 없다. 적어도 우
리가 그는 표현하려고 의도했던 것들보다 훨씬 많은 것을 인정했다는
뜻으로 해석하지 않는 한 그것은 유신론이라고 불릴 수는 없는 것이
다. 그것은 아마도 불가지론이라고 불릴 수도 있을 것이다. 그러나
흄은 특히 기독교도들에 의해 기술된 것과 같은 도덕적 속성들을 가
진 인격적 신의 존재에 관해서 불가지론의 입장에 있지 않았다는 것
을 기억해야 한다. 사실은 흄은 편견없는 관찰자로서 유신론의 합리
적 자격을 인정할 수 있는 것을 검토하기 시작했으며, 그러는 동안에
종교는 그가 개인적으로는 확실히 믿지 않았던 계시에 의존한다고 주
장하게 된 것처럼 보인다. 앞서 살펴본 바와 같이 그의 검토 결과는
“종교적 가설”을 그 내용이 너무 빈약해서 그것을 무엇이라고 불러야
할지 알기 힘든 것으로 만든 것이었다. 흄이 잘 알고 있었듯이 그것은
독단적인 무신론자가 아닌 어떤 사람이라도 받아들일 수 있는 잉여물이
다. 그 내용은 모호하며, 흄도 진심으로 그것이 모호하다고 생각했다.
　　때때로 흄은 클라크와 버틀러 같은 영국의 문필가들에게서 발견되
는 것과 같은 유신론적 논증들에 주로 열중했다는 사실이 강조된다.
이것은 충분히 옳다. 그러나 그 사실이 흄이 신의 존재에 대한 논증
들의 좀더 만족스러운 형식들을 알았다면 자신의 마음을 바꾸었을 것
이라는 것을 의미하는 것이라면, 우리는 흄의 철학적 원리들, 특별히
그의 인과율 분석이 주어지면 그는 유신론의 어떤 강력한 증거들도
인식 가능한 의미로 인정할 수 없다는 것을 기억해야만 한다. 결론적
으로 설계로부터의 논증에 관한 흄의 분석은 그 문제에 관한 칸트의
최종적인 처리에 영향을 미쳤다는 것이 주목되어야 할 것이다. 물론
유신론에 대한 칸트의 태도는 흄에 의해 채택된 것보다는 훨씬더 적
극적이었기는 하지만 말이다. 흄의 사상은 당대의 신학적인 논증과
호교론을 용해시켰던 반면에, 칸트는 신에 대한 믿음을 새로운 발판
위에 올려 놓으려고 시도했다.

4. 회의주의

　회의주의에 대한 흄의 태도에 관한 몇 가지 언급은 아마도 이 장에

어울리는 결론을 형성할지도 모르겠다. 나는 흄이 《인간 오성 연구》에서 "선행적" 회의주의와 "결과적" 회의주의를 구별하는 것을 개괄하는 것으로 시작하려고 한다.

흄은 선행적 회의주의를 "모든 연구와 철학에 선행하는"[43] 회의주의로 이해한다. 한 예로서 그는 데카르트의 회의를 인용하는데, 그는 이것을 이전에 주장되었던 우리의 모든 특정한 신념들과 견해들에 관한 회의뿐만 아니라, 진리에 도달할 수 있는 우리의 능력이 가진 힘에 관한 회의도 포함하는 것으로 여긴다. 선행적 회의주의의 정의는 의도적으로 선택된 철학적 방법의 일부인 데카르트의 회의라기보다는 차라리 비철학자들의 마음 속에 일어날 수도 있는 회의적인 태도를 암시하는 것일 수도 있다. 하지만 실로 그것은 데카르트 체계의 적극적인 구축에 선행한다. 어쨌든 그것은 흄에 의해 선택된 예이다. 그는 데카르트에 따르면 우리는 그것 자체가 의심스럽거나 현혹시키는 것일 수 없는 어떤 근원적 원리로부터 연역되는 연쇄적인 추리에 의해서 안심할 때까지는 보편적 회의를 마음에 품어야 한다고 말한다. 하지만 그러한 근원적인 원리는 없다. 설령 있다 하더라도 우리는 그 신뢰성을 의심하고 있는 바로 그 능력들을 사용하지 않고서는 회의를 넘어서서 진전할 수 없다. 이러한 종류의 회의주의는 실제로 가능하지 않다. 설령 가능하다 하더라도 그것은 고칠 수 없을 것이다. 그러나 좀더 알맞고 적당한 형태의 선행적 회의주의가 있다. 즉 철학적 탐구를 추구하기 전에 우리는 가능한 한 모든 편견에서 벗어나서 불편 부당의 상태에 도달해야 한다. 우리는 분명하고 명백한 원리들로부터 시작해서 우리의 모든 추론의 단계들을 검토하면서 주의깊게 나아가야 한다. 그러나 이것은 상식의 문제이다. 그러한 주의나 정확성이 없이는 우리는 지식에서 어떠한 확실한 진전도 기대할 수 없다.

결과적 회의주의는 "학문과 탐구의 결과로 일어나는"[44] 회의주의이다. 바꾸어 말하면 그것은 "우리의 심적인 능력들이 일반적으로 사용되는 호기심을 끄는 사색의 모든 주제들에서"[45] 어떤 믿을 만한 결론에 도달하는 데에 대한 우리의 심적인 능력들의 신뢰할 수 없는 특성, 또는 적어도 그것들의 부적절함에 관한 철학자들의 발견 또는 상

43) *E.*, 12, 1, 116, p. 149. 44) *E.*, 12, 1, 117, p. 150.
45) 같은 책, 같은 면.

정된 발견의 결과이다. 그것은 감각들에 관한 회의주의와 이성에 관한 회의주의로 나뉠 수 있다. 《인성론》[46]에서 흄은 감각들에 관한 회의주의를 먼저 논했지만, 첫번째 《연구》에서는 다루는 순서가 바뀌어 있다.

흄이 예나 지금이나 회의주의자들이 감각의 증거는 신뢰할 수 없다는 것을 보여주기 위해서 끌어댔던 "더 진부한 화제들"이라고 부르는 것들은 아주 간략한 방식으로 처리된다. 그는 물 속에 일부분이 잠겨 있을 때는 구부러지거나 휜 것처럼 보이며, 한 눈을 눌렀다가 보면 두 개의 상으로 보이는 노에 관한 친숙한 예를 들고 있다. 하지만 이 모든 예들이 보여주는 것은 우리는 감각들의 직접적인 증거를 이성에 의해서, 그리고 매질의 성질, 대상의 거리, 감각 기관의 경향 등에 기초한 고찰들에 의해 수정할 필요가 있다는 것이다. 우리는 실제로 그렇게 하고 있으며, 또한 이것으로 아주 충분하다. "그렇게 쉽게 해결될 수 없는, 감각들에 반대하는 다른 더욱 심오한 논증들이 있다."[47]

사람들은 자신들의 감각을 신뢰하려는 자연적 충동에 이끌린다. 그래서 처음부터 우리는 감각들과 독립된 외부 세계가 존재한다고 상정한다. 나아가 이러한 "맹목적이고 강력한 자연의 본능"[48]에 이끌려서 사람들은 감각들에 의해 제시된 심상들을 외부 대상들 자체라고 본능적으로 여긴다. "그러나 모든 사람들의 이러한 보편적이고 원초적인 견해는 별로 대수롭지 않은 철학에 의해서도 곧 무너진다. 사유하는 사람이라면 아무도 우리가 이 집, 저 나무라고 말할 때 우리가 고찰하는 그 존재들이 단지 마음 속의 지각들이며, 일양적이고 독립적으로 남아 있는 다른 존재들의 덧없는 모사들 또는 표상들에 불과하다는 것을 결코 의심하지 않는다."[49] 그러므로 이 정도까지는 철학은 우리를 우리의 자연적 본능과 모순되도록 또는 그것으로부터 벗어나도록 이끈다. 그러나 철학은 자신의 입장을 합리적으로 옹호하도록 요구될 때 당혹스러운 상황에 놓이게 됨을 알게 된다. 왜냐하면 문제는 우리가 어떻게 심상들이나 지각들이 그것들 자체는 심상이나 지각이 아닌

46) *T*., 1, 4, 1~2, pp. 180~218.
47) *E*., 12, 1, 117, p. 151.　　　　48) *E*., 12, 1, 118, p. 151.
49) *E*., 12, 1, 118, p. 152.

그러한 대상들의 표상이라는 것을 증명할 수 있느냐 하는 것이기 때문이다. "마음은 지각들 이외에는 그것에 현전하는 어떤 것도 결코 갖지 않으며, 지각들과 대상들의 연결을 도저히 경험할 수 없다. 그러므로 그러한 연결을 상정하는 것은 추론상 아무런 근거도 없는 것이다."[50] 데카르트가 신의 성실성에 호소하는 것은 소용없는 일이다. 만약 정말로 신의 성실성이 수반된다면, 우리의 감각들은 항상 전혀 의심할 여지가 없을 것이다. 게다가 우리가 일단 외부 세계의 존재를 문제삼는다면, 어떻게 우리는 신의 존재나 그 속성들 중 어떤 것을 증명할 수 있겠는가? 그러므로 우리는 딜레마에 직면한다. 만약 우리가 자연의 성향에 따른다면 우리는 지각이나 심상이 외부 대상들 자체라고 믿게 된다. 이것은 이성이 반박하는 믿음이다. 하지만 만약 우리가 지각이나 심상이 대상들에 의해서 야기되고 그것들을 대표한다고 말한다면, 우리는 그것들이 실제로 외부 대상들과 연결되어 있다고 증명할 수 있는 경험에 기초한 어떠한 설득력 있는 논증도 발견할 수 없다. "그러므로 이것은 좀더 심오하고 더욱 철학적인 회의주의자들이 인간의 지식과 탐구의 모든 주제들에 관해 보편적인 회의를 시도하고자 할 때 그들이 항상 승리하게 되는 그러한 화제인 것이다."[51]

이성에 관한 회의주의는 추상적 추리나 사실 중의 어느 것에도 관계할 수 있다. 《연구》에 따르면, 추상적 추리의 타당성에 대한 주된 회의주의적 반대는 공간과 시간에 관한 우리 관념들의 검토에서 유래한다. 연장이 무한하게 나뉠 수 있다고 가정해 보자. 일정한 분량의 X는 그 자체 안에 X보다는 덜 무한한 분량의 Y를 포함한다. 마찬가지로 Y는 그 자체 안에 Y보다는 덜 무한한 분량의 Z를 포함한다. 이렇게 무한히 계속된다. 이런 종류의 상정은 "인간 이성의 가장 명백하고 가장 자연스러운 원리들에 충격을 준다."[52] 게다가 "연속적으로 지나가고 차례로 사라지는 시간의 무한히 많은 실제적 부분들이란 너무도 명백한 모순이므로, 우리는 그의 판단이 학문에 의해서 향상되는 대신에 흐려지지 않는 어떤 사람도 그것을 인정할 수 없을 것이라고 생각할 것이다."[53]

50) *E.*, 12, 1, 119, p. 153.
51) *E.*, 12, 1, 121, p. 153.
52) *E.*, 12, 2, 124, p. 156.
53) *E.*, 12, 2, 125, p. 157.

"도덕적 증거" 또는 사실들에 관한 추론들에 대한 회의주의적 반대 견해들에 대해서 말하자면, 이것들은 통속적일 수도 있고 철학적일 수도 있다. 앞의 것에는 서로 다른 사람들에 의해 주장된 다양한 상호 양립 불가능한 의견들, 서로 다른 시간에 동일한 사람에 의해서 주장된 상이한 의견들, 서로 다른 사회와 국가들의 모순적인 신념들 등에서 유래하는 반대 견해들이 속할 수 있다. 하지만 흄에 따르면 이러한 종류의 통속적인 반대 견해들은 쓸모가 없다. "퓌로니즘(Pyrrhonism) 또는 과도한 회의주의의 원리의 위대한 전복자는 일상적인 삶의 행동, 일, 직업들이다."[54] 강의실에서 이 반대 견해들을 반박하는 것은 불가능할지 모르지만, 일상적인 삶에서 그것들은 "연기처럼 사라지며, 가장 단호한 회의주의자도 다른 사람들과 동일한 상태에 있게 한다."[55] 철학적 반대 견해들이 더 중요하다. 이것들 중에서 으뜸가는 것은 흄 자신의 인과율 분석에서 유래하는 반대 견해이다. 왜냐하면 이 분석이 주어지면 우리는 a와 b가 우리의 과거 경험 속에서 항상 결합되어 왔기 때문에 그것들이 미래에도 마찬가지로 결합될 것이라는 점을 증명할 어떤 논증도 갖지 못하기 때문이다.

그런데 관념들 사이의 관계들에 관여하는 수학과 추상적 추리에 관한 흄의 견해가 주어지면, 그는 이 분야에서 회의주의의 실제적 근거들을 인정할 수 없다. 따라서 우리는 흄이 다음과 같이 말하는 것을 발견한다. "어떻게 어떤 명석 판명한 관념이 그것 자체나 또는 다른 어떤 명석 판명한 관념과 모순되는 상황들을 포함할 수 있는지는 절대적으로 이해할 수 없으며, 아마도 형성될 수 있는 어떤 명제와도 마찬가지로 불합리할 것이다. 따라서 기하학이나 수량에 관한 학문의 역설적인 결론들 가운데 어떤 것들에서 발생하는 이러한 회의주의 자체보다 더 회의적이거나 또는 더욱 의심과 망설임으로 가득찬 것일 수 있는 것은 아무 것도 없다."[56] 그는 공간과 시간은 추정된 의미에서 무한히 나눌 수 있다는 것을 부인함으로써 그에게 회의주의를 불러일으키는 것처럼 보였던 이율 배반들을 피하려고 애썼다.[57] 그러나 그는 추상적 추리에 관한 회의주의에는 이론적 해답을 제시해야 한다

---

54) *E.*, 12, 2, 126, pp. 158～159.   55) *E.*, 12, 2, 126, p. 159.
56) *E.*, 12, 2, 125, pp. 157～158.
57) *E.*, 12, 2, 125, 각주, p. 158; *T.*, 1, 2, 1～2 참조.

고 느꼈던 반면에, 감각들, 그리고 사실들에 관한 추리에 대한 철저한 회의주의에 관해서는 또다른 방법을 추구했다. 물체들의 존재 문제를 고찰할 때 이미 살펴본 것처럼 흄은 이 점에 관한 회의주의는 일상 생활에서 주장될 수 없다고 말했다. "무관심과 부주의만이 우리에게 어떤 구제책을 제공할 수 있다. 이러한 이유로 나는 그것들에 전적으로 의존한다."[58] 일상적 삶의 행동, 일, 직업들이 퓌로니즘의 위대한 전복자라는 그의 말은 앞에서 사실들에 관한 추리들에 대한 통속적인 반대 견해들과 관련하여 인용되었다. 마찬가지로 《연구》에서 사실들에 관한 추리들에 대한 주요한 철학적 반대 견해들을 언급한 뒤에 그는 다음과 같이 말한다. "그것이 강력하고 활발하게 남아 있는 한 그것으로부터 아무런 영속적인 이익도 생길 수 없는 과도한 회의주의에 대한 으뜸가며 가장 혼란시키는 반대 견해가 여기에 있다. 우리는 그러한 회의주의자에게 단지 다음과 같이 묻기만 하면 된다. 그가 의미하는 것은 무엇인가? 그리고 이 모든 진기한 탐구들에 의해서 그는 무엇을 제안하는가? 그는 당장 당황할 것이며, 무엇이라고 대답해야 할지 모를 것이다. 각각 서로 다른 자신의 천문학 체계를 지지하는 코페르니쿠스주의자나 프톨레마이오스주의자는 자신의 독자와 더불어 불변적이고 영속적으로 남아 있을 확신을 낳고 싶어할 것이다. 스토아주의자 또는 에피쿠로스주의자는 영속적이지는 않더라도 행동과 행위에 영향을 주는 원리들을 제시한다. 그러나 퓌론주의자는 그의 철학이 마음에 어떠한 불변적인 영향을 미치리라고 기대할 수 없다. 또는 설령 영향을 미친다 하더라도 그 영향이 사회에 유익하리라고 기대할 수는 없다. 반대로 만약 그가 어떤 것이든 인정하려 한다면, 그는 그의 원리들이 보편적이고 꾸준하게 유행한다면 모든 인간 생활은 멸망하고 말 것이 틀림없다는 것을 인정해야만 한다. 모든 대화, 모든 행동이 즉시 중단될 것이며, 자연의 숙명들에 따라 그들의 비참한 존속을 불만족스럽게 끝마치게 될 때까지 사람들은 완전한 무기력 상태로 남아 있을 것이다. 그러나 사실상 그러한 치명적인 사태는 전혀 두려워할 것이 못 된다. 자연은 항상 원리보다 훨씬 강하다."[59] 《인성론》에서 인간의 이성이 말려드는 여러

---

58) *T.*, 1, 4, 2, p. 218.   59) *E.*, 12, 2, 128, pp. 159~160.

가지 이율 배반들에 대한 강렬한 실감을 말한 뒤에 그는 다음과 같이
말한다. "매우 다행스럽게도 마침 이성은 이 구름들을 쫓아 버릴 수
없기 때문에 자연 자체가 그 목적을 만족시킨다. … 나는 식사를 하
고, 주사위 놀이를 하며, 친구들과 대화하며 즐거워한다. 그리고 서
너 시간의 오락을 즐긴 뒤에 내가 이러한 사색들에 되돌아왔을 때,
그것들은 너무도 마음을 침울하게 하며, 부자연스럽고 어리석게 보여
서 나는 더 이상 그러한 사색들에 몰입할 마음이 나지 않는다. 여기
서 나는 내 자신이 삶의 일상사들에서 다른 사람들과 마찬가지로 살
아가고, 말하고, 행동하도록 절대적이고 필연적으로 결정되어 있음을
발견한다. "60)

우리는 비록 흄이 그가 "과도한" 회의주의라고 말하는 것을 거부하
기는 하지만, 그는 퓌로니즘(또는 과도한 회의주의)이 상식과 반성에
의해서 교정되었을61) 때 부분적으로 퓌로니즘의 결과일 수도 있는 것
을 "영속적이면서도 유용한" 하나의 "완화된" 또는 "학문적인" 회의
주의로 인정한다고 말할 수 있다. 이 완화된 회의주의는, 예를 들어
우리의 심적인 능력이 그것의 고찰에 적합한 그러한 주제들에 우리의
탐구를 제한하는 것을 포함한다. "나에게는 추상적 학문 또는 증명의
유일한 대상들은 양과 수이며, 이러한 좀더 완전한 종류의 지식을 이
러한 한계들 너머로 확장시키려는 모든 시도들은 단지 궤변과 환상에
불과한 것처럼 보인다. "62) 사실과 존재의 문제들에 관한 탐구들에 관
해서 말하자면 우리는 여기서 증명의 영역 밖에 있다. "존재하는 것은
무엇이든지 존재하지 않을 수도 있다. 사실의 부정은 아무런 모순도
포함할 수 없다. … 그러므로 어떤 것의 존재는 오직 그것의 원인 또는
결과에 기초한 논증들에 의해서만 증명될 수 있다. 그리고 이 논증들
은 전적으로 경험에 기초한다. 만약 우리가 선험적으로 추론한다면 어
느 것이든지 무엇이나 산출할 수 있는 것처럼 보일지도 모른다. "63)

신학은 그것이 경험에 의해 지지되는 한 합리적인 토대를 가진다.
"그러나 그것의 가장 훌륭하고 견고한 토대는 신앙과 신의 계시이
다. "64) 이 마지막 명제를 우리가 어떻게 생각해야 하느냐는 것은 《대

---

60) *T*., 1, 4, 7, p. 269.
61) *E*., 12, 3, 129, p. 161.
62) *E*., 12, 3, 131, p. 163.
63) *E*., 12, 3, 132, p. 164.
64) *E*., 12, 3, 132, p. 165.

화편)에 의해서 충분히 분명하게 된다고 생각한다. 윤리학과 미학(흄은 이것을 "비평"이라고 부른다)에 관해서 말하자면, 이것들은 오성의 대상들이라기보다는 취향과 감정의 대상들이다. "도덕적 아름다움이든 자연적 아름다움이든 그것은 지각된다기보다는 느껴진다는 것이 더 적절하다."[65] 실로 우리는 어떤 기준을 세우려고 노력할 수도 있다. 그러나 그렇게 하기 위해서는 우리는 인류의 보편적 취향과 같은 어떤 경험적 사실을 고려해야만 한다.

여기서 흄의 유명한 결론은 인용할 만하다. "우리가 장서들을 대충 훑어보고 이 원리들을 확신하게 되었을 때, 우리는 무엇을 깨부수어야 하는가? 만약 우리가 어떤 책, 예를 들어 신학이나 강단 형이상학에 관한 책을 손에 들고 있다면 다음과 같이 물어 보자. 그것은 양 또는 수에 관한 어떤 추상적인 추론을 담고 있는가? 아니다. 그것은 사실과 존재의 문제에 관한 어떤 실험적 추론을 담고 있는가? 아니다. 그렇다면 그것을 불 속에 던져 버려라. 왜냐하면 그것은 다만 궤변과 환상만 담고 있을 것이기 때문이다."[66]

흄이 "퓌로니즘"을 포함하는 회의주의에 관해 언급하면서 회의주의에 대한 구제책으로서 무관심과 부주의에 관해 언급하는 것은 순전히 반어적인 의미로 이해되거나, 그 철학자가 모순된 말을 했다는 것을 보여주는 것으로 이해되어서는 안 된다. 그가 보기에 회의주의는 중요한 문제였다. 왜냐하면 부분적으로 그것은 비록 영국보다는 프랑스에서 더 그랬지만 당시의 활기띤 논쟁점이었으며, 부분적으로 그는 자신의 원리들을 적용함으로써 결과되는 회의적 결론들을 잘 알고 있었기 때문이다. 우선 한 예를 든다면 그는 그것이 독단주의와 광신에 대한 건전한 해독제라고 생각했다. 참으로 "진정한 회의주의자는 자신의 철학적 확신에서와 마찬가지로 자신의 철학적 회의에서도 주저할 것이다."[67] 그는 자신의 회의주의에서 독단주의와 광신을 보이기를 삼갈 것이다. 동시에 철저한 회의주의는 실제로는 유지할 수 없다. 이 사실이 그것이 허위임을 증명하는 것은 아니다. 그러나 그것은 우리가 일상 생활에서 어쩔 수 없이 자연적 신념 또는 우리 인간 본성의 성향들에 따라 행동하지 않을 수 없다는 것을 보여준다. 만사

65) 같은 책, 같은 면.　　　66) 같은 책, 같은 면.
67) *T*., 1, 4, 7, p. 273.

가 다 이렇다. 이성은 용해력이 있다. 적어도 그것이 동요하지 않고 의심할 여지가 없는 것으로 남겨 놓는 것은 거의 없다. 철학적 정신은 자유로운 탐구 정신이다. 그러나 인간의 본성은 결코 이성에 의해서만 지배되거나 조종되지 않는다. 예를 들어 도덕성은 분석적 오성에 근거하기보다는 오히려 감정에 근거한다. 비록 철학자가 그의 서재에서 이성이 증명할 수 있는 것이 얼마나 적은가를 깨닫는 의미에서 회의적인 결론들에 도달할지는 몰라도 그 역시 한 인간이다. 그의 일상 생활에서 그는 인간의 공통 본성이 다른 사람과 마찬가지로 그에게 강요하는 자연적 신념들에 의해 지배되며, 그가 살기를 원한다면 마땅히 지배되어야 한다. 바꾸어 말하면 흄은 철학을 신념과 행위에 대한 하나의 강령, 독단적으로 제의된 기준으로 변질시키려는 어떠한 시도에도 전혀 공감하지 않았다. 철학은 하나의 놀이라고 말할 수도 있겠다. 이 놀이는 흄이 좋아하는 놀이이며, 쓸모있는 놀이이다. 그러나 결국 "자연은 항상 원리보다 훨씬 강하다."[68] "철학자가 되어라. 그러나 너의 모든 철학 한가운데서 여전히 인간으로 남아라."[69]

---

68) *E.*, 12, 2, 128, p. 160.   69) *E.*, 1, 4, p. 9.

제 16 장

데이비드 흄 3

1. 머리말

흄은 주로 인식론적 분석과 인과율, 자아의 개념, 인격의 동일성에 관한 검토들로 유명하다. 바꾸어 말하면 《인성론》 제 1 권의 내용으로 유명하다. 그러나 그는 《인성론》을, 실험적 추론 방법을 도덕적 주제들에 도입하려는 시도라고 평했다. 그는 머리말에서 논리학, 윤리학, 비평, 정치학의 네 학문에는 "어쨌든 우리가 알아 두지 않으면 안 되는, 또는 인간의 마음을 개선하거나 꾸미는 데 이바지할 수 있는 거의 모든 것이 포함된다"[1]고 말한다. 그리고 그는 자신이 윤리학의 기초를 세우고자 한다는 것을 명백히 한다. 제 1 권의 끝부분에서 그는 "우리의 다음 견해들로 나아갈 길을 마련하게 될"[2] 몇 가지 화제들을 지금까지 살펴보았다고 말하고, "내 앞에 놓여 있는 철학의 헤아릴 수 없는 심원함"[3]을 넌지시 비춘다. 제 3 권의 맨 처음에서 그는 "도덕은 다른 모든 주제들보다 더 우리의 관심을 끄는 주제"[4]라고 선언

---

1) p. xx.
2) *T*., 1, 4, 6, p. 263.
3) *T*., 1, 4, 7, p. 263.
4) *T*., 3, 1, 3, p. 455.

한다. 그가 "도덕 철학"이라는 용어를 인간 본성에 관한 학문을 의미
하는 것으로 사용하고 있으며, 이것을 "행위하는 존재라기보다는 합
리적인 존재로서의" 인간에 관한 연구와 "주로 행위하는"⁵⁾ 인간에 관
한 연구로 나누고 있다는 것은 사실이다. 그러나 흄이 일상적인 의미
에서의 도덕 철학에 부여했던 중요성에 대해서는 의심할 여지가 없
다. 그는 자신이 샤프츠베리, 허치슨, 버틀러 등의 작업을 계속하고
있다고 생각했으며, 갈릴레이와 뉴턴과 같은 사람들이 자연 과학에서
이룩했던 것을 윤리학과 정치학에서 하고 있다고 생각했다. "도덕 철
학은 코페르니쿠스 시기 이전의 천문학에 관한 자연 철학과 동일한
상태에 있다."⁶⁾ 고대의 천문학자들은 불필요한 가설들을 너무 많이
담은 복잡한 체계들을 창안했다. 그러나 이 체계들은 마침내 "더 단
순하고 자연적인 어떤 것"⁷⁾에 자리를 넘겨 주었다. 마찬가지로 흄도
인간의 윤리적 삶에서 작용하는 근본적이거나 기본적인 원리들을 발
견하고자 한다.

　이미 살펴보았듯이 흄에 따르면 우리가 그것에 입각해서 행위하는
근본 가정들, 즉 실제적인 삶에 꼭 필요한 근본적 신념들은 오성에
의해 합리적인 논증으로부터 귀결된 결론들이 아니다. 물론 이 말은
사람들이 그들의 실제적인 문제들에 관해 추리하지 않는다는 말은 아
니다. 이것이 말하고 있는 것은 일상적인 사람의 반성과 추리는 그것
들 자체가 추리의 산물이 아닌 신념들을 전제하고 있다는 것이다. 그
러므로 흄이 도덕에서 이성이 하는 역할을 역시 최소화하는 것은 놀
랄 만한 것이 아니다. 물론 그는 우리가 사실상 도덕적인 문제들과
결정들에 대해 반성하고, 추리하고, 논의한다는 것을 잘 안다. 그러
나 그는 도덕적 구별들은 궁극적으로 추리로부터가 아니라 느낌, 도
덕감으로부터 유래한다고 주장한다. 이성만으로는 우리 행위의 유일
한 직접적 원인이 될 수 없다. 실로 흄은 "이성은 정념의 노예이며
또한 그래야만 한다. 그리고 이성은 정념에 봉사하고 복종하는 것 이
외의 다른 어떤 임무도 주장할 수 없다"⁸⁾고까지 말한다.

　나는 나중에 도덕감이라는 주제, 그리고 도덕에서 이성에 의해 수
행되는 역할에 관한 흄의 견해를 다시 살필 것이다. 그러나 만약 우

5) *E.*, 1, 1~2, pp. 5~6.　　6) *T.*, 2, 1, 3, p. 282.
7) 같은 책, 같은 면.　　8) *T.*, 2, 3, 3, p. 415.

리가 그는 인간의 도덕적 삶에서 인간 본성의 이른바 정서적 측면의 역할을 강조하고 있다는 일반적 사실을 명심한다면, 우리는 왜 그가 《인성론》 제3권에서 엄격한 의미로서의 윤리학으로 들어가기 전에 정념들에 관한 논의에 많은 분량의 제2권을 충당하고 있는지를 더 쉽게 이해할 수 있다. 나는 이 주제에 관한 그의 논의를 상세하게 살펴보라고 권하지는 않는다. 그러나 적어도 어느 정도는 그것에 관해 거론해야 한다. 하지만 그러기 전에 흄에게서 "정념"이라는 낱말은 우리가 불끈 화를 내는 어떤 사람에 관해 말할 때처럼 단순히 통제되지 않는 감정의 갑작스런 분출을 뜻하는 것으로 사용되지 않는다는 것을 언급하는 편이 좋을 것 같다. 그 낱말은 당시의 다른 철학자들과 마찬가지로 흄에게서도 정서 또는 감정 일반을 함의하는 것으로 사용된다. 그는 행위의 원천으로 간주되는 인간 본성의 정서적 측면을 분석하는 데 관여하고 있으며, 무절제한 정념들에 관하여 도덕적으로 해석하는 데 관여하고 있지는 않다.

2. 직접적 정념과 간접적 정념

제14장에서 보았듯이 흄은 감각 인상과 반성 인상을 구별했다. 이것은 원초적 인상과 이차적 인상을 구별하는 것과 동일하다. "원초적 인상 또는 감각 인상은 어떠한 선행하는 지각도 없이 신체의 구조로부터, 생기로부터 또는 대상들이 외관에 적용되는 것으로부터 영혼 안에 발생하는 그런 것들이다. 이차적 또는 반성적 인상들은 직접적으로든 또는 그것의 관념의 개입에 의해서든 원초적 인상들 중의 어떤 것에서 일어나는 그런 것들이다. 감각 기관의 모든 인상들, 그리고 모든 신체적 고통과 쾌락은 첫번째 종류이며, 정념들, 그리고 이것들과 유사한 다른 감정들은 두번째 종류이다."[9] 그래서 통풍(痛風)의 고통과 같은 신체적인 고통은 슬픔, 희망, 두려움과 같은 정념들을 낳을 수 있다. 그 다음에 우리는 원초적 또는 일차적 인상, 즉 어떤 신체적 고통으로부터 유래되는 정념들, 이차적 인상들을 갖는

---

9) *T.*, 2, 1, 1, p. 275.

다.

나는 흄이 "정념"이라는 낱말을 감정의 무절제한 분출에 한정하지 않고 모든 정서와 감정을 포함하는 것으로 사용했다고 말했다. 그러나 어떤 제한이 필요하다. 왜냐하면 그는 평온한 반성적 또는 이차적 인상들과 격렬한 그것들을 구별하기 때문이다. 행위, 예술 작품, 자연적 대상에 있어서의 아름다움과 추함의 감각은 첫번째 부류에 속하는 반면에, 사랑과 증오, 기쁨과 슬픔은 두번째 부류에 속한다. 참으로 흄은 "이러한 구분이 결코 정확한 것은 아니다"[10] 하고 인정한다. 그 이유는 시와 음악의 환희가 매우 강렬할 수도 있는 반면에, "다른 인상들, 정확히 말해서 **정념들**은 아주 온화한 감정으로 가라앉아서, 어떤 의미로는 감지되지 못할 정도로 될 수 있기"[11] 때문이다. 그러나 나의 요점은 여기서 그가 "정념"이라는 낱말을 자신이 격렬한 반성적 인상들이라고 부르는 것에 한정시키고 있는 것처럼 보인다는 것이다. 이것이 내가 앞에서의 나의 진술이 제한될 필요가 있다고 말한 가지 이유이다. 동시에 이 "격렬한" 감정들, 또는 제한된 의미에서의 정념들이 반드시 문란한 것은 아니다. 흄은 강도를 생각하고 있는 것이지 도덕적 판단을 내리고 있는 것은 아니다.

흄에 의해서 정념은 직접적 정념과 간접적 정념으로 나뉜다. 전자는 쾌락 또는 고통의 경험으로부터 직접적으로 일어나는 것들인데, 흄은 욕망, 혐오, 슬픔, 기쁨, 희망, 두려움, 절망 그리고 안심에 관해 언급한다. 예를 들어 통풍의 고통은 직접적인 정념들을 낳는다. 흄은 또한 "완전하게 설명할 수 없는 자연적 충동이나 본능으로부터" 일어나는 직접적 정념들에 관해 말하는데, "이러한 종류에는 우리의 적들에 대한 처벌과 우리의 친구들에 대한 행복의 갈구, 배고픔, 육욕 그리고 몇몇 다른 신체적 욕구들이 있다."[12] 이 정념들은 다른 직접적 정념들처럼 선과 악(즉 쾌락과 고통)으로부터 일어나는 것이라기보다는 차라리 그것들을 낳는다고 한다. 간접적 정념들은 단순히 쾌락이나 고통의 느낌에서 발생하지 않는다. 이것들은 흄이 말하는 "인상과 관념의 이중적 관계"[13]에서 발생한다. 그가 의미하는 것은 자만과 겸손, 사랑과 증오 같은 예들을 사용함으로써 가장 잘 설명될

---

10) *T*., 2, 1, 1, p. 276. 11) 같은 책, 같은 면.
12) *T*., 2, 3, 9, p. 439. 13) 같은 책, 같은 면.

수 있다.

첫째로, 우리는 한 정념의 대상과 원인을 구별해야 한다. 자만과 겸손의 대상은 "그것에 관해 우리가 친밀한 기억과 의식을 갖는 관련된 관념들과 인상들의 연속인"[14] 자아이다. 우리가 자만이나 겸손을 느낄 때 어떤 다른 대상들을 마음에 가진다 하더라도, 그것들은 항상 자아와 관련해서 고려되어야 한다. 자아가 고려되지 않는다면 어떠한 자만이나 겸손도 있을 수 없다. 그러나 자아가 이 두 정념들의 대상이라 하더라도 그것들의 충분한 원인일 수는 없다. 만약 그렇다면 어느 정도의 자만은 항상 상응하는 정도의 겸손을 동반하게 될 것이며 그 역도 가능할 것이다. 게다가 사랑과 증오의 대상은 자아가 아닌 어떤 인격이다. 흄에 따르면 "우리가 자기애에 관해 이야기할 때 그것은 엄격한 의미에서 사랑이 아니며, 또한 그것이 산출하는 감각에는 친구나 연인에 의해서 불러일으켜지는 애정과 공통되는 것이 하나도 없다."[15] 그러나 타인은 이 정념들의 유일하고도 충분한 원인이 아니다. 만약 그렇다면 사랑의 산출은 증오의 산출을 포함할 것이다.

둘째로, 우리는 정념의 원인으로 작용하는 성질과 그것이 속해 있는 주체를 구별해야 한다. 흄이 든 예를 보면, 어떤 사람이 자기가 갖고 있는 아름다운 집을 자랑할 때, 우리는 아름다움과 집을 구별할 수 있다. 양자는 모두 허영심이라는 정념의 원인의 필수적인 구성 요소들이지만, 그럼에도 불구하고 그것들은 구별될 수 있다.

셋째로, 우리는 다음과 같은 구별을 해야 한다. 자만과 겸손의 정념들은 "자연적 특성에 의해서뿐만 아니라 본래적 특성에 의해서 그것들의 대상으로서 자아를 갖도록 결정된다."[16] 그러한 결정의 항구성과 불변성은 그것의 "자연적" 특성을 보여준다. 자만과 겸손의 자아 지향성은 그것이 원초적이며 더 이상 다른 요소들로 분해될 수 없다는 의미에서 "본래적"이다. 마찬가지로 사랑과 증오의 정념들의 타인 지향성은 자연적이며 본래적이다. 그러나 우리가 앞에서 지적한 의미에서 "대상"에서 "원인"으로 관심을 돌릴 때 우리는 다소 다른 상황을 발견한다. 흄에 따르면 이 정념들의 원인은 동일한 종류의 대상들이 그 정념들을 일으키는 경향이 있다는 의미에서 자연적이다.

14) *T*., 2, 1, 2, p. 277.   15) *T*., 2, 2, 1, p. 329.
16) *T*., 2, 1, 3, p. 280.

예를 들어 물질적인 재산과 신체적인 특성들은 어느 시대의 사람에게
나 자만과 허영심을 불러일으키는 경향이 있다. 그러나 자만과 겸손
의 원인들은 "자연의 특수한 섭리와 원초적 구조에 의해서 이 정념들
에 적용된다"[17]는 의미에서 본래적이지 않다. 수많은 원인들이 있으
며, 그것들 중 많은 것은 인간이 고안하고 창안한 것들(예를 들면
집, 가구, 의복들)에 의존한다. 자연이 한 정념의 가능한 각각의 원
인을 예견했거나 제공했다고 상정하는 것은 어리석은 일일 것이다.
따라서 여러 가지 원인들이 자만과 겸손을 불러일으키는 것은 자연적
원리들에 의한 것이기는 하지만, 각각 서로 다른 원인이 서로 다른
원리에 의해 그것의 정념에 적용된다는 것은 사실이 아니다. 그러므
로 문제는 다양한 원인들 가운데에서 그것들의 영향력이 의존하는 공
통 요소를 찾아내는 것이다.

　이 문제를 해결하는 데서 흄은 관념들의 연합과 인상들의 연합의
원리들에 호소한다. 한 관념이 상상될 때 유사성, 근접성 또는 인과
성에 의해 그것에 관련된 다른 어떤 관념이 뒤따르기 쉽다. 게다가
"모든 유사한 인상들은 서로 결합되며, 하나가 발생하자마자 나머지
가 즉시 뒤따른다."[18] (인상들은 관념들과는 달리 오직 유사성에 의
해서만 연합된다.) 이제 이 두 종류의 연합은 서로 도와주며, "한 행
위에서 양자가 결합되어서 마음에 이중적인 충동을 부여한다."[19] 정
념의 원인은 우리 안에 감각을 산출한다. 자만의 경우에 이것은 쾌락
의 감각이며, "겸손" 또는 자기 비하의 경우에 이것은 고통의 감각이
다. 이 감각이나 인상은 대상으로서의 자아, 또는 자아의 관념과 자
연적이고 본래적인 관계를 갖고 있다. 그러므로 인상과 관념 사이에
는 자연적인 관계가 있다. 이것은 두 종류의 연합—인상들의 연합과
관념들의 연합—의 동시적인 작용을 허용한다. 한 정념이 발생되었
을 때 그것은 유사한 인상들의 연합 원리의 힘에 의해서 유사한 정념
들의 연속을 불러일으키는 경향이 있다. 게다가 마음은 관념들의 연
합 원리의 힘에 의해서 한 관념(즉 자만의 원인들과 대상의 한 측면
의 관념)에서 다른 관념으로 쉽게 넘어간다. 이 두 움직임은 서로를
강화해서, 마음은 그것들 사이의 상호 관계에 의해서 쉽게 한 집합에

17) *T*., 2, 1, 3, p. 281.　　　18) *T*., 2, 1, 4, p. 283.
19) *T*., 2, 1, 4, p. 284.

서 다른 집합으로 옮겨간다. 어떤 사람이 다른 사람으로부터 부상을 입었고, 이것이 그에게 어떤 정념을 낳았다고 가정해 보자. 이 정념(인상)은 그에게 유사한 정념들을 불러일으키는 경향이 있다. 이 움직임은 그 정념의 원인들과 대상들에 대한 그 사람의 관념이 이번에는 인상들과 상호 관련된 다른 관념들을 불러일으키는 경향이 있다는 사실에 의해서 촉진된다. "한 관념이 그것과 관련된 어떤 관념과 결합되어 있는 한 인상과 관련된 어떤 인상을 낳을 때, 이 두 인상은 어떤 의미에서 분리될 수 없으며, 어떤 경우에도 하나는 다른 하나를 수반할 것이다."[20]

흄의 의도는 가능한 한 적은 수의 원리들의 도움을 빌려 인간의 복잡한 정서 생활을 설명하려는 것임이 명백하다. 간접적 정념들, 그리고 한 정념에서 다른 정념으로의 이행을 다룰 때 그는 연합의 원리들을 사용한다. 내가 "원리"라고 하지 않고 "원리들"이라고 말하는 까닭은 관념들의 연합만으로는 한 정념을 일으키기에 충분하지 못하다는 것이 그의 견해이기 때문이다. 그러므로 그는 간접적 정념들을 "인상들과 관념들의 이중적 관계"로부터 발생하는 것이라고 말하며, 그러한 하나의 정념으로부터 다른 정념으로의 이행을 연합된 관념들과 인상들의 동시적 작용의 결과로 설명한다. 그러나 그는 역시 우리의 정서 생활에서 공감의 영향력을 강조한다. 이 화제에 관해서 무엇인가 말해야 할 것 같다.

3. 공 감

타인의 정념에 관한 우리의 지식은 이 정념의 결과들을 관찰함으로써 얻어진다. "어떤 감정이 공감에 의해 주입될 때, 그 감정은 처음에는 그것의 결과들, 그리고 그것의 관념을 전달하는 표정과 대화에 나타난 외적인 표시들에 의해서만 알려진다."[21] 그런데 관념과 인상의 차이는 강도와 생생함에 의해서 규정되었다. 그러므로 생생한 관념은 인상으로 전환될 수 있다. 이것이 바로 공감의 경우에 발생하는

---

20) *T*., 2, 1, 5, p. 289.   21) *T*., 2, 1, 11, p. 317.

것이다. 정념의 결과들을 관찰함으로써 산출되는 한 정념의 관념은 "즉시 인상으로 전환되어서 바로 그 정념 자체가 될 정도의 강도와 생생함을 얻는다."[22] 이 전환은 어떻게 발생하는가? 흄은 "자연은 모든 인간들 사이에 커다란 유사성을 보존시켜 왔으며, 우리는 우리 자신들에게서 다소 유사한 것을 발견할 수 없는 정념이나 원리를 타인들에게서 인지할 수는 없다"[23]고 전제한다. 이러한 유사성의 일반적 관계 이외에 혈연 관계, 한 국가의 구성원의 공통성, 동일한 언어의 사용 등과 같은 다른 더 특수한 관계들이 있다. 그리고 "이 모든 관계들이 함께 결합될 때, 그것들은 우리 자신의 인상이나 의식을 타인들의 감정이나 정념들에 관한 관념에 전하며, 우리로 하여금 그것들을 가장 강렬하고 생생하게 느끼게 한다."[24] 말하자면 우리들 각자에게 자기 자신의 자아는 밀접하게 항상 현전한다. 우리가 타인의 정념들의 결과를 관찰하고 이 정념들의 관념을 형성할 때, 이 관념들은 인상들로 전환되는 경향이 있다. 즉 어떤 관계 또는 관계들에 의해서 우리가 그것들에 찬동하는 정도까지 그 관념들은 유사한 정념들로 전환되는 경향이 있는 것이다. "공감의 경우 한 관념에서 한 인상으로의 명백한 전환이 있다. 이 전환은 대상들과 자아와의 관계에서 일어난다. 우리의 자아는 항상 밀접하게 우리에게 현전한다."[25]

한편 우리는 정념이나 감정의 원인들을 지각할 수도 있다. 흄은 "끔찍한" 외과 수술(물론 마취를 하지 않고)을 준비하는 것을 보는 예를 제시한다. 이것은 설령 환자는 아닐지라도 보는 사람의 마음 속에 강한 공포의 감정을 불러일으킬 것이다. "어떠한 타인의 정념도 그것 자체로 직접 마음에 드러나지는 않는다. 우리는 단지 그것의 원인이나 결과를 느낄 수 있을 뿐이다. 이것들로부터 우리는 정념을 추론한다. 그리고 결국 이것들이 우리의 공감을 불러일으킨다."[26]

이 모든 것이 흄의 현상론과 조화되는지의 여부는 논의의 여지가 있다. 왜냐하면 그는 마음에 관한 자신의 현상론적 분석에 의해 보증되는 것 이상을 가정하고 있는 것처럼 보이기 때문이다. 그러나 적어도 그가 인간들 사이의 밀접한 연결을 잘 알고 있었다는 것은 분명하

22) 같은 책, 같은 면.
24) 같은 책, 같은 면.
26) T., 3, 3, 1, p. 576.

23) T., 2, 1, 11, p. 318.
25) T., 2, 1, 11, p. 320.

다. 그리고 그는 정념들과 감정들의 전염성을 설명하고자 한다. 사실상 흄의 세계는 서로 분리된 원자적 인간들의 세계가 아니라, 다양한 정도의 상호 관계들 속에서 서로를 고수하는 일상적 경험의 세계이다. 그는 이것을 당연한 것으로 여긴다. 그가 관계하는 것은 공감의 심리학적 메카니즘이다. 그는 공감적 소통이 정념들의 발생에 중요한 한 가지 원인이라는 것을 확신한다.

4. 의지와 자유

정념의 원인들과 메카니즘에 관해서 이야기했으므로 이제 우리는 의지, 정념, 이성 사이의 관계들을 고찰할 수 있다. 우선 우리는 흄이 의지를 어떻게 이해하고 있는지, 그리고 그는 자유 의지를 인정하고 있는지 그렇지 않은지 하는 것을 물어 볼 수 있다.

흄은 의지를 쾌락과 고통의 직접적인 결과들 중의 하나라고 말한다. 하지만 그것은 엄밀히 말해서 정념이 아니다. 그는 그것을 "우리가 고의로 우리 신체의 어떤 새로운 움직임이나 우리 마음의 새로운 지각을 일으킬 때, 우리가 느끼고 의식하는 내적인 인상"[27]이라고 기술한다. 그것은 더 이상 분해될 수 없기 때문에 정의될 수 없으며, 그것을 더 이상 기술할 필요도 없다. 그러므로 우리는 직접 자유의 문제로 넘어갈 수 있다.

흄에 따르면 동기와 행위 사이의 결합은 우리가 물리적 작용들에 있어서 원인과 결과 사이에서 관찰하는 것과 동일한 불변성을 갖는다. 나아가 이 불변성은 물리적 작용들에서 일정한 결합이 오성에 영향을 미치는 것과 동일한 방식으로, 즉 "우리로 하여금 다른 하나의 존재로부터 하나의 존재를 추론하도록 결심시킴으로써"[28] 오성에 영향을 미친다. 사실상 의지 작용에서도 역시 발견되지 않는 순전히 물질적인 작용들의 산물과 관련되는 알려진 상황은 없다. 따라서 전자에는 필연성을 부여하면서 후자에 관해서는 그것을 부정할 만한 정당한 이유는 없다. 인간의 행위가 종종 불확실한 것처럼 보이는 것은 사실이

---

27) *T*., 2, 3, 1, p. 399.　　　　28) *T*., 2, 3, 1, p. 404.

다. 그러나 우리의 지식이 증가하면 할수록, 성격, 동기와 선택 사이의 연결들은 점점더 명백해질 것이다. 어떠한 경우에도 우리는 필연적인 연결이 없는 특권적인 자유의 영역이 있다고 상정할 적절한 이유를 갖지 못한다.

몇몇 근대 경험주의자들에서와 마찬가지로 흄에게서도 필연성의 부재는 우연을 의미하는 것이며, 따라서 무차별의 자유를 주장하는 것은 인간의 선택에는 원인이 없으며 단지 우연에 기인한다고 말하는 것임을 주목하는 것이 중요하다. "나의 정의들에 따르면 필연성은 인과율의 본질적인 부분을 이룬다. 결과적으로 자유는 필연성을 제거함으로써 원인들도 역시 제거하며, 우연과 동일한 것이다. 우연은 보통 모순을 함축하는 것으로 생각되며, 적어도 경험에 직접적으로 모순되므로, 자유나 자유 의지에 반대하는 동일한 논증들이 항상 있다."[29] 흄은 오직 한 가지 유형의 인과 관계, 즉 일정한 결합은 객관적 요소를 형성하고, 필연적 연결은 주관적으로 기인된 요소를 형성하는 유형만을 인정했다는 것을 기억해야 할 것이다. 일단 인과율에 관한 이러한 제한된 견해가 주어지면, 당연히 자유로운 행위는 원인이 없는 행위가 될 것이다. 즉 만약 자유의 주장이 필연성의 부정을 함축한다면 말이다. 하지만 흄은 만약 자유가 필연성을 배제하는 방식으로 정의된다면 자유는 분명히 배제되어야 하지만, 만약 다른 방식으로 정의된다면 자유는 주장될 수 있다는 의미에서 자유의 문제는 어느 정도까지 언어적인 문제라는 것을 인정한다. 예를 들어 만약 자유가 자발성과 동일시된다면 자유는 존재한다. 왜냐하면 수많은 행위들이 아무런 외적인 강제없이 합리적 행위자로서의 인간으로부터 일어난다는 것이 분명하기 때문이다. 참으로 자발성이야말로 우리가 관심을 갖고 주장해야 할 유일한 형태의 자유이다. 왜냐하면 흄은 만약 소위 자유로운 행위들이 우연에 기인하고 행위자에 의해 일어나지 않는다면, 신이나 인간이 인간들에게 그릇되고 사악한 행위들에 대한 책임을 지우고 그 행위자들에게 도덕적인 비난을 가하는 것은 부당할 것이라고 주장하기 때문이다. 이때 그 행위자들은 사실상 엄밀한 의미에서는 결코 행위자들이 아닐 것이기 때문이다. 이 문제에 관한 흄의 견해의

---

29) *T.*, 2, 3, 1, p. 407.

타당성은 명백하게 그의 인과율 개념의 타당성에 의존한다.

5. 정념과 이성

흄은 자유가 자발성으로 환원될 경우 이외의 자유에 관해 결말짓고 나서 두 가지 명제의 진리를 증명하고자 한다. 첫번째 명제는 "이성만으로는 결코 어떠한 의지적 행위의 동기가 될 수 없다"는 것이며, 두번째 명제는 이성은 "의지를 지배함에 있어서 결코 정념과 대립할 수 없다"[30]는 것이다. 그가 이 두 명제를 옹호하는 것은 다음과 같은 사실로부터이다. "철학에서, 심지어 일상 생활에서까지도 정념과 이성의 싸움에 관해 말하고, 이성에 우선권을 주며, 인간들을 이성의 지시에 따르는 한에서만 덕스럽다고 주장하는 것보다 더 흔한 일은 없다."[31]

우선 관념들 사이의 관계, 또는 증명의 문제들에 관계하는 추상적 오성이라는 의미에서의 이성은 결코 어떤 행위의 원인도 아니다. "참으로 수학은 모든 기계적 조작들에 유용하며, 산술은 거의 모든 기술과 직업에 유용하다. 그러나 이 학문들이 스스로 어떤 영향을 미치는 것은 아니다."[32] 그것들은 우리가 수학에 의해서 지시되거나 결정되지 않는 목적이나 목표를 갖지 않는 한 행위에 영향을 미치지 않는다.

오성의 두번째 작용은 개연성, 즉 추상적 관념들의 영역이 아니라 인과적으로 서로 관련된 사물들의 영역, 사실들의 영역에 관계한다. 여기서 어떤 대상이 쾌락이나 고통을 야기시킬 때 우리는 그 결과로 매력이나 혐오감을 느끼며, 문제의 대상을 받아들이거나 회피하게 된다는 것은 명백하다. 그러나 또한 우리는 감정이나 정념에 의해서 본래의 대상과 인과적으로 관련되어 있거나 또는 그럴지도 모르는 대상들에 관하여 추론하게 된다. 그리고 "우리의 추론이 서로 다름에 따라 그 결과로 우리의 행위들도 변하게 된다."[33] 그러나 우리의 행위들을 지배하는 충동은 오직 이성에 의해서 조종될 뿐이지 그것으로부터 발생하는 것은 아니다. "어떤 대상을 향해서 혐오나 성향

30) T., 2, 3, 3, p. 413.   31) 같은 책, 같은 면.
32) 같은 책, 같은 면.   33) T., 2, 3, 3, p. 414.

이 생기는 것은 고통이나 쾌락의 예상으로부터이다."[34]

그러므로 이성만으로는 결코 어떤 행위도 산출할 수 없다. 흄은 이것으로부터 자신의 두번째 명제가 참이라고 결론짓는다. "이성만으로는 결코 어떤 행위를 산출하거나 의지 작용을 일으킬 수 없으므로, 나는 그 능력이 마찬가지로 의지 작용을 막거나 또는 정념이나 감정과 우위를 다툴 수 없다고 추론한다. 이 결론은 필연적이다."[35] 이성은 오직 반대 방향으로 충동을 줌으로써만 의지를 막을 수 있을 것이다. 그러나 이것은 이미 말했던 것에 의해서 배제된다. 만약 이성이 그것 자체의 직접적인 영향력을 갖지 못한다면, 그것은 정념과 같이 효력을 가진 어떠한 원리에도 대항할 수 없다. 따라서 "우리가 정념과 이성의 싸움을 말할 때 우리는 엄격하게 그리고 철학적으로 말하는 것이 아니다. 이성은 정념들의 노예이며, 또한 그래야만 한다. 그리고 이성은 정념들에 봉사하고 복종하는 것 이외의 어떤 다른 임무도 주장할 수 없다."[36]

그런데 이것은 채택되기에는 역설적이고 이상한 입장인 것 같다. 왜냐하면 흄이 인정하듯이 이성과 정념의 싸움을 말하는 사람은 철학자들뿐만이 아니기 때문이다. 그러나 위에서 인용된 "우리는 엄격하게 그리고 철학적으로 말하는 것이 아니다"는 말에 주목해야 한다. 흄은 이성과 정념의 싸움이라고 불리는 어떤 것이 있다는 것을 부인하지 않는다. 그가 주장하는 것은, 그렇게 불릴 때 그것은 정확하게 기술되고 있지 않다는 것이다. 그러므로 이러한 상황에 관한 그의 분석이 간략하게 설명되어야 한다.

흄은 이성은 어떤 감각 가능한 감정도 산출하지 않고 스스로를 발휘한다고 말한다. 그런데 또한 "진정한 정념들이기는 하지만, 마음에 정서를[37] 거의 불러일으키지 않고 직접적인 느낌이나 감각에 의해서보다는 그것들의 결과에 의해서 더 잘 알려지는 온화한 욕망과 경향이 있다."[38] 이것들에는 두 종류가 있을 수 있다. 흄에 따르면 자비

---

34) 같은 책, 같은 면.　　　　　35) *T*., 2, 3, 3, pp. 414~415.
36) *T*., 2, 3, 3, p. 415.
37) 여기서 흄은 "정서"라는 낱말을 글자 뜻 그대로 느껴지거나 또렷한 움직임을 의미하는 것으로 사용하고 있다.
38) *T*., 2, 3, 3, p. 417.

심과 분개, 생명애와 아이들에 대한 애정과 같은 어떤 본능들이 있으며, 이것들은 본래 우리의 본성에 심어져 있다. 또한 단지 그것 자체로 고려된 선에 대한 욕망과 악에 대한 혐오가 있다. 이 정념들 가운데 어느 것이 온화할 때, 그것들은 쉽게 이성의 작용들로 간주되며, "참과 거짓을 판단하는 것과 동일한 능력으로부터 생기는 것이라고 상정된다."[39] 이 온화한 정념들이 모든 사람들에게서 우세한 것은 아니다. 온화한 정념들이 우세한지, 아니면 격렬한 정념들이 우세한지 하는 것은 그의 일반적인 성격과 현재의 기질에 의존한다. 하지만 "소위 정신력이라는 것은 온화한 정념들이 격렬한 정념들보다 우세하다는 것을 함축한다."[40]

정념들에 대한 이성의 종속에 관한 이 견해를 주장할 때 흄은 명백히 반합리주의적인 입장을 채택하고 있었다. 이성이 아니라, 쾌락과 고통의 경험에 따르는 성향과 혐오가 인간 행위의 근본적인 원천들이다. 이성은 인간의 활동적인 삶에서 유일하고 충분한 원인으로서가 아니라 정념의 도구로 역할한다. 물론 만약 우리가 단순히 인간의 행위에서 추상적 이성의 결론들보다는 자연적인 경향들이 영향을 미치는 요인이라는 이론을 고려한다면, 우리는 그것을 혁명적이거나 지나친 이론이라고 부를 수는 거의 없다. 그것은 소크라테스적인 주지주의에 반대된다. 그러나 지나친 것은, 그리고 반대자들에 의해서 경험과 모순되는 것이라고 항상 공격받아 왔던 것은 바로 이러한 주지주의이다. 흄은 인간은 일종의 계산기가 아닐 뿐만 아니라, 그의 본성의 육욕적이며 감정적인 측면들이 없이는 인간일 수 없다는 것도 아주 분명하게 깨달았다. 그러나 그가 무차별의 자유를 부인한 것과 심리학적 결정론을 주장한 것이 그로 하여금 인간의 행위에서 실천적 이성이 하는 역할을 과장된 방식으로 최소화하도록 고무했다는 것은 논의의 여지가 있다.

6. 도덕적 구별과 도덕감

도덕적 구별들이라는 것이 무엇이든간에 그런 것들이 존재하지 않

---

39) 같은 책, 같은 면.   40) *T*., 2, 3, 3, p. 418.

430

는다는 것은 경험, 상식과 이성에 부합하는 견해가 아니다. "어떤 사람의 무감각이 아무리 심하다고 해도 그는 틀림없이 가끔은 옳음과 그름의 심상들에 접할 것이다. 그리고 그의 편견들이 아무리 강하다 해도 그는 틀림없이 다른 사람들이 유사한 인상들을 느끼기 쉽다는 것을 관찰할 것이다."[41] 그러나 모든 사람들이 어느 정도 도덕적인 구별을 한다 해도 그런 구별의 근거는 논의해야 할 문제이다. 어떤 사람들이 주장하듯이 그것들은 이성에 기초하고 있어서 모든 합리적인 존재들에게 동일한가? 아니면 다른 사람들이 주장하듯이 그것들은 도덕적인 감각이나 감정에 기초해서 "인종의 특수한 구조와 체질에 의존하는가?"[42] 각각의 이론을 지지하는 논증들이 제시될 수 있다. 한편으로 일상 생활에서나 철학에서나 선과 악, 옳음과 그름에 관한 논쟁들은 빈번하게 발생한다고 말할 수 있다. 논쟁자들은 그들의 여러 견해들을 지지하는 이유를 댄다. 그런데 도덕적 구별들이 이성에서 유래하지 않는 한 어떻게 그런 논의들이 발생하며 정상적이고 분별있는 절차로 받아들여질 수 있는가? 다른 한편으로 덕의 본질은 호감을 주거나 사랑스러운 것이며, 악덕의 본질은 싫은 것이라고 주장될 수 있다. 그러한 형용사들을 귀속시키는 것은 그것들 자체가 인간의 본래적인 구조에 근거하고 있는 감정이나 정서의 표현임에 틀림없다. 나아가 도덕적 추론의 목표나 목적은 행위, 즉 의무의 수행이다. 그러나 이성만으로는 행위로 나아갈 수 없다. 행동의 원천을 구성하는 것은 정념이나 감정이다.

우리는 앞절에서 이미 흄에 따르면 이성만으로는 행위에 영향을 줄 수 없으며, 행동의 근본적인 원천은 정념이나 감정이라는 것을 보았다. 그러므로 그는 이 정도에서 두번째 이론, 즉 도덕적 감각이나 감정의 이론으로 넘어간다. 하지만 동시에 그는 이성이 도덕에서 역할을 한다는 것을 부정하려는 의도는 갖고 있지 않다. 따라서 그는 기꺼이 다음과 같이 말한다. "이성과 감정은 거의 모든 도덕적 결정들과 결론들에서 동시에 발생한다. 어떤 성격들과 행위들을 호감을 갖거나 혐오스러운 것, 칭찬할 만하거나 비난할 만한 것으로 단언하는 최종적인 판결, 그것들에 대해 명예나 불명예, 승인이나 비난을 각인하는

41) E.M., 1, 133, p. 170.   42) E.M., 1, 134, p. 170.

최종적인 판결, 도덕이 적극적인 원리가 되게 하고 덕을 우리의 행복으로 선정하며 악덕을 우리의 불행으로 선정하는 최종적인 판결, 이러한 최종적 판결은 자연이 전 인류에게 보편적으로 부여한 어떤 내적인 감각이나 느낌에 의존하는 것 같다. 어떻게 다른 무엇이 이러한 자연적인 영향력을 가질 수 있겠는가? 그러나 우리는 그러한 감정을 수월하게 하고 그 대상을 올바르게 식별하기 위해서는 다음과 같은 것이 종종 필요하다는 것을 알게 된다. 즉 많은 추론이 선행해야 하고, 엄격한 구별들이 이루어져야 하며, 정당한 결론들이 끌어내어져야 하고, 멀리까지 비교가 이루어지고, 복잡한 관계들이 검토되어야 하며, 일반적인 사실들이 확립되고 확인되어야 한다."[43] 예를 들어 우리는 어떤 행위를 그 다양한 측면에서 다양한 상황들과 관련해서 검토하며, **언뜻 보기에** 그것과 유사성을 가진 행위들과 비교한다. 그러나 우리가 말하자면 그 행위에 대해 명백한 견해를 가질 때, 우리의 행위에 궁극적으로 영향을 미치는 것은 그 행동들로 향하는 우리의 느낌이다.

이 문제를 좀더 면밀히 검토해 보면, 우리는 흄이 《인성론》과 《도덕 원리 연구》의 첫번째 부록에서 도덕적 구별들은 이성에서 유래하지 않는다고 말한 것에 대한 자세한 논증들을 제시하고 있음을 알게 된다. "이성은 사실에 관해서나 **관계들에** 관해서 판단을 한다."[44] "인간 오성의 작용들은 그것들 자체가 관념들을 비교하고 사실의 문제를 추론하는 두 종류로 나뉘기 때문에, 덕이 오성에 의해서 발견된다면 그것은 이 작용들 중 어느 하나의 대상임에 틀림없으며, 덕을 발견할 수 있는 오성의 어떤 제3의 작용은 존재하지 않는다."[45]

첫째로, 도덕적 구별들은 사실들에 관계하는 이성에서 유래하지 않는다. "고의적인 살인과 같은 사악한 것으로 인정되는 행위를 예로 들어보자. 그것을 모든 면에서 검토해 보고, 당신이 악덕이라고 부르는 그러한 사실 또는 실재적 존재를 발견할 수 있는지 없는지 살펴보라. 당신이 어떤 방식을 취하든간에 당신은 단지 어떤 정념들, 동기들, 의지 작용들, 사고들만을 발견할 것이다. 이 경우에 다른 사실은 없다. … 당신은 가슴 깊이 반성해서 이 행위에 대해서 당신 안에

---

43) *E.M.*, 1, 137, pp. 172~173.   44) *E.M.*, Appendix 1, 237, p. 287.
45) *T.*, 3, 1, 1, p. 463.

일어나는 비난의 감정을 발견하게 될 때에야 비로소 그것을 발견할 수 있다. 여기에 하나의 사실이 있다. 그러나 그것은 느낌의 대상이지 이성의 대상은 아니다. 그것은 당신 자신 안에 있는 것이지 대상 안에 있는 것이 아니다."[46] 흄이 말하고자 하는 것은 살인의 경우에 사람을 죽이는 물리적 행위는 정당 방위에 의한 살인이나 사법상의 판결에 따른 사형 집행의 경우에서의 그러한 행위와 동일하거나 또는 동일할 수도 있다는 것이다.

둘째로, 도덕적 구별들은 관계들에 관여하는 것으로서의 이성으로부터 유래하지 않는다. "도덕성은 증명할 수 있다는 견해가 어떤 철학자들에 의해서 매우 열심히 유포되어 왔다."[47] 이 경우에 악덕과 덕은 어떤 관계에 놓여 있어야만 한다. 만약 그렇다면 그것은 유사성, 반대, 성질의 정도 또는 양과 수의 비율이라는 관계에 놓여 있어야 한다. 그러나 이 관계들은 우리의 행위, 정념, 의지 작용에서와 마찬가지로 물질적 사물들에서도 발견된다. 왜 근친 상간은 인간들 사이에서는 범죄 행위로 여겨지는 반면에, 동물들에 의해 자행될 때는 도덕적으로 그른 것으로 간주되지 않는가? 결국 그 관계들은 두 경우에 동일한 것이다. 동물들에게는 근친 상간의 그릇됨을 식별할 수 있는 이성이 없는 반면에 인간은 그것을 식별할 수 있기 때문에 근친 상간이 동물들에 의해 자행될 때 도덕적으로 그르다고 여겨지지 않는다고 대답할 수도 있다. 흄에 따르면 그러한 대답은 명백히 쓸모 없는 것이다. 왜냐하면 이성이 그릇됨을 지각할 수 있기 전에 지각할 그릇됨이 존재해야 하기 때문이다. 추론 기능의 결여가 동물들로 하여금 의무와 책임을 지각하지 못하게 할 수도 있지만, 그것이 의무와 책임이 존재하지 못하게 할 수는 없다. "왜냐하면 그것들이 지각되기 위해서는 그것들이 먼저 존재해야 하기 때문이다. 이성은 그것들을 발견해야 하며 그것들을 결코 산출할 수는 없다. 내가 보기에는 이러한 논증은 전적으로 결정적인 것으로 평가받을 만하다."[48] 동일한 종류의 논증이 두번째 《연구》에 나온다. "아니다. 당신은 도덕성은 행위들과 옳음의 규칙간의 관계에 있으며, 그것들은 규칙과 일치하느냐 일치하지 않느냐에 따라 선 또는 악으로 일컬어진다고 말한다. 그렇

---

46) *T*., 3, 1, 1, pp. 468~469.   47) *T*., 3, 1, 1, p. 463.
48) *T*., 3, 1, 1, p. 468.

다면 이러한 옳음의 규칙이란 무엇인가? 그것은 어디에 있는가? 그
것은 어떻게 결정되는가? 당신은 행위들의 도덕적 관계들을 검토하
는 이성에 의해서라고 말한다. 따라서 도덕적 관계들은 행위와 규칙
간의 비교에 의해서 결정된다. 그리고 그 규칙은 대상들의 도덕적 관
계들을 고찰함으로써 결정된다. 이것은 훌륭한 추리가 아닌가?"[49]

　만약 우리가 도덕적 구별을 한다면, 그리고 그것들이 이성으로부터
유래하지 않는다면, 그것들은 느낌으로부터 유래하거나 느낌에 기초
해야만 한다. "그러므로 도덕성은 판단된다기보다는 느껴진다고 하는
것이 더 적절하다."[50] 덕은 "호감을 주는" 인상을 일으키며, 악덕은
"불쾌한" 인상을 일으킨다. "행위나 감정, 또는 성격은 덕스럽거나
사악하다. 왜 그런가? 왜냐하면 그것을 보면 특별한 종류의 쾌락이
나 불쾌가 불러일으켜지기 때문이다."[51] 그러나 흄은 덕에 의해서 야
기된 쾌락과 악덕에 의해 야기된 고통은 특수한 종류의 쾌락과 고통
이라고 주장한다. "쾌락"이라는 용어는 서로 다른 많은 감각의 유형
들을 포괄한다. "하나의 훌륭한 음악 작품과 한 병의 좋은 포도주는
똑같이 쾌락을 낳는다. 더군다나 그것들의 좋음은 단지 쾌락에 의해
서 결정된다. 그러나 그 이유 때문에 우리는 포도주가 조화롭다거나
음악이 맛이 좋다고 말하겠는가? …또한 모든 쾌락이나 고통의 감정
이 우리로 하여금 칭찬하거나 비난하도록 하는 그러한 **특별한** 종류의
특성들과 행위들로부터 발생하는 것은 아니다."[52] 도덕감은 행위들이
나 성질들, 또는 특성들에 대한 시인이나 비난의 느낌이다. 그것은
공평 무사하다. "하나의 특성이 우리의 특별한 이해에 관계없이 일반
적으로 고려될 때에만, 그것은 그것을 도덕적으로 선하거나 악하다고
일컫는 그러한 느낌이나 감정을 일으킨다."[53] 미적인 쾌락도 역시 공
평 무사하다는 것은 사실이다. 그러나 도덕적 아름다움과 자연적 아
름다움이 서로 아주 비슷하다 할지라도, 예를 들어 우리가 아름다운
건물이나 아름다운 신체에 대해 느끼는 것은 엄밀하게 도덕적인 시인
은 아니다.

　그러므로 흄의 "가정은 덕을 관망자에게 기분 좋은 시인의 감정을 주

49) *E.M.*, Appendix 1, 239, pp. 288~289.
50) *T*., 3, 1, 2, p. 470.　　　　51) *T*., 3, 1, 2, p. 471.
52) *T*., 3, 1, 2, p. 472.　　　　53) 같은 책, 같은 면.

434

는 모든 심적 행위 또는 성질이라고 정의하며, 악덕은 그 반대라고 정의한다."[54] 이 견해는 취향에 관해서는 논쟁의 여지가 없다는 원리에 입각한 순수한 상대주의를 함축하는가? 서로 다른 사람들의 도덕적 판단 사이에는 종종 차이가 있다는 것은 명백하다. 그러나 흄은 모든 정상적인 인간들이 도덕적 느낌을 갖고 있다는 의미에서뿐만 아니라, 이 느낌들의 작용에는 어떤 근본적인 일치가 있다는 의미에서도 도덕에 관한 일반적인 감정은 모든 사람들에게 공통된다고 생각했던 것 같다. 폭군에 대한 반란의 정당성을 말할 때, 그는 오직 상식의 가장 극단적인 전도만이 우리로 하여금 억압에 대한 저항을 비난하도록 이끌 수 있다고 말한다. 그 다음에 그는 다음과 같이 덧붙인다. "인류의 일반적인 견해는 모든 경우에 어떤 권위를 가진다. 그러나 이러한 도덕의 경우에 그것은 더 이상 의심할 여지가 없다. 또한 그것은 사람들이 그것이 기초하고 있는 원리들을 명료하게 설명할 수 없음에도 불구하고 의심할 여지가 없다."[55] 만약 도덕감들이 인간 정신의 본래적 구조에 기인한다면, 어떤 근본적인 일치가 있어야 한다는 것은 단지 자연스러운 것이다. 만약 도덕적 구별들이 이성보다는 오히려 느낌들에 기초한다면, 우리는 느낌에서의 일치 너머로 나아갈 수 없으며 그 이상의 기준에 호소할 수 없다.

《인성론》에서 흄은 "왜 일반적인 견해나 개관에 대한 어떤 행위나 감정이 어떤 만족이나 불쾌를 주는가"[56] 하는 물음을 제기한다. 그러나 이 물음에 대한 대답은 서로 다른 덕들에 관한 논의를 위해 미뤄진다. 왜냐하면 한 유형의 행위가 도덕감을 일으키는 이유는 다른 유형의 행위가 도덕감을 일으키는 이유와 정확하게 동일한 것이 아닐 수도 있기 때문이다. 어쨌든 흄이 두번째 《연구》에서 말하고 있듯이, "우리는 실험적 방법에 따라 개별적 사례들의 비교로부터 일반적 격률들을 연역해 냄으로써만 단지 성공을 기대할 수 있다."[57] 이미 살펴본 바와 같이, 그는 소위 도덕적 판단은 그 판단을 하는 사람이 문제의 행위나 성질, 또는 특성에 대해서 갖는 시인이나 비난의 느낌을 단지 표현하는 것이라고 주장한다. 이러한 의미에서 그는 정의주의적 윤리설(emotive theory of ethics)을 주장한다. 그러나 무엇이 그러한

54) *E.M.*, Appendix 1, 239, p. 289.   55) *T.*, 3, 2, 9, p. 552.
56) *T.*, 3, 1, 2, p. 475.   57) *E.M.*, 1, 138, p. 174.

판단으로 표현되는 느낌을 일으키는가 하고 묻는 것은 여전히 사리에 맞다—비록 그 판단이 어떤 행위나 성질, 또는 특성이 느낌을 일으킨다는 진술은 아니라고 할지라도 말이다. 왜냐하면 비록 그 판단이 느낌을 표현하는 것이며 느낌의 원인에 관한 진술을 하는 것은 아닐지라도, 도덕적 명제들이라기보다는 차라리 경험적인 명제들이 되기는 하겠지만 우리는 어쨌든 그러한 진술들을 매우 잘 할 수 있기 때문이다.

하지만 만약 합리적 설명이 더 높거나 더 먼 원리들에 의한 설명을 의미한다면, 인간 행위의 궁극적인 목적들에 관한 합리적 설명을 제시하는 것은 불가능하다. 만약 우리가 어떤 사람에게 왜 운동을 하는지 묻는다면, 그는 자신의 건강을 유지하기를 바라기 때문이라고 대답할 것이다. 그리고 만약 왜 그것을 바라느냐고 묻는다면, 그는 병이 고통스럽기 때문이라고 대답할 것이다. 그러나 만약 우리가 그에게 왜 고통을 싫어하느냐고 묻는다면, 그는 어떠한 대답도 할 수 없다. "이것은 궁극적인 목적이며, 결코 어떤 다른 대상에 속하는 것이 될 수 없다."[58] 마찬가지로 만약 어떤 물음에 대한 대답이 쾌락에 관하여 주어진다면, 왜 쾌락이 욕구되는가 하고 묻는 것은 소용없는 일이다. "무한한 진행이 있을 수 있으며 한 사물은 항상 다른 사물이 욕구되는 이유일 수 있다는 것은 불가능하다. 어떤 것은 그것 자체로 인해, 그리고 그것과 인간의 정서와 감정의 직접적인 조화나 일치 때문에 바람직하게 여겨지는 것임에 틀림없다."[59] 이러한 고찰이 덕에도 적용될 수 있다. "이제 덕은 하나의 목적이며, 보수나 보상이 없이 단지 그것이 가져다 주는 직접적인 만족을 위해서 그것 자체로 인해 바람직한 것이므로, 그것이 일으키는…도덕적 선과 악을 구별하는…어떤 감정이 있어야 한다는 것이 필수적이다."[60] 그러나 우리는 왜 어떤 한 개별적인 행위의 방향이 도덕적 만족을 일으키고, 따라서 덕스러운 것으로 간주되는지 물을 수 있다. 흄은 유용성의 중요성을 강조하며, 이런 측면에서 공리주의자들의 선구자이다. 그러나 그는 유용성을 도덕적 시인의 유일한 원천으로 여기지는 않는다. 하지만 그가 유용성에 부여하는 의미와 그것에 돌리는 중요성의 정도는 몇몇

---

58) *E.M.*, Appendix 1, 244, p. 293. 59) 같은 책, 같은 면.
60) *E.M.*, Appendix 1, 245, pp. 293~294.

의 특수한 덕들을 고찰함으로써 가장 잘 설명될 수 있다.

7. 자비심과 유용성

먼저 자비심의 덕을 살펴보자. 자비심과 관대함은 어디서나 인류의 시인과 호의를 불러일으킨다. "사교적인, 마음씨가 착한, 자비로운, 인정 많은, 고마워하는, 우호적인, 관대한, 자선심이 많은과 같은 형용사들, 또는 그것들에 상당하는 것들은 모든 언어들에 알려져 있으며, 인간 본성이 획득할 수 있는 최고의 가치를 보편적으로 표현한다."[61] 나아가 사람들이 자비심 많고 인정 있는 사람을 칭찬할 때, "반드시 널리 주장되는 한 가지 부대 상황이 있는데, 그것은 그의 교제와 알선으로부터 사회로 파생되는 행복과 만족이다."[62] 이것은 다음과 같은 것을 암시한다. 사회적 덕들의 유용성은 "적어도 그것들의 가치의 일부를 이루고 있으며, 그것들에게 아주 보편적으로 주어지는 시인과 존중의 한 원천이다. … 일반적으로, 유용하다는 단순한 형용사에 얼마나 많은 칭찬이 함축되어 있는가! 그것과 반대되는 것에는 얼마나 많은 비난이 함축되어 있는가!"[63]

흄은 자비심이 단지 그 유용성 때문에 하나의 덕으로 간주된다고 말하고 있지는 않다는 것이 특히 주목되어야 한다. 공손과 같은 어떤 성질들은 유용성(흄에게서는 어떤 그 이상의 또는 장래의 선을 산출하는 경향성을 의미한다)에 관계없이 직접적으로 호감을 준다. 그리고 자비심 자체도 직접적으로 만족과 호감을 준다. 그러나 자비심이 불러일으키는 도덕적 시인은 부분적으로 그 유용성에 기인한다.

유용성이라는 주제를 더 계속하기 전에 우리가 특히 주목해야 할 것은 흄이 자비심과 같은 것이 있다는 것, 더욱 정확히 말하면 소위 자비심은 단순히 자기애의 위장된 형태는 아니라는 것을 보여주는 데 두번째 《연구》의 부록을 충당하고 있다는 점이다. 자비심은 사실상 자기애의 한 형태라는 견해는 저급한 냉소주의에서부터 자기애가 우리가 자비심이라고 부르는 그 특수한 형태를 취하게 되는 방식의 분석

---

61) *E.M.*, 2, 1, 139, p. 176.　　　62) *E.M.*, 2, 2, 141, p. 178.

63) *E.M.*, 2, 2, 141, p. 179.

을 제공하는 한편 도덕적 삶의 현실 모습을 보존하려는 철학적 시도에 이르기까지의 범위에 걸쳐 있을 수 있다. 그러나 흄은 모든 형태의 이러한 견해를 거부한다. 우선 한 예를 든다면, "어떤 현상에도 돌려질 수 있는 가장 단순하고 가장 명백한 원인이 아마도 참된 원인일 것이다."[64] 어떤 사람이 공평 무사한 자비심과 인간애에 의해서 고무된다고 믿는 것이 그가 어떤 부정한 사리 사욕을 고려함에 의해서 자비로운 방식으로 행위하게 된다고 믿는 것보다 훨씬더 수월한 경우들이 확실히 있다. 다른 예를 든다면 심지어 동물들조차도 위장이나 술책의 의혹이 전혀 없을 때 상냥함을 보일 수 있다. 따라서 "만약 우리가 열등한 종(種)에서 공평 무사한 자비심을 인정한다면, 어떤 유사성의 규칙에 의해서 우리는 우월한 종에서 그것을 부인할 수 있겠는가?"[65] 나아가 감사와 우정, 모성애에서 우리는 종종 공평 무사한 감정들과 행위들의 흔적을 발견할 수 있다. 일반적으로 "자기애와 구별되는 공평 무사한 자비심을 허락하는 가정은 모든 우정과 인간애를 이 자기애의 원리로 환원하려는 가정보다 실제로 더 큰 단순성을 그 안에 가지며, 자연의 유추에 더 적합하다."[66]

공평 무사한 자비심과 같은 것이 있기 때문에, 흄이 자비심에 따르는 도덕적 시인의 부분적 원인을 효용이나 유용성에서 찾을 때 그가 오로지 자신에 대한 유용성만을 생각하고 있는 것이 아니라는 것은 명백하다. 아마도 우리는 자비심이 우리에게 개인적으로 이익을 줄 때 그것을 더 시원시원하게 칭찬할 것이다. 그러나 우리는 그렇지 않을 때에도 확실히 매우 종종 그것을 칭찬한다. 예를 들어 우리는 다른 나라의 역사적 인물들이 행한 자비로운 행위들에 대해 도덕적 시인의 감정을 느낀다. 그렇지만 이렇게 할 때 우리는 상상력을 통해 다른 나라와 시대로 옮겨가서 우리 자신을 문제의 행위들로부터 이익을 얻는 동시대인들로 상상하는 것이라고 주장하는 것은 "설득력이 없는 핑계"에 지나지 않는다. "유용성은 호감을 주며 우리의 시인을 얻어낸다. 이것은 일상적인 관찰에 의해 확증되는 사실이다. 그러나 **유용성**이란 무엇에 대한 유용성인가? 확실히 어떤 사람의 이익에 대

---

64) *E.M.*, Appendix 2, 251, p. 299.
65) *E.M.*, Appendix 2, 252, p. 300.
66) *E.M.*, Appendix 2, 253, p. 301.

한 것이다. 그렇다면 누구의 이익인가? 우리 자신의 이익만은 아니다. 왜냐하면 우리의 시인은 빈번히 그 이상으로 확장되기 때문이다. 그러므로 그것은 시인되는 특성이나 행위에 의해 도움을 받는 사람들의 이익임에 틀림없다. 그리고 우리는 이것들이 아무리 멀다 하더라도 우리와 전혀 무관한 것은 아니라고 결론지을 수 있을 것이다."[67] 그런데 "만약 유용성이 도덕감의 원천이고, 이 유용성이 항상 자신에 관하여 고려되는 것은 아니라면, 사회의 행복에 기여하는 모든 것은 직접적으로 우리의 시인과 호의를 일으킨다는 결과가 된다. 이것이 도덕의 기원을 대부분 설명해 주는 원리이다."[68] 왜 우리는 타인들에 대한 인간애 또는 동료 의식을 갖느냐고 묻는 것은 불필요하다. "이것은 인간 본성 안에 있는 원리로 경험된다는 것으로 충분하다. 우리는 원인들에 대한 검토를 어디에선가는 멈추어야 한다."[69]

타인에 대한 유용성이 우리에게 직접적으로 호감을 줄 수 있으며, 참으로 "사회의 행복에 기여하는 모든 것은 직접적으로 우리의 시인과 호의를 일으킨다"고 주장할 때 흄은 《인성론》에서 주장했던 견해를 수정하거나, 더욱 정확히 말하면 바꾼 것처럼 보인다. 왜냐하면 거기서 그는 "인간의 마음에는 개인적인 특성들이나 업무, 또는 자신에 대한 관계와 무관한 단지 그것 자체로서의 인류애와 같은 정념은 존재하지 않는다"[70]고 말했기 때문이다. 타인의 행복이나 불행은 실로 그것이 너무 멀리 떨어져 있지 않고 생생하게 제시될 때 우리의 마음을 움직인다. "그러나 이것은 단지 공감으로부터 올 뿐이다."[71] 앞장에서 살펴본 것처럼 공감은 연합 원리들의 도움으로 설명된다. 그러나 두번째 《연구》에서 관념들의 연합의 개념은 사람들에게 잊혀진다. 흄은 다른 사람들의 쾌락과 고통들에 대한 배려가 우리 안에 직접적으로 인간애와 자비심의 감정들을 일으킨다는 견해를 주장한다. 바꾸어 말하면 다른 사람들의 쾌락, 그리고 그들에게 쾌락을 낳음으로써 그들에게 "유용한" 것은 직접적으로 우리에게 호감을 주거나 또는 호감을 줄 수 있다는 것이다. 그러므로 이타적인 감정들을 설명하기 위해서 정교한 연합 메카니즘에 의지할 필요는 없다. 일반적으로 두번

---

67) *E.M.*, 5, 1, 177, p. 218. 68) *E.M.*, 5, 2, 178, p. 219.
69) *E.M.*, 5, 2, 178, 각주, pp. 219~220.
70) *T.*, 3, 2, 1, p. 481. 71) 같은 책, 같은 면.

째 《연구》에서 흄은 자연적 성향들을 강조하는 경향이 있으며, 자비심
에의 성향이 그것들 중 하나이다. 아마도 그것은 자기애의 파생물은
아닐 것이다.

8. 정 의

우리는 흄에 따르면 자비심이 우리에게 도덕적으로 시인되는 이유
들 중의 하나가 그 유용성임을 보았다. 그러나 그것이 유일한 이유는
아니다. 하지만 그는 "공공의 유용성이 정의의 유일한 근원이며, 이
덕의 유익한 결과들에 관한 숙고가 그 가치의 유일한 토대이다"[72] 하
고 주장한다.

사회는 자연히 인간에게 유익하다. 홀로 남겨진 개인은 인간으로서
그가 필요로 하는 것들을 충분히 마련할 수 없다. 그러므로 사리 사
욕이 인간으로 하여금 사회를 형성하게 한다. 그러나 이것만으로는
충분하지 못하다. 왜냐하면 만약 소유권을 확립하고 규제하는 관습들
이 없다면 사회에는 필연적으로 혼란이 일어나기 때문이다. "안정되
게 외적인 재화를 소유하고, 모든 사람이 자신의 행운과 근면에 의해
획득할 수 있는 것을 평화롭게 향유하기 위해 사회의 모든 구성원들
이 참여하는 관습이" 필요하다. "…우리는 그것에 의해 사회를 유지
하며, 그것은 우리 자신뿐만 아니라 그들의 안녕과 존속에도 필수 불
가결한 것이다."[73] 이 관습은 하나의 약속으로 여겨져서는 안 된다.
"왜냐하면 약속들조차도…인간의 관습들로부터 발생하기 때문이다.
그것은 단지 공통의 이익에 관한 일반적인 인식이며, 사회의 모든 구
성원들은 그 인식을 서로에게 나타내고, 그것은 그들로 하여금 어떤
규칙들에 의해서 자신들의 행위를 규제하도록 한다."[74] 일단 다른 사
람들의 외적인 재화에 대해 삼가하는 이러한 관습이 맺어지면, "즉시
정의와 불의의 관념이 생겨난다."[75] 하지만 흄은 정의의 관념에 선행
하는 소유권이 있다는 뜻으로 말하지는 않는다. 그는 이것을 명백히
부인한다. "공통의 이익에 관한 일반적인 인식"은 정의와 공평의 일

---

72) *E.M.*, 3, 1, 145, p. 183.　　　73) *T.*, 3, 2, 2, p. 489.
74) *T.*, 3, 2, 2, p. 490.　　　75) 같은 책, 같은 면.

반 원리들, 정의의 근본 법칙들로 나타난다. 그리고 "우리의 재산은
사회의 법들, 즉 정의의 법들에 의해서 그 항구적인 소유가 확립되는
소유물에 불과하다. … 정의의 기원은 재산의 기원을 설명한다. 동일
한 고안이 양자를 발생시킨다. "76)

그러므로 정의는 사리 사욕, 즉 유용성의 인식에 기초한다. 흄이
정의의 "자연적 의무"라고 부르는 것을 일으키는 것은 사리 사욕이
다. 그러나 "도덕적 의무 또는 옳음과 그름의 감정"77)을 일으키는 것
은 무엇인가? 또는 왜 우리는 "정의에 덕의 관념을 부가시키며, 불
의에 악덕의 관념을 부가시키는가? "78) 그 설명은 공감에서 찾을 수
있다. 불의가 우리에게 개인적으로 피해를 주지 않을 때에도 우리는
그것을 사회에 해가 되는 것으로 여기기 때문에, 그것은 여전히 우리
를 불쾌하게 한다. 우리는 공감에 의해서 다른 사람들의 "불쾌"를 공
유한다. 인간의 행위에 불쾌를 낳는 것은 비난의 감정을 일으키며 악
덕이라고 불리는 반면에 만족을 낳는 것은 덕이라고 불리기 때문에,
우리는 정의를 도덕적 덕으로 간주하며 불의를 도덕적 악덕으로 간주
한다. "이와 같이 사리 사욕이 정의 확립의 근원적인 동기이다. 그러
나 공익에 대한 공감은 그 덕에 수반되는 도덕적 시인의 원천이
다. "79) 교육, 그리고 정치가들과 정치꾼들의 말은 이 도덕적 시인을
견고하게 하는 한 원인이 되지만, 공감이야말로 그 토대이다.

흄은 정의의 명료한 정의를 제시하지 않으며, 또한 내가 보기에는
심지어 그가 그 용어를 어떻게 이해하고 있는지에 대해서도 실제로
명료하게 지적하고 있지 않다. 두번째 (연구)에서 그는 "일반적인 평
화와 질서는 정의, 또는 다른 사람들의 재산에 대한 일반적인 삼가의
부수물이다"80) 하고 주장한다. (인성론)에서 그는 정의와 불의라는 일
반적인 제목으로 우선 무엇보다도 재산에 관한 문제들을 고찰한다.
그는 세 가지 근본적인 "자연법"은 재산의 안정된 소유, 동의에 의한
재산의 양도, 약속의 이행에 관한 것들이라고 말한다. 81) 하지만 분명
한 것은 그의 견해에서 일반적이거나 특수한 모든 정의에 관한 법들

76) *T.*, 3, 2, 2, p. 491. 77) *T.*, 3, 2, 2, p. 498.
78) 같은 책, 같은 면. 79) *T.*, 3, 2, 2, pp. 499~500.
80) *E.M.*, Appendix 3, 256, p. 304.
81) *T.*, 3, 2, 6, p. 526.

은 공공의 유용성에 근거하고 있다는 것이다.

이제 우리는 흄이 정의를 "인위적인" 덕이라고 부름으로써 의미하는 것을 이해할 수 있다. 그것은 사리 사욕에 기초한 인간의 관습을 전제로 한다. 정의는 "인간의 환경과 필요로부터 생기는 책략 또는 고안에 의해서"[82] 쾌락과 시인을 낳는다. 정의감은 인간 생활의 어떤 "불편한 것들"의 구제책인 관습으로부터 발생한다. "그렇다면 구제책은 자연이 아니라 책략에서 유래한다. 또는 더 엄격히 말해서, 자연은 감정들에 있어서 불규칙하고 불편한 것에 대한 판단과 이해에 구제책을 제공한다."[83] "책략"이라는 낱말을 사용함으로써 흄은 있는 그대로의 인간들을 가정한다면, 우리가 정의를 덕으로 간주하고 정의의 법들을 제정하느냐 안 하느냐 하는 것은 단순히 취향이나 임의적인 선택의 문제라는 뜻으로 말하는 것은 아니다. "정의감과 불의감은 자연에서 유래하는 것이 아니라, 교육과 인간의 관습들로부터 인위적으로—비록 필연적이기는 하지만—생겨난다."[84] 정의는 인간의 욕망에 대해 자연이 제공한 불충분한 공급과 결합된 인간의 이기주의와 탐욕에 대한 구제책으로 고안된 발명품이라는 의미에서 "인위적"이다. 만약 이러한 조건들이 행해지지 않았다면, 어떠한 정의의 덕도 존재하지 않았을 것이다. "정의를 완전히 **무용한 것**이 되게 함으로써 당신은 그것의 본질을 완전히 파괴하고, 그것이 인류에 지운 의무를 중지시킨다."[85] 그러나 그 조건들은 행해지고 있으며, 그 "발명품"은 인간의 이익을 위해 필요하다. "하나의 발명품이 명백하고 절대적으로 필요한 곳에서, 그곳은 정확히 말해서 사유나 반성의 개입없이 본래적인 원리들로부터 직접적으로 생기는 어떤 것이나 마찬가지로 자연스러운 것이라고 할 수 있다. 정의의 규칙들은 **인위적**이기는 하지만 임의적인 것은 아니다. 또한 그것들을 **자연법**이라고 부르는 것도 부적절한 표현은 아니다. 우리가 자연스럽다는 것을 어떤 종에도 공통된 것이라고 이해한다면, 또는 설령 우리가 그것을 그 종과 분리될 수 없는 것을 의미하는 것으로 국한시킨다 해도 그렇다."[86]

물론 정의와 공평의 개별적인 법들은 만약 우리가 어떤 하나의 특

---

82) *T.*, 3, 2, 1, p. 477.
83) *T.*, 3, 2, 2, p. 489.
84) *T.*, 3, 2, 1, p. 483.
85) *E.M.*, 3, 1, 149, p. 188.
86) *T.*, 3, 2, 1, p. 484.

수한 사례에 주목한다면 공공의 이익에 다소 불리하게 작용할 수도 있다. 예를 들어 자식이라고 하기에는 부끄러운 아들이 부유한 아버지의 재산을 물려받아 그것을 나쁜 목적들에 사용할 수도 있다. 그러나 정의의 일반적인 설계나 체계는 공공의 유용성에 관한 것이다. 여기서 우리는 자비심과 같은 덕과 정의와 같은 덕의 차이를 발견한다. "인간애와 자비심이라는 사회적 덕들은 직접적인 경향이나 본능에 의해 즉시 영향력을 행사하는데, 주로 감정들을 움직이는 단일한 대상을 고려하며, 어떤 설계나 체계, 또한 의견의 일치, 모방, 또는 다른 사람들의 예에서 비롯되는 결과들을 포함하지 않는다. … 정의와 충성이라는 사회적 덕은 경우가 다르다. 그것들은 인류의 복지에 매우 유용하며 절대적으로 필요하다. 그러나 그것들에서 비롯되는 이익은 각 개인의 단일한 행위의 결과가 아니라, 모든 또는 대부분의 사회 구성원들에 의해 합의된 전체적인 설계나 체계에서 발생한다. "[87]

그러므로 흄은 인간의 조건들과 공공의 유용성과 무관한 정의의 영원한 법들이 있다는 것을 인정하지 않으려 한다. 정의는 하나의 책략이며 발명품이다. 동시에 그것은 사회 계약, 약속에 의존하지 않는다. 왜냐하면 계약들과 구속력 있는 약속들을 일으키는 것이 바로 정의이기 때문이다. 그것은 절실하게 느껴지는 유용성에 의존하며, 이 유용성은 실재적이다. 사람들은 그들 자신과 공공의 이익에 관한 관심으로부터 정의의 법들을 확립한다. 그러나 이 관심은 관념들의 영원하고 필연적인 관계들에 관한 추론에서가 아니라, 우리의 인상들과 느낌들에서 유래한다. "그러므로 정의감은 우리의 관념들이 아니라 우리의 인상들에 기초한다. "[88] 사람들은 정의의 체계를 수립하는 데 흥미를 느끼며 인간의 삶에 수반하는 "불편한 것들"을 제거하는 재래의 관습들에 대해 찬성의 감정을 느낀다. 그러나 개별적인 규칙들을 정성들여 만드는 데에는 물론 이성이 사용된다. 이와 같이 흄은 정의의 덕을 자신의 도덕 이론의 일반적인 양식 안에 포함시킨다. 느낌은 근본적이다. 그러나 이것이 도덕에서 이성이 아무런 역할도 하지 않는다는 것을 의미하는 것은 아니다.

---

87) *E.M.*, Appendix 3, 255~256, pp. 303~304.
88) *T.*, 3, 2, 2, p. 496.

9. 총 평

흄은 경험적 자료를 연구함으로써 인간의 도덕적 삶을 이해하고자
했다. 사람들이 도덕적 판단을 한다는 것은 분명하다. 이것은 어떠한
증명도 필요없는 경험적 사실이다. 그러나 사람들이 이러한 판단을
할 때 과연 그들이 무엇을 하고 있는 것인가, 그리고 문제의 판단들
의 궁극적인 토대는 과연 무엇인가 하는 것은 그렇게 명백하지 않다.
어떤 철학자들은 가치의 판단을 추론의 결과, 논리적 과정의 결과들
로 설명해 왔다. 그들은 도덕의 체계를 수학과 유사한 합리적 체계로
재구성하려 했다. 그러나 이런 종류의 해석은 사실과의 유사성을 거
의 갖지 못한다. 가치와 도덕적 원리들에 관한 일반적인 일치가 있는
곳에서, 우리는 예를 들어 하나의 특수한 경우가 어떤 일정한 원리에
해당되는지 안 되는지를 논의할 수 있다. 그리고 우리는 도덕적 판단
을 한 뒤에 그것을 지지하는 이유들을 찾을 수 있다. 그러나 도덕적
판단들은 우선 무엇보다도 이성의 결론, 수학과 유사한 연역적 과정
의 결론이라는 가정은 손에 넣을 수 있는 자료와 부합되지 않는다.
물론 실제로는 인간의 도덕적 판단들은 교육과 다른 외적 요인들에
의해 영향을 받는다. 그러나 우리가 어떤 요인들이 사람들로 하여금
어떤 특정한 도덕적 판단을 하도록 영향을 미치는가 하는 문제를 제
쳐 놓고 구체적인 도덕적 경험을 주의해 본다면, 인간이 도덕적 판단
을 할 때 합리주의적인 윤리학 해석에 기초해서는 설명되지 않는 어
떤 직접성의 요소가 있다는 것은 분명하다. 윤리학은 수학보다는 미
학에 더 가깝다. 우리는 가치들을 연역한다거나 또는 논리적 추론 과
정을 통해서 추상적인 원리들로부터 우리의 도덕적 판단들에 도달한
다고 말하는 것보다는 가치들을 "느낀다"고 말하는 것이 더 옳다.
　도덕적 판단에서 직접성의 요소에 주의를 환기시킴으로써 흄은 귀
중한 점을 강조하고 있었다. 그러나 그 문제를 더 설명해 나가면서
그는 자신의 일반적인 심리학에 의해 방해를 받았다. 도덕적 구별들
이 자신이 인정했던 이성의 작용들 중 어느 하나로부터 유래한다는
것을 인정하려 하지 않았기 때문에 그는 도덕은 성확히 말해서 판단
의 문제라기보다는 느낌의 문제라고 말해야 했으며, 판단을 느낌의

표현으로 환원시켜야만 했다. 그러나 "느낌"과 "도덕감" 같은 용어들은 이러한 문맥에서 사용될 때 합리주의자들이 소홀히했던 인간의 도덕적 삶의 한 측면에 주의를 환기시키는 데에는 유용할지 몰라도, 그가 행했던 것 이상의 검토가 필요한 유비적 용어들이다. 그의 이론에서 공리주의의 요소들은 "느낌"과 같은 용어들에 만족하고 있기보다는 차라리 그의 "이성" 개념을 수정하는 것이 더 바람직하다는 것을 암시하는 것처럼 보인다. 바꾸어 말하면 흄의 철학에는 실천적 이성과 그 작용 방식의 개념이 없다.

나는 흄이 마찬가지로 그의 관계 이론에 의해서도 방해받았다고 생각한다. 그는 이성이 인간 행위들과 이성에 의해 선포된 도덕의 규칙 사이의 관계를 식별할 수 있다는 것을 인정하려 하지 않았다. 사실상 그는 그 문제에 관한 어떤 견해도 우리를 순환 논법에 빠지게 한다고 생각했다. 그러나 인간 본성의 본래적 구조나 조직에 관한 그 자신의 주장은 이러한 본성이 어떤 의미에서 도덕의 토대라는 것, 또는 바꾸어 말하면 인간 본성을 그것의 목적론적이고 동적인 측면에서 파악하는 이성에 의해 선포된 하나의 자연법이 있다는 것을 암시한다. 도덕에 관한 이러한 방식의 해석은 인간 일반이 일반적인 도덕 규칙들에 따라 의식적으로 "추론한다"는 것을 함축하지 않고서도 전개될 수 있다. 물론 흄은 이성이 도덕적 판단을 일으키는 관계들을 식별한다고 한다면, 우리는 역시 예를 들어 생명이 없는 대상들도 도덕성을 가질 수 있다고 말해야 할 것이라고 생각했다. 그러나 어떻게 이러한 결과가 되는지 알기는 힘들다. 왜냐하면 결국 인간의 행위들은 인간의 행위들이며, 관계가 있는 것은 이것들뿐이기 때문이다. 흄은 행위들은 동기와 인격을 지시할 때만 도덕적 판단에 관련된다고 말하는 경향이 있었다는 것은 사실이다. 그러나 이것은 도덕적으로 관련되는 것은 오직 인간의 행위들, 즉 고의적인 행위들이라고 말하는 하나의 방식처럼 보인다. 그러한 행위들과 도덕법과의 관계는 **독특한** 것이다.

자유에 관한 흄의 해석을 보면 그가 무엇보다도 성격과 성격의 특징들을 강조했던 것은 당연한 일이었던 것 같다. 왜냐하면 만약 자유가 자발성으로 환원된다면 하나의 행위는 성격의 표출로서의 가치를 가지거나 또는 그것의 "유용성" 때문에 가치를 가지거나 할 것이기 때문이다. 그런데 우리는 성격과 인격적인 특성들을 우리가 행위들에

대해 사용하는 낱말들인 옳거나 그르다는 것보다는 차라리 칭찬할 만
하다거나 또는 그 반대로 간주하는 데 익숙해 있다. 따라서 만약 우
리가 행위들보다는 인격적인 특성들을 강조한다면, 아마도 우리는 도
덕적 판단이나 가치 판단을 미적 판단과 같은 것으로 하기 쉬울 것이
다. 사실상 우리는 흄이 도덕적 성질이나 덕과 자연적 재능과 재주
사이의 차이를 가볍게 처리하고 있음을 발견한다. 하지만 만약 우리
가 행위들이 그것들의 유용성 때문에 가치를 갖는 것으로 여긴다면,
우리는 공리주의적인 이론을 전개하기 쉬울 것이다. 우리는 도덕에
관한 흄의 분석에서 두 가지 사고 방향들을 모두 발견한다.

그러므로 흄의 윤리학은 사전에 채택된 입장들에 의해 매우 크게
제약되어 있으며, 아울러 서로 다른 사고 방향들을 포함하고 있는 것
같다. 공리주의적 요소는 뒤에 벤담과 두 명의 밀(제임스 밀과 그의
아들 존 스튜어트 밀)에 의해 발전되었으며, 반면에 느낌에 대한 주
장은 정의주의적 윤리설들의 현대 경험주의에서 새로운 활력을 찾
았다.

제 17 장

데이비드 흄 4

1. 학으로서의 정치학

흄은 정치학을 어떤 의미에서 학문으로 간주했다. 앞에서 살펴본 것처럼 인간을 사회 속에 통합되어 서로 의존하는 존재로 고찰하는 것으로 묘사되는 정치학은 논리학, 윤리학, 비평과 함께 인간학의 한 부분으로 분류된다. [1] 《정치학은 학문으로 환원될 수 있다》(*That Politics may be reduced to a Science*)라는 제목의 소논문에서 흄은 다음과 같이 말한다. "법과 개별적인 정부 형태의 힘은 몹시 크고 인간의 기질과 성질에는 거의 의존하지 않으므로, 때때로 그것들에서 수학이 우리에게 제공하는 것과 거의 같은 정도의 일반적이고 확실한 결과들이 도출될 수도 있다." 첫번째 《연구》의 끝부분에서 정치학은 윤리학과 비평에서 분리된다. "도덕적 추론들은 특수한 사실들이나 일반적 사실들에 관계한다." 그런데 "일반적 사실들을 다루는 학문은 정치학, 자연 철학, 물리학, 화학 등이며, 여기서 모든 종류의 대상들의 성질, 원인과 결과 들이 탐구된다."[2] 하지만 "윤리학과 비평은 취향과

---

1) *T.*, Introduction, pp. xix~xx.   2) *E.*, 12, 3, 132, pp. 164~165.

448

감정의 대상은 될지 몰라도, 엄격히 말해서 오성의 대상은 되지 못한다. "³⁾ 그렇다면 우리는 여기서 《인성론》의 서론에서와는 다른 분류를 하고 있는 것이다. 흄이 윤리학에 관해서 무엇을 생각하게 되었든지 간에 그는 정치학을 하나의 학문으로 보존하고자 했으며, 따라서 그는 그것을 자연 철학, 화학과 같은 부류에 넣는다. 하지만 《자연 종교에 관한 대화편》에서 정치학은 윤리학, 비평과 함께 언급되고 있다. "우리가 우리의 사색을 무역이나 윤리학 또는 정치학이나 비평에 한정시키는 한 우리는 매순간 상식과 경험에 호소한다. 그것들은 우리의 철학적 결론들을 강화하고, 매우 미묘하고 정교한 모든 추론들에 관해서 우리가 아주 당연히 갖는 의혹을 (적어도 부분적으로나마) 제거한다. "⁴⁾ 여기서 경제학, 윤리학, 정치학, 비평 또는 미학은 "신학적 추론들"과 대조된다. 회의주의적 기질을 가진 화자(speaker) 필로에 따르면, 신학적 추론들에서 상식과 경험에 호소해서는 우리는 철학적 결론들을 확증할 수 없다.

비록 정치학과 윤리학의 관계에 관한 흄의 발언들이 경우에 따라 서로 다르기는 하지만, 그럼에도 불구하고 그가 전자를 하나의 학문 또는 학문을 형성할 수 있는 것으로 간주한다는 것은 분명하다. 우리는 일반적인 격률들과 설명적 가설들을 세울 수 있으며 조심스럽게 예측할 수도 있다. 그러나 설령 우리가 어떤 사건이 발생한 뒤에 이미 알려진 원리들을 기초로 해서 그것을 설명할 수 있다 하더라도 예기치 않은 일이 일어날 수 있다. 그래서 《몇 가지 주목할 만한 관습들에 관하여》(*Of some Remarkable Customs*)라는 소논문에서 흄은 다음과 같이 말한다. "정치학에서 모든 일반적인 격률들은 아주 조심스럽게 세워져야만 한다." 그리고 "물리적 세계에서와 마찬가지로 도덕적 세계에서도 불규칙하고 특이한 현상들이 빈번히 발견된다. 아마도 우리는 이것들이 발생한 뒤에 각자가 자신 안에서 또는 관찰에 의해서 가장 강한 확신과 신념을 갖게 된 원천과 원리들로부터 이것들을 더 잘 설명할 수 있을 것이다. 그러나 인간의 분별력에 의해서 이것들을 사전에 예견하고 예언하는 것은 종종 전혀 불가능하다." 우리는 정치학에서 수학에서 얻을 수 있는 정도의 확실성을 얻을 수 없다. 왜냐하

3) *E.*, 12, 3, 132, p. 165.　　4) *D.*, 1, p. 135.

면 우리는 주로 사실들을 다루기 때문이다. 의심할 바 없이 이것이 이 절의 맨 앞에서 인용된 구절에서 그가 정치학을 수학에 비교할 때 "거의"라는 유보적인 낱말을 삽입하는 이유이다.

2. 사회의 기원

정의의 덕을 고찰할 때 살펴본 것처럼, 조직된 사회는 인간에 대한 그 유용성 때문에 생겨났다. 그것은 사회를 갖지 않은 삶의 불편함에 대한 구제책이다. "사회는 이러한 세 가지 불편함에 대한 구제책을 제공한다. 힘의 결속을 통해 우리의 힘이 증대된다. 고용의 분배를 통해 우리의 능력이 향상된다. 그리고 상호 원조를 통해 운과 재난에 덜 노출된다. 이러한 부가적인 힘과 능력, 안전으로 인해 사회는 유익한 것이 된다."[5]

하지만 흄은 원시인들이 조직된 사회가 없는 상태에서 자신들의 운명의 불리한 사정을 숙고해서 하나의 구제책을 생각해 내고 어떤 명시적인 사회 계약이나 서약을 맺은 것으로 상상하지는 않는다는 것을 이해하는 것이 중요하다. 그가 약속이나 계약이 사회, 정의의 규칙들로부터 독립된 구속력을 갖는다는 것을 인정하지 않는다는 사실과는 별도로, 그는 사회의 유용성은 원래 반성적 판단의 문제가 되는 것이라기보다는 느껴지는 것이라고 주장한다. 설령 아무런 명시적인 약속들이 이루어지지 않는다 하더라도 사람들 사이에 관습 또는 합의는 있을 수 있다. 그것으로부터 정의, 재산, 권리의 관념들이 발생하는 관습을 이야기하면서, 그는 말보다는 행위에서 드러나는 것으로서 그가 "이익에 관한 공통 감각"이라고 부르는 것을 설명하는 유명한 예를 사용한다. "배의 노를 젓는 두 사람은 서로 약속하지 않았다 하더라도 합의 또는 관습에 의해 노를 젓는 것이다. ⋯ 마찬가지로 언어도 아무런 약속없이 인간의 관습에 의해 점진적으로 확립된다."[6]

흄은 사회가 형성되기 위해서는 그것이 인간에게 실제로 유익해야 할 뿐만 아니라 사람들이 "이러한 이익들을 감지할 수 있어야" 한다

---

5) *T*., 3, 2, 2, p. 485. 6) *T*., 3, 2, 2, p. 490.

450

는 것이 필수적이라고 말한다. 만약 우리가 원시인들이 성찰과 연구
에 의해서 이러한 지식에 도달했다고 상상하지 않는다면 그들은 어떻
게 그것에 도달했는가? 흄의 대답은 사회는 가족을 통해서 생겨났다
는 것이다. 자연적 육욕이 이성들을 결합시키고 새로운 유대 관계,
즉 자식에 대한 그들의 공통적인 관심이 발생할 때까지 그들의 결합
을 유지시킨다. "얼마 안 있어서 어린 아이들의 민감한 마음에 작용
하는 관습과 습관이 그들로 하여금 자신들이 사회에서 받을 수 있는
이익을 감지할 수 있게 하며, 그들의 결합을 방해하는 거친 성질들과
다루기 힘든 감정들을 없앰으로써 그들을 점차로 사회에 적응시킨
다."[7] 그러므로 가족(더 정확하게 말하자면 이성들 사이의 자연적 육
욕)이 "인간 사회의 최초의 근원적인 원리이다."[8] 더 큰 사회로의 이
행은 주로 외적인 재화의 소유를 안정시키려는 절실한 필요에 의해
이루어진다.

   인간의 상황을 의식적으로 연구하며 그것에 대처하는 적절한 방법
에 관한 공통적이며 반성적인 판단에 도달하는 문제라기보다는 필요
를 느끼는 문제가 있기 때문에, 그리고 이러한 필요는 사실상 지상에
서의 인간의 삶의 시초부터 현전하는 것이기 때문에, 흄이 사회 계약
론에 공감하지 않았던 것과 마찬가지로 자연 상태 이론에 공감하지
않았다는 것은 이해가 된다. 그는 다음과 같이 결론짓는다. "인간이
사회가 있기 이전의 야만적인 상태에서 상당한 기간 동안 살아 남는
다는 것은 전혀 불가능하다. 그러나 인간의 바로 그 최초의 상태와
상황은 당연히 사회적인 것으로 간주될 수도 있다. 하지만 이것이 철
학자들이 마음에 드는 대로 자신들의 추론을 가상의 **자연 상태**로까지
확장시킬 수도 있다는 것을 막지는 않는다. 만약 그들이 그것을 결코
실재한 적도 없고 실재할 수도 없는 단순한 철학적 허구라고 인정한
다면…그러므로 이 **자연 상태**는 단순한 허구로 간주되어야 한다."[9]
동일한 주장이 두번째 《연구》에도 나온다. 거기서도 역시 흄은 자연
상태를 철학적 허구라고 말하면서 다음과 같이 소견을 말한다. "인간
본성의 그런 상태가 일찍이 존재할 수 있었는지, 아니면 만약 존재했
다면 국가라고 부를 수 있을 만큼 지속할 수 있었는지 하는 것은 당연

7) *T*., 3, 2, 2, p. 486.   8) 같은 책, 같은 면.
9) *T*., 3, 2, 2, p. 493.

히 의심스럽다. 인간은 필연적으로 적어도 가족 사회에서 태어난
다. "10)

3. 정부의 기원

정부의 기원에 관해서도 같은 말을 할 수 있을 것이다. 만약 자연
적 정의가 인간의 행위를 지배하기에 충분하다면, 그리고 어떠한 무
질서나 사악함도 결코 발생하지 않는다면, 우리가 충성을 다할 의무
를 지고 있는 정부를 수립함으로써 개인의 자유를 박탈할 필요가 없
을 것이다. "만약 정부가 전혀 무익한다면 그것은 결코 존재할 수 없
을 것이며, 충성의 의무의 유일한 기초는 그것이 인류의 평화와 질서
를 유지시킴으로써 사회에 가져다 주는 이익이라는 것은 명백하
다. "11) 그러므로 그것의 유용성이 정부 수립의 기초이다. 그리고 그
것이 인류에게 가져다 주는 주된 이익은 정의의 확립과 유지이다. 그
래서 《정부의 기원에 관하여》(*Of the Origin of Government*)라는 소논문
에서 흄은 다음과 같은 말로 시작한다. "가족 안에서 태어난 인간은
필요에 의해서, 자연적 경향에 의해서, 그리고 습관에 의해서 사회를
유지하지 않을 수 없다. 이러한 인간은 더 나아가서 정의를 집행하기
위해서 정치적 사회를 세우게 된다. 정의가 없이는 그들 사이에 평화
도 없고, 안전도 없으며, 상호 교제도 있을 수 없다. 그러므로 우리
는 우리 정부의 모든 방대한 기구를 정의의 분배 이외의 어떤 다른
목표나 목적도 궁극적으로 갖지 않는 것으로 간주해야 한다." 하지만
좀더 자세히 말하고 있는 《인성론》에서 흄은 정의의 집행과 정의와 공
평의 문제들에 관한 논쟁의 해결이 정부로부터 비롯되는 주된 이익들
이긴 하지만 그것들이 유일한 것은 아니라고 말한다. 정부가 없다면
인간은 공익을 위한 설계와 계획들에 관하여 함께 인정하고 그 계획
들을 조화롭게 수행하는 것이 매우 어렵다는 것을 알게 될 것이다.
조직된 사회는 그러한 불편함들을 치유한다. "이와 같이 다리를 놓
고, 항구를 열고, 성벽을 쌓고, 운하를 파고, 함대를 갖추고, 군대를

---

10) *E.M.*, 3, 1, 151, p. 190.   11) *E.M.*, 4, 164, p. 205.

훈련시키는 것과 같은 모든 일들이 정부의 배려로 이루어진다. "12)

그러므로 정부는 인간에게 커다란 이익을 가져다 주는 "발명품"이다. 그러나 그것은 어떻게 발생하는가? 그것은 사회에 너무나 필수적이어서 정부가 없는 사회는 있을 수 없는가? 《인성론》에서 흄 자신은 정부가 없이는 인간은 사회적 통일체를 이룩할 수 없다고 선언하는 철학자들과 의견이 다르다고 특별히 말하고 있다. "정부 없는 사회의 상태는 인간의 가장 자연스러운 상태 가운데 하나이며, 많은 가족들이 결합하여 첫세대 이후에도 오랫동안 존속하는 것임에 틀림없다. 오직 부와 소유물의 증대만이 인간으로 하여금 그것을 그만두게 할 수 있을 것이다. "13) 흄에 따르면 정식 정부가 없는 사회의 존재는 아메리카 인디언들에서 경험적으로 검증된다. 그리고 그는 적어도 언뜻 보기에는 원시인들은 얼마 후에 정부의 필요성을 인식하고, 서로 모여서 행정 장관들을 선출하고, 그들의 권한을 결정하고, 그들에게 복종할 것을 약속했다는 것을 의미하는 것처럼 보인다. 이것은 "자연법"(정의의 근본 원리들)과 약속의 구속적인 특성이 전제되기 때문에 그럴 수 있다. 그것들은 사회의 근저에 놓여 있는 관습의 확립에는 선행하지 않는다 하더라도 정부의 수립에는 선행한다.

만약 정부가 명시적인 계약이나 협약에 그 기원을 둔다는 것이 정말로 흄의 견해라면, 이것은 그의 일반적인 견해와 거의 일치하지 않는다. 왜냐하면 사회의 기원과 관련해서 살펴본 것처럼 그는 "느껴지는" 유용성을 강조하며, 합리주의적인 사회 계약론을 불신하기 때문이다. 그러나 아무리 그가 때때로 그렇게 말할지라도, 나는 흄이 정부를 명시적 협약으로부터 발생했다고 주장하려 한다고 생각하지는 않는다. 그의 견해에 따르면 아마도 정부는 가부장적 권위 또는 족장의 지배의 단순한 발전과 확장을 통해서가 아니라 서로 다른 사회들 사이의 전쟁을 통해서 발생했을 것이다. 대외 전쟁은 정부가 없는 사회의 경우에 필연적으로 내란을 낳는다. 그렇다면 정부의 최초의 조짐은 아메리카 인디언들에서 볼 수 있는 것처럼 전쟁중에 지휘관 또는 추장이 누리던 권위이다. "나는 정부의 최초의 조짐은 동일 사회의 구성원들이 아니라 서로 다른 사회에 속한 사람들 사이의 싸움에

12) *T*., 3, 2, 7, p. 539. 13) *T*., 3, 2, 8, p. 541.

서 생겨난다고 단언한다.”[14] 그래서 《최초의 계약에 관하여》(*Of the Original Contract*)라는 소논문에서 흄은 다음과 같이 말한다. “아마도 전쟁이 지속되는 동안에 영향력을 획득했을 추장은 명령보다는 설득에 의해서 다스렸을 것이다. 그리고 그가 반항자와 불복종자들을 진압하기 위해서 힘을 행사할 수 있게 되기까지는 그 사회가 시민 정부의 상태에 도달했다고 보기는 어려울 것이다. 전반적인 복종을 위한 어떠한 계약이나 협약도 특별히 형성되지 않았음은 명백하다. 그러한 생각은 야만인들의 이해력을 훨씬 넘어서는 것이기 때문이다. 추장의 경우 그때 그때의 권위의 행사는 특별한 것이었고, 당면한 사태의 절박한 사정에 의해 불러일으켜졌음에 틀림없다. 그의 개입으로부터 결과되는 현저한 유용성은 날이 갈수록 이러한 권력 행사를 더 빈번하게 했다. 이러한 빈번함은 점차 사람들에게 습관적인—만약 당신이 그렇게 부르고 싶다면 자발적인—따라서 타의에 따르는 묵종을 낳았다.” 그러므로 아마도 처음으로 정부가 점진적인 과정(그것의 유용성에 대한 점진적인 자각을 의미한다)을 거쳐 발생했을 것이므로, 그것은 “계약”에 기초했다고 할 수 있다. 그러나 만약 여기서의 “계약”이 그것에 의해 시민 정부가 우리가 시민 정부라고 인정할 수 있는 형태로 일시에 확립되는 명시적 협약을 의미한다면, 일찍이 이러한 종류의 명시적인 협약이나 계약이 이루어졌다는 설득력있는 증거는 없다. 나는 이것이 이 문제에 대한 흄의 견해, 즉 비록 독단적이지는 않다 하더라도 그가 주장하는 가설을 대표하는 것이라고 생각한다.

그러나 설령 흄이 아마도 선사 시대에 정부가 어떤 의미에서 동의를 통해 출현했으리라는 것을 기꺼이 인정하는 것처럼 보이며, 아메리카 인디언들에 관한 관찰이 이 가설에 대한 어떤 경험적인 확증을 제공한다고 암시한다 하더라도, 계약론의 주장들이 이러한 용인 이상으로 진전될 때 그에게는 계약론이 전혀 소용이 없다. 《최초의 계약에 관하여》라는 소논문에서 그는 다음과 같이 말한다. 어떤 철학자들은 정부가 처음에 “사람들의 동의, 더욱 정확히 말하면 자발적인 묵종으로부터 발생했다”고 말하는 것에 만족하지 않는다. 그들은 또한 정부는 항상 동의, 약속, 계약에 의존한다고 주장한다. “그러나 이러

14) *T.*, 3, 2, 8, pp. 539~540.

한 논객들이 해외로 나가서 세상을 살펴본다면, 그들은 조금이나마 그들의 생각과 일치되거나 또는 그토록 정교하고 철학적인 체계를 보증할 수 있는 어떤 것과도 마주치지 않을 것이다."참으로 "현존하거나 또는 기록에 남아 있는 거의 모든 정부는 원래 사람들의 공정한 동의나 자발적인 복종의 어떠한 구실도 없이 찬탈이나 정복 중의 어느 하나 또는 양자에 근거해 왔다. … 세상의 모습은 작은 왕국들이 커져서 커다란 제국들이 되거나, 커다란 제국들이 더 작은 왕국들로 분해되거나, 식민지 건설과 원주민들의 이주에 의해서 끊임없이 변하고 있다. 이 모든 사건들 속에서 힘과 폭력 말고 무엇을 발견할 수 있는가? 어디에 그토록 주장되는 상호 협약이나 자발적인 연합이 있는가?"선거가 힘을 대신한다 해도 결국 그것은 무엇이 되는가? 그것은 힘있고 영향력있는 소수의 사람들에 의한 선거일 것이다. 아니면 그것은 대중적 선동의 형태를 취할 수도 있다. 여기서 사람들은 그 자신의 뻔뻔스러움, 또는 그들 중 대부분은 그와 그의 능력에 대해 거의 또는 전혀 알지 못하는 군중의 순간적인 변덕 덕분으로 출세하려는 주모자를 뒤따르게 된다. 어느 경우에도 사람들에 의한 진정한 합리적 협약은 존재하지 않는다.

그렇다면 사람들이 자발적으로 따랐다고 할 수도 있는 참으로 원시적인 부족의 추장들과 지도자들이 전쟁중에 가졌던 권위에 관한 것이 아무리 사실이라 할지라도 정부의 기원에 관한 계약설은 역사 시대에 손에 넣을 수 있는 자료로부터 경험적인 지지를 거의 얻지 못한다. 그 이론은 사실에 의해 무효화되는 단순한 허구이다. 이것이 사실이라면 정치적 충성의 의무의 기초를 탐구해 볼 필요가 있다.

4. 충성의 본성과 한계

설사 정치적 충성의 의무가 있다고 하더라도, 만약 일찍이 대중적 동의가 요구되었거나 이루어졌다는 증거가 희박하거나 전혀 없다면, 대중적 동의와 약속에서 그 기초를 찾는 것은 분명 쓸모없는 일이다. 로크의 묵시적 동의의 관념에 대해서 말하자면, "그러한 묵시적 동의는 단지 한 인간이 그 문제가 자신의 선택에 의존한다고 상상하는 곳에만 존재할 수 있다고 대답될 수 있을 것이다. "[15] 그러나 이미 확립된 정부가 있을 때 태어나는 사람은 누구나 자신은 날 때부터 바로 그 정치적 사회의 시민이라는 사실에 의해서 통치자에게 충성을 다할 의무를 지고 있다고 생각한다. 로크처럼 모든 사람은 나면서부터 자신이 속한 사회를 자유롭게 떠날 수 있다고 제안하는 것은 비현실적이다. "우리는 외국이나 외국의 풍습을 전혀 모르며 적은 임금으로 하루하루 살아가는 가난한 농부나 장인이 자유롭게 조국을 떠날 수 있다고 진정으로 말할 수 있을까? "[16]

그러므로 시민 정부에 대한 충성의 의무는 "국민들의 어떤 약속에서 유래하는 것이 아니다. "[17] 설령 먼 과거의 어떤 시기에 약속이 이루어졌다 하더라도 현재의 충성의 의무는 그것에 의존할 수 없다. "모든 사람이 그렇게 생각하기 때문에 정부에 복종할 도덕적 의무가 있다는 것이 확실하다면, 이 의무가 약속으로부터 생겨나지 않는다는 것 또한 확실한 것임에 틀림없다. 왜냐하면 하나의 철학 체계를 지나치게 엄격하게 고수함으로써 그의 판단이 미혹에 빠지게 된 사람이 아니라면 어느 누구도 의무가 약속에 기인하는 것이라고 꿈꾸지는 않기 때문이다. "[18] 충성의 의무의 진정한 기초는 유용성 또는 이익이다. "나는 이러한 이익이 정치적 사회에서는 누릴 수 있지만 완전히 자유롭고 독립적일 때는 결코 얻을 수 없는 안전과 보호에 있음을 발견한다. "[19] 이것은 자연적 의무와 도덕적 의무 둘 다에 적용된다. "만약 정부가 전혀 무익하다면 그것은 결코 존재할 수 없을 것이며, 충성의 의무의 유일한 기초는 그것이 인류의 평화와 질서를 유지시킴으로써 사회에 가져다 주는 이익이라는 것은 명백하다. "[20] 마찬가지로 《최초의 계약에 관하여》라는 소논문에서 흄은 다음과 같이 말한다. "만약 우리가 정부에 복종해야 하는 이유를 묻는다면, 나는 **그렇지 않으면 사회가 존속할 수 없기 때문**이라고 기꺼이 대답할 것이다. 그리고 이 대답은 모든 인류에게 분명하고 명료한 것이다. "

이 견해에서 도출되는 명백한 결론은 이익이 없어질 때 충성의 의무도 없어진다는 것이다. "그러므로 이익이야말로 정부에 대한 직접

---

15) *Of the Original Contract.*   16) 같은 책.
17) *T.*, 3, 2, 8, p. 546.   18) *T.*, 3, 2, 8, p. 547.
19) *T.*, 3, 2, 9, pp. 550~551.   20) *E.M.*, 4, 164, p. 205.

적인 인가이므로 정부는 이익이 없이는 더 이상 존속할 수 없다. 그리고 행정 장관이 자신의 권력을 도저히 견딜 수 없을 정도까지 행사하여 억압을 가할 때에는 우리는 언제든지 더 이상 그에게 복종하지 않아도 된다. 원인이 소멸되면 결과도 역시 소멸되게 마련이다. "[21] 하지만 반란에는 재해와 위험이 수반되므로 반란은 진정한 폭정과 억압의 경우에만, 그리고 그렇게 행위할 경우에 이익이 불이익보다 더 많다고 판단될 때에만 정당하게 시도될 수 있다는 것은 명백하다.

그러나 누구에게 충성을 바쳐야 하는가? 바꾸어 말하면 우리는 누구를 정당한 통치자로 간주해야 하는가? 원래 흄은 정부는 자발적인 규약에 의해 수립되었다고 생각했거나 또는 그렇게 생각하는 경향이 있었다. "그렇다면 그들(국민들)을 복종으로 속박시키는 동일한 약속이 그들을 특정 인물에게 구속시키며, 그를 그들이 충성하는 대상으로 만든다. "[22] 그러나 일단 정부가 수립되고 충성이 더 이상 약속에 의존하지 않고 이익이나 유용성에 의존하게 되면, 우리는 누가 정당한 통치자인지를 결정하기 위해서 최초의 약속에 의지할 수 없다. 먼 옛날 어떤 부족이 자발적으로 한 지도자에 복종했다는 사실은 오렌지공이 정당한 군주인지 아니면 제임스 2세가 정당한 군주인지를 결정하는 데 아무런 길잡이도 되지 못한다.

정당한 권위의 한 가지 기초는 통치권의 오랜 소유이다. "나는 어떤 한 가지 형태의 정부에서 오랜 소유 또는 왕자들의 왕위 계승이라는 뜻으로 말하고 있다. "[23] 일반적으로 말해서 그들의 권력의 기원을 찬탈이나 반란에 두고 있지 않은, 그리고 권력에 대한 그들의 원래의 자격이 "심히 의심스럽고 불확실하지"[24] 않은 정부나 왕실은 없다. 이 경우 "세월만이 그들의 권리를 견고하게 해주며, 점차 사람들의 마음에 작용함으로써 그들로 하여금 어떤 권력과 화해하게 하고, 그 권력을 공정하고 정당한 것처럼 보이게 한다. "[25] 공적인 권위의 두번째 원천은 현재의 소유이며, 이것은 오래 전에 권력이 획득되었다는 것이 의문의 여지가 없을 때에도 그 권력의 소유를 정당화할 수 있다. "권력에 대한 권리는 오직 그 권력의 부단한 소유이며, 그것은

---

21) *T*., 3, 2, 9, p. 551.　　　　22) *T*., 3, 2, 10, p. 554.
23) *T*., 3, 2, 10, p. 556.　　　　24) 같은 책, 같은 면.
25) 같은 책, 같은 면.

사회의 법들과 인간의 이익에 의해서 유지된다."²⁶⁾ 정당한 정치 권력의 세번째 원천은 정복의 권리이다. 네번째와 다섯번째 원천은 입법부가 어떤 형태의 정부를 수립할 때 추가될 수 있는 계승권과 실정법상의 권리이다. 권력에 대한 이 모든 자격들이 함께 있을 때, 우리는 공익이 명백하게 변화를 요구하지 않는 한 정당한 통치권에 대한 가장 확실한 표시를 갖는다. 그러나 흄은 만약 우리가 역사의 실제 과정을 고찰한다면, 우리는 곧 왕자들의 권리에 관한 모든 논쟁들을 수월하게 다룰 수 있게 될 것이라고 말한다. 우리는 모든 논쟁들을 고정된 일반 규칙들에 따라서 해결할 수는 없다. 《최초의 계약에 관하여》라는 소논문에서 이 문제를 다루면서 흄은 다음과 같이 말한다. "형이상학이나 자연 철학 또는 천문학과 같은 사변적인 학문들에서는 일반적 견해에 대한 호소가 당연히 불공정하며 결정적이지 않은 것으로 간주되겠지만, 비평과 마찬가지로 윤리학에 관한 모든 문제에서는 논쟁을 해결할 수 있는 어떠한 다른 기준도 실제로 존재하지 않는다." 예를 들어 로크처럼 절대적인 정부는 실제로는 전혀 시민 정부가 아니라고 말하는 것은, 만약 절대적인 정부가 사실상 하나의 인정된 정치 제도로 받아들여진다면 무의미하다. 게다가 오렌지 공의 왕위 계승이 정당한 것이었는지 그렇지 않은 것이었는지에 관해 논쟁하는 것도 소용없는 일이다. 그 당시에는 그것이 정당하지 않았을지도 모른다. 그리고 1688년의 혁명을 정당화하고자 했던 로크는 국민들의 동의에 기초하는 정당한 정부에 관한 자신의 이론에 입각해서 도저히 그렇게 할 수가 없었다. 왜냐하면 영국 국민들의 의견은 요청되지 않았기 때문이다. 그러나 실제로는 오렌지 공이 받아들여졌으며, 그의 즉위의 정당성에 관한 의혹은 그의 후계자들이 받아들여졌다는 사실에 의해서 무가치하게 된다. 그것은 어쩌면 비합리적인 사고 방식처럼 보일지도 모른다. 그러나 "왕자들은 종종 그들의 선조들로부터뿐만 아니라 그들의 후계자들로부터도 권리를 획득하는 것처럼 보인다."²⁷⁾

---

26) *T*., 3, 2, 10, p. 557. 27) *T*., 3, 2, 10, p. 566.

5. 국제법

서로 무역과 통상을 수행하며 일반적으로 상호 관계를 맺는 것이 서로 다른 정치적 사회들의 이익에 부합되므로, 흄이 "국제법"이라고 부르는 일단의 규칙들이 생겨난다. "이러한 제목 아래 우리는 대사관원의 면책, 선전 포고, 유해한 무기의 금지와 함께 서로 다른 사회들에 독특한 통상에 명백히 적합하도록 만들어진 그런 종류의 다른 의무들을 포함시킬 것이다."[28]

이 "국제법"은 "자연법"과 동일한 기초, 즉 유용성 또는 이익을 가지며 국제법은 자연법을 폐기하지 않는다. 게다가 왕들은 도덕적 규칙들에 묶여 있다. "이익에 관한 동일한 자연적 의무가 독립적인 왕국들 사이에 발생하며, 그것은 동일한 도덕성을 일으킨다. 따라서 아무리 부패한 도덕이라 할지라도 임의로 그리고 자발적으로 자신의 약속을 깨뜨리거나 조약을 어기는 왕을 승인하지는 않을 것이다."[29] 동시에 비록 왕들의 도덕적 의무가 사적인 개인들의 도덕적 의무와 동일한 범위의 것이라 할지라도 동일한 힘을 갖지는 않는다. 왜냐하면 서로 다른 국가들 사이의 교류는 개인들 사이의 교류만큼 필연적이거나 이익이 있는 것이 아니기 때문이다. 어떤 종류의 사회가 없이 인간의 삶은 존속할 수 없다. 그러나 국가들 사이의 교류에서는 이와 동일한 정도의 필연성은 없다. 그러므로 정의에 대한 자연적 의무는 하나의 정치적 사회가 다른 사회에 취하는 행위와 관련될 경우, 그것이 동일한 사회의 두 구성원들의 상호 관계와 관련된 경우만큼 강하지 못하다. 그리고 이것으로부터 도덕적 의무에서 유사한 강도의 차이가 비롯된다. 따라서 "우리는 필연적으로 자신의 명예를 건 약속을 깨뜨리는 신사보다는 다른 왕이나 장관을 속이는 왕이나 장관에게 더 관대해야 한다."[30] 그러나 만약 우리에게 왕들의 도덕성과 사적인 개인들의 도덕성 사이에 통용되는 정확한 비율을 말하라고 한다면 우리는 어떠한 정확한 대답도 할 수 없다. "우리는 다른 많은 경우에서 관찰할 수 있듯이 이러한 비율이 인간에 관한 어떤 학문이나 연구없이 그

---

28) *T*., 3, 2, 11, p. 567.   29) *T*., 3, 2, 11, pp. 568~569.
30) *T*., 3, 2, 11, p. 569.

것 자체로 알려진다고 말해도 상관없을 것이다."³¹⁾ 이와 같이 흄은
마키아벨리 정치학의 원리들에서 어떤 진리를 발견하는 것처럼 보인
다. 그러나 그는 왕들의 도덕성과 사적인 개인들의 도덕성은 별개의
것이라고 말하려고 하지는 않는다.

6. 총 평

흄의 정치론의 한 가지 특징은 경험적 자료에 대한 그의 관심 그리
고 알려진 사실에 의해서 확증되지 않는 철학적 가설들을 그가 거부
한다는 것이다. 이것은 특히 계약 이론 또는 이론들에 대한 그의 태
도에서 그렇다. 실로 그는 정부의 최초의 기원들이 관계되는 한 어느
정도 이 이론을 받아들인다. 그러나 거기서 그는 어떤 형식적 계약이
나 약속을 생각하는 것이 아니라 부족 사이의 전쟁중에 지도자를 중
심으로 자발적으로 모여든 부족을 생각하고 있다. 그리고 이러한 용
인을 별 문제로 한다면 그에게는 계약 이론들이 소용이 없다. 그러한
합리주의적인 이론들 대신에 그는 "느껴지는" 이익이나 편의의 관념
을 사용한다.

흄의 정치 철학에는 "실증주의"라고 부를 수 있는 강한 요소가 있
다. 그는 어떤 **선험적** 추론들에 호소하기보다는 실제로 발생하는 것
또는 모든 사람이 기준으로 생각하는 것에 호소한다. 예를 들어 정치
권력은 종종 찬탈, 반란 또는 정복의 결과이며, 그 권력이 안정되어
있고 명백하게 전제적이며 억압적이지 않다면, 그것은 실제로는 피지
배자의 대다수에 의해 정당한 것으로 인정된다. 흄에게는 이것으로
충분하다. 그러한 권력의 정당성에 관한 미묘한 논의들과 그 정당성
을 "철학적 허구들"에 의해서 증명하려는 시도들은 시간 낭비이다.
그것보다는 현실적으로 인정되는 권력의 자격이 무엇인가를 탐구하는
것이 더 유익하다. 게다가 흄은 이상적인 국가 형태를 논의하는 데
시간을 낭비하고 싶어하지 않는다. 《완전한 국가의 관념》(*Idea of a
Perfect Commonwealth*)에 관한 그의 소논문에서 실로 그는 다음과 같이

---

31) 같은 책, 같은 면.

말한다. 어떤 국가가 가장 완전한 국가인가를 아는 것은 유익하며, 우리는 "사회에 너무 큰 혼란을 일으키지 않을 정도의 완만한 개조와 혁신에 의해서" 현존하는 정체와 정부의 형태들을 개정할 수도 있다. 그리고 그 자신이 이 제목으로 몇 가지 제안을 하고 있다. 그러나 그는 또한 다음과 같이 말한다. "인류의 풍습에서 커다란 개혁을 상정하는 정부의 모든 계획은 명백히 상상적인 것이다. 플라톤의 《국가》(*Republic*)와 토마스 모어 경의 《유토피아》(*Utopia*)가 이런 성질의 것들이다." 그러나 문제의 소논문은 그렇다 치고, 그는 어떻게 존재해야 하는가를 제안하는 것보다는 차라리 어떻게 존재해 왔는가를 이해하는 데 더 관심을 갖는 것으로 보인다. 심지어 그가 정체 개선에 대한 제안을 할 때조차도 그가 마음 속에 품고 있는 것은 영원한 추상적 원리들로부터 추론된 결론들이라기보다는 차라리 실제적인 이익과 유용성이다.

《최초의 계약에 관하여》라는 소논문에서 흄은 신이 모든 권위의 기원이므로 주권자의 권위는 신성하며 어떠한 상황에서도 침해될 수 없다고 주장하는 사람들의 견해에 관해서 말한다. 그리고 나서 그는 다음과 같이 논평한다. "신이 모든 정부의 궁극적인 창조자라는 것은 일반적인 섭리를 인정하고, 우주의 모든 사건들이 한결같은 계획에 의해서 인도되고 현명한 목적에 따른다는 것을 용인하는 사람에 의해서는 결코 부인되지 않을 것이다.…그러나 그(신)는 어떤 특별하거나 또는 기적적인 개입에 의해서가 아니라 자신의 감추어진 보편적 효험에 의해서 정부를 발생시켰다. 그렇기 때문에 엄격히 말하자면 모든 권력이나 힘은 신으로부터 유래하므로 신의 위임에 의해서 행사되는 것이라고 할 수 있다는 바로 그 의미에서만 주권자는 신의 대리인이라고 불릴 수 있다. 바꾸어 말하면 설령 우리가 전제의 타당성을 인정한다 해도 왕권 신수설을 주장하는 사람들이 내린 결론은 나오지 않는다. 그리고 일반적으로 흄이 형이상학적 원리들로부터의 연역의 과정을 통해서 많은 실제적인 도움을 얻을 수 있다고 생각하지 않았다는 것은 분명하다. 신은 정부가 인간에게 매우 유익하며 심지어 필수 불가결하도록 인간을 만들었다. 이런 의미에서 신은 정치 권력의 창조자로 불릴 수 있을 것이다. 그러나 어떤 정부 형태를 채택하느냐 또는 누가 정당한 권력을 소유하느냐 하는 것을 결정하는 데서 우리는 신의 창조, 보존과 섭리가 아닌 다른 기준들에 의지해야만 한다.

   그러나 흄이 감탄할 만한 빈틈없는 상식을 보여주고 있기는 하지만, 내가 보기에 그의 정치 이론은 그의 도덕 이론에서도 볼 수 있는 약점을 갖는 것 같다. 유용성과 이익, 공익에 호소하는 것은 괜찮다. 그러나 이 용어들이 구체적으로 무엇을 의미하는지는 결코 자명하지 않다. 그리고 흄이 기꺼이 가려고 했던 것보다 더 깊이 철학적 인간학, 따라서 형이상학으로 들어가지 않고서 그것들에 하나의 기준으로 소용될 의미를 부여하기는 힘들다.

제 18 장

흄에 대한 지지와 반대

1. 머리말

이 장의 제목은 아마도 오해를 불러일으키기 쉬울 것 같다. 이러한 제목은 설령 흄이 살아 있었던 동안은 아니라 하더라도 적어도 그의 사망 직후에 그의 철학 이론들의 타당성에 관한 논쟁이 만연했다는 것을 암시하기 때문이다. 그러나 이것은 그 상황에 대한 정확한 묘사는 거의 될 수 없다. 프랑스에서 그는 영국의 지도적인 학자로 갈채를 받았고, 프랑스를 방문했을 때는 파리의 **상류** 사회에서 명사 대우를 받았다. 그러나 그가 살아 있을 동안 그의 조국에서 그의 소논문들이나 역사에 관한 저작들은 진가를 인정받았으나 그의 철학은 성공적이지 못했다. 그리고 그의 신학적인 비정통성으로 인한 명성에 의해 야기된 악평은 그렇다 치고, 사람들이 그의 철학에 아주 큰 관심을 가졌던 것은 결코 아니다. 만약 흄이 오늘날 일반적으로 중요한 영국 철학자로 간주되며 당대 영국의 지도적인 사상가로 간주된다면, 그것은 주로 그의 이론들이 현대 경험주의에서 그 본래의 특성을 발휘했기 때문이다. 그는 확실히 철학적 사고에 깊은 영향을 미쳤다.

그러나 우리가 흄의 경험주의가 칸트의 정신에 미친 영향을 제외한다면 그것이 더욱 중요하게 대두된 것은 훨씬 뒤에 이르러서였다.

하지만 흄이 살아 있을 당시 그의 철학 사상을 다소 호의적으로 받아들였던 사상가들이 그의 조국에 약간 있었다. 이들 가운데 가장 탁월하며 그의 진가를 가장 잘 이해하는 사람은 그의 개인적인 친구인 아담 스미스였다. 또한 흄의 비판자들 가운데 몇몇은 참으로 온건하고 정중했는데 도덕 철학자인 리처드 프라이스가 여기에 포함된다. 나아가 흄에 대한 좀더 광범위한 대답은 스코틀랜드 상식 철학의 창시자인 토마스 리드에 의해서 제시되었다. 그러므로 이 《철학사》(*A History of Philosophy*) 제 4 권의 이 부분은 스미스, 프라이스, 리드 및 리드의 추종자들에 관한 짤막한 장으로 맺는 것이 적절할 것 같다.

2. 아담 스미스

아담 스미스(Adam Smith, 1723~1790)는 1737년에 글래스고우 대학교에 가서 허치슨의 강의를 들었다. 3년 뒤에 그는 옥스퍼드의 베일리얼 대학으로 갔다. 그는 1749년 경에 에딘버러에서 흄을 알게 된 것 같고 얼마 안 있어서 그의 절친한 친구가 되었으며 그 우정은 흄이 죽을 때까지 지속되었다. 1751년에 스미스는 글래스고우에서 논리학 교수직에 선출되었는데, 다음 해에 허치슨의 후임자가 죽음으로써 비어 있었던 도덕 철학 교수직으로 옮겼다. 1759년에 그는 《도덕감 이론》(*Theory of Moral Sentiments*)을 출판했다.

1764년에 스미스는 대학 교수직을 사퇴하고 버크루춰 공작의 후견인으로서 프랑스에 갔다. 파리에 있는 동안 그는 달랑베르와 엘베시우스 같은 철학자들뿐만 아니라 케네를 비롯한 다른 "중농주의자들"과 사귀었다. 중농주의자들은 개인의 자유에 대한 정부의 간섭은 최소한도로 축소되어야 한다고 주장했던 18세기 프랑스 경제학자들의 한 학파였다. 그들이 이러한 주장을 했던 이유는 자유롭게 활동하도록 놔둔다면 번영과 부를 산출한다는 자연적 경제 법칙을 믿었기 때문이었다. 그래서 "중농주의" 또는 자연의 규칙이라는 말이 사용된 것이다. 스미스는 어느 정도 그들의 영향을 받았지만 이 영향이 과장

되어서는 안 된다. 그는 그들로부터 자신의 주요한 사상을 빌려 오지
는 않았다.

1766년 영국으로 돌아온 그는 스코틀랜드에 은거했고, 1776년에
그곳에서 그의 대작인 《국부론》(*An Inquiry into the Nature and Causes of
the Wealth of Nations*)이 나왔다. 그는 흄으로부터 따뜻한 축하 편지를
받았다. 이 경제학 고전에서 스미스는 한 국가의 연간 노동이 그 국
가의 생활 필수품과 편의품 공급의 원천이라고 주장하는 것으로 시작
한다. 계속해서 그는 노동 생산성 증대의 원인과 노동의 산물의 분배
를 논한다. 제 2 권에서는 자재의 본성, 축적과 용도에 관해 다루며,
제 3 권에서는 상이한 국가들에서의 서로 다른 부의 진행 과정을 다룬
다. 제 4 권은 정치 경제학의 체계들을 다루며, 제 5 권은 주권자 또는
국가의 세입을 다룬다. 그의 보충적인 주(註)와 논문이 많이 있다.

1778년에 스미스는 스코틀랜드에서 관세청장의 한 사람으로 임명
되었다. 1787년에 그는 글래스고우 대학교의 총장으로 선출되었으며
1790년 7월 17일에 죽었다.

우리는 여기서 스미스의 경제학 이론이 아니라 그의 도덕 철학에
관계하고 있다. 하지만 그가 글래스고우에서 강의했을 때 그의 강좌
는 자연 신학, 윤리학, 정의에 관련된 도덕의 부분, 정의의 원리에
기초한다기보다는 차라리 "편의"에 기초하며, 국가의 부와 힘을 증가
시키는 경향이 있는 재정과 무역에 관련된 것들을 포함하는 정치적
제도들 이렇게 네 부분으로 나뉘어져 있었다는 것은 언급할 만한 가
치가 있다. 그러므로 스미스에게 경제학은 총체적 지식의 한 부문이
었으며, 윤리학은 그것의 또다른 부문이었다.

아담 스미스의 도덕 이론의 한 가지 현저한 특징은 공감에 중심적
지위를 부여한 것이다. 물론 공감에 윤리적 중요성을 부여하는 것은
영국의 도덕 철학에서 새로운 입장은 아니었다. 허치슨도 이미 그것
에 중요성을 부여했으며, 우리가 살펴보았듯이 흄도 공감의 개념을
크게 활용했다. 그러나 스미스에게서 그 사용은 그가 자신의 《도덕감
이론》[1]을 이 개념에서 시작함으로써 그의 윤리학을 출발부터 사회적
인 성격을 띠게 한다는 데서 더욱 명백하다. "우리가 종종 타인의 슬

---

1) 이 책은 앞으로 *T. M. S.*로 인용될 것이다.

품에서 슬픔을 느낀다는 것은 너무나 명백해서 그것을 증명할 예를 들 필요조차 없다."[2] 공감의 감정은 덕스럽고 인정있는 사람들에게만 국한되는 것이 아니라 어느 정도는 모든 사람들에게서 발견되는 것이다.

스미스는 상상력에 의해서 공감을 설명한다. "우리는 타인이 느끼는 것을 직접 경험하지 못하므로 그들이 어떻게 느끼는지 그것에 대한 관념을 형성할 수 없지만 비슷한 상황에서 우리 자신이 느낄 것을 생각함으로써 그렇게 할 수 있다."[3] 우리가 어떤 사람의 심한 고통을 공감할 때, "우리는 상상력을 통해서 우리 자신을 그의 상황에 놓는다."[4] 이와 같이 "어떤 정념이든지 그것에 대한 우리의 동감"[5]을 의미하거나 또는 의미하는 것으로 사용될 수 있는 공감은 그 정념을 보는 것에서 일어나는 것이 아니라, "그 정념을 불러일으키는 상황을 보는 것에서"[6] 일어난다. 예를 들어 우리가 미친 사람에 대해 공감할 때, 즉 우리가 그의 상태를 불쌍히 여기고 동정할 때 우리의 공감을 불러일으키는 것은 첫째로 그의 상황, 즉 정상적으로 이성을 사용할 수 없는 그의 상황이다. 왜냐하면 미친 사람 자신은 어떤 슬픔도 결코 느끼지 않을 것이기 때문이다. 그는 심지어 웃고 노래하며 자신의 가엾은 상황을 전혀 잊고 있는 것처럼 보일 수도 있다. 또한 "우리는 심지어 죽은 사람과도 공감한다."[7]

하지만 만약 우리가 공감의 원인을 추측한다면 그것이 무엇이든지 간에 우리는 공감을 인간 본성의 본래적인 감정이라고 말할 수 있다. 그것은 종종 직접적으로 그리고 즉시 불러일으켜져서 이기적인 감정, 즉 자기애로부터 합리적으로 끌어내어질 수 없다. 그리고 도덕적 시인이나 비난에서 나타나는 별개의 "도덕감"을 가정할 필요도 없다. 왜냐하면 "타인의 정념을 그 대상에 적절한 것으로 시인하는 것은 우리가 그것에 완전히 공감한다고 말하는 것과 동일한 것이며, 그것을 그런 것으로 시인하지 않는 것은 우리가 완전히 그것들에 공감하지 않는다고 말하는 것과 동일한 것이기 때문이다."[8] 그러므로 도덕적

2) T. M. S., 1, 1, 1, p. 2 ; 1812년판.
3) 같은 책, 같은 면.　　　4) 같은 책, 같은 면.
5) T. M. S., 1, 1, 1, p. 5.　　6) T. M. S., 1, 1, 1, p. 7.
7) T. M. S., 1, 1, 1, p. 8.　　8) T. M. S., 1, 1, 3, p. 16.

시인과 비난은 궁극적으로 공감의 작용에 속하는 것으로 될 수 있다. 물론 우리가 아무런 공감이나 감정의 일치없이 시인하는 것처럼 보이는 경우도 있다. 그러나 이 경우에도 우리의 시인은 궁극적으로 공감에 기초한다는 것이 검토를 통해 드러날 것이다. 스미스는 자신이 아주 하찮은 본성이라고 부르는 것의 예를 들고 있다. 나는 비록 어떤 이유 때문에 나 자신은 웃지 않을지라도 익살과 그것의 결과로서 일어나는 웃음을 시인할 수도 있다. 그러나 나는 경험을 통해 어떤 종류의 익살이 나를 가장 즐겁게 하며 웃길 수 있다는 것을 알게 되었고 나는 지금의 이 익살이 그러한 종류의 것임을 안다. 그리고 비록 지금은 웃을 기분이 아닐지라도 나는 그 익살과 동석한 사람들의 즐거움을 시인한다. 이러한 시인은 "조건적 공감"의 표현이다. 나는 만약 내가 현재의 기분만 아니었어도 또는 어디가 불편하지만 않았어도 확실히 나도 같이 웃으리라는 것을 안다. 게다가 만약 내가 비탄과 슬픔의 표정을 보이며 지나가는 낯선 사람을 보고 그가 막 그의 아버지나 어머니 또는 아내를 잃었다는 말을 듣는다면 나는 비록 실제로 그의 비탄을 공유하지는 않을지라도 그의 감정을 시인한다. 왜냐하면 나는 경험을 통해서 이런 종류의 사별은 당연히 그러한 감정을 일으키며, 만약 내가 그의 상황을 신중히 고려하고 그의 입장이 되어 본다면 의심할 바 없이 진정으로 공감하리라는 것을 알기 때문이다.

　스미스는 적절성의 감각을 도덕적 판단의 본질적 요소로 본다. 그리고 그는 빈번히 느낌과 정념, 감정의 적합성이나 부적합성, 적절성이나 부적절성에 관해 말한다. 그래서 그는 "결과적 행위의 적절성이나 부적절성, 예의바름이나 무례함은 감정이 그것을 일으키는 원인이나 대상이 갖는 것처럼 보이는 적합성이나 부적합성, 균형이나 불균형에 있다"[9] 고 말한다. 나아가 "행위의 장점이나 단점, 즉 그것에 의해 그 행위가 보상이나 처벌을 받을 만한 가치가 있게 되는 성질들은 감정이 목표로 하거나 산출하고자 하는 결과들의 유익하거나 해로운 본성에 있다."[10] 그러나 내가 어떤 사람의 분개를 그것을 일으키는 원인에 어울리지 않는 것으로 비난할 때, 나는 그 감정이 내 자신의 감정 또는 비슷한 상황에서 내 자신이 느끼리라고 생각하는 것과

---

9) *T. M. S.*, 1, 1, 3, p. 20.　　　10) 같은 책, 같은 면.

468

일치하지 않기 때문에 그의 감정을 비난한다. 나의 공감은 그 사람의
분개의 정도에 미치지는 못하며 따라서 나는 그것을 지나친 것으로
비난한다. 또한 내가 어떤 사람의 행위를 칭찬할 만하며 보상받을 만
한 것으로 시인할 때 나는 그 행위가 그 행위의 수혜자에게 자연스럽
게 불러일으키기 쉬운 감사의 마음에 공감한다. 또는 더 정확히 말해
서 그 행위의 가치에 대한 나의 감각에는 그 수혜자의 감사하는 마음
에 대한 나의 공감과 함께 그 행위자의 동기에 대한 나의 공감이 혼
합되어 있다.

스미스는 맨 먼저 우리로 하여금 성질들을 받아들이도록 하는 것은
바로 그 성질들이 가진 유용성인 것처럼 보인다고 말한다. 유용성에
대한 고려는 우리가 보기에 의심할 바 없이 성질들의 가치를 높인다. 、
"하지만 원래 우리는 타인의 판단을 어떤 유용한 것으로서가 아니라
옳고 정확하며 진리와 실재에 들어맞는 것으로 시인한다. 우리가 그
것에 그러한 성질들을 부여하는 것은 다른 이유에서가 아니라 우리가
그 판단이 우리 자신의 것과 일치한다는 것을 발견하기 때문이라는
것은 명백하다. 마찬가지로 취향도 원래 유용한 것으로서가 아니라
올바르고 정교하며 그 대상에 정확하게 일치하는 것으로 시인된다.
이런 종류의 모든 성질들에 대한 유용성의 관념은 명백히 때늦은 생
각이며, 처음부터 우리의 시인을 끌어내는 것은 아니다."[11] 만약 스
미스가 본래적인 별개의 도덕감의 관념을 거부한다면 그는 공리주의
도 역시 거부하는 것이다. 공감의 개념은 지배적인 것이다. 실로 스
미스는 "마음의 어떤 성질도 덕스러운 것으로서가 아니라 유용하거나
자신 또는 타인의 마음에 드는 것으로 시인되는 것이며, 어떤 성질도
악한 것으로서가 아니라 반대의 경향을 가지는 것으로 비난되는 것이
다"[12] 하고 주장하는 데서 "재능이 있고 호감이 가는 저술가"(흄)와
의견이 같다. 참으로 "나는 자연이 우리의 시인과 비난의 감정을 개
인과 사회 양자의 편의에 매우 적절히 순응시켜 왔던 것처럼 보이기
때문에 이것은 보편적인 경우로 발견될 것이라고 믿는다."[13] 그러나
도덕적 시인이나 비난의 첫번째의 또는 주요한 원천은 이러한 유용성
이 아니다. "덕의 시인은 편리하고 잘 설계된 건물을 시인하는 감정

11) *T. M. S.*, 1, 1, 4, p. 24.   12) *T. M. S.*, 4, 2, p. 325.
13) 같은 책, 같은 면.

과 같은 종류의 감정일 수는 없을 것 같다. 또는 우리가 어떤 사람을 칭찬하는 이유와 서랍장을 칭찬하는 이유가 같은 것일 수는 없을 것 같다."[14] "시인의 감정은 항상 그 안에 유용성의 지각과는 아주 다른 적절성의 감정을 포함한다."[15]

덕과 정념에 관한 스미스의 분석에 손을 대는 것은 그의 윤리학에 지나친 지면을 할애하는 것이 될 것이다. 그러나 만약 도덕적 시인이 공감의 표현이라면 그는 우리가 우리 자신에 관하여 내리는 도덕적 판단을 어떻게 해석하는가 하는 것을 묻는 것이 필요하다. 그 대답은 그의 생각으로는 우리는 우리 자신을 다른 사람의 입장에 놓고 외부에서 우리의 행위를 바라보지 않고서는 우리 자신의 감정이나 동기 또는 행위를 시인하거나 비난할 수 없다는 것이다. 만약 어떤 사람이 무인도에서 자라서 한번도 인간 사회를 경험하지 못했다면, 그는 "자기 얼굴의 아름다움이나 보기 흉함에 대해서와 마찬가지로 자신의 감정과 행위의 적절함이나 결점에 대해서"[16] 생각할 수 없을 것이다. 우리의 최초의 도덕적 판단은 다른 사람들의 품성과 행위에 관해서 이루어진다. 그러나 우리는 곧 그들도 우리에 관해서 판단한다는 것을 알게 된다. 따라서 우리는 우리가 어느 만큼 그들의 칭찬이나 비난을 받을 만한 가치가 있는지 알고 싶어진다. 그래서 우리는 우리 자신을 다른 사람들의 입장에 놓고 상상하며, 우리 자신을 자신의 행위의 관망자로 가정함으로써 우리 자신의 행위를 검토하기 시작한다. 그러므로 "나는 내 자신을 말하자면 두 인격으로 나눈다.… 전자는 관망자다.… 후자는 내가 당연히 내 자신이라고 부르는 인격인 행위자다. 나는 관망자의 역을 함으로써 후자의 행위에 관해 어떤 견해를 갖고자 노력한다."[17] 이와 같이 나는 내 자신의 성질, 동기, 감정, 행위에 대해서 공감하거나 반감을 가질 수 있다.

스미스의 공감에 관한 윤리설에 대한 명백한 반대 의견들 중 하나는 그것이 옳음과 그름, 선과 악의 어떤 객관적인 기준의 여지도 남기지 않는 것처럼 보인다는 것이다. 이런 종류의 반대 의견에 응하여 스미스는 "공정한 관망자"라는 관념을 강조한다. 예를 들어 그는 "자기애의 자연적인 그릇된 설명은 오직 이 공정한 관망자의 눈에 의해

---

14) T. M. S., 4, 2, p. 326.   15) 같은 책, 같은 면.
16) T. M. S., 3, 1, p. 190.   17) T. M. S., 3, 1, p. 193.

서만 고쳐질 수 있다"[18]고 말한다. 동시에 "우리 자신의 이기적인 정념의 격렬함과 불공평은 때때로 사람으로 하여금 마음 속으로는 사태의 실제 상황이 정당하다고 인정할 수 있는 것과는 매우 다르게 보고하게 하는 데 충분하다."[19] 하지만 자연은 우리를 자기애의 망상에 놓아 두지는 않았다. 우리는 점차 자신도 느끼지 못할 만큼 서서히 옳은 것과 그른 것에 관한 일반적인 규칙들을 스스로 세우는데, 이 규칙들은 도덕적 시인과 비난의 개별적인 행위들에 관한 경험에 기초한다. 행위에 관한 이러한 일반적인 규칙들은 "그것들이 습관적 반성에 의해 우리의 마음에 정착되었을 때, 우리의 특정한 상황에서 어떻게 행하는 것이 적절하고 적당한지에 관한 자기애의 그릇된 설명을 바로잡는 데 대단히 쓸모가 있다."[20] 실로 이 규칙들은 "대부분의 인류가 그들의 행위를 지도할 수 있게 해주는 유일한 원리이다."[21] 나아가 자연은 우리에게 "이 중요한 도덕 규칙들이 최종적으로 그들의 의무를 다한 사람들에게 상을 주고 어긴 사람들에게 벌을 내릴 신의 명령이며 법이라는 것은 나중에 추론과 철학에 의하여 확인된다"[22]는 견해를 새겨 놓는다. 그리고 "우리가 신의 뜻을 존중하는 것이 우리 행위의 최고의 규칙이어야 한다는 것은 신의 존재를 믿는 사람이면 그 누구도 의심할 수 없다."[23] 이와 같이 양심은 신의 "대리인"이다. 하지만 스미스는 도덕적 판단의 불가오류성을 주장하지는 않는다. 그는 도덕감에 대한 습관의 영향을 상당히 길게 말한다.[24] 게다가 그는 다음과 같이 말한다. "거의 모든 덕에 관한 일반 규칙들은…여러 측면에서 허술하고 정밀하지 못해서 많은 예외들을 허용하며 많은 수정을 필요로 한다. 따라서 오로지 그것들을 고려함으로써 우리의 행위를 규제하는 것은 거의 불가능하다."[25] 물론 한 가지 예외는 있다. "정의의 규칙들은 극도로 정확하다."[26]

역사가들이 지적했듯이 아담 스미스의 다양한 진술들을 조화시키는 것이 항상 쉬운 것은 아니다. 한편으로 마음 속의 인간인 공정한 관

---

18) *T. M. S.*, 3, 8, p. 231. 19) *T. M. S.*, 3, 4, p. 266.
20) *T. M. S.*, 3, 4, p. 273. 21) *T. M. S.*, 3, 5, p. 276.
22) *T. M. S.*, 3, 5, p. 279. 23) *T. M. S.*, 3, 5, p. 291.
24) *T. M. S.*, 5, 2. 25) *T. M. S.*, 3, 6, p. 299.
26) *T. M. S.*, 3, 6, p. 301.

망자는 우리가 그의 말을 주의깊고 공손히 경청한다면 우리를 속이지 않을 것이다. 다른 한편으로 도덕적 시인은 장소와 시대에 따라 다양하며 나쁜 관습이 도덕적 판단을 왜곡시키거나 흐리게 할 수 있다. 한편으로 대다수의 사람들은 일반 규칙에 따라 그들의 행동을 지도할 수 있을 뿐이다. 다른 한편으로 이러한 규칙들은—정의의 규칙들을 제외하고는—허술하고 정밀하지 못하며 불확실해서 우리의 행위는 그러한 규칙들에 대한 고려에 의해서보다는 차라리 적절성의 감각, 특정 행동 방식에 대한 일정한 취향에 의해서 지도되어야 한다. 물론 이 다양한 진술들을 서로 조화시키는 것이 가능할 수도 있다. 예를 들어 설령 우리가 공정한 관망자의 말을 주의깊게 경청한다면 그가 결코 우리를 속이지 않는다 해도 정념과 나쁜 습관(아마도 그 습관을 편리한 것으로 보이게 하는 외적 상황에서 발생하는)이 필요한 주의 집중을 방해할지도 모른다. 하지만 어쨌든 그의 비판자들처럼 스미스는 그의 윤리학 논문에서 도덕 철학자라기보다는 심리 분석가로서 더 뛰어난 재능을 보인다고 말하는 것이 옳을 것 같다.

3. 프라이스

도덕감 이론의 철학자들이 윤리학을 미학과 동질화하려는 경향이 있다는 것은 이미 언급했다. 나는 이러한 경향은 그들이 행위보다는 인간의 인격에 관심을 집중시켰던 것과 관계가 있다고 생각한다. 그들이 윤리학을 미학과 동질화했던 만큼 그들은 도덕적 판단의 특별히 윤리적인 특징을 간과하는 경향이 있었다. 나는 의도적으로 "경향이 있었다"는 말을 쓰고 있다. 왜냐하면 나는 그들이 윤리학과 미학을 동일시했다거나 또는 그들이 도덕적 판단의 독특한 특징 또는 특징들을 고립시킴으로써 그것들을 구별하려는 노력을 하지 않았다고 주장하려고 생각하지 않기 때문이다.

물론 아담 스미스가 도덕감 이론의 철학자라고 불릴 수 없음은 당연하다. 왜냐하면 허치슨에 대한 그의 찬양과 도덕 철학자로서의 허치슨의 업적에 대한 그의 인정에도 불구하고 그는 "시인을 다른 모든 것과는 별개인 독특한 감정에 의존하게 하는 시인의 원리에 관한 모

472

든 설명"27)을 명백히 거절했기 때문이다. 그러나 스미스는 윤리학을
심리학으로 해소시키려는 그의 경향에서는 도덕감 이론의 철학자들과
유사하다. (나는 또다시 "경향"이라는 말을 의도적으로 사용하고 있
다). 이러한 경향은 흄에게서도 역시 관찰될 수 있지만 앞에서 보았
듯이 흄의 도덕 철학에는 공리주의의 특징적인 요소가 있었다.

초기의 공리주의자들(그리고 이것은 공리주의 일반에 대해서도 마
찬가지이다)은 도덕적 판단을 결과에 대한 진술로 환원시키는 경향이
있었다. 다시 말해서 그들은 특별히 도덕적인 판단을 경험적 진술이
나 가설로 해석하는 경향이 있었다.

그러므로 한편으로는 심리학적으로 고찰하려는 경향과 윤리학을 미
학과 동질화하려는 경향을 가진 도덕감 학파가 있는 반면에, 다른 한
편으로는 자신의 독특한 방식으로 도덕적 판단에서 그것의 특수한 성
격을 제거하려는 경향이 있는 공리주의자들이 있다. 그렇다면 적어도
이러한 경향에 반대하여 보상과 처벌의 사상 및 다른 공리주의적 고
찰들과는 아주 달리 도덕에서 이성이 하는 역할을 강조하고 어떤 행
위의 옳음과 그름의 본질적인 성격을 강조하는 사상가들이 있었다는
것은 지극히 당연한 일이었다. 그러한 철학자가 바로 어떤 측면에서
칸트의 입장을 예견했던 리처드 프라이스였다.

리처드 프라이스(Richard Price, 1723 ~ 1791)는 비국교회 목사의
아들이었으며 그 자신도 목사가 되었다. 몇몇 설교집을 출간한 이외
에 그는 재정과 정치 문제에 관한 글도 썼다. 게다가 그는 프리스틀
리와 논쟁을 벌였는데 거기서 그는 자유 의지와 영혼의 비물질성을
주장했다. 하지만 우리는 여기서 《도덕의 주요 문제들에 관한 검토》
(1757)에 나타난 그의 윤리 사상만을 다루려 한다. 이 책은 그가 한
편으로는 커드워스와 클라크, 다른 한편으로는 그가 깊은 찬사를 보
냈던 버틀러에게 빚지고 있음을 명백하게 보여준다.

프라이스는 도덕감 이론 특히 흄에 의해서 전개된 이론을 싫어했
다. 그것은 주관주의를 지지하며 인간 행위의 지침을 본능과 느낌에
맡겨 버린다. 감정이 아니라 이성이 도덕에서 권위를 가진다. 이성은
객관적인 도덕적 구별들을 식별한다는 점에서 이러한 지위를 가질 충

27) *T. M. S.*, 7, 3, p. 579.

분한 자격이 있다. 본질적으로 옳은 행위가 있고, 본질적으로 그른
행위가 있다. 프라이스는 윤리학에서 행위자의 의도와 행위의 자연적
인 목적에 상관없이 행위를 고찰해야 한다는 뜻으로 말하지는 않는
다. 그러나 우리가 인간의 행위를 전체로 고찰한다면 우리는 보상이
나 처벌과 같은 결과들에 관계없이 문제의 행위에 내재하는 옳음이나
그름을 이성에 의해서 식별할 수 있다. 어떤 궁극적인 목적들이 존재
하는 것과 똑같이 적어도 그 자체로 옳고 외적인 요소들에 의한 더
이상의 정당화가 필요치 않은 어떤 행위들이 존재한다. "의심할 바
없이 궁극적으로 시인되는, 따라서 정당화를 위해 아무런 이유도 들
수 없는 어떤 행위들이 존재한다. 이것은 궁극적으로 욕구되는, 따라
서 선택을 위한 아무런 이유도 들 수 없는 목적들이 존재하는 것과
마찬가지이다."[28] 프라이스는 만약 이것이 사실이 아니라면 무한 후
퇴가 생기게 될 것이라고 말한다.

  객관적인 도덕적 구별들에 대한 지적 직관의 개념을 상술하는 데서
프라이스는 커드워스와 클라크 같은 앞선 시대의 저술가들에 의해 주
장되었던 견해를 부활시키고 있었다. 프라이스는 도덕감주의자들에
의해 저질러진 이러한 지성의 작용에 대한 무시, 그리고 그 결과로
나타난 흄의 주관주의와 경험주의의 역사적 원천을 로크의 관념 이
론과 오성의 개념에서 찾아냈다. 로크는 모든 단순 관념들을 감각과
반성에서 이끌어냈다. 그러나 오성에 의해 직접적으로 지각되거나 직
관되는 단순하고 자명한 관념들이 있다. 그것들 가운데 옳음과 그름
의 관념들이 있다. 만약 우리가 오성과 상상력을 혼동한다면 우리는
필연적으로 오성의 범위를 부당하게 제한하기 쉬울 것이다. "상상력
의 힘은 매우 한정된 것이다. 따라서 오성도 동일한 한계로 제한된다
면 아무 것도 알려질 수 없을 것이며 그 능력 자체도 소멸되고 말 것
이다. 오성은 종종 상상력이 지각하지 못하는 곳에서 지각하며 … 무
수한 예에서 오성은 상상력이 그 관념을 형성할 수 없는 것들이 존재
한다는 것을 안다는 사실보다 더 명백한 것은 없다."[29] 판명한 지적
작용으로 간주되는 추리는 우리가 이미 소유하고 있는 관념들 사이의
관계를 탐구하지만, 오성은 감각 경험으로부터 오는 요소들로 분해될

28) *Review*, 1, 3.   29) *Review*, 1, 2.

수 없는 자명한 관념들을 직관한다.

오성은 본래적이고 자명한 관념들을 가진다는 주장을 옹호함에 있어서 프라이스는 "상식"에 호소한다. 만약 어떤 사람이 그러한 관념들이 존재한다는 것을 부인한다면, "그는 더 이상 논의하게 될 수 없을 것이다. 왜냐하면 그 주제는 논의를 허용하지 않을 것이며, 논점 자체가 그것을 확증하게 될 것이라는 것보다 더 명백한 것은 없기 때문이다."[30] 상식과 자명한 원리들에 호소하는 점에서 프라이스는 어느 정도 스코틀랜드 상식 철학의 입장을 예견하고 있다. 그러나 옳고 그름의 관념들은 더 이상 분석할 수 없는 단순한 또는 "단일한" 관념들이라는 그의 주장은 뒷날의 윤리적 직관주의를 생각나게 한다.

프라이스는 도덕감 이론을 거절하면서도 도덕에서 정서적 요소를 거절한다는 것을 분명히 하지는 않는다. 옳고 그름은 인간 행위의 객관적 속성들이며 이 속성들은 마음에 의해 지각된다. 그러나 확실히 우리는 행위와 인간의 특성에 관하여 느낌을 가지며 이 느낌들은 도덕적 미추의 주관적 관념들에 나타난다. 그러므로 프라이스가 하고 있는 것은 느낌을 중심적 지위에서 몰아내고 그것을 합리적 직관의 부수물로 보는 것이다. 행위의 옳고 그름에 대한 지적인 지각의 또다른 부수물은 행위자의 장점과 단점의 지각이다. 행위자의 장점에 대한 지각은 단지 그의 행위가 옳으며 그가 보상받아야 한다는 것을 지각하는 것에 불과하다. 이 문제에 관해 프라이스는 버틀러를 따르고 있다. 그는 또한 장점은 행위자의 의도에 의존한다고 주장한다. 행위가 "형식적인 옳음"을 갖지 않는 한, 즉 그것이 좋은 의도로 행해지지 않는 한 그것은 가치있는 것이 되지 못한다.

프라이스에게는 옳다는 것과 의무적이라는 것이 동의어인 것처럼 보인다. 본질적으로 옳은 행위의 의무적 성격은 보상이나 처벌에 관계없이 단지 그것의 옳음에 근거한다. 자비는 유일한 덕은 아닐지라도 확실히 덕이다. 그리고 합리적인 자기애와 같은 것도 있다. 그러나 이성적 존재로서의 인간은 적어도 원리적으로는 오직 이성의 명령을 존중함에 따라서 행위해야 하며 본능과 정념 또는 감정에 따라 행위해서는 안 된다. "지적 본성은 그 자체의 법이다. 그것은 자체 안

30) 같은 책, 같은 면.

에 억누르거나 거부할 수 없는 행위의 원천과 지침을 가진다. 올바름
은 그 자체로 목적, 하나의 궁극적인 목적이며, 다른 모든 목적들보
다 우위에 있음으로써 그것들을 지배하고 지도하고 제한한다. 그리고
그것의 존재와 영향력은 어떠한 임의적인 것에도 의존하지 않는다. …
올바른 것에 대한 애착에서 행위하는 것은 정신적 광명, 확신, 지식
을 가지고 행위하는 것이다. 그러나 본능으로 행위하는 것은 그만큼
어둠 속에서 행위하는 것이며, 맹목적인 인도에 따르는 것이다. 본능
은 **충동질하고 몰아댄다**. 그러나 이성은 **명령한다**."[31] 그러므로 행위자
는 "올바름의 양심에 따르고 그것을 자신의 **규칙**과 **목적**으로 존중하여
행위하지 않는 한"[32] 정당하게 덕스럽다고 불릴 수 없다. 어쨌든 항
상 행위자의 덕은 순전히 합리적인 원리들에 따르는 대신에 자연적
성향과 경향 또는 본능에 따라 행위함에 비례해서 감소한다.[33] 실로
프라이스는 누구든지 덕스럽게 행위함으로써 무한한 보상을 받을 것
이며, 악을 행함으로써 무한한 손실을 입으리라는 생각을 버려야 한
다는 것에 놀라움을 표시하는 점에서 보상과 처벌을 고려하고 있다.
그는 덕 자체가 "모든 덕스러운 사람의 주요한 만족의 대상이고, 그
것의 수행은 그의 주된 기쁨이며, 그것을 의식하는 것은 그에게 최고
의 즐거움을 준다"[34]고 주장한다. 그러나 순전히 합리적인 원리들에
따르며, 행위자에게 의무를 지우는 옳은 행위들의 옳음에 대한 고려
에서 나오는 행위를 그가 강조한 것과, 한 사람의 덕은 그가 본능이
나 자연적 경향에 따라 행위하는 정도에 비례해서 감소한다는 그의
견해는 명백히 칸트의 입장에 가깝다. 칸트 자신도 보상에 대한 생각
을 윤리학에서 모두 배제하지는 않았다. 왜냐하면 비록 그가 우리는
단지 보상을 바라고 옳고 의무적인 행위를 해서는 안 된다고 생각했
을지라도 그는 확실히 덕이 궁극적으로 행복을 낳거나 그것과 결합되
어야 한다고 생각했기 때문이다. 따라서 우리는 프라이스에 대해서도
행복을 신의 섭리에 의해 마음 속에 그려진 목적이라고 생각해야 한
다. 그러면 덕은 행복을 낳을 것이다. 그러나 이러한 행복은 '올바름'
에 의존하며 우리가 그것들이 옳기 때문에 옳은 행위를 하는 것이 아
니라면 우리는 진정으로 덕스러울 수 없다.

---

31) *Review*, 8.   32) 같은 책, 같은 면.

33) 같은 책, 같은 면.   34) *Review*, 9.

4. 리 드

토마스 리드(Thomas Reid, 1710 ～ 1796)는 스코틀랜드의 한 목사의 아들로 애버딘에서 공부했다. 그는 뉴마카 교구에서 목사로 몇 년을 지낸 뒤 애버딘의 킹스칼리지에 자리를 얻었으며, 1764년에 《상식의 원리에 기초한 인간의 마음에 관한 연구》(*An Inquiry into the Human Mind on the Principles of Common Sense*)를 출판했다. 이와 같이 비록 리 드는 흄보다 한 살 위였지만 그의 첫 저작(양에 관한 소논문은 별도로 하고)은 흄의 《인 성 론》(*Treatise of Human Nature*)과 《연 구》(*Enquiries*)보다 훨씬 뒤에 나왔다. 이 저작의 출판 직후에 리드는 아담 스미스의 후임으로 글래스고우 대학의 도덕 철학 교수로 선출되었다. 1785년에 그는 《인간의 지적 능력에 관한 논문집》(*Essays on the Intellectual Powers of Man*)을 출판했으며, 1788년에 《인간의 능동적 능력에 관한 논문집》(*Essays on the Active Powers of Man*)을 출판했다. 이 두 권의 논문집은 《인간의 마음의 능력들에 관한 논문집》(*Essays on the Powers of the Human Mind*)이라는 제목으로 여러 번 함께 다시 인쇄되었다.

흄은 블레어 박사라는 사람에 의해 그에게 전달된 리드의 《연구》 초고의 '일부를 읽고 악의 없는 논평이 담긴 편지를 저자에게 보냈다. 그 답장에서 리드는 다음과 같이 말한다. "당신의 체계는 그 모든 부분들이 정합적일 뿐만 아니라 철학자들 사이에서 일반적으로 받아들여진 원리들로부터 정당하게 도출된 것처럼 보인다. 당신이 《인성론》에서 그것들로부터 끌어내는 결론들이 나로 하여금 그것들을 의심하게 하기 전까지 나는 그 원리들을 문제삼으려는 생각조차 하지 않았다." 흄의 철학은 "그 반대의 것 말고는 어떠한 것도 믿을 근거를 전혀 남기지 않는 회의주의의 체계"[35]라는 것이 리드의 주장이었다. 리 드가 보기에 사실상 그것은 회의주의의 **귀류법**을 구성했다. 동시에 그 것은 로크와 버클리, 심지어 데카르트—그는 전제들에서 적절한 결론들을 이끌어내는 데서 흄만큼 일관되거나 엄격하지는 않았다—와

---

35) Dedication to the *Inquiry*.

같은 저술가들에 공통된 어떤 원리들 또는 원리의 함축이 일관되게 발전한 결과였다. 그러므로 모든 상식적인 사람들이 일상 생활에서 그것에 기초하여 행동해야 하는 신념들을 결국 부인하게 했던 추리 과정의 출발점을 검토하는 것이 필요했다.

리드는 전반적인 문제의 뿌리를 그가 "관념 이론"이라고 부르는 것에서 발견한다. 다른 곳에서도 그렇지만 그의 첫번째 논문[36]에서 리드는 "관념"이라는 낱말의 여러 가지 의미를 구별한다. 통속적인 언어에서 그 낱말은 개념이나 파악을 의미한다. 리드는 생각하거나 파악하는 행위라는 뜻으로 말한다. "어떤 것의 관념을 가진다는 것은 그것을 생각한다는 것이다. 판명한 관념을 가진다는 것은 그것을 판명하게 생각한다는 것이다. 그것에 대해 아무런 관념도 갖지 않는다는 것은 그것을 전혀 생각하지 않는다는 것이다.…관념이라는 낱말이 이러한 통속적인 의미로 쓰일 때 아무도 그가 관념을 갖고 있는지 그렇지 않은지를 아마도 의심할 수 없을 것이다."[37] 그러나 그 낱말은 또한 "철학적" 의미를 가진다. 그때 "그것은 우리가 사고나 개념이라고 부르는 그러한 마음의 행위보다는 오히려 사고의 대상을 의미한다."[38] 그래서 로크에 따르면 관념은 사유하고 있는 마음의 직접적인 대상들에 지나지 않는다. 그런데 "버클리 감독은 이것에 기초해서 물질적 세계는 존재하지 않는다는 것을 아주 쉽게 증명했다.…그러나 그 감독은 성직자답게 정신의 세계를 포기하고 싶어하지 않았다. …흄은 정신의 세계를 지지하는 편파성을 보이지 않는다. 그는 관념 이론을 최대한으로 채택해서 결국 우주에는 물질도 정신도 존재하지 않으며 단지 인상과 관념만 있다는 것을 보여준다."[39] 사실상 "흄의 체계는 그의 인상과 관념의 특성을 주장하기 위해서 그에게 자아 조차 남기지 않는다."[40] 그러므로 "처음에는 사물의 심상 또는 유사물이라는 보잘것없는 자격으로 철학에 도입되었던" 관념은 점차로 "사물의 구성 요소들을 밀어내고 자신을 제외한 모든 것의 존재의 근거를 침식했다." "관념의 승리"는 "우주에 유일하게 존재하는 것으로서 관념

36) *Essays on the Powers of the Human Mind*의 인용은 3권으로 된 1819년 판에 따랐으며, *Inquiry*의 인용도 역시 1819년판에 따랐다.
37) *Essays*, 1, 1, 10 ; I, p. 38.　　38) *Essays*, 1, 1, 10 ; I, p. 39.
39) *Essays*, 2, 12 ; I, pp. 266~267.　　40) *Essays*, 2, 12 ; I, p. 267.

478

과 인상만을 남겨 놓은"[41] 흄의 《인성론》에 의해서 완결되었다.

관념 이론을 공격함에 있어서 리드는 문제에 접근하는 두 가지 방식을 특징적으로 사용한다. 그 한 가지는 상식, 즉 일반인들의 보편적 신념이나 확신에 호소하는 것이다. 보통 사람은 그가 지각하는 것이 태양 자체이며 관념이나 인상은 아니라는 것을 확신한다. 그러나 리드는 "대중"의 신념에 호소하는 것으로 만족하지 않는다. 예를 들어 그는 그 낱말의 "철학적" 의미에서 관념과 같은 것은 존재하지 않는다고 주장하기도 한다. 그것은 철학자들 또는 소수의 철학자들이 만든 허구이며 그것을 가정하는 것은 결코 필요하지 않다는 것이다. 그렇다면 왜 철학자들을 이러한 허구를 만들었는가? 리드가 보기에 한 가지 근본적인 잘못은 "단순 관념"이 지식의 기초적 자료라고 하는 로크의 가정이었다. 그 "관념적 체계"는 "다음과 같이 가르친다. 자신의 관념들에 대한 마음의 첫번째 작용은 단순한 파악이다. 다시 말해서 그것에 관한 아무런 신념도 없이 단지 한 사물에 대한 개념을 갖는 것이다. 그리고 우리는 단순히 파악한 뒤에 그것들을 서로 비교함으로써 그것들 사이의 일치나 불일치를 지각한다. 이러한 관념들 사이의 일치나 불일치의 지각이야말로 우리가 신념, 판단 또는 지식이라고 부르는 것의 전부이다. 그런데 이것은 자연에 어떠한 근거도 두고 있지 않은 순전한 허구인 것처럼 보인다. … 우리는 신념 또는 지식이 단순한 파악들을 서로 결합하고 비교함으로써 얻어지는 것이라고 말할 것이 아니라 단순한 파악은 자연적이고 원초적인 판단을 분해하고 분석함으로써 이루어진다고 말해야 한다."[42] 로크와 흄은 지식을 이루는 가정된 요소들, 즉 전자는 단순 관념, 후자는 인상에서 출발했다. 그리고 나서 그들은 지식을 본질적으로 이 기초적인 자료들을 결합하고 그것들의 일치나 불일치를 지각한 결과로 묘사했다. 그러나 소위 기초적인 자료는 어디까지나 분석의 결과이다. 우리는 먼저 원초적이고 근본적인 판단들을 가진다. "모든 감각 기관들의 작용은 그 본성상 단순한 파악과 더불어 판단 또는 신념을 포함한다. … 내가 내 앞에 있는 나무를 지각할 때, 나의 시각 기능은 나무에 대한 개념이나 단순한 파악을 내게 가져다 줄 뿐만 아니라 그것의 존재,

41) *Inquiry*, 2, 6, pp. 60~61.   42) *Inquiry*, 2, 4, pp. 52~53.

그것의 모양, 거리, 크기에 대한 신념도 가져다 준다. 이러한 판단이
나 신념은 관념들을 비교함으로써 얻어지는 것이 아니라 지각의 본성
자체에 포함되어 있는 것이다. "[43]

그러므로 이러한 "원초적이고 자연적인 판단들은 자연이 인간의 오
성에 부여한 것의 한 부분이다. 그것들은 전능하신 하느님의 영감이
며 우리의 개념이나 단순한 파악들과 같은 것이다. …그것들은 우리
를 구성하고 있는 것의 한 부분이며우리 이성의 모든 발견물들은 그
것들에 기초한다. 그것들은 소위 인류의 상식을 구성한다. 그 첫번째
원리들 중의 어느 것에라도 명백히 반대되는 것은 바로 우리가 **불합리**
하다고 부르는 것이다. "[44] 만약 철학자들이 관념은 사고의 직접적 대
상이라고 주장한다면, 그들은 결국 관념이 우리 마음의 유일한 대상
이라는 결론에 이르게 될 것이다. 로크는 이러한 결론을 이끌어내지
않았다. 그는 "관념"이라는 낱말을 여러 의미로 사용했으며 그의 저
작들에는 서로 다른 참으로 양립 불가능한 요소들이 있다. 그러나 흄
은 결국 로크의 전제들(데카르트까지 소급될 수 있는)로부터 논리적
인 결론들을 이끌어냈다. 그렇게 함에 따라 그는 상식의 원리들, 즉
인류의 원초적이고 자연적인 판단들을 부정하지 않을 수 없다. 그러
므로 그의 결론들은 불합리한 것들이었다. 구제책은 상식의 원리들,
즉 인류의 원초적인 판단들을 인정하는 것이며 "관념 이론"이 쓸모없
고 해로운 허구라는 것을 시인하는 것이다.

자연의 판단들과 상식의 원리들은 리드에게 자명한 원리들을 의미
한다. "우리는 이성에 두 가지 임무 또는 등급을 부여한다. 첫째는
사물을 자명하게 판단하는 것이며, 둘째는 자명한 것으로부터 자명하
지 않은 결론을 이끌어내는 것이다. 이것들 중 첫번째 것이 상식의
유일한 분야이다. "[45] "상식"이라는 명칭은 "대다수의 인류에게서 이
성의 다른 등급이 발견될 수 없기"[46] 때문에 적절하다. 자명한 원리
들로부터 순서 바르고 체계적인 방식으로 결론들을 연역하는 능력은
설령 많은 사람들이 그렇게 하는 것을 배울 수 있다 하더라도 모든
사람에게서 볼 수 있는 것은 아니다. 그러나 자명한 진리를 보는 능
력은 이성적이라고 불릴 수 있는 모든 존재에서 볼 수 있다. 그것은

---

43) *Inquiry*, 7, 4, p. 394.   44) *Inquiry*, 7, 4, pp. 394~395.
45) *Essays*, 6, 2 ; II, pp. 233~234.   46) *Essays*, 6, 2 ; II, p. 234.

"순전히 하늘의 선물"[47]이며 그것을 소유하지 못한 사람은 결코 그것을 습득할 수 없다.

이러한 특별한 의미의 상식은 "통속적인" 의미의 상식과 어떤 관련이 있는가? 리드에 따르면 "어떤 사람으로 하여금 일상 행위에서 상식적인 분별력을 가지고 행동할 수 있게 해주는 바로 그 정도의 오성이 그로 하여금 자명하며 그가 판명하게 파악하는 문제들에서 참된 것과 거짓된 것을 발견할 수 있게 해준다."[48]

그러므로 리드에 따르면 "모든 추론과 과학의 토대인 상식적인 원리들이 있다. 이 상식적인 원리들은 직접적인 증명을 좀처럼 허용하지 않으며 또한 그것을 필요로 하지도 않는다. 사람들은 그것을 배울 필요가 없다. 왜냐하면 그것은 상식적인 오성을 가진 사람이라면 누구나 아는 그러한 것이기 때문이다. 또는 적어도 그것은 그것이 제안되고 이해되자마자 곧바로 승인되는 그러한 것이기 때문이다."[49] 그런데 이 원리들이란 과연 무엇인가? 리드는 그것의 반대가 불가능한 것으로서의 필연적 진리와 그것의 반대가 가능한 것으로서의 우연적 진리를 구분한다. 그 각각의 집합은 "제1원리들"을 포함한다. 첫번째 집합에 속하는 제1원리들에는 논리적 공리들(예를 들어 모든 명제는 참이거나 거짓이다)과 수학적 공리들, 도덕과 형이상학의 제1원리들이 있다. 리드가 제시한 도덕의 제1원리들의 예들 중 하나는 "그의 능력으로 막을 수 없었던 것에 대해서는 아무도 비난받아서는 안 된다"[50]는 것이다. 이러한 도덕적 공리들은 "내가 보기에 수학의 공리들 못지 않게 명백한 것 같다."[51] 리드는 형이상학적 제1원리들을 세 가지로 고찰하는데 "그것은 흄에 의해서 그것들이 문제시되었기 때문이다."[52] 첫번째는 "우리가 감각에 의해 지각하는 성질들은 주체를 가지고 있어야 하며 우리는 그것을 물체라고 부른다. 그리고 우리가 의식하는 사유도 주체를 가져야 하며 우리는 그것을 마음이라고 부른다"[53]는 것이다. 이 원리는 모든 일상인들에 의해 참인 것으로 인정되며 이러한 승인은 일상 언어로 표현된다. 두번째 형이상학

47) 같은 책, 같은 면.
48) *Essays*, 6, 2 ; II, p. 223.
49) *Essays*, 1, 2 ; I, p. 57.
50) *Essays*, 8, 3, 5 ; II, p. 338.
51) 같은 책, 같은 면.
52) *Essays*, 8, 3, 6 ; II, p. 339.
53) 같은 책, 같은 면.

적 원리는 "존재하기 시작한 것은 어느 것이나 그것을 산출했던 원인
을 가져야 한다"[54]는 것이다. 세번째는 "원인에 있어서의 설계와 지
성은 결과에 있어서의 그것의 표시나 신호로부터 추론될 수도 있
다"[55]는 것이다.

우연적 진리의 제 1 원리들은 다음과 같은 것들이다. "내가 판명하
게 기억하는 것들은 실제로 발생했다."[56] "우리가 감각에 의해 판명
하게 지각하는 것들은 실제로 존재하며 우리가 지각하는 그대로의 것
이다."[57] "우리가 그것에 의해 진리와 오류를 구별하는 자연적 능력
은 우리를 현혹시키지 않는다."[58] "자연의 현상계에서 존재하게 될
것은 아마도 유사한 상황에서 존재해 왔던 것과 같을 것이다."[59] 리
드가 언급한 제 1 원리들 중에는 또한 우리는 우리의 행위와 의지의
결정을 다스릴 만한 어느 정도의 능력을 가지고 있다는 것과 우리가
교제하는 동료들에게도 생명과 지성이 있다는 것이 있다.

그런데 내가 보기에 이러한 제 1 원리들이 서로 다른 유형들이라는
것은 명백하다. 리드가 언급하는 논리적 공리들 중에는 유에 관하여
참으로 주장될 수 있는 것은 어느 것이나 종에 관해서도 참으로 주장
될 수 있다는 명제가 있다. 이것은 분석 명제이다. 우리는 그 명제가
참인지 알기 위해서 다만 "유"와 "종"이라는 용어의 의미를 배우기만
하면 된다. 그러나 기억의 타당성이나 외부 세계의 존재에 대해서도
똑같이 말할 수 있을까? 리드는 그렇다고 생각했을 리가 없다. 왜냐
하면 그는 이와 관련된 명제들을 우연적 진리의 제 1 원리들로 분류하
기 때문이다. 그렇다면 어떤 의미에서 그것들은 자명한가? 적어도
명백하게 리드가 의미하는 것은 그것들을 믿는 자연적 성향이 있다는
것이다. 우리가 감각에 의해 지각하는 사물들은 실제로 존재하며 그
것들은 우리가 지각하는 그대로의 것이라는 명제에 관하여 말하면서
그는 다음과 같이 쓰고 있다. "모든 인간은 교육이나 철학의 선입관
으로부터 어떠한 편견을 갖기 오래 전 이미 날 때부터 자신들의 감각
의 판명한 증거를 맹신하도록 되어 있다는 사실은 너무나 명백해서

---

54) *Essays*, 8, 3, 6 ; II, p. 342.　　55) *Essays*, 8, 3, 6 ; II, p. 352.
56) *Essays*, 6, 5, 3 ; II, p. 304.　　57) *Essays*, 6, 5, 5 ; II, p. 308.
58) *Essays*, 6, 5, 7 ; II, p. 314.　　59) *Essays*, 6, 5, 12 ; II, p. 328.

증명할 필요도 없다. "[60] 게다가 자연의 일양성 또는 개연적 일양성에 관한 원리에 대해서 그는 그것이 비록 경험에 의해 확증되기는 하지만 단순히 경험의 결과일 수는 없다고 말한다. 왜냐하면 "그 원리는 우리가 그것을 추론에 의해 발견할 수 있기 이전에 이미 우리에게 필수적인 것이며 따라서 우리의 일부를 구성하며 이성의 사용 이전에 그것의 결과를 산출하기"[61] 때문이다. 바꾸어 말하면 우리는 자연의 진행이 아마도 일양적이라는 것이 판명되리라고 기대하는 자연적 성향을 가지고 있다.

명백한 항진 명제들은 아무런 문제가 없다. 일단 용어들의 의미가 주어지면 그것들을 부정하면 반드시 모순에 빠지게 된다. 비록 정보를 주는 필연적 명제의 존재는 논란의 여지가 있는 문제이기는 하지만 리드는 확실히 그러한 명제가 있다는 견해를 가진다. 나는 이 문제에 관한 리드와 흄 사이의 쟁점은 분명하게 드러날 수 있다고 본다. 그러나 쟁점이 리드가 우연적 진리의 제1원리라고 부르는 것에 있어서의 자연적 신념에 도달하게 되면 결코 그렇게 분명하지 않으며 리드 역시 그것을 명백히하지 않았다. 흄은 자연적 신념이 존재한다는 것을 결코 부인하지 않았다. 그는 이러한 자연적 신념들이 실제 생활의 토대 또는 틀을 형성한다는 것을 더할 나위없이 잘 알고 있었다. 실로 그는 사람들이란 단지 서로 다른 지각들의 묶음이나 집합들에 불과하다고 말할 때처럼 때때로 존재론적 주장을 하기도 한다. 그러나 일반적으로 말해서 그는 어떤 주어진 명제를 부정하는 데 관계하는 것이 아니라 오히려 그 명제를 주장하는 우리의 근거를 검토하는 데 관계한다. 예를 들어 흄은 외부 세계가 존재하지 않는다거나 자연의 진행은 전혀 예측할 수 없기 때문에 우리는 어떠한 일양성에도 의존할 수 없다고 말하지 않는다. 그는 다만 자신이 다른 사람들과 공유하는 여러 신념들에 대해 합리적으로 부여할 수 있는 근거들을 검토하는 데 관계한다. 그러므로 리드가 자연적 신념, 자연적 성향, 인류의 공통적 동의에 호소하는 한 그의 의견은 흄에 반대하는 것으로는 적절하지 못하다. 물론 리드도 흄이 자연적 신념에 관해 말하고 있다는 것은 인정한다. 그러나 그는 흄을 자신은 사실상 부정하

---

60) *Essays*, 6, 5, 5 ; II, p. 308.　　61) *Essays*, 6, 5, 12 ; II, p. 329.

지 않는 것을 부정하는 사람으로 묘사하는 경향이 있다. 만약 리드가
그가 제 1 원리라고 부르는 것을 증명 가능한 것이라고 주장했다면 흄
과의 쟁점은 그 윤곽이 충분히 뚜렷할 것이다. 예를 들어 기억의 타
당성은 증명될 수 있는가 없는가? 그러나 리드는 자신의 제 1 원리들
이 증명 가능한 것이라고 생각하지 않았다. 기억의 (원리에서) 타당성
에 대해 그는 그 원리는 제 1 원리가 가진 가장 확실한 특색 중의 하
나를 가진다고 말한다. 즉 분별있는 사람이라면 그것을 문제시하지도
않지만 그것을 증명하려고 했던 사람도 전혀 없다고 말한다. 그러나
흄은 사람들은 자연히 기억이 원리적으로 확실하다고 믿기 쉽다는 것
을 잘 알고 있었다. 리드는 법정에서의 증언 채택에 관해 언급하면서
"법정에서 불합리한 것 (증언에 전혀 유의할 필요가 없는)은 철학자의
자리에서도 마찬가지이다"[62] 하고 말한다. 그러나 물론 흄은 기억된
사실에 관한 증언은 결코 받아들여져서는 안 된다거나 아무도 누군가
의 기억을 신뢰해서는 안 된다고 제안할 생각은 꿈에도 없었다. 실로
리드도 "내 기억으로는 흄은 기억의 증거에 대해 직접적으로 문제삼
지는 않았다"[63]는 것을 인정하기에 이른다. 그럼에도 불구하고 그는
곧바로 흄은 기억의 권위를 전복시키는 전제들을 설정하고 그의 독자
들로 하여금 논리적인 결론을 이끌어내게 했다고 덧붙인다. 그러나
흄이 분별 있는 상식이 부여한 기억에 대한 신뢰를 함축적으로나마
파괴하려고 했다는 생각은 잘못이다. 흄이 인과 관계가 있다는 것을
부정하고 실제로 인과 법칙에 대해 어떠한 신뢰도 주어져서는 안 된
다고 제안하려 했던 게 아닌 것과 마찬가지로 이것은 결코 흄이 의도
하는 것이 아니었다. 그렇다면 우리는 일반적으로 흄에 대한 리드의
비판은 때때로 흄이 말하고자 한 것에 대한 그의 오해로 말미암아 효
력을 잃는다고 말할 수 있다.

물론 리드를 단지 자신의 제 1 원리들의 진리에 대한 증거로서 비철
학자들의 확신이나 견해에 호소하는 것으로 묘사한다면 이것은 그의
입장에 대한 공정한 소개가 아니다. 그가 하는 것은 보편적 동의를
아마도 회의적인 철학자들의 입장에서의 회의를 제외한 회의의 불가
능성과 결부시켜 생각할 때 그것을 어떤 주어진 명제가 제 1 원리라는

---

62) *Essays*, 6, 5, 3, p. 305.   63) 같은 책, 같은 면.

것에 대한 표시로 여기는 것이다. 제1원리는 증명될 수 없다. 그렇지 않다면 그것들은 제1원리가 아닐 것이다. 그것들은 직관적으로 알려진다. 그러나 내가 보기에 리드는 우리가 서로 다른 유형의 제1원리들을 알게 되는 방식에 관한 명확하고 일관된 설명을 하고 있지 않다. 물론 몇몇 경우에 그는 자신의 견해를 설명한다. 예를 들어 "수학적 공리의 명증성은 사람들의 이해력이 어느 정도 성숙될 때까지는 식별될 수 없다. 한 소년이 같은 양에 같은 양을 더하면 그 합계가 같다는 수학적 공리의 명증성을 지각할 수 있기 위해서는 그 이전에 양, 더욱 많은, 더욱 적은, 같은, 합계, 차이와 같은 일반 개념을 갖고 있어야만 하며, 일상사에서 이러한 관계들을 판단하는 데 익숙해져 있어야만 한다. 마찬가지로 도덕적 판단이나 양심도 우리의 조물주에 의해 심어진 미세한 씨앗으로부터 성숙해지는 것이다."[64] 여기서 우리는 상당히 솔직한 설명을 듣는다. 인간은 경험의 과정을 통해 어떤 개념들을 습득하거나 어떤 용어의 의미를 배운다. 그리고 나서야 그는 그러한 용어들을 포함하거나 전제하는 어떤 명제들의 자명한 진리를 알 수 있다. 만약 그 원리들이 인간 본성의 구조에 속한다고 한다면, 그것은 우리가 이러한 원리들의 자명한 진리를 식별할 수 있는 자연적 능력을 갖고 있다는 뜻이지 그 원리들이 경험에 앞서서 알려진다는 뜻은 아니다. 그러나 지각된 감각적 성질들과 우리가 의식하는 사유들은 그 주체, 즉 물체와 마음을 가져야만 한다는 명제에 대해 말할 때 리드는 "그것들은 필연적으로 우리 능력의 구조로부터 유래한다는 것 이외에는 어떠한 다른 설명도 할 수 없는 인간 본성에서의 신념의 원리"[65]을 말한다. 이 원리는 수학의 공리들처럼 필연적 진리의 제1원리로 분류된다. 우연적 진리의 제1원리들에 대해서 말할 때 그는 자연의 일양성의 원리에 관해서 "그것은 우리의 일부를 구성하며 이성의 사용 이전에 그것의 결과를 산출한다"[66]고 말한다. 그 원리는 경험에 앞선다. "왜냐하면 모든 경험은 미래도 과거와 같을 것이라는 신념에 근거하기 때문이다."[67] 우리는 미래도 과거와 같을 것이라고 기대하는 우리의 본성에 의해 결정된다. 일종의 저항할 수 없는 자연적 기대가 있는 것이다.

---

64) *Essays*, 5, 1 ; II, p. 451.

65) *Essays*, 6, 6, 6 ; II, p. 341.

66) *Essays*, 6, 5, 12 ; II, p. 329.

67) 같은 책, 같은 면.

아마도 이렇게 말하는 방식들은 일관된 것으로 될 수 있을 것이다. 진리와 오류를 구별하는 자연적 능력은 우리를 현혹시키지 않는다는 원리에 관해서 리드는 "우리는 우리의 추리 능력과 판단 능력을 신뢰하지 않을 수 없으며", 이 점에 대한 회의는 "우리의 천성에 위배되는 것이기 때문에"[68] 유지될 수 없다고 말한다. 또한 그는 "어느 누구도 회의주의의 근거를 고찰할 때가 아니고는 이러한 원리에 대해 생각조차 하지 않을 것이다. 그렇지만 그것은 변함 없이 그의 견해를 지배하고 있다"[69]고 주장한다. 그러므로 그는 다음과 같이 주장하는 것 같다. 첫째로, 우리의 이성 능력을 신뢰하려는 자연적이며 저항할 수 없는 성향이 존재한다. 둘째로, 이 명제는 처음부터 참인 것으로 명백하게 인식되지는 않는다. 그리고 그는 자연의 일양성의 원리에 대해서뿐만 아니라 그가 형이상학적이고 필연적인 원리로 여기는 인과율의 원리에 대해서도 유사한 주장을 하는 것 같다. 그러나 내가 생각하기에 그는 독자들에게 다음과 같은 인상을 남기기 쉽다. 즉 기억의 타당성이나 외부 세계의 존재와 같은 원리들은 우리가 그것들을 믿으려는 자연적이고 저항할 수 없는 충동을 갖는다는 의미에서 자명한 반면에, 예를 들어 수학의 공리들은 일단 우리가 어떤 용어들의 의미를 안다면 우리는 그것들 사이의 필연적인 관계를 안다는 의미에서 자명하다는 것이다. 그러므로 내가 시사하는 것은 리드는 다른 유형의 적지 않은 제1원리들이 존재한다고 말하면서도 그것들이 자명하고, 제1원리들이며, 우리 본성의 구조 중의 일부라고 말할 때의 정확한 의미를 명료하게 설명하고 있지 않다는 것이다. 그의 다양한 논의 방식들을 절충해서 그의 모든 제1원리들을 포괄하는 하나의 설명을 제공하는 것도 가능할 것이다. 그러나 나는 리드가 그것을 했다고 생각하지 않는다. 만약 그가 제1원리들의 서로 다른 유형에 대해 상이한 설명을 하려고 했다면, 그는 그가 실제로 했던 것보다 더 분명하게 논점을 밝혔을지도 모른다.

리드는 때때로 특정한 철학자들(예를 들어 버클리)을 실제로 비웃거나 자신은 "대중"과 같은 입장을 취한다고 공언함으로써 대중에 영합하는 경향이 있다. 그러나 그의 상식 철학은 결코 대중적 견해의

---

68) *Essays*, 6, 5, 7 ; Ⅱ, p. 316.　　　69) *Essays*, 6, 5, 7 ; Ⅱ, p. 317.

단순한 수용이거나 강단 철학의 거부가 아니다. 철학은 상식적 경험에 근거해야 한다는 것, 그리고 만약 그것이 상식적 경험에 모순되고 모든 사람 심지어 회의주의적인 철학자들까지도 그들의 실제 생활에서 필연적으로 의거하고 있는 신념들과 상충되는 역설적인 결론들에 도달한다면 그것에는 반드시 어떤 잘못된 점이 있다는 것이 그의 견해였다. 이것은 철학에 대한 더할 나위없는 훌륭한 견해이다. 이 견해는 다른 관점들에 대한 리드의 역사적인 부정확함과 그릇된 설명에 의해 무효화되지는 않는다.

만약 상식이 보통 사람의 자연스러운 신념을 뜻한다면 리드는 언제나 상식을 고수하지는 않았다는 것이 덧붙여져야만 하겠다. 예를 들면 색깔에 대해 그는 먼저 다음과 같이 말한다. "근대 철학자들의 가르침을 받지 않은 사람은 모두 색깔을 그것이 지각되지 않을 때는 존재할 수 없는 마음의 감각으로 이해하지 않고, 그것이 지각되든 되지 않든간에 동일하게 지속되는 물체의 성질 또는 변형으로 이해한다."[70] 그 다음에 그는 "색깔의 현상"과 물체의 성질로서의 색깔 그 자체를 구별한다. 후자는 전자의 원인이며 그 자체로는 알려지지 않는다. 그러나 예를 들어 진홍색의 현상은 상상력 속에서 그것의 원인과 밀접하게 결합되기 때문에 "그것들은 실제로는 매우 달라서 하나는 마음 속의 관념이고 다른 하나는 물체의 성질임에도 불구하고 동일한 것으로 혼동하기 쉽다. 그래서 나는 색깔이란 … 밝은 대낮에 우리 눈에 현상을 드러나게 해주는 물체 안의 어떤 힘 또는 효력이라고 결론짓는다. …"[71] 참으로 리드는 "우리의 감각들 중 그 어느 것도 물체의 어떠한 성질과도 유사하지 않다"[72]고 주저없이 말한다. "대중"의 옹호자라는 사람의 입에서 이러한 말을 듣는 것이 아마도 다소 의외일 것이다. 그러나 리드가 비록 "상식과 철학 사이의 대등하지 못한 싸움에서 철학이 언제나 망신당하고 손해를 입게 될 것"[73]이라고 주장했을지라도 그가 결코 모든 철학과 과학에 무지한 사람들의 견해를 되풀이하는 데에만 자신을 국한시키고 있지 않았다는 것은 물론 사실이다.

---

70) *Inquiry*, 6, 4, p. 153.   71) *Inquiry*, 6, 4, pp. 156~157.
72) *Inquiry*, 6, 6, p. 163.   73) *Inquiry*, 1, 4, p. 32.

5. 캠 벨

리드의 친구 가운데는 1759년에 애버딘의 매리샬 대학 학장이 되었으며, 1771년에 그 대학의 신학 교수가 되었던 조지 캠벨(George Campbell, 1719 ~ 1796)이 있다. 《수사학의 철학》(*Philosophy of Rhetoric*)에서 그는 그 진리가 직관적으로 알려지는 명제들이라는 일반적인 제목 아래 수학적 공리들, 의식의 진리들, 상식의 제 1 원리들을 다루고 있다. 그는 몇몇 수학적 공리들은 단지 용어의 의미만을 드러낸다고 지적한다. 하지만 그가 보기에 이것이 모든 수학적 원리들에 해당되는 것은 아니다. 의식의 진리는 예를 들어 자기 존재에 대한 확신을 포함한다. 상식의 원리들은 인과율의 원리, 자연의 일양성의 원리, 물체의 존재, 기억이 "명확할" 때 그것의 타당성을 포함한다. 이와 같이 그는 상식에 대해 리드보다 더 제한된 의미를 부여했다.

6. 비 티

캠벨보다 더 많이 알려진 사람으로 《종교를 옹호하기 위해 상식에 호소함》(*An Appeal to Common Sense in behalf of Religion*)의 저자인 제임스 오스왈드(James Oswald, 1793년에 죽음)와 제임스 비티(James Beattie, 1735 ~ 1803)가 있다. 비티는 1760년에 애버딘의 매리샬 대학의 도덕 철학 및 논리학 교수로 임명되었고, 1770년에 《진리론》(*Essay on Truth*)을 출간했다. 거기서 그는 흄의 견해를 비판하는 데 그치지 않고 의심할 바 없이 거짓 없는 분노의 표현이긴 했지만 철학적 저작에는 부적절하게 보이는 구절들로 열변을 토하고 비방했다. 흄은 화가 났으며, 약간의 그의 논평은 기록으로 남아 있다. 《진리론》에 대해서 그는 "진리! 그 안에 진리란 없다. 그것은 8'절판에 담긴 지독하게 과장된 거짓말일 뿐이다"라고 말했다. 그 저자에 대해서 그는 "그 어리석고 편협한 녀석, 비티"라고 말했다. 그러나 그 저작은 크게 성공했다. 조지 3세는 기뻐했으며 그 저자에게 연금을 지급했다. 옥스퍼드 대학교는 비티에게 민법 박사학위를 수여했다.

《진리론》제 1 부에서 비티는 진리의 기준을 고찰한다. 그는 자명한 진리를 지각하는 상식과 이성(추리력)을 구별한다. 그 수가 상당히 많은 진리의 제 1 원리들은 "오성에 의해 직관적으로 지각되는 그것들 자체의 명증성에 의거한다."[74] 그러나 어떻게 우리는 상식의 제 1 원 리들과 단순한 편견들을 구별할 수 있는가? 이 문제는 제 2 부에서 다루어진다. 수학에 관한 고찰은 우리에게 진리의 기준은 그것 자체 의 본질적인 명증성에 의해서 우리로 하여금 믿게 하는 그 원리라는 것을 보여준다.[75] 자연 철학에서 이 원리는 "확실감"이다. 감각은 언 제 확실하다고 할 수 있는가? 첫째로, 나는 주저하지 않고 자발적으 로 그것을 믿고 싶은 마음이 들어야 한다. 둘째로, 받아들여진 감각 들은 "유사한 상황에서는 일양적으로 유사해야"[76] 한다. 셋째로, 나 는 "문제의 그 능력이 확실하다는 가정에 입각해서 행동함에 있어서 내 자신에게 피해나 불편을 주도록 잘못 인도된 적이 있는지 없는 지"[77] 스스로에게 물어 보아야 한다. 넷째로, 전달된 감각들은 서로 모순이 없어야 하며 나의 다른 능력들의 지각과도 일치해야 한다. 다 섯째로, 나의 감각들은 다른 사람들의 감각들과 일치해야 한다. 《진 리론》의 제 3 부는 표면상 비티의 이론들에 대한 반대 의견들에 대답 하는 데 충당된다. 그러나 비티는 많은 철학자들에 관한 자신의 의견 을 우리에게 제시하는 기회로 삼고 있으며 대부분의 경우 그 견해는 매우 저급한 것이다. 그는 명백히 아리스토텔레스를 존경하고 있음을 보여준다. 그리고 리드는 자연히 공격으로부터 벗어난다. 그러나 스 콜라 철학자들은 단지 말다툼하는 사람들에 지나지 않는 것으로 묘사 되고 있으며, 수많은 근대의 철학 체계들은 냉혹한 마음의 "부자연스 러운 산물들, 타락한 유출물들"[78]인 회의적 체계들에 기여하는 것이 거나 그 사례들로 기술되고 있다. 비티는 여러 철학과 철학자들을 공 격하는 수단으로서가 아니고서는 철학을 거의 필요로 하지 않는다는 인상을 주는 것 같다.

---

74) *Essay*, 1, 2, 9, p. 93 ; 1820년판.   75) *Essay*, 2, 1, 1, p. 117.
76) *Essay*, 2, 1, 2, p. 140.   77) *Essay*, 2, 1, 2, p. 141.
78) *Essay*, 3, 3, p. 385.

7. 스튜어트

비티보다 더 중요한 사람은 듀갈드 스튜어트(Dugald Stewart, 1753
~ 1828)였다. 그는 에딘버러 대학교에서 학업을 마치고 거기서 수학
을 가르쳤다. 1778년에 그는 아담 퍼거슨(Adam Ferguson)[79] 교수의
부재중에 도덕 철학 강의를 맡았다. 1785년 그가 은퇴하자 스튜어트
는 그의 후임자로 임명되었다. 1792년에 그는 《인간 정신 철학의 원
리》(*Elements of the Philosophy of the Human Mind*)의 제1권을 출간했으
며, 그 책의 제2권과 제3권은 각각 1814년과 1827년에 출간되었
다. 《도덕 철학 개요》(*Outlines of Moral Philosophy*)는 1793년에, 《철학
논집》(*Philosophical Essays*)은 1810년에 출간되었다. 《대영 백과 사전》
(*Encyclopaedia Britannica*)의 부록으로 《유럽의 학문 부흥 이래 형이상
학, 윤리학, 정치 철학의 진전에 관한 논문》(*Dissertation exhibiting the
Progress of Metaphysical, Ethical and Political Philosophy since the Revival of
Letters in Europe*)의 두 부분이 1815년과 1821년에 출간되었다. 마지
막으로 1828년 그가 죽기 몇 주 전에 《능동적이며 도덕적인 능력에
관한 철학》(*Philosophy of the Active and Moral Powers*)이 출간되었다. 스
튜어트는 능변이었고 영향력 있는 강사였으며 외국에서 온 학생들까
지도 매혹시켰다. 그가 죽은 뒤 에딘버러에 그를 추모하는 기념비가
세워졌다. 그는 특별히 독창적인 사상가는 아니었지만 풍부한 교양을
갖추었으며 천부적인 해설의 능력을 타고난 사람이었다.

《도덕 철학 개요》의 서론에서 스튜어트는 다음과 같이 말한다. "자
연 법칙들에 관한 우리의 지식은 전적으로 관찰과 실험의 결과이다.
왜냐하면 어떠한 사례에서도 우리는 선험적인 추리에 의해서 우리로
하여금 하나에서 다른 하나를 추론할 수 있게 해줄 것 같은 연속적인
두 사건들 사이의 필연적 연결을 지각하지 못하기 때문이다. 우리는

---

79) Adam Ferguson(1723~1816)은 1767년에 *Essay on the History of Civil
Society*, 1769년에 *Institutes of Moral Philosophy*, 1783년에 *History of the
Progress and Termination of the Roman Republic*, 1792년에 *Principles of Moral
and Political Science*를 출판했다. 흄은 그를 높이 평가했으며, 유언장
에서 그에게 유산을 남겼다.

경험으로부터 어떤 사건들이 항상 결합되는 것을 발견하므로 하나를 보면 다른 하나를 기대한다. 그러나 이 경우에 우리의 지식은 결코 사실 너머로 나아가지 못한다. "[80] 귀납적으로 일반 법칙들에 도달하기 위해서 우리는 관찰과 대조 실험을 사용해야 하며, 그 일반 법칙들에서 우리는 연역적 ("종합적")으로 결과들을 추론할 수 있다.

이러한 관점은 리드의 견해와 그다지 일치하지 않는 것처럼 보일지도 모른다. 리드는 존재하기 시작한 모든 것은 원인을 갖는다는 명제의 진리는 직관적으로 알려진다고 주장하기는 했지만 경험이 자연 속의 특정한 필연적 연결을 우리에게 알려 줄 수 있다고 주장하지는 않았다. "경험에 입각한 일반적인 격률은 우리 경험의 범위에 비례하는 개연성의 정도를 가질 뿐이며, 항상 만약 미래에 그 예외를 발견한다면 그러한 예외의 여지를 남겨 두도록 이해되어야 한다. "[81] 리드에 따르면 우리는 우연적이며 가변적인 사물들의 원인으로서 신의 존재를 절대적으로 확실하게 추론할 수 있다. 그러나 이러한 진리와 자명한 제1원리들 그리고 이것들에서 엄밀하게 연역될 수 있는 것과는 별도로 우리는 경험과 개연성에 내맡겨져 있다. 그는 원리적으로 예외가 가능하다는 의미에서 개연적인 법칙의 예로 중력의 법칙을 든다. 그러므로 자연 철학에 대한 스튜어트의 견해는 리드의 견해와 언뜻 보았을 때 느껴졌던 것만큼 그렇게 상반되는 것은 아니다.

스튜어트는 지난 2세기에 걸쳐 일어났던 물리학상의 "개혁"이 동일한 정도로 지식의 다른 분야, 특히 정신에 관한 지식에 미치지 못한 것에 주목한다. "물질적 세계에 대한 우리의 모든 지식이 궁극적으로 관찰에 의해 확인된 사실들에 기초하듯이 인간의 정신에 관한 우리의 모든 지식도 그것에 대해 우리 자신의 의식의 명증성을 갖고 있는 사실에 궁극적으로 기초한다. 그러한 사실들에 대한 주의깊은 검토를 통해 우리는 머지않아 인간의 본성적 구조에 대한 일반 원리에 도달할 것이며, 점차적으로 확실성에서 물체에 관한 학문에 뒤지지 않는 정신에 관한 학문을 성립시킬 것이다. 이런 종류의 탐구에 관해서는

---

80) *Outlines*, Introduction, 1, 3 ; II, p. 6. 모든 면수 인용은 William Hamilton 경에 의한 Stewart의 *Collected Works*판 (1854~1858)에 따른다.
81) *Essays*, 6, 6, 6 ; II, p. 345.

리드 박사의 저작들이 많은 귀중한 사례들을 제공한다. "[82]

그러므로 심리학 연구를 위해 스튜어트가 제안한 일반 목표는 이러한 연구 분야에 과학의 지위를 부여하는 것이다. 그리고 이것은 물리학에서 성공적인 것으로 입증된 방법을 심리학에 적용하는 것을 포함한다. 물론 연구된 자료는 물리학자들에 의해서 연구된 것과 다르지만 유사한 과학적 방법이 사용되어야 한다. 또한 심리학이 과학의 지위를 획득할 수 있으려면 무엇보다도 형이상학과 혼동되지 않아야 한다는 것이 가장 중요하다. 자연 철학자들 또는 물리학자들은 "근래에 와서 현명하게도 그것으로 물질적 세계가 구성되는 그러한 실체의 본성에 관한 모든 사색들, 세계가 창조되었을 가능성이나 불가능성에 관한 모든 사색들… 심지어 지각자의 실재와 무관하게 세계가 실재하는지에 관한 모든 사색들을 형이상학자들에게 위임했다. 그리고는 자신들을 세계가 보여주는 현상들을 관찰하고 그 현상들의 일반 법칙을 확인하는 더 보잘것없는 영역에 국한시켰다. … 이제는 아무도 이 실험 철학을 앞서 언급한 형이상학적 사변과 혼동할 위험이 없게 되었다. … 유사한 구분이 인간의 정신과 관련지어 말할 수 있을 문제들 가운데에서도 발생한다. … 일단 우리가 관념들의 연합을 지배하는 다양한 법칙들 또는 기억이 소위 주의력이라 불리는 마음의 노력에 의존한다는 것과 같은 일반적인 사실을 확인하면, 그것이야말로 우리가 이 학문 분야에서 목표로 해야 하는 것의 전부인 것이다. 만약 우리가 그것에 대해 우리 자신의 의식의 명증성을 갖고 있는 사실들 너머로 나아가지만 않는다면 우리의 결론은 물리학에서의 결론에 못지않게 확실할 것이다. … "[83]

스튜어트는 과도하게 심리학의 영역을 제한하며 일반적으로 이런 방식으로 분류되지 않을 연구들을 "형이상학적"이라고 간주한다. [84] 그러나 정신 과학에 관한 그의 논의에서 흥미로운 점은 그의 귀납적 접근 그리고 과학을 사변과 혼동하지 말라는 그의 주장이다. 또한 그가 때때로 과도하게 심리학의 연구 범위와 영역을 제한하는 경향이

---

82) *Outlines*, Introduction, 2, 11 ; II, p. 8.
83) *Elements*, Introduction, 1 ; II, pp. 48~52.
84) 또다른 외미에서의 심리학은 스튜어트에게 있어서 그 영역이 매우 넓은 것이다.

있기는 하지만 이것이 그가 건설적인 가설의 필요성을 몰랐다는 것을
의미하지는 않는다. 그와 반대로 그는 가설을 거부하고 뉴턴의 유명
한 나는 가설을 만들지 않는다(Hypotheses non fingo)는 말을 문자 그대
로의 의미로 이해하여 그것에 호소하는 베이컨주의자들을 비난한다.
우리는 "근거없는" 가설과 유비를 통해 얻어진 가정에 의해 지지되는
가설을 구별해야 한다. 가설의 효용은 그것으로부터 도출된 결론이
검증되거나 확증될 때 비로소 밝혀진다. 그러나 그 후에 거짓임이 밝
혀진 가설조차도 크게 유용했음이 입증될 수도 있다. 스튜어트는 하
틀리의 《인간론》(*Observations on Man*)[85]에 나오는 그의 말을 다음과 같
이 인용한다. [86] "수많은 사실을 설명하기에 충분한 정도의 그럴 듯함
을 가진 가설은 우리에게 이 사실들을 적당한 순서로 정리하게 해주
고, 새로운 사실들이 드러나게 해주며, 미래의 연구자들을 위하여 결
정적인 실험(experimenta crucis)을 하게 해준다."

　그러므로 심리학에 접근하면서 스튜어트는 우리가 솔직히 경험주의
적 접근이라고 부를 그러한 것을 채택한다. 그렇다고 해서 이것이 그
가 제 1원리들 또는 상식의 원리들에 관한 리드의 이론을 거부한다는
뜻은 아니다. 참으로 그는 "상식"이라는 용어를 매우 모호하며 오해
와 잘못된 전달을 낳기에 알맞은 것이라고 간주한다. 그러나 그는 그
진리가 직관적으로 지각되는 원리들의 개념을 받아들인다. 그는 이것
들을 세 항목으로 분류한다. 첫째로, 수학과 물리학의 공리들이 있
다. 둘째로, 의식과 지각, 기억에 관련된 제 1원리들이 있다. 셋째
로, "인간의 신념에 관한 근본 법칙들이 있는데, 이것들이 우리의 본
성적 구조의 본질적인 부분을 형성하며 이것들에 대한 우리의 전적인
확신은 모든 사유뿐만 아니라 행위하는 존재로서의 우리의 모든 행위
에도 함축되어 있다."[87] 첫번째 부류의 "법칙들" 중에는 물질적 세계
의 존재 및 자연의 일양성의 진리들이 있다. "어떤 사람도 그러한 진
리들을 자기 자신에게 명제의 형태로 말한다고 생각하지 않는다. 그
러나 우리의 모든 행위와 추론은 그것들이 인정된다는 가정에 입각해
서 진행된다. 그것들에 대한 신념은 우리의 동물적인 존재를 보존하
는 데 필수적이다. 따라서 그것은 지성의 최초의 작용들과 같은 연대

---

85) *Elements*, I, 5.　　　　　　86) *Elements*, 2, 1, 4, p. 301.
87) *Outlines*, 1, 9, 71 ; II, p. 28.

의 것이다. "[88] 그러므로 스튜어트는 "명제의 용어들이 이해되자마자 성립되는" 판단들과 "정신의 최초의 형성으로부터 필연적으로 결과되어서 우리가 그것들을 전혀 반성의 대상으로 삼지 않고서도 아주 어릴 때부터 그것들에 입각하여 행동하는"[89] 판단들을 구별한다. 그 이외에 추론에 의해서 도달되는 판단들이 있다.

스튜어트는 정신의 최초의 형성으로부터 비롯되는 판단들을 "인간 신념의 근본 법칙들"이라고 부른다. 그가 보기에 "원리"라는 낱말은 오해를 불러일으키기 쉬운 것이다. 왜냐하면 우리는 인간 지식의 확장을 위해서 그것들로부터 어떠한 추론도 이끌어낼 수 없기 때문이다. "그것들은 다른 자료에서 추출되었기에 본질적으로 전혀 산출력이 없다."[90] 그것들이 "추론의 원리들"과 혼동되어서는 안 된다. 그것들은 우리의 이성적 능력의 행사에 내포되어 있다. 그러나 그것들이 정신의 주의력의 대상이 됨으로써 사고되는 것은 철학적 반성이 일어나면서부터이다. 우리가 신념의 근본 법칙들을 구별할 수 있는 기준에 신념의 보편성 하나만 있는 것은 아니다. 스튜어트는 뷔피에[91]가 제안한 두 가지 기준에 찬성한다. 첫째로, 문제의 진리들은 그것들보다 더 명증적이지도 않으며 더 확실하지도 않은 명제들에 의하지 않고서는 그것들을 공격하거나 옹호하는 것이 불가능한 그러한 것이어야 한다. 둘째로, 그 진리들의 실제적인 영향은 그것들의 권위를 이론적으로 논박하는 사람들에게까지도 미쳐야만 한다.

스튜어트는 자신의 입장을 정확히 진술하고자 하는 데서 리드보다 더 주의깊다는 것은 분명하다. 이러한 주의깊음은 그가 특수한 논점들을 다룰 때 빈번히 볼 수 있다. 예를 들어 그는 의식의 직접적인 명증성이 우리에게 감각이나 감정, 욕구 등의 현존을 확신시킬지라도 우리는 마음의 직접적인 직관을 향유한다는 의미에서 마음 그 자체를 직접적으로 의식하지는 못한다고 주의깊게 설명한다. 참으로 "의식의 가장 최초의 행사는 필연적으로 느껴지는 것의 현존에 대한 신념뿐만 아니라 느끼고 생각하는 것의 현존에 대한 신념도 포함한다. ··· 그렇지

---

88) 같은 책, 같은 면.   89) *Outlines*, 1, 9, 70 ; p. 27.

90) *Elements*, 2, 1, 1, 2, 4 ; III,   p. 45.

91) 프랑스 예수회의 회원인 Claude Buffier(1661~1737)는 a *Traite des vérités premières*(1717)에서 상식의 격률들을 논하고 있다.

만 이러한 사실들 가운데 그 표현의 엄격한 해석에 따라 의식한다고
정당하게 말할 수 있는 것은 오직 전자에 대해서뿐이다."[92] 감각이나
느낌의 주체로서의 자아에 대한 의식은 시간의 순서는 아닐지라도 자
연의 순서에서는 감각이나 느낌에 대한 의식보다 뒤에 온다. 바꾸어
말해서 우리의 존재에 대한 앎은 "의식의 행사의 부수물 또는 부속
물"[93]이다. 게다가 자연의 일양성에 대한 우리의 신념에 관해서 쓸
때 스튜어트는 우리가 자연의 법칙에 관해서 말할 때의 "법칙"이라는
낱말의 의미를 주의해서 논한다. 실험 철학에서 사용될 때 "그것을
자연의 질서에 관한 어떤 일반적 사실—우리의 과거 경험에서 일양
적으로 적용되는 것으로 발견되었으며, 미래에는 우리 정신의 본성적
구조가 우리로 하여금 자신있게 그것의 지속성에 의존하도록 결심시
키는 사실—을 말하는 것에 지나지 않는 것으로 여기는 것은 더욱
정확하게 논리적이다."[94] 우리는 소위 자연의 법칙들을 동력인으로서
작용하는 것으로 생각하는 것을 경계해야 한다.

　도덕적 능력은 "그것 자체보다 더 일반적인 다른 원리나 원리들로
환원될 수 없는 우리의 본성적 구조의 원초적인 원리이다. 특히 이것
은 자기애나 우리 자신의 이익에 대한 타산적 관심으로 환원될 수는
없다."[95] "모든 언어에는 사람들이 그 의미를 끊임없이 구별해 온 의
무와 이익에 상당하는 낱말들이 있다."[96] 이 능력에 의해서 우리는 행
위의 옳고 그름을 지각한다. 그리고 우리는 이 지각과 개인의 도덕적
감수성의 정도에 따라 달라지는 쾌락이나 고통이라는 부수적 감정을
구별해야 한다. 마찬가지로 우리는 행위자의 장단점에 대한 지각도
구별해야 한다. 허치슨은 우리의 이성에 의해 시인되는 것으로서 행
위의 옳음과 그것이 인간의 도덕적인 정서를 자극시키는 경향을 구별
하지 않았기에 잘못을 범했다. 게다가 샤프츠베리와 허치슨은 도덕적
시인의 대상이 감정이 아니라 행위라는 사실을 간과하는 경향이 있었
다. 다시 말해서 스튜어트는 윤리학을 미학으로 환원시키는 도덕감주
의자들의 경향을 싫어했다. 그렇기는 하지만 그는 또한 클라크와 같

---

92) *Elements*, 2, 1, 1, 2, 1 ; III, p. 41. 93) 같은 책, 같은 면.
94) *Elements*, 2, 1, 2, 4, 2 ; III, pp. 159~160.
95) *Active and Moral Powers*, 2, 3 ; VI, p. 233.
96) 같은 책, 2, 2 ; VI, p. 220.

은 저술가들이 우리의 도덕적 느낌에 너무 유의하지 않았다고 생각하기도 했다. "도덕감"이라는 용어를 그것 자체로 볼 때 스튜어트는 그것을 보유하는 것에 반대하지는 않는다. 그가 말하는 것처럼 우리는 습관적으로 "의무감"을 말하며, "도덕감"에 반대하는 것은 현학적인 것에 불과할 뿐이다. 동시에 그는 어떤 사람이 행위가 옳다고 주장할 때 그는 참인 어떤 것을 말하고자 하는 것이라고 주장한다. 도덕적 식별은 삼각형의 세 각의 합은 2 직각이라는 사실의 지각과 마찬가지로 이성적인 작용이다. "이 두 경우에 우리의 이성의 작용은 아주 다르지만 양자에 있어서 우리는 진리를 지각하며, 진리는 불변적이며 어떤 존재의 의지로부터도 독립해 있다는 불가항력적인 확신을 갖게 된다."97)

스튜어트는 옳음과 그름이 마음에 의해 지각되는 행위의 성질들이라는 이론에 대한 명백한 반론, 즉 옳음과 그름에 대한 사람들의 관념은 나라마다 시대마다 변화해 왔다는 반론에 대해 검토한다. 그는 이러한 다양성이 객관적인 도덕적 성질들에 관한 자신의 이론을 손상시키지 않는 방식으로 설명될 수 있다고 생각한다. 예를 들어 물리적 조건은 도덕적 판단에 영향을 미칠 수도 있다. 자연이 생활 필수품을 남아 돌 만큼 산출하는 곳에서 인간은 그렇지 않은 곳에서 통용되는 소유권의 관념보다 더 느슨한 소유권의 관념을 가질 것이라고 생각될 수 있다. 게다가 상이한 사변적 견해나 확신은 옳고 그름에 대한 사람들의 지각에 영향을 미칠 수 있다.

도덕적 의무의 문제에 대해 스튜어트는 양심의 최상의 권위에 대한 버틀러의 주장에 동조한다. 그는 "옳음은 그 관념 안에 의무를 함축한다"는 아담스 박사의 말을 추천한다. 스튜어트의 요점은 "왜 우리는 덕을 실천해야 하는가 하고 묻는 것은 어리석은 짓이다. 덕의 개념 자체가 의무의 개념을 함축하고 있다"98)는 것이다. 의무는 단순히 보상이나 처벌의 개념에 의해서 해석될 수 없다. 왜냐하면 이러한 개념들은 이미 의무의 존재를 전제하고 있기 때문이다. 아울러 스튜어트가 보기에 만약 우리가 의무를 신의 의지와 명령에 의해서 해석한다면 우리는 악순환에 빠져 있음을 깨닫게 될 것이다.

97) 같은 책, 2, 5, 1 ; VI, p. 299. 98) 같은 책, 2, 6 ; VI, p. 319.

끝으로 신의 존재에 대한 스튜어트의 논증의 흐름을 매우 간략하게 살펴보자. 그는 다음과 같이 말한다. 추론 과정은 "단일한 단계만으로 이루어진다. 그리고 그 전제들은 인간의 본성적 구조의 본질적 부분을 이루는 제 1원리들의 부류에 속한다. 이 전제들은 두 가지인데 하나는 존재하기 시작한 것은 모두 원인을 갖고 있음에 틀림없다는 것이며, 다른 하나는 어떤 특별한 목적을 꾀하는 수단의 결합은 지성을 함축한다는 것이다."[99]

스튜어트는 첫번째 전제의 진리를 증명하려는 모든 시도는 증명되어야 할 것을 가정하는 것을 포함한다는 흄의 주장을 받아들인다. 또한 그는 자연 철학이 관계되는 한 인과율에 관한 흄의 분석을 받아들인다. "자연 철학에서 한 사물이 다른 것의 원인이라고 말할 때 우리가 의미하는 것은 그 두 사물이 **항상 연결되어** 있어서 우리가 하나를 볼 때 다른 하나를 기대할 수 있다는 것이다. 우리는 이러한 연결을 오직 경험으로부터 배운다. …"[100] 이런 의미의 원인은 "물리적 원인"이라고 불릴 수 있다. 그러나 또한 필연적 연결을 함축하는 형이상학적 의미의 인과율도 있다. 이런 의미의 원인은 "형이상학적 원인 또는 동력인"이라고 불릴 수 있다. 어떻게 이러한 인과성, 힘 또는 효능의 관념이 획득되는가 하는 문제에 대해 스튜어트는 다음과 같이 말한다. "이 문제에 대한 가장 그럴 듯한 설명은 인과성 또는 힘의 관념은 필연적으로 감각이 그것을 느끼는 존재를 함축하고 사유가 생각하는 존재를 함축하는 것과 다소 유사한 방식으로 변화의 지각에 수반된다는 것인 것 같다."[101] 어쨌든 존재하기 시작한 것은 모두 원인을 가졌음에 틀림없다는 명제의 진리는 직관적으로 지각된다. 이 원리를 적용함에 있어서 스튜어트는 신은 물질 세계에서 항상 작용하는 동력인이므로 물질 세계에서 항상 발생하는 모든 사건은 신의 인과성과 힘의 직접적인 결과라고 기꺼이 인정하려고 한다. 이와 같이 스튜어트는 자연의 과정은 엄밀히 말하면 지속적이고 규칙적이며 일양적인 방식으로 일정한 결과들을 산출하는 신의 의지에 지나지 않는다는 클라크의 견해에 동의한다. 다시 말해서 우리는 자연을 물리학자의 관점에서 볼 수도 있고 형이상학자의 관점에서 볼 수도 있다는

99) 같은 책, 3, 1; VII, p. 11.　　100) 같은 책, 3, 2, 1; VII, p. 24.
101) 같은 책, 3, 2, 1; VII, p. 18.

것이다. 첫번째 경우에는 인과성에 관한 경험주의적 분석만 필요하며, 두번째 경우에 (즉 만약 우리가 물질 세계에서 능동적 힘의 실재를 인정한다면) 우리는 자연적 사건을 신의 작용의 결과로 보아야만 한다. 그러나 이 논증이 설득력을 갖기 위해서는 필연적으로 우리는 자연에서 능동적인 힘과 동력인(이 용어의 스튜어트적인 의미에서)을 식별할 수 없다고 가정해야 한다는 것은 명백하다. 나아가 스튜어트도 주목하듯이 이러한 추론의 흐름은 자연히 신의 유일성을 보여주지는 못한다.

그 다음에 스튜어트는 우리가 지성 또는 설계를 하나의 특별한 목적에 대한 상이한 수단의 "결합"에서 드러나는 것으로 파악하는 것에 관해 고찰한다. 그는 먼저 우리는 설계의 관찰된 증거와 설계자 또는 설계자들 사이의 연결에 관한 직관적인 지식을 갖는다고 주장한다. 하나의 특별한 결과를 산출하기 위한 다양한 수단의 결합이 설계를 함축한다는 것은 경험으로부터 일반화된 것이 아니며 증명될 수 있는 것도 아니다. 우리는 그것의 진리를 직관적으로 지각한다. 둘째로, 스튜어트는 우주에는 설계의 증거들이 있다고 주장한다. 예를 들어 그는 많은 경우에 자연이 인간의 신체적인 피해를 회복시켜 주는 방식을 인용한다. 셋째로, 그는 신의 유일성을 입증해 주는 하나의 일양적인 계획이 있다고 주장한다. 그 다음에 계속해서 그는 신의 도덕적 속성들을 고찰한다.

그의 저작들에서 스튜어트는 자신의 체계를 전개시키는 데서 폭넓은 독서량과 매우 다양한 철학자들에게서 뽑아낸 자료를 사용하는 능력을 보여준다. 그러나 그의 체계의 본질적인 특징들은 주로 리드에게서 유래한다는 것은 명백하다. 때때로 리드를 비판하기는 하지만 스튜어트가 하는 것은 그의 사상을 체계화하고 발전시키는 것이다. 그 자신도 말하듯이 스튜어트는 칸트에 대해서 비교적 아는 것이 거의 없었다. 실로 그는 그 독일 철학자에 대해 어느 정도는 인식하고 있었음을 보여준다. 그리고 그는 칸트가 어렴풋이나마 진리를 파악했다고 인정한다. 그러나 그는 명백히 칸트의 문체에 비위가 상했으며 어리둥절하게 되었다. 《철학 논집》(*Philosophical Essays*)[102]에서 그는 칸

---

102) *Works*, v, pp. 117~118, 각주 ; p. 422 참조.

트의 "스콜라 철학적인 미개성"과 "그가 주의를 돌린 모든 대상을 그
것을 통해 바라보기를 즐기는 스콜라 철학적인 혼미"라고 말한다. 리
드도 그럴 수만 있었다면 칸트로부터 무언가 배울 수 있었을 것이다.
그러나 스튜어트가 보기에 리드가 더 우수한 철학적 사상가였다는 것
은 명백하다.

8. 브라운

우리가 보았듯이 스튜어트와 그에 앞선 리드도 역시 자연 철학이
관계되는 한 흄의 인과율 분석을 받아들였다. 토마스 브라운(Thomas
Brown, 1778 ~ 1820)은 스튜어트의 제자이며 에딘버러의 도덕 철학
교수직의 후임자로 경험주의 방향으로 한층더 나아갔다. 실로 그는
스코틀랜드 상식 철학과 존 스튜어트 밀과 알렉산더 베인의 19세기
경험론을 연결하는 고리로 간주될 수도 있다.

《인과 관계 연구》(*Inquiry into the Relation of Cause and Effect*, 1804,
후에 개정 증보됨)에서 브라운은 원인을 "모든 변화에 바로 앞서며,
유사한 상황에서는 언제나 존재하므로 과거에나 미래에나 항상 즉시
유사한 변화를 수반하는 것"[103]으로 정의한다. 원인의 관념에 연합된
유일한 요소들은 관찰된 연속의 선두라는 것과 불변적인 선행이라는
것이다. 힘이란 단지 "선행하는 것 자체 그리고 그 관계의 불변
성"[104]이라는 표현의 다른 말에 불과하다. 그러므로 "A가 B의 원인
이라 함은 단지 A는 B를 수반하며, 언제나 B를 수반해 왔고, 그래
서 우리는 앞으로도 B를 수반할 것이라고 믿는다는 말에 지나지 않
는다."[105] 마찬가지로 "나는 내 손을 움직일 정신적인 힘이 있다고
함은 나의 신체가 정상적인 상태이고 아무런 외적인 강제가 나에게
가해지지 않을 때 내 손의 움직임은 언제나 그것을 움직이려는 나의
욕구에 뒤따를 것이라는 말에 지나지 않는다."[106] 이와 같이 물리적
현상에서와 마찬가지로 정신적 현상에서도 인과성은 동일한 방식으로

---

103) *Inquiry into the Relation of Cause and Effect*, 1, 1 ; 1835년판, p. 13.
104) 같은 책, 1, 1, p. 14.   105) 같은 책, 1, 3, p. 32.
106) 같은 책, p. 38.

분석될 수 있다.

브라운은 스튜어트가 물리적 원인과 동력인을 구별한 것을 거부한다. "일정한 변화를 수반해 왔고 현재도 수반하며 앞으로도 늘 수반할 **물리적 원인**은 그 변화의 **동력인**이다. 만약 그것이 그 변화의 동력인이 아니라면, 즉각적인 연속의 결과로서 일어나는 특정한 변화의 확실성 이상의 것을 포함하는 동력의 정의가 반드시 주어져야 한다. 인과성은 동력이다. 동력인이 아닌 것은 진정한 원인이 못 된다."[107] 동력인과 물리적 원인의 구별을 옹호하는 사람들은 그것의 본성을 설명함이 없이 단지 그 구별이 존재한다고 주장해 왔다. 신이 만물의 궁극적인 원인이라는 것은 참이다. 그러나 이것이 다른 동력인이 존재하지 않는다고 말할 이유는 되지 못한다.

인과성 분석이 이렇다면 어떻게 브라운이 흄의 추종자가 아니라 "상식" 철학자로 분류되는 것이 정당화되느냐고 묻는 것은 당연하다. 그 대답은 비록 브라운이 인과 관계를 불변적이거나 일양적인 연속으로 보는 흄의 분석을 받아들이기는 하지만, 그는 필연적 연결과 인과성 일반에 대한 우리 신념의 기원에 대한 흄의 설명은 거부한다는 것이다. 브라운에 따르면 습관과 연합의 어떠한 결과에도 선행하는 인과성에 대한 원초적인 신념이 있다. "연속의 규칙성에 대한 신념은 마음의 원초적 원리의 결과이므로 관찰된 전건과 후건이 무엇이었든 지간에 변화를 관찰할 때는 언제든지 그 신념이 발생하며, 그것은 우리가 매순간 범할 위험이 있는 잘못에서 우리를 벗어나게 하기 위해서 우리의 과거 지식에 대한 모든 반작용적 영향력을 필요로 한다."[108] 나아가 "미래의 사건들에서도 유사하게 반복되는 자연의 진행의 일양성은 이성의 결론이 아니라 … 일정한 상황에 처했을 때 마음 속에서 불가피하게 그리고 불가항력적인 확신으로 발생하는 단일한 직관적 판단이다. 이 경우에 참이든 거짓이든간에 이러한 신념이 느껴지는데 그것은 특정한 전건과 후건 사이에 지각된 습관적인 결합의 가능성이 없이도 느껴진다."[109] 자연의 일양성에 대한 신념은 습관과 연합의 결과가 아니다. 그것은 관찰된 연속에 선행한다. 습관적인 연속의 경험은 우리로 하여금 특정한 전건과 그것의 특정한 후건

---

107) 같은 책, 1, 5, p. 89. 108) 같은 책, 4, 2, pp. 286~287.
109) 같은 책, 4, 2, p. 290.

을 결정할 수 있게 해준다. 흄에게서 난점의 소지는 그가 모든 관념을 인상으로부터 유래하는 것으로 규정함으로써 필연적 연결과 자연의 일양성에 대한 신념을 단일한 연속들의 관찰에 의해서 설명할 수밖에 없었던 데에 있다. 그러나 이 신념은 그러한 관찰에 선행하는 것이며 성격상 직관적이다. "동력에 대한 신념을 그러한 원리에 귀속시킴으로써 우리는 그것을 우리가 외부 세계에 대한 신념과 심지어 우리 자신의 자기 동일성에 대한 신념이 의거하고 있다고 상정하는 기초만큼이나 튼튼한 기초 위에 두게 된다."[110] 브라운은 흄의 인과성 분석을 수용하면서 리드나 스튜어트보다 한걸음 더 나아가서 그것을 정신적 영역과 심지어 신의 능력에까지 기꺼이 확장시키려고 한다. 그러나 그는 이러한 수용을 스코틀랜드 상식 철학의 특색이었던 직관적 신념에 관한 이론의 수용과 결합시키고자 노력한다. 그렇게 하면서 그는 리드의 제1원리들을 새롭게 채색한다. 예를 들어 그는 다음과 같이 말한다. "존재하기 시작한 모든 것은 그 존재의 원인을 가졌음에 틀림없다는 명제는 그 자체로 독립적인 공리가 아니며, 모든 변화는 일정한 상황 또는 상황들이 결합된 속에서 그것의 존재에 직접적으로 선행하는 원인을 가졌다는 더욱 일반적인 사유 법칙으로 환원될 수 있다."[111]

그가 죽은 뒤에 출간된 《인간 정신에 관한 철학 강의》(*Lectures on the Philosophy of the Human Mind*)에서 브라운은 정신 현상에 관한 연구를 물리 현상에 관한 연구와 동질화한다. "그것들은 복합적인 것의 분석, 각각 선행하거나 귀결되는 것으로서의 현상들의 연속에 대한 관찰과 정리라는 똑같이 중요한 대상들을 목표로 할 수 있으며 서로 다른 대상을 갖지 않는다."[112] 양자의 경우에 우리의 지식은 현상에 국한된다. "정신의 철학과 물질의 철학은 양자에 있어서 우리의 지식이 단지 현상에 국한된다는 이러한 측면에서 일치한다."[113] 브라운은 물질의 존재나 정신의 존재를 문제삼지 않는다. 그러나 그는 우리가 이 용어들을 각각의 현상의 집합들의 알려지지 않은 원인들을 내포하는

---

110) 같은 책, 4, 7, pp. 377~378.　111) 같은 책, 각주 19, p. 435.
112) *Lectures on the Philosophy of the Human Mind*, Lecture 9 ; I, p. 178, 1824년판.
113) 같은 책, Lecture 10 ; I, p. 194.

것으로 사용한다고 주장한다. 정신과 물질에 대한 우리의 지식은 상대적이다. 우리는 물질이 우리에게 영향을 미치기 때문에 그것을 알며, 우리가 의식하는 다양한 정신 현상을 통해 정신을 안다. 그러므로 정신 과학은 그것이 우리에게 열려져 있는 한 정신에 대한 분석이며 이러한 현상들 내에서의 인과적 연속, 즉 규칙적 연속에 대한 관찰과 체계적 정리가 될 것이다.

하지만 이러한 프로그램을 발표하는 것이 브라운이 일차적 진리들 또는 직관적 원리들에 대한 신념을 포기했다는 것을 의미하는 것은 아니다. 실로 그는 그러한 원리들의 주장은 "내가 리드 박사와 다른 몇몇의 스코틀랜드 철학자들, 그의 동시대인들과 친구들의 저작들에서 그런 경우를 보았던 것과 같은 터무니없고 우스꽝스러운 길이"[114] 에 도달될 수 있다고 말한다. 이러한 습관에 빠지면 그것은 정신의 나태함을 고무할 뿐이다. 그러나 "적어도 그러한 원리들이 진정으로 우리 정신의 본성이라는 것은 확실하다."[115] 브라운은 그러한 원리들의 목록을 제시하려고 하지는 않지만 신념의 제 1 원리들 중에서 "내가 우리의 자기 동일성에 대한 확신이 그것에 기초하고 있다고 생각하는 것"[116]에 대해 말한다. 영속적 존재로서의 우리의 자기 동일성에 대한 신념은 보편적이며 불가항력적이고 직접적이다. 또한 그것은 추론에 선행하거나 그것에 전제되어 있다. 그러므로 그것은 직관적인 신념이다. 브라운은 그것은 "우리가 기억 속에 심어 놓은 신앙의 또 다른 형태"[117]라고 본다. 그것은 "우리의 본성적 구조의 본질적 원리에 기초해 있으며, 그것의 결과로 우리가 우리의 연속적 느낌들[118]을 진정으로 생각하는 실체의 연속적 느낌, 상태 또는 감정으로 여기지 않고 그것들을 고찰하는 것은 불가능하다."[119]

동일한 강의에서 브라운은 "관념 이론"에 대한 리드의 반박을 활발하게 비판한다. 그가 보기에 리드는 대다수의 철학자들이 그들 자신은 사실상 주장하지 않았던 견해, 즉 관념은 지각과 지각된 것 사이

---

114) 같은 책, Lecture 13 ; I, p. 265.
115) 같은 책, Lecture 13 ; I, p. 268. 116) 같은 책, 같은 면.
117) 같은 책, Lecture 13 ; I, p. 273.
118) 브라운은 "느낌"이라는 낱말을 매우 넓은 의미로 사용한다.
119) 같은 책, Lecture 13 ; I, p. 275.

502

의 중간적 위치를 차지하는 실체라는 견해를 주장하는 것으로 여겼
다. 실은 이 철학자들은 관념을 지각 자체로 이해했다는 것이 브라운
의 주장이다. 나아가 그는 우리가 직접적으로 아는 것은 독립된 물질
적 세계가 아니라 감각이며 지각이라는 이 철학자들의 견해에 동의하
고 있음을 깨닫게 된다. 감각이 외적인 원인 탓으로 돌려질 때 그것
은 지각이라고 불린다. 그러므로 그것의 결과로 감각에 새로운 이름
이 부여되는 이 준거는 과연 무엇인가 하는 물음이 발생한다. 브라운
에 따르면, "그 준거란 그것의 현전이 지금 다시 그것에 준거하고 있
는 그 특정한 감각에 수반된다는 것이 이미 알려진 어떤 연장적이며
저항하는 대상에 대한 암시이다."[120] 다시 말해서 물질에 대한 우리
의 일차적 지식은 촉각에 기인한다. 더 정확히 말해서 그것은 근육의
감각에 기인한다. 어린 아이는 저항에 부딪치면 인과성의 원리에 인
도되어 자기가 아닌 다른 어떤 것이 그 저항의 원인이라는 것을 알게
된다. 브라운은 근육의 감각과 일반적으로 촉감에 속하는 것으로 여
겨지는 다른 느낌들을 구별한다. "저항의 느낌은 촉감이 아니라 근육
조직에 기인한다고 생각된다. 나는 너에게 이미 이것이 다른 감각 기
관이라는 것을 수차례에 걸쳐 주의시킨 바 있다."[121] 연장성의 개념
은 조만간 알려지는 것처럼 본래 근육의 감각에 기인한다. 어린 아이
가 천천히 팔을 뻗치거나 주먹을 쥐면 그는 일련의 느낌들을 갖게 되
는데 이것이 그에게 길이의 개념을 준다. 폭과 깊이의 개념도 유사한
방식으로 설명될 수 있다. 그러나 독립적인 물질적 실재에 대한 신념
에 도달하기 위해서는 저항에 대한 근육의 느낌이 연장성의 개념에
덧붙여져야 한다. "연장성과 저항, 이러한 단순 개념들을 우리 자신
이 아닌 어떤 것에 결합시키는 것과 물질의 개념을 갖는 것은 정확하
게 동일한 것이다."[122] 연장성과 저항의 느낌은 외적인 물질적 세계
에 준거하고 있다. 그러나 그 자체로 고려된 이 독립적인 세계는 우
리에게 알려지지 않는다.

지금까지 언급된 것을 보면 브라운이 단지 리드와 스튜어트의 입장
을 계속하고 있었던 것은 결코 아니라는 것이 명백하다. 실로 그는

120) 같은 책, Lecture 25 ; I, p. 546.
121) 같은 책, Lecture 22 ; I, p. 460.
122) 같은 책, Lecture 24 ; I, p. 508.

빈번히 그들의 견해에 대해 비판적인 태도를 취했다. 그렇다면 우리
는 그의 윤리적 고찰에서도 마찬가지로 엄격한 독립성을 보여주리라
고 기대할 수 있을 것이다. 브라운의 생각으로는 도덕 철학은 그것을
행하는 사람들에게는 정밀한 분석의 결과처럼 보였지만 단지 말에 관
한 것에 불과했던 그러한 구별로 곤란을 겪어 왔다. 예를 들어 어떤
사람들은 무엇이 행위를 덕스럽게 하는가, 무엇이 어떤 행위를 수행
할 도덕적 의무를 구성하는가, 그리고 무엇이 그러한 행위자의 장점
을 구성하는가 하는 문제들을 상이한 문제들이라고 생각했다. 그러나
"우리가 고려하고 있는 어떤 행위가 옳거나 그르다고 말하는 것은 그
것을 행한 사람이 도덕적 장점이나 단점을 갖고 있다고 말하는 것과
정확히 같은 것이다."[123] "장점을 갖는 것과 덕스러운 것, 의무를 행
한 것, 의무에 따라 행위한 것—이 모든 것은 마음의 한 가지 느낌,
즉 덕스러운 행위들에 대한 고찰에 수반되는 시인의 느낌에 준거한
다. 이미 말했듯이 그것들은 한 가지 단순한 진리, 즉 우리가 특정한
경우에 행한 것처럼 행위하는 어떤 사람을 응시하는 것이 도덕적 시
인의 느낌을 유발한다는 진리를 말하는 서로 다른 방식들에 불과하
다."[124] 물론 왜 이런 저런 식으로 행위하는 것이 우리에게 덕스러운
것으로 보이는가, 왜 우리는 의무의 느낌을 갖는가 등등의 물음이 있
을 수 있다. 그러나 "우리가 이 물음들에 대하여 할 수 있는 대답은
한결같다. 그것은 우리가 행위를 고찰할 때 반드시 다음과 같은 느
낌, 즉 이런 식으로 행위함에 있어서 우리는 우리 자신을, 그리고 타
인들은 우리를 시인의 감정으로 바라볼 것이며, 만약 다른 식으로 행
위한다면 우리는 우리 자신을, 그리고 타인들은 우리를 혐오감을 갖
거나 아니면 적어도 비난의 감정으로 바라볼 것이라는 느낌을 가질
수밖에 없다는 것이다."[125] 설령 우리가 어떤 행위를 그것이 공익을
지향하거나 또는 신의 의지를 뜻하기 때문에 덕스럽다고 간주한다고
말한다 해도 유사한 물음이 되풀이될 것이며 또한 유사한 대답이 주
어져야만 할 것이다. 확실히 우리는 어떤 특정한 행위자와도 별도로
행위 그 자체를 고찰할 수 있으며 또 그렇게 한다. 또한 우리는 덕스

---

123) 같은 책, Lecture 73 ; III, p. 529.
124) 같은 책, Lecturc 73 ; III, p. 532.
125) 같은 책, Lecture 73 ; III, p. 533.

러운 성질이나 성향을 그 자체로 고찰할 수 있으며 또 그렇게 한다. 그러나 여기에는 추상 작용이 있게 되며, 그것은 의심할 바 없이 유용한 것이기는 하지만 여전히 추상 작용이다.

하지만 브라운은 그가 왜 우리는 어떤 행위를 수행할 의무를 느끼는가 하고 묻는 것은 헛된 일이라고 말할 때 자신은 마음의 본성에 관한 탐구를 말하고 있는 것이라고 주장한다. 만약 우리가 마음 자체를 뛰어넘어서 본다면 우리는 대답을 찾을 수 있을 것이다. 자연의 일양성에 대한 우리의 신념의 경우가 우리에게 유사한 상황을 제공한다. 만약 우리가 마음만을 고찰한다면 우리는 왜 미래의 사건들이 과거의 사건들과 유사하리라고 기대하는지 말할 수 없다. 우리는 다만 마음이 그렇게 구성되어 있다고 말할 수 있을 뿐이다. 그러나 왜 마음이 그렇게 구성되어 있는가 하는 것에 대한 명백한 이유는 없다. 예를 들어 만약 우리가 그 반대로 바라는 대로 구성되어 있다면 우리는 살아갈 수 없으며, 미래에 대비할 수도 없고, 과거의 경험에서 배운 것에 의해서 위험을 피할 조치를 취할 수도 없을 것이다. 마찬가지로 만약 우리가 도덕적 시인과 비난의 느낌을 갖고 있지 않다면, 아무런 덕이나 악덕, 신이나 인간에 대한 사랑도 존재하지 않는다면, 인간의 삶은 극도로 비참해질 것이다. "이런 의미에서 우리는 왜 우리의 마음이 이런 감정을 갖도록 구성되었는지 안다. 모든 다른 탐구가 궁극적으로 그렇듯이 우리는 우리의 탐구를 통해 우리를 창조한 자의 선한 섭리를 깨닫게 된다."126)

도덕적 시인에 대한 견해가 이렇다면 도덕에 대한 흄의 공리주의적인 해석은 당연히 브라운에 의해서 거부된다. "덕스러운 행위는 모두 어느 정도는 세상의 이익에 이바지한다는 것은 물론 의심할 바 없는 사실이다."127) 그러나 "우리 자신이 행위자이든 아니면 단지 타인의 행위를 고찰하는 것이든간에 우리가 그 행위들을 덕스러운 것으로 시인하는 것은 단지 그것들이 유용하기 때문은 아니다. 어느 경우에서나 유용성은 도덕적 시인의 척도가 되지 못한다. …"128) 그것에 대해서는 공익에 대한 기여 자체가 도덕적 시인의 대상이다. 흄과 같은

126) 같은 책, Lecture 73 ; III, p. 543.
127) 같은 책, Lecture 77 ; IV, p. 29.
128) 같은 책, Lecture 77 ; IV, p. 51.

사상가들이 도덕에 대한 공리주의적인 해석에 쉽게 빠져드는 이유는 "덕과 유용성 사이에 독립적으로 예정된 관계"[129], 즉 신에 의해 수립된 관계가 있다고 생각하기 때문이다.

이것은 브라운이 도덕감 이론을 받아들인다는 것을 뜻하는가? 우리는 의심할 바 없이 도덕적 느낌에 대한 감수성을 갖고 있으므로 만약 "감각"이라는 낱말이 단순히 감수성을 의미한다면 우리는 도덕감을 인정할 수 있을 것이다. 하지만 이 경우에 우리는 구별할 수 있는 여러 종류의 느낌들이 있는 것만큼이나 많은 "감각들"을 인정해야만 한다. 그러나 도덕감주의자들은 "감각"을 단순한 감수성 이상의 어떤 것으로 이해했다. 그들은 시각과 촉각 같은 다양한 감각과 유사한 독특한 도덕감을 생각하고 있었다. 브라운은 "철학적 의미에서의 지각 또는 감각과 '도덕감'이라는 낱말에서 어떤 특별한 유사성도 발견할 수 없다. 그러므로 나는 이 낱말이 반드시 암시할 수밖에 없는 잘못된 유추로부터 행위의 원초적인 도덕적 차이에 관한 논쟁에 매우 유감스러운 영향을 미쳤다고 생각한다"[130]고 말한다. 허치슨의 중대한 실수는 외부 사물이 우리에게 색깔, 모양, 딱딱함의 관념을 주는 것과 동일한 방식으로 우리 안에 도덕적 성질의 관념들을 일으키는 어떤 도덕적 성질들이 행위 안에 존재한다고 믿은 데에 있었다. 그러나 옳고 그름은 사물의 성질들이 아니다. "그것들은 단지 관계를 표현하는 낱말들이며, 관계는 대상이나 사물의 현존하는 부분이 아니다.… 덕스럽거나 사악한 행위자와 무관하게 존재하는 옳거나 그름, 덕이나 악덕, 장점이나 단점 같은 것은 존재하지 않는다. 마찬가지로 만약 어떤 행위에 대한 응시로부터 발생하는 도덕적 감정들이 없었다면 단지 이 감정들에 대한 관계를 표현하는 덕, 악덕, 장점이나 단점도 없었을 것이다."[131]

몇몇 철학자들이 범하기 일쑤였던 또하나의 오류가 있다. 미적 정서를 고찰할 때 그들은 말하자면 모든 아름다운 사물들 안에 퍼져 있는 보편적인 아름다움이 존재한다고 생각한다. 마찬가지로 그들은 모든 덕스러운 행위들 안에 퍼져 있는 하나의 보편적인 덕이 있음에

---

129) 같은 책, Lecture 77 ; IV, p. 54.
130) 같은 책, Lecture 82 ; IV, pp. 149~150.
131) 같은 책, Lecture 82 ; IV, pp. 161~162.

틀림없다고 상상해 왔다. 따라서 어떤 사람들은 자비심을 보편적인 덕이라고 생각했다. "하지만 내가 이미 반복해서 말했듯이 덕은 존재하지 않는다. 다만 덕스러운 행위가 존재할 뿐이다. 또는 한층더 정확하게 말하자면 오직 덕스러운 행위자가 존재할 뿐이다. 그리고 도덕적인 존중의 감정을 일으키는 것은 한 가지 일양적인 방식으로 행위하는 단지 한 명의 덕스러운 행위자 또는 다수의 덕스러운 행위자들이 아니라 서로 다른 많은 방식—우리가 했을지도 모르는 일반화와 분류의 실재적인 또는 상상적인 단순성 때문에 그것들 자체가 덜 차이가 나는 것은 아닌 그러한 서로 다른 방식—으로 행위하는 행위자들이다."[132] 물론 브라운은 우리가 일반화하고 분류할 수 있다는 것을 부인하지는 않는다. 그러나 그는 모든 덕스러운 행위들을 한 부류로 환원하려는 어떠한 시도도 거부한다.

　브라운의 "경험주의적" 경향은 그가 신의 존재에 관한 증거에 대해 말해야 하는 것에서 나타난다. 그는 이 문제에 관한 모든 선험적 추론, 그리고 그가 물리적 논증이라고 부르는 것이라고 환원될 수 있는 것을 제외한 모든 형이상학적 논증을 거부한다고 여러 번 말한다. "보통 형이상학적이라고 불리는 논증들이 물리적 논증의 묵시적인 가정 아래 진행되지 않는 한, 나는 항상 그것들을 절대적으로 무력한 것으로 간주해 왔다."[133] 브라운에게서 물리적 논증이란 설계로부터의 논증을 뜻한다. "우주는 명백한 설계의 흔적을 보여주고 있으며 따라서 그것은 스스로 존재하는 것이 아니라 설계하는 정신의 작품이다. 그러므로 설계하는 위대한 정신이 존재한다."[134] 브라운은 우주가 관계들의 조화를 보여주고 있으며 이런 조화를 지각하는 것은 곧 설계를 지각하는 것이라고 주장한다. "다시 말해서 우리가 부분들끼리의 조화와 그 결과들 상호간의 조화는 반드시 어떤 설계하는 정신에 기원을 두었음에 틀림없다는 것을 직접적으로 느끼지 않고 그것들을 지각하기는 불가능하다."[135] 그러나 브라운은 이러한 논증도 역시 우주의 창조자 또는 조물주로서의 신의 존재를 보여준다고 당연하게

132) 같은 책, Lecture 82 ; IV, p. 169.
133) 같은 책, Lecture 93 ; IV, p. 387.
134) 같은 책, Lecture 92 ; IV, p. 369.
135) 같은 책, Lecture 93 ; IV, pp. 387~388.

생각하는 것 같다. 그는 설계로부터의 논증은 그것 자체로 볼 때 설계자가 존재한다는 것만 보여줄 뿐 엄격한 의미에서 창조자가 존재한다는 것을 보여주지는 못한다는 것을 깨닫지 못하는 것 같다.

신의 유일성에 대해서 말할 때에도 브라운은 모든 형이상학적 논증을 기껏해야 "아무 것도 의미하거나 또는 증명하지도 못하는 성가신 말장난"[136]이라고 거부한다. 따라서 우리가 증명할 수 있는 신의 유일성은 "우주의 체계에서 찾을 수 있는 하나의 설계와 전적으로 관련된다."[137] 이러한 반형이상학적 태도는 그가 신의 선함에 관해 다룰 때에도 나타난다. 신이 악하지 않다는 것은 "자비로운 의도의 흔적들이 훨씬더 많은 부분을 차지한다는 것에 의해 충분히 입증된다."[138] 바꾸어 말하면 브라운은 만약 우리가 우주에서 선과 악의 비율을 따져 본다면 전자가 후자를 능가한다는 것을 알게 될 것이라고 주장한다. 신의 도덕적 선에 관해서 말하자면 그의 인격은 그가 인간에게 도덕적 느낌을 선사했다는 데서 명백히 드러난다. 그리고 우리는 우리의 바로 그 본성에 의해 우리가 도덕적 시인이나 비난의 감정을 갖고 바라보는 것을 "모든 인류에게뿐만 아니라 우리가 행위를 응시할 수 있다고 상상하는 모든 존재, 그리고 특히 가장 민첩하게 지각하고 인식하므로 우리가 생각하기에 바로 그 우수한 분별력으로 가장 민첩하게 시인하고 비난할 것임에 틀림없는 존재에 대해서도 역시 시인이나 비난의 대상"[139]이라고 간주하게 된다.

만약 어떤 사람이 브라운이 거부하는 종류의 형이상학적 논증을 받아들인다면 명백히 그는 브라운의 자연 철학을 그의 철학의 가장 취약한 부분 중의 하나 또는 그야말로 가장 취약한 부분을 구성하는 것으로 여길 것이다. 하지만 만약 그가 신에 관한 명제들을 기껏해야 경험적 가설들일 뿐이라고 생각한다면, 그는 설령 브라운의 논증을 설득력있는 것으로 보지는 않는다 하더라도 아마도 브라운의 일반적인 태도에는 공감할 것이다.

---

136) 같은 책, Lecture 93 ; IV, p. 391.
137) 같은 책, 같은 면.
138) 같은 책, Lecture 93 ; IV, p. 407.
139) 같은 책, Lecture 95 ; IV, p. 444.

9. 맺음말

스코틀랜드 상식 철학자들에 대한 칸트의 견해는 그리 훌륭한 것은 못 된다. 《미래의 모든 형이상학을 위한 서설》(*Prolegomena to any Future Metaphysic*)의 서론에 있는 그들에 관한 그의 논평은 종종 인용되어 왔다. 칸트에 따르면 리드, 오스왈드, 비티와 같은 흄의 반대자들은 전혀 논점을 맞추지 못했다. 왜냐하면 그들은 그가 의심했던 것을 가정했으며 그가 논의할 생각도 하지 않았던 것을 증명하고자 했기 때문이다. 나아가 그들은 마치 신탁에 호소하는 것처럼 상식에 호소했으며 자신들의 의견을 결코 합리적으로 정당화할 수 없을 때 그것을 진리의 기준으로 사용했다. 어쨌든 "나는 흄이 비티만큼 상당히 강력하게 건전한 감각의 권리를 주장했으며, 게다가 또 비티가 갖지 못했던 비판적 오성의 권리를 주장했을지도 모르다고 생각한다. …"

이러한 판단은 의심할 바 없이 주로 비티의 업적에 의해 불어 넣어진 것이었으나 그는 스코틀랜드 학파의 최고의 대표자는 결코 아니었다. 하지만 칸트의 논평이 어느 정도 정당하다는 것은 명백하다. 결국 그 자신이 스코틀랜드 철학자인 브라운이 범할 수 없는 수많은 상식의 제1원리들을 규정하는 것은 바람직하지 못하다는 것에 주목하게 되었다. 우리는 이러한 독단적인 방식으로 비판적 분석을 제한할 수는 없다. 나아가 스튜어트와 브라운은 흄이 종종 초기의 전통적인 상식 철학자들에 의해 잘못 이해되었음을 지적했다. 그리고 그들이 그렇게 한 것은 정당했다.

나아가 스코틀랜드 상식 철학의 전개는 칸트의 비판이 온당하다는 경험적 증거를 제공하는 것처럼 보일 수도 있다. 왜냐하면 우리가 보았듯이 적어도 상당 부분이 흄의 이론에 대한 강한 반동으로서 출발했던 이 운동은 점차적으로 여러 중요한 논점들에서 흄의 철학에 더욱 가까워졌기 때문이다. 게다가 브라운의 몇몇 입장들로부터 밀의 입장에 이르기까지 어떠한 커다란 진전도 없었다. 예를 들어 브라운은 독립적인 물질 세계의 존재를 단언하기는 했지만 그가 보기에 물질 자체는 우리에게 알려질 수 없는 것이었다. 우리는 감각과 독립적인 물질 세계에 대한 신념이 획득된 연장성의 개념과 저항에 대한 근육의 경험에 의해 획득된 외적 준거의 개념과의 결합을 통해 발생한 다는 것을 안다. 이러한 입장과 영원한 감각 가능성으로서의 세계라 는 밀의 견해가 그렇게 큰 차이가 나는 것은 아니다. 따라서 상식 학 파 내에서 발전된 비판적 분석의 수용에 비례해서 이 철학은 더욱더 경험주의에 접근했으며, 이것은 칸트가 공격했던 그 초기의 형태에 그 철학을 유지할 수 없는 특성이 있었음을 보여주는 것이라고 할 수 있다.

하지만 상식 철학이 그 자체의 어떤 주장을 갖고 있었음은 명백하 다. "관념 이론"에 대한 리드의 공격이 전적으로 논점을 벗어난 것은 아니었다. 브라운이 지적하듯이 리드는 관념을 지각한다고 말하는 철 학자들을 마치 그들 모두가 한결같이 동일한 이론, 즉 우리가 지각하 는 관념은 마음과 사물 사이의 중간적 실체라고 주장하고 있는 것처 럼 취급하는 경향이 있었다는 것은 사실이다. 이러한 해석은 예를 들 어 감각적 사물을 "관념"이라고 불렀던 버클리에게는 적합하지 못하 다. 그러나 만약 우리가 로크가 말하는 여러 방식들 중의 한 방식에 전념한다면 이 해석을 로크에게 적용할 수는 있다. 어쨌든 관념이라 는 말은 부적당하며 이 말을 사용한 철학자들은 그들 자신의 말하는 방식의 희생자가 되었다. 그리고 리드가 하고 있었던 것은 철학자들 에게 상식의 입장을 상기시키고, "관념"과 "지각" 같은 용어들의 의 미를 주의깊게 한계지을 필요가 있다는 것을 강조한 것이었다고 할 수 있다. 게다가 리드가 로크와 흄의 인식론적 원자론에 반대하고 판 단의 근본적인 역할에 주목해서 인식의 그러한 가정된 요소들은 더 큰 전체로부터 분석적 추상 작용에 의해 획득된다고 주장할 때, 그는 확실히 주목을 받을 만한 관점을 주장하고 있는 것이다.

나는 일반적으로 상식을 상기시키는 것에 관해서 약간의 구별이 있 어야 한다고 생각한다. 스코틀랜드 철학자들이 우리는 상식적 경험에 상충되거나 삶에 필수적인 신념과 전제들에 명백히 모순되는 이론들 을 의심해 보아야 한다고 제안하고 있는 한에서 그들의 관점은 온당 했다. 그러나 비티와 같은 사람들은 흄이 자연적 신념을 거부하거나 상식의 관점을 부인하는 데 관계하지 않았다는 사실을 이해했던 것 같지는 않다. 그는 이러한 신념을 지지하기 위해 예증될 수 있는 이 론적 이유들을 검토하는 것에 관심을 가졌다. 그리고 그가 어떠한 타당한 이론적인 이유나 증명도 제시될 수 없다고 생각했을 때조차도 그는 이러한 신념들을 포기해야 한다고 주장하지는 않았다. 실로 그의 관점은 실제로 신념이 비판적 이성의 해소적 결과들보다 우세해야 한다는 것이었다. 이 때문에 흄에 대한 스코틀랜드 철학자들의 비판은 종종 논점을 아주 벗어났던 것이다. 특히 상식의 원리들을 인간 정신의 피할 수 없는 성향을 드러내는 것으로 묘사하려는 경향이었을 때 방대한 수의 상식 원리들을 제시하는 것은 충분하지 못했다. 그들이 흄을 반박하기를 원했다면 그들은 흄이 연합의 도움으로 설명했던 자연적 신념의 타당성이 이론적으로 증명될 수 있음을 보여주거나 또는 소위 상식의 원리들이 실제로 직관적으로 지각되는 자명한 이성적 원리들임을 밝혔어야 했다. 아니 더 정확하게 말해서 그들은 후자에 전념했어야 했다. 왜냐하면 그들이 보기에 상식의 제1원리들은 증명될 수 없는 것이었기 때문이다. 단지 그 원리들을 주장하는 것만으로는 충분하지 못하다. 왜냐하면 흄이 적어도 어떤 경우에는 소위 상식의 원리들이라는 것이 실제 생활에 필수적이기는 하지만 철학적으로는 증명될 수 없고 다만 심리학적으로 설명될 수 있는 자연적 신념을 나타낸 것이라고 응수할 수도 있었기 때문이다. 스코틀랜드 상식 철학이 19세기에 와서 한편으로 경험론에 의해서, 다른 한편으로는 관념론에 의해서 빛을 잃게 되었다는 것이 전혀 뜻밖의 일은 아니다. 상식 철학과 유사한 어떤 것이 현대 영국 사상의 전면에 다시 나타났을 때 그것은 새로운 형태, 즉 언어 분석이라는 형태를 취했다.

　스코틀랜드의 동향이 유럽 대륙에서 성과를 거두지 못했던 것은 아니다. 특히 빅토르 쿠생(Victor Cousin, 1792~1867)에 의해 그것은 한동안 프랑스의 공식 철학이었던 것에 매우 커다란 영향을 미쳤다. 스코틀랜드의 동향에 영향받은 프랑스 철학자들은 칸트의 비판적 논평을 불러일으켰던 특징들 이상의 것을 보았다. 예를 들면 그들은 윤리적이며 실천적인 문제에 정신을 쏟는 것, 실험적 방법의 사용, 추상적 사변이 아니라 쓸모 있는 사실적 자료에 주목하는 경향을 보았으며 또한 이것들에 찬성했다. 그리고 어떤 의미에서 스코틀랜드 사상가들이 그들의 위대한 동포였던 흄보다 철학을 놀이로 보는 경향이 적었음은 사실이다. 물론 흄에게서 철학은 놀이에 불과했다고 말하는 것은 오해를 일으킬 만한 것일 것이다. 예를 들어 그는 분석적이고 비판적인 철학은 광신과 불관용을 줄이는 강력한 도구가 될 수 있다고 생각했다. 또한 적극적인 측면에서 그는 갈릴레이와 뉴턴의 물리학에 견줄 만한 인간학의 발생을 마음에 그렸다. 그렇지만 그는 때때로 특히 리드에게 그의 철학의 더욱 파괴적인 측면으로 보였던 것에서 자신의 철학을 실제의 생활과 거의 무관하다고 생각되는 것에 대한 연구의 문제라고 말했다. 하지만 리드와 스튜어트는 철학을 명백히 인간의 윤리적이며 정치적인 삶을 위해 중요한 것으로 여겼다. 그리고 그들은 왜 사람들이 그들이 하듯이 그렇게 생각하고 말하는가 하는 것을 탐구하는 일뿐만 아니라 사람들이 귀중한 것으로 여기는 신념들을 강화하는 일에도 관계했다. 철학을 삶의 안내자로 보는 데 익숙해져 있는 프랑스 찬미자들은 그들의 사상에서 이런 요소를 마음에 들어 했다.

흄에 대한 공격에 관련된 리드의 중요한 주장은 흄이 그의 선배들이 세운 전제들로부터 귀결되는 결론들을 명료하고 일관된 방식으로 이끌어냈을 뿐이라는 것이었다. 이와 같이 그는 고전적 영국 경험론의 전개에 대한 일반적이고 영향력 있는 해석에 대해 부분적으로 책임이 있다. 적어도 참신한 가정이 마련되어야 하며 인간의 인식적인 삶과 도덕적이며 미적인 판단들에 대한 참신한 설명이 필요하다고 생각했다는 점에서 어느 정도까지는 칸트도 그와 같이 주장했다. 그러나 흄은 부분적으로 리드뿐만 아니라 칸트에게도 출발점을 제공했는데 철학사에서는 그 상식 철학자보다 칸트가 훨씬더 중요하다. 그리고 그의 체계는 다음 권에서 꽤 상세하게 다루어질 것이다.

참고문헌

총평과 일반적인 저작들은 제4권 《데카르트에서 라이프니츠까지》의 맨 뒤에 있는 참고 문헌을 참조.

제1~2장 토마스 홉즈

원저작

Hobbes: Opera philosophica quae latine scripsit, ed. W. Molesworth, 전5권, London, 1839~1845.

The English Works of Thomas Hobbes, ed. W. Molesworth, 전11권, London, 1839~1845.

The Metaphysical System of Hobbes, Selections edited by M.W. Calkins, Chicago, 1905.

Hobbes: Selections, ed. F.J.E. Woodbridge, New York, 1930.

The Elements of Law, Natural and Politic (together with *A Short Treatise on First Principles* and parts of the *Tractatus Opticus*), ed. F. Tönnies, Cambridge, 1928(제2판).

De Cive or the The Citizen, ed. S.P. Lamprecht, New York, 1949.

Leviathan, ed. with an introduction by M. Oakeshott, Oxford, 1946.

Leviathan, with an introduction by A.D. Lindsay, London (*E.L.*).

Of Liberty and Necessity,　ed. with an introduction and notes by Cay von Brock-
dorff, Kiel, 1938.

연구서

Battelli, G., *Le dottrine politiche dell' Hobbes e dello Spinoza*, Florence, 1904.

Bowle, J., *Hobbes and His Critics: A Study of Seventeenth-Century Constitutionalism*,
London, 1951.

Brandt, F.,*Thomas Hobbes' Mechanical Conception of Nature*, London, 1928.

Brockdorff, Cay von., *Hobbes als Philosoph, Pädagoge und Soziologe*, Kiel, 1929.

──────, *Die Urform der Computatio sive Logica des Hobbes*, Kiel, 1934.

Gooch, G.P., *Hobbes*, London, 1940.

Gough, J.W., *The Social Contract: A Critical Study of Its Development*, Oxford, 1936
(개정판, 1956).

Hönigswald, R., *Hobbes und die Staatsphilosophie*, Munich, 1924.

Laird, J., *Hobbes*, London, 1934.

Landry, B., *Hobbes*, Paris, 1930.

Levi, A., *La flosofa di Tommaso Hobbes*, Milan, 1929.

Lyon, G., *La philosophie de Hobbes*, Paris, 1893.

Polin, R., *Politique et philosophie chez Thomas Hobbes*, Paris, 1953.

Robertson, G.C., *Hobbes*, Edinburgh and London, 1886.

Rossi, M.M., *Alle fonti del deismo e del materialismo moderno. 1, Le origini del deismo.
2, L'evoluzione del pensiero di Hobbes*, Florence, 1942.

Stephen, L., *Hobbes*, London, 1904.

Strauss, L., *The Political Philosophy of Hobbes*, trans. E.M. Sinclair, Oxford, 1936.

Taylor, A.E., *Thomas Hobbes*, London, 1908.

Tönnies, F., *Thomas Hobbes: Leben und Lehre*, Stuttgart, 1925(제 3 판).

Vialatoux, J., *La cité de Hobbes. Théorie de l'État totalitaire. Essai sur la conception
naturaliste de la civilisation*, Paris, 1935.

제 3 장　허버트 경과 케임브리지 플라톤주의자

1. 허버트 경

원저작

The Autobiography of Edward, Lord Herbert of Cherbury, with introduction and notes by S.L. Lee, London, 1886.

Tractatus de veritate, London, 1633.

De veritate, trans. with an introduction by M.H. Carré, Bristol, 1937.

De causis errorum, London, 1645.

De religione gentilium, Amsterdam, 1663 and 1670, London, 1705.

De religione laici, trans. with a critical discussion of Lord Herbert's life and philosophy and a comprehensive bibliography of his works by H.R. Hutcheson. New Haven (U.S.A.) and London, 1944.

A Dialogue between a Tutor and His Pupil, London, 1768.

연구서

De Rémusat, C., *Lord Herbert of Cherbury, sa vie et ses oeuvres*, Paris, 1853.

Güttler, C., *Edward, Lord Herbert of Cherbury*, Munich, 1897.

Köttich, R.G., *Die Lehre von den angeborenen Ideen seit Herbert von Cherbury*, Berlin, 1917.

2. 커드워스

원저작

The True Intellectual System of the Universe, London, 1743 (전 2 권), 1846 (전 3 권). There is an edition (London, 1845) by J. Harrison with a translation from the Latin of Mosheim's notes.

Treatise concerning Eternal and Immutable Morality, London, 1731.

A Treatise of Free Will, ed. J. Allen, London, 1838.

연구서

Aspelin, G., *Cudworth's Interpretation of Greek Philosophy*, Bonn, 1935.

Beyer, J., *Cudworth*, Bonn, 1935.

Lowrey, C.E., *The Philosophy of Ralph Cudworth*, New York, 1884.

Passmore, J.A., *Cudworth, an Interpretation*, Cambridge, 1950.

Scott, W.R., *An Introduction to Cudworth's Treatise*, London, 1891.

3. 헨리 모어

원저작

Opera omnia, 전 3 권, London, 1679.

516

Enchiridion metaphysicum, London, 1671.

Enchiridion ethicum, London, 1667.

The Philosophical Writings of Henry More, Selected by F.I. Mackinnon, New York, 1925.

연구서

Reimann, H., *Henry Mores Bedeutung für die Gegenwart. Sein Kampf für Wirken und Freiheit des Geistes*, Basel, 1941.

4. 리처드 컴버랜드

원저작

De legibus naturae disquisitio philosophica, London, 1672, English trans. J. Maxwell, London, 1727.

연구서

Payne, S., *Account of the Life and Writings of Richard Cumberland*, London, 1720.

Spaulding, F.E., *Richard Cumberland als Begründer der englischen Ethik*, Leipzig, 1894.

5. 다른 저작

원저작

The Cambridge Platonists,   Selections from Whichcote, Smith and Culverwel, ed. E.T. Campagnac, London, 1901.

연구서

Cassirer, E., *The Platonic Renaissance in England*, Trans. J.P. Pettegrove, Edinburgh and London, 1953.

De Pauley, W.C., *The Candle of the Lord: Studies in the Cambridge Platonists*, New York, 1937.

De Sola Pinto, V., *Peter Sterry; Platonist and Puritan, 1613~1672. A Biographical and Critical Study with Passages selected from His Writings*, Cambridge, 1934.

Mackinnon, F.I., *The Philosophy of John Norris*, New York, 1910.

Muirhead, J.H., *The Platonic Tradition in Anglo-Saxon Philosophy*, London, 1920.

Powicke. F.J., *The Cambridge Platonists: A Study*, London, 1926.

Tulloch, J., *Rational Theology and Christian Philosophy in England in the Seventeenth Century: II, The Cambridge Platonists*, Edinburgh and London, 1872.

제4~7장 존 로크

원저작

The Works of John Locke, 전 9권, London, 1853.

The Philosophical Works of John Locke (*On the Conduct of the Understanding, An Essay concerning Human Understanding, the controversy with Stillingfleet, An Examination of Malebranche's Opinion, Elements of Natural Philosophy and Some Thoughts concerning Reading*), ed. J.A.St. John, 전 2권, London, 1854, 1908.

Locke: Selections, ed. S.P. Lamprecht, New York, 1928.

An Essay concerning Human Understanding, ed. with introduction and notes by A.C. Fraser, 전 2권, Oxford, 1894.

An Essay concerning Human Understanding, Abridged and edited by A.S. Pringle-Pattison, Oxford, 1924.

An Essay concerning Human Understanding, Abridged and edited by R.Wilburn, London (*E.L.*).

An Early Draft of Locke's Essay, together with Excerpts from His Journal, ed. R.L. Aaron and J. Gibb, Oxford, 1936.

An Essay concerning the Understanding, Knowledge, Opinion and Assent, ed. B. Rand, Cambridge (U.S.A.), 1931. (These two last-mentioned works are early drafts of Locke's Essay. According to Professor von Leyden, 'the text of the draft edited by Rand can only be considered authentic in a small degree···' See *Notes concerning Papers of John Locke in the Lovelace Collection* by W. von Leyden in *The Philosophical Quarterly*, January 1952, pp. 63~69. The Lovelace Collection is now housed in the Bodleian Library.)

Two Treatises of Government (containing also Filmer's *Patriarcha*, ed. T.I. Cook), New York, 1947.

Two Treatises of Civil Government, with an introduction by W.S. Carpenter, London (*E.L.*).

Second Treatise of Civil Government and Letter on Toleration, ed. J.W. Gough, Oxford, 1948.

John Locke: Essays on the Law of Nature, Latin text with translation, introduction and notes by W. von Leyden, Oxford, 1954.

Original Letters of Locke, Sidney and Shaftesbury, ed. T. Forster, London, 1847 (제 2 판).

The Correspondence of John Locke and Edward Clarke, ed. B. Rand, Cambridge (U.S.A.), 1927. (See the remarks of Professor von Leyden in the article referred to above in the passage in brackets.)

Lettres inédites de John Locke à ses amis N. Thoynard, Ph. van Limborch et E. Clarke, ed. H. Ollion, The Hague, 1912.

(R. Filmer's *Patriarcha and other Political Works*, ed. P. Laslett, were published at Oxford in 1949.)

연구서

Aaron, R.I., *John Locke*, Oxford, 1955 (제 2 판). (This study can be highly recommended.)

   Great Thinkers: X, Locke (in *Philosophy* for 1937).

Alexander, S., *Locke*, London, 1908.

Aspelin, G., *John Locke*, Lund, 1950.

Bastide, C., *John Locke*, Paris, 1907.

Bianchi, G.F., *Locke*, Brescia, 1943.

Carlini, A., *La filosofia di G. Locke*, 전 2 권, Florence, 1920.

————, *Locke*. Milan, 1949.

Christophersen, H.O., *A Bibliographical Introduction to the Study of John Locke*. Oslo, 1930.

Cousin, V., *La philosophie de Locke*, Paris, 1873 (제 6 판).

Fowler, T., *Locke*, London, 1892 (제 2 판).

Fox Bourne, H.R., *The Life of John Locke*, 전 2 권, London, 1876.

Fraser, A.C., *Locke*, London, 1890.

Gibson, J., *Locke's Theory of Knowledge and Its Historical Relations*, Cambridge, 1917.

Gough, J.W., *John Locke's Political Philosophy*, Oxford, 1950.

————, *The Social Contract* (see *Hobbes*).

Hefelbower, S.G., *The Relation of John Locke to English Deism*, Chicago, 1918.

Hofstadter, A., *Locke and Scepticism*, New York, 1936.

Kendall, W., *John Locke and the Doctrine of Majority-Rule*, Illinois, 1941.

King, Lord, *The Life and Letters of John Locke*, 전 2권, London, 1858(제3판).
(This work includes some extracts from Locke's journals and an abstract of the *Essay*.)

Klemmt, A., *John Locke: Theoretische Philosophie*, Meisenheim, 1952.

Krakowski, E., *Les sources médiévales de la philosophie de Locke*, Paris, 1915.

Lamprecht, S.P., *The Moral and Political Philosophy of John Locke*, New York, 1918.

MacLean, K., *John Locke and English Literature of the Eighteenth Century*, New Haven (U.S.A.), 1936.

Marion, H., *John Locke, sa vie et son oeuvre*, Paris, 1893(제2판).

O'Connor, D.J., *John Locke*, Penguin Books, 1952.

Ollion, H., *La philosophie générale de Locke*, Paris, 1909.

Petzäll, A., *Ethics and Epistemology in John Locke's Essay concerning Human Understanding*, Göteborg, 1937.

Tellkamp, A., *Das Verhältnis John Lockes zur Scholastik*, Münster, 1927.

Thompson, S.M., *A Study of Locke's Theory of Ideas*, Monmouth (U.S.A.), 1934.

Tinivella, G., *Giovanni Locke e i pensieri sull'educazione*, Milan, 1938.

Yolton, J.W., *John Locke and the Way of Ideas*, Oxford, 1956.

제8장 로버트 보일과 아이작 뉴턴

1. 로버트 보일

원저작
The Works of the Honourable Robert Boyle, ed. T. Birch, 전 6권 London, 1772(제2판).

연구서
Farrington, F., *A Life of the Honourable Robert Boyle*, Cork, 1917.

Fisher, M.S., *Robert Boyle, Devout Naturalist: A Study in Science and Religion in the Seventeenth Century*, Philadelphia, 1945.

Masson, F., *Robert Boyle*, Edinburgh, 1914.

Meier, J., *Robert Boyles Naturphilosophie*, Munich, 1907.

Mendelssohn, S., *Robert Boyle als Philosoph*, Würzburg, 1902.

More, L.T., *The Life and Works of the Hon. Robert Boyle*, Oxford, 1945.

2. 아이작 뉴턴

원저작

Opera quae existunt omnia, ed. S. Horsley, 전 5 권, London, 1779~1785.

Philosophiae naturalis principia mathematica, ed. R. Cotes, London, 1713, and reprints.

Mathematical Principles of Natural Philosophy and System of the World, trans. A. Motte, revised and annotated by F. Cajori, Cambridge, 1934.

Opticks, London, 1730 (제 4판); reprint New York, 1952.

Sir Isaac Newton: Theological Manuscripts, Selected and ed. H. McLachlan, Boston, 1950.

Newton's Philosophy of Nature, Selections from his writings edited by H.S. Thayer, New York, 1953.

연구서

Andrade, E.N. da C., *Sir Isaac Newton*, London, 1954.

Bloch, L., *La Philosophie de Newton*, Paris, 1908.

Clarke, G.N., *Science and Social Welfare in the Age of Newton*, Oxford, 1949 (제 2 판).

De Morgan, A., *Essays on the Life and Work of Newton*, ed. F.E.B. Jourdain, London, 1914.

Dessauer, F., *Weltfahrt der Erkenntnis. Leben und Werk Isaak Newtons*, Zürich, 1945.

McLachlan, H., *The Religious Opinions of Milton, Locke and Newton*, Manchester, 1941.

More, L.T., *Isaac Newton, A Biography*, New York, 1934.

Randall, J.H., Jr., *Newton's Natural Philosophy: Its Problems and Consequences* (in *Philosophical Essays in Honor of Edgar Arthur Singer, Jr.*, ed. F.P. Clark and M. C. Nahm, Philadelphia, 1942, pp. 335~357).

Rosenberger, I., *Newton und seine physikalischen Prinzipien*, Leipzig, 1893.

Steinmann, H.G., *Ueber den Einfluss Newtons auf die Erkenntnistheorie seiner Zeit*, Bonn, 1913.

Sullivan, J.W.N., *Isaac Newton, 1642-1727*, London, 1938.

Volkmann, P., *Ueber Newtons Philosophia Naturalis*, Königsberg, 1898.

Whittaker, E.T., *Aristotle Newton, Einstein*, London, 1942.

3. 일반적인 저작

Burtt, E.A., *The Metaphysical Foundations of Modern Physical Science. A Historical and Critical Essay*, London, 1925; 개정판, 1932.

Cassirer, E., *Das Erkenntnisproblem in der Philosophie und Wissenschaft der neueren Zeit*, 전 3 권, Berlin, 1906~20; later edition, 1922~1923.

Dampier, W.C., *A History of Science and its Relations with Philosophy and Religion*, Cambridge, 1949 (제 4 판).

Mach, E., *The Science of Mechanics*, Trans. T.J. MacCormack, La Salle (Illinois), 1942 (제 5 판).

Strong, E.W., *Procedures and Metaphysics: A Study in the Philosophy of Mathematical Physical Science in the Sixteenth and Seventeenth Centuries*, Berkeley, U.S.A., 1936.

제 9 장 종교적 문제

1. 클라크

원저작
Works, with a preface by B. Hoadley, 전 4 권, London, 1738~1742.
Œuvres philosophiques, Trans. C. Jourdain, Paris, 1843.
A Demonstration of the Being and Attributes of God, London, 1705.
A Discourse concerning the Unchangeable Obligations of Natural Religion, London, 1706.
One hundred and Twenty Three Sermons, ed. J. Clarke, 전 2 권, Dublin, 1734.
A Collection of Papers which passed between the late learned Mr. Leibniz and Dr. Clarke, London, 1717.

연구서
Le Rossignol, J.E., *The Ethical Philosophy of Samuel Clarke*, Leipzig, 1892.
Zimmermann, R., *Clarkes Leben und Lehre*, Vienna, 1870.

2. 톨랜드

원저작
Christianity not Mysterious, London, 1696.
Pantheisticon, London, 1720.

3. 틴달

원저작
Christianity as Old as the Creation, London, 1730.

4. 콜린스

원저작
A Discourse of Free-thinking, London, 1713.
Philosophical Enquiry concerning Human Liberty and Necessity, London, 1715.
A Discourse of the Grounds and Reasons of the Christian Religion, London, 1724.
A Dissertation on Liberty and Necessity, London, 1729.

5. 도드웰

원저작
*An Epistolary Discourse, proving from the Scriptures and the First Fathers that the Soul is
a Principle naturally Mortal*, London, 1706.

6. 볼링브로우크

원저작
The Philosophical Works of the Right Hon. Henry St. John, Lord Viscount Bolingbroke, ed.
D. Mallet, London, 1754 (전 5권), 1778, 1809; Philadelphia (전 4권), 1849.
Letters on the Study and Use of History, London, 1738 and 1752.

연구서
Brosch, M., *Lord Bolingbroke*, Frankfurt a.M., 1883.
Hassall, A., *Life of Viscount Bolingbroke*, London, 1915 (제 2판).
James, D.G., *The English Augustans: I, The Life of Reason: Hobbes, Locke, Bolingbroke*,
London, 1949.

Merrill, W. McIntosh, *From Statesman to Philosopher. A Study of Bolingbroke's Deism*, New York, 1949.

Sichel, W., *Bolingbroke and His Times*, London, 1902.

7. 이신론 일반

원저작

Carrau, L., *La philosophie religieuse en Angleterre depuis Locke jusqu'à nos jours*, Paris, 1888.

Farrar, A.S., *A Critical History of Free Thought*, London, 1862.

Lechler, G.V., *Geschichte des englischen Deismus*, 전 2 권, Stuttgart, 1841.

Leland, J., *A View of the Principal Deistical Writers*, 전 2 권 London, 1837.

Noack, L., *Die englischen, französischen und deutschen Freidenker*, Berne, 1853~1855.

Sayous, A., *Les déistes anglais et le christianisme rationaliste*, Paris, 1882.

Stephen, L., *History of English Thought in the Eighteenth Century*, 전 2 권, London, 1876.

8. 버틀러

원저작

Works, ed. J.H. Bernard, 전 2 권, London, 1900.

Works, ed. W.E. Gladstone, 전 2 권, London, 1910(제 2 판).

The analogy of Religion, natural and revealed, to the Constitution and Cause of Nature, with an introduction by R. Bayne, London (*E.L.*).

Fifteen Sermons upon Human Nature, or Man considered as a Moral Agent, London, 1726, 1841, etc.

Fifteen Sermons (and *Dissertation on Virtue*), ed. W.R. Matthews, London, 1949.

연구서

Broad, C.D., *Five Types of Ethical Theory* (Chapter 3, 'Butler', pp. 53~83), London, 1930.

Collins, W.L., *Butler*, Edinburgh and London, 1889.

Duncan-Jones, A., *Butler's Moral Philosophy*, Penguin Books, 1952.

Mossner, E.C., *Bishop Butler and the Age of Reason*, New York, 1936.

Norton, W.J., *Bishop Butler, Moralist and Divine*, New Brunswick and London, 1940.

제 10 장 윤리학의 문제

1. 샤프츠베리

원저작

Characteristics, ed. J.M. Robertson, 전 2 권, London, 1900.

연구서

Brett, R.L., *The third Earl of Shaftesbury: A Study in Eighteenth-Century Literary Theory*, London, 1951.

Elson, C., *Wieland and Shaftesbury*, New York, 1913.

Fowler, T., *Shaftesbury and Hutcheson*, London, 1882.

Kern, J., *Shaftesburys Bild vom Menschen*, Frankfurt a.M., 1943.

Lyons, A., *Shaftesbury's Principle of Adaptation to Universal Harmony*, New York, 1909.

Meinecke, F., *Shaftesbury und die Wurzeln des Historismus*, Berlin, 1934.

Osske, I., *Ganzheit, Unendlichkeit und Form. Studien zu Shaftesburys Naturbegriff*, Berlin, 1939.

Rand, B., *Life, Unpublished Letters and Philosophical Regimen of Anthony, Earl of Shaftesbury*, London, 1900.

Spicker, G., *Die Philosophie des Grafen von Shaftesbury*, Freiburgi. B., 1871.

Zani, L., *L'etica di Lord Shaftesbury*, Milan, 1954.

2. 맨드빌

원저작

The Grumbling Hive or Knaves turned Honest, London, 1705.

The Fable of the Bees or Private Vices Public Benefits, London, 1714, and subsequent editions.

The Fable of the Bees, ed. F.B. Kaye, Oxford, 1924.

연구서

Hübner, W., *Mandevilles Bienenfabel und die Begründung der praktischen Zweckethik der englischen Aufklärung* (in *Grundformen der englischen Geistesgeschichte*, ed. P.

Meissner, Stuttgart, 1941, pp. 275~331).

Stammler, R., *Mandevilles Bienenfabel*, Berlin, 1918.

3. 허치슨

원저작

Works, 전 5권, Glasgow, 1772.

연구서

Fowler, T., *Shaftesbury and Hutcheson*, London, 1882.

Rampendal, R., *Eine Würdigung der Ethik Hutchesons*, Leipzig, 1892.

Scott, W.R., *Francis Hutcheson, His Life, Teaching and Position in the History of Philosophy*, London, 1900.

Vignone, L., *L'etica del senso morale in Francis Hutcheson*, Milan, 1954.

4. 버틀러

For *Texts* and *Studies* see Bibliography under Chapter 9.

5. 하틀리

원저작

Observations on Man, His Frame, His Duty and His Expectations, ed. J.B. Priestley, 전 3권, London, 1934 (제 3판).

연구서

Bower, G.S., *Hartley and James Mill*, London, 1881.

Heider, M., *Studien über David Hartley*, Bonn, 1913.

Ribot, T., *Quid David Hartley de consociatione idearum senserit*, Paris, 1872.

Schoenlank, B., *Hartley und Priestley, die Begründer des Assoziationismus in England*, Halle, 1882.

6. 터커

원저작

The Light of Nature Pursued, ed. with a Life, by H.P. St. John Mildmay, 전 7권,

London, 1805 and reprints.

연구서

Harris, W.G., *Teleology in the Philosophy of Joseph Butler and Abraham Tucker*, Philadelphia, 1942.

7. 팰리

원저작

Paley's *Works*, first published in 8 vols., 1805~1808, have been republished several times, the number of volumes varying from eight to one(1851).

The Principles of Moral and Political Philosophy, London, 1785, and subsequent editions.

Natural Theology, or Evidences of the Existence and Attributes of the Deity collected from the Appearances of Nature, London, 1802, and subsequent editions.

연구서

Stephen, L., *History of English Thought in the Eighteenth Century*, 전 2 권, London, 1876 (For Paley see I, pp. 405 이하, and II, pp. 121 이하).

8. 일반적인 저작

원저작(선집)

Rand, B., *The Classical Moralists, Selections*, London, 1910.

Selby-Bigge, L.A., *British Moralists*, 전 2 권, Oxford, 1897.

연구서

Bonar, J., *Moral Sense*, London, 1930.

Mackintosh, J., *On the Progress of Ethical Philosophy, chiefly during the XVIIth and XVIIIth Centuries*, ed. by W. Whewell, Edinburgh, 1872 (제 4 판).

Martineau, J., *Types of Ethical Theory*, 전 2 권, Oxford, 1901 (제 3 판, 개정판).

Moskowitz, H., *Das moralische Beurteilungsvermögen in der Ethik von Hobbes bis J.S. Mill*, Erlangen, 1906.

Raphael, D. Daiches, *The Moral Sense,* Oxford, 1947. (This work deals with Hutcheson, Hume, Price and Reid.)

Sidgwick, H., *Outlines of the History of Ethics for English Readers,* London, 1931 (제 6판).

제 11~13장 버클리

원저작

The Works of George Berkeley, Bishop of Cloyne, ed. A.A. Luce and T.E. Jessop, 전 9권, London, 1948 (critical edition).

The Works of George Berkeley, ed. A.C. Fraser, 전 4권, Oxford, 1901 (제 2판).

Philosophical Commentaries, generally called the Commonplace Book. An *editio diplomatica* ed. with introduction and notes by A.A. Luce, London, 1944.
(The *Philosophical Commentaries* are also contained in the critical edition of the *Works,* vol. I.)

A New Theory of Vision and other Select Philosophical Writings (*Principles of Human Knowledge* and *Three Dialogues*), with an introduction by A.D. Lindsay, London (*E.L.*).

Berkeley: Selections, ed. M.W. Calkins, New York, 1929.

Berkeley: Philosophical Writings, Selected and ed. T.E. Jessop, London, 1952.

Berkeley: Alciphron ou le Pense-menu, Trans. with introduction and notes by J. Pucelle, Paris, 1952.

연구서

Baladi, N., *La pensée religieuse de Berkeley et l'unité de sa philosophie,* Cairo, 1945.

Bender, F., *George Berkeley's Philosophy re-examined,* Amsterdam, 1946.

Broad, C.D., *Berkeley's Argument about Material Substance,* London, 1942.

Cassirer, E., *Berkeley's System,* Giessen, 1914.

Del Bocca, S., *L'unità del pensiero die Giorgio Berkeley,* Florence, 1937.

Fraser, A.C., *Berkeley,* Edinburgh and London, 1881.

Hedenius, I., *Sensationalism and Theology in Berkeley's Philosophy,* Oxford, 1936.

Hicks, G. Dawes, *Berkeley,* London, 1932.

Jessop, T.E., *Great Thinkers: XI, Berkeley* (in *Philosophy* for 1937).

Johnston, G.A., *The Development of Berkeley's Philosophy,* London, 1923.

Joussain, A., *Exposé critique de la philosophie de Berkeley*, Paris, 1920.

Laky, J.J., *A Study of George Berkeley's Philosophy in the Light of the Philosophy of St. Thomas Aquinas*, Washington, 1950.

Luce, A.A., *Berkeley and Malebranche: A Study in the Origins of Berkeley's Thought*, New York, 1934.

————, *Berkeley's Immaterialism: A Commentary on His Treatise concerning the Principles of Human Knowledge*, London, 1945.

————, *The Life of George Berkeley, Bishop of Cloyne*, London, 1949.

Metz, R., *G. Berkeleys Leben und Lehre*, Stuttgart, 1925.

Oertel, H.J., *Berkeley und die englische Literatur*, Halle, 1934.

Olgiati, F., *L'idealismo di Giorgio Berkeley ed il suo significato storico*, Milan, 1926.

Penjon, A., *Étude sur la vie et sur les oeuvres philosophiques de George Berkeley, évêque de Cloyne*, Paris, 1878.

Ritchie, A.D., *George Berkeley's 'Siris'* (British Academy Lecture), London, 1955.

Sillem, E.A., *George Berkeley and the Proofs for the Existence of God*, London, 1957.

Stäbler, E., *George Berkeleys Auffassung und Wirkung in der deutschen Philosophie bis Hegel*, Dresden, 1935.

Stammler, G., *Berkeleys Philosophie der Mathematik*, Berlin, 1922.

Testa, A., *La filosofia di Giorgio Berkeley*, Urbino, 1943.

Warnock, G.J., *Berkeley*, Penguin Books, 1953.

Wild, J., *George Berkeley: A Study of His Life and Philosophy*, London, 1936.

Wisdom, J.O., *The Unconscious Origins of Berkeley's Philosophy*, London, 1953.

See also *Hommage to George Berkeley*, A commemorative issue of *Hermathena*, Dublin, 1953. And the commemorative issue of the *British Journal for the Philosophy of Science*, Edinburgh, 1953.

제 14~17장 데이비드 흄

원저작

The Philosophical Works of David Hume, ed. T.H. Green and T.H. Grose, 전 4권, London, 1874~1875.

A Treatise of Human Nature, ed. L.A. Selby-Bigge, Oxford, 1951 (reprint of 1888 edition).

A Treatise of Human Nature, With an introduction by A.D. Lindsay, 전 2권,

London (*E.L.*).

An Abstract of a Treatise of Human Nature, 1740, ed. J.M. Keynes and P. Sraffa, Cambridge, 1938.

Enquiries concerning the Human Understanding and concerning the Principles of Morals, ed. L.A. Selby-Bigge, Oxford, 1951 (reprint of second edition, 1902).

Dialogues concerning Natural Religion, ed. with on introduction by N.K. Smith, London, 1947(제 2 판).

The Natural History of Religion, ed. H. Chadwick and with an introduction by H.E. Root, London, 1956.

Political Essays, ed. C.W. Hendel, New York, 1953.

Hume: Theory of Knowledge, (Selections.) ed. D.C. Yalden-Thomson, Edinburgh and London, 1951.

Hume: Theory of Politics, (Selections.) ed. E. Watkins, Edinburgh and London, 1951.

Hume: Selections, ed. J.V.T. Grieg, 전 2 권, Oxford, 1932.

New Letters of David Hume, ed. R. Klibansky and E.C. Mossner, Oxford, 1954.

연구서

Bagolini, L., *Esperienza giuridica e politica nel pensiero di David Hume*, Siena, 1947.

Brunius, T., *David Hume, on Criticism*, Stockholm, 1952.

Church, R.W., *Hume's Theory of the Understanding*, London, 1935.

Corsi, M., *Natura e società in David Hume*, Florence, 1954.

Dal Pra, M., *Hume*, Milan, 1949.

Della Volpe, G., *La filosofia dell' esperienza di David Hume*, Florence, 1939.

Didier, J., *Hume*, Paris, 1912.

Elkin, W.B., *Hume, the Relation of the Treatise Book I to the Inquiry*, New York, 1904.

Glatke, A.B., *Hume's Theory of the Passions and of Morals*, Berkeley, U.S.A., 1950.

Greig, J.V.T., *David Hume*, (Biography) Oxford, 1931.

Hedenius, L., *Studies in Hume's Aesthetics*, Uppsala, 1937.

Hendel, C.W., *Studies in the Philosophy of David Hume*, Princeton, U.S.A., 1925.

Huxley, T., *David Hume*, London, 1879.

Jessop, T.E., *A Bibliography of David Hume and of Scottish Philosophy from Francis Hutcheson to Lord Balfour*, London, 1938.

Kruse, V., *Hume's Philosophy in His Principal Work, A Treatise of Human Nature*, Trans. P.E. Federspiel, London, 1939.

Kuypers, M.S., *Studies in the Eighteenth-Century Background of Hume's Empiricism*,

Minneapolis, U.S.A., 1930.

Kydd, R.M., *Reason and Conduct in Hume's Treatise*, Oxford, 1946.

Laing, B.M., *David Hume*, London, 1932.

————, *Great Thinkers: XII, Hume* (in *Philosophy* for 1937).

Laird, J., *Hume's Philosophy of Human Nature*, London, 1932.

Leroy, A-L., *La critique et la religion chez David Hume*, Paris, 1930.

MacNabb, D.G., *David Hume: His Theory of Knowledge and Morality*, London, 1951.

Magnino, B., *Il pensiero filosofico di David Hume*, Naples, 1935.

Maund, C., *Hume's Theory of Knowledge: A Critical Examination*, London, 1937.

Metz, R., *David Hume, Leben und Philosophie*, Stuttgart, 1929.

Mossner, E.C., *The forgotten Hume: Le bon David*, New York, 1943.

————, *The Life of David Hume*, London, 1954. (The fullest biography to date.)

Passmore, J.A., *Hume's Intentions*, Cambridge, 1952.

Price, H.H., *Hume's Theory of the External World*, Oxford, 1940.

Smith, N.K., *The Philosophy of David Hume*, London, 1941.

제 18 장 흄의 영향

1. 아담 스미스

원저작

Collected Works, 전 5 권, Edinburgh, 1811~1812.

The Theory of Moral Sentiments, London, 1759, and subsequent editions.

The Wealth of Nations, 전 2 권, London, 1776, and subsequent editions.

The Wealth of Nations, with an introduction by E.R.A. Seligman,
    전 2 권, London (*E.L.*).

연구서

Bagolini, L., *La simpatia nella morale e nel diritto: Aspetti del pensiero di Adam Smith*,
    Bologna, 1952.

Chevalier, M., *Étude sur Adam Smith et sur la fondation de la science économique*, Paris,
    1874.

Hasbach, W., *Untersuchungen über Adam Smith*, Leipzig, 1891.

Leiserson, A., *Adam Smith y su teoría sobre il salario*, Buenos Aires, 1939.

Limentani, L., *La morale della simpatia di Adam Smith nella storia del pensiero inglese*, Genoa, 1914.

Paszhowsky. W., *Adam Smith als Moralphilosoph*, Halle, 1890.

Rae, J., *Life of Adam Smith*, London, 1895.

Schubert, J., *Adam Smith Moralphilosophie*, Leipzig, 1890.

Scott W.R., *Adam Smith as Student and Professor*, Glasgow, 1937.

Small. A.W., *Adam Smith and Modern Sociology*, London, 1900.

2. 프라이스

원저작

A Review of the Principal Questions in Morals, ed. D. Daiches Raphael, Oxford, 1948.

연구서

Raphael, D. Daiches, *The Moral Sense*, Oxford, 1947.
   (This work deals with Hutcheson, Hume, Price and Reid.)

3. 리드

원저작

Works, ed. D. Stewart, Edinburgh, 1804.

Works, ed. W. Hamilton, 전 2 권, Edinburgh, 1846. (제 6 판, additions by H.L. Mansel, 1863.)

Œuvres complètes de Thomas Reid, Trans. T.S. Jouffroy, 전 6 권, Paris, 1828~1836.

Essays on the Intellectual Powers of Man, (Abridged.) ed. A.D. Woozley, London, 1941.

Philosophical Orations of Thomas Reid, (Delivered at Graduation Ceremonies.) ed. by W.R. Humphries, Aberdeen, 1937.

연구서

Bahne-Jensen, A., *Gestaltanalytische Untersuchung zur Erkenntnislehre Reids*, Glückstadt, 1941.

Dauriac, L., *Le réalisme de Reid*, Paris, 1889.

Fraser, A.C., *Thomas Reid*, Edinburgh and London, 1898.

Latimer, J.F., *Immediate Perception as held by Reid and Hamilton considered as a Refutation of the Scepticism of Hume*, Leipzig, 1880.

Peters, R., *Reid als Kritiker von Hume*, Leipzig, 1909.

Sciacca, M.F., *La filosofia di Tommaso Reid con un'appendice sui rapporti con Gallupi e Rosmini*, Naples, 1936.

4. 비티

원저작

Essay on the Nature and Immutability of Truth, Edinburgh, 1770, and subsequent editions.

Dissertations Moral and Critical, London, 1783.

Elements of Moral Science, 전 2 권, Edinburgh, 1790~1793.

연구서

Forbes, W., *An Account of the Life and Writings of James Beattie*, 전 2 권, Edinburgh, 1806(제 2 판, 전 3 권, 1807).

5. 스튜어트

원저작

Collected Works, ed. W. Hamilton, 전 11 권, Edinburgh, 1854~1858.

Elements of the Philosophy of the Human Mind, 전 3 권, Edinburgh, 1792~1827, and subsequent editions.

Outlines of Moral Philosophy, Edinburgh, 1793(with notes by J. McCosh, London, 1863).

Philosophical Essays, Edinburgh, 1810.

Philosophy of the Active and Moral Powers of Man, Edinburgh, 1828.

연구서

A Memoir by J.Veitch is included in the 1858 edition of Stewart's Works. The latter's eldest son, M. Stewart, published a Memoir in *Annual Biography and Obituary*, 1829.

6. 브라운

원저작
An Inquiry into the Relation of Cause and Effect, London, 1818.
Lectures on the Philosophy of the Human Mind, ed. D. Welsh, 전 4 권, Edinburgh,
    1820, and subsequent editions.
Lectures on Ethics, London, 1856.

연구서
Welsh, D., *Account of the Life and Writings of Thomas Brown*. Edinburgh, 1825.

7. 일반적인 저작

원저작
Selections from the Scottish Philosophy of Common Sense, Chicago, 1915.

연구서
Jessop, T.E., *A Bibliography of David Hume and of Scottish Philosophy from Francis
    Hutcheson to Lord Balfour*, London, 1938.
Laurie, H., *Scottish Philosophy in its National Development*, Glasgow, 1902.
McCosh J., *Scottish Philosophy from Hutcheson to Hamilton*, London, 1875.
Pringle-Pattison, A.S., *Scottish Philosophy: A Comparison of the Scottish and German
    Answers to Hume*, Edinburgh and London, 1885 and subsequent editions.

이름찾기*

---

* 주된 참조 부분은 그 해당 페이지를 약간 기운 숫자체를 사용하였다
(내용찾기에서도 해당됨). 그리고 두 사람을 함께 참조하도록 되어 있는
부분은 보통 비판을 받거나 영향을 받은 관계에 있는 사람을 언급하였다.

내용찾기

562

568

---

* 이 책에서 다루어진 철학과 과학은 오늘날처럼 그렇게 명확하게 구별되지 않은 것이었다. 따라서 동일한 내용들이 서로 다른 이름으로 언급되고 분류되었을지도 모른다. 이것은 다음 주제들, 즉 자연 철학, 실험 철학, 자연에 관한 철학, 물리학, 실험 과학 중의 어떤 것을 찾을 때에도 명심해야 한다.